아함경 3

붇다의 진실과 보디의 길

학담평석 아함경 3

불보장 2 붇다의 참모습과 보디의 행

불보장 3 붇다에 대한 찬송과 붇다됨의 길

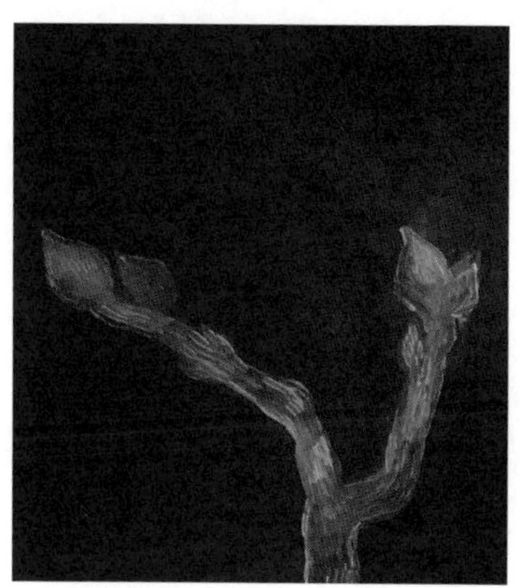

한길사

Āgama-Sūtra

by. Hakdam

Published by Hangilsa Publising. Co., Ltd., Korea, 2014

학담 아함경의 구성

불보장 佛寶章 2

붇다의 참모습과 보디의 행

제2부 붇다, 삶의 진리와 진리의 삶이 하나됨

불보장 佛寶章 3

붇다에 대한 찬송과 붇다됨의 길

제3부 붇다에 대한 우러름과 찬탄

제4부 중생의 진실과 붇다의 진실

제5부 붇다의 길 보디의 길

제6부 파리니르바나의 길을 향해

일러두기

1. 번역 대본 및 참고한 주요 불전과 문헌은 다음과 같다.
  - 북전 산스크리트어의 한역(漢譯) 네 아함을 번역 대본으로 삼고, 필요한 경우 그에 해당하는 남전 팔리어 니카야를 번역해 함께 수록했다. 그 가운데 상윳타니카야(Saṃyutta-nikāya, 상응부경전)와 마즈히마니카야(Majjhima-nikāya, 중부경전)는 보디(Bodhi) 비구의 영역본을 기본으로 해서 일어역 『남전장경』(南傳藏經)을 참조했다. 또한 동국역경원 한글 번역본을 초역에 참고했다.
  - 비나야(vinaya, 律)로는 동아시아 불교 율종(律宗)의 토대가 된 『사분율』(四分律)의 주요 내용을 뽑아 실었다.
  - 천태지의선사(天台智顗禪師)의 교관(敎觀)을 경전 해석의 기본 틀로 삼아 천태선사의 저술 『마하지관』(摩訶止觀)·『법계차제초문』(法界次第初門) 가운데 많은 법문을 번역해 실었다.
  - 그밖에 참고한 다양한 불전 및 문헌들은 제12책(아함경 독해의 길잡이) 끝에 자세히 실었다.
2. 네 아함의 한문 경전은 직역을 원칙으로 했으며 자연스러운 우리말을 풍부히 살렸다. 특히, 게송은 뜻을 살리면서 운율의 맛이 느껴지게 했다.
3. 기존 한역 네 아함과 남전 다섯 니카야의 불전 체계를 귀명장·불보장·법보장·승보장 삼보(三寶)의 새로운 틀로 재구성했다. 전12책 20권의 편제다.
4. 해제, 이끄는 글, 해설에서 모든 경을 대승 교설과 회통하여 깊고 명쾌하게 평석했다. 부·장·절 그리고 각 경에 제목을 붙여 내용의 이해를 도왔다.
5. 지명·인명·용어 등은 산스크리트어 표기를 원칙으로 하되 이미 익숙해

진 발음은 아래처럼 예외를 두었다.

- 붓다는 산스크리트어 Buddha의 어원을 나타내기 위해 '붇다'로 표기한다. 싣단타(siddhānta)와 데바닫타(Devadatta)의 경우도 마찬가지이다.
- 산스크리트어 표기는 묵음화된 현대 발음을 쓰지 않고 고대 한자어로 음사한 음을 따라 쓴다. 예를 들어 Veda는 웨다로 쓰지 않고 베다로 쓴다. 산스크리트어 비파스야나(vipaśyanā)는 위파사나로 하는 이들이 있지만, 우리말에 익숙해진 비파사나로 쓴다.
- 〈ś〉의 발음은 〈śari〉처럼 뒤에 모음이 오면 '사리(스)', 〈Śrāvastī〉처럼 뒤에 자음이 오면 '슈라바스티(슈)', 〈Aśvajit〉처럼 단어 중간에 모음 없이 오면 '아쓰바짓(쓰)'으로 표기한다.
- 팔리어 인 · 지명만 남아 있을 경우 '巴'로 팔리어임을 표시했다.
- 산스크리트어의 원래 발음을 찾지 못한 한자 음사어는 우리말 한자음과 현대 중국어 발음을 참고해서 원어에 가깝게 표기하고 한자어를 병기한다.
- 산스크리트어 빅슈(bhikṣu) · 빅슈니(bhikṣuṇī)는 팔리어 비구(bhikkhu) · 비구니(bhikkhunī)로 쓴다. 산스크리트어 슈라마네라(śrāmaṇera) · 슈라마네리카(śrāmaṇerikā)도 사미 · 사미니로 쓴다. 산스크리트어로 슈라마나(śramaṇa), 팔리어로 사마나(samaṇa)는 사문(沙門)으로 쓴다.
- 용수(龍樹)-나가르주나(Nāgārjuna), 마명(馬鳴)-아쓰바고샤(Aśvaghoṣa), 세친(世親)-바수반두(Vasubandhu) 등 일부 인명은 익숙한 한자음 표기를 혼용한다.

6. 경전명 · 저술명은 가급적 한자어로 표기한다. 『중론』 · 『성유식론』 · 『기신론』 · 『대지도론』 · 『열반경』 · 『화엄경』 등.
7. 불(佛) · 법(法) · 승(僧)은 어원에 따라 붇다 · 다르마 · 상가로 쓴다.
8. " " – 직접인용 및 대화　　' ' – " " 속의 인용과 대화 및 어구 강조
   〈 〉 – ' ' 속의 인용과 대화　　「 」 – 경전(품) · 논문 · 단편
   『 』 – 경전 · 불전 · 책(빈번히 언급되는 남 · 북전 아함경은 생략)
   [ ] – 병기 한자어 및 원어 독음이 다를 때

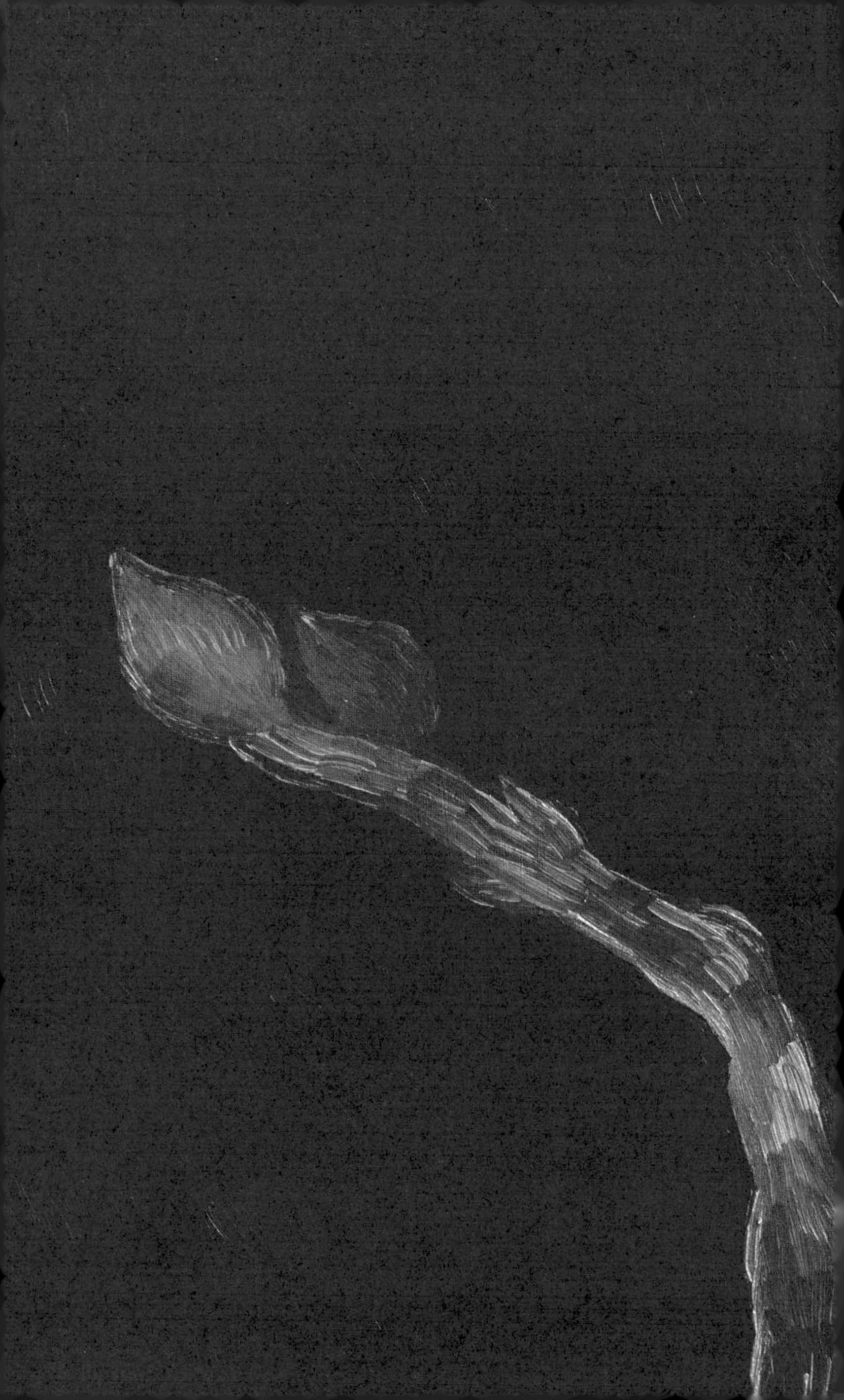

불보장 佛寶章 2

붇다의 참모습과 보디의 행

제2부

붇다, 삶의 진리와 진리의 삶이 하나됨

여래는 중생과 다름없이 다섯 쌓임의
몸[伍蘊身]으로 이 세간에 갖가지 인연을
빌려 출현하셨다. 그러나 여래는 다섯 쌓임의
실상을 통달하여 안으로 아는 마음과
밖으로 아는바 세계의 자취가 다해[內外俱空]
지혜가 온전히 실상인 지혜가 되고, 저 세계가
온전히 보디인 세계가 된 분이다.
안으로 구할 바 없고 밖으로 얻을 것이
없으며 위가 없고 밑이 없으니, 여래의 지혜는
나머지 없는[無餘] 지혜라 이름하고,
여래의 니르바나는 나머지 없는 니르바나,
온전한 니르바나[parinirvāṇa]라 한다.

• 이끄는 글 •

붇다의 참몸과 세간의 진실

1. 이끄는 글

붇다의 지혜는 깊고 깊어 밑이 없고 붇다의 자비는 넓고 넓어 밖이 없다. 이와 같이 그 지혜와 자비를 견줄 바 없는 깊이와 넓이에서 체현하신 거룩하신 이가, 사람의 말로 사람들 앞에서 가르치고 깨우치며 해탈의 길을 보이시다 파리니르바나(parinirvāṇa)에 들었다면, 남은 이들의 마음은 어떠했을까.

그들은 어떻게든 그분에 대한 기억을 잊지 않고 가슴속에 간직하려 할 것이고, 가신 분의 구체적인 모습의 징표를 안고 살아가려 할 것이다. 또 지금껏 눈앞에 구체적인 인격으로 계시던 분의 부재에 대한 허무함 때문에, 또 다른 어떤 곳, 공간적 연장을 지닌 어떤 곳에서 새로운 존재로 계시리라 믿을 것이다.

붇다 또한 니르바나에 드시기 바로 전에 그러한 중생의 마음을 달래주기 위해 여래에 대한 그리운 기억을 간직하려 하면 네 곳[四處]을 생각하라 가르쳤다. 네 곳은 붇다께서 나신 곳[出生處], 붇다께서 보디를 이루신 곳[成道處], 붇다께서 처음 법바퀴 굴리신 곳[說法處], 붇다께서 니르바나에 드신 곳[涅槃處]이다.

붇다의 남기신 가르침대로, 나신 곳 룸비니 동산과 보디를 이루신 곳 붇다가야와 법바퀴를 굴리신 곳 바라나시 국의 사라나트와 니르바나에 드신 곳 쿠시나가라 성은 불교의 사대성지(四大聖地)가 되어 전 세계적으로 참배객이 몰려들고 있다.

또 붇다는 상가대중 가운데 가장 높은 제자였던 사리푸트라와 목갈라야나가 니르바나에 든 뒤, 세간에는 네 사람을 위해 스투파(stūpa, 塔)를 세워야 한다고 가르치니, 네 사람이란 바른 정치를 편 전륜왕(轉輪王) · 아라한(arhat) · 프라테카붇다(pratyeka-buddha, 獨覺) · 여래(如來)이다.

붇다의 참몸의 물질적 징표인 스투파를 붇다의 진리의 몸이라 믿는 신앙은 붇다의 재세시 가르침 가운데 이미 배태되어 있다. 그러나 붇다를 어떤 공간적 연장을 가진 구체적 실재로서 보존하고 그를 우러른다면, 이는 붇다가 연기론을 제창하여 부정했던 하늘신의 숭배와 차별성이 없어질 것이다.

대승에 와서 붇다는 법신(法身, dharma-kāya) · 보신(報身) · 화신(化身) 이 세 몸을 갖춘 분으로 추앙된다. 이때 법신은 붇다의 색신(色身)의 실상이자 여래의 보디(bodhi)의 지혜로 깨친 법계(法界)의 진리를 말한다. 그러므로 붇다의 법신을 잘못 이해하여 우주에 두루한 무한자의 몸처럼 이해한다면, 붇다가 부정한 브라흐만의 일원론적 전변설(轉變說)과 연기론(緣起論) 사이에 세계관의 차별이 없어지게 될 것이다.

붇다 또한 다섯 쌓임[五蘊]의 존재로 세간에 오신 분이다. 고타마 붇다 또한 부모의 인연을 빌려서 세상에 나왔고, 카필라 성이라는 땅의 인연을 빌려서 사람 사이에 사람의 몸으로 오셨다. 다만 미혹의 중생이 다섯 쌓임의 연기적 진실을 깨닫지 못해 앎과 알려지는 것이 서로 물들이고 서로 얽매며 살아가는 존재라면, 붇다는 세간의 온갖 법 앎과 알려지는 것이 모두 연기라 공한 줄 깨달아 마음이 해탈하고 지혜가 해탈하여 지혜의 몸[慧身]을 이룬 분이다.

이렇게 보면 붇다의 참모습에 대한 물음은 곧 세계에 대한 물음이 된다. 붇다 또한 경전의 여러 곳에서 붇다의 진실에 대한 물음을 삶의 실상에 대한 근원적 물음으로 제자들에게 제시한다.

연기법에서는 살아계신 붇다의 현존재에 대한 진실한 인식이, 죽은 뒤 붇다의 몸에 대한 바른 이해가 된다. 붇다는 죽은 뒤에 있는가 없는가. 있기도 하고 없기도 한가. 있음도 아니고 없음도 아닌가. 이 모든 물음에 대해 붇다는 답변하지 않으시고 또한 '말할 것이 없는 법'[無記法]이라고 말한다.

왜 그런가. 그러한 따짐과 견해가 붇다의 진실에 대한 답변이 되지 못하고 해명이 되지 못하기 때문이다.

붇다가 살아계실 때는 '붇다가 죽은 뒤에 계신가 계시지 않은가'가 눈앞에서 붇다를 보고 있는 자들의 주된 관심이었다면, 붇다가 파리니르바나에 드신 뒤에는 '붇다는 지금 있는가 없는가'가 남은 이들의 주된 관심이었을 것이다.

여래를 따라 여래의 법(法, dharma)과 율(律, vinaya)을 신봉한다고 말하면서도 실재론적 집착[有見]에 치우친 이들[說一切有部]은 어떤 형태로든 '붇다의 거룩하게 있는 모습'을 있음[有]으로서 보존하려 한다.

그러나 연기론적 세계관으로 보면 지금 있는 것이 사라지지 않고 '늘 있다는 것'[常見]도 '끊어져 없어진다는 것'[斷見]도 모두 치우친 견해이다.

나가르주나(Nāgārjuna, 龍樹)는 붇다의 연기론에 대한 왜곡된 이해가 난무하는 때 세간에 출현하여 법의 기치를 높이 들어 마하야나(mahāyāna, 大乘)의 실천운동을 일으켰다.

나가르주나는 삿됨을 깨뜨려 바름을 드러낸다[破邪顯正]는 마하야나의 기치를 들고 부파불교(部派佛敎)의 잘못된 불교 이해를 깨뜨려 붇다의 연기론을 시대의 언어로 새롭게 천명한다.

그러나 나가르주나는 붇다의 본뜻을 시대언어로 새롭게 천명한 이일 뿐, 붇다 연기론 밖의 새 철학을 제시한 분이 아니다. 다만 삿됨을 깨뜨려 바름을 드러내고 치우친 견해를 부정하여 연기중도(緣起中道)를 밝혀왔을 뿐이다.

그는 거룩한 이 붇다를 어떤 모습으로 보존하려는 견해와 붇다를 절대허무로 보는 두 극단을 깨뜨려 연기법의 진실 속에서 붇다의 사라지지 않는 현존을 보게 한다.

그에게 여래의 모습[如來性]은 세간의 모습[世間性]이다. 세간이 스스로의 닫힌 모습[自性]이 없으므로 붇다도 닫힌 자기 모습이 없다.

붇다는 늘 멀리서 붇다의 모습을 보려는 이들에게 '연기법을 보는 이가 나를 본다'고 가르치고, 붇다가 가르치는 실라(śīla, 戒)와 디야나(dhyāna, 定)와 프라즈냐(prajñā, 慧)를 행하는 이는 붇다를 떠나지 않는다고 가르친다.

나가르주나는 붇다의 뜻을 그대로 이어 말한다.

> "세간의 모습이 붇다의 모습이므로 여래에 대해서도 지혜의 눈을 깨뜨리는 온갖 허튼 논란과 망상을 떠날 때 여래의 진실을 볼 수 있다.
>
> 여래에게 여래라는 실체가 없으므로 세간에도 세간이라는 실체가 없는 것이다."

세간법밖에 여래의 모습이 없으므로 세간법의 진실을 보는 것이 여래를 보는 것이며, 나의 몸의 실상을 보는 것이 여래를 보는 것이다.

『비말라키르티수트라』(淨明經)에서 '여래를 본다는 것이 무엇인가'를 묻는 붇다의 질문에 비말라키르티 거사는 다음과 같이 답한다.

세존께서 비말라키르티에게 물었다.

"그대가 여래를 보고자 하면 무엇으로 여래를 보는가."

비말라키르티가 말씀드렸다.

"스스로의 몸의 실상[身實相]을 살피는 것과 같이 붇다를 살핌도 또한 그렇습니다. 제가 여래를 살피니, 앞때에 오지 않았고 뒤때에 가지 않으며 지금은 곧 머물지 않습니다.

물질로 살피지 않고 물질의 같음[色如]으로 살피지 않으며 물질의 성품[色性]으로 살피지 않습니다.

느낌 · 모습 취함 · 지어감 · 앎으로 살피지 않고, 앎 등의 같음[識如]으로 살피지 않으며, 앎 등의 성품[識性]으로 살피지 않습니다.

네 큰 요소로 일어남이 아니라[非四大起] 허공과 같으며, 여섯 들임에 쌓여짐이 없어서[六入無積] 눈 · 귀 · 코 · 혀 · 몸 · 뜻을 이미 지났으며, 삼계에 있지 않고 세 가지 때[三垢]를 이미 벗어나 세 가지 해탈[三解脫]의 길 따르며, 세 가지 밝음을 갖추셨되 무명과 평등하여[與無明等] 같은 모습도 아니고 다른 모습도 아닙니다.

스스로의 모습도 아니고 다른 모습도 아니며, 모습 없음도 아니고 모습 취함도 아니며, 이 언덕도 아니고 저 언덕도 아니며, 가운데 흐름도 아니어서 중생을 교화합니다.

적멸을 살피되 또한 길이 적멸하지 않으며, 이것이 아니고 저것이 아니라 이것으로써도 하지 않고 저것으로써도 하지 않으니, 지혜로써도 알 수 없고 앎으로써도 알지 못하여, 어두움도 아니고 밝음도 아니며, 이름도 없고 모습도 없으며, 강함도 없고 약함도 없으며, 깨끗함도 아니고 더러움도 아니며, 방위에 있지 않고 방위를 떠나지 않으며, 함이 있음도 아니고 함이 없음도 아닙니다.

(중략)

세존이시여, 여래의 몸[如來身]이 이와 같으므로 이같이 살피니[作如是觀], 이렇게 살피는 자는 바른 살핌[正觀]이요 만약 달리 살피면 삿된 살핌[邪觀]이라 합니다."

붇다는 연기하는 세간법의 진실을 깨달아 세간법에서 실로 있음과 실로 없음을 떠나 붇다라 이름 지어진 분이므로, 나의 몸과 세간법의 진실을 보는 것이 여래를 보는 것이라 비말라키르티는 답변한다.

다섯 쌓임에서 물질은 마음인 물질이고 마음은 물질인 마음이라 마음도 공하고 물질도 공하다. 다섯 쌓임이 있되 공하고 다르되 같으므로 물질이 물질이라 해도 옳지 않고 물질을 공한 성품이라 해도 옳지 않으며, 물질이 다름이라 해도 옳지 않고 물질이 같음이라 해도 옳지 않다. 이 다섯 쌓임의 진실이 여래의 진실이라 다섯 쌓임의 실상밖에 여래의 법이 없다.

그러므로 비말라키르티는 붇다는 세간법의 있음으로도 볼 수 없고 세간법의 없음으로도 볼 수 없으며, 마음이 곧 공하므로 마음으로도 볼 수 없고 마음의 공함으로도 볼 수 없으며, 물질이 곧 공하므로 물질로도 볼 수 없고 물질의 공함으로도 볼 수 없다고 답한다.

또 다섯 쌓임의 모습이 곧 모습 없는 성품이므로 다섯 쌓임의 모습으로 볼 수 없고 다섯 쌓임의 공한 성품으로도 볼 수 없으며, 다섯 쌓임의 법은 같음도 아니고 다름도 아니므로 다섯 쌓임의 같음으로 볼 수 없고 다름으로도 볼 수 없다고 답변한다.

또 연기법에서는 함 있음[有爲]이 곧 함 없음[無爲]이므로 여래는 함이 있음으로 볼 수 없고 함이 없음으로도 볼 수 없는 것이라 답하고, 끝으로 이렇게 보는 것이 바른 살핌이고 이와 달리 보는 것은 삿된 살핌이라 답한 것이다.

2.『중론』에서 여래의 고찰

나가르주나의 『중론』(中論)은 연기론의 실재론적 왜곡을 깨뜨리는 데 논주(論主)의 주된 관심이 집중되어 있다.

원인[因]이 조건[緣]을 의지해서 존재의 결과[果]를 낸다는 연기론의 기본 입장에서 원인과 조건이 공하지 않으면 결과의 성취가 이루어질 수 없다. 원인과 조건이 공하면 그 결과 또한 공하다.

그래서 『중론』은 맨 첫머리를 '인연의 고찰'[觀因緣]로 시작한다. 『중론』의 뒷부분에 해당되는 '여래의 고찰'[觀如來]은 세간법에서 존재[我]와 존재를 일으키는 법(法)에 대한 실체적 집착[有見]을 깨뜨린 뒤, 출세간법(出世間法)에서 법에 대한 실체적 집착을 깨뜨리고 있다.

출세간법은 세간법의 공한 실상을 깨달아가는 실천법과 깨친 실상에 세워진 거짓 이름이다. 세간법의 있되 공한 진실이 출세간법이다.

그러므로 출세간법의 실체적 집착을 깨뜨리지 못하면, 여래가 설한 출세간법은 지금 세간을 살고 있는 미망의 중생의 해탈의 길, 해탈의 법이 되지 못할 것이다.

우리는 보통 여래와 여래의 법을 다음과 같이 기술한다.

"여래는 집착과 번뇌를 깨뜨려서 스스로 니르바나를 증득한 대자유인으로서, 중생에게 사제의 법을 설해 니르바나의 길을 보이신 분이다."

여래는 세간을 벗어난 분[出世之人]이고, 뒤바뀐 집착과 번뇌[顚倒]는 여래가 떠난 것[如來所離]이며, 사제의 법[四諦]은 여래가 살피는 법[如來所觀]이며, 니르바나[涅槃]는 여래가 증득한 것[如來所證]이다.

그러나 만약 여래에게 실로 끊을 번뇌가 있고 행할 사제법이 있고 얻을 니르바나의 법이 있다면 이는 있되 공한 연기의 법을 깨뜨리는 것이다. 또 여래가 세간을 떠나 따로 갈 곳이 있는 분이라고 한다면, 세간법을 무너뜨리지 않고 세간법을 잘 알아 세간법에서 자재를 구현하신 여래의 해탈을 부정하는 것이 된다.

세간법의 실체화와 출세간법의 실체화가 모두 여래의 연기의 가르침을 등지는 것이 된다.

그래서 나가르주나 존자는 연기법의 진실을 바로 세우기 위해 『중론』에서 '여래의 고찰' '전도의 고찰' '사제의 고찰' '니르바나의 고찰'을 차례로 말하면서, 먼저 '여래의 고찰'을 말하고 있다.

붇다는 세간에 머물러 계실 때 '여래가 죽은 뒤에 있는가 없는가'의 물음을 '말할 것이 없는 법'[無記法] '허튼 따짐의 법'[戱論法]이라고 말씀하고, 잠자코 대답하지 않음으로써 그에 대한 답변을 대신하셨다.

여래가 니르바나에 든 뒤 여래를 추모하는 이들은 여래가 거룩한 모습으로 어떤 곳에 머물 것이라고 사유하고, 그런 '모습으로서의 여래'를 가슴에 안고 살아간다. 그래서 늘 여래가 어떤 모습으로 존재할 것인가를 묻는다. 그러나 지금 중생의 눈앞에 황금빛 거룩한 상호 갖추신 여래의 모습에 실로 취할 모습 없는 줄 아는 자가 사라지지 않는 여래의 현존을 보는 자이다.

붇다가 세상에 계실 때 '죽은 뒤에 여래가 있느냐 없느냐'를 묻는 것은 살아계시던 때의 거룩한 모습을 있는 모습으로 붙들어 쥐고 사후의 존재를 묻고 있는 것이다.

위의 물음은 여래가 니르바나에 드신 뒤에 '니르바나에 드신 여래가 지금 있느냐 없느냐'는 물음으로 대체되었으니, 이 물음 또한 과거의 존재를 실로 있는 존재로서 붙잡고 지금 존재의 부재와 지속을 묻고 있는 것이다.

이제 '끊어짐도 없고 항상함도 없는 연기의 진실을 보는 것이 여래의 진실을 보는 것이다'라는 나가르주나 존자의 관점을 『중론』의 논의를 따라가며 살펴보자.

1) 다섯 쌓임과 여래의 참몸

붇다는 스스로 붇다가 된 것이 아니다. 붇다 또한 다섯 쌓임[五蘊]의 몸으로 이 세간에 온 분이다. 붇다는 붇다가 아니라[非佛] 다섯 쌓임의 있되 공한 진실을 깨달아 붇다가 된 분이니, 다섯 쌓임 그대로 붇다라 해도 안 되고 다섯 쌓임을 떠나 붇다가 있다 해도 안 된다.

붇다에게 다섯 쌓임은 곧 다섯 쌓임이 아니므로, 붇다는 있음에서 있음을 떠나고 공함에서 공함마저 떠나 다섯 쌓임의 중도실상을 사신 분이다.

그러므로 다섯 쌓임이 그대로 여래라 하거나 다섯 쌓임을 떠나서 여래가 있다 하거나 다섯 쌓임과 여래가 함께 있다 함이 여래의 진실에 대해서는 모두 허튼 따짐이 된다.

『중론』은 실재론적 집착에 빠진 이들의 물음과 나가르주나 존자의 대답의 형식으로 논의를 전개한다.

『중론』은 말한다.

묻는다 온갖 세간 가운데 높으신 분은 오직 여래·바르게 두루 아시는 분[正遍知]이 계시니 법왕(法王)이라 이름한다.
온갖 것 아는 지혜 갖추신 분[一切智人]은 반드시 있으신 것이다.

답한다 지금 자세히 사유해보라.
만약 있다면 취할 수 있어야 하는데, 만약 실체가 없다면 어느 곳에서 취하겠느냐.
왜 그런가. 여래의 참모습은 다음과 같기 때문이다.

여래는 다섯 쌓임이 아니고
다섯 쌓임 떠난 것도 아니네.
이 여래와 저 다섯 쌓임은
서로 같이 있지도 않으니
여래께 다섯 쌓임 있지 않다면

어느 곳에 여래가 있겠는가.

非陰不離陰　此彼不相在
如來不有陰　何處有如來

청목(靑目)은 풀이한다.

만약 여래가 실로 있다면 다섯 쌓임이 여래인가, 다섯 쌓임을 떠나서 여래가 있는가. 여래 가운데 다섯 쌓임이 있는가, 다섯 쌓임 가운데 여래가 있는가.

이 일들은 모두 그럴 수 없다.

(다섯 쌓임이 여래인가.)

다섯 쌓임이 바로 여래인 것은 아니다. 왜냐하면 다섯 쌓임은 나고 사라지는 모습이기 때문이다.

다섯 쌓임은 나고 사라지는 모습인데, 만약 여래가 이 다섯 쌓임이라면 여래는 곧 나고 사라지는 모습이 된다.

만약 나고 사라지는 모습이라면 여래는 곧 덧없음과 끊어져 없어짐의 허물이 있게 된다.

또 다섯 쌓임이 여래라 하면 받는 자와 받아들이는 법이 하나인 것이니, 받는 자는 여래이고 받는 법은 다섯 쌓임이다.

이런 일은 그럴 수 없다. 그러므로 다섯 쌓임이 바로 여래인 것은 아니다.

(그렇다면 다섯 쌓임을 떠나서 여래가 있는가.)

다섯 쌓임을 떠나서도 또한 여래는 없다.

만약 다섯 쌓임을 떠나서 여래가 있다면 반드시 나고 사라지는 모습이 있지 않아야 한다. 만약 그렇다면 여래에게는 항상함[常] 등의 허물이 있게 된다.

또 다섯 쌓임을 떠나서 여래가 있다면 눈[眼] 등 여러 아는 뿌리[諸根]가 보고 알 수 없게 된다. 이런 일들은 그럴 수 없는 것이다. 그러므로 다섯 쌓임을 떠나서도 또한 여래가 없는 것이다.

(그렇다면 여래와 다섯 쌓임이 서로 같이 있어서 여래 가운데 다섯 쌓임이 있는가.)

여래 가운데 또한 다섯 쌓임이 없는 것이다. 왜 그런가. 만약 여래 가운데 다섯 쌓임이 있어서, 마치 그릇 가운데 과일이 있고 물 가운데 물고기가 있는 것과 같다면 곧 다름[異]이 있는 것이다.

만약 여래와 다섯 쌓임이 다르다면 곧 위의 항상함 등의 허물이 있게 된다. 그러므로 여래 가운데 다섯 쌓임이 없는 것이다.

(여래와 다섯 쌓임이 서로 같이 있어서 다섯 쌓임 가운데 여래가 있는가.)

또 다섯 쌓임 가운데도 여래가 없는 것이다. 왜 그런가.

만약 다섯 쌓임 가운데 여래가 있어서 평상 위에 사람이 있는 것과 같고 그릇 가운데 젖이 있는 것과 같으면 이와 같다 해도 다름이 있는 것이다. 그러면 앞에서 말한 항상함 등의 허물과 같게 된다. 그러므로 다섯 쌓임 가운데 여래가 없는 것이다.

(그렇다면 여래가 다섯 쌓임을 갖고 있는가.)

여래는 또한 다섯 쌓임을 갖고 있지 않다. 왜 그런가.

만약 여래가 다섯 쌓임을 갖고 있어서 사람이 자식이 있는 것과 같다면 이와 같다 해도 다름이 있는 것이다. 만약 그렇다면 위의 항상함 등의 허물이 있게 된다. 이런 일은 그럴 수 없다. 그러므로 여래가 다섯 쌓임을 갖고 있는 것이 아니다.

이와 같이 다섯 가지[五種]로 여래를 구해보아도 얻을 수 없으니, 어떤 것들이 여래이겠는가[何等是如來].

2) 여래의 자기성품[自性]과 남의 성품[他性]

여래도 다섯 쌓임의 존재로 세간에 오신 분이다. 그러나 중생이 다섯 쌓임의 있는 모습에 가려 있는 존재라면, 여래는 다섯 쌓임이 있되 공한 진실을 온전히 산 분이다. 그러므로 여래는 다섯 쌓임의 있는 모습도 아니고 다섯 쌓임의 있음을 떠나 따로 있는 모습도 아니다.

여래가 밝힌 다섯 쌓임의 교설은 다섯 쌓임의 화합으로 존재가 이루어졌으므로 존재[我]도 공하고[我空], 존재를 이루는 다섯 쌓임[五蘊]의 여러 법[諸法]도 공함[法空]을 보인 가르침이다.

다섯 쌓임의 교설로 보면 존재[我]는 곧 존재가 아니며[非我] 존재 구성의 여러 요인[諸法]도 적취설의 원자적 요소와는 다른 것이다.

다섯 쌓임에서 대상에 대한 앎활동인 느낌[受]·모습 취함[想]·지어감[行]·앎[識]은 보여지는 세계[色法]를 안고 있는 앎활동이며, 저 세계는 앎활동 자체에 내적이고 앎활동 자체로 현상하는 세계이다.

그러므로 다섯 쌓임이 어울려 일어난 어떤 존재에 자기성품[自性]이 있다고 해도 여래의 뜻이 아니고, 다섯 쌓임이 화합하여 있으므로 어떤 존재의 자기성품이 아주 없다고 해도 여래의 뜻이 아니다.

존재는 자기성품 스스로 있는 것도 아니고[非自作] 남이 지은 것도 아니고[非他作] 나와 남이 서로 같이 지은 것도 아니고[非共作] 나와 남을 떠난 것도 아니다[非不共作].

또 어떤 존재의 자기성품의 이름이 세워지므로 남의 성품[他性]이 세워지는 것이니, 자기성품이 공하다면 남의 성품 또한 공한 것이다. 여래의 존재에 대해 자기성품과 남의 성품에 대한 실체적 집착을 깨뜨리는 곳에서, 나[自]와 남[他]이 모두 아니되 나와 남을 떠나지 않는 여래의 진실을 만날 수 있으니, 『중론』은 다음과 같이 논증한다.

묻는다 이와 같은 뜻으로 여래를 구해 얻을 수 없다면 다섯 쌓임이 화합하여 여래가 있는 것이다.

답한다

다섯 쌓임이 합해 여래가 있다면
곧 여래라 할 자기성품이 있지 않네.
만약 자기성품이 있지 않다면
어떻게 다른 것을 인해 있겠는가.

陰合有如來　則無有自性
若無有自性　云何因他有

만약 여래가 다섯 쌓임이 화합하므로 있다면 곧 자기성품이 없는 것이다.

왜 그런가. 다섯 쌓임이 화합함을 인하여 있기 때문이다.

묻는다 여래가 자기성품으로 있지 않다면 다른 성품[他性]으로 있는 것이다.

답한다 만약 자기성품이 없다면 어떻게 다른 성품을 인해 있겠는가.

왜 그런가. 다른 성품 또한 그렇다 할 자기성품이 없기 때문이다.

또한 (다른 성품은 자기성품을 상대해 세워졌으니) 자기성품이 없다면 서로 마주하는 원인이 없기 때문에 다른 성품도 얻을 수 없는 것이다. 얻을 수 없으므로 다른 성품이라 이름하지 못한다.

그러므로 다시 보인다.

법이 만약 다른 것을 인해 난다면
이것은 곧 나 아님이 되는 것이다.
만약 법이 내가 아닌 것이라면
어떻게 이것이 여래이겠는가.

法若因他生　是即為非我
若法非我者　云何是如來

청목은 풀이한다.

만약 법이 뭇 조건[衆緣]으로 인해 난다면 곧 나가 있지 않다. 마치 다섯 손가락으로 인해 주먹이 있어서 이 주먹에 스스로의 바탕이 없는 것과 같다. 이와 같이 다섯 쌓임으로 인해 나[我]라고 이름한다면, 이 나는 곧 스스로의 바탕이 없는 것이다.

나에는 갖가지 이름이 있다. 때로 중생(衆生)이라 하고 사람[人, manuṣya] · 하늘[天, deva] · 여래(如來, tathāgata-sattva) 등이라 한다.

만약 여래가 다섯 쌓임으로 인해 있다면 곧 자기성품이 없는 것이다. 자기성품이 없으므로 나가 없는 것이다. 만약 나가 없다면[無我] 어떻게 여래라고 말할 것인가.

그러므로 위의 게송 가운데서 이렇게 말한 것이다.

"법이 만약 다른 것을 인해 난다면, 이것은 곧 나 아님이 되는 것이다."

다시 이렇게 보인다.

만약 자기성품이 있지 않다면
어떻게 남의 성품이 있을 것인가.
자기성품과 남의 성품 떠나서
무엇을 여래라고 이름하는가.

若無有自性　云何有他性
離自性他性　何名為如來

청목은 풀이한다.

만약 자기성품이 없다면 남의 성품 또한 있을 수 없다. 자기성품을 인해 남의 성품이라 이름한 것이니, 이것이 없으면 저것 또한 없는 것이다. 그러므로 자기성품 남의 성품 둘이 함께 없는 것이다. 만약 자기성품 남의 성품을 떠났다면 누가 이 여래인가[誰爲如來].

3) 여래에 있어서 본래 있음[本]과 다섯 쌓임의 자취[迹]

자아[我]와 다섯 쌓임[五蘊]은 서로 앞뒤가 없다. 다섯 쌓임이 공하되 없지 않으므로 다섯 쌓임이 화합하여 존재[我]를 이루고, 존재가 공하되 없지 않으므로 다섯 쌓임의 주체가 된다.

존재와 다섯 쌓임을, 모두 있되 공하고 공하되 공함의 자취도 없는 것으로 보아야 연기의 뜻을 바로 볼 수 있다. 여래와 다섯 쌓임도 마찬가지다. 우리는 여래의 다섯 쌓임을 보고서 여래를 여래라고 이름 부른다. 그러므로 여래라는 어떤 주체가 앞에 있어서 다섯 쌓임을 냈다고 말하거나, 지금 다섯 쌓임의 자취를 자취보다 먼저 있는 본몸[本身]이 그것을 냈다고 말하면 연기중도의 뜻을 깨뜨리는 것이다.

지금 다섯 쌓임의 자취[迹]가 공하되, 그 공함마저 공해 다만 허무가 아님을 잡아 짐짓 근본[本]을 세운 것이다. 근본이라 말하지만 머무는 근본이 없어서[無住本] 근본 자체도 공해[根本亦空] 다섯 쌓임이 연기하는 것이다.

그러므로 근본과 자취를 같다고 해도 안 되고 다르다고 해도 안 되니, 자취와 근본을 모두 공한 것으로 보아야 연기된 자취를 떠나지 않고 연기 그대로의 진여(眞如)의 세계를 볼 수 있다.

그러나 어떤 이들은 '여래라는 자아가 다섯 쌓임을 일으킨다'고 하거나 '여래의 법신이 그 다섯 쌓임의 자취를 일으킨다' 말한다.

그런 이들은 여래가 니르바나에 든 뒤 그 근본의 몸[本身]에 돌아가 근본의 몸으로 존재한다 하거나, 절대허무의 세계에 복귀한다고 말할 것이다.

자취로 나툰 다섯 쌓임의 몸밖에 다른 근본의 몸이 있다는 견해를 깨뜨려서 여래의 다섯 쌓임이 공함을 보는 곳에서만 여래의 진실이 해명된다. 『중론』은 다음과 같이 보인다.

만약 다섯 쌓임을 인하지 않고도
먼저 여래의 바탕이 있다 하는가.
지금 다섯 가지 쌓임을 받으므로
곧 그 쌓임을 여래라 말한 것이다.
지금 실로 쌓임을 받지 않았으면
다시 여래라 할 법이 없는 것이다.
만약 쌓임 받지 않아 없는 것이라면
지금 어떻게 받아들일 수 있겠는가.
만약 아직 받아들이지 않았는데
받아들인 것 받음이라 하지 못한다.
그렇다면 쌓임 받는 법이 없이
여래라고 이름할 수 없는 것이다.

若不因五陰　先有如來者
以今受陰故　則說為如來
今實不受陰　更無如來法
若以不受無　今當云何受
若其未有受　所受不名受
無有無受法　而名為如來

만약 여래와 다섯 가지 쌓임이
서로 같음과 다름 가운데서
여래의 모습 얻을 수 없다고 하면

다섯 가지 구함에도 또한 없는데
어떻게 받음 가운데 있겠는가.
또 취해 받아들인 다섯 쌓임은
자기성품 따라 있는 것 아니니
만약 자기성품이 있지 않다면
어떻게 남의 성품이 있을 것인가.

若於一異中　如來不可得
五種求亦無　云何受中有
又所受五陰　不從自性有
若無自性者　云何有他性

청목은 풀이한다.

만약 아직 다섯 쌓임을 받기 전에 먼저 여래의 근본 몸이 있다고 말한다 하자.

이 여래는 지금 확실히 다섯 쌓임을 받아서 이미 여래가 되었다. 그렇다면 실로 다섯 쌓임을 받기 전에는 아직 여래가 없는 것인데, 지금 어떻게 쌓임을 받을 수 있겠는가. 또 다섯 쌓임을 받지 않았다면 그 다섯 쌓임은 받음이라 이름하지 못한다. 그리고 다섯 쌓임을 받지 않고도 여래라고 이름하지는 못한다.

또 여래는 다섯 쌓임과 서로 같음과 다름 가운데서 구해 얻을 수 없고, 다섯 쌓임 가운데서 다섯 가지로 구해도 얻을 수 없다. 만약 그렇다면 어떻게 다섯 쌓임 가운데서 여래가 있다고 말할 수 있겠는가.

또 받는바 다섯 쌓임은 자기성품을 좇아 있는 것이 아니다[不從

自性有]. 만약 남의 성품으로 있다고 말한다면, 자기성품을 좇아 있는 것이 아닌데 어떻게 남의 성품을 좇아 있겠는가.

왜 그런가. 자기성품이 없기 때문에 남의 성품 또한 없는 것이다.

다시 다음과 같이 말할 수 있다.

이와 같은 뜻 때문에
받는 것도 공하고
받는 자도 공하다.
어떻게 이 공한 법으로
공한 여래를 말하겠는가.

以如是義故　受空受者空
云何當以空　而說空如來

이런 뜻으로 사유해보면 받는 법과 받는 자가 다 공한 것이다. 만약 받는 법이 공하다면 어떻게 공한 받음으로 공한 여래를 말하겠는가.

다섯 쌓임으로 인해 나[我]가 있어서 나와 다섯 쌓임이 모두 있되 공하다면 받는 자와 받는 법이 모두 공한 것이다. 다섯 쌓임으로 인해 나[我]가 있는데 받기 전에 여래라고 이름할 나[我]가 있다 함은 그럴 수 없는 것이고, 다섯 쌓임 떠나 여래가 없는데 다섯 쌓임 받지 않고도 여래라 함도 그럴 수 없는 것이다.

여래와 여래의 다섯 쌓임이 모두 있되 공한 줄 아는 이가 여래와 세간의 참모습을 보는 자이다.

4) 여래의 존재에 있어서 공함[空]과 공하지 않음[不空]

다섯 쌓임의 공한 실상을 깨달아 씀으로 붇다가 붇다된 것이지만, 다섯 쌓임을 받는 주체로서 붇다도 공하고 붇다가 받는 다섯 쌓임도 공하다. 받는 법도 공하고 받는 여래도 공한데, 그 공한 받음으로 공한 여래를 실체로서 말할 수 있겠는가.

그러나 이처럼 실로 있음을 깨기 위해 공함을 말하면 공하다는 말을 듣고 중생은 다시 그 공함을 집착한다.

그러나 있음[有]이 있음 아님[非有]을 공(空)이라 이름했는데, 그 공함이 공함으로 있겠는가.

또 공을 세간의 온갖 있음이 돌아가고 온갖 있음을 일으키는 절대의 장으로 보는 견해가 있으나, 이런 견해는 있음과 없음 너머에 있음과 없음을 일으키는 절대무[眞無]를 설정하는 견해이다.

그러나 공함은 있음을 실로 있음으로 보는 집착을 깨기 위해 세운 진제(眞諦)의 뜻이고, 세속제(世俗諦)의 연기적인 있음은 공함을 공함으로 집착하는 치우침을 깨기 위해 세운 뜻이다.

다섯 쌓임의 실상 자체인 여래에 대해서는 공이라고도 말할 수 없으며 공하지 않다고도 말할 수 없다. 공하다 함과 공하지 않다 함 등의 견해는 다섯 쌓임의 어울림으로 일어난 연기적 있음에 대해 어떤 취할 것이 있다고 생각하므로 일어난 견해들이다. 있되 있음 아닌 있음에서 취할 있음이 지양되면 공함에서 공함이 지양된다.

『중론』은 말한다.

묻는다 그대가 받는 법도 공하고 받는 자도 공하다고 말한다면 곧 반드시 공함은 있는 것이다.

답한다 그렇지 않다. 왜 그런가. 다음과 같다.

공하다 함도 말할 수 없고
공하지 않음도 말할 수 없다.
공하기도 하고 공하지 않기도 함
공함도 아니고 공하지 않음도 아님
이 모두를 다 말할 수 없으니
다만 거짓 이름으로 말한 것이다.

空則不可說 非空不可說
共不共叵說 但以假名說

청목은 풀이한다.

모든 법이 공하다고 말해서도 안 되고, 모든 법이 공하지 않다고 또한 말해서도 안 된다. 모든 법이 공하기도 하고 공하지 않기도 하다고 말해서도 안 되고, 모든 법이 공함도 아니고 공하지 않음도 아니라고 말해서도 안 된다.

왜 그런가. 다만 서로 어긋남[相違]을 깨뜨리려고 거짓 이름[假名]으로 말한 것이기 때문이다.

있음을 실로 있음으로 보기 때문에 없음이 실로 없음이 되어, 있음과 없음은 서로 어긋나고 서로 대립한다. 있음이 실로 있음 아님을 보이기 위해 공을 말한 것이라 공 또한 거짓 이름인데, 공을 공이라 하거나 공하지 않다 하거나 이는 모두 허튼 논란을 이루는 것이다.

5) 항상함과 덧없음을 뛰어넘은 니르바나의 고요함

연기법에서 참된 고요함[眞寂滅]은 어떤 것인가. 온갖 법은 인연으로 생겨나고 인연으로 사라진다. 나고 사라짐의 흐름에 따라가면 이는 덧없음의 허무만이 남을 것이다. 나고 사라짐이 없는 어떤 절대무의 세계에 돌아가 고요함을 얻으려 하면 이는 다만 캄캄한 어두움의 고요함일 뿐 삶의 밝음과 역동성이 없는 고요함이다.

나고 사라지는 몸밖에, 나지 않고 사라지지 않는 정신의 몸이 있다 하는가. 이는 덧없음과 항상함의 두 어긋남[相違]을 함께 짊어진 삶일 뿐 참된 고요함이 아니다. 덧없음도 아니고 항상함도 아닌 영역이 있다 하는가. 오직 나고 사라짐으로 주어지는 현실법에서 그런 법은 말만 있을 뿐 현실이 아니다.

연기법에서는 일어남이 실로 일어남이 아님을 깨달아 알고, 사라짐이 실로 사라짐이 아님을 깨달아 알 때, 나고 사라짐의 한복판에서 온전한 고요함의 삶이 구현될 수 있는 것이다.

또 세간법의 있음이 곧 있음 아님이므로, 세간법에 끝이 있다 해도 참된 고요함이 아니고 세간법에 끝이 없다 해도 참된 고요함을 얻을 수 없다. 오직 세간법에서 연기의 진실을 깨달은 자만이, 나고 사라짐에서 나고 사라짐이 다한 고요함과 참된 삶의 즐거움을 누릴 수 있을 것이다.

『중론』은 말한다.

> 이와 같이 바른 살핌[正觀]으로 사유하면, 모든 법의 실상[諸法實相] 가운데서는 여러 따짐[諸難]으로 따져서는 안 되는 것이다.
>
> 왜 그런가.

모든 법의 적멸한 모습 가운데는
항상함과 덧없음 등 네 견해가 없고
모든 법의 적멸한 모습 가운데는
끝과 끝없음 등 네 견해가 없다.

寂滅相中無 常無常等四
寂滅相中無 邊無邊等四

청목은 풀이한다.

모든 법의 실상은 이와 같이 미묘하고 적멸하다. 다만 지나간 시간[過去世]으로 인해 네 가지 삿된 견해[四種邪見]를 일으키니, 네 가지란 다음과 같다.

"세간은 항상함이 있다. 세간은 덧없다. 세간은 항상하기도 하고 덧없기도 하다. 세간은 항상함도 아니고 덧없음도 아니다."

적멸함 가운데는 이 여러 견해가 다 없으니, 왜 그런가.

모든 법의 실상은 마쳐 다함마저 공해 청정해서[畢竟淸淨] 취할 수 없으므로 공함도 오히려 받지 않는데, 하물며 네 가지 견해가 있겠는가.

네 가지 견해는 다 취함[受]으로 인해 생기나, 모든 법의 실상은 원인이 되는 취함이 없다.

네 가지 견해는 다 자기견해[自見]를 귀하게 여기고 남의 견해[他見]는 천하게 여긴다.

그러나 모든 법의 실상에는 이쪽과 저쪽이 없다. 그러므로 '적멸함 가운데는 네 가지 견해가 없다'고 말한다.

지나간 시간으로 인해 네 가지 견해가 있는 것처럼 미래 시간

[未來世]으로 인해 네 가지 견해가 있는 것 또한 이와 같으니, 다음과 같다.

"세간은 끝이 있다. 세간은 끝이 없다.
세간은 끝이 있기도 하고 끝이 없기도 하다.
세간은 끝이 있는 것도 아니고 끝이 없는 것도 아니다."

6) 있음과 없음을 떠난 세간법의 진실을 보는 것이 곧 여래의 참된 몸을 봄

세간법이 연기로 성취되듯 여래의 이 세간의 몸도 연기로 성취된 몸이다. 그러므로 세간의 있되 공한 진실이 여래의 있되 공한 진실이다.

세간법은 인연으로 일어나므로 실로 없는 것이 아니다. 그러나 세간법은 인연으로 사라지므로 세간법이 실로 있다 해서는 안 된다. 그처럼 여래에 대해서도 있다고 하거나 없다고 하는 이들은 여래의 고요한 모습을 보지 못하고 여래의 법신(法身)을 보지 못한다.

지금 세간에 머물러 계시며 사람들 앞에서 말씀하고 가르치시며 서른두 가지 빼어난 상호를 나투신 여래의 모습에서 모습 없음을 깨달아 아는 자만이, 여래가 파리니르바나에 드신 뒤에도 허무를 보지 않으며, 길이 사라지지 않는 여래의 현존을 보는 자이다.

비록 악을 그치고 착함을 행해 세간의 복된 즐거움을 누리더라도, 길이 다하지 않는 여래의 법신을 보지 못하는 자는 니르바나의 도를 깨뜨리는 자이다.

니르바나의 도에 나아가는 자는 선과 악이 모두 공한 곳에서 지음 없이 선을 행하는 자이며, 있음과 없음의 집착이 사라진 곳에서 있음을 있음 아닌 있음[非有之有]으로 세워낼 수 있고 없음을 없음 아닌 없음[非無之無]으로 세울 수 있는 자이다.

여래의 법신을 보는 자, 그가 니르바나의 도에 나아가는 자이며 세간법의 진실을 보는 자이다.

『중론』은 말한다.

묻는다 만약 이와 같이 여래를 깨뜨리면 곧 여래는 없는 것인가.

답한다 다음과 같다.

삿된 견해가 깊고 두터운 자는
곧 여래가 없는 것이라 말하고
여래의 적멸한 모습에 대해서도
있다거나 아니라고 분별한다.

邪見深厚者　則說無如來
如來寂滅相　分別有亦非

청목은 풀이한다.

삿된 견해는 두 가지가 있으니, 첫째는 세간의 즐거움을 깨뜨림이고, 둘째는 니르바나의 도를 깨뜨림이다.

세간의 즐거움을 깨뜨림이란 거친 삿된 견해이니, '죄가 없고 복이 없으며 여래 등 현성도 없다'고 말한다.

그리하여 삿된 견해를 일으켜 착함을 버리고 악을 행하니, 이것이 곧 세간의 즐거움을 깨뜨리는 것이다.

니르바나의 도를 깨뜨리는 것은 나[我]를 탐착하여 있음과 없음을 분별하고 착함[善]을 일으켜 악함을 없애는 것이다. 착함을 일으키므로 세간의 즐거움을 얻지만, 있음과 없음을 분별하므로 니르바나를 얻지 못한다.

그러므로 만약 여래가 없다 말하면 이것은 깊고 두터운 삿된 견해이니, 세간의 즐거움을 잃는다. 그런데 하물며 니르바나이겠는가.

만약 여래가 있다 말하면 또한 이것도 삿된 견해이다. 왜 그런가.

여래의 적멸한 모습에서 갖가지로 분별하기 때문이다.

그러므로 적멸한 모습 가운데서 여래가 있다고 분별하는 것도 또한 그릇된 것이다.

다음과 같이 보인다.

이와 같이 자기성품이 공함 가운데는
헛된 따짐으로 사유할 수 없어서
여래가 니르바나에 드신 뒤에
있다거니 없다거니 분별하지만
그와 같이 사유할 수 없는 것이네.

如是性空中 思惟亦不可
如來滅度後 分別於有無

모든 법의 실상은 자기성품이 공하기 때문에 여래가 니르바나에 드신 뒤에 있다거나 없다거나, 있기도 하고 없기도 함을 사유해서는 안 되는 것이다. 여래는 본래부터 마쳐 다함마저 공하신데[畢竟空] 어찌 하물며 니르바나 뒤이시겠는가.

이렇게 보인다.

여래는 허튼 따짐 벗어났는데
사람들이 허튼 따짐을 일으킨다.
허튼 따짐은 지혜의 눈 깨뜨리니
그들은 다 붇다를 보지 못한다.

如來過戲論　而人生戲論
戲論破慧眼　是皆不見佛

허튼 따짐[戲論]은 기억해 생각하여 모습을 취해 이것과 저것을 분별하는 것을 말한다. 붇다가 니르바나하였다거나 니르바나하지 않았다고 말하면, 이 사람은 허튼 따짐 때문에 지혜의 눈을 덮으므로 여래의 법신[如來法身]을 보지 못한다.

이 여래를 고찰하는 내용[觀如來品]에서 처음과 가운데와 뒤를 사유해보면 여래의 정해진 성품[定性]을 얻을 수 없다. 그러므로 게는 말한다.

여래에게 있는 자기성품이
곧바로 세간의 자기성품이네.
여래에게는 자기성품이 없으니
세간 또한 자기성품이 없네.

如來所有性　即是世間性
如來無有性　世間亦無性

이 여래를 고찰하는 품[觀如來品] 가운데서 사유해서 따라 구해보면, 여래의 자기성품은 곧 온갖 세간의 자기성품이다.

묻는다 어떤 것이 여래의 자기성품인가.

답한다 여래에는 자기성품이 없으니[如來無有性] 이는 세간에 자기성품 없음[世間無性]과 같다.

3. 여러 교법으로 다시 살피는 여래의 세 가지 몸

『중론』을 통해 살핀 바처럼 세간의 진실과 여래의 진실은 둘이 아니다. 세간법밖에 여래가 없으니 저 세간법의 연기적 진실을 체득한 이가 여래의 법신을 보는 자이다.

그러므로 대승에서 법신(法身) · 보신(報身) · 화신(化身) 이 세 가지 몸[三身]의 구분은 이 세간에 출현하여 보디 나무 아래서 위없는 보디를 성취한 고타마 붇다의 몸을 떠난 그 어떤 신비한 절대적이고 보편적인 진리의 몸을 말하는 것이 아니다.

연기적인 시각으로 보면 세 가지 몸은 보신 · 법신 · 화신의 순서로 읽어야 한다.

보신은 말 그대로 과보로 성취된 몸이니, 부모의 인연으로 성취된 몸, 실천의 공덕으로 성취한 붇다의 거룩한 몸을 말한다.

붇다의 거룩한 몸도 다섯 쌓임의 몸[五蘊身]이다. 그러나 붇다는 다섯 쌓임의 있되 공한 실상을 깨달아 쓰므로 붇다라 이름 지어진 분이다.

그러므로 과보로 성취된 몸의 있되 공하고 공함도 공한 실상이 법신이다.

법신은 보신의 있되 공하고 공함도 공한 실상이다. 법신은 늘 지금 주어진 것의 자기부정과 자기긍정이 통일된 해탈의 활동으로 주어지니, 그 해탈의 활동이 화신이다.

곧 있음이 공하되 그 공함도 공함은 새로운 창조적 과정성으로 주어지되 그 과정성은 고요함 그대로의 과정의 활동이다.

대승에서 응신(應身)은 '천백억 화신 사카무니 붇다'[千百億化身釋迦牟尼佛]라는 말로 표현한다. 그러나 그 응신의 활동은 존재가 있되 공하고 공함도 공한 활동이므로 그 활동 자체가 법신의 고요함이 되는 활동이다.

이제 붇다의 세 가지 몸을 대승의 여러 교설을 통해 다시 고찰해보기로 한다.

1) 중론의 삼제게와 천태의 세 가지 살핌[天台三觀]

중국 북제 혜문선사(慧聞禪師)는 『중론』의 삼제게(三諦偈)를 펼쳐보다가 일생 동안 의심했던 것이 바로 눈 녹듯 사라져 크게 깨쳤다.

그리하여 『대지도론』(大智度論)에 의거해 '한 마음의 세 가지 살핌'[一心三觀]의 관행을 세워 혜사선사(慧思禪師)에게 전했다. 혜사선사는 모든 법의 중도실상을 크게 깨친 뒤 천태선사(天台禪師)에게 전했고, 천태선사는 삼제게 한 게송으로 붇다의 일대교설(一代敎說)의 교상을 판별하여[敎相判釋] 가르침과 살핌의 행[敎觀]을 갖추어 수립하였다.

삼제게는 다음과 같다.

> 인연으로 생겨난 법을
> 나는 곧 공하다 말하네.
> 또한 이것이 거짓 이름이고
> 또한 중도의 뜻이라 하네.

因緣所生法　我說卽是空
亦爲是假名　亦名中道義

온갖 존재는 인연으로 생겨난 법이다. 세간법뿐 아니고 출세간법도 마찬가지다. 눈에 보이는 만 가지 모습과 주체의 앎활동 그리고 온갖 관념도 인연으로 생길 뿐 아니라 여래의 거룩한 몸과 서른일곱 실천법, 보디와 니르바나도 인연으로 성취된 법이다.

인연으로 생긴 법은 인연으로 났기 때문에 자기성품이 없이 공하다.

그러나 공도 있음의 집착을 깨기 위해 세운 거짓 이름[假名]이기 때문에 공도 취할 수 없는 것이라, 공하기 때문에 거짓 있는[假有] 인연의 성취가 이루어질 수 있는 것이다.

그러므로 존재의 연기적 성취에서 있음을 떠나고 공에서 공을 떠나면 있음과 공함을 떠난 중도의 뜻을 실현하게 된다.

이 게송으로 여래의 몸을 살펴보자.

여래의 공덕으로 성취되어 만 가지 덕으로 장엄한 몸은 인연으로 성취된 법이고 보신이다. 보신이 공하고 그 공함도 공해 일어나는 활동이 화신이라면, 보신이 있음이 아니고 공함도 아닌 여래 몸의 진실은 법신이다.

천태선사의 세 가지 살핌[天台三觀]은 공함[空]과 거짓 있음[假]과 중도[中]의 세 진리를 주체의 관행(觀行)으로 가져온 것이다.

저 여래의 보신이 공함을 살피면 보되 봄이 없으니, 이것이 공함을 살핌[空觀]이고 일체지(一切智)가 성취된다. 공도 공한 줄 알면 봄이 없되 보지 않음도 없어서 온갖 사물의 연기적 변화를 살필 수 있으니, 이것이 거짓 있음을 살핌[假觀]이고 도종지(道種智)가 성취된다.

보되 봄이 없고 봄이 없음에서 봄 없음도 떠나면, 이것이 중도를 살핌[中觀]이고 일체종지(一切種智)가 성취된다.

이때 살핌에서 공함과 거짓 있음과 중도를 세운 것은 한 법의 실상을 열어 보이기 위해 짐짓 이름을 세운 것이고, 있음이 있음 아님을 공함이라 했으므로 공에 공의 모습이 없어서 세 살핌의 자취도 취할 것이 없다.

그러므로 하나가 공하면 온갖 것이 공하고, 하나가 거짓 있음이면 온갖 것이 거짓 있음이고, 하나가 중도면 온갖 것이 중도이며, 공을 말하면 거짓 있음과 중도가 공 아님이 없고, 거짓 있음을 말하면 공과 중도가 거짓 있음 아님이 없으며, 중도를 말하면 공과 거짓 있음이 중도 아님이 없다.

곧 보여지는 모습이 있되 공함을 알아 봄에서 봄을 떠나면[於見離見] 봄 없음에서 봄 없음을 떠나 공관을 성취한 곳에서 중도관을 성취하니, 세 가지 살핌 또한 차제가 아니다.

그렇다면 『중론』의 게송처럼 저 인연으로 성취된 여래의 모습에서 모습을 떠나는 자, 그가 니르바나에 드신 여래의 모습 없음에서 모습 없음을 떠나 늘 중도인 여래의 법신을 보는 것이다.

이와 같이 바른 관행을 성취한 자, 그는 늘 여래의 법신과 함께하고 여래의 법신에 서 있으니, 그가 바로 법의 눈[法眼]을 열어 법의 땅에 사는 것이다.

2) 유식불교의 세 가지 성품[三性]과 여래의 세 가지 몸[三身]

유식(唯識)은 온갖 존재를 앎활동[識]인 온갖 존재로 기술한다[萬法唯識]. 인연으로 성취된 모습은 '다른 것을 의지해서 일어난 앎의 모습'[依他起相]이고, 중생의 삶은 '번뇌와 미망에 의해 집착된 모습'[遍計所執相]이며, 여래의 깨달음은 '두렷이 성취된 진실한 모습'[圓成實相]이다.

'인연으로 일어난 모습'은 인연으로 난 것이라 공하고, 있되 공하므로 '인연으로 일어난 모습'이 있음과 없음을 떠난다. '번뇌에 집착된 모습'은 인연으로 난 모습에 헛된 집착을 일으켜 번뇌에 물든 모습이 일어나지만 그 집착 자체가 헛것이라 원래 없으므로 집착된 모습 또한 있음과 없음을 떠난다.

'두렷이 이루어진 진실의 모습'은 연기된 모습의 있되 공한 실상이고 실상을 깨친 보디라 '두렷이 이루어진 진실의 모습'에 자기성품이 따로 없으니, '두렷이 이루어진 진실의 모습' 또한 있음과 없음을 떠난 것이다.

유식가(唯識家)는 이처럼 세 가지 성품의 낱낱 모습이 있음과 없음의 떠남으로 중도를 말하고[一性中道], 다시 이 세 가지 모습이 모두 자기성품 없음으로 중도를 밝히며[三性中道], 이 세 가지 모습이 서로 같지도 않고 다르지도 않기 때문에 서로 바로 봄을 잡아 중도를 밝힌다[三性對望中道].

아함과 교설과 연결지어 말하면, 중생의 다섯 쌓임[五蘊]은 '인연으로 일어난 모습'[依他起相]인데, 인연으로 났기 때문에 공한 곳에서 집착을 일으켜 물든 모습이 곧 '번뇌에 집착된 다섯 쌓임'[遍計所執五蘊]이다.

이에 비해 여래의 공덕의 몸은 '인연으로 일어난 다섯 쌓임'의 실상을 깨친 몸이니 이 몸이 보신이다.

'인연으로 일어난 다섯 쌓임'의 있음과 없음을 떠난 실상이 '두렷이 이루어진 진실한 모습의 다섯 쌓임'[圓成實相五蘊]이고 여래의 법신이다.

인연으로 있는 다섯 쌓임밖에 여래의 법신이 없으니, 다섯 쌓임의 실상인 '두렷이 이루어진 다섯 쌓임'의 진실을 깨달아 쓰는 분이 여래이고, '두렷이 성취된 다섯 쌓임'의 진실을 등지고 '집착된 다섯 쌓임'의 삶을 사는 자가 중생이다.

여래의 법신인 '두렷이 이루어진 진실한 모습의 다섯 쌓임'은 세계인 마음과 마음인 세계의 연기된 모습에서 공한 그 실상을 깨달아 마음이 앎 없는 앎이 되고 세계가 모습 없는 모습이 됨이다.

아는 마음과 알려지는 세계는 서로 의지해 있어서 마음과 세계가 모두 공하니, 지혜인 세계는 모습이 있되 공하고 세계인 지혜는 마음이 알되 앎 없다.

다시 세계가 공하되 그 공함도 공하고, 지혜가 앎 없되 앎 없음도 없으므로, 세계인 지혜는 짓되 지음 없고 하되 함이 없는 해탈의 활동으로 드러나니, 여래의 이 해탈의 활동이 응신(應身)이다.

앎의 세 가지 모습[識三相]이 서로 바로 보아 중도이듯 여래의 세 가지 몸도 중도이다.

공덕으로 성취된 보신에서 실로 있음과 공함을 떠난 실상이 법신이고, 보신이 있되 공하여 보신은 막힘없는 활동으로 주어지니 천백억 활동의 몸이 응신이며, 응신의 활동이 다시 고요해 법신이 되니, 붇다의 세 가지 몸[佛三身]은 서로 바라보아 중도가 된다.

이렇게 되면 세간법과 여래의 색신밖에 여래의 법신이 없으니, 여래의 법신을 저 브라흐만(Brahman)이라는 보편자의 몸처럼 사유하는 것은 중도인 법신의 뜻을 깨뜨리는 것이다.

3) 기신론의 바탕[體] · 모습[相] · 작용[用]의 세 가지 큼[三大]과 여래의 세 몸[三身]

『기신론』(起信論)은 공(空)이라는 이론의 무기를 통해, 있음을 실로 있음으로 보는 집착을 깨뜨리는 중관철학(中觀哲學)과, 앎활동[識]이라는 새로운 이론의 방편을 통해, 공을 실로 있는 공으로 보는 집착을 깨뜨리는 유식철학(唯識哲學)의 실천적 종합이다.

『기신론』의 여래장(如來藏) 사상은, 사상사적으로는 마음[心]을 중심으로 온갖 존재를 해명하는 유식철학의 발전선상에 놓여 있다.

『기신론』은 마음이 인연으로 나고 사라지는 문[心生滅門]과 나고 사라짐이 공한 마음의 진여문[心眞如門]으로 한마음[一心]이라는 연기적 앎활동의 총체성을 해명한다.

그리고 한마음을 다시 바탕[體]과 모습[相] 작용[用]의 세 가지 큰 특징적 모습[三大]으로 나누어 밝힌다.

바탕[體]은 나고 사라짐이 공한 마음의 진여문[心眞如門]이고, 모습[相]과 작용[用]은 마음의 나고 사라지는 문[心生滅門]이다.

그 가운데 바탕이 큼[體大]은 앎에 앎 없고 모습에 모습 없는 진여의 바탕이 붙잡을 수 없음을 말한다. 모습이 큼[相大]은 마음의 진여가 공하지 않아 인연으로 온갖 모습 성취해냄을 말하고, 작용이 큼은 인연으로 성취된 모습이 닫힌 모습이 아니라 한량없는 활동상으로 주어짐을 보인다.

비록 한 마음의 두 문[一心二門]을 나누어 보이고 있지만, 마음의 진여란 마음의 나고 사라짐이 실로 나고 사라짐이 아님을 잡아 세운 문이므로, 두 문과 세 가지 큰 모습은 서로가 서로를 떠나지 않는 중도이다.

『기신론』에서는 한 마음의 세 가지 큰 모습[三大]을 다음과 같이 기술한다.

첫째, 바탕의 큼[體大]이니 온갖 법이 참되고 한결같고 평등하여 늘어나고 줄어들지 않기 때문이다.

둘째, 모습이 큼[相大]이니 여래장이 한량없는 성품의 공덕을 갖추기 때문이다.

셋째, 작용이 큼[用大]이니 온갖 세간 출세간의 좋은 인과를 내기 때문이다.

곧 온갖 모든 붇다가 본래 타던 바이기 때문이고 온갖 보디사트바가 이 법을 타고 여래의 땅에 이르기 때문이다.

一者體大 謂一切法眞如平等不增不減故

二者相大 謂如來藏具足無量性功德故

三者用大 謂能生一切世間出世間善因果故

一切諸佛本所乘故 一切菩薩皆乘此法到如來地

『기신론』에서 여래장이란 지금 중생의 연기하는 한 생각이 공하고 그 공함 또한 공해 온갖 공덕 갖추고 있음을 말하니, 이를 모습이 큼[相大]이라 한다.

이 여래장의 나되 남이 없고 사라지되 사라짐 없는 실상이 늘고 줆이 없으므로 이를 바탕이 큼이라 하고, 이 여래장이 남이 없이 나 온갖 인과적 활동 일으킴을 작용이 큼이라 한다.

이 한 마음의 세 가지 큰 공덕을 이미 깨달아 쓰는 분이 붇다이기 때문에, '온갖 붇다가 본래 타던 바'라고 한 것이고, 온갖 보디사트바

(bodhisattva)도 이 한 마음의 세 가지 공덕을 깨달아 저 언덕에 이르므로 '이 법을 타고 여래의 땅에 이르른다'고 말한 것이다.

이 한 마음의 세 가지 큰 모습을 붇다의 세 가지 몸에 견주어보자.

여래의 지혜 덕상과 온갖 공덕 갖춘 몸[報身]은 한 마음의 '크나큰 모습'[相大]에 응하는 몸이고, 여래의 법신은 나고 사라짐이 다한 진여의 몸 곧 한 마음의 '크나큰 바탕'[體大]에 응하는 몸이며, 여래의 해탈의 활동과 보디사트바의 실천은 한 마음의 '크나큰 작용'[用大]에 응하는 몸이다.

한 마음의 세 가지 큰 모습이 서로 떠나지 않듯 여래의 세 가지 몸도 서로 떠나지 않으니, 세 가지 큼과 세 가지 몸이 서로 다르지 않음을 보아야 연기중도의 뜻을 아는 자라 할 것이다.

4) 『열반경』에서 니르바나의 세 가지 덕과 여래의 세 가지 몸

여래가 성취한 니르바나의 세 가지 덕은 법신(法身) · 반야(般若) · 해탈(解脫)이다. 반야는 법신에서 일어나 법신을 비추는 지혜이니, 반야가 보신이고 반야의 작용인 해탈이 응신이다.

법신이란 다섯 쌓임의 중도실상이고, 반야는 실상인 지혜이다. 그러므로 지혜인 실상은 모습에 모습 없고, 실상인 반야의 지혜는 앎에 앎이 없어서 실상인 지혜는 해탈의 활동으로 현전한다. 곧 해탈은 고요하되 비추고 비추되 고요한 반야의 활동이니, 이 해탈의 활동이 다시 고요하여 법신이 된다.

그러므로 법신 · 반야 · 해탈은 서로 다르지 않다.

천태선사는 말한다.

"해탈이 자재하고 법신 · 반야가 또한 자재하니, 비록 세 가지 이름이 있으나 세 가지 바탕이 없다. 비록 하나의 바탕이나 세 가지 이름을 세운다.

이 세 가지가 곧 한 바탕이라 실은 다름이 있지 않음이다.

비유하면 여의구슬[如意珠] 가운데서 빛[光]을 말하고 구슬이 내는 보배[寶]를 말하면, 빛과 보배가 구슬[珠]과 하나가 아니되 구슬[珠]과 다르지도 않아서, 세로도 아니고 가로도 아님과 같이 세 가지 법 또한 이와 같다."

천태선사의 비유에서 여의구슬은 바탕이니 법신에 비유함이고, 구슬이 내는 빛은 반야에 비유함이고, 여의구슬에서 뜻대로 나오는 갖가지 보배는 해탈의 작용이다.

법신 · 반야 · 해탈이 같음도 아니고 다름도 아니듯, 여래의 법신 · 보신 · 응신도 하나이되 셋이고 셋이되 하나임을 알아야 한다.

영가선사(永嘉禪師)는 법신 · 반야 · 해탈이 같음도 아니고 다름도 아닌 뜻을 천태선사의 『마하지관』(摩訶止觀)의 뜻을 받아 다음과 같이 말한다.

"첫째, 법신이 어리석지 않음[不癡]이 곧 반야요, 반야가 집착 없음[無着]이 해탈이요, 해탈의 고요함[寂滅]이 곧 법신이다.

둘째, 반야가 집착 없음이 곧 해탈이요, 해탈의 고요함이 곧 법신이며, 법신이 어리석지 않음이 곧 반야이다.

셋째, 해탈이 고요한 것이 곧 법신이요, 법신이 어리석지 않음이 반야요, 반야가 집착 없음이 해탈이다."

이 법신 · 반야 · 해탈을 구리거울에 비유하면 거울의 바탕은 법신과 같고, 거울의 밝음은 반야와 같고, 거울에 비친 갖가지 그림자는 해탈과 같다.

법신 · 보신 · 응신도 이와 같아서, 법신은 보신의 있음도 아니고 없음도 아닌 실상이고, 응신은 보신의 하되 함이 없는 작용이고, 응신의 함에 함이 없고 작용에 자취 없음이 다시 법신이 되어 세 가지 몸은 서로 같음도 아니고 다름도 아니다.

다시 법신이 법신 아닌 곳에 보신이 세워지고, 보신이 보신 아닌 곳에서 보신의 작용인 응신이 세워지고, 응신의 작용에 작용 없음에 다시 법신이 세워지는 것이니, 세 가지 몸에 취할 모습이 있고 서로 다름이 있으면 이는 이미 여래의 참된 몸을 등지는 것이다.

4. 화엄교로 다시 본 여래의 참된 몸과 보디의 행

중국 화엄종(華嚴宗)을 대성한 조사 청량징관법사(淸涼澄觀法師)는 『삼성원융관』(三聖圓融觀)을 쓰고 또 『오온관』(五蘊觀)을 썼다.

『화엄경』의 대의를 바이로차나 · 만주쓰리[文殊] · 사만타바드라[普賢] 세 성인의 원융함으로 요약해서 바이로차나 법계에 들어가는 길을 밝힌 『삼성원융관』과 연기법의 기본 교설인 '다섯 쌓임의 실상 살핌'[오온관]을 밝히는 두 글을 함께 저술한 청량의 뜻은 무엇일까.

화엄의 법계연기설은 아함 연기교설의 우주론적 확장이다. 『화엄경』은 바이로차나 법계에서 일어나는 보현행원(普賢行願)과 보현행원으로 법계에 들어가는 해탈의 길을, 바이로차나 · 만주쓰리 · 사만타바드라의 세 성인을 통해 기술하고 있다.

필자는 『화엄경』 서술의 세 인격적 주인공인 '바이로차나 · 만주쓰리 · 사만타바드라가 서로 원융함'을 살피는 관행의 글과 다섯 쌓임의 실상을 살피는 관행을 다룬 글, 이 두 글이 나란히 합본되어 있는 체계에 늘 의문점을 갖고 있었다.

출가하여 이십여 년이 흐른 뒤 실상사(實相寺) 화엄학림(華嚴學林)에서 「화엄관행문」(華嚴觀行門)을 강의하면서 이 두 글이 같은 뜻을 말하고 있음에 대해 확실히 자각하게 되었다.

초기 불교의 다섯 쌓임의 설[五蘊說]은 적취설의 원자적 세계관과 달리 다섯 가지 쌓임이 서로 내적인 관계 속에서 의지해 발생함을 말하고 있는 가르침이다.

주체의 인식과 감각 등 세계를 주체화하는 활동은, 여기 있는 주체가 저기 있는 세계를 인식하는 활동이 아니다. 앎활동[名法]은 저 세계[色法]를 의지해서 일어나는 앎활동이므로 앎활동일 때 앎은 세계인 앎이다. 저 세계는 주체 밖에 나가 있는 세계가 아니라 앎의 내적 토대이자 앎 자체로 현상하는 세계로서, 세계일 때 세계는 앎인 세계이다. 그러므로 저 세계를 통해 연기하는 앎활동이 공한 것이고, 세계가 공하기 때문에 세계는 주체의 앎활동으로 현상하는 것이다.

다섯 쌓임설에서 앎과 알려지는 바가 서로 의지해 있어서, 두 모습이 모두 공한 바탕이 화엄의 바이로차나 붇다(Vairocana-Buddha)이다.

그러므로 저 알려지는 세계를 알되 앎 없이 아는 주체의 공한 지혜가 화엄에서 만주쓰리의 지혜[文殊智]이고, 알려지는바 세계의 있되 공한 실상이 화엄에서 사만타바드라의 진리[普賢理]이다.

진리가 지혜 밖의 관조적 진리가 아니라 지혜인 진리이고, 그 지혜가 진리인 지혜라 있되 공한 지혜이기 때문에, 문수의 지혜는 알되 앎 없고 하되 함이 없는 해탈의 활동으로 드러난다. 하되 함이 없는 해탈의 활동이 보현의 행[普賢行]이다.

이를 다섯 쌓임의 교설로 살펴보자. 앎과 알려지는 것이 서로 의지해 있는 다섯 쌓임의 중도실상이 바이로차나이고, 앎활동[名: 受·想·行·識]의 알되 앎 없는 지혜가 만주쓰리의 지혜이며, 알려지는 모습[色法]의 있되 공한 실상이 사만타바드라의 진리이다.

또 지혜와 진리가 하나된 행, 곧 다섯 쌓임의 실상을 온전히 깨달아 있음과 없음에 치우침 없는 중도행(中道行)은 보현행이다.

바이로차나 붇다의 온갖 곳에 두루하지 않음이 없는[遍一切處] 진리의 바탕에서 만주쓰리의 지혜와 사만타바드라의 행이 일어나니, 만주쓰리의 지혜와 사만타바드라의 진리, 사만타바드라의 행은 위없는 보디에서 발현된 보디의 결과이다.

그러나 다시 바이로차나 붇다의 법계는 만주쓰리의 지혜를 통해 밝혀지고, 사만타바드라의 행을 통해 따라 들어가고 사만타바드라의 행을 통해서 행 자체인 보디의 과덕[菩提果]을 성취하는 것이니, 바이로차나 법계는 만주쓰리의 지혜와 사만타바드라의 행 곧 보현행의 결과이다.

이를 붇다의 세 가지 몸으로 표현하면, 바이로차나는 법신(法身)이고 만주쓰리의 지혜는 붇다의 보신(報身)이며 사만타바드라의 행은 붇다의 응신(應身)이다.

보디의 나무 아래서 위없는 보디를 완성한 붇다의 모습은 화엄의 표현으로 보면 만주쓰리의 지혜를 통해 바이로차나의 법계를 깨친 것이고, 아함의 표현으로 보면 십이연기를 사유하여 다섯 쌓임의 실상을 깨친 것이다.

원인이 되는 지혜를 통해 바이로차나의 과덕이 온전히 드러나면,

바이로차나의 법계 가운데 법계인 지혜[法界智]와 법계인 사만타바드라의 행[法界行]이 온전히 드러난다. 원인을 통해 보디의 과덕을 얻지만 그 원인은 보디의 과덕에서 일어난 보디의 작용이니, 원인 속에 결과가 있고 결과 속에 원인이 있는 것이다.

『화엄경』의 전반부는 이 뜻을 붇다께서 보디 나무 아래서 맨 처음 바른 깨달음을 이루시자[始成正覺], 바른 깨달음 자체 · 법계진리 자체로 드러난 만주쓰리의 지혜와 사만타바드라의 행을 시방의 여러 보디사트바들이 찬탄함으로 나타내고 있다.

그러나 중생이 다시 바이로차나의 법계에 들어가려면 만주쓰리의 지혜와 사만타바드라의 행을 통해서 들어가게 되는 것이니, 만주쓰리 · 사만타바드라의 인행(因行)을 통해 바이로차나의 해탈의 결과가 이루어지지만 해탈의 결과 속에 다시 원인이 있는 것이다.

곧 과덕 그대로의 원인이 되는 행으로 원인 속에 이미 갖추어진 과덕을 실현하는 것이다.

이는 원래 다섯 쌓임이 있되 공한 실상 속에 이미 계신 여래가, 보디의 마음을 일으켜 다섯 쌓임이 있되 공한 실상을 다시 깨쳐, 실상 그대로의 중도행 · 해탈의 행을 시현하는 것과 같다.

보신의 지혜는 법신 속에 이미 갖춰져 있으나, 보신의 지혜로 법신을 깨달아 중생을 위해 한량없는 응신의 작용 곧 해탈의 불사를 짓는 것이다. 그래서 『화엄경』의 여러 곳에서도 바로 세간법의 참모습, 다섯 쌓임의 연기적 진실을 보는 자가 여래를 보는 자라고 말한다.

세간법의 참모습이 사만타바드라의 진리[普賢理]이자 바이로차나의 법계이니, 만주쓰리의 지혜[文殊智]로 바이로차나 붇다의 세계가 현전하는 모습은 『화엄경』에서 다음과 같이 기술된다.

미혹하여 바로 알지 못하는 이는
허망하게 다섯 쌓임의 모습 취하여
다섯 쌓임의 참모습을 알지 못하니
이 사람은 붇다를 보지 못하네.

迷惑無知者　妄取五蘊相
不了彼眞性　是人不見佛

온갖 모든 법의 자기성품이
있는 바 없음을 밝게 깨달아 알라.
이와 같이 법의 성품 바로 안다면
바이로차나 붇다를 보게 되리라.

了知一切法　自性無所有
如是解法性　卽見盧舍那

만약 헛된 분별에 머무른다면
곧 깨끗한 눈을 깨뜨리게 되니
어리석음과 삿된 견해 늘어나
길이 모든 붇다를 보지 못하리.

若住於分別　卽壞淸淨眼
愚癡邪見增　永不見諸佛

온갖 법은 실로 생겨나지 않고
온갖 법은 실로 사라지지 않네.
만약 이와 같이 알 수 있으면

모든 붇다 늘 앞에 나타나리라.

一切法不生 一切法不滅

若能如是解 諸佛常現前

화엄에서 온갖 법이란 바로 아함경과 『중론』에서 말하고 있는 다섯 쌓임의 법이다. 그리고 이 온갖 법인 다섯 쌓임에서 주체의 앎활동[心法]과 알려지는 것[色法]은 다섯 쌓임의 법을 이루는 두 가지 내용이다.

그처럼 만주쓰리의 아는 지혜[能觀智]와 아는바 사만타바드라의 진리[所觀理]는 바이로차나 붇다의 두 내용이다.

결과로 성취된 보디에서 보면 만주쓰리와 사만타바드라는 바이로차나의 자식이다. 그러나 만주쓰리의 지혜와 사만타바드라의 행으로 바이로차나가 구현되니, 바이로차나 붇다는 다시 만주쓰리와 사만타바드라를 어머니로 삼고 아버지로 삼는다.

보디의 결과를 내는 원인에서 보면 바이로차나 붇다는 만주쓰리와 사만타바드라의 자식이 된다. 저 바이로차나 붇다의 법계는 실천의 첫걸음이 일어나는 곳이자 귀착처이니, 법계는 만주쓰리와 사만타바드라를 통해 오직 지혜인 법계로 드러나고 사만타바드라의 행인 법계로 드러난다. 이는 붇다의 법신이 보신·응신밖에 따로 없는 것과 같다.

바이로차나 법계에서 현전하는 사만타바드라의 행밖에 바이로차나 붇다의 세계가 없으니, 미망의 중생이 보디의 세계에 돌아감이란 실은 법계인 중생이 법계인 사만타바드라의 행으로 법계인 바이로차나 붇다의 세계에 돌아가는 실천이다.

『화엄경』의 가르침으로 보면 바이로차나 법계에는 오직 중생인 법계가 여래인 법계에 복귀하는 영겁의 실천운동만이 있으니, 이미 붇다의 공덕으로 장엄된 중생이 그 붇다의 공덕을 스스로 실현하는 행이 보디의 행이다.

바이로차나 법계에서 사만타바드라의 행이 일어나지만 사만타바드라의 실천의 바다[行海]로만 진리는 현전하고, 가되 감이 없는 실천행의 완성을 통해서만 위없는 보디의 구현이 있는 것이다.

그 뜻을『화엄경』은 이렇게 말한다.

삼세 온갖 한량없는 붇다들의
가장 높은 보디와 모든 행과 원들
내가 모두 받들어 공양하옵고
온갖 공덕 원만하게 모두 닦아서
사만타바드라가 행원으로 보디 이루리.

三世一切諸如來　最勝菩提諸行願
我皆供養圓滿修　以普賢行悟菩提

온갖 여래의 법의 맏아들은
그 이름 사만타바드라 보디사트바
나는 이제 모든 선근 회향하나니
지혜와 행이 모두 저와 같아지이다.

一切如來有長子　彼名號曰普賢尊
我今廻向諸善根　願諸智行悉同彼

나는 이제 사만타바드라의 행과
만주쓰리 모든 큰행 널리 깨끗이 해
저 큰일과 업 남음 없이 가득 채워서
미래겁에 언제나 쉬임 없으리.

我爲徧淨普賢行　文殊師利諸大願
滿彼事業盡無餘　未來際劫恒無倦

제1장

존재의 실상이신 붇다 [法身]

"세간은 덧없다, 세간은 항상하다
세간은 항상하기도 하고 덧없기도 하다,
세간은 항상함도 아니고 덧없음도 아니다.
세상은 끝이 있다, 세상은 끝이 없다,
세상은 끝이 있기도 하고 끝이 없기도 하다,
세상은 끝이 있음도 아니고 없음도 아니다.
(중략)
세존은 이와 같이 알지 않고 알며,
보지 않고 보며, 가려 알지 않고 가려 안다.
세존은 끊지 않고 끊으며, 살피지 않고 살피며,
살펴보지 않고 살펴보며, 느끼지 않고 느낀다."

여래의 몸을 법신 · 보신 · 응신의 세 가지 몸으로 가름하여 아함경의 내용을 엮은 것을 보고, 어떤 이는 "세 가지 몸은 대승의 교설인데 왜 대승의 교설로 아함경을 읽는가"라고 물을 것이다.

위의 여러 교설을 통해 살핀 바대로, 여러 대승가(大乘家)에서 세 가지 몸의 교설이란 붇다의 연기법의 세계관으로 여래의 몸을 다시 고찰하여 세워진 교설일 뿐, 아함 연기교설 밖의 다른 교설에 의거한 것이 아니다.

처음 아함경에서는 여래의 몸은 다섯 쌓임의 있는 모습에 갇힌 몸이 아니라, 다섯 쌓임의 중도실상을 깨친 실천 자체가 여래의 진리의 몸임을 말한다. 그리하여 법신을 다섯 가지로 가름해보이니, 여래의 계의 몸[戒身] · 선정의 몸[定身] · 지혜의 몸[慧身] · 해탈의 몸[解脫身] · 해탈지견의 몸[解脫知見身]이 다섯 가지로 가름된 여래의 법신[五分法身]이다.

이 다섯 가름의 법신을 후대에 이루어진 세 가지 붇다의 몸으로 다시 보면, 선정의 몸이 법신이라면 지혜의 몸은 보신이고, 계의 몸 · 해탈의 몸 · 해탈지견의 몸은 화신이 된다.

그러나 그 어떤 교설로 여래의 몸을 고찰하더라도 그 몸은 지금 보디의 공덕을 성취한 여래의 몸, 그것의 연기적 진실 그대로의 몸이니, 여래의 몸을 말하면서 브라흐만의 관념적 보편자의 몸과 같다 하거나 실재론자들의 영적 실체와 같은 것으로 설명해서는 안 된다.

여래의 몸은 다섯 쌓임의 진실 그대로의 몸이므로 덧없음의 흐름을 떠난 어떤 몸이 따로 있는 것이 아니다. 그 덧없음의 몸에 실로 남이 없고 사라짐이 없음을 알면 여래의 법신이 길이 사라지지 않는 진실을 보게 되는 것이다.

천태선사는 『유마경약소』(維摩經略疏)에서 여래의 법신이 지혜인 법신임을 다음과 같이 말한다.

"여래의 몸[如來身]은 금강의 바탕이니 곧 법의 몸이고 항상한 몸[常身]이다.

금강으로 비유한 까닭은 바탕이 굳세고 그 씀이 날카로워 본바탕까지 사무쳐 이르기 때문이다.

굳셈[堅]으로 법신을 비유한 것은 망령된 미혹과 나고 죽음에 침범을 받지 않고 늘 머물러 변하지 않기 때문이다.

날카로움[利]으로 법신의 지혜의 덕[法身智德]을 비유한 것은 반야의 비추어 쓰는 공덕이 갖추지 않음이 없기 때문이다.

본바탕까지 사무쳐 이르름으로 법신의 끊음의 덕을 비유한 것은 해탈이 끝까지 사무쳐 미혹의 장애가 여기서 끊어지기 때문이다.

이것이 곧 법신 · 반야 · 해탈의 세 가지 덕이 세간의 이자(伊字, ∴)와 같음이다. 그러므로 금강을 빌려 법신을 비유한 것이다."

천태선사의 법신 풀이는 법신을 잡아 여래의 반야와 해탈, 보신과 화신의 작용을 모두 아우르고 있다. 천태선사는 금강의 굳셈으로 법신을 비유하고, 날카로운 쓰임새로 반야를 비유하고, 금강이 굳세 모든 끊어 없앰으로 해탈을 비유한다. 법신의 무너지지 않음은 있는 것의 참으로 공한 실상은 무너뜨릴 수 없음을 말하고, 앎이 공하되 공하지 않아 밝음은 금강의 날카로움으로 비유하고, 지혜가 모든 장애 속에서 해탈의 행으로 발현되는 것은 금강이 굳세 다른 장애를 모두 끊어 없앰으로 비유한다.

곧 천태의 위 풀이는 여래의 몸을 끊어져 없어진다고 말하거나, 덧없이 흘러간다고 말하는 이들의 치우침을 깨뜨리기 위해 법신의 늘 머묾, 변하지 않음과 지혜의 공덕 갖춤을 금강으로 보인 것이다. 그러므로 위 풀이를 듣고 변하지 않는다는 견해를 일으켜서는 또한 여래의 진실을 보지 못한다.

『화엄경』(「수미정상게찬품」須彌頂上偈讚品)은 말한다.

지혜의 빛은 늘 널리 비추어
세간 어두움 모두 없애버리네.
온갖 곳에 같이 짝할 이 없으니
어떻게 헤아려 알 수 있으리.

慧光恒普照 世闇悉除滅
一切無等倫 云何可測知

봄이 없어야 곧 바로 봄이니
온갖 법을 볼 수 있으리.
법에 만약 봄이 있어도
이것은 바로 보는 바 없네.

無見卽是見 能見一切法
於法若有見 此則無所見

견해 있으면 곧 때가 되는 것이라
이렇게 되면 바르게 보지 못한다.

모든 견해를 멀리 떠나야 하니
이와 같아야 붇다를 볼 수 있으리.

有見則爲垢 此則未爲見
遠離於諸見 如是乃見佛

또한 경은 여래가 온갖 모든 법이 인연으로 나므로 남이 없고 인연으로 사라지기 때문에 사라짐 없음을 깨달아 스스로 해탈하고 온갖 중생 해탈케 하는 분임을, 이렇게 찬탄한다.

온갖 모든 법의 참모습은
남이 없고 또한 사라짐 없네.
기이하다 세간의 크신 인도자여
스스로 깨닫고 남을 깨닫게 하시네.

一切諸法性 無生亦無滅
奇哉大導師 自覺能覺他

1 세간의 참모습이 여래의 참모습

• 이끄는 글 •

『중론』에서 나가르주나 존자가 보인 바처럼 여래의 자기성품[如來性]이 세간의 성품[世間性]이다. 인연으로 일어나는 세간의 모습에 자기성품이 없다면 여래에게도 붙잡아야 할 자기성품이 없다.

모습에 모습 없는 세간의 진실이 여래의 진실이다.

연기법에서 세간법의 모습에 모습 없는 진실은 다섯 쌓임[五蘊]의 교설로 해명된다. 다섯 쌓임의 교설은 다원주의적 사문들의 적취설적 언어를 채택하여 브라마나의 관념적 일원론을 깨뜨리고, 다시 다섯 쌓임이 서로 의지해 일어남을 통해 적취설의 다원주의를 깨뜨린다.

다섯 쌓임의 교설이 존재[我]도 공하고 존재를 존재이게 하는 다섯 쌓임의 법도 서로 의지해 있음을 보이는 가르침이므로, 다섯 쌓임의 언어구조가 그대로 있되 공한 세간법의 진실을 열어 보인다. 다섯 쌓임의 있되 공함을 깨친 여래의 몸은 실로 있다고 해도 안 되고 실로 없다고 해도 안 되며, 늘 있다 해도 안 되고 덧없이 사라진다 해도 안 된다.

여래의 몸은 있되 공하므로 그 몸은 마치 저 허공과 같아 의지할 바 없고 취할 바 없다. 그러나 여래의 몸은 공하되 있으므로 중생이 볼 수 있고 들을 수 있는 구체적 다섯 쌓임의 몸을 떠나지 않는다.

공하되 있는 여래의 몸이 있음 아닌 있음이므로 그 몸은 고정된 실체로 있는 존재가 아니라 중생을 위한 해탈의 활동으로 주어지는 몸이다.

이러한 고찰을 통해서 여래의 몸을 세 가지 몸[法身, tri-kāya]으로 나누어 보인 것이니, 세 가지 몸이란 다섯 쌓임의 몸 그것의 중도실상인 법신[dharma-kāya], 인연의 성취인 보신(報身), 보신의 해탈의 활동인 변화의 몸 곧 화신(化身)이다.

나가르주나의 『중론』은 붇다의 몸에 대해 '거룩한 몸을 실체적으로 보존하려는 불교 내부 실재론자들'[一切有部宗]의 집착을 깨서 붇다의 몸이 있음과 없음을 떠난 중도의 진실임을 보여 법신의 뜻을 세워 보이고 있다.

그러나 나가르주나 때는 붇다의 몸을 세 가지 몸으로 분별해보이는 교리는 아직 분명하게 나타나지 않고 있다.

붇다의 몸을 세 가지 몸으로 구분해보이고 그 세 가지 몸이 하나됨을 밝힌 교설은 유식가(唯識家)에 의해서 정립된다.

유식가에서 말하는 여래의 세 가지 몸은 중도의 진실인 '자기성품의 몸'[自性身, svabhāva-kāya], '받아쓰는 몸'[受用身, saṃbhoga-kaya], '변화의 몸'[變化身, nirmāṇa-kāya]이다.

자기성품의 몸이 나가르주나 존자가 보인 법신이라면, 받아 쓰는 몸은 인연으로 성취된 다섯 쌓임의 몸 곧 보신이다. 보신은 있되 공하므로 있되 공한 몸은 스스로 받아쓰는 몸이 되므로 자수용신(自受用身)이라 한다. 보신은 있되 공하고 공도 공하여 변화의 활동으로 주어지니, 이를 변화의 몸[變化身]이라 하고 남이 받아쓰는 몸[他受用身]이라 한다.

이를 초기 불교의 교설로 보면 여래의 법신은 있음과 없음을 떠난 니르바나의 고요한 모습[涅槃寂靜]이고, 여래의 보신은 인연으로 성취된 다섯 쌓임의 있되 공한 몸이니, 모든 법에 자기성품 없음[諸法無我]이 된다.

여래의 변화의 몸은 있되 공한 공덕의 몸에서 그 공함도 공하여 일어나는 한량없는 변화의 활동이니, 온갖 행의 덧없음[諸行無常]의 뜻이 된다. 그러니 붇다의 초기 교설과 그 교설을 이어받은 대승 논사들의 교설이 어찌 서로 다른 것이라 할 수 있겠는가.

다섯 쌓임으로 표시된 세간법의 진실을 보는 것이 붇다의 진실 보는 것임을 『화엄경』(「승수미산정품」昇須彌山頂品)은 이렇게 말한다.

앞의 다섯 쌓임으로 인하여
뒤의 쌓임 서로 이어 일어나니
여기에서 참성품 깨달아 알면
붇다의 부사의함 볼 수 있으리.

因前五蘊故　後蘊相續起
於此性了知　見佛難思議

1) 다섯 쌓임의 참모습이 곧 여래

아니룻다여, 여래는 죽은 뒤에도 있습니까 없습니까

이와 같이 내가 들었다.

한때 붇다께서는 라자그리하 성의 칼란다카 대나무동산에 계셨다.

그때 아니룻다 비구는 그리드라쿠타 산에 있었다.

이때 집을 나온 많은 바깥길 수행자들이 아니룻다가 있는 곳으로 찾아가 서로 인사한 뒤 한쪽에 서서 아니룻다에게 말했다.

"물어보고 싶은 것이 있는데 한가하다면 풀이해주시겠습니까?"

아니룻다는 여러 바깥길 수행자들에게 말하였다.

"묻고 싶은 대로 하시오. 아는 것은 대답하겠소."

여래가 죽은 뒤에 있는가 없는가를 묻는 것은
말할 것 없는 법[無記法]임을 보임

"어떻습니까, 존자여. 여래는 죽은 뒤에도 있습니까?"

"세존께서 말씀하신 대로라면 그것은 말할 것 없음[無記]입니다."

"여래는 죽은 뒤에는 없습니까?"

"세존께서 말씀하신 대로라면 그것 또한 말할 것 없음입니다."

"여래는 죽은 뒤에 있기도 하고 없기도 합니까? 있음도 아니고 없음도 아닙니까?"

"세존께서 말씀하신 대로라면 그것 또한 말할 것 없음입니다."

바깥길 수행자들은 다시 물었다.

"왜 존자께서는 '여래는 죽은 뒤에 있습니까'라고 물어도 말할 것 없음이라고 말하고, '죽은 뒤에 없습니까'라고 물어도 말할 것 없음이라고 말합니까?

그리고 왜 '죽은 뒤에 있기도 하고 없기도 합니까, 있음도 아니고 없음도 아닙니까'라고 물어도 말할 것 없음이라고 말합니까?

어떻습니까, 존자여. 그러면 사문 고타마는 알지도 못하고 보지도 못한 것입니까?"

아니룻다는 대답하였다.

"세존께서는 알지 못하고 보지 못한 것이 아니요."

이때 모든 바깥길 수행자들은 아니룻다가 말한 것에 마음이 기쁘지 않아 그를 꾸짖고는 자리에서 일어나 떠나갔다.

연기의 진실이 아닌 것에 대해서 말할 것 없다고 함이 곧 여래의 진실한 뜻임을 보이심

그때 아니룻다는 여러 바깥길 수행자들이 떠난 줄을 알고, 붇다 계신 곳에 가 붇다의 발에 머리를 대 절하고 한쪽에 서서 여러 바깥길 수행자들이 물었던 것을 붇다께 널리 말씀드리고 다시 붇다께 말씀드렸다.

"세존이시여, 저들은 이와 같이 물었고 저는 이와 같이 대답하였습니다. 저의 대답이 모든 법에 따라서 말한 것입니까, 세존을 비방하지는 않았습니까?

법을 따른 것입니까, 법을 어긴 것입니까? 다른 사람이 와 따지도록 하면 꾸짖음 받지는 않겠습니까?"

붇다께서는 아니룻다에게 말씀하셨다.

"내 이제 너에게 묻겠다. 물음을 따라 대답해보라. 아니룻다여, 물질은 항상한가, 덧없는가?"

"덧없습니다."

"느낌[受] · 모습 취함[想] · 지어감[行] · 앎[識]은 항상한가, 덧없는가?"

"덧없습니다, 세존이시여."

"만약 덧없다면 그것에 대한 집착은 괴로운 것인가?"

"그것은 괴로운 것입니다."

"만약 덧없고 괴로운 것이라면 그것은 변하고 바뀌는 법이다. 많이 들은 거룩한 제자들이 과연 그 가운데서 나[我]와 나와 다름[異我], 나와 나와 다름이 서로 같이 있음[相在]을 보겠는가?"

"아닙니다, 세존이시여."

"느낌 · 모습 취함 · 지어감 · 앎에 있어서도 또한 그와 같다."

세존께서는 다시 물으셨다.

"어떠냐, 아니룻다여. 물질[色]이 여래인가?"

"아닙니다, 세존이시여."

"느낌 · 모습 취함 · 지어감 · 앎이 여래인가?"

"아닙니다, 세존이시여."

다시 물으셨다.

"아니룻다여, 물질을 떠나서 여래가 있는가?

느낌 · 모습 취함 · 지어감 · 앎을 떠나서 여래가 있는가?"

"아닙니다, 세존이시여."

연기의 실상대로 보고 아는 자가 여래와 같이 말하는 자임을 보이심

붇다께서는 아니룻다에게 말씀하셨다.

"이렇게 말하는 사람은 모든 말씀[諸記]을 따르는 것이고, 여래를 비방하지 않은 것이며, 차례를 뛰어넘은 것이 아니니다.

여래가 말한 것처럼 법을 따라서 말한 것이니, 누구라도 와서 따져 꾸짖을 수 없을 것이다.

왜 그런가. 나는 물질[色]을 진실 그대로 알고, 물질 모아냄[色集]과 물질 사라짐[色滅]과 물질 없애는 길[色滅道跡]을 진실 그대로 알기 때문이다.

아니룻다여, 만약 여래가 지은 것[如來所作]을 버리고, 바르게 알지 못하고 바르게 보지도 못하고서 말하는 자[無知無見說者]는 여래와 같이 말하는 자가 아니니다."

붇다께서 이 경을 말씀하시자, 아니룻다는 붇다의 말씀을 듣고 기뻐하며 받들어 행하였다.

• 잡아함 106 아라도경(阿羅度經)

• 해설 •

여래께서 저 아니룻다에게 가르쳐보인 것처럼, 여래의 세계관처럼 보는 자가 바르게 보는 자이고 여래의 말씀처럼 말하는 이가 바르게 말하는 자이다.

바르게 보고 바르게 말하지 않는 자가 어찌 여래의 말씀대로 닦아 행하는 자이겠는가[如說修行]. 여래의 세계관처럼 보지 않고 여래의 말씀처럼 말하지 않으면서도 불교를 표방하고 선(禪)을 말하는 이들이 세상에 가득하니 어찌된 일인가.

여래의 몸도 다섯 쌓임이 어우러져 성취된 몸이다. 그러나 여래는 다섯 쌓임이 공한 줄 깨달아 다섯 쌓임의 진실한 모습을 온전히 사신 분이니, 망령되이 다섯 쌓임의 있는 모습을 취하는 자[妄取五蘊相]도 다섯 쌓임을 떠나 절대관념 속에서 여래를 구하는 자도 여래를 볼 수 없다.

나[我]는 다섯 쌓임의 물질 그대로도 아니고 물질 떠나서도 내가 없어서 나도 공하고 물질도 공하니, 저 물질에서 나[我]와 나와 다름[異我], 둘의 함께 있음[相在]을 보아서는 안 된다.

그렇다면 어떻게 해야 여래를 볼 수 있는가. 다섯 쌓임의 연기된 모습에서 모습 떠나 실로 있음과 실로 없음을 모두 보지 않는 자가 여래의 진실을 보아 허튼 논란과 온갖 견해 쉰 자인가.

『화엄경』(「수미정상게찬품」)은 이렇게 가르친다.

가령 백천 겁의 기나긴 세월
늘 여래의 모습 본다고 해도
진실한 뜻에 의지하지 않고서
세간 건지시는 분 살핀다 하자.
이 사람은 모든 모습 취하는 자라
어리석음의 그물만 늘려 키워서
나고 죽음의 감옥에 얽매어 묶여
눈멀어 붇다를 보지 못하리.

假使百千劫 常見於如來
不依眞實義 而觀救世者
是人取諸相 增長癡惑網
繫縛生死獄 盲冥不見佛

야마카여, 물질이 여래인가 물질을 떠나서 여래인가

이와 같이 내가 들었다.

한때 붇다께서는 슈라바스티 성 제타 숲 '외로운 이 돕는 장자의 동산'에 계셨다.

그때 야마카(Yamaka)라는 비구는 잘못된 견해를 일으켜 이렇게 말했다.

"내가 붇다께서 말씀하신 법을 이해하기로는, 번뇌가 다한 아라한은 몸이 무너지고 목숨을 마친 뒤에 다시는 있는 바가 없다."

그때 많은 비구들은 그 말을 듣고 그가 있는 곳으로 찾아가 야마카 비구에게 말하였다.

"그대는 실로 이렇게 말했소?

'내가 붇다께서 말씀하는 법을 이해하기로는, 번뇌가 다한 아라한은 몸이 무너지고 목숨을 마친 뒤에 다시는 있는 바가 없다.'"

"실로 그렇습니다, 여러 존자들이여."

그때 여러 비구들은 야마카 비구에게 말했다.

"세존을 비방하지 마시오. 세존을 비방하는 것은 좋지 못하오. 세존께서는 그런 말씀을 하지 않으셨소. 그대는 반드시 그런 나쁘고 잘못된 견해를 다 버려야 하오."

여러 비구들이 이렇게 말했지만, 야마카 비구는 그래도 그 잘못된 견해를 고집하며 이렇게 말했다.

"여러 존자들이여, 오직 이것만이 진실이요, 다른 것은 다 허망합니다."

이렇게 세 번을 말했다.

사리푸트라 존자에게 없어진다는 견해 조복해주도록 요청함

이때 여러 비구들은 야마카 비구를 조복할 수 없자 곧 그를 버리고 떠났다. 그들은 사리푸트라 존자가 있는 곳으로 가서 그에게 말하였다.

"존자께서는 아셔야 합니다. 저 야마카 비구는 이러한 잘못된 견해를 일으켜 이렇게 말합니다.

'내가 붇다께서 말씀하신 법을 이해하기로는, 번뇌가 다한 아라한은 몸이 무너지고 목숨을 마친 뒤에 다시는 있는 바가 없다.'

저희들은 그 말을 듣고 일부러 야마카 비구를 찾아가 이렇게 말했습니다.

'그대가 실로 이런 견해를 지었는가.'

그는 저희들에게 이렇게 대답했습니다.

'여러 존자시여, 그렇습니다. 실로 다른 말은 다 어리석은 말입니다.'

그래서 저희는 곧 그에게 두 번 세 번 이렇게 말했습니다.

'그대는 세존을 비방하지 마시오. 세존께서는 그렇게 말씀하지 않으셨소. 그대는 반드시 그 나쁘고 잘못된 견해를 버려야 하오.'

그러나 그는 그래도 그 잘못된 견해를 버리지 않았습니다. 그래서 저희가 지금 존자께 찾아온 것입니다. 존자께서는 저 야마카 비구의 잘못된 견해를 그치게 해주시길 바랍니다. 그렇게 하는 것이 그를 가

였이 여김이 되기 때문입니다."

사리푸트라 존자가 말하였다.

"그렇소. 내가 그의 잘못된 견해를 그치게 해주겠소."

그때 많은 비구들은 사리푸트라 존자의 말을 듣고 모두 기뻐하면서 자기 본 곳으로 돌아갔다.

사리푸트라 존자가 야마카를 찾아가 연기의 실상을 문답함

그때 존자 사리푸트라는 이른 아침에 가사를 입고 발우를 가지고 슈라바스티 성으로 들어가 밥을 빌었다. 밥을 다 든 뒤 성을 나와 다시 정사로 돌아왔고, 가사와 발우를 챙겨서는 야마카 비구가 있는 곳으로 갔다.

이때 야마카 비구는 멀리서 존자 사리푸트라가 오는 것을 보고는 자리를 펴고 발을 씻고 '나무로 된 발걸이'를 바로놓았고, 받들어 맞이하면서 가사와 발우를 받고 자리에 앉으시도록 했다.

존자 사리푸트라는 자리로 가서 발을 씻은 뒤에 야마카 비구에게 말하였다.

"그대는 실로 이렇게 말했는가?

'내가 붇다께서 말씀하신 법을 이해하기로는, 번뇌가 다한 아라한은 몸이 무너지고 목숨을 마친 뒤에 다시는 있는 바가 없다.' "

야마카 비구는 사리푸트라 존자에게 말하였다.

"실로 그렇습니다, 존자 사리푸트라여."

사리푸트라 존자가 말하였다.

"내가 이제 너에게 묻겠다. 마음대로 내게 대답하라. 어떤가, 야마카여. 물질[色]은 항상한가 덧없는가?"

"존자 사리푸트라여, 그것은 덧없습니다."

"만약 덧없다면 그것은 괴로운 것인가?"

"그것은 괴로운 것입니다."

"만약 덧없고 괴로운 것이라면 그것은 변하고 바뀌는 법이다.

많이 들은 거룩한 제자들이 과연 그 가운데서 나[我]와 나와 다름[異我], 나와 나와 다름이 서로 같이 있음[相在]을 보겠는가?"

"아닙니다, 존자 사리푸트라여."

"느낌 · 모습 취함 · 지어감 · 앎 또한 그와 같다."

다섯 쌓임의 있는 모습이 여래가 아니되
다섯 쌓임을 떠나서도 여래가 따로 없음을 깨우침

사리푸트라 존자가 다시 물었다.

"어떤가, 야마카여. 물질[色]이 여래(如來)인가?"

"아닙니다, 존자 사리푸트라여."

"느낌 · 모습 취함 · 지어감 · 앎이 여래인가?"

"아닙니다, 존자 사리푸트라여."

"어떤가, 야마카여. 물질을 떠나서 여래가 있는가? 느낌 · 모습 취함 · 지어감 · 앎을 떠나서 여래가 있는가?"

"아닙니다, 존자 사리푸트라여."

다시 물었다.

"물질 안에 여래가 있는가? 느낌 · 모습 취함 · 지어감 · 앎 안에 여래가 있는가?"

"아닙니다, 존자 사리푸트라여."

다시 물었다.

"여래 안에 물질이 있는가? 여래 안에 느낌 · 모습 취함 · 지어감 · 앎이 있는가?"

"아닙니다, 존자 사리푸트라여."

다시 물었다.

"느낌 · 모습 취함 · 지어감 · 앎이 아닌 데에 여래가 있는가?"

"아닙니다, 존자 사리푸트라여."

지금 실로 있다가 사라져 없어짐이 연기의 진실이 아님을 보이자, 야마카는 법의 눈이 깨끗해짐

"이와 같이 야마카여, 여래께서는 법의 진실[法眞實]을 보시고, 이처럼 얻을 바 없음에 머무심과 같이, 베풀어 보이시는 바가 없으시다.

그런데 너는 왜 이렇게 말했는가?

'내가 세존께서 말씀하신 것을 이해하기로는, 번뇌가 다한 아라한은 몸이 무너지고 목숨을 마친 뒤에 다시 있는 바가 없다.'

그것이 알맞은 말인가?"

"아닙니다, 존자 사리푸트라여."

다시 물었다.

"야마카여, 아까는 이렇게 말했다.

'내가 세존께서 말씀하신 것을 이해하기로는, 번뇌가 다한 아라한은 몸이 무너지고 목숨을 마친 뒤에 다시 있는 바가 없습니다.'

그런데 어째서 지금은 아니라고 말하는가?"

야마카 비구가 말했다.

"존자 사리푸트라여, 저는 앞에 알지 못하고 어두웠기 때문에 그렇게 잘못된 견해로 말하였습니다. 그러나 존자 사리푸트라의 말씀을 듣고 나선 알지 못함[不解]과 밝지 못함[不明], 그 온갖 것이 다 끊어졌습니다."

다시 물었다.

"야마카여, 다시 묻겠다. 만약 다시 '비구여, 앞에는 이와 같은 잘못된 견해로 말하였는데, 지금은 무엇을 알고 무엇을 보았기에 그것을 다 멀리 떠났는가'라고 묻는다면 너는 어떻게 대답하겠는가?"

야마카가 대답했다.

"존자 사리푸트라여, 만약 누가 와서 그렇게 묻는다면 저는 이렇게 대답하겠습니다.

'번뇌가 다한 아라한에게 물질은 덧없고, 덧없는 것에 대한 집착은 괴로운 것입니다. 그러므로 괴로운 것이 지극히 고요해지면 맑고 시원하며 길이 사라지게 됩니다.

느낌 · 모습 취함 · 지어감 · 앎에 있어서도 또한 이와 같습니다.'

만약 누가 와서 묻는다면 이렇게 대답하겠습니다."

"잘 말했다, 참 잘 말했다. 야마카 비구여, 너는 반드시 이와 같이 대답해야 한다.

왜냐하면 번뇌가 다한 아라한에게 물질은 덧없는 것이요, 덧없는 것에 대한 집착은 괴로운 것이며, 만약 덧없고 괴로운 것이면 그것은 나고 사라지는 법이기 때문이다.

느낌 · 모습 취함 · 지어감 · 앎에 있어서도 또한 이와 같다."

존자 사리푸트라가 이 법을 말했을 때, 야마카 비구는 티끌을 멀리하고 때를 여의어[遠塵離垢] 법의 눈[法眼]이 깨끗해졌다.

삿된 견해에 갇힘이 끝내 원수에 속아 해침 당함과 같다는 비유에, 야마카가 마음의 해탈을 얻음

존자 사리푸트라는 야마카 비구에게 말하였다.

"이제 비유로 말하겠다. 대개 지혜로운 이는 비유로써 이해하게 된다. 마치 어떤 장자의 아들과 같다.

그는 큰 부자로서 재물이 많아 널리 부리는 종을 구해 재물을 잘 지켜 보살피게 하였다.

이때 그의 원수인 어떤 악한 사람이 거짓으로 찾아와 친한 척 붙어서는 그의 종이 되어 늘 틈을 노렸다. 그는 늦게 자고 일찍 일어나며 그 곁에서 모시면서 일에는 조심하고 말은 공손히 하여 그 주인의 마음을 기쁘게 하였다.

그래서 그 주인은 그를 친한 벗처럼 생각하고 자식처럼 생각하면서 지극히 믿고 의심하지 않아 스스로를 막아 보살피지 않았다.

그래서 원수인 그 종이 날카로운 칼을 쥐고 그의 목숨을 끊었다.

야마카 비구여, 너의 생각은 어떠하냐? 그 악한 원수가 장자의 친구가 되었던 것은 처음부터 방편으로 해칠 마음을 가지고 그 틈을 노리다가 끝내 그렇게 하기 위해서가 아닌가?

그런데도 그 장자는 그런 줄을 깨닫지 못하다가 이제 와서 해침을 당한 것이 아닌가?"

야마카가 대답했다.

"실로 그렇습니다, 존자시여."

사리푸트라 존자가 야마카 비구에게 물었다.

"너의 생각은 어떠하냐? 그 장자가 처음부터 그 사람이 거짓으로 친한 척하며 해치려 한다는 것을 알고 스스로를 잘 막아 보살폈더라면 해침을 받지 않았겠는가?"

"그렇습니다, 존자 사리푸트라여."

"그와 같이 야마카 비구여, 어리석고 들음이 없는 범부들은 '다섯 가지 물든 쌓임'[五受陰]에서 그것은 항상하다는 생각, 안온하다는 생각, 병들지 않는다는 생각, 나라는 생각, 내 것이라는 생각을 하고, 이 '다섯 가지 물든 쌓임'을 붙들어 지니어 아끼다가 끝내 원수인 이 다섯 쌓임[五蘊]의 해침을 당한다.

이것은 마치 저 장자가 거짓으로 친한 척하는 원수의 해침을 받으면서도 알아차리지 못한 것과 같다.

그러나 야마카여, 많이 들은 거룩한 제자들은 이 '다섯 가지 물든 존재의 쌓임'에서 '그것은 병과 같고, 종기와 같으며, 가시와 같고, 죽임과 같으며, 덧없고, 괴로우며, 공하고, 나가 아니며, 내 것도 아니다'라고 살핀다.

그래서 그 '다섯 가지 물든 쌓임'에 집착하지도 않고 그것을 받아들이지도 않는다.

받아들이지 않기 때문에 집착하지 않고, 집착하지 않기 때문에 스스로 니르바나를 깨닫는다. 그리하여 '나의 태어남은 이미 다하고 범행(梵行)은 이미 서고 지을 바를 이미 지으며 다시는 뒤의 있음을 받지 않는다'라고 스스로 안다."

존자 사리푸트라가 이 법을 말하자 야마카 비구는 모든 흐름을 일으키지 않고[不起諸漏] 마음이 해탈하였다.

존자 사리푸트라는 야마카 비구를 위해 설법하여 가르치고 기쁘게 한 뒤 자리에서 일어나 떠나갔다.

• 잡아함 104 염마경(焰摩經)

• 해설 •

다섯 쌓임으로 존재[我]가 이루어진다는 말을 듣고 존재를 다섯 쌓임에 환원하면 이는 다원주의자들의 원자론적 견해와 같다.

그렇게 되면 다섯 쌓임이 흩어지면 존재가 흩어져 허무로 돌아갈 것이다. 이것이 야마카가 의심하던 점이고 그가 지녀왔던 견해이다.

그러나 다섯 쌓임에서 앎활동[受·想·行·識]은 알려지는 것[色]에 의지해 나는 앎활동이고 알려지는 것 또한 공한 물질법이니, 다섯 쌓임은 모두 공하다. 다섯 쌓임으로 내가 있으므로 저 물질이 곧 내가 아니되 나 아님도 아니며, 둘이 같이 있음도 아니다.

나도 공하고[我空] 법도 공하며[法空] 낱낱 법은 나되 남이 없다[生而無生]. 그러므로 다섯 쌓임이 모였다 해도 실로 쌓여 모임이 없고, 흩어진다 해도 실로 흩어져 나감이 없다.

경에서 '다섯 가지 물든 쌓임'이란 다섯 쌓임의 있되 공한 연기의 실상을 알지 못하고, 앎이 저 알려지는 것을 실체적으로 받아들여 알려지는 것의 있는 모습에 물들고 가려지는 것을 말한다.

유식가의 표현으로 하면, 집착된 다섯 쌓임 곧 변계소집오온(遍計所執五蘊)을 말한다.

물들고 집착된 다섯 쌓임이란, 다섯 쌓임에서 앎[能知]이 알려지는 것[所知]에 물들고, 알려지는 것[所知]이 앎[能知]에 의해 닫혀진 다섯 쌓임을 말한다.

여래는 다섯 쌓임의 낱낱 법이 있되 공한 줄 알아, 알려지는 것이 앎을 물들이지 않고 앎이 알려지는 것을 취하지도 않아 세간의 이 언덕에서 니르바나의 저 언덕으로 참으로 잘 가신 분이다.

여래는 다섯 쌓임의 닫힌 모습이 아니지만 다섯 쌓임을 떠나 여래가 있는 것도 아니다.

다섯 쌓임의 실로 있는 모습에 갇혀 있는 이에게는 실로 있다는 집착을 깨뜨리기 위해 다섯 쌓임이 병과 같고 가시와 같다고 말하지만, 진실을 바로 본 이에게는 다섯 쌓임이 '비어 고요한 진리의 집'[空寂舍]이 된다. 다섯 쌓임의 공한 진실이 여래의 진실이니, 『화엄경』(「도솔궁중게찬품」兜率宮中偈讚品)은 이렇게 가르친다.

물질의 몸이 곧 붇다가 아니고
음성 또한 다시 그러하지만
또한 빛깔과 소리를 떠나서도
붇다의 신통의 힘 볼 수 없도다.

色身非是佛　音聲亦復然
亦不離色聲　見佛神通力

한량없는 뭇 물질의 모습이
붇다의 몸을 장엄하지만
물질의 모습 가운데서는
붇다의 참모습 볼 수 없도다.

無量衆色相　莊嚴於佛身
非於色相中　而能見於佛

2) 여래의 죽은 뒤의 삶이 있는가 없는가를 따지면 곧 여래의 실상을 등지는 것이니

여래는 다섯 쌓임이 이미 다해
고요한 니르바나이시오

이와 같이 내가 들었다.

한때 붇다께서는 라자그리하 성 칼란다카 대나무동산에 계셨다.

그때 존자 마하카샤파와 존자 사리푸트라는 그리드라쿠타 산에 있었다.

그때 집을 나온 많은 바깥길 수행자들이 존자 사리푸트라에게 나아가 존자와 서로 문안하고 위로한 다음 한쪽에 물러나 앉아서 말했다.

"어떻습니까? 사리푸트라시여, 여래께서는 뒷세상의 나고 죽음이 있습니까?"

사리푸트라가 말했다.

"바깥길 수행자들이여, 세존께서는 이것은 말할 것 없음[無記]이라고 하셨소."

또 물었다.

"어떻습니까? 사리푸트라여, 여래께서는 뒷세상의 나고 죽음이 없습니까?"

사리푸트라가 대답하였다.

"바깥길 수행자들이여, 세존께서는 이것도 말할 것 없음이라고 하셨소."

또 물었다.

"사리푸트라여, 여래께서는 뒷세상의 나고 죽음이 있기도 하고 나고 죽음이 없기도 합니까?"

사리푸트라 존자가 대답하였다.

"세존께서는 이것도 말할 것 없음이라고 하셨소."

또 물었다.

"사리푸트라여, 여래께서는 뒷세상의 나고 죽음이 있는 것도 아니고, 뒷세상의 나고 죽음이 없는 것도 아닙니까?"

사리푸트라 존자가 대답하였다.

"바깥길 수행자들이여, 세존께서는 이것도 말할 것 없음이라고 하셨소."

세존의 뜻을 전한 사리푸트라를
바깥길 수행자들이 자기 지혜가 없는 사람이라 비난함

그러자 여러 바깥길 수행자들이 존자 사리푸트라에게 또 물었다.

"무슨 까닭에 저희가 '여래께서는 뒷세상에 나고 죽음이 있는지, 뒷세상에 나고 죽음이 없는지, 뒷세상에 나고 죽음이 있기도 하고 없기도 하는지, 뒷세상에 나고 죽음이 있는 것도 아니고 없는 것도 아닌지' 묻는 그 모든 것에 대해, '세존께서는 이것은 말할 것 없음이라고 한다'고 답하십니까?

무슨 까닭에 높은 존자께서는 어둡고 어리석은 것처럼 잘 대답하지도 못하시고 가리지도 못하시며, 마치 어린이처럼 분명한 자기 지혜가 없습니까?"

이렇게 말하고는 자리에서 일어나 떠나버렸다.

그때 존자 마하카샤파와 존자 사리푸트라는 서로 가기가 멀지 않은 나무 밑에 앉아서 각기 낮의 선정에 들어 있었다.

사리푸트라가 말할 것 없는 법에 대해 마하카샤파에게 다시 물음

존자 사리푸트라는 여러 집을 나온 바깥길 수행자들이 떠나버린 것을 알고 나서, 존자 마하카샤파가 있는 곳으로 찾아가 서로 문안하고 위로한 뒤에 한쪽에 물러나 앉았다.

그리고 여러 집을 나온 바깥길 수행자들과 이야기했던 일을 존자 마하카샤파에게 갖추어 말했다.

"존자 마하카샤파시여, 무슨 원인 무슨 까닭으로 세존께서는 뒷세상에 나고 죽음이 있는지, 뒷세상에 나고 죽음이 없는지, 뒷세상에 나고 죽음이 있기도 하고 없기도 한지, 뒷세상에 나고 죽음이 있는 것도 아니고 없는 것도 아닌지를 말씀해주시지 않으셨습니까?"

존자 마하카샤파가 사리푸트라 존자에게 말했다.

"만약 여래께서 뒷세상에 나고 죽음이 있다고 말씀하신다면 그것은 물질[色]이 되는 것이요, 만약 여래께서 뒷세상에 나고 죽음이 없다고 말씀하신다면 그것도 물질이 되는 것입니다.

만약 여래께서 뒷세상에 나고 죽음이 있기도 하고 없기도 하다고 말씀하신다 해도, 그것은 물질이 되는 것이요, 만약 여래께서 뒷세상에 나고 죽음이 있는 것도 아니고 없는 것도 아니라고 말씀하신다 해도 물질이 되는 것입니다.

여래께서는 물질이 이미 다해[色已盡] 마음이 잘 해탈하셨습니다.

그러므로 뒷세상에 나고 죽음이 있다고 말하면 그것은 그럴 수 없는 것입니다. 또 뒷세상에 나고 죽음이 없다거나, 있기도 하고 없기도 하다거나, 또는 뒷세상에 나고 죽음이 있는 것도 아니고 없는 것도 아니라고 말하더라도, 이것 또한 그럴 수 없는 것입니다.

여래는 물질이 이미 다해 마음이 잘 해탈하셨으며, 깊고 깊으며 넓고 커서 한량없고 셀 수 없는 분으로, 고요한 니르바나이시오.

사리푸트라여, 만약 여래께서 뒷세상에 나고 죽음이 있다고 말한다면 그것은 곧 느낌[受]이 되고, 모습 취함[想]이 되며, 지어감[行]이 되고 앎[識]이 되며, 움직임[動]이 되고 생각함[慮]이 되며, 헛된 속임수[虛誑]가 되고 함이 있음[有爲]이 되며, 애욕[愛]이 되는 것이오.

나아가 뒷세상에 나고 죽음이 없다든지, 나고 죽음이 있기도 하고 없기도 하다든지, 나고 죽음이 있는 것도 아니고 없는 것도 아니라 함에도 또한 이와 같이 말합니다."

여래는 견해가 다해 온전히 니르바나가 되신 분이므로 말할 것 없음에 답하지 않으심을 다시 보임

"여래는 애욕[愛]이 이미 다해 마음이 잘 해탈하셨습니다.

그러므로 뒷세상에 나고 죽음이 있다고 말함도 그럴 수 없고, 뒷세상에 나고 죽음이 없다고 말하거나, 뒷세상에 나고 죽음이 있기도 하고 없기도 하다고 말하거나, 뒷세상에 나고 죽음이 있는 것도 아니고 없는 것도 아니라고 말함도 그럴 수 없는 것입니다.

여래는 애욕이 이미 다해 마음이 잘 해탈하셨으며, 깊고 깊으며 넓고 커서 한량없고 셀 수 없는 분으로, 고요한 니르바나이시오.

사리푸트라여, 이와 같은 원인[因]과 이와 같은 까닭[緣]으로, 누가 세존께 '여래는 뒷세상의 나고 죽음이 있는가 없는가, 또는 있기도 하고 없기도 한가, 나고 죽음이 있는 것도 아니고 없는 것도 아닌가'라고 물어도 말해줄 수 없는 것이오."

그때 두 존자는 서로 같이 논의하기를 마치고 각기 본 곳으로 돌아갔다.

• 잡아함 905 외도경(外道經)

• 해설 •

여래가 죽은 뒤에 삶이 있는가 없는가를 묻는 것은 실은 지금 눈앞에 살아계신 여래가 늘 머물러 있는 것인가 덧없이 사라지는가를 묻는 것과 같다.

바깥길 수행자들의 물음에 사리푸트라가 '죽은 뒤에 나고 죽음이 있다 함과 없다 함이 모두 말할 것 없는 법[無記法]이다'라는 여래의 가르침으로 답변한다. 그들은 사리푸트라가 자신의 말로 답하지 않고 여래의 가르침으로 답함을 스스로의 뜻을 분명히 표현 못하는 어린이 같다고 꾸짖고 따진다.

그러나 삶의 진실을 온전히 깨친 여래의 제자라면 어찌 여래의 말씀과 다른 말을 할 수 있겠는가.

이 뜻을 다시 '마하카샤파'에게 물으니 카샤파 또한 여래의 말씀, 사리푸트라의 뜻과 다름없이 같은 말로 답하니, 바르게 깨친 스승과 제자가 어찌 말함에 서로 길을 달리 하겠는가.

마하카샤파는 여래를 어떤 규정 속에 가두면 여래가 다섯 쌓임의 있는 모습이 되고 여래를 사물화한다고 답변하니, 왜 그런가.

여래는 온갖 모습에 모습 없는 니르바나의 진실 자체이고 온갖 견해가 사라져 다한 보디 자체이기 때문이다.

여래는 마음에서 마음이 없고[於心無心] 모습에서 모습 없는[於相無相] 분인데, 다섯 쌓임이 있되 공한 여래의 참모습 가운데서 어찌 죽은 뒤의 있음과 없음을 따져, 붇다를 사물화하고 관념의 집에 가둘 것인가.

여래는 물질과 마음을 떠남이 없이 물질에서 물질이 다하고 마음에서 마음이 다해 셀 수 있는 모든 법에서 그 마음이 해탈하였다.

그래서 경은 니르바나 자체이신 여래를 끝이 없고 바닥이 없으며 한량없고 셀 수 없다고 했으니, 『화엄경』(「광명각품」光明覺品)은 이 뜻을 이렇게 보인다.

> 나라는 성품 일찍이 있지 않고
> 내것도 또한 비어 고요하니
> 어떻게 보디 이루신 모든 여래가
> 그 몸이 실로 있을 수 있으리.
>
> 我性未曾有　我所亦空寂
> 云何諸如來　而得有其身
>
> 붇다는 세간의 다섯 쌓임이 아니고
> 열여덟 영역 열두 곳이 아니며
> 붇다는 나고 죽는 법이 아니네.
> 셀 수 있는 법이 이룰 수 없으므로
> 붇다를 사람 가운데 사자라 하네.
>
> 佛非世間蘊　界處生死法
> 數法不能成　故號人師子

인연으로 생겨난 모든 행에 어찌 뒷세상이 있다 없다 말하겠는가

이와 같이 내가 들었다.

한때 붇다께서는 라자그리하 성 칼란다카 대나무동산에 계셨다.

그때 집을 나온 브릿지족이 붇다 계신 곳에 찾아와 합장하고 문안 인사를 드렸다.

문안 인사를 다 드리고 나서 한쪽에 물러나 앉아서 붇다께 여쭈었다.

"고타마시여, 다른 사문이나 브라마나들에게 만약 어떤 사람들이 와서 '여래는 뒤의 죽음이 있는가, 뒤의 죽음이 없는가, 있기도 하고 없기도 한가, 있음도 아니고 없음도 아닌가'를 물으면 다 물음에 따라 대답해줍니다.

그런데 사문 고타마에게 어떤 사람이 와서 '여래는 뒤의 죽음이 있는가, 뒤의 죽음이 없는가, 있기도 하고 없기도 한가, 있음도 아니고 없음도 아닌가'를 물으면 말해주지 않으니, 이는 무슨 원인 무슨 까닭입니까?"

의혹하는 브릿지족에게 연기의 진실을 열어 보이심

붇다께서 대답하셨다.

"브릿지족이여, 다른 사문이나 브라마나들은 물질[色] · 물질의 모아냄[色集] · 물질의 사라짐[色滅] · 물질의 맛들임[色味] · 물질의 걱정거리[色患] · 물질 벗어남[色出]에 대하여 진실 그대로 알지 못한다.

진실 그대로 알지 못하기 때문에 '여래에게 뒤의 죽음이 있다'고 하는 말에 집착하게 되고, '여래에게는 뒤의 죽음이 없다, 뒤의 죽음이 있기도 하고 없기도 하다, 뒤의 죽음이 있음도 아니고 없음도 아니다'라고 하는 말에 집착한다.

느낌[受] · 모습 취함[想] · 지어감[行] · 앎[識]에 있어서도 또한 이와 같아, 앎의 모아냄[識集] · 앎의 사라짐[識滅] · 앎의 맛들임[識味] · 앎의 걱정거리[識患] · 앎 벗어남[識出]에 대하여 진실 그대로 알지 못한다.

진실 그대로 알지 못하기 때문에 '여래에게 뒤의 죽음이 있다'고 하는 말에 집착하고, '여래에게는 뒤의 죽음이 없다, 뒤의 죽음이 있기도 하고 없기도 하다, 뒤의 죽음이 있음도 아니고 없음도 아니다'라고 하는 말에 집착한다.

그러나 여래는 물질에 대하여 진실 그대로 알고, 물질의 모아냄 · 물질의 사라짐 · 물질의 맛들임 · 물질의 걱정거리 · 물질 벗어남을 진실 그대로 아신다.

진실 그대로 알고 있기 때문에 '여래는 뒤의 죽음이 있다'고 함에 집착하지 않고, '여래는 뒤의 죽음이 없다, 있기도 하고 없기도 하다, 있음도 아니고 없음도 아니다'라고 함에 집착하지 않는다.

또 느낌 · 모습 취함 · 지어감 · 앎 또한 이와 같이 진실 그대로 알고, 앎의 모아냄 · 앎의 사라짐 · 앎의 맛들임 · 앎의 걱정거리 · 앎 벗어남을 진실 그대로 안다.

진실 그대로 알기 때문에 '여래는 뒤의 죽음이 있다'고 함도 그럴 수 없고, '여래는 뒤의 죽음이 없다, 뒤의 죽음이 있기도 하고 없기도 하다, 뒤의 죽음이 있음도 아니고 없음도 아니다'라고 함도 그럴 수 없는 것이다. 여래는 깊고 깊으며 넓고 커서 한량없고 셀 수 없어서 고요한 니르바나이다.

브릿지족이여, 이런 원인과 이런 까닭으로 다른 사문이나 브라마나에게 만약 누가 와서 '여래는 뒤의 죽음이 있는가, 뒤의 죽음이 없는가, 뒤의 죽음이 있기도 하고 없기도 한가, 뒤의 죽음이 있음도 아니고 없음도 아닌가' 물으면 그들은 곧 말해주지만, 여래는 누가 와서 '여래는 뒤의 죽음이 있는가, 뒤의 죽음이 없는가, 뒤의 죽음이 있기도 하고 없기도 한가, 뒤의 죽음이 있음도 아니고 없음도 아닌가' 물으면 말해주지 않는 것이다."

브릿지족이 여래의 뜻과 목갈라야나의 뜻이 다름없음을 찬탄함

그때 집을 나온 브릿지족이 찬탄하면서 말했다.

"기이합니다. 고타마시여, 제자와 크신 스승이 뜻도 같은 뜻이요 문구도 같은 문구이며, 맛도 같은 맛이고, 나아가 으뜸가는 진리의 뜻을 같이합니다.

고타마시여, 저는 지금 마하목갈라야나를 찾아가 이와 같은 뜻, 이와 같은 문구, 이와 같은 맛으로 그에게 물었는데, 그도 또한 이와 같은 뜻, 이와 같은 문구, 이와 같은 맛으로 저에게 대답해주었습니다.

지금 고타마께서 말씀하신 것과 같았습니다.

그러므로 고타마시여, 참으로 기이하고 빼어난 것이니, 크신 스승과 제자는 뜻도 같은 뜻이요, 문구도 같은 문구이며, 맛도 같은 맛이요, 으뜸가는 진리의 뜻도 같이합니다."

존자 사비야 카타야나가 온갖 치우친 견해에 대해 여래께서 답하지 않는 뜻을 보임

그때 집을 나온 브릿지족이 여러 인연이 있어서 나티카(Nātika)라는 마을로 갔다. 거기서 볼일을 끝마치고 존자 사비야 카타야나(Sabhiya Kātyāyana)를 찾아가서 서로 문안 인사를 하였다.

문안 인사를 한 뒤에 한쪽에 물러나 앉아서 사비야 카타야나 존자에게 물었다.

"무슨 원인 무슨 까닭으로 사문 고타마께서는 누가 와서 '여래는 뒤의 죽음이 있는가, 뒤의 죽음이 없는가, 뒤의 죽음이 있기도 하고 없기도 한가, 뒤의 죽음이 있음도 아니고 없음도 아닌가' 물으면 말해주지 않으십니까?"

사비야 카타야나 존자가 집을 나온 브릿지족 수행자에게 말했다.

"내가 지금 그대에게 묻겠으니 마음대로 대답하시오. 그대 생각에는 어떠하오?

만약 어떤 원인이나 어떤 조건, 몸의 보시를 행함으로 이룬바, 물질 있거나 물질 없거나, 생각이거나 생각 아님이거나, 생각도 아니고 생각 아님도 아니거나 이런 경우를 생각해봅시다.

만약 그 원인과 그 조건 그 행이 나머지 없이 사라져서 깊이 사라져 다한다 합시다.

그러면 여래께서 그에 대해 말해주실 것이 있어, '뒤의 죽음이 있다, 뒤의 죽음이 없다, 있기도 하고 없기도 하다, 있음도 아니고 없음도 아니다'라고 말씀하시겠소?"

집을 나온 브릿지족 수행자가 사비야 카타야나 존자에게 말했다.

"어떤 원인이나 어떤 조건 어떤 씨앗으로 여러 행을 베풀어서 이루어진, 물질이거나 물질 아니거나 생각이거나 생각 아님이거나, 생각 아니고 생각 아님도 아니거나 이런 경우를 생각한다 합시다.

만약 그 원인과 그 조건 그 행이 나머지 없이 사라지면, 어떻게 고타마께서 그에 대해 '여래는 뒤의 죽음이 있다, 뒤의 죽음이 없다, 있기도 하고 없기도 하다, 있음도 아니고 없음도 아니다'라고 말씀하시겠습니까?"

사비야 카타야나 존자가 집을 나온 브릿지족에게 말했다.

"이와 같은 원인 이와 같은 까닭으로 여래께서는 누가 와서 '여래는 뒤의 죽음이 있습니까, 뒤의 죽음이 없습니까, 뒤의 죽음이 있기도 하고 없기도 합니까, 뒤의 죽음이 있음도 아니고 없음도 아닙니까' 하고 묻더라도 말씀해주지 않으시는 것이오."

브릿지족이 존자 사비야 카타야나를 찬탄함

집을 나온 브릿지족이 사비야 카타야나 존자에게 물었다.

"그대는 사문 고타마의 제자가 된 지 오래이십니까?"

사비야 카타야나 존자가 대답하였다.

"집을 나와 이 바른 법(法)과 율(律) 안에서 범행을 닦은 지 삼 년이 조금 지났습니다."

집을 나온 브릿지족이 말했다.

"사비야 카타야나께서는 시원스럽게 좋은 이익을 얻으셨습니다. 젊어서 집을 나와 이와 같은 몸의 바른 지님[身律儀]과 입의 바른 지님[口律儀]을 얻었고, 또 이와 같은 지혜와 말솜씨[辯才]를 얻으시다니요."

그때 집을 나온 브릿지족은 사비야 카타야나 존자의 말을 듣고 기빠하면서 자리에서 일어나 떠나갔다.

• 잡아함 959 기재경(奇哉經)

• 해설 •

인연으로 난 것은 나되 남이 없고, 인연으로 사라짐은 사라지되 사라짐이 없다. 남[生]과 나지 않음[不生]을 뛰어넘은 여래의 진실한 모습에는 나는 모습과 나지 않는 모습을 모두 얻을 수 없으며, 원인과 결과가 공함을 깨달은 여래의 모든 행은 짓되 지음 없어서 행 가운데 행의 자취가 끊어져 늘 고요하다.

그러므로 비록 자취를 보이고 모습을 나타내되 자취 없고 모습 없는 여래를 어떤 규정 속에 가두는 것은 여래의 남이 없고 사라짐 없는 진실을 알지 못하기 때문이다.

이렇게 보면 여래가 죽음 뒤에 있는가 없는가를 분별해 답하는 자가 연기의 실상에 어긋나는 자이고 여래의 진실을 모르는 자이며, 오히려 말할 것 없는 법[無記法]에 대해 침묵하는 자가 연기의 진실을 잘 아는 자이다.

여래의 뜻과 여래의 말씀과 여래의 행을 따르는 여래의 법의 아들들인 마하목갈라야나와 사비야 카타야나가 어찌 여래와 다른 말을 하겠는가.

같은 문구 · 같은 뜻 · 같은 맛을 말하고 으뜸가는 진리를 함께해야, 여래의 방[如來室]에 들어가 여래의 자리[如來座]에 함께 앉아 여래의 일[如來事]을 행하는 여래의 참된 법의 아들이라 할 것이다.

기이하오 아난다여
스승과 제자가 서로 의논하였구려

이와 같이 내가 들었다.

한때 붇다께서는 라자그리하 성 칼란다카 대나무동산에 계셨다.

그때 존자 아난다는 새벽에 '타포다아'라는 강가로 가서 옷을 벗어 언덕가에 두고 물속에 들어가 손발을 씻은 뒤에, 다시 언덕에 올라가서 한 옷만 입고 몸을 문질러 비비고 있었다.

그때 집을 나온 바깥길 수행자 코카나다(巴 Kokanada) 또한 물가로 갔다. 존자 아난다가 발자국 소리를 듣고는 곧 기침을 하여 소리를 내었다. 코카나다 수행자는 사람의 소리를 듣고 물었다.

"누구십니까?"

존자 아난다가 대답하였다.

"사문이오."

코카나다 수행자가 말하였다.

"어떤 사문입니까?"

존자 아난다가 대답하였다.

"사카 종족의 아들이오."

코카나다 수행자가 물었다.

"묻고 싶은 일이 있는데 한가하시다면 대답해주시겠습니까?"

존자 아난다가 대답하였다.

"마음대로 물어보시오. 아는 것은 대답해드리겠소."

강가에서 아난다와 코카나다가 만나
여래가 죽은 뒤에 있는가 없는가를 문답함

코카나다가 말하였다.

"어떻습니까, 존자여. 여래는 죽은 뒤에 있습니까?"

아난다 존자가 대답하였다.

"세존께서는 '이것은 말할 것이 없다'[無記]고 하셨소."

또 물었다.

"그러면 여래는 죽은 뒤에 없습니까? 죽은 뒤에 있기도 하고 없기도 합니까? 있음도 아니고 없음도 아닙니까?"

아난다 존자가 대답하였다.

"세존께서는 '이것은 말할 것이 없다'고 하셨소."

코카나다 수행자가 말하였다.

"왜 '여래는 죽은 뒤에 있습니까?' 하고 물어도 '이것은 말할 것이 없다'고 대답하시고, 또 '여래는 죽은 뒤에 없습니까, 있기도 하고 없기도 합니까, 있음도 아니고 없음도 아닙니까?' 하고 물어도 '이것은 말할 것이 없다'고 하십니까.

아난다여, 붇다께서는 알지도 못하고 보지도 못하셨습니까?"

말할 것 없다고 함이 실상을 바로 보고 바로 아는 것임을 깨우쳐줌

아난다 존자가 대답하였다.

"알지 못하는 것이 아니고 보지 못하는 것도 아니오. 다 아시고 다 보셨소."

또 물었다.

"어떻게 아시고 어떻게 보셨습니까?"

아난다 존자가 대답하였다.

"볼 수 있는 곳[可見處]을 다 보셨고 일어나는 곳[所起處]을 다 보셨으며, 묶임이 끊긴 곳[纏斷處]을 다 보셨소. 이것이 곧 아는 것이고, 이것이 곧 본 것이오. 나는 이렇게 알고 있고 이렇게 보았소.

어찌하여 아시지 못하고 보시지 못한다고 말할 수 있겠소?"

코카나다가 또 물었다.

"존자의 이름은 무엇입니까?"

아난다 존자가 대답하였다.

"내 이름은 아난다요."

바깥길 수행자 코카나다가 말했다.

"기이합니다. 큰 스승과 제자가 함께 서로 의논하였군요. 만약 존자 아난다인 줄 알았더라면 감히 묻지 않았을 것입니다."

그는 이렇게 말하고 곧 버리고 떠나갔다.

• 잡아함 967 구가나경(俱迦那經)

• 해설 •

여래는 일어남에서 실로 일어나는 바가 없음을 보시고, 보고 듣는 곳에서 실로 볼 것이 없음을 보셨으며, 온갖 번뇌의 묶임이 사라져 다한 곳을 보셨으니, 볼 수 있는 곳을 보셨고 일어나는 곳을 다 보셨으며, 묶임이 끊어진 곳을 다 보신 것이다.

나되 남이 없음을 보시고 나되 남이 없는 진실을 온전히 쓰시므로, 여래가 죽은 뒤에 있다고 해도 여래의 진실이 아니며 없다고 해도 여래의 진실이 아니다.

죽은 뒤에 있다고 하면 늘 있음의 견해[常見]에 떨어진 것이고, 없다고 하면 끊어져 없어진다는 견해[斷見]에 떨어진 것이라, 연기의 진실이 아니다.

그러므로 여래는 그 모든 견해에 대해 말할 것이 없다 하시고 대답하지 않으신 것이니, 대답하지 않는 곳에 여래의 바른 답이 있다.

있되 공한 여래의 몸을 시방에 두루한 몸이라 하니, 온갖 견해가 붙을 수 없는 여래의 몸을 항상함과 끊어짐의 견해로 어찌 말할 수 있겠는가.

『화엄경』(「승야마천궁품」昇夜摩天宮品)은 이렇게 보인다.

비유하면 시방 세계의
온갖 모든 땅의 요소가
자기성품이 있지 않아
두루하지 않는 곳 없음 같네.

譬如十方界　一切諸地種
自性無所有　無處不周遍

붇다의 몸 또한 이와 같아
모든 세계에 널리 두루해
갖가지 모든 빛깔과 모습
주인 없고 온 곳이 없네.

佛身亦如是　普遍諸世界
種種諸色相　無主無來處

3) 모든 환상과 치우친 견해를 넘어서야 여래를 볼 수 있으니

여래는 보되 보는 바가 없으니
견해를 뛰어넘어야 여래의 도에 들어가리

이와 같이 내가 들었다.

한때 붇다께서는 라자그리하 성 칼란다카 대나무동산에 계셨다.

그때 집을 나온 브릿지족 수행자가 붇다 계신 곳에 와 세존과 서로 문안 인사하였다. 문안 인사를 다 드리고 나서 한쪽에 물러나 앉아서 붇다께 여쭈었다.

"고타마시여, 어째서 고타마께서는 이와 같이 보고, 이와 같이 말씀하셨습니까?

'세간은 항상하니 이것이 진실이고 다른 것은 허망하다.' "

붇다께서 집을 나온 브릿지족에게 말씀하셨다.

"나는 '세상은 항상하니 이것이 진실이고 다른 것은 허망하다'고 이와 같이 보고 이와 같이 말하지 않았다."

"고타마시여, 어째서 고타마께서는 이와 같이 보고, 이와 같이 말씀하셨습니까?

'세간은 덧없다, 항상하기도 하고 덧없기도 하다, 항상함도 아니고 덧없음도 아니다.

세간은 끝이 있다, 끝이 없다, 끝이 있기도 하고 끝이 없기도 하다, 끝이 있음도 아니고 끝이 없음도 아니다.

목숨은 곧 몸이다, 목숨과 몸은 다르다, 여래는 뒤의 죽음이 있다, 뒤의 죽음이 없다, 뒤의 죽음이 있기도 하고 없기도 하다, 뒤의 죽음이 있음도 아니고 없음도 아니다.' "

붇다께서 집을 나온 브릿지족에게 말씀하셨다.

"나는 이와 같이 보고 이와 같이 말하지 않았다.

'세상은 항상하니 이것이 진실이고 다른 것은 허망하다.'

나는 또 이와 같이 말하지 않았다.

'세간은 덧없다, 항상하기도 하고 덧없기도 하다, 항상함도 아니고 덧없음도 아니다.

세간은 끝이 있다, 끝이 없다, 끝이 있기도 하고 끝이 없기도 하다, 끝이 있음도 아니고 끝이 없음도 아니다.

목숨은 곧 몸이다, 목숨과 몸은 다르다, 여래는 뒤의 죽음이 있다, 뒤의 죽음이 없다, 뒤의 죽음이 있기도 하고 없기도 하다, 뒤의 죽음이 있음도 아니고 없음도 아니다.' "

그때 집을 나온 브릿지족이 붇다께 말씀드렸다.

"고타마께서는 이런 견해에 대해서 어떤 허물과 걱정거리를 보셨기에 이러한 여러 견해에 대하여 전혀 말씀하시지 않으십니까?"

견해에 얽매임이 뒤바뀜이요, 밖에서 살펴봄이고 묶임임을 보이심

붇다께서 집을 나온 브릿지족에게 말씀하셨다.

"만약 '세상은 항상하니 이것이 진실이고 다른 것은 허망하다'라는 이런 견해를 짓는다 하자. 그러면 이것은 뒤바뀐 견해이고, 이것은 곧 살펴보는 견해이며, 이것은 곧 움직이는 견해이고, 이것은 곧 때묻은 견해이며, 이것은 곧 묶는 견해이다.

이것은 괴로움이고, 이것은 걸림이며, 이것은 번뇌이고, 이것은 뜨거움으로 견해의 묶음에 얽매인 것이니, 어리석어 들음이 없는 범부는 미래세상에서 태어남 · 늙음 · 병듦 · 죽음 · 근심 · 슬픔 · 괴로움의 번민이 생긴다.

집을 나온 이여, 만약 다음과 같은 이런 견해를 짓는다 하자.

'세간은 덧없다, 항상하기도 하고 덧없기도 하다, 항상함도 아니고 덧없음도 아니다.

세간은 끝이 있다, 끝이 없다, 끝이 있기도 하고 끝이 없기도 하다, 끝이 있음도 아니고 끝이 없음도 아니다.

목숨은 곧 몸이다, 목숨과 몸은 다르다.

여래는 뒤의 죽음이 있다, 뒤의 죽음이 없다, 뒤의 죽음이 있기도 하고 없기도 하다, 뒤의 죽음이 있음도 아니고 없음도 아니다.'

이것은 뒤바뀐 견해이고, 이것은 곧 살펴보는 견해이며, 이것은 곧 움직이는 견해이고, 이것은 곧 때묻은 견해이며, 이것은 곧 묶는 견해이다.

이것은 괴로움이고, 이것은 걸림이며, 이것은 번뇌이고, 이것은 뜨거움으로 견해의 묶음에 얽매인 것이니, 어리석어 들음이 없는 범부는 미래세상에서 태어남 · 늙음 · 병듦 · 죽음 · 근심 · 슬픔 · 괴로움의 번민이 생긴다."

집을 나온 브릿지족이 붇다께 여쭈었다.

"고타마께서는 어떤 것을 보십니까?"

나와 내 것, 봄과 느낌으로부터 해탈하는 것이 여래의 지혜임을 보이심

붇다께서 집을 나온 브릿지족에게 말씀하셨다.

"여래는 보는 바가 이미 다했다[所見已畢]. 집을 나온 이여, 그러니 여래는 다음과 같이 본다.

'이것은 괴로움의 거룩한 진리다, 이것은 괴로움 모아냄의 거룩한 진리이다, 이것은 괴로움 사라짐의 거룩한 진리이다, 이것은 괴로움 없애는 길의 거룩한 진리이다.'

이와 같이 알고 이와 같이 보고 나면, 온갖 봄, 온갖 느낌, 온갖 생겨남, 온갖 나, 온갖 내 것이라는 견해, 나라는 교만에 묶인 번뇌가 끊어져 사라지고 고요하며 맑고 시원해 진실하게 된다.

이와 같이 해탈한 비구는 난다는 것[生者]도 그렇지 않고, 나지 않는다는 것[不生] 또한 그렇지 않다."

브릿지족이 붇다께 말씀드렸다.

"고타마시여, 어째서 난다는 것도 그렇지 않다고 말씀하십니까?"

붇다께서 브릿지족에게 말씀하셨다.

"내가 지금 너에게 묻겠다. 뜻대로 내게 답하라. 브릿지여, 비유하면 어떤 사람이 네 앞에서 불을 사르는 것과 같다.

그러면 너는 그 불이 타는 것을 보겠느냐? 또 네 앞에서 불이 꺼지면 너는 불이 꺼지는 것을 보겠느냐?"

브릿지족이 붇다께 말하였다.

"그렇습니다, 고타마시여."

붇다께서 브릿지족에게 말씀하셨다.

"만약 어떤 사람이 너에게 다음과 같이 물었다 하자.

'아까는 불이 탔었는데 지금은 그 불이 어디에 있는가? 동쪽으로 갔는가, 아니면 서쪽 · 남쪽 · 북쪽으로 갔는가?'

이와 같이 묻는 이에게 너는 어떻게 대답하겠느냐?"

브릿지족이 붇다께 말씀드렸다.

"고타마시여, 만약 누가 저에게 와서 이와 같이 묻는다면 저는 이렇게 답하겠습니다.

'내 앞에서 불이 탄 것은 섶과 풀의 인연이 있었기 때문이다.

만약 섶을 더 대주지 않으면 불은 곧 길이 꺼져서 다시는 일어나지 않을 것이다. 동쪽이나 서쪽 · 남쪽 · 북쪽으로 갔다는 것은 그렇지 않다.'"

붇다께서 브릿지족에게 말씀하셨다.

"나 또한 이와 같이 말한다. 곧 물질[色]이 이미 끊어진 줄을 이미 알았고, 느낌 · 모습 취함 · 지어감 · 앎도 이미 끊어진 줄을 이미 알고 있다. 그래서 그 근본을 끊는 것이 마치 사라(sāla) 나무 밑동을 끊은 것과 같아서 다시는 살아날 수가 없으니, 앞으로는 길이 다시 일어나지 않을 것이다.

그런데 만약 동쪽 · 서쪽 · 남쪽 · 북쪽으로 갔다고 하면 이것은 그렇지 않다. 그것은 매우 깊고 깊으며 넓고 크며, 헤아릴 수 없고 셀 수 없어 길이 사라진 것이다."

브릿지족이 여래의 법과 율에 대해 바로 알아들음

브릿지족이 붇다께 말씀드렸다.

"제가 지금 비유로 말씀드려보겠습니다."

붇다께서 브릿지족에게 말씀하셨다.

"바로 이때인 줄 알고 있구나."

브릿지족이 붇다께 말씀드렸다.

"고타마시여, 비유하면 다음과 같습니다.

이 성읍에서 가까운 어느 마을에 좋고 깨끗한 땅이 있고 거기에 굳센 숲이 자라고 있고, 숲에 한 그루 크고 굳센 나무가 나서 수천 년의 오랜 세월 거쳐오면서 낮과 밤이 이미 오래 돼 가지와 잎은 말라 떨어졌고 껍질은 썩었지만, 오직 줄기만은 홀로 서 있습니다.

이와 같이 고타마시여, 여래의 법과 율은 모든 가지와 잎은 떠나고 오직 빈 줄기가 굳건히 홀로 서 있습니다."

그때 집을 나온 이는 붇다의 말씀을 듣고 기뻐하면서 자리에서 일어나 물러갔다.

• 잡아함 962 견경(見經)

• 해설 •

견해를 세우면 견해를 따라 취할 모습이 있게 되니, 이것은 있되 공한 존재의 연기적 진실을 가리는 것이고 진실을 뒤바꾸어보는 견해이다.

다시 보여지는 것에 취하는 모습을 두면 모습 취함에 따라 그 모습을 취하는 견해가 생기니, 보는 견해와 보여지는바 모습은 서로 의지하여 일어난다.

그러므로 모습에서 모습을 떠나면 봄에서 보는 견해가 사라지고, 봄에서 보는 견해가 사라지면 보는 바에서 보는 바 모습이 사라져 붇다의 진실을 보게 된다.

본다고 하지만 봄에 봄이 없으니, 『화엄경』(「수미정상게찬품」은 말한다.

봄이 없어야 봄이 된다 말하고
남이 없음으로 중생을 말한다.

본다거나 중생이라 하지만
밝게 알면 바탕의 성품 없네.

無見說爲見 無生說衆生
若見若衆生 了知無體性

『화엄경』의 게송에서 봄이 없어야 참되게 본다는 것은 무엇인가. 세간법의 차별된 모습이 자기성품 없음을 알아 차별이 곧 공함을 알면 보는 마음에 차별된 모습이 사라져 다름없게 되니, 이것이 진실 그대로 봄이 된다.

보는 바에 실로 볼 것이 없는데 실로 볼 것이 있다고 하면 진실대로 봄이 되지 못한다.

인연으로 나고 인연으로 사라지는 법에서 항상함을 보는 것은 항상함도 없고 덧없음도 없는 연기법의 진실을 항상하다는 견해로 그 진실을 가리는 것이니, 이것은 때묻은 견해이고 얽어묶는 견해이다.

여래는 봄[能見]과 보는 바[所見]가 공함을 알아 지금 봄에서 봄을 떠나므로 보지 못하는 바가 없고 지금 앎에서 앎을 떠나므로 알지 못하는 바가 없다.

그러므로 여래에 대해서도 여래가 죽은 뒤에 삶이 있는가 없는가를 따지는 것은 남이 없고 나지 않음도 없는 여래의 진실상을 가리는 견해이니, 견해가 사라져야 여래의 보디에 나아갈 수 있고 여래의 참모습을 볼 수 있을 것이다.

브릿지족의 집을 나온 이가 여래의 말씀을 듣고 법의 눈이 밝아져, 여래의 법은 가지와 잎이 떠나고 빈 줄기만 있다고 비유한 것은 무엇인가. 그것은 지금 앎활동[識]에서 아는 자와 아는 바가 공한 줄 알아 취할 모습[取]과 보는 견해[見]의 자취가 사라지고, 앎 없이 아는 지혜, 비치되 고요한[照而寂] 지혜만 홀로 밝은 것을 비유한 것이다.

다섯 쌓임의 교설로 보면 앎활동[受·想·行·識]은 보여지는 것[色]을 통해 일어나는 앎활동이니, 보여지는 것에 취할 모습이 없는 줄 알면 그 앎이 앎 없는 앎이 되니, 이처럼 앎에서 앎을 떠나야 진실대로 알고 보는 앎이 된다. 항상함과 덧없음, 죽음 뒤의 삶이 있음과 없음 등 헛된 따짐이 사라져야 붇다의 보디에 나아가게 되니, 「광명각품」은 다음과 같이 말한다.

법에 의심하고 미혹함이 없어서
있고 없음 등 허튼 따짐 길이 끊어
분별하는 마음을 내지 않으면
이것이 붇다의 보디 생각함이네.

於法無疑惑　永絶諸戲論
不生分別心　是念佛菩提

만약 여래의 바탕의 모습이
있는 바 없음을 알아서
닦아 익혀 밝게 깨달으면
이 사람은 빨리 붇다 이루리.

若有知如來　體相無所有
修習得明了　此人疾作佛

또한 「도솔궁중게찬품」은 붇다의 실상을 알지 못하면 붇다에 대한 참된 공양이 되지 못함을 이렇게 말한다.

설사 셀 수 없는 기나긴 겁에
재물과 보배로 붇다께 보시해도
붇다의 실상 알지 못하면
참된 보시라 말하지 못하네.

設於無數劫　財寶施於佛
不知佛實相　此亦不名施

알지 않는 앎과 보지 않는 봄으로만
법의 실상 깨칠 수 있으리

이와 같이 내가 들었다.

한때 붇다께서는 라자그리하 성 칼란다카 대나무동산에 계셨다.

그때 집을 나온 브릿지족이 붇다 계신 곳으로 찾아와 세존과 서로 문안 인사를 하고서는 한쪽에 물러나 앉아서 붇다께 말씀드렸다.

"고타마시여, 저들이 얼마나 아는 것이 없으면, 이와 같이 보고 이와 같이 말하겠습니까? 저희들은 이렇게 말합니다.

'세간은 항상한 것이니, 이것이 진실이요 다른 말은 허망한 것이다.

세간은 덧없다, 세간은 항상하기도 하고 덧없기도 하다, 세간은 항상함도 아니고 덧없음도 아니다.

세상은 끝이 있다, 세상은 끝이 없다, 세상은 끝이 있기도 하고 끝이 없기도 하다, 세상은 끝이 있음도 아니고 없음도 아니다.

목숨은 곧 몸이다, 목숨은 몸과 다르다.

여래는 뒤의 죽음이 있다, 뒤의 죽음이 없다, 뒤의 죽음이 있기도 하고 없기도 하다, 뒤의 죽음이 있음도 아니고 없음도 아니다.' "

항상함과 덧없음으로 다섯 쌓임 분별하는 것은
실상 보지 못한 것임을 가르치심

붇다께서 브릿지족에게 말씀하셨다.

"물질에 대해서 바르게 아는 것이 없기 때문에 이와 같이 보고 이와 같이 말하는 것이다.

'세상은 항상한 것이니, 이것이 진실이요, 다른 말은 허망한 것이다.

세간은 덧없다, 세간은 항상하기도 하고 덧없기도 하다, 세간은 항상함도 아니고 덧없음도 아니다.

세상은 끝이 있다, 세상은 끝이 없다, 세상은 끝이 있기도 하고 끝이 없기도 하다, 세상은 끝이 있음도 아니고 없음도 아니다.

목숨은 곧 몸이다, 목숨은 몸과 다르다.

여래는 뒤의 죽음이 있다, 뒤의 죽음이 없다, 뒤의 죽음이 있기도 하고 없기도 하다, 뒤의 죽음이 있음도 아니고 없음도 아니다.'

느낌 · 모습 취함 · 지어감 · 앎에 대해서도 바르게 아는 것이 없기 때문에 이와 같이 보고 이와 같이 말하는 것이다.

'세간은 항상한 것이니, 이것이 진실이요 다른 말은 허망한 것이다.

세간은 덧없다, 세간은 항상하기도 하고 덧없기도 하다, 세간은 항상함도 아니고 덧없음도 아니다.

세상은 끝이 있다, 세상은 끝이 없다, 세상은 끝이 있기도 하고 끝이 없기도 하다, 세상은 끝이 있음도 아니고 없음도 아니다.

목숨은 곧 몸이다, 목숨은 몸과 다르다.

여래는 뒤의 죽음이 있다, 뒤의 죽음이 없다, 뒤의 죽음이 있기도 하고 없기도 하다, 뒤의 죽음이 있음도 아니고 없음도 아니다.' "

브릿지족 수행자가 붇다께 말씀드렸다.

"고타마께서는 어떤 법을 아시기 때문에 이와 같이 보시지 않고 이와 같이 말씀하지 않으십니까?

'세간은 항상한 것이니, 이것이 진실이요 다른 말은 허망한 것이다.

세간은 덧없다, 세간은 항상하기도 하고 덧없기도 하다, 세간은 항상함도 아니고 덧없음도 아니다.

세상은 끝이 있다, 세상은 끝이 없다, 세상은 끝이 있기도 하고 끝이 없기도 하다, 세상은 끝이 있음도 아니고 없음도 아니다.

목숨은 곧 몸이다, 목숨은 몸과 다르다.

여래는 뒤의 죽음이 있다, 뒤의 죽음이 없다, 뒤의 죽음이 있기도 하고 없기도 하다, 뒤의 죽음이 있음도 아니고 없음도 아니다.' "

앎에서 앎을 떠나고 견해에서 견해를 떠날 때
삶의 실상 바로 깨닫게 됨을 보이심

붇다께서 브릿지족 수행자에게 말씀하셨다.

"세존은 물질을 바로 알기 때문에 이와 같이 보고 이와 같이 말하지 않는다.

'세간은 항상한 것이니, 이것이 진실이요 다른 말은 허망한 것이다.

세간은 덧없다, 세간은 항상하기도 하고 덧없기도 하다, 세간은 항상함도 아니고 덧없음도 아니다.

세상은 끝이 있다, 세상은 끝이 없다, 세상은 끝이 있기도 하고 끝이 없기도 하다, 세상은 끝이 있음도 아니고 없음도 아니다.

목숨은 곧 몸이다, 목숨은 몸과 다르다.

여래는 뒤의 죽음이 있다, 뒤의 죽음이 없다, 뒤의 죽음이 있기도 하고 없기도 하다, 뒤의 죽음이 있음도 아니고 없음도 아니다.'

느낌 · 모습 취함 · 지어감 · 앎을 바로 알기 때문에 이와 같이 보고 이와 같이 말하지 않는다.

'세간은 항상한 것이니, 이것이 진실이요 다른 말은 허망한 것이다.

세간은 덧없다, 세간은 항상하기도 하고 덧없기도 하다, 세간은 항상함도 아니고 덧없음도 아니다.

세상은 끝이 있다, 세상은 끝이 없다, 세상은 끝이 있기도 하고 끝이 없기도 하다, 세상은 끝이 있음도 아니고 없음도 아니다.

목숨은 곧 몸이다, 목숨은 몸과 다르다.

여래는 뒤의 죽음이 있다, 뒤의 죽음이 없다, 뒤의 죽음이 있기도 하고 없기도 하다, 뒤의 죽음이 있음도 아니고 없음도 아니다.'

세존은 이와 같이 알지 않고 알며[不知知], 이와 같이 보지 않고 보며[不見見], 가려 알지 않고 가려 안다[不識識].

세존은 끊지 않고 끊으며[不斷斷], 살피지 않고 살피며[不觀觀], 살펴보지 않고 살펴보며[不察察], 느끼지 않고 느낀다[不覺覺]."

붇다께서 이 경을 말씀하시자, 집을 나온 수행자는 붇다의 말씀을 듣고 기뻐하면서 자리에서 일어나 떠나갔다.

• 잡아함 963 무지경(無知經)

• 해설 •

앎[識]에 관념의 틀을 두고 봄[見]에 보는 견해를 두어, 세간이 항상하다거나 덧없다고 헤아리며 세간은 끝이 있다거나 끝이 없다거나 분별하면, 나되 남이 없고 있되 공한 존재의 진실을 보지 못하게 된다.

여래는 보여지는 바에 실로 볼 것이 없음[實無所見]을 깨닫고 아는 바에 실로 알 것이 없음[實無所知]을 통달하였으므로 보되 봄이 없이 보고 알되 앎이 없이 알며 느끼되 느끼지 않고 느낀다.

앎에 실로 앎을 두면 삶은 아는 것만큼 제약되고, 봄에 실로 봄을 두면 존재는 보는 것만큼 가려진다.

앎에서 온갖 관념의 틀을 넘어서고, 보고 들음에서 보고 듣는 감각의 성(城)을 넘어선 자가, 존재의 진실을 보고 여래의 참모습을 보게 될 것이다.

온갖 보는 바에 얻는 것이 없어야 여래의 참모습을 깨치리니

이와 같이 내가 들었다.

한때 붇다께서는 라자그리하 성 칼란다카 대나무동산에 계셨다.

그때 '외로운 이 돕는 장자'는 날마다 붇다를 찾아뵙고, 공손히 섬기고 공양하였다.

어느 날 '외로운 이 돕는 장자'는 이렇게 생각하였다.

'나는 오늘 너무 일찍 찾아왔다. 세존과 여러 비구들은 아직 선정에서 일어나시지도 않았을 것이다. 나는 차라리 바깥길 수행자들이 머물고 있는 곳에 먼저 들러보아야겠다.'

이렇게 생각한 그는 곧 바깥길 수행자들이 있는 수행처[精舍]에 들어가 여러 바깥길 수행자들과 서로 문안한 뒤에 한쪽에 물러나 앉았다.

바깥길 수행자들이 장자에게 세존을 어떻게 보았으며 세존이 어떻게 보는지 물어봄

그때 바깥길 수행자들이 물었다.

"장자여, 그대는 사문 고타마를 보았으니, 어떻게 그를 보았으며 그는 무엇을 보았소?"

장자가 대답하였다.

"내가 어떻게 세존을 뵈었으며, 세존께서는 무엇을 보시는지 알지 못하오."

여러 바깥길 수행자들이 물었다.

"그대는 많은 상가대중을 보았는데, 그 많은 상가대중을 어떻게 보았으며 뭇 상가대중은 무엇을 보았소?"

장자가 대답하였다.

"나는 또한 내가 상가대중을 어떻게 보았으며 상가대중이 어떻게 보는지 알지 못하오."

바깥길 수행자가 또 물었다.

"장자여, 그대는 어떻게 스스로를 보며 스스로 무엇을 보시오?"

바깥길 수행자들의 얻을 바 있는 견해, 치우친 견해를 들음

장자가 대답하였다.

"그대들은 각기 스스로 보는 바를 말해보시오. 그런 뒤에 내가 보는 바를 말하는 것은 그리 어렵지 않소."

그때 어떤 바깥길 수행자가 이렇게 말했다.

"장자여, 나는 온갖 세간은 항상하다고 보니, 이것이 진실이요 다른 것은 허망한 것이오."

또 어떤 이는 말했다.

"장자여, 나는 온갖 세간은 덧없다고 보니, 이것이 진실이요 다른 것은 허망한 것이오."

또 어떤 이는 말했다.

"장자여, 세간은 항상하기도 하고 덧없기도 하니, 이것이 진실이요 다른 것은 허망한 것이오."

또 어떤 이는 말했다.

"세간은 항상함도 아니고 덧없음도 아니니, 이것이 진실이요 다른 것은 허망한 것이오."

또 어떤 이는 말했다.

"세간은 끝이 있으니, 이것이 진실이요 다른 것은 허망한 것이오."

또 어떤 이는 말했다.

"세간은 끝이 없으니, 이것이 진실이요 다른 것은 허망한 것이오."

또 어떤 이는 말했다.

"세간은 끝이 있기도 하고, 끝이 없기도 하오."

또 어떤 이는 말했다.

"세간은 끝이 있음도 아니고 끝이 없음도 아니오."

또 어떤 이는 말했다.

"목숨은 곧 몸이오."

또 어떤 이는 말했다.

"목숨과 몸은 다르오."

또 어떤 이는 말했다.

"여래는 죽은 뒤에 있소."

또 어떤 이는 말했다.

"여래는 죽은 뒤에 없소."

또 어떤 이는 말했다.

"여래는 죽은 뒤에 있기도 하고 없기도 하오."

또 어떤 이는 말했다.

"여래는 죽은 뒤에 있음도 아니고 없음도 아니니, 이것이 진실이요 다른 것도 허망한 것이오."

보는 바가 있고 얻을 바가 있는 주장이 해탈이 아님을 보임

여러 바깥길 수행자들이 장자에게 말했다.

"우리는 각기 우리의 보는 바를 말했소. 그대도 그대가 보는 바를 말해야 할 것이오."

장자가 대답하였다.

"내가 보는 것의 진실[所見眞實]이란, 함이 있음[有爲]이고 생각해 헤아림[思量]이고, 인연으로 일어나는 것이오.

만약 다시 진실대로 함이 있음이고 생각해 헤아림이며, 인연으로 일어나는 것이라면, 그것은 곧 덧없는 것이고, 만약 덧없는 것이라면 곧 괴로운 것이오. 이렇게 알고 나면 온갖 봄[一切見]에 도무지 얻을 것이 없소[無所得].

그대들 보는 바대로 '세간은 항상한 것이니, 이것이 진실이요 다른 것은 허망한 것이다'라고 하면서 이렇게 보는 것이 진실이라 하지만, 그것은 함이 있음이고 생각해 헤아림이며, 인연으로 일어나는 것이오.

만약 그 진실대로 함이 있고 생각해 헤아림이며, 인연으로 일어나는 것이라면, 그것은 곧 덧없는 것이고, 만약 덧없는 것이라면 곧 괴로운 것이오.

그러므로 그대들은 괴로움을 가까이 익히어 오직 괴로움만 받고 괴로움에 굳게 머물며 괴로움에 깊이 들어가는 것이오.

이와 같이 '세간은 덧없는 것이니, 이것이 진실이요 다른 것은 허망한 것이다'라고 말하는 것도, 이와 같은 허물이 있소.

또 다음과 같이 말한다 합시다.

'세간은 항상하기도 하고 덧없기도 하다, 항상함도 아니고 덧없음도 아니다.

세간은 끝이 있다, 세간은 끝이 없다, 세간은 끝이 있기도 하고 끝이 없기도 하다, 끝이 있음도 아니고 끝이 없음도 아니다.

목숨은 곧 몸이다. 목숨과 몸은 다르다.

여래는 죽은 뒤에 있다. 죽은 뒤에 없다. 죽은 뒤에 있기도 하고 죽은 뒤에 없기도 하다. 죽은 뒤에 있음도 아니고 죽은 뒤에 없음도 아니다. 이것이 진실이요 다른 것은 허망한 것이다.'

이렇게 말함도 위에서 말한 것과 같은 허물이 있소."

알고 보는 바에서 얻을 것이 없을 때 해탈함을 보임

어떤 바깥길 수행자가 외로운 이 돕는 장자에게 말했다.

"그대 말한 바와 같이 만약 저렇게 보는 것이 곧 진실이어서, 함이 있고 생각해 헤아리며, 인연으로 일어나는 법, 이것은 덧없는 법이라 합시다. 만약 덧없는 것이라면 괴로움인 것이오.

그러므로 장자의 보는 바도 또한 괴로움을 가까이 익혀 괴로움을 받고 괴로움에 머물고 괴로움에 깊이 들어가는 것이오."

장자가 대답하였다.

"내가 먼저 보는 것을 말하지 않았소.

'이 진실은 함이 있고 생각해 헤아리는 것이고, 인연으로 일어나는 법으로 다 덧없는 것이고 덧없는 것은 곧 괴로움이오.'

이 괴로움을 알았으니, 나는 보는 바에 얻는 바가 없는 것[無所得]이오."

저 바깥길 수행자는 말했다.

"그렇소, 장자여."

장자의 견해를 듣고 세존이 칭찬해주심

그때 '외로운 이 돕는 장자'는 바깥길 수행자들의 수행처에서 그들의 다른 주장을 조복하고, 바른 주장을 세워, 저 배움 다른 무리들의 앞에서 사자처럼 외쳤다.

그러고는 그는 붇다 계신 곳에 가서 머리를 대 발에 절하고 한쪽에 물러앉아, 바깥길 수행자들과 서로 논란한 것을 붇다께 널리 말씀드렸다.

그러자 붇다께서 외로운 이 돕는 장자에게 말씀하셨다.

"참 잘하고 잘한 일이다. 때맞추어 저 어리석은 바깥길 무리들을 꺾어 조복하고 바른 주장을 세워야 한다."

붇다께서 이렇게 말씀하시자, 외로운 이 돕는 장자는 기뻐하면서 절하고 물러갔다.

• 잡아함 968 급고독경(給孤獨經)

• 해설 •

수단타 장자처럼 이와 같이 바르게 보고 이와 같이 삿된 견해를 잘 조복할 수 있어야 흰옷 입은 여래의 거사제자라 할 만하다.

'외로운 이 돕는 장자'는 재물 보시로 상가대중과 외로운 이들에게 잘 베풀 뿐만 아니라 법의 보시로 세간의 진리의 눈을 열어주는 법공양자이다.

어떤 것이 세간법의 진실인가. 인연으로 성취된 법은 있되 공하고 공하되 연기로 있다. 그러므로 인연으로 일어난 법에서 꼭 그렇다고 취할 모습을 두면 연기의 진실을 가리게 되며, 관념의 견해를 세워 그 견해로 사물을 살피면 사물은 그 견해에 물든 사물이 된다.

마음에 항상함과 덧없음, 있음과 없음의 헛된 따짐이 있고, 여래가 죽은 뒤에 있는가 없는가를 헤아리면, 세간법과 여래의 진실을 보지 못한다.

보는 바에 꼭 그렇게 볼 것이 있다[有所見] 생각해 그것이 진실이라고 말하는 저 바깥길 수행자의 입장에 대해, '외로운 이 돕는 장자'가 말한 보는 바의 진실은 보는 것이 덧없고 공하여 꼭 붙들어 쥘 것이 없음이 진실이다.

그러므로 보는 것에 붙들어 쥘 것이 있으면 괴로움이지만, 보는 바가 덧없고 공한 줄 알아서 취하지 않고, 보는 바에 얻을 것이 없으면 봄[見]이 봄이 없는 봄[無見之見]이 되니, 그가 괴로움을 넘어 참된 삶의 기쁨으로 나아가는 자이다.

보는 바에 얻을 것이 없어서[所見無所得] 마음에 취함이 없는 자[心無所取]가 여래를 보고, 여래를 보는 자가 존재의 연기적 진실을 본다.

그 뜻을 『화엄경』(「수미정상게찬품」)은 다음과 같이 말한다.

> 만약 붇다를 바로 볼 수 있다면
> 그 마음에 취하는 바가 없게 된다.
> 이 사람이 붇다께서 법 아는 것처럼
> 그와 같이 법을 볼 수 있으리.
>
> 若得見於佛　其心無所取
> 此人則能見　如佛所知法
>
> 연기로 있는 세간의 모습
> 이 진실한 바탕이 고요해
> 진여의 모습인 줄 알 수 있으면
> 곧 바르게 깨치신 세존을 보아
> 언어의 길을 뛰어 넘으리.
>
> 能知此實體　寂滅眞如相
> 則見正覺尊　超出語言道

여래에 대한 헛된 따짐은 니르바나에 향하는 것이 아니니

이와 같이 내가 들었다.

한때 붇다께서는 라자그리하 성 칼란다카 대나무동산에 계셨다.

이때 많은 비구들이 식당에 모여 이렇게들 논의하였다.

곧 어떤 이들은 '세간은 항상한 것이다'라고 말하고, 어떤 이들은 '세간은 덧없는 것이다'라고 말하였다.

또는 '세간은 항상하기도 하고 덧없기도 하다'라고 말하고, '세간은 항상함도 아니고 덧없음도 아니다'라고 말하였다.

또 이렇게들 말하였다.

'세간은 끝이 있다, 세간은 끝이 없다.

세간은 끝이 있기도 하고 없기도 하다.

세간은 끝이 있음도 아니요 끝이 없음도 아니다.

목숨이 곧 몸이다. 목숨이 다르고 몸이 다르다.'

또 이렇게들 말하였다.

'여래는 죽은 뒤에 있다, 여래는 죽은 뒤에 없다.

여래는 죽은 뒤에 있기도 하고 없기도 하다.

여래는 죽은 뒤에 있음도 아니고 없음도 아니다.'

세간을 견해로 붙잡는 것이 니르바나의 길이 아님을 보이심

그때 세존께서 한곳에서 좌선하시다가 하늘귀[天耳]로 비구들이 식당에 모여 논의하는 소리를 들으셨다.

그 소리를 들으신 뒤에 식당으로 가셔서 대중들의 앞에 자리를 펴고 앉아 비구들에게 말씀하셨다.

"너희 비구들은 여럿이 모여 어떤 것을 논의했느냐?"

이때 비구들이 붇다께 말씀드렸다.

"세존이시여, 저희 많은 비구들은 이 식당에 모여 이런 논의를 하였습니다.

어떤 이들은 '세간은 항상한 것이다'라고 말하고, 어떤 이들은 '세간은 덧없는 것이다'라고 말하며, 또는 '세간은 항상하기도 하고 덧없기도 하다'라고 말하고, '세간은 항상함도 아니고 덧없음도 아니다'라고 말하였습니다.

또 이렇게 말하였습니다.

'여래는 죽은 뒤에 있다, 여래는 죽은 뒤에 없다.

여래는 죽은 뒤에 있기도 하고 없기도 하다.

여래는 죽은 뒤에 있음도 아니고 없음도 아니다.' "

붇다께서 말씀하셨다.

"너희들은 이와 같은 논의를 하지 말라.

왜냐하면 이와 같은 논의는 뜻의 요익됨이 아니고, 법의 요익됨이 아니며, 범행의 요익됨이 아니고, 지혜도 아니고 바른 깨달음도 아니고, 바르게 니르바나로 향하는 것도 아니기 때문이다."

사제가 니르바나의 길임을 다시 보이심

"너희 비구들은 반드시 이렇게 논의해야 한다.

'이것은 괴로움의 거룩한 진리다. 이것은 괴로움 모아냄의 거룩한 진리다. 이것은 괴로움이 사라짐의 거룩한 진리다. 이것은 괴로움을 없애는 길의 거룩한 진리다.'

왜냐하면 이와 같은 논의는 뜻의 요익됨이고, 법의 요익됨이며, 범행의 요익됨이고, 바른 지혜이고 바른 깨달음이며 바르게 니르바나로 향하는 것이기 때문이다.

그러므로 비구들이여, 네 가지 거룩한 진리에 대하여 아직 사이 없는 평등한 살핌[無間等]이 없다면 반드시 방편을 부지런히 하여 더욱 하고자 함을 일으켜 사이가 없는 평등한 살핌을 배워야 한다."

붇다께서 이 경을 말씀하시자, 모든 비구들은 붇다의 말씀을 듣고 기뻐하며 받들어 행하였다.

• 잡아함 408 사유경(思惟經)②

• 해설 •

취함이 있는 견해의 길은, 남에 남이 없고 사라짐에 사라짐 없는 연기의 진실을 등지므로 해탈의 길이 되지 못한다.

취하고 버림이 있으면 마음의 지혜는 물질에 가리고 물들며, 다시 물든 마음이 물질의 진실을 가리고 물들여 삶의 소외와 고통이 발생한다.

연기된 모습이 자기성품이 없음을 밝게 보는 곳에서만 미망과 번뇌를 떠나 보디에 이르고, 니르바나의 편안한 곳에 이르를 수 있다.

'여래가 죽은 뒤에 있는가 없는가'를 따지는 것은 지금 저 여래의 있는 몸이 곧 있음 아닌 연기의 진실을 보지 못한 것이고, 여래의 나되 남이 없고 사라지되 사라짐 없는 법의 몸[法身]과 지혜의 목숨[慧命]을 보지 못한 것이다.

온갖 관념의 자취와 환상의 굴레를 벗어나 괴로움과 소외가 일어나는 원인을 잘 살펴 아는 자만이 무명을 돌이켜 보디의 밝음에 나아가고, 괴로움을 돌이켜 니르바나에 돌아갈 수 있다.

니르바나에 돌아가는 자가 세간과 여래의 진실을 보아 늘 여래의 법의 몸과 함께하는 자이다.

『화엄경』(「수미정상게찬품」)은 이 뜻을 다음과 같이 말한다.

있다고 하거나 있지 않다고 하거나
모습 취하는 생각 모두 없애면
이와 같은 사람이 붇다를 보아서
니르바나에 편안히 머물게 되리.

若有若無有　彼想皆除滅
如是能見佛　安住於實際

「야마궁중게찬품」(夜摩宮中偈讚品) 또한 이렇게 말한다.

붇다께선 야마하늘궁에 앉아
시방 세계에 널리 두루하시네.
이 일은 매우 기이한 일이니
세간에서 드물게 있는 일이네.

佛坐夜摩宮　普遍十方界
此事甚奇特　世間所希有

시방 온갖 곳에 있는 이들
다 붇다께서 여기 있다 말하니
어떤 이는 사람 세상에 있다 하고
어떤 이는 하늘궁에 머묾을 보네.

十方一切處　皆謂佛在此
或見在人間　或見住天宮

비유하면 모든 세간이
겁의 불에 타 마쳐 다해도
허공은 없어지지 않듯이
붇다의 지혜 또한 이와 같아라.

譬如諸世間　劫燒有終盡
虛空無損敗　佛智亦如是

만약 붇다의 몸이 청정하여
법의 성품과 같음 볼 수 있으면
이 사람이 붇다의 몸에 대해
온갖 의혹이 없게 되리라.

若能見佛身　淸淨如法性
此人於佛法　一切無疑惑

2 여래는 법의 근본이시며 법의 의지이시니

• 이끄는 글 •

불교의 온갖 교설은 붇다의 깨달음에 그 뿌리가 있다. 여래만이 모든 법의 진실한 모습을 온전히 사무쳐 다한 것이니, 여래가 법의 뿌리이고 법의 의지처이다. 교설은 깨친 진리[實相般若]의 언어적 표현이자 보디의 완성자 붇다의 언어적 실천[文字般若]의 모습이다.

그래서 그 뜻을 아함경에서는 '세존이 법의 근본 · 법의 눈 · 법의 의지처이다'라고 표현하고, 『법화경』에서는 '오직 붇다와 붇다라야 모든 법의 실상을 사무쳐 다한다'[唯佛與佛 乃能究盡諸法實相]고 표현한다.

두 경에 의하면 수트라(sūtra)의 법은 여래의 보디에서 나오고 여래의 보디는 모든 법의 실상이다.

그러므로 가르침의 근본은 세존이 되고 세존의 깨달음이 법의 의지가 되고 법의 눈이 되는 것이다.

여래의 보디 속에서 아는 자와 알려지는 것, 앎 자체는 모두 있되 공함으로 현전하니, 여래의 보디에는, 세계와 중생의 닫힌 모습 취할 것 있고 구할 것 있는 모습으로 주어지는 것이 아니라 오직 보디 자체인 실상으로 주어진다.

모습에 모습 없는 실상 자체인 여래의 지혜는 머물러 있는 지혜가 아니라 막힘 없고 머묾 없는 행으로 주어지는 지혜이니, 세계의 실상을 실현한 여래의 보디는 언어로 발현되어 수트라가 되고 교법(abhidharma)이 된다.

여래의 교법을 '문자인 반야'[文字般若]라 하면, 여래의 보디는 '세계의 실상을 비추는 반야'[觀照般若]이고 세계의 연기적 실상은 반야의 뿌리인 '진리 자체'[實相般若]인 것이다.

여래의 삶에서 언어와 지혜와 세계의 진실은 하나인 것의 다른 이름이다. 그러므로 우리 중생은 다시 해탈의 길을 열어주는 여래의 언어를 통해 지혜에 나아가고 진제(眞諦)의 법에 나아가는 것이다.

『법화경』은 여래의 문자가 곧 지혜이며 실상의 언어적 표현임을 다음과 같이 말한다.

이 세간법이 법 자리에 머물러
세간의 모습 사라짐 없이 늘 머무네.
세간의 이 도량에서 깨쳐 아시고는
크신 인도자 방편 열어 설법하셨네.

是法住法位 世間相常住
於道場知已 導師方便說

위 게송에서 이 법[是法]은 인연으로 나고 사라지는 세간법이다. 이 세간법이 있되 공하여 자기 자리를 떠나지 않고 법자리[法位]에 그대로 머물러, 남이 남이 아니고 사라짐이 사라짐이 아니라 세간법이 늘 머물러 다함이 없으니, 이 법이 여래가 깨친 실상의 법이다.

여래는 나고 사라지는 이 세간 역사현장에서 세간법의 실상을 깨친 분이다. 이것이 여래가 세간의 도량에서 깨쳐 알았다 함이니, 곧 여래의 보디이고 관조반야이다.

그러나 붇다의 법은 세간법과 중생의 진실이므로 붇다는 다시 세간법의 현장에서 미망의 꿈에 빠져 사는 중생에게 보디의 방편인 가르침[方便教]을 열어 실상의 문을 열어주는 것이니, 이것이 여래의 문자반야이다. 여래의 문자반야가 온전히 여래의 위없는 지혜이고 중생 자신의 실상이다.

그러므로 듣는 이가 여래의 문자반야를 보되 봄이 없이 보고 여래의 음성을 들음 없이 들으면 여래를 따라 실상에 들어갈 것이다.

법의 주인인 세존이 말에 말 없는 법의 성품에서 한량없이 묘한 음성을 일으켜 중생을 이끄는 설법의 교화를, 『화엄경』(「여래출현품」如來出現品)은 이렇게 말한다.

> 법의 성품 지음 없고 바뀜 없어서
> 마치 허공이 본래 청정함과 같네.
> 모든 붇다 성품의 깨끗함 또한 같아
> 본 성품은 곧 실로 있는 성품이 아니라
> 있음을 떠나고 없음을 떠났네.
>
> 法性無作無變易　猶如虛空本淸淨
> 諸佛性淨亦如是　本性非性離有無
>
> 법의 성품은 말로 논함에 있지 않아

말이 없고 말을 떠나 늘 고요하네.
열 가지 힘 갖추신 분 경계 또한 그러해
온갖 글과 말로 이루 보일 수 없네.

法性不在於言論　無說離說恒寂滅
十力境界性亦然　一切文辭莫能辯

하늘에 북이 있어 깨우침이라 하는데
늘 허공 가운데서 법의 소리를 떨쳐
저 방일한 하늘신들 깨우쳐주어
북소리 듣는 이들 집착 여의게 하네.

如天有鼓名能覺　常於空中震法音
誡彼放逸諸天子　令其聞已得離著

열 가지 힘 갖추신 분 법의 북도 이 같아
갖가지 묘한 음성을 나타내시사
온갖 모든 중생을 깨우쳐주어
그들이 보디의 과덕 모두 얻도록 하네.

十力法鼓亦如是　出於種種妙音聲
覺悟一切諸群生　令其悉證菩提果

세존께서는 법의 근본이요
법의 눈이시니 말씀해주십시오

이와 같이 내가 들었다.

한때 붇다께서는 바이살리는 성의 원숭이 못가에 있는 이층강당[重閣講堂]에 계셨다.

그때 세존께서 여러 비구들에게 말씀하셨다.

"많이 들은 거룩한 제자들은 어떤 것에 대해 '나[我]도 아니요, 나와 다른 것[異我]도 아니며, 나와 나와 다름이 함께 있는 것[相在]도 아니다'라고, 이와 같이 평등하고 바르게 살펴 진실 그대로 알고 보는가?"

비구들은 붇다께 말씀드렸다.

"세존께서는 법의 근본이요, 법의 눈이며, 법의 의지처이십니다. 말씀해주시길 바랍니다. 여러 비구들은 듣고 나서 그 말씀대로 받들어 행하겠습니다."

다섯 쌓임에 대한 진실 그대로의 살핌과 해탈을 보이심

붇다께서 비구들에게 말씀하셨다.

"자세히 듣고 잘 사유하라. 너희들을 위하여 말해주겠다. 많이 들은 거룩한 제자들은 물질에 대해서 '나가 아니요, 나와 다른 것도 아니며, 나와 나와 다름이 함께 있는 것도 아니다'라고 보니, 이것을 진실 그대로 보는 바른 살핌이라 한다.

느낌 · 모습 취함 · 지어감 · 앎에 있어서도 또한 이와 같다."

붇다께서 다시 비구들에게 말씀하셨다.

"물질은 항상한가, 덧없는가?"

"덧없습니다, 세존이시여."

"만약 덧없다면 그것은 괴로운 것인가?"

"그것은 괴로운 것입니다, 세존이시여."

"비구들이여, 만약 덧없고 괴로운 것이라면 그것은 변하고 바뀌는 법이다. 많이 들은 거룩한 제자들이 과연 그런 것에 대해 '이것은 나다, 나와 다르다, 나와 나와 다름이 함께 있는 것이다'라고 보겠는가?"

"아닙니다, 세존이시여."

"느낌 · 모습 취함 · 지어감 · 앎에 있어서도 또한 이와 같다.

그러므로 비구들이여, 모든 있는 물질[色]은 과거든 미래든 현재든, 안이든 밖이든, 거칠든 가늘든, 곱든 밉든, 멀든 가깝든, 그 온갖 것은 모두 나가 아니요, 나와 다른 것도 아니며, 나와 나와 다름이 함께 있는 것도 아니다.

이것을 진실 그대로의 바른 살핌이라 하며, 느낌 · 모습 취함 · 지어감 · 앎에 있어서도 또한 이와 같다.

많이 들은 거룩한 제자들은 이와 같이 살펴 물질에서 해탈하고, 느낌 · 모습 취함 · 지어감 · 앎에서 해탈한다.

그러면 '그는 태어남 · 늙음 · 병듦 · 죽음, 근심 · 슬픔, 번민과 괴로움 온전히 괴로움뿐인 큰 무더기에서 해탈하였다'고 나는 말한다."

붇다께서 이 경을 말씀하시자, 여러 비구들은 붇다의 말씀을 듣고 기뻐하며 받들어 행하였다.

• 잡아함 83 비사리경(毘舍離經)

여래의 법에 돌아오면 알고 봄이 참되고 바르게 되리

이와 같이 내가 들었다.

한때 붇다께서는 슈라바스티 성 '외로운 이 돕는 장자의 동산'에 계셨다.

그때 세존께서 모든 비구들에게 말씀하셨다.

"수트라의 법[經法]이 있다. 모든 비구들은 이 법을 우러러 향해야 하는데 수트라의 법에 대해 믿음을 달리하고, 하고자 함을 달리하고, 들음을 달리하고, 행함을 달리해 사유하며, 견해를 달리해 살피며 머문다.

바르게 알고 말하면, '나의 태어남은 이미 다하고 범행은 이미 서고, 지을 바를 이미 다 지어 다시는 뒤의 있음을 받지 않음'을 스스로 알게 된다."

해탈의 법인 수트라의 법에 대해, 견해 달리함을 경계하심

여러 비구들이 붇다께 말씀드렸다.

"세존께서는 곧 법의 근본이요, 법의 눈이며, 법의 의지처이십니다. 잘 깨우쳐주셨습니다, 세존이시여. 널리 말씀해주시길 바랍니다. 여러 비구들은 듣고 나면 반드시 받들어 행할 것입니다."

붇다께서 여러 비구들에게 말씀하셨다.

"자세히 듣고 잘 사유하라. 너희들을 위해 말해주겠다.

비구들이여, 눈으로 빛깔을 보고는 빛깔인 줄 깨달아 알면서도 빛깔에 대한 탐욕을 느끼지 않게 되면, '나는 앞에는 눈으로 빛깔을 알 때 탐욕이 있었지만, 지금은 눈으로 빛깔을 알 때 탐욕이 없음을 진실 그대로 안다'고 말하게 된다.

만약 비구가 눈으로 빛깔을 보고는 빛깔을 깨달아 알면서도 빛깔에 대한 탐욕을 일으키지 않고, '나는 앞에는 눈의 앎에 탐욕이 있었다고 느껴 알았지만, 지금은 눈이 빛깔을 아는데 탐욕이 없다는 것을 진실 그대로 안다'고 말한다 하자.

비구들이여, 너희들 생각에는 어떠하냐?

그는 여기에서 믿음이 있고 바른 하고자 함이 있고, 들음이 있고, 행하여 사유함이 있고, 진리를 살피고 머묾이 있는가?"

"그렇습니다, 세존이시여."

"이 법에 돌아가면 아는 바와 보는 바를 진실 그대로 바르게 아느냐?"

"그렇습니다, 세존이시여."

"귀 · 코 · 혀 · 몸 · 뜻 또한 이와 같이 말한다.

여러 비구들이여, 이것이 '수트라의 법이 있다'는 것이다."

수트라의 법에 의지해 해탈의 길에 나아가게 하심

"비구들은 이 수트라의 법을 우러러 향해야 하는데, 수트라의 법에 대해 믿음을 달리하고, 하고자 함을 달리하고, 들음을 달리하고, 행함을 달리해 사유하며, 견해를 달리해 살피며 머문다.

바르게 알고 말하면, 나의 태어남은 이미 다하고 범행은 이미 서고, 지을 바를 이미 다 지어 다시는 뒤의 있음을 받지 않음을 스스로 알게 된다."

붇다께서 이 경을 말씀하시자, 여러 비구들은 붇다의 말씀을 듣고 기뻐하며 받들어 행하였다.

• 잡아함 313 경법경(經法經)

• 해설 •

두 경을 모아 풀이한다. 두 경 모두 법의 근본이신 여래의 가르침을 따라 연기의 진실을 사유하고 잘 살피면 마음과 물질의 얽매임을 모두 벗어나 해탈하게 됨을 보이고 있다.

왜 그런가. 여래의 가르침은 거짓된 관념의 가르침이 아니라 세계의 실상을 깨친 지혜의 가르침이기 때문이다.

지금 보고 듣고 아는 주체의 활동[受 · 想 · 行 · 識]은 보는 것과 알려지는 것을 의지해 일어나는 연기적 활동이다. 그러므로 알려지는 사물이 있되 공하여 취할 모습이 없는 줄 알면, 사물의 모습을 보고 들으며 대상을 사유하되 주체의 앎활동이 물질의 닫힌 모습에서 벗어나고 알려지는 것의 있는 모습에서 벗어난다. 그리고 앎이 알려지는 것에서 온갖 모습을 벗어나면 앎 자체가 해탈하여 괴로움의 무더기가 해탈한다.

다섯 쌓임으로 인해 나[我]가 있으니 나도 공하고[我空] 다섯 쌓임도 공하다[法空]. 저 쌓임이 나[我]라고 해도 안 되고 나와 다름[異我]이라 해도 안 되며, 나[我]와 나와 다름[異我]이 같이 있다 해도 안 된다.

붇다는 가르친다. '나와 내 것이라는 생각을 떠나 빛깔을 보되 빛깔이 빛깔 아닌 빛깔인 줄 알아 빛깔에 대한 탐욕을 떠나면 탐욕의 흐름에서 해탈하고 끝내 나고 사라짐을 벗어나 청정한 범행을 완성할 수 있다.'

연기법의 진실을 진실대로 말하는 붇다의 참된 말[眞語] 실다운 말[實語]을 따라 연기의 법에 돌아가면[歸於此法], 아는 바[所知]와 보는 바[所見]에 실로 알 것이 없고 볼 것이 없음을 깨달아, 바른 믿음에 서게 되고 들음 없는 바른 들음이 있게 되고 니르바나의 진리에 머물게 되는 것이다.

수트라의 법이 참된 법의 말씀이고 여래가 법의 근본이 되고 법의 눈이 됨은 가르침을 듣고 행하는 중생의 실천 속에서 검증된다.

내가 법의 눈[法眼]을 뜨지 못하고 어찌 저 여래의 법의 눈의 진실성을 알아볼 수 있겠는가.

법의 주인이신 세존이 말씀을 통해 세간 교화하시는 모습을 『화엄경』(「여래출현품」)은 다음과 같이 찬탄한다.

비유하면 깊은 산 큰 골짜기 가운데
음성이 있으면 따라서 메아리가 울려
비록 남들이 쓰는 언어를 따라주지만
그 울림은 마쳐 다해 분별 없음과 같네.

譬如深山大谷中　隨有音聲皆響應
雖能隨逐他言語　而響畢竟無分別

열 가지 힘 갖춘 분 말씀 또한 그러해
그 근기 익음 따라 나타내 보이시사
그들 조복해 큰 기쁨 내게 하시지만
내가 지금 연설한다 생각지 않네.

十力言音亦復然　隨其根熟爲示現
令其調伏生歡喜　不念我今能演說

법의 근본이신 세존의 법은 현재의 법에서 온전히 니르바나 이루는 법이니

이와 같이 내가 들었다.

한때 붇다께서는 슈라바스티 국 '외로운 이 돕는 장자의 동산'에 계셨다.

그때 세존께서 여러 비구들에게 말씀하셨다.

"현재의 법에서 파리니르바나한다고 하는데, 어떤 것이 여래가 현재의 법에서 파리니르바나한다고 말하는 것인가?"

여러 비구들이 붇다께 말씀드렸다.

"세존께서는 법의 근본이시고 법의 눈이시며 법의 의지처이십니다.

잘 깨우쳐주셨습니다, 세존이시여. 현재의 법에서 파리니르바나한다는 것을 말씀해주시길 바랍니다.

여러 비구들은 그 가르침을 들은 뒤에 반드시 받들어 행하겠습니다.

어떻게 비구가 현재의 법에서 파리니르바나할 수 있습니까?"

붇다께서 여러 비구들에게 말씀하셨다.

"자세히 듣고 잘 사유하라. 너희들을 위해 말해주겠다.

만약 비구가 늙음과 병듦 · 죽음에 대하여 집착 떠나 탐욕을 여의고, 집착이 사라져 다해 모든 번뇌의 흐름[漏]을 일으키지 않으면 마음이 잘 해탈하니, 이것을 비구가 현재의 법에서 파리니르바나하는 것이라 한다."

붇다께서 이 경을 말씀하시자, 여러 비구들은 붇다의 말씀을 듣고 기뻐하며 받들어 행하였다.

• 잡아함 365 설법경(說法經) ②

• 해설 •

붇다의 법은 바로 믿고 받아들여 따라 행하면 바로 지금 이 자리에서 법의 눈을 열어 모든 번뇌 흐름을 떠나 그 마음이 해탈할 수 있다.

온전한 니르바나가 어찌 미래의 어느 때 가서야 이루어질 수 있는 아득한 법이겠는가.

왜 그럴 수 있는가. 온전한 니르바나의 법은 삶의 진실이고 중생의 미망과 번뇌는 진실을 잘못 보아 일으킨 중생 스스로의 환상과 얽매임이기 때문이다.

남[生]이 실로 남이 아닌 곳[非生]에서, 실로 태어남과 실로 죽음을 보는 것이 중생의 번뇌요 얽매임이라, 번뇌와 얽매임은 본래 없는 것이다. 그러나 남이 남이 아닌 니르바나의 진실은 중생이 설사 미망 속에 있어도 사라지지 않는 진실의 모습이다.

환상이 이미 환상인 줄 알면 그 자리가 얽매임에서 풀리는 자리[知幻卽離]이니, 어찌 억지로 환상을 끊고 니르바나를 구할 것인가.

파리니르바나는 지금 미망 속의 중생 그 스스로의 삶의 진실이니, 어찌 깊고 깊은 도리를 깨쳐야 한다고 말하는가.

중생의 진실을 살펴 바로 보는 자가 보디사트바이고 중생 밖에 여래의 보디를 구하는 자가 미망의 중생이 되는 것이다.

세존은 눈이요 지혜며
법의 주인이고 법의 장수이시니

나는 들었다, 이와 같이.

한때 붇다께서 슈라바스티 국을 노닐어 다니실 적에 동쪽 동산[東園] 므리가라마트리(Mṛgāra-mātṛ) 강당에 계셨다. 그때 세존께서는 해질 무렵이 되어 좌선에서 일어나 강당 아래로 내려와, 강당 그늘 가운데 한곳을 거니시며, 여러 비구들을 위해 매우 깊고 미묘한 법을 널리 설명하셨다.

그때 사문 판디타의 제자 '배움 다른 아지타'는 멀리서 세존께서 좌선에서 일어나 강당에서 내려와 강당 그늘 가운데 한곳을 거니시며 여러 비구들을 위해 매우 깊고 미묘한 법을 널리 설명하시는 것을 보았다.

판디타의 제자 '배움 다른 아지타'는 붇다 계신 곳으로 나아가 문안드리고 붇다를 따라 거닐었다.

세존께서 온갖 것에 대한, 아는 바 있는 앎에 대해 물으심

세존께서는 돌아보시고 물으셨다.

"아지타여, 사문 판디타는 참으로 오백 가지 생각[五百思]을 사유하고 있는가? 그리고 다른 사문과 브라마나로서 '온갖 것을 알고 온갖 것 본다고 하는 자'[一切知一切見者]가 스스로 '나는 남음이 없고 남음 없음을 안다'고 일컬으면 그에게 허물 있음을 보아, 허물 있다

[有過]고 스스로 일컬어 말하는가."

판디타의 제자 아지타가 대답하였다.

"고타마시여, 사문 판디타는 참으로 오백 가지 생각을 사유하고 있습니다.

그리고 만약 다른 어떤 사문과 브라마나로서 온갖 것을 알고 온갖 것을 본다고 하는 자가 스스로 '나는 남음 없음이 있고 남음이 없음을 안다'고 일컬으면, 그에게 허물이 있음을 보아 '허물이 있다'고 스스로 일컬어 말합니다."

세존께서 다시 물으셨다.

"아지타여, 어떻게 사문 판디타는 오백 가지 생각을 사유하는가.

그는 만약 다른 어떤 사문과 브라마나로서 온갖 것을 알고 온갖 것을 본다고 하는 자가 스스로 '나는 남음 없음이 있고 남음이 없음을 안다'고 일컬으면, 그에게 허물이 있는 것을 보아 '허물이 있다'고 스스로 일컬어 말하는가?"

"고타마시여, 사문 판디타는 이렇게 말합니다.

'나는 다니거나 머물거나, 앉거나 눕거나, 잠자거나 깨어 있거나, 낮이나 밤이나 늘 걸림이 없이 알고 또 본다.

때로는 달리는 코끼리 · 함부로 날뛰는 말 · 달리는 수레 · 반역한 군사 · 달리는 남자 · 달리는 여자를 만나기도 한다.

때로 이런 길을 가다가 사나운 코끼리 · 사나운 말 · 사나운 소 · 사나운 개를 만나며, 때로 독사 떼를 만난다.

때로 던지는 흙덩이에 맞으며, 때로 막대기로 맞으며, 개울에 떨어지거나 뒷간에 빠지며, 때로 누운 소를 타거나 깊은 구덩이에 떨어지며, 때로 가시밭 속에 들어가기도 한다.

때로 마을이나 성읍을 보고 그 이름과 길을 물으며, 때로 남자나 여자를 보고서 그 성과 이름을 묻기도 하고, 때로 빈 집을 살피기도 하며, 이와 같이 종족 속에 들어가기도 한다.

그들은 이미 들어간 뒤에 내게 이렇게 묻는다.

〈존자여, 어디로 가십니까?〉

나는 그들에게 말한다.

〈여러 어진 이들이여, 나는 나쁜 세계로 가오.〉'

고타마시여, 사문 판디타는 이와 같이 오백 가지 생각을 사유합니다. 그리하여 만약 다른 어떤 사문과 브라마나로서 온갖 것을 알고 온갖 것을 본다고 하는 자가 스스로 '나는 남음 없음이 있고 남음이 없음을 안다'고 일컬으면, 그에게 허물이 있다고 봅니다."

비구들에게 세존의 지혜의 일 받아 지니길 분부하심

이에 세존께서는 거닐기를 그만두시고 곧 거니시던 길 머리로 가시어 니시다나(niṣīdana)를 펴고 두 발을 맺고 앉아 여러 비구들에게 물으셨다.

"비구들이여, 내가 말한 지혜의 일을 너희들은 받아 지니느냐?"

여러 비구들은 잠자코 대답이 없었다. 세존께서는 두 번 세 번 물으셨다.

"내가 말한 지혜의 일을 너희들은 받아 지니느냐?"

여러 비구들 또한 두 번 세 번 잠자코 대답이 없었다.

그때 한 비구가 곧 자리에서 일어나 가사 한 자락을 벗어 메고 두 손을 맞잡고 붇다께 말씀드렸다.

"세존이시여, 지금이 바로 그때입니다. 잘 가신 이여, 지금이 바로 그때입니다. 만약 세존께서 여러 비구들을 위하여 지혜의 일을 말씀하신다면 여러 비구들은 세존께 듣고 잘 받아 지닐 것입니다."

이에 세존께서는 말씀하셨다.

"비구들이여, 자세히 듣고 잘 사유하라. 내가 너희들을 위하여 자세히 분별하여 말해주겠다."

비구들이 말씀드렸다.

"그렇게 하겠습니다. 가르침을 받아 듣겠습니다."

진실을 행하는 법다운 무리와 법답지 않은 두 무리가 있음을 말씀하심

붇다께서는 말씀하셨다.

"대개 두 가지 무리가 있다. 하나는 법다운 무리[法衆]요, 다른 하나는 법답지 않은 무리[非法衆]이다.

어떤 것이 법답지 않은 무리인가? 어떤 사람이 법답지 않은 일을 행하고 법답지 않은 법을 말하면, 그 무리들 또한 법답지 않은 일을 행하고 법답지 않은 법을 말한다.

그 법답지 않은 사람은 법답지 않은 무리들 앞에서 자기가 아는 것을 허망하게 말한다. 진실이 아닌데도 나타내 보이고 분별하면서 그 행을 베풀어 세우고 널리 펴서 차례차례 법을 설명한다.

그러나 남의 뜻의 잘못을 끊고자 하면 따져 말할 수는 없으며, 바른 법(法)과 율(律) 가운데서 자기의 아는 바를 일컬어 세울 수 없다.

그런데도 저 법답지 않은 사람은 법답지 않은 무리 앞에서 스스로 '나는 지혜가 있어 두루 안다'고 일컫는다.

이 가운데서 만약 이와 같이 지혜의 일[智慧事]을 말하는 자가 있다면 그들을 법답지 않은 무리라 한다.

어떤 것이 법다운 무리인가? 때로 어떤 한 사람이 법다운 일을 행하고 법다운 법을 말하면, 그 무리 또한 법다운 일을 행하고 법다운 법을 말한다.

그 법다운 사람은 법다운 무리 앞에서 자기가 아는 것을 허망하지 않게 말하니, 참되고 사실인 것을 나타내 보이고 분별하며, 그 행을 베풀어 세우고 널리 펴서 차제로 설한다.

그리고 그는 남의 뜻의 잘못을 끊고자 하면 곧 그것을 따져 말할 수 있고, 이 바른 법 가운데서 자기가 아는 것을 일컬어 세울 수 있다.

그러므로 그 법다운 사람은 법다운 무리 앞에서 스스로 '나는 지혜가 있어 두루 안다'고 말한다. 이 가운데서 만약 이와 같이 지혜의 일을 말하는 자가 있다면 그들을 법다운 무리라 한다.

그러므로 너희들은 반드시 법(法)과 법 아님[非法], 뜻[義]과 뜻 아님[非義]을 알아야 하고, 법과 법 아님, 뜻과 뜻 아님을 안 뒤에는 너희들은 반드시 법과 같음 [如法]과 뜻과 같음[如義]을 배워야 한다."

세존의 말씀이 너무 간략하므로 아난다에게 널리 말해주기를 청함

붇다께서는 이렇게 말씀하시고 곧 자리에서 일어나 방에 들어가 좌선하였다. 이에 여러 비구들은 곧 이렇게 생각하였다.

'여러 어진 이들은 알아야 하오. 세존께서는 이 뜻을 간략히 말씀하시어, 널리 분별하지 않으시고, 자리에서 일어나 방에 들어가 좌선하셨소. 세존께서는 이렇게만 말씀하셨소.

'그러므로 너희들은 반드시 법과 법 아님, 뜻과 뜻 아님을 알아야 하고, 법과 법 아님, 뜻과 뜻 아님을 안 뒤에는 법과 같음과 뜻과 같

음을 배워야 한다.' '

비구들은 다시 이렇게 생각하였다.

'여러 어진 이들 가운데 누가, 아까 세존께서 간략히 말씀하신 그 뜻을 널리 분별해줄 수 있을까?'

그들은 다시 이렇게 생각하였다.

'존자 아난다는 붇다의 시자(侍者)로서 붇다의 뜻을 알고, 늘 붇다와 모든 지혜로운 범행자들의 칭찬을 받고 있소. 존자 아난다라면 아까 붇다께서 간략하게 말씀하신 그 뜻을 널리 분별할 수 있을 것이오. 여러 어진 이들은 같이 존자 아난다 있는 곳으로 가서 이 뜻을 설명해 달라고 청해봅시다.

그리고 만약 존자 아난다가 우리를 위해 분별해주면, 우리는 잘 받아 지녀야 할 것이오.'

이에 여러 비구들은 존자 아난다가 있는 곳으로 가서 서로 안부를 묻고 물러나 한쪽에 앉아 말씀드렸다.

"존자 아난다여, 아셔야 합니다. 아까 세존께서는 이 뜻을 간략히 말씀하시어, 널리 분별하시지 않으시고 자리에서 일어나 방에 들어가 좌선하셨습니다. 세존께서 이렇게 말씀하셨습니다.

'너희들은 반드시 법과 법 아님, 뜻과 뜻 아님을 알아야 한다. 그리고 법과 법 아님, 뜻과 뜻 아님을 안 뒤에는 반드시 법과 같음과 뜻과 같음을 배워야 한다.'

그래서 저희들은 이렇게 생각하였습니다.

'여러 어진 이들 가운데 누가, 아까 세존께서 간략히 말씀하신 그 뜻을 널리 분별해줄 수 있을까?'

그리고 저희는 다시 이렇게 생각하였습니다.

'존자 아난다는 붇다의 시자로서 붇다의 뜻을 알고 늘 붇다와 모든 지혜로운 범행자들의 칭찬을 받고 있소. 존자 아난다라면 아까 세존께서 간략히 말씀하신 그 뜻을 널리 분별해줄 수 있을 것이오.'

그러니 부디 아난다여, 저희들을 사랑하고 가엾이 여겨 그 뜻을 널리 말씀해주시길 바랍니다."

존자 아난다가 법의 근본이고 법의 장수이신
세존께 묻지 않음을 나무람

존자 아난다가 말하였다.

"여러 어진 이들이여, 내가 비유를 들어 말하겠으니 잘 들어보시오. 지혜로운 사람은 비유를 들으면 그 뜻을 바로 압니다.

여러 어진 이들이여, 어떤 사람이 나무 심[實]을 얻기 위하여 도끼를 가지고 숲속으로 들어간 것과 같소. 그는 큰 나무가 뿌리·줄기·마디·가지·잎·꽃·나무·심으로 된 것을 보고도 뿌리·줄기·마디·나무·심은 건드리지 않고 가지와 잎만 건드렸소.

여러 어진 이들의 말 또한 이와 같소. 세존께서 바로 눈앞에 계시는데 그분을 내버려두고 내게 와서 그 뜻을 묻다니요.

왜냐하면 여러 어진 이들이여, 세존께서는 눈[眼]이요 지혜[智]며, 뜻[義]이요 법(法)이며, 법의 주인[法主]이요 법의 장수[法將]로서 진제의 뜻[眞諦義]을 말씀하시오.

온갖 뜻[一切義]을 나타내는 것은 오직 저 세존을 말미암소.

여러 어진 이들이여, 반드시 세존 계신 곳에 가 '세존이시여, 이것은 무엇이며, 이것은 어떠한 뜻입니까?' 하고 여쭈어보아야 하오.

만약 세존께서 말씀하여 주시거든 여러 어진 이들은 반드시 잘 받아 지니도록 하시오."

여러 비구들이 아난다에게 말씀드렸다.

"그렇습니다. 존자 아난다여, 세존께서는 눈이요 지혜이며, 뜻이요 법이며, 법의 주인이요 법의 장수로서 진리의 뜻을 말씀하시며, 온갖 뜻을 나타냄은 저 세존을 말미암습니다.

그러나 존자 아난다께서는 붇다의 시자로서 붇다의 뜻을 아시고, 늘 붇다와 모든 지혜로운 범행인들의 칭찬을 받고 있습니다.

존자 아난다시라면 아까 저 세존께서 간략히 말씀하신 뜻을 널리 분별해주실 수 있을 것입니다.

존자 아난다께서는 저희들을 사랑하고 가엾이 여겨 그 뜻을 널리 말씀해주시길 바랍니다."

실상 그대로의 앎과 봄으로 한량없는 착한 행 일으킴이 법과 같은 뜻이며 행임을 널리 말함

존자 아난다가 모든 비구들에게 말하였다.

"여러 어진 이들이여, 모두 내 말을 들으시오.

여러 어진 이들이여, 삿된 견해[邪見]는 법이 아니요 바른 견해[正見]라야 법이라 할 수 있소.

만약 삿된 견해로 인해 한량없는 악과 착하지 않은 법을 내면 이것을 바른 뜻이 아니라[非義] 하고, 만약 바른 견해로 인해 한량없는 착한 법을 내면 이것을 바른 뜻[是義]이라 하오.

여러 어진 이들이여, 나아가 삿된 지혜[邪智]는 법이 아니며, 바른 지혜[正智]가 법이오. 만약 삿된 지혜로 인해 한량없이 악한 법을 내면 이것을 바른 뜻이 아니라 하고, 만약 바른 지혜로 인해 한량없이 착한 법을 내면 이것을 바른 뜻이라 하오.

여러 어진 이들이여, 세존께서는 이 뜻을 간략히 말씀하여 널리 분별하지 않으시고, 자리에서 일어나 방에 들어가 좌선하셨소. 세존은 다만 이렇게만 말씀했소.

'너희들은 마땅히 법과 법 아님, 뜻과 뜻 아님을 알아야 한다. 법과 법 아님, 뜻과 뜻 아님을 안 뒤에는 반드시 법과 같음과 뜻과 같음을 배워야 한다.'

이렇게 세존께서 그 뜻을 간략히 말씀하시고 널리 분별하지 않으셨지만, 나는 이런 구절과 이런 글로써 이와 같음을 널리 말했소.

여러 어진 이들이여, 붇다께 가서 갖추어 말씀드려야 할 것이오. 만약 세존께서 말씀하신 그 뜻과 같거든 여러분들은 곧 받아 지니시오."

이에 모든 비구들은 존자 아난다의 말을 들어 잘 받아가져 외우고, 곧 자리에서 일어나 존자 아난다를 세 번 두루고 떠나갔다.

세존께서 아난다의 말을 찬탄하심

그들은 붇다께 나아가 머리를 대 발에 절하고 물러나 한쪽에 앉아 세존께 말씀드렸다.

"세존이시여, 세존께서는 아까 간략히 이 뜻을 말씀하시고 널리 분별하지 않으시고는 곧 자리에서 일어나 방에 들어가 좌선하셨습니다. 그래서 존자 아난다가 이런 구절과 이런 글로써 이 뜻을 널리 말했습니다."

세존께서 들으시고 찬탄하며 말씀하셨다.

"아주 잘하고 잘한 일이다. 내 제자 가운데는 눈[眼]도 있고 지혜[智]도 있으며, 법(法)도 있고 뜻[義]도 있구나.

왜냐하면 스승이 제자를 위하여 이 뜻을 간략히 말하고 널리 분별해주지 않자, 그 제자가 이런 구절과 이런 글로써 이 뜻을 널리 말했기 때문이다.

아난다가 말한 바와 같이 너희들은 반드시 이와 같이 받아 지녀야 한다. 왜냐하면 말[說]로써 그 뜻[義]을 살펴보면 반드시 이와 같아야 하기 때문이다."

붇다께서 이렇게 말씀하시자 여러 비구들은 붇다의 말씀을 듣고 기뻐하며 받들어 행하였다.

• 중아함 188 아지타경(阿夷那經)

• 해설 •

경험을 확장하여 많은 것을 기억하고 외워 지니며 널리 여러 가지 일에 해박한 지식을 가진다고 온갖 것 아는 지혜가 아니다.

저 바깥길 판디타처럼 생각에 생각 있는 사유로 오백 가지 생각을 사유하여 그것으로 스승노릇 하는 것은 법이 아니고 뜻이 아니다. 생각에서 생각 떠나 보되 봄이 없는 지혜의 일이 해탈에 이끄는 법다운 법이다.

그리고 세계의 연기적 실상에 맞는 지혜와 연기의 뜻에 맞는 행으로, 스스로와 남을 이익되게 하는 사람이 법다운 사람이고 바른 뜻 그대로의 삶을 사는 사람이다.

곧 아는 바가 공함을 깨달아, 알되 앎이 없는 자[知而無知]가 알지 못함에서 알지 못함이 없이[無知而無所不知] 온갖 것을 알고, 아는 바에 알 것이 없는 줄 아는 자가 지금 아는 바에 가림이 없이 새로운 창조적 인식운동을 전개할 수 있다.

연기적 실상 그대로의 지혜와 연기의 뜻 그대로의 행을 일으키는 자만이 바른 지혜로 법 그대로의 창조적 삶을 살고, 법 그대로의 삶을 사는 자가 법의 장수이고 법의 눈[法眼]이신 세존의 제자인 것이다.

아는 마음에 마음 없고 알려지는 바 경계에 취할 모습 없음을 아는 자만이 법의 눈이신 세존을 따라 말 없는 말과 모습 없는 모습으로 세간을 교화할 수 있으니, 『화엄경』(「이세간품」離世間品)은 이렇게 가르친다.

한 몸으로 한량없는 차별의 몸
나타내 보일 수 있으려면
마음 없고 경계가 없어야
온갖 중생에 널리 응하게 되리.

一身能示現　無量差別身
無心無境界　普應一切衆

번뇌의 몸을 길이 떠나야
자재의 몸을 보일 수 있고
법에 말할 것이 없음을 알아야
갖가지 말을 지을 수 있네.

永離煩惱身　而現自在身
知法不可說　而作種種說

그러므로 「이세간품」은 앎에서 앎을 떠난 붇다의 지혜에 머물러 중생 건지는 보디사트바의 행을 다음과 같이 말한다.

벗어나는 도를 널리 알아서
이로써 중생을 건네주면
이 행으로 두려움 없음을 얻어
모든 행 닦음을 버리지 않네.

廣知出離道　而以度衆生
於此得無畏　不捨修諸行

그릇됨 없고 도에 어긋남 없으며
또한 바른 생각 잃지 않으니
정진과 하고자 함의 사마디와
살피는 지혜 줄어듦 없네.

無謬無違道　亦不失正念
精進欲三昧　觀慧無損減

하되 함이 없이 잘 행하는 이는
붇다의 지혜에 의지해 머물며
아주 뛰어나다는 생각 일으켜
가장 빼어난 행 닦아 행해서
크나 큰 자비를 갖추게 되리.

依於佛智住　起於奇特想
修行最勝行　具足大慈悲

제2장

실천의 완성이신 붇다 [報身]

"만약 온갖 것이 다 두루하고 바르다면, 그 온갖 것은
여래께서 알고 보고 깨닫고 얻으신 것이다. 왜 그런가.
여래는 옛날 위없고 바른 깨달음[無上正盡覺]을 얻은 뒤로부터
오늘밤 남음 없는 니르바나의 세계[無餘涅槃界]에서
니르바나에 든다 하자. 그렇더라도 그 가운데 만약 여래가
입으로 말한 바가 있고 대답한 바가 있으면, 그 모든 것은
다 진실이라 헛되지 않고 참됨을 떠나지 않았으며,
또한 뒤바뀜이 아니니, 진리를 진실 그대로 살핌이기 때문이다."

다섯 쌓임의 중도인 실상이 여래의 법신(法身)이라면, 법신을 깨친 지혜와 지혜의 공덕으로 성취한 몸이 보신(報身)이고, 보신의 작용이 응신(應身)이고 변화신(變化身)이다.

여래의 보신은 법신에서 연기한 몸이라 공하되 공하지 않은 몸[空而有]이지만, 여래의 지혜는 법신을 깨친 지혜이고 다섯 쌓임의 있되 공한[有而空] 실상을 비추는 지혜이므로 비추되 고요하다[照而寂].

있되 공하고 공하되 있어서 비추되 고요한 지혜는 막힘없는 활동으로 나타나니, 이것이 변화의 몸[變化身]이고, 여래의 해탈의 활동이다.

여래의 변화의 몸은 일어나되 일어남이 없어서 다시 법신의 적멸함이 되므로 여래 안에서 이 세 가지 몸은 다르되 같고 같되 다르다.

화신(化身)은 곧 보신의 작용이지만, 대승에서 천백억 화신 사카무니 붇다라고 함은 붇다의 몸을 우주론적으로 확장해서 인간역사 속에 출현하신 사카무니 붇다를 우주적 변화의 몸으로 이해하고 있는 관점이다.

바이로차나(Vairocana)는 한역불교에서 '비로자나'(毗盧遮那)라고 옮기면 법신이고, '노사나'(盧舍那)라 옮기면 보신이다.

천태선사의 『법화문구』(法華文句)는 다음과 같이 말한다.

> "법신 여래는 비로자나라 하니, 여기 말로 온갖 곳에 두루함[遍一切處]으로 옮겨진다.
>
> 보신 여래는 노사나라 하니, 여기 말로 깨끗하고 원만함[淨滿]으로 옮겨진다.
>
> 응신 여래는 사카무니라 하니, 여기 말로 뭇 삶들을 고통바다에

서 건네줌[度沃燋]으로 옮겨진다."

바이로차나를 온갖 곳에 두루함으로 옮기면 법신이니 여기 있되 온갖 곳에 두루함의 뜻을 취하고, 바이로차나를 깨끗하고 원만함으로 옮기면 보신이니 온갖 곳에 두루하되 지금 여기 있는 공덕의 몸이 된다.

여기 있되 온갖 곳에 두루함은 지금 다섯 쌓임으로 있는 여래의 몸이 있되 공함을 나타내고, 온갖 곳에 두루하되 여기 있음은 공하되 분명히 역사적 현존으로 있음을 나타낸다.

공하되 있고 있되 공한 몸은 닫힌 몸으로 한곳에 머물러 있지 않고 때와 곳을 따라 한량없는 작용을 나타내니, 이 변화의 몸을 화신의 붇다라고 한다.

다섯 쌓임의 법[五蘊法]으로 다시 보면, 다섯 쌓임의 실상에서 지혜가 일어나지만 그 지혜로 다섯 쌓임의 실상을 깨쳐 다섯 쌓임의 실상을 쓰는 것이니, 지금 세간에 오신 붇다의 지혜로 성취된 몸, 공덕의 몸밖에 법신의 뜻 화신의 뜻이 세워지지 않는다.

곧 여래의 공덕의 몸이 공하면서 있는 해탈의 활동을 통해 화신의 뜻이 세워지고, 여래의 공덕의 몸이 공하되 있고 있되 공한 중도의 뜻에서 법신이 세워진다. 그러므로 법신을 실로 있는 것으로 취하면 법신의 있되 공한 실상의 뜻을 깨뜨리고, 지금 이곳이되 온갖 곳에 두루한 연기의 뜻을 깨뜨리며, 보신 · 화신을 실체로 취하면 보신 · 화신의 공하되 연기가 성취되는 뜻을 깨뜨리는 것이다.

1 붇다가 성취한 견줄 바 없고 한량없는 공덕

• 이끄는 글 •

여래는 중생과 다름없이 다섯 쌓임의 몸[五蘊身]으로 이 세간에 갖가지 인연을 빌려 출현하셨다. 그러나 여래는 다섯 쌓임의 실상을 통달하여 안으로 아는 마음과 밖으로 아는바 세계의 자취가 다해[內外俱空] 지혜가 온전히 실상인 지혜가 되고, 저 세계가 온전히 보디인 세계가 된 분이다.

안으로 구할 바 없고[內無所求] 밖으로 얻을 것이 없으며[外無所得] 위가 없고 밑이 없으니, 여래의 지혜는 나머지 없는[無餘] 지혜라 이름하고, 여래의 니르바나는 나머지 없는 니르바나, 온전한 니르바나[parinirvāna]라 한다.

밖으로 더 구할 것이 있다면 나머지 없다 말하지 못한다. 나머지 없는 지혜와 한량없는 공덕을 성취한 여래를 중생은 여래 · 공양해야 할 분[應供] · 붇다 세존 같은 열 가지 이름[十號]과 그밖에 세간의 영웅[世雄] · 온갖 것을 이기신 자[一切勝者] 등 갖가지 거룩한 이름으로 불러 공경한다.

온갖 것의 공한 실상을 통달한 지혜의 힘으로 여래의 업(業)은 모든 장애를 뛰어나 해탈의 업[解脫業]을 이루고 여래의 몸은 공덕의 몸[功德身] 해탈의 몸[解脫身]을 이룬다.

여래는 해탈의 업으로 세 가지 밝음[三明: 天眼明 · 宿命明 · 漏盡明]과 여섯 가지 신통[六神通: 神足通 · 天眼通 · 天耳通 · 他心通 · 宿命通 · 漏盡通]을 성취하고, 열여덟 함께하지 않는 법[十八不共法]을 성취하셨다.

몸과 입과 뜻의 업으로 여래의 해탈의 업을 살펴보자.

여래의 몸[身業]은 서른두 가지 거룩한 모습[三十二相], 여든 가지 좋은 특징적인 모습[八十種好]을 갖추어 여덟 가지 변화를 자재하게 쓰신다[八種變化].

여래의 입[口業]은 그 음성이 여덟 가지 빼어난 소리[八音]를 갖추어 네 가지 걸림 없는 변재[四無碍辯]로 설법하여 중생을 저 언덕에 건네주신다.

여래의 뜻[意業]은 열 가지 힘[十力], 네 가지 두려움 없음[四無所畏], 크나큰 자비[大慈大悲]를 성취하여 중생의 무명을 깨뜨리고 중생의 고통의 가시를 빼내준다.

그러나 붇다는 늘 늘어나고 줄어듦 없는 법계의 땅에 서서 저 중생이 여래의 자비의 가르침을 듣고서 그 가르침을 받아들이거나 받아들이지 않거나 늘 평등한 마음을 잃지 않는다. 여래에게는 오직 파리니르바나의 온전한 해탈의 마음과 법계진리 그대로의 크나큰 자비의 삶이 있을 뿐, 구해야 할 중생을 대상으로 세우지 않는다.

천태선사는 『법계차제초문』(法界次第初門)에서, 늘 평등한 마음으로 중생을 위해 설법하여 중생을 저 언덕에 이끌어주는 붇다의 행을 '여래에게 있는 세 곳 살핌'[三念處]이라고 말하고, 다음과 같이 그 뜻을 풀이한다.

세 곳 살핌[三念處]이란 첫째 한마음으로 법을 듣지 않는다고 그것으로 근심을 삼지 않고, 둘째 한마음으로 법을 듣는다고 그것으로 기쁨을 삼지 않으며, 셋째 늘 평정한 마음을 행하는 것이다.

여래의 여덟 가지 소리[八音] 다음에 세 곳 살핌을 말하는 이유는 다음과 같다.

이미 여덟 가지 소리로 중생을 위해 바른 법을 열어 연설하였지만, 듣는 이의 착함과 악함이 같지 않아서 반드시 믿거나 허물며, 거스르고 따르는 차별이 있다. 만약 세 가지 살핌의 덕[三念之德]이 없으면 어찌 마음바탕[心地]의 평탄함을 허공과 같이하여 근심하고 기뻐하는 모습을 없앨 수 있겠는가. 그러므로 여덟 가지 소리 다음에 세 곳 살핌을 말하는 것이다.

이 세 가지를 '살피는 곳'[念處]이라 통해 이름하는 것은 다음과 같다.

지혜의 마음으로 생각함[慧心能緣]을 살핌[念]이라 한다. 평등한 진리[平等之理]는 늘어나지 않고 줄어들지 않으니, 이를 살피는 곳[處]이라 한다.

붇다는 지혜의 마음[慧心]으로, 평등하여 늘어나지 않고 줄어들지 않는 진리를 생각하여 배우는 이의 거스르고 따름 때문에 마음에 근심하고 기뻐하는 모습이 없다. 그러므로 세 가지를 모두 통해 살피는 곳이라 한다. 곧 이는 큰 사랑[慈]으로써 뜻의 업을 닦아, 평등하여 청정한 뜻의 업[平等淸淨之意業]을 나타내는 것이다.

첫째, 한마음으로 법을 잘 듣지 않는다고 그것으로 근심을 삼지 않음[不一心聽法不以爲憂]이니, 다음과 같다.

붇다의 지혜는 한마음으로 법을 듣지 않는 사람이라도 평등한 법계[平等法界] 가운데서 줄어들어 물러나는 모습이 끝내 다해 얻을 수 없음을 밝게 통달한다. 그러므로 근심하는 모습이 없다.

둘째, 한마음으로 잘 법을 듣는다고 그것으로 기쁨을 삼지 않음[一心聽者不以爲喜]이니, 다음과 같다.

붇다의 지혜는 한마음으로 법을 듣는 사람이라도 평등한 법계 가운데서 늘어나 나아가는 모습이 끝내 다해 얻을 수 없음을 밝게 통달한다. 그러므로 기쁜 모습이 없다.

셋째, 늘 평등한 마음을 행함[常行捨心]이니, 다음과 같다.

붇다의 지혜는 온갖 중생이 곧 크나큰 니르바나라 다시 사라지게 할 것이 없음을 밝게 통달한다. 그러므로 온갖 언설(言說)로써 중생을 이익되게 하는 가운데서도 늘 평등한 마음을 행한다.

그러므로 『금강반야경』(金剛般若經)은 말한다.

"이와 같이 한량없는 중생을 니르바나로 건네주지만 실로 니르바나를 얻은 중생은 없다."

1) 붇다의 거룩한 이름

고타마시여, 붇다란 어떤 분을 붇다라 합니까

이와 같이 내가 들었다.

한때 붇다께서는 슈라바스티 성 제타 숲 '외로운 이 돕는 장자의 동산'에 계셨다.

그때 어떤 바깥길 걷는 브라마나가 붇다 계신 곳으로 찾아와 서로 문안하고 위로한 뒤에 한쪽에 물러앉아 붇다께 여쭈었다.

"고타마시여, 붇다라 하는 분은 어떤 이를 말합니까? 부모가 그 이름을 지어준 것입니까, 브라마나가 그 이름을 지어준 것입니까?"

브라마나는 곧 게송으로 말하였다.

붇다란 나고 죽음의 이 세간을
벗어나 건넜다는 빼어난 이름
그것은 당신의 부모가 지어서
당신을 붇다라 이름한 것입니까?

세존께서는 게송으로 대답하셨다.

붇다는 이미 지나간 세상을 보고

이와 같이 오지 않은 세상을 보며
또한 현재 이 세상 온갖 모든 행
일어나고 사라짐을 모두다 보네.

밝은 지혜로 깨달아 아시는 바라
닦아야 할 것은 이미 다 닦았고
끊어야 할 것은 이미 다 끊었으니
그러므로 붇다라고 이름하도다.

오랜 겁을 거쳐 찾아 가려보아도
온통 괴로움 뿐 잠깐의 즐거움 없고
태어난 것 반드시 닳아 없어진다네.
온갖 티끌과 때 멀리 떠나 쉬고
모든 번뇌와 가시의 뿌리를 뽑아
평등하게 깨치므로 붇다라 하네.

붇다께서 게송을 마치시자, 그 브라마나는 붇다의 말씀을 듣고 기뻐하면서 자리에서 일어나 물러갔다.

• 잡아함 100 불타경(佛陀經)

• **해설** •

붇다는 깨친 분[覺者]이니 불교는 깨친 이의 가르침을 따라 스스로 깨닫는 종교이다. 붇다 또한 스스로 붇다인 것이 아니라 온갖 존재의 연기적 진실을 깨달아 붇다가 된 것이다.

붇다는 온갖 법이 인연으로 나기 때문에 실로 남이 없고, 인연으로 사라지기 때문에 실로 사라짐이 없음을 깨달아, 다시 나고 죽음의 흐름에 빠지지 않고 니르바나의 저 언덕에 잘 가신 분이므로 붇다라 한다. 또한 저 세계가 있되 공함을 깨달아 앎에서 앎을 떠나 다시 모습의 장애와 번뇌의 물듦이 없으므로 붇다라 한다.

붇다는 아는 생각과 알려지는 모습이 모두 공함을 깨달아 온갖 것의 공함을 아는 지혜[一切智]를 성취하고, 있음이 공하므로 그 공함에도 머물 것이 없음을 알아 온갖 차별적 지혜[道種智]와 온갖 공덕 온갖 청정한 행[梵行] 윤리적 당위[所作]를 완성한 분이고, 법계의 실상 그대로의 지혜와 자비[一切種智]를 실현한 분이므로 붇다라 한다.

붇다의 깨달음에는 나와 남의 두 모습이 없다. 붇다는 스스로 깨칠 뿐 아니라 남을 깨달음에 이끌며[自覺覺他] 나와 남의 차별이 끊어진 온전한 깨달음의 성취자이므로 붇다라 한다.

붇다의 깨달음은 온갖 번뇌와 온갖 모습의 질곡이 사라진 파리니르바나지만, 파리니르바나는 죽어 있는 고요함이 아니라 항상함도 없고 덧없음도 없는 해탈의 활동이다. 붇다의 깨달음에는 깨달음[覺]과 해탈의 행(行)에 두 모습이 없이 원만하므로[覺行圓滿], 그러한 깨달음의 성취자를 붇다라 한다.

붇다의 깨달음에서 여기 깨친 마음이 있고 깨달은 법이 있는 것이 아니라, 깨친 법은 보디인 진리이고 보디는 본래 그러한 진리 그대로의 깨달음이므로, 깨치되 깨닫는 모습이 없고 대상화할 깨친바 진리의 모습이 없다.

그러므로 깨침 없이 깨치고 끊음 없이 온갖 번뇌 다 끊으며 닦음 없이 온갖 공덕 다 닦아 마친 분을 붇다라 한다.

이렇게 보면 붇다가 깨친 법이 세계의 실상이고 붇다의 깨달음이 중생의 자기 참모습인 것이니, 중생이 스스로 자기 얼굴에 얻을 수 있는 얼굴이 없고[無面目] 자기 번뇌의 마음에 끊을 마음이 없음[無心]을 알며, 깨친 법에 깨달아 얻을 법이 없음[無所了]을 알면, 그가 바로 붇다의 깨달음의 땅에 이미 들어선, 여래의 집[如來家] 법의 맏아들[法長子]인 것이다.

하늘신도 아니요 용도 아니라면 당신은 어떤 분입니까

이와 같이 내가 들었다.

한때 붇다께서 코살라 국 사람들 사이에 노닐어 다니시다가 울카스타(Ulkaṣṭa) 마을과 세타비야(巴 Setavyā) 마을 이 두 마을 가운데 한 나무 아래 앉아 번뇌 다한 사마디에 들어 계셨다.

그때 어떤 드로나(Droṇa)족의 브라마나가 그 길을 따라 걸어 곧 바로 붇다의 뒤에 오면서, 일천 개의 바퀴살 모습 같은 붇다의 발자국을 보게 되었는데, 그 무늬가 또렷이 드러나 바퀴살은 가지런하며 바퀴테는 둥글어 뭇 좋은 모습이 원만하였다.

그는 그것을 보고 이렇게 생각했다.

'나는 일찍이 사람들 가운데서는 이런 발자국을 보지 못하였다. 이제 이 발자국을 따라가 그 사람을 찾아보아야겠다.'

곧 그 발자국을 찾아 붇다 계신 곳에 와서, 세존께서 한 나무 밑에 앉아 번뇌 다한 사마디에 들어 계신 것을 보았다.

그 엄숙한 얼굴은 세상에서 가장 뛰어나고, 여러 아는 뿌리[諸根]는 맑고 고요하며, 그 마음은 고요히 안정되어 으뜸가는 조복[第一調伏]을 이루었고, 바른 살핌[觀]이 이루어져 빛나는 모습이 우뚝하여 마치 황금산[金山]과 같았다.

그는 그것을 보고 곧 붇다께 말씀드렸다.

"당신은 하늘신이십니까?"

붇다께서 브라마나에게 말씀하셨다.

"나는 하늘신이 아니오."

"그러면 용 · 야크샤 · 간다르바 · 아수라 · 가루라 · 긴나라 · 마후라가 · 사람인 듯 사람 아닌 것이십니까?"

붇다께서 브라마나에게 말씀하셨다.

"나는 용도 아니고 나아가 사람인 듯 사람 아닌 것도 아니오."

"만약 하늘신도 아니요, 용 · 야크샤 · 간다르바 · 아수라 · 가루라 · 긴나라 · 마후라가도 아니요, 사람인 듯 사람 아닌 것도 아니라면 도대체 당신은 어떤 분이십니까?"

번뇌 떠나 나고 죽음 벗어난 이가 붇다임을 노래로 보이심

그때 세존께서 게송으로 대답하셨다.

하늘신과 용, 간다르바와 긴나라, 야크샤
착함 없는 아수라 모든 마후라가
사람인 듯 사람 아닌 모든 것들은
다 번뇌로 말미암아 생긴 것이네.

이와 같은 번뇌 흐름 온갖 집착들
나는 이미 버리고 이미 깨뜨려
모두다 갈아서 없애버렸으니
마치 푼다리카 꽃 피어남과 같네.

그 꽃 비록 물속에서 피어나지만

일찍이 더러운 물에 묻지 않듯이
나는 비록 세간에 태어나지만
이 세상에 집착하여 물들지 않네.

오랜 겁을 거쳐 찾아 가려 보아도
온통 괴로움 뿐 잠깐의 즐거움 없고
온갖 세간의 함이 있는 행들은
모두다 생겨나고 사라지도다.

그러므로 때를 떠나 움직이지 않고
모든 칼과 가시 이미 뽑아 버리고
끝내 나고 죽음을 다해 없앴으니
이 때문에 붇다라고 이름하도다.

붇다께서 이 경을 말씀하시자, 드로나족 브라마나는 붇다의 말씀을 듣고 기뻐하면서 길을 따라 떠나갔다.

• 잡아함 101 인간경(人間經)

• 해설 •

세간의 복된 업을 지어 하늘신의 몸을 받고 하늘왕의 위력을 갖추며, 때로 야크샤·아수라같이 남을 이길 수 있는 큰 힘을 가진 자가 된다 해도, 번뇌 다한 파리니르바나를 얻지 못하면 영겁의 나고 죽음의 굴레를 벗지 못한다.

여래는 나되 남이 없고 죽되 죽음이 없음을 깨달아 길이 나고 죽음의 흐름을 떠나므로 붇다라 하고, 하늘이 하늘 아닌 하늘인 줄 깨달아 하늘신들을 해탈의 길에 이끌므로 '하늘 가운데 하늘'[devātideva]이라 한다.

그는 마라와 하늘의 길을 뛰어넘은 이이므로 온갖 것을 이긴 자[一切勝者]이고, 세간에 계시되 세간의 더러움에 물들지 않으므로 푼다리카 꽃처럼 물듦 없으신 이, 범행(梵行)의 완성자라 한다. 또한 험난한 세간의 가시밭길 속에 사자처럼 두려움 없이 설법하시므로 사람 가운데 사자[人師子] 세간의 영웅[世雄]이라 한다.

그러니 저 하늘신을 섬기는 브라마나라도 그가 참된 브라마나의 길을 걷는 이라면 어찌 저 여래의 위없는 지혜와 거룩한 모습 앞에 두 손 모아 경배하지 않겠는가.

『화엄경』(「여래현상품」)은 붇다의 부사의한 공덕의 몸과 중생 위한 설법을 다음과 같이 찬탄한다.

붇다의 몸 사유하고 말할 수 없어
국토가 모두 그 가운데 있도다.
여래는 중생 있는 온갖 곳에서
세간 이끌어 참된 법 연설하시네.

佛身不思議 國土悉在中
於其一切處 導世演眞法

붇다는 원만한 음성으로써
진실한 이치 드러내 밝혀주시고
중생이 알아 듣는 차별을 따라
다함없는 법문을 나타내시네.

佛以圓滿音 闡明眞實理
隨其解差別 現無盡法門

저 '무니'의 높은 이를
'세계의 끝에 이르른 분'이라고 하나니

이와 같이 내가 들었다.

한때 붇다께서는 슈라바스티 국 '외로운 이 돕는 장자의 동산'에 계셨다.

그때 세존께서 여러 비구들에게 말씀하셨다.

"나는 '세간 끝에까지 걸어서 이르른 사람이 있다'고 말하지 않는다. 나는 또 '세간 끝에까지 걸어서 이르지 않고도 괴로움의 끝을 마쳐 다한 사람이 있다'고도 말하지 않는다."

이와 같이 말씀하신 뒤에 방으로 들어가 좌선하셨다. 이때 많은 비구들은 세존께서 떠나신 뒤에 곧 같이 의논하였다.

"세존께서는 조금 전에 간략히 다음처럼 법의 말씀을 하셨다.

'나는 세간 끝에까지 걸어서 이르른 사람이 있다고 말하지 않는다. 나는 또 세간 끝에까지 걸어서 이르지 않고도 괴로움의 끝을 마쳐 다한 사람이 있다고도 말하지 않는다.'

이와 같이 말씀하시고는 방으로 들어가 좌선하고 계신다. 우리들은 지금 세존께서 간략하게 말씀하신 법에 대해 그 뜻을 이해하지 못하고 있다.

이 가운데 있는 모든 존자들 가운데 누가 세존께서 간략하게 말씀하신 법에 대해서 우리들을 위해 그 뜻을 널리 말할 수 있을까?"

존자 아난다에게 널리 설해주길 청함

그들은 다시 이렇게 말하였다.

"오직 존자 아난다가 있을 뿐이다. 그는 밝은 지혜로 모두 기억하며[總持] 늘 세존을 곁에서 모시어, 세존께서 그의 많이 들음[多聞]과 범행을 찬탄하신다.

그분이라면 우리들을 위해 세존께서 간략하게 말씀하신 법의 뜻을 널리 말씀해줄 수 있을 것이다. 이제 우리는 존자 아난다가 있는 곳에 가서 말씀하도록 청해보자."

이때 많은 비구들은 존자 아난다가 있는 곳으로 가서 서로 문안을 한 뒤에 한쪽에 앉아, 위의 일을 갖추어 아난다에게 널리 물었다.

세간법이 공함을 알아 세간 벗어나신 분이 곧 '여래'임을 보임

그때 존자 아난다가 모든 비구들에게 말하였다.

"자세히 듣고 잘 생각해보시오. 이제 여러분들을 위해 말하겠소. 저 세간과 세간의 이름, 세간의 깨달음, 세간의 언사(言辭), 세간의 언어(言語) 같은 것들은 다 세간의 셀 수 있는 작용[數]에 들어가오.

여러 존자들이여, 보는 눈[眼]이 곧 세간이요, 세간의 이름이며, 세간의 깨달음이요, 세간의 언사이며, 세간의 언어이니, 이런 것들은 다 세간의 셀 수 있는 작용에 들어가오.

듣는 귀, 코와 혀, 몸과 뜻이 또한 다시 이와 같소.

많이 들은 거룩한 제자들은 여섯 들이는 곳[六入處]에서 그것의 모아냄과 사라짐, 맛들임과 걱정거리, 벗어남을 진실 그대로 아오.

이것을 거룩한 제자가 세계 끝에 이르러 세간을 알며, 세간의 존경을 받고 세간을 건넘이라고 하오."

그때 존자 아난다가 다시 게송으로 말하였다.

노닐어 걷는 사람으로서는
세계 끝까지 이를 수 없고
세계 끝에 이르지 못하면
온갖 괴로움 면할 수 없네.

그러므로 무니의 높으신 분을
세간을 아는 분이라고 이름하니
그분은 세계 끝에 이를 수 있고
모든 범행을 이미 세우셨다네.

세계의 끝이란 반드시 있고
바른 지혜로만 살펴 알 수 있는데
깨친 지혜 저 세간을 통달했으니
그러므로 저 언덕 건넜다 하네.

"이와 같소, 여러 존자들이여.

아까 세존께서 법을 간략하게 말씀하신 뒤 방으로 들어가 좌선하셨는데, 제가 이제 여러분을 위해 널리 분별해 말했습니다."

존자 아난다가 이 법을 말하자 많은 비구들은 그 말을 듣고 기뻐하며 받들어 행하였다.

• 잡아함 234 세간변경(世間邊經)

• 해설 •

세계의 있음을 실로 있음으로 보는 곳에서는 세계의 끝에 이를 수 없다. 미망의 중생이 설정한 끝은 새로운 상황과 새로운 존재의 출발이 되고 인연으로 성취된 세간법의 결과는 새로운 법의 원인이 되니, 미혹에 가린 중생이 어찌 세계의 끝에 이를 수 있겠는가.

세계의 있음을 있음 아님으로 보는 여래의 보디 속에서는, 지금 끝이 있는 존재가 곧 공해 끝이 없다. 그러므로 여래의 보디는 끝나지 않을 유한자의 대립과 존재 생성의 굴레를 벗어나 세계의 끝에 이르고, 파리니르바나 속에서 나고 죽음을 벗어난다.

있음을 있음으로 보는 범부의 걸음걸이로서는 세계의 끝에 이를 수 없고, 존재가 공함을 깨달아 나고 죽음을 벗어나 세계의 끝에 이른 사람이 아니고는 괴로움의 끝을 다할 수 없다.

여래만이 세간의 연기적 실상을 깨달아, 세계의 비롯없는 비롯[無始之始]과 세계의 마침 없는 마침[無終之終]을 아는 분이니, 그분이 세간을 잘 아시는 분[世間解]이고 세간의 영웅[世雄]이고 온갖 것 아는 분[一切智者]이다.

여래가 구현한 세계의 끝은 끝이 있는 모습[相]과 끝이 없는 공(空)에 모두 머물지 않는 삶의 자유이다.

그러므로 여래는 세계의 끝에 이르되 공함에 머묾 없이 끝없는 대자비로 세간을 건지고 세간을 정토의 땅으로 장엄하니, 여래야말로 참으로 세간을 알아 세간을 건지는 크나큰 사랑의 사람[救世大悲者]인 것이다.

브라마나여, 저의 큰 스승은 여래 · 공양해야 할 분 · 하늘과 사람의 스승 · 붇다 세존이시오

이와 같이 내가 들었다.

한때 붇다께서는 슈라바스티 성 '외로운 이 돕는 장자의 동산'에 계셨다.

그때 존자 마하카타야나는 바라나(Varaṇā) 마을 '까마귀 진흙 못'[烏泥池] 옆에 있었다. 그때 브라마나 아라마단다(Aramadaṇḍa)가 마하카타야나 있는 곳으로 찾아가, 서로 문안하고 위로한 뒤에 한쪽에 앉아 마하카타야나 존자에게 물었다.

"무슨 원인으로 왕과 왕은 함께 다투고, 브라마나와 거사는 브라마나와 거사와 함께 다툽니까?"

마하카타야나 존자가 브라마나에게 대답하였다.

"탐애의 욕망[貪欲]에 얽매이고 집착하기 때문에, 왕과 왕은 함께 다투고, 브라마나와 거사는 브라마나와 거사와 다툽니다."

"무슨 원인 무슨 까닭으로 집을 나온 이는 집을 나온 이와 함께 다툽니까?"

"견해의 욕망[見欲]에 얽매이고 집착하기 때문에 집을 나온 이는 집을 나온 이와 함께 다툽니다."

브라마나가 다시 물었다.

"마하카타야나시여, 탐애의 욕망에 얽매임과 집착을 떠나고, 또 견해의 욕망에 얽매임과 집착을 떠난 분이 계십니까?"

붇다 세존이 탐욕과 견해의 욕망 떠난 분임을 답하니 브라마나가 세존께 귀의함

존자 마하카타야나가 대답하였다.

"브라마나여, 계십니다.

저의 큰 스승이신 여래 · 공양해야 할 분(應供) · 바르게 깨친 이[等正覺] · 지혜와 행을 갖추신 분[明行足] · 잘 가신 이[善逝] · 세간을 아시는 분[世間解] · 위없는 스승[無上士] · 잘 다루는 장부[調御丈夫] · 하늘과 사람의 스승[天人師] · 붇다 세존[佛世尊]께서는 이 탐애의 욕망에 얽매임과 집착, 또 견해의 욕망에 얽매임과 집착을 떠나셨습니다."

"붇다 세존께서는 지금 어디에 계십니까?"

"붇다 세존께서는 지금 파라치[婆羅耆] 사람들이 사는 코살라 국 슈라바스티 성 '외로운 이 돕는 장자의 동산'에 계십니다."

그때 브라마나는 자리에서 일어나 옷을 여미고 오른쪽 어깨를 드러내고 오른 무릎을 땅에 대고, 붇다 계신 곳을 향해 합장하고 이렇게 찬탄하였다.

'붇다 세존 · 여래 · 공양해야 할 분 · 바르게 깨친 이께 귀의합니다. 세존께서는 탐애의 욕망에 모든 얽매임과 집착을 떠나시고, 탐애의 욕망에 묶임과 모든 견해의 욕망을 다 멀리 떠나시어 그 근본을 깨끗하게 하셨습니다.'

물거르개 지팡이를 쥔 브라마나 아라마단다는 존자 마하카타야나의 말을 듣고 함께 기뻐하면서 자리에서 일어나 떠나갔다.

• 잡아함 546 집조관장경(執澡灌杖經)

• 해설 •

있음[有]에 대한 맹목적인 갈구[貪欲]와 있음을 있음으로 보는 견해의 욕망[見欲]이 다하지 못한 세간은, 있음을 늘리고 가진 것을 빼앗기지 않기 위해 서로 다투고 서로 갈등하며 살아간다.

왕과 왕이 다투고 브라마나와 브라마나, 거사와 거사가 다툴 뿐 아니라, 가진 자와 못 가진 자가 다투고, 가진 자와 가진 자끼리 다투며, 나라와 나라, 인종과 인종이 다툰다.

어떤 사람이라야 그 다툼 속에서 다툼 없는 평화와 화해의 길을 보일 수 있는가.

있음이 곧 있음 아님을 깨달아 온갖 있음에 대한 맹목적인 갈구와 있음을 있음으로 보는 견해의 욕망이 다한 여래만이 그러한 길을 제시할 수 있다.

붇다, 여래가 아니라면 그 누구에게 이 거룩한 열 가지 칭호를 바칠 수 있으며, 여래 같은 분이 아니라면 그 누가 그런 칭호를 받아들일 수 있겠는가.

열 가지 이름[十號] 가운데 첫째는 여래(如來, Tathāgata)이니, 진리의 모습대로 옴이 없이 오신 분이라는 뜻이다.

둘째는 공양해야 할 분[應供, Arhat]이다. 공양해야 할 분은 보통 아르하트의 주격(主格)인 아라한(Arhan)으로 통용된다. 아라한은 붇다의 한 이름으로 쓰이지만, 거룩하신 분 공양해야 할 분이라는 뜻의 일반명사로 널리 쓰이고, 후대에는 붇다의 성문제자를 가리키는 뜻으로 쓰이게 되었다.

이쪽 말로는 공양해야 할 분[應供], 번뇌의 도적을 죽인 이[殺賊], 지극히 참된 이[至眞]로 그 뜻이 옮겨졌다.

셋째는 삼약삼붇다(Samyak-saṃbuddha)이니, 바르고 평등하게 깨친 분[正等覺者], 바르게 두루 아시는 분[正遍知]으로 뜻이 옮겨졌다.

넷째는 비디야차라나삼판나(Vidyā-caraṇa-saṃpanna, 明行足)이니, 지혜의 밝음과 실천을 다 갖춘 분이라는 뜻이다.

다섯째는 수가타(Sugata)이니, 니르바나의 저 언덕으로 잘 가신 분[善逝]이라는 뜻이다.

여섯째는 로카비트(Lokavid, 世間解)이니, 연기로 일어나고 사라지는 세간의 참모습을 잘 아시는 분이라는 뜻이다.

일곱째는 아누타라(Anuttara, 無上師)이니, '위없는 스승'이라는 뜻이다.

여덟째는 푸르샤다마사라티(Puruṣa-damya-sārathi, 調御丈夫)이니, 중생을 잘 다루어 해탈에 이끄는 장부라는 뜻이다.

아홉째는 하늘과 사람의 스승[天人師, Śāstā deva-manuśyāṇāṃ]이니, 여래는 사람 가운데 높으신 법의 왕일 뿐 아니라 사람들의 섬김 받는 하늘신들의 스승됨을 말한다.

열째는 붇다 바가바트(Buddha Bhagavat, 佛世尊)이니, 이는 '붇다'(Buddha)와 '바가바트'(Bhagavat) 두 이름이 합해진 것이다. 그러므로 여래의 열 가지 이름은 실제로는 열한 가지 이름이 되는 것이다.

바가바트는 세간의 존귀한 분[世尊]으로 옮겨져 붇다와 동의어로 쓰이고 있지만, 원래 인도에서 바가바트는 제자가 높은 스승이나 높은 곳의 신적 존재에게 바치는 이름이었다.

붇다 이후 바가바트가 붇다의 칭호로 일반화되어 여래 · 붇다 · 세존이 가장 널리 부르는 이름이 되었다.

이처럼 사카무니께 갖가지 이름을 올려 찬탄하는 것은 그 자재하신 공덕이 한량없기 때문이니, 『화엄경』(「이세간품」)은 말한다.

사카무니 위없는 세존께서는
법에 모두 자재하시사
신통의 힘 나타내심은
끝이 없어 헤아릴 수 없어라.

釋迦無上尊　於法悉自在
示現神通力　無邊不可量

2) 붇다의 위없는 지혜

브라마나여, 나는 문자와 말로써 밝음을 삼지 않소

이와 같이 내가 들었다.

한때 붇다께서는 슈라바스티 성 제타 숲 '외로운 이 돕는 장자의 동산'에 계셨다.

그때 어떤 배움 다른 브라마나가 붇다 계신 곳으로 찾아와 세존과 서로 마주하여 서로 위로하였고, 위로하고 나서 한쪽에 물러앉아 이렇게 말했다.

"이것이 브라마나의 세 가지 밝음입니다. 이것이 브라마나의 세 가지 밝음입니다."

그때 세존께서 그 브라마나에게 말씀하셨다.

"어떤 것을 브라마나의 세 가지 밝음이라고 하오?"

브라마나가 붇다께 말씀드렸다.

"고타마시여, 브라마나의 부모는 모습을 갖추어 모든 티와 흠이 없이 부모가 칠대(七代)를 서로 이어오며, 모든 비방이 없이 대대로 서로 이어 늘 스승이 되어 변재를 갖춥니다.

온갖 경전을 두루 외움[誦諸經典], 온갖 사물의 이름[物類名字], 만물의 차별된 모습[萬物差品], 문자가 나뉘고 합함[字類分合], 세상 역사의 근본과 가지[歷世本末], 이 다섯 가지 일을 다 통달하였으며, 또 얼굴도 매우 단정합니다.

고타마시여, 이것이 브라마나의 세 가지 밝음입니다."

브라마나의 세 가지 밝음에 대해 붇다의 세 가지 밝음을 보이심

붇다께서 브라마나에게 말씀하셨다.

"나는 문자나 말 따위를 가지고 세 가지 밝음이라고 하지 않소. 현성의 법문에서는 진리의 요점으로 세 가지 밝음을 말하오.

곧 현성이 알고 본 것으로, 현성의 법(法)과 율(律)에서의 진실한 세 가지 밝음이오."

브라마나가 붇다께 말씀드렸다.

"고타마시여, 어떤 것이 현성들이 알고 본 것으로, 현성들의 법과 율에서 말하는 세 가지 밝음입니까?"

붇다께서 브라마나에게 말씀하셨다.

"배울 것 없는 이[無學]의 세 가지 밝음[三明]이 있소.

어떤 것이 셋이냐 하면, 다음과 같소.

배울 것 없는 이의 오랜 목숨 아는 지혜의 신통[無學宿命智證通], 배울 것 없는 이의 나고 죽음을 아는 지혜의 신통[無學生死智證通], 배울 것 없는 이의 번뇌가 다한 지혜의 신통[無學漏盡智證通]이오.

어떤 것이 배울 것 없는 이의 오랜 목숨을 아는 지혜의 신통이오? 곧 성인의 제자는 갖가지 오랜 목숨의 일[宿命事]을 아오. 곧 한 생에서 백천만억 생에 이르기까지 나아가 이루어지고 무너지는 겁의 수와, 자기와 중생들의 오랜 목숨이 바꾸어온 바, 이와 같은 이름, 이와 같은 태어남, 이와 같은 성질, 이와 같은 먹음, 이와 같은 괴로움과 즐거움 받음, 이와 같은 긴 목숨, 이와 같이 오래 머묾, 이와 같이

신분 받음을 아오.

또 자기와 중생들이 여기서 죽어 다른 곳에 나고 다른 곳에서 죽어 여기에 난 것과, 이와 같은 행 · 이와 같은 원인 · 이와 같은 믿음으로 갖가지 오랜 목숨의 일 받았음을 다 밝게 아오.

이것이 곧 오랜 목숨 아는 지혜의 밝음이오.

어떤 것이 나고 죽음을 아는 지혜의 밝음이오? 곧 성인의 제자는 사람 눈보다 뛰어난 하늘눈으로, 여러 중생들의 죽는 때와 나는 때, 좋은 빛깔과 나쁜 빛깔, 높은 몸과 낮은 몸이며, 나쁜 곳으로 향해 업을 따라 태어나는 것들을 진실 그대로 보오.

곧 이와 같은 중생들은 몸으로 나쁜 행을 이루고, 입과 뜻으로 나쁜 행을 이루며, 성인을 비방하고, 삿된 견해로 삿된 법의 인연을 받았으므로, 몸이 무너지고 목숨을 마친 뒤에는 지옥 같은 나쁜 곳에 나는 것이오.

또 이 중생은 몸과 입과 뜻으로 착한 행을 행하고 성인을 비방하지 않으며, 바른 견해를 성취하였으므로, 몸이 무너지고 목숨을 마친 뒤에는 하늘이나 사람의 좋은 곳에 태어나는 것이오.

이와 같음을 보는 것이 곧 나고 죽음을 아는 지혜의 밝음이오.

어떤 것이 번뇌가 다한 지혜의 밝음이오? 곧 성인의 제자는 '이것은 괴로움'이라고 진실 그대로 알고, '이것은 괴로움의 모아냄 · 이것은 괴로움의 사라짐 · 이것은 괴로움을 없애는 길'이라고 진실 그대로 아오.

그는 이렇게 알고 이렇게 보므로, 탐욕의 번뇌[欲有漏心]에서 마음이 해탈하고, 존재의 번뇌[有有漏心]에서 마음이 해탈하며, 무명의 번뇌[無明有漏心]에서 마음이 해탈하오. 그리고 해탈함에서 알고 보아 '나의 태어남은 이미 다하고 범행은 이미 서고, 지을 바를 이미 지어 다시는 뒤의 있음을 받지 않음'을 스스로 아오.

이것이 곧 번뇌가 다한 지혜의 밝음이오."

세 가지 밝음의 뜻을 게송으로 다시 보이니, 브라마나가 찬탄함

그때 세존께서 곧 게송으로 말씀하셨다.

온갖 모든 법은 덧없는 것이니
계 지니고 고요한 선정 닦아서
온갖 지난 목숨의 일 알게 되고
이미 하늘과 나쁜 곳 태어남을 알아
태어남 끊고 번뇌를 다했나니
이것이 곧 무니의 신통이로다.

온갖 탐욕 성냄 어리석음에서
마음이 해탈한 줄 다 알게 되면
나는 이를 세 가지 밝음이라고 하니
말로써 보일 수 있는 것이 아니네.

"브라마나여, 이것이 성인의 법과 율에서 말하는 세 가지 밝음이오."

브라마나가 붇다께 말씀드렸다.

"고타마시여, 이것이 참된 세 가지 밝음[眞三明]입니다."

그때 브라마나는 붇다의 말씀을 듣고 기뻐하면서 자리에서 일어나 떠나갔다.

• 잡아함 886 삼명경(三明經)

• 해설 •

저 브라마나는 브라마나족의 혈통의 순수성, 베다의 암송과 그 내용의 통달, 용모의 단정함으로 세 가지 밝음을 삼는다.

그러나 세존은 베다의 단어와 문법, 베다에 담긴 역사와 세상에 관한 갖가지 교설에 통달함으로 밝음을 삼지 않고, 오직 지혜로써 성취한 세 가지 밝음으로 참된 밝음을 삼는다.

오랜 목숨 아는 지혜[宿命智]란 뭇 중생이 일으키는 업(業)의 역사적 상속을 통달한 지혜이고, 나고 죽음 아는 지혜[生死智]는 뭇 중생이 일으키는 행위와 실천의 공간적 · 사회적 차별상을 아는 지혜이다.

중생의 번뇌 다한 지혜[漏盡智]는 존재의 참모습을 깨달아 존재에 대한 탐욕과 존재에 대한 잘못된 견해와 어리석음이 다한 지혜이다.

중생이 과거에 지은 업은 그대로 현재에 오는 것이 아니지만 과거가 끊어지고 현재가 있는 것도 아니니, 이와 같이 원인 · 결과의 역사적 전승과 그 원인 · 결과의 공한 참모습을 아는 것이 밝음이다.

중생의 집단적 행위와 사회적 실천이 연기해내는 공간적 차별상과 성취된 모습의 공성을 아는 것이 밝음이고, 끝내 존재의 진실을 가리는 온갖 번뇌와 무명이 다한 지혜를 성취하는 것이 참된 밝음이다.

오직 연기법의 진실을 깨달아 중생의 어두움을 밝음으로 이끌어주고 얽매임과 고통의 삶을 해탈과 자재의 삶으로 이끄는 것이 무니의 밝음이다.

이 밝음은 어두움과 밝음에 모두 머묾 없이 중생과 역사의 어두움을 밝음으로 돌이키는 밝음 아닌 밝음이니, 이 참된 밝음[眞明]을 내놓고 그 무엇이 삶의 참된 밝음이 되겠는가.

여래는 세간을 알아 세간 뛰어나신 분이니

나는 들었다, 이와 같이.

한때 붇다께서는 슈라바스티 국을 노닐어 다니실 적에 제타 숲 '외로운 이 돕는 장자의 동산'에 머무셨다.

그때 세존께서 여러 비구들에게 말씀하셨다.

"여래는 스스로 세간(世間, 苦)을 깨닫고 또한 남을 위하여 말하니, 여래는 세간을 아시기 때문이다.

여래는 스스로 세간의 모아냄[習, 集]을 깨닫고 또한 남을 위하여 말하니, 여래는 세간의 모아냄을 끊으셨기 때문이다.

여래는 스스로 세간의 사라짐[滅]을 깨닫고 또한 남을 위하여 말하니, 여래는 세간의 사라짐을 증득하셨기 때문이다.

여래는 스스로 세간 없애는 길[道跡]을 깨닫고 또한 남을 위하여 말하니, 여래는 세간 없애는 길을 닦으셨기 때문이다."

세간을 알아 세간을 벗어난 여래는 온갖 행이 진실하심을 말함

"만약 온갖 것이 다 두루하고 바르다면, 그 온갖 것은 여래께서 알고 보고 깨닫고 얻으신 것이다. 왜 그런가. 여래는 옛날 위없고 바른 깨달음[無上正盡覺]을 얻은 뒤로부터 오늘밤 남음 없는 니르바나의 세계[無餘涅槃界]에서 니르바나에 든다 하자.

그러더라도 그 가운데 만약 여래가 입으로 말한 바가 있고 대답한 바가 있으면, 그 모든 것은 다 진실이라 헛되지 않고 참됨을 떠나지 않았으며, 또한 뒤바뀜이 아니니, 진리를 진실 그대로 살핌이기 때문이다.

만약 사자와 같은 이를 말한다면, 반드시 여래를 말하는 것과 같다. 왜 그런가. 여래는 대중 가운데서 강설하는 일이 있으면 곧 사자 같은 외침[師子吼]이 온갖 세간 하늘과 마라, 브라흐만, 사문과 브라마나, 사람에서 하늘에까지 이르기 때문이다.

여래는 브라흐만의 존재[梵有]며, 여래는 번뇌의 뜨거운 불이 아주 꺼진 분으로서 번민도 없고 뜨거움도 없으며, 진실하여 헛되지 않은 존재이다."

여래의 공덕을 노래로 보이심

이에 세존께서는 이 게송을 말씀하셨다.

온갖 세간의 모습을 알아서
온갖 세간을 잘 벗어나시사
온갖 세간의 모습 설하여주되
온갖 세간 진실과 같이 말하네.

그는 가장 높아 우러를 영웅이라
온갖 번뇌의 묶음을 풀 수 있으며
온갖 업의 물듦과 장애 다하고
나고 죽음을 모두다 해탈하였네.

하늘의 무리거나 또한 사람이거나

붇다께 목숨 다해 귀의한다면
깊고 깊어 넓고 큰 여래의 바다에
머리 숙여 공경히 절함이 되리.

여래 공덕 알고서 공경 닦으면
여러 하늘 향내와 소리 갖춘 신들
그들 또한 머리 숙여 절을 올리며
어리석어 죽음을 따르는 자도
지혜로운 스승께 머리 숙여 절하고
사람 가운데 높은 분께 귀의하네.

근심 없고 티끌 떠나 안온하며
걸림 없이 모든 것 해탈했나니
그러므로 여래는 늘 선정 즐기고
멀리 떠난 깊은 선정에 머물도다.

반드시 스스로 세간 등불이 되어
내 스스로 때 잃음이 없도록 하라.
때를 잃으면 근심과 슬픔 있나니
그것을 지옥에 떨어짐이라 하네.

붇다께서 이렇게 말씀하시자, 저 여러 비구들은 붇다의 말씀을 듣고 기뻐하며 받들어 행하였다.

• 중아함 137 세간경(世間經)

• 해설 •

여래의 바르고 두루한 깨달음이 여기 있고 깨친 세간이 저기 있지 않다. 세간을 아는 지혜는 세간의 실상인 지혜이고, 알려지는 세간은 인연으로 일어나 인연으로 사라지므로 있되 공한 세간이다.

여기 여래의 앎이 있고 저기 알려지는바 세간에 알 것이 있다면, 알지 못하는 바가 있어서 아는 지혜는 바르고 두루한 깨달음이 되지 못한다.

비록 알고 보되 실로 앎과 봄이 없고, 아는 바와 보는 바가 없으므로 보지 못하는 바가 없고 알지 못하는 바가 없으니, 여래의 지혜는 바르고 두루 아는 지혜가 된다.

그리고 지혜는 세간의 일어남에 일어남 없고 사라짐에 사라짐 없음을 통달한 지혜이므로, 세간을 알아 세간을 벗어나며, 세간법이 인연으로 있고 인연으로 없는 진실을 진실대로 남을 위해 설하여서, 남들 또한 나고 사라지는 삶의 굴레에서 해탈시키는 지혜이다.

그 지혜가 세간 벗어나 세간 밝히는 세간의 등불[世間燈]인 지혜이고, 온갖 때와 곳을 거두어 온갖 곳에 두루하되 온갖 때에 때를 잃지 않는 지혜이다.

온갖 곳 온갖 때를 거두고 세간 밝히는 지혜의 등불 다함없는 여래의 공덕바다에 하늘과 사람 온갖 신들이 어찌 공경함을 바치지 않으리.

세간의 등불이신 분께 머리 숙여 공경함이 곧 죽음과 어두움 따르는 삶들의 무리가 죽음 없는 니르바나에 들어가는 길이며, 때를 잃어 근심과 슬픔 속에 있는 무리가 근심 없는 단이슬의 성에 들어가는 문이다.

여래는 한량없는 긴 시간을 사무쳐 아시니

이와 같이 들었다.

한때 붇다께서는 슈라바스티 국 제타 숲 '외로운 이 돕는 장자의 동산'에 계셨다.

그때 자눗소니 브라마나가 세존 계신 곳에 찾아가 서로 같이 문안 인사를 하고 한쪽에 앉았다.

자눗소니 브라마나가 세존께 말씀드렸다.

"얼마만 한 겁이 과거에 있었습니까?"

붇다께서 브라마나에게 말씀하셨다.

"과거의 여러 겁은 이루 다 헤아릴 수 없소."

브라마나가 붇다께 말씀드렸다.

"그 수를 헤아릴 수 없다니요? 사문 고타마께서는 늘 삼세(三世)를 말하셨습니다. 어떤 것이 이 셋이냐 하면, 곧 과거 · 미래 · 현재를 말합니다.

그러니 사문 고타마께서는 또한 과거 · 미래 · 현재를 아시는 것입니다. 사문께서는 겁의 수의 뜻을 연설해주시길 바랍니다."

삼세의 겁의 수가 한량없음을 보이심

붇다께서 브라마나에게 말씀하셨다.

"만약 내가 이 겁을 인해 다시 이 다음의 겁을 말하자면, 내가 이미 니르바나에 들고 그대가 목숨을 마치더라도 겁의 수의 뜻을 알 수 없소.

왜냐하면 지금은 사람의 목숨이 매우 짧아 목숨을 다 살아도 일백 살을 넘기지 못하기 때문이오. 그러므로 그 일백 살 동안 그 겁의 수를 헤아려도, 내가 니르바나에 들고 그대가 목숨을 마치더라도 끝내 그 겁의 수의 뜻을 다 알 수 없소.

브라마나여, 알아야 하오. 여래께서는 또한 이런 지혜가 있어 그 겁의 수를 갖추어 분별하고, 중생들의 목숨의 길고 짧음과 그 어떤 괴로움과 즐거움을 받은 것을 다 분명히 아오.

이제 그대를 위해 비유를 이끌어 보이겠소.

지혜로운 이는 비유를 들어 보이면 곧 알게 되오. 마치 저 강가아 강 모래알 수는 또한 끝이 없어서 헤아릴 수 없는 것처럼, 지나간 겁도 그 수가 이와 같아서 이루 다 말할 수 없고 헤아릴 수 없소."

브라마나가 붇다께 말씀드렸다.

"미래의 겁은 그 수가 얼마나 됩니까?"

붇다께서 말씀하셨다.

"그것도 강가아 강 모래알 수와 같아서 끝이 없고 이루 헤아릴 수 없어서 세어볼 수가 없소."

한량없는 나고 사라짐 속에서 나고 죽음 벗어나도록 가르치심

브라마나가 다시 말씀드렸다.

"현재 겁도 이루어지는 겁[成劫]과 무너지는 겁[壞劫]이 있습니까?"

붇다께서 말씀하셨다.

"현재에 이루어지는 겁과 무너지는 겁이 있지만, 그것은 한 겁 백 겁이 아니오. 마치 그릇이 위태한 자리에 놓여 있으면 끝내 가만히 머무를 수 없고, 가령 머무르려고 해도 곧 뒤집혀 넘어지는 것처럼, 세계의 모든 경계도 그와 같아서 겁이 이루어지기도 하고 무너지기도 하여, 이 수도 또한 얼마 만한 겁이 이뤄지는지 얼마만 한 겁이 무너지는지 헤아릴 수 없소.

왜냐하면 나고 죽음은 길고 멀어 그 끝이 없기 때문이오.

중생은 무명(無明)의 묶음이 덮어서 물결에 떠돌아 흐르고 막혀 현재 세상에서 뒤의 세상으로, 뒤의 세상에서 지금 세상으로, 기나긴 밤 동안 괴로움을 받는 것이니, 싫어하고 근심하여 그 괴로움을 떠나야 하오.

그러므로 브라마나여, 반드시 이렇게 배워야 하오."

브라마나가 세존께 귀의하여 우파사카 되길 다짐함

그때 자눗소니 브라마나는 세존께 말씀드렸다.

"사문 고타마께서는 매우 기이하시고 매우 빼어나십니다. 과거와 미래 겁의 수의 뜻을 다 아시고 계십니다.

저는 지금 사문 고타마께 거듭 다시 스스로 귀의하겠습니다.

사문 고타마께서는 제가 우파사카가 되도록 들어주시길 바랍니다. 저는 몸과 목숨이 다하도록 감히 산목숨 죽이거나 나아가서는 술을 마시지 않겠습니다."

그때 자눗소니 브라마나는 붇다의 말씀을 듣고 기뻐하며 받들어 행하였다.

• 증일아함 50 예삼보품(禮三寶品) 九

• 해설 •

저 세계의 끝을 걸어서 이르를 수 없지만 세계의 끝에 이르지 않고는 괴로움의 끝을 다할 수 없다. 그렇듯 시간에 대해서도 지나간 겁 · 오지 않는 겁 · 현재의 겁의 수를 다 셀 수 없지만, 시간의 끝에 이르지 않고는 기나긴 밤 길고 먼 나고 죽음의 시간을 벗어날 수 없다.

시간에 시간의 실체적 모습과 한계를 두면, 지나간 겁 그 어느 때를 맨 처음이라고 상정해도 그 맨 처음의 겁, 그 앞의 겁이 세워지고, 아직 오지 않은 겁 어느 때를 맨 뒤의 겁이라 상정해도 그 겁 뒤에 다음의 겁이 세워진다.

현재의 겁도 지금 머물러 있다고 말하고 나면 곧 지나간 겁이 되고, 지금 어떤 것이 머물러 있다고 말하고 나면, 그 머물러 있는 것은 찰나에 이미 변하고 바뀌며 뒤바뀌어 머물러 있던 곳을 찾을 수 없다.

이미 지나간 것[過去]에 감이 없고[無去] 아직 오지 않은 것[未來]에 옴이 없으며[無來] 지금 있는 것[現在]에 머묾이 없음[無住]을 알아야 한량없는 시간의 뜻을 알아 시간에서 시간을 벗어나 길고 먼 나고 죽음을 벗어나 세간의 주인이 될 것이다.

비롯 없고 끝이 없는 나고 죽음에 실로 남이 없고 실로 사라짐이 없음을 통달한 지혜가 아니고서 어찌 머나먼 겁, 나고 죽음의 굴레에서 자유를 얻겠는가.

이와 같이 때[時]와 때 없음[無時]의 뜻을 온전히 깨친 여래의 지혜 앞에 저 자눗소니 브라마나가 귀의하여 우파사카가 되었으니, 그도 기나긴 겁의 수의 뜻을 알아 법의 눈이 열린 사람이다.

3) 붇다의 끝없는 자비

여래는 뭇 삶들을 사랑으로 대하고
마음에 원한 품지 않으시니

이와 같이 내가 들었다.

한때 붇다께서는 마가다 국 사람 사이에서 노닐어 다니시다가, 날이 저물어 오백 비구와 함께 마니바다(Maṇibhadda)라고 하는 야크샤 귀신이 머무는 곳에서 주무시게 되었다.

그때 마니바다 야크샤 귀신이 붇다 계신 곳으로 찾아와 붇다의 발에 머리를 대 절하고 한쪽에 물러나 있었다. 마니바다 야크샤 귀신이 붇다께 말씀드렸다.

"세존이시여, 지금 세존과 여러 대중들이 오늘밤 여기서 주무시길 청합니다."

그때 세존께서 잠자코 그 청을 받아들이셨다.

야크샤 귀신의 방에서 야크샤의 공양을 받고 쉬시는 여래와 상가대중

이때 마니바다 야크샤 귀신은 세존께서 잠자코 청을 받아주신 것을 알고는, 오백 개나 되는 이 층의 방을 변화로 짓고, 또 누울 평상, 앉을 자리, 걸쳐 앉을 상, 덮을 것, 베개 등을 각기 오백 벌씩 갖추어 다 변화로 만들었다.

그리고 오백 개의 등불을 만들었는데 전혀 연기가 나지 않고 불꽃도 없었으니, 다 변화로 나타낸 것이었다.

그는 붇다 계신 곳으로 나아가 붇다의 발에 머리를 대 절하고, 세존이 그 방으로 드시도록 청했다.

여러 비구들에게도 차례로 방과 자리끼를 받게 하고, 모두가 두루 받은 뒤에 다시 붇다께 나아가 붇다의 발에 머리를 대 절하고는 한쪽에 물러나 앉아서 게송으로 말하였다.

야크샤가 여래의 어지신 덕과 사랑의 마음을 찬탄함

어진 덕에 바른 생각 있으시사
어진 덕에 늘 바르게 생각하니
이 세상이나 저 세상에서 언제나
바른 생각으로 안온하게 잠자시네.

어진 덕에 바른 생각 있으시사
어진 덕에 늘 바르게 생각하니
바른 생각으로 안온하게 잠자시며
그 마음은 늘 고요히 그쳐 있네.

어진 덕에 바른 생각 있으시사
어진 덕에 늘 바르게 생각하니
바른 생각으로 안온하게 잠자시며
다른 마라 군대 눌러 항복케 하네.

어진 덕에 바른 생각 있으시사
어진 덕에 늘 바르게 생각하니
스스로 산목숨을 죽이지 않고
남을 시켜 죽이도록 하지 않으며
힘으로 다른 사람 누르지 않고
남을 시켜 누르게 하지 않으며
사랑의 마음으로 온갖 것 대하고
마음에 원한 맺음 품지 않도다.

그때 세존께서 마니바다 야크샤 귀신에게 말씀하셨다.

"그렇고, 그렇다. 네가 말한 것과 같다."

그때 마니바다 야크샤 귀신은 붇다의 말씀을 듣고 기뻐하면서, 붇다의 발에 머리를 대 절하고 제 처소로 돌아갔다.

• 잡아함 1319 굴마경(屈摩經)

• 해설 •

야크샤 귀신이 여래와 상가대중에게 변화로 된 방을 내드리고 세존께 바친 찬탄의 노래 가운데 세존의 지혜와 자비와 선정, 빠뜨림이 없고 그름이 없는 여래의 몸과 입과 뜻의 업이 잘 나타나 있다.

비록 야크샤 귀신이 읊은 짧은 게송이지만 여래의 '열여덟 가지 다른 중생과 함께 하지 않는 법'[十八不一共法]을 모두 드러내 찬탄하고 있다. 천태선사는 여래의 '열여덟 가지 함께하지 않는 법'을 다음과 같이 말한다.

'네 가지 두려움 없음' 다음에 '열여덟 가지 함께 하지 않는 법'을 밝히는 이유는 다음과 같다.

모든 붇다는 열 가지 힘의 지혜가 안으로 채워지고 두려움 없음의 덕이 밖으로 드러난다. 그러므로 붇다에게 있는 온갖 공덕의 지혜는 사물의 모습 밖으로 뛰어넘어 세간과 함께하지 않는다. 온갖 범부와 성인이 얻은 바와는 다름을 가리려 하므로, 이 때문에 다음에 밝히는 것이다.

이 열여덟 가지를 통틀어 '함께하지 않음'이라 이름한 것은 더할 나위 없는 법이, 범부나 이승 그리고 온갖 닦아가는 보디사트바들과는 함께하지 않으므로 '함께하지 않음'이라 한다.

1) 몸에 잃음이 없음[身無失] 붇다는 헤아릴 수 없는 겁으로부터 늘 계와 선정, 지혜, 자비로써 몸을 닦아 이 온갖 공덕이 가득해졌고 또 온갖 죄의 근본을 뽑았기 때문이다. 곧 온갖 착하지 않음과 다섯 머묾의 번뇌 및 번뇌의 익힘[習氣]이 모두 다함을 말하니, 온갖 몸으로 짓는 행위[一切身業]가 지혜의 행을 따르므로 '몸에 잃음이 없다'고 한다.

2) 입에 잃음이 없음[口無失] 입에 잃음이 없는 인연들은 '몸의 잃음 없음' 가운데 말한 것과 같다.

3) 생각에 잃음이 없음[念無失] 생각에 잃음이 없다는 것은, 붇다는 네 곳 살핌의 마음을 기나긴 밤 동안 잘 닦았기 때문이며, 온갖 깊은 선정을 잘 닦아 마음이 흩어져 어지럽지 않기 때문이다. 탐욕의 애착과 법에 대한 애착[法愛]을 잘 끊었기 때문이며, 온갖 법 가운데 마음에 집착이 없기 때문이며, 으뜸가는 편안한 곳을 얻었기 때문이다. 온갖 뜻으로 짓는 행위[一切意業]가 지혜의 행을 따르므로 '생각에 잃음이 없다'고 한다.

4) 다른 생각 없음[無異想] 붇다는 온갖 중생에 대해 분별함이 없고 멀고 가까움에 다른 생각이 없이, 평등하게 널리 건져 마음에 가림이 없어서, 마치 해가 떠서 널리 만물을 비추는 것과 같다. 이것이 '다른 생각이 없음'이다.

5) 안정되지 않은 마음이 없음[無不定心] 붇다의 마음은 온갖 미세한 어지러움을 다 떠나 늘 선정에 있으므로[常在禪定] 안정되지 않은 마음이

없다.

6) 알고서 버리지 않음이 없음[無不知已捨] 붇다는 온갖 법에 대해서 모두다 환히 비추어 아시고 그런 다음에는 버린다. 한 법도 마음에 알고서 버리지 않은 것이 없으므로 '알고서 버리지 않음이 없다'고 한다.

7) 하고자 함에 줄어듦이 없음[欲無減] 붇다는 착한 법의 덕을 알고 있으므로 비록 뭇 착함을 갖추었더라도 늘 온갖 착한 법을 익히려 하며, 온갖 중생을 제도하려고 하므로 그 하고자 함이 줄어듦도 없다. 마음에 싫증내거나 물림이 없으므로 하고자 함이 줄어듦이 없는 것이니, 비유하면 전륜왕의 말보배[馬寶]는 비록 하루에 네 천하를 다 돌아다녀도 두루 노닐어 다니는 뜻에 물림이 없는 것과 같다.

8) 정진에 줄어듦이 없음[精進無減] 붇다는 몸과 마음의 두 가지 정진을 가득 채워 늘 온갖 중생을 제도함에 일찍이 쉽이 없다. 그러므로 '정진에 줄어듦이 없음'이라고 한다.

9) 생각에 줄어듦이 없음[念無減] 붇다는 삼세 모든 붇다의 법에 대해서 온갖 지혜가 서로 응하므로 가득 채워 줄어듦이 없다. 그러므로 '생각에 줄어듦이 없음'이라고 한다.

10) 지혜에 줄어듦이 없음[慧無減] 붇다는 온갖 지혜와 열 가지 힘, 네 가지 두려움 없음과 네 가지 걸림 없는 지혜를 얻어 그 성취함이 원만하고 지극하므로 '지혜에 줄어듦이 없음'이라 말한다.

11) 해탈에 줄어듦이 없음[解脫無減] 붇다는 두 가지 해탈을 갖추었으므로 해탈에 줄어듦이 없음이라고 한다. 어떤 것이 두 가지인가? 첫째는 함이 있는 해탈이니, 샘이 없는 지혜와 서로 응하는 해탈을 말한다. 둘째는 함이 없는 해탈이니, 온갖 번뇌를 모두 다하여 남음이 없음을 말한다.

12) 해탈지견에 줄어듦이 없으니[解脫知見無減] 붇다는 온갖 해탈 가운데서 보고 앎이 또렷하고 분명하므로 해탈지견에 줄어듦이 없다고 한다. 곧 함이 있는 해탈 · 함이 없는 해탈 · 때에 맞는 해탈 · 때가 아닌 해탈 · 지혜의 해탈 · 갖춘 해탈 · 무너지지 않는 해탈 · 여덟 가지 해탈 · 생각할 수

없고 말할 수 없는 해탈 · 걸림 없는 해탈 등 온갖 해탈의 모습을 분별함이 굳세니, 이것이 해탈지견에 줄어듦이 없는 것이다.

13) 온갖 몸의 업이 지혜의 행을 따름[一切身業隨智慧行] 붇다는 먼저 아신 뒤에 앎을 따라 온갖 몸의 행위를 일으키므로 나투는 곳마다 붇다의 일[佛事] 아님이 없어서 온갖 삶들을 이롭게 한다. 그러므로 몸의 업이 지혜의 행을 따른다고 한다.

14) 온갖 입의 업이 지혜의 행을 따름[一切口業隨智慧行] '몸의 업이 지혜의 행 따름'에서 분별한 것과 같다.

15) 온갖 뜻의 업이 지혜의 행을 따름[一切意業隨智慧行] '몸의 업이 지혜의 행 따름'에서 분별한 것과 같다.

16) 지혜로 과거세를 앎이 걸림 없음[智慧知過去世無礙] 붇다의 지혜가 과거세를 비추어 알아 과거에 있었던 온갖 것을 다하여, 중생법이나 중생 법이 아닌 것이나 두루 다 알아 걸림이 없는 것이다.

17) 지혜로 미래세를 앎이 걸림 없음[智慧知未來世無礙] 붇다의 지혜가 미래세를 비추어 알아 미래에 있을 온갖 것을 다하여, 중생 법이나 중생 법 아닌 것을 두루 다 알아 걸림이 없는 것이다.

18) 지혜로 현재세를 알아 걸림 없음[智慧現在世無礙] 붇다의 지혜가 현재세를 비추어 알아 현재에 있는 온갖 것을 다하여, 중생 법이나 중생 법 아닌 것을 두루 다 알아 걸림이 없는 것이다.

여래도 지금 몸소 병자를 보살피려 한다 비구는 늘 사랑과 참음 행하라

이와 같이 들었다.

한때 붇다께서는 슈라바스티 국 '외로운 이 돕는 장자의 동산'에 계셨다.

그때 세존께서 여러 비구들에게 말씀하셨다.

"나는 이 가운데서 범행 닦는 이를 미워하고 시기하는 것보다 더 빨리 닳아 사라지는 법을 보지 못하였다.

그러므로 여러 비구들이여, 사랑과 참음[慈忍]을 닦아 행해야 하니, 몸으로 사랑을 행하고[身行慈] 입으로 사랑을 행하며[口行慈] 뜻으로 사랑을 행해야 한다[意行慈].

이와 같이 여러 비구들이여, 반드시 이렇게 배워야 한다."

그때 여러 비구들은 붇다의 말씀을 듣고 기뻐하며 받들어 행하였다.

• 증일아함 12 일입도품(壹入道品) 二

병든 이 돌보는 것이 여래를 돌봄과 같으니

이와 같이 들었다.

한때 붇다께서는 슈라바스티 성 '외로운 이 돕는 장자의 동산'에 계셨다.

그때 세존께서 모든 비구들에게 말씀하셨다.

"병든 이를 돌보아주는 것은 곧 붇다인 나를 돌보는 것이요, 병든 이를 보살피는 것은 곧 나를 보살피는 것이다. 왜 그런가. 나도 지금 몸소 병든 이를 보살펴주려고 하기 때문이다.

여러 비구들이여, 여러 하늘과 세간의 사문과 브라마나에게 보시한다 해도, 그 보시 가운데 어떤 한 사람에게 보시하는, 이 보시보다 높은 것을 보지 못했다.

그러니 이 보시를 행해야 비로소 참다운 보시가 되어 큰 과보를 얻고 큰 공덕을 얻어 그 이름이 널리 이르고, 단이슬 같은 법의 맛을 얻게 될 것이다.

곧 한 사람이란 여래 · 지극히 참된 이 · 바르게 깨친 이를 말한다.

온갖 보시 가운데에서 가장 높아 이 보시보다 더 나은 것이 없는 줄 알고 이 보시를 행하면, 곧 참된 보시가 되어 큰 과보와 큰 공덕을 얻을 것이다.

그러므로 나는 지금 이 인연 때문에 이렇게 말한다.

'병든 이를 돌보아주는 이는 곧 여래를 돌보는 것과 다름이 없다.'

그렇게 하면 너희들은 기나긴 밤에 언제나 큰 복을 얻을 것이다. 이와 같이 여러 비구들이여, 반드시 이렇게 배워야 한다."

그때 여러 비구들은 붇다의 말씀을 듣고 기뻐하며 받들어 행하였다.

• 증일아함 12 일입도품 四

• 해설 •

욕됨을 잘 참지 못하면 사랑을 실천할 수 없다. 참음[忍]이 이 세간을 살아가면서 남이 나에게 주는 굴욕과 해침을 잘 견디어 참아 그에게 되갚지 않는 마음이라면, 사랑[慈]은 적극적으로 남의 괴로움을 덜어주고 없애주며 그에게 안락(安樂)을 주는 것을 말한다.

몸과 입과 뜻으로 사랑을 행함보다 더 큰 복 지음이 없고 공덕의 삶이 없다. 그리고 보시 가운데서도 남에게 두려움 없는 마음을 주고 사랑을 행함보다 더 큰 보시는 없다.

보시는 좋은 공덕의 밭이지만 악한 사람보다는 착한 사람에게 보시함이 그 공덕이 크고, 여러 하늘과 범행을 닦는 사문과 브라마나에게 보시함이 범행을 닦지 않는 사람에게 보시함보다 공덕이 크다.

그러나 가장 큰 공덕이 되는 보시는 위없는 보디의 완성자 붇다에게 바치는 보시가 가장 높고 큰 공덕의 보시다.

여래에게 바치는 보시공덕이 빼어나듯 저 병든 이를 간호하는 보시의 공덕은 여래에 대한 보시공덕처럼 빼어나다.

여래 또한 병든 제자의 옷과 자리끼를 빨아주고 똥오줌을 치워주며 방청소를 해주고 병든 비구가 편안히 눕고 앉도록 그 수발을 들어주셨으니, 여래의 제자인 비구가 어찌 여래의 크나큰 자비의 행을 따라 행하지 않을 수 있겠는가.

여래의 크나큰 자비를 천태선사의 『법계차제초문』은 다음과 같이 말한다.

'열여덟 가지 함께하지 않는 법'[十八不共法] 다음에 여래의 크나큰 사랑[大慈] 크게 슬피 여김[大悲]을 말하는 까닭은 다음과 같다.

모든 붇다가 '열여덟 가지 함께하지 않는 법'을 얻은 것은 늘 큰 자비에 머물러 있기 때문이다. 사랑의 선근의 힘[慈善根力]이 널리 세 가지 업을 끼치어 시방 세계에 널리 나타내 붇다의 일을 지어 온갖 중생을 이익되게 한다. 그러므로 다음에 큰 자비를 말하는 것이다.

자비(慈悲)의 이름을 풀이하는 것은 비록 닦아가는 이가 행하는 '네 가지 한량없는 마음' 가운데와 같지만 바탕이 달라 견줄 수가 없는 것이다. 그러므로 여래의 지극한 과덕에 이르러야 바야흐로 '크나큰 자비'라는 이름을 받게 되는 것이다.

첫째, 큰 사랑[大慈]이란 다음과 같다.

붇다는 큰 사랑의 마음 가운데 머무니, 큰 사랑의 선근의 힘 때문에 실로 온갖 중생에게 세간의 즐거움과 출세간의 즐거움을 줄 수 있는 것이다. 그러므로 큰 사랑이 즐거움을 줄 수 있다[慈能與樂]고 말한다. 만약 네 가지 한량없는 마음 가운데 사랑[慈]이라면 비록 마음의 생각이 즐거움을 주지만, 중생이 실로 즐거움을 얻지는 못한다. 그러므로 크다[大]고 이름하지 못한다.

두 가지의 즐거움 주는 것이 있으니, 첫째 큰 사랑의 사마디[大慈三昧]에 머물러 사랑의 힘이 그윽하게 끼치어 중생 즐겁게 해야 할 바를 따라 각기 안락을 얻게 하는 것이다. 둘째 사랑의 사마디의 힘[慈三昧力]이 세 가지 업에 널리 나타나 중생 즐겁게 할 수 있음을 따라, 보고 듣고 아는 이가 각기 안락을 얻게 하는 것이다.

그러므로 큰 사랑[大慈]이라 말하니, 곧 '뜻대로 되는 큰 보배구슬의 몸'[如意珠王身]이다.

둘째, 크게 슬피 여김[大悲]이란 다음과 같다.

붇다는 크게 슬피 여기는 마음 가운데 머물러, 크게 슬피 여기는 선근의 힘 때문에 실로 온갖 중생 세간의 괴로움을 빼내줄 수 있으니, '몸의 나뉨이 있는 나고 죽음의 괴로움'[分段生死苦]과 '변해 바뀜이 자유로운 나고 죽음의 괴로움'[變易生死苦]이다. 두 괴로움을 빼내주므로 슬피 여김이 괴로움을 빼내줄 수 있다고 말한다.

앞의 네 가지 한량없는 마음 가운데 슬피 여김은 비록 마음의 생각이 괴로움을 빼내지만, 중생이 실로 괴로움을 벗어나지는 못한다. 그래서 크게 슬피 여김[大悲]이라 말하지 못한다.

두 가지 괴로움 빼내줌이 있으니, 뜻은 큰 사랑 가운데서 분별한 것과 같다. 다만 두 괴로움을 빼내주는 다름이 있다. 그러므로 슬피 여김이 크다고 이름하는 것이니, 곧 '큰 약나무의 몸'[藥樹王身]이다.

『화엄경』(「여래출현품」) 또한 여래의 이와 같은 끝 간 데 없는 자비가 세계의 실상 그대로의 지혜에 의지함을 다음과 같이 찬탄한다.

온갖 붇다의 법은 자비에 의지하고
자비는 다시 방편 의지해 세워지며
방편의 지혜 차별지에 의지하고
차별의 지혜 근본지에 의지하며
붇다의 걸림 없는 지혜의 몸은
어디에도 의지하는 곳이 없도다.

一切佛法依慈悲　慈悲復依方便立
方便依智智依慧　無礙慧身無所依

4) 붇다의 깨끗하고 묘한 몸

우타라여, 베다에서 말한 서른둘 묘한 모습이 고타마께 있는지 가서 살펴보라

나는 들었다, 이와 같이.

한때 붇다께서는 바이데히(Vaidehī)를 노닐어 다니실 적에 많은 비구대중과 함께 하셨다. 그때 미틸라(Mithilā)에 브라마나가 있었는데 이름을 브라흐마유(Brahmāyu)라 하였다.

그는 아주 큰 부자로서 재산이 한량없이 많았고, 목축(牧畜)과 산업(産業)도 헤아릴 수 없이 많았으며, 다스리고 거둬들이는 마을 등이 갖가지로 갖추어져 먹을 것이 넉넉하였다.

미틸라 고을과 나아가서 그곳의 물과 풀과 나무까지 그 모든 것은, 바이데히 출신 어머니의 아들인 마가다 국의 왕 아자타사트루(Ajātaśatru)가 브라흐만의 섬김을 위해 특별히 준 것[梵封]이었다.

브라마나 브라흐마유에게는 우타라(Uttara)라는 마나바(māṇava, 어린이)가 있었다. 그는 부모마저 높이 들어보이는 사람이라 태어남이 청정하며, 칠대(七代) 동안 그 부모가 좋은 종족을 끊지 않았고 날 적마다 악이 없었으며, 널리 들어 다 기억하고 네 베다의 경을 다 외우고, 깊이 베다의 단어 · 의례 · 음운 · 문법 · 역사에 깊이 통달한 자였다.

브라마나 브라흐마유는 이렇게 들었다.

"사문 고타마는 사카족의 아들인데 사카족을 버리고, 수염과 머리를 깎고, 가사를 입고, 지극한 믿음으로 집을 버려 집이 없이 도를 배우는 사람인데, 지금 바이데히에 노닐면서 많은 비구대중과 함께 계신다.

그 사문 고타마는 큰 명성이 있어 시방에 두루 알려졌다. 그 사문 고타마는 여래, 집착 없는 이, 바르게 깨친 이, 지혜와 행 갖추신 분, 잘 가신 이, 세간을 아시는 분, 위없는 스승, 법에 잘 이끄시는 이, 하늘과 사람의 스승, 붇다 세존이라 불린다.

그는 이 세간에서 하늘과 마라, 브라흐만, 사문과 브라마나, 사람에서부터 하늘에 이르기까지 그 모두를 스스로 알고, 스스로 깨닫고, 스스로 증득하고 성취하여 노닌다. 그가 법을 설하면 처음도 묘하고, 가운데도 묘하고, 마지막 또한 묘하며, 뜻도 있고 무늬도 있으며, 청정을 갖추어 범행을 나타낸다."

그는 또 들었다.

"그 사문 고타마는 '서른두 가지 큰 사람의 모습'[三十二大人相]을 성취하였다. 만약 저 큰 사람의 모습[相]을 성취하면 그에게는 반드시 두 곳이 있어, 진실하여 허망하지 않을 것이다.

곧 만약 집에 있으면 반드시 전륜왕이 되어 총명한 지혜가 있으며, 네 종류의 군사를 두어 천하를 다스리며, 자기로 말미암아 자재하게 되고 법다운 법왕으로서 일곱 가지 보배를 성취한다.

바퀴보배[輪寶] · 코끼리보배[象寶] · 말보배[馬寶] · 구슬보배[珠寶] · 여인보배[女寶] · 거사보배[居士寶] · 군대를 관장하는 신하 보배[主兵臣寶]이니, 이것을 일곱 가지 보배라 한다. 그는 또한 천 명의 아들을 갖추는데, 얼굴 모습이 단정하고 용맹하며 두려움이 없어, 다른 무리들을 항복받을 수 있다.

그는 반드시 이 온갖 땅과 나아가 저 큰 바다에 이르기까지 모두 다스리되, 칼과 몽둥이를 쓰지 않고 법으로써 가르쳐 안온을 얻게 한다.

그가 만약 수염과 머리를 깎고, 가사를 입고, 지극한 믿음으로 집을 버리고 집이 없이 도를 배우면, 반드시 여래 · 집착 없는 이 · 바르게 깨친 이가 되고 이름이 널리 퍼져 시방에 두루 들리게 될 것이다."

서른두 가지 모습 갖춘 이는 전륜왕이 되거나
여래가 됨을 우타라에게 말함

브라마나 브라흐마유는 이 말을 듣고 우타라에게 말하였다.

"우타라여, 나는 이렇게 들었다.

'사문 고타마는 사카족의 아들인데 사카족을 버리고, 수염과 머리를 깎고, 가사를 입고, 지극한 믿음으로 집을 버려 집이 없이 도를 배우는 사람인데, 지금 바이데히에 노닐면서 많은 비구대중과 함께 계신다.'

우타라여, 나는 또 이렇게 들었다.

'그 사문 고타마는 큰 명성이 있어 시방에 두루 알려졌다. 그 사문 고타마는 여래, 집착 없는 이, 바르게 깨친 이, 지혜와 행 갖추신 분, 잘 가신 이, 세간을 아시는 분, 위없는 스승, 법에 잘 이끄시는 이, 하늘과 사람의 스승, 붇다 세존이라 불린다.

그는 이 세간에서 하늘과 마라, 브라흐만, 사문과 브라마나, 사람에서부터 하늘에 이르기까지 그 모두를 스스로 알고, 스스로 깨닫고, 스스로 증득하고 성취하여 노닌다. 그가 법을 설하면 처음도 묘

하고, 가운데도 묘하고, 마지막 또한 묘하며, 뜻도 있고 무늬도 있으며, 청정을 갖추어 범행을 나타낸다.'

또 우타라여, 나는 이런 말도 들었다.

'그 사문 고타마는 서른두 가지 큰 사람의 모습을 성취하였다. 만약 저 큰 사람의 모습을 성취하면 그에게는 반드시 두 곳이 있어, 진실하여 허망하지 않을 것이다.

곧 만약 집에 있으면 반드시 전륜왕이 되어 총명한 지혜가 있으며, 네 종류의 군사를 두어 천하를 다스리며, 자기로 말미암아 자재하게 되고 법다운 법왕으로서 일곱 가지 보배를 성취한다.

바퀴보배 · 코끼리보배 · 말보배 · 구슬보배 · 여인보배 · 거사보배 · 군대를 관장하는 신하 보배이니, 이것을 일곱 가지 보배라 한다. 그는 또한 천 명의 아들을 갖추는데, 얼굴 모습이 단정하고 용맹하며 두려움이 없어, 다른 무리들을 항복받을 수 있다.

그는 반드시 이 온갖 땅과 나아가 저 큰 바다에 이르기까지 모두 다스리되, 칼과 몽둥이를 쓰지 않고 법으로써 가르쳐 안온을 얻게 한다.

그가 만약 수염과 머리를 깎고, 가사를 입고, 지극한 믿음으로 집을 버리고 집이 없이 도를 배우면, 반드시 여래 · 집착 없는 이 · 바르게 깨친 이가 되고 이름이 널리 퍼져 시방에 두루 들리게 될 것이다.'

우타라여, 너는 여러 경전에 있는 '서른두 가지 큰 사람의 모습'에 대한 가르침을 받아 지니라. 그 가르침은 다음과 같다.

'만약 저 큰 사람의 모습을 성취하면 그에게는 반드시 두 곳이 있어, 진실하여 허망하지 않다. 곧 만약 집에 있으면 반드시 전륜왕이 되어 총명한 지혜가 있으며, 네 종류의 군사를 두어 천하를 다스리며, 자기로 말미암아 자재하게 되고 법다운 법왕으로서 일곱 가지 보배를 성취한다.

바퀴보배 · 코끼리보배 · 말보배 · 구슬보배 · 여인보배 · 거사보배 · 군대를 관장하는 신하 보배이니, 이것을 일곱 가지 보배라 한다. 그는 또한 천 명의 아들을 갖추는데, 얼굴 모습이 단정하고 용맹하며 두려움이 없어, 다른 무리들을 항복받을 수 있다.

그는 반드시 이 온갖 땅과 나아가 저 큰 바다에 이르기까지 모두다 스리되, 칼과 몽둥이를 쓰지 않고 법으로써 가르쳐 안온을 얻게 한다.

그가 만약 수염과 머리를 깎고, 가사를 입고, 지극한 믿음으로 집을 버리고 집이 없이 도를 배우면, 반드시 여래 · 집착 없는 이 · 바르게 깨친 이가 되고 이름이 널리 퍼져 시방에 두루 들리게 될 것이다.'

그 가르침은 이와 같다."

우타라가 대답하였다.

"예, 그렇게 하겠습니다. 존자시여, 저는 여러 경전에 있는 '서른두 가지 큰 사람의 모습'에 대한 가르침을 받아 지니겠습니다. 말씀하신 그 가르침은 다음과 같습니다.

'만약 저 큰 사람의 모습을 성취하면 그에게는 반드시 두 곳이 있어, 진실하여 허망하지 않다. 곧 만약 집에 있으면 반드시 전륜왕이 되어 총명한 지혜가 있으며, 네 종류의 군사를 두어 천하를 다스리며, 자기로 말미암아 자재하게 되고 법다운 법왕으로서 일곱 가지 보배를 성취한다.

바퀴보배 · 코끼리보배 · 말보배 · 구슬보배 · 여인보배 · 거사보배 · 군대를 관장하는 신하 보배이니, 이것을 일곱 가지 보배라 한다. 그는 또한 천 명의 아들을 갖추는데, 얼굴 모습이 단정하고 용맹하며 두려움이 없어, 다른 무리들을 항복받을 수 있다.

그는 반드시 이 온갖 땅과 나아가 저 큰 바다에 이르기까지 모두 다스리되, 칼과 몽둥이를 쓰지 않고 법으로써 가르쳐 안온을 얻게 한다.

그가 만약 수염과 머리를 깎고, 가사를 입고, 지극한 믿음으로 집을 버리고 집이 없이 도를 배우면, 반드시 여래 · 집착 없는 이 · 바르게 깨친 이가 되고 이름이 널리 퍼져 시방에 두루 들리게 될 것이다.'

그 가르침은 이와 같습니다."

제자 우타라를 시켜 고타마께 서른두 가지 모습이 갖춰져 있는지 확인토록 함

브라마나 브라흐마유가 말하였다.

"우타라여, 너는 저 사문 고타마가 있는 곳으로 가서 저 사문 고타마가 경전의 말씀 그대로인가, 그렇지 않은가를 살펴보라. 그가 실로 서른두 가지 큰 사람의 모습을 가졌을까?"

우타라 마나바는 이 말을 듣고 브라마나 브라흐마유의 발에 머리를 대 절하고 세 번 두루고 떠났다. 그는 세존 계신 곳으로 나아가 서로 문안을 드린 뒤에 물러나 한쪽에 앉아 세존의 몸에서 서른두 가지 모습을 살펴보았다. 그는 세존의 몸에서 서른 가지 모습이 있는 것은 보았지만 두 가지 모습에 대해서는 의혹을 가졌으니, 곧 말처럼 숨은 남근[陰馬藏]과 넓고 긴 혀[廣長舌]이다.

세존께서는 생각하셨다.

'이 우타라는 내 몸에서 서른두 가지 모습을 살피다가 서른 가지 모습만 있는 것을 보고 두 가지 모습에 대해서는 의혹을 가졌으니,

곧 말처럼 숨은 남근과 넓고 긴 혀이다.

내가 차라리 이제 그 의혹을 끊어주겠다.'

세존께서는 이렇게 아시고는 곧 다음과 같이 생각하셨다.

'코끼리 같은 신통 사마디[如其象如意足]를 지어 우타라 마나바로 하여금 내 몸의 말처럼 숨은 남근과 넓고 긴 혀를 보게 하리라.'

이에 세존께서는 곧 코끼리 같은 신통 사마디를 지었고, 코끼리 같은 신통 사마디를 짓자, 우타라 마나바는 세존의 몸에서 말처럼 숨은 남근과 넓고 긴 혀를 볼 수 있었다. 넓고 긴 혀의 모습이란 입에서 나온 혀가 온 얼굴을 다 덮는 것이었다.

세존이 감추어진 두 모습 보이자, 우타라는
세존이 여래임을 확신하고 세존의 생활상을 넉 달 동안 살핌

우타라 마나바는 그것을 보고 나서 이렇게 생각하였다.

'사문 고타마는 서른두 가지 큰 사람의 모습을 성취하였다.

만약 저 큰 사람의 모습을 성취하면 그에게는 반드시 두 곳이 있어, 진실하여 허망하지 않을 것이다.

곧 만약 집에 있으면 반드시 전륜왕이 되어 총명한 지혜가 있으며, 네 종류의 군사를 두어 천하를 다스리며, 자기로 말미암아 자재하게 되고 법다운 법왕으로서 일곱 가지 보배를 성취한다.

바퀴보배 · 코끼리보배 · 말보배 · 구슬보배 · 여인보배 · 거사보배 · 군대를 관장하는 신하 보배이니, 이것을 일곱 가지 보배라 한다. 그는 또한 천 명의 아들을 갖추는데, 얼굴 모습이 단정하고 용맹하며 두려움이 없어, 다른 무리들을 항복받을 수 있다.

그는 반드시 이 온갖 땅과 나아가 저 큰 바다에 이르기까지 모두 다스리되, 칼과 몽둥이를 쓰지 않고 법으로써 가르쳐 안온을 얻게 한다.

그가 만약 수염과 머리를 깎고, 가사를 입고, 지극한 믿음으로 집을 버리고 집이 없이 도를 배우면, 반드시 여래 · 집착 없는 이 · 바르게 깨친 이가 되고 이름이 널리 퍼져 시방에 두루 들리게 된다.'

우타라 마나바는 다시 이렇게 생각하였다.

'나는 이제 그 몸가짐과 법도 있는 행실을 아주 자세히 살피고, 또 그가 노닐어 가는 곳을 다 살펴야겠다.'

이에 우타라 마나바는 곧 붇다를 따라다니며 여름 넉 달 동안 그 몸가짐과 법도 있는 행실을 살피고, 또 그가 노닐어 가는 곳을 다 살폈다. 우타라 마나바는 여름 넉 달을 지내면서 세존의 몸가짐과 법도 있는 행실을 기뻐하였고, 또 노닐어 가는 곳을 살핀 뒤에 세존께 여쭈었다.

"고타마시여, 저는 이제 일이 있어 돌아가고자 하직하려 합니다."

세존께서는 말씀하셨다.

"우타라여, 네 뜻대로 떠나도록 하라."

우타라 마나바는 세존의 말씀을 듣고 잘 받아 가지고 곧 자리에서 일어나 세 번 두루고 물러갔다.

그는 브라마나 브라흐마유가 있는 곳으로 돌아가 그의 발에 머리를 대 절하고 물러나 한쪽에 앉았다.

스승께 세존의 서른두 가지 모습을 보고함

브라마나 브라흐마유는 물었다.

"우타라여, 실로 듣던 바와 같이 사문 고타마는 큰 이름이 있어 시방에 두루 들린다는데, 그렇더냐 그렇지 않더냐? 실로 서른두 가지 큰 사람의 모습이 있더냐?"

우타라 마나바는 대답하였다.

"그렇습니다, 존자시여. 실로 듣던 대로입니다.

사문 고타마께서는 큰 이름이 있어 시방에 두루 들렸습니다. 사문 고타마는 바로 이와 같았으며, 그렇지 않은 분이 아니며, 실로 서른 두 가지 모습이 있었습니다.

존자시여, 사문 고타마는 발바닥이 편편하여 똑바로 서십니다. 존자시여, 이것을 사문 고타마 큰 사람의 큰 사람 모습이라 합니다.

다시 존자시여, 사문 고타마는 발바닥에 수레바퀴 같은 무늬가 있는데 그 바퀴에 천 개의 바퀴살이 있어 온갖 것을 갖추었습니다. 존자시여, 이것을 사문 고타마 큰 사람의 큰 사람 모습이라 합니다.

다시 존자시여, 사문 고타마는 발가락이 가늘고 깁니다. 존자시여, 이것을 사문 고타마 큰 사람의 큰 사람 모습이라 합니다.

다시 존자시여, 사문 고타마는 발 둘레가 똑바르고 곧습니다. 존자시여, 이것을 사문 고타마 큰 사람의 큰 사람 모습이라 합니다.

다시 존자시여, 사문 고타마는 발꿈치의 양쪽이 편편하고 원만합니다. 존자시여, 이것을 사문 고타마 큰 사람의 큰 사람 모습이라고 합니다.

다시 존자시여, 사문 고타마는 발의 두 복사뼈가 겉으로 나타나지 않습니다. 존자시여, 이것을 사문 고타마 큰 사람의 큰 사람 모습이라 합니다.

다시 존자시여, 사문 고타마는 몸의 털이 위를 향합니다. 존자시여, 이것을 사문 고타마 큰 사람의 큰 사람 모습이라 합니다.

다시 존자시여, 사문 고타마는 손가락과 발가락 사이에 얇은 비단 같은 막이 있어 마치 기러기왕과 같습니다. 존자시여, 이것을 사문 고타마 큰 사람의 큰 사람 모습이라 합니다.

다시 존자시여, 사문 고타마는 손과 발이 아주 아름답고 보드라워 마치 툴라(tula) 꽃과 같습니다. 존자시여, 이것을 사문 고타마 큰 사람의 큰 사람 모습이라 합니다.

다시 존자시여, 사문 고타마는 살갗이 부드럽고 매끄러워 티끌이나 물이 묻지 않습니다. 존자시여, 이것을 사문 고타마 큰 사람의 큰 사람 모습이라 합니다.

다시 존자시여, 사문 고타마는 낱낱 털들이 온몸의 구멍마다 한 개씩 나 있고 그 빛은 검푸른빛[甘青色]이며, 고둥과 같이 오른쪽으로 돌고 있습니다. 존자시여, 이것을 사문 고타마 큰 사람의 큰 사람 모습이라 합니다.

다시 존자시여, 사문 고타마는 장딴지가 마치 사슴왕과 같습니다. 존자시여, 이것을 사문 고타마 큰 사람의 큰 사람 모습이라 합니다.

다시 존자시여, 사문 고타마는 남근(男根)이 몸 안에 숨겨져 있는 것이 마치 좋은 말과 같습니다. 존자시여, 이것을 사문 고타마 큰 사람의 큰 사람 모습이라 합니다.

다시 존자시여, 사문 고타마는 몸매가 둥글고 아름다워 니그로다 나무와 같고 위아래가 둥글어 서로 잘 어울립니다. 존자시여, 이것을 사문 고타마 큰 사람의 큰 사람 모습이라 합니다.

다시 존자시여, 사문 고타마는 몸이 굽지 않으십니다. 몸이 굽지 않은데도 바로 서서 팔을 펴면 무릎을 만질 수 있습니다. 존자시여, 이것을 사문 고타마 큰 사람의 큰 사람 모습이라 합니다.

다시 존자시여, 사문 고타마는 몸은 황금빛으로 자마금(紫磨金)과 같습니다. 존자시여, 이것을 사문 고타마 큰 사람의 큰 사람 모습이라 합니다.

다시 존자시여, 사문 고타마는 몸의 일곱 곳이 충만합니다. 일곱 곳이 충만하다는 것은 두 발바닥, 두 손바닥, 두 어깨 및 목 부분입니다. 존자시여, 이것을 사문 고타마 큰 사람의 큰 사람 모습이라 합니다.

다시 존자시여, 사문 고타마는 그 윗몸이 커서 마치 사자와 같습니다. 존자시여, 이것을 사문 고타마 큰 사람의 큰 사람 모습이라 합니다.

다시 존자시여, 사문 고타마는 턱이 사자와 같습니다. 존자시여, 이것을 사문 고타마 큰 사람의 큰 사람 모습이라 합니다.

다시 존자시여, 사문 고타마는 등이 판판하고 곧습니다. 존자시여, 이것을 사문 고타마 큰 사람의 큰 사람 모습이라 합니다.

다시 존자시여, 사문 고타마는 두 어깨가 위로 이어져 목이 편편하고 충만합니다. 존자시여, 이것을 사문 고타마 큰 사람의 큰 사람 모습이라 합니다.

다시 존자시여, 사문 고타마는 이가 마흔 개나 되고, 이가 성글게 나지 않았으며, 이가 희고 가지런하며, 가장 으뜸가는 맛을 맛볼 수 있습니다. 존자시여, 이것을 사문 고타마 큰 사람의 큰 사람 모습이라 합니다.

다시 존자시여, 사문 고타마는 맑고 아름다운 목소리가 듣기 좋아 그 소리가 마치 칼라빙카(kalaviṅka) 새 소리와 같습니다. 존자시여, 이것을 사문 고타마 큰 사람의 큰 사람 모습이라 합니다.

다시 존자시여, 사문 고타마는 혀가 넓고 깁니다. 혀가 넓고 길다는 것은 혀를 입에서 내면 온 얼굴을 두루 덮을 수 있는 것입니다. 존자시여, 이것을 사문 고타마 큰 사람의 큰 사람 모습이라 합니다.

다시 존자시여, 사문 고타마는 속살이 충만하여 마치 소의 왕과 같습니다. 존자시여, 이것을 사문 고타마 큰 사람의 큰 사람 모습이라 합니다.

다시 존자시여, 사문 고타마는 눈빛이 검푸릅니다. 존자시여, 이것을 사문 고타마 큰 사람의 큰 사람 모습이라 합니다.

다시 존자시여, 사문 고타마는 정수리에 살상투가 있어 둥글게 서로 어울리고, 머리털은 고둥처럼 오른쪽으로 돌고 있습니다. 존자시여, 이것을 사문 고타마 큰 사람의 큰 사람 모습이라 합니다.

다시 존자시여, 사문 고타마는 눈썹 사이에 털이 나 있는데 깨끗하고 희며 오른쪽으로 돌아 빛납니다. 존자시여, 이것을 사문 고타마 큰 사람의 큰 사람 모습이라 합니다."

"존자시여, 이런 것들을 사문 고타마의 '서른두 가지 큰 사람 모습[三十二大人相]'의 성취라고 합니다.

만약 저 큰 사람의 모습을 성취하면 그에게는 반드시 두 곳이 있어, 진실하여 허망하지 않습니다.

곧 만약 집에 있으면 반드시 전륜왕이 되어 총명한 지혜가 있으며, 네 종류의 군사를 두어 천하를 다스리며, 자기로 말미암아 자재하게 되고 법다운 법왕으로서 일곱 가지 보배를 성취합니다.

바퀴보배 · 코끼리보배 · 말보배 · 구슬보배 · 여인보배 · 거사보배 · 군대를 관장하는 신하 보배이니, 이것을 일곱 가지 보배라 합니다. 그는 또한 천 명의 아들을 갖추는데, 얼굴 모습이 단정하고 용맹하며 두려움이 없어, 다른 무리들을 항복받을 수 있습니다.

그는 반드시 이 온갖 땅과 나아가 저 큰 바다에 이르기까지 모두 다스리되, 칼과 몽둥이를 쓰지 않고 법으로써 가르쳐 안온을 얻게 합니다.

그가 만약 수염과 머리를 깎고, 가사를 입고, 지극한 믿음으로 집을 버리고 집이 없이 도를 배우면, 반드시 여래 · 집착 없는 이 · 바르게 깨친 이가 되고 이름이 널리 퍼져 시방에 두루 들리게 될 것입니다."

넉 달 동안 살핀 세존의 거룩한 몸가짐과 생활상을 말하고 출가하여 비구가 됨

"다시 존자시여, 제가 사문 고타마를 뵈오니, 가사를 걸치시려 하면 이미 가사가 걸쳐지고, 가사를 입으시려 하면 이미 가사가 입혀지며, 방을 나가려 하면 이미 방에서 나와 있고, 동산을 벗어나려하면 이미 동산에서 나와 있습니다.

길을 걸어 마을에 이르러 마을로 들어가시려 하면 이미 마을에 들어가 있고, 거리에 있다가 집으로 들어가려 하면 이미 집으로 들어가 있고, 평상을 바로잡으려 하면 이미 평상이 바로잡혔습니다.

앉으려고 하면 이미 앉으시고, 손을 씻으려 하면 이미 손을 씻고, 음식을 받고자 하면 이미 음식을 받으시며, 먹으려 하면 이내 먹습니다.

손을 씻고 축원하고 자리에서 일어나 집에서 나오고자 하면 이미 집에서 나와 거리에 있으며, 마을에서 나오려 하면 이미 마을을 나와 있고, 동산으로 들어가려 하면 이미 동산으로 들어가 있으며, 방으로 들어가려 하면 이미 방으로 들어가 있습니다.

존자시여, 사문 고타마는 옷을 입고 옷매무새를 가지런하게 하되 높지도 않고 낮지도 않게 하여, 옷이 몸에 달라붙지도 않고, 바람이 불어도 몸에서 옷이 떨어지지 않았습니다.

존자시여, 사문 고타마는 늘 새 옷을 지어 입을 적에는 성인들을 따라, 칼로 옷감을 마름질하여 물들여 나쁜 빛깔로 만듭니다. 이와 같이 저 성인은 물들여 나쁜 빛깔로 만듭니다. 그가 옷을 지니는 것은 재물을 위해서도 아니요, 뽐내기 위해서도 아니며, 스스로 가꾸기 위해서도 아니요, 아름답게 꾸미기 위해서도 아니기 때문입니다. 다만 모기 등에를 가려 막고 바람과 햇볕에 닿지 않도록 하기 위함이고, 또 부끄러워 그 몸을 덮는 것이기 때문입니다.

그는 방을 나올 때 몸을 구부리거나 젖히지 않습니다. 존자시여, 사문 고타마는 방을 나올 때 끝내 몸을 구부리지 않습니다.

존자시여, 사문 고타마는 만약 걸어가려 할 때에는 먼저 오른발을 듭니다. 바르게 들고 바르게 놓아 걸어갈 때 시끄러워 어지럽지 않고, 또한 잘못된 어지러움이 없으며, 복사뼈가 서로 부딪치지도 않습니다.

존자시여, 사문 고타마는 걸어갈 때 티끌과 흙에 더럽혀지지 않습니다. 왜냐하면 원래 잘 걸으시기 때문입니다.

그는 동산을 나올 때 몸을 구부리거나 젖히지 않습니다. 존자시여, 사문 고타마는 동산을 나올 때 끝내 몸을 구부리지 않습니다. 마을 사이에 이르러서는 몸을 오른쪽으로 돌려, 살펴보심이 용과 같아 두루두루 살펴서 보고, 두려워하지 않고 겁내지도 않으며, 또한 놀라지도 않고 여러 곳을 살핍니다. 왜냐하면 여래, 집착 없는 이, 바르게 깨친 분이시기 때문입니다.

그는 마을에 들어갈 때 몸을 구부리거나 젖히지 않습니다. 존자시여, 사문 고타마는 마을로 들어갈 때 끝내 몸을 구부리지 않습니다.

그는 거리에 있을 때에도 굽어보거나 우러러보지 않으며, 오직 곧게 바로 보아 그 가운데 아는 바와 보는 바에 걸림이 없습니다.

존자시여, 사문 고타마는 모든 아는 뿌리[諸根]가 늘 고요합니다. 왜냐하면 원래 잘 걸으시기 때문입니다.

그는 집에 들어갈 때 몸을 구부리거나 젖히지 않습니다. 존자시여, 사문 고타마는 집에 들어갈 때 끝내 몸을 구부리지 않습니다.

존자시여, 사문 고타마는 몸을 돌려 오른쪽으로 돌아 평상을 바르게 하고 앉습니다. 그는 자리 위에서 온몸에 힘을 주고 앉지도 않고, 또한 손으로 무릎을 어루만지고 앉지도 않습니다.

그는 자리에 앉은 뒤에는 답답해하지도 않고, 괴로워하지도 않으며, 또한 기뻐하지도 않습니다. 씻을 물을 받을 때에는 높이 들지도 않고 낮게 들지도 않으며, 많이 받지도 않고 적게 받지도 않습니다.

그는 먹을거리를 받을 때에도 그릇을 높이 들지도 않고 낮추지도 않으며, 많이 받지도 않고 적게 받지도 않습니다. 존자시여, 사문 고타마는 밥을 받을 때 발우를 넘치지 않게 하며, 국도 음식과 같이 받습니다.

존자시여, 사문 고타마는 덩이밥을 가지런히 다듬어서 천천히 입에 넣습니다. 덩이밥을 입에 넣기 전에는 입을 미리 벌리지 않고, 입에 넣은 뒤에는 세 번 씹은 뒤에 삼키고, 밥이나 국이 없어도 또한 씹음을 끊지 않으며, 입안에 나머지가 조금 있을 때 다시 덩이밥을 넣습니다.

존자시여, 사문 고타마는 세 가지 일[三事淸淨]이 청정하게 먹음으로 그 맛을 얻고자 하지, 탐욕의 물듦으로 음식을 맛보지 않습니다. 그가 음식을 얻는 것은 재물을 위해서도 아니요, 뽐내기 위해서도 아니며, 스스로 가꾸기 위해서도 아니요, 아름답게 꾸미기 위해서도 아닙니다.

다만 몸을 보존하여 오래 살면서 병이 없게 하고, 묵은 질병[故疹]을 낫게 하며, 새로 병이 생기지 않게 하기 위해서입니다. 곧 목숨을 보존하고[存命] 병이 없게 하며[無患], 힘이 있어 즐겁게 하기[有力快樂] 위해서입니다.

식사하기를 마치고 손 씻을 물을 받을 때에는 그릇을 높이 들지도 않고 낮게 들지도 않으며, 물을 많이 받지도 않고 적게 받지도 않으며, 발우 물을 받을 때에도 그릇을 높이 들지도 않고 낮게 들지도 않으며, 많이 받지도 않고 적게 받지도 않습니다.

그는 손을 깨끗이 씻은 뒤에 발우도 깨끗이 씻고, 발우를 깨끗이 씻은 뒤에는 또 그 손도 깨끗이 씻으며, 손을 닦은 뒤에는 곧 발우를 닦고 발우를 닦은 뒤에는 곧 손을 닦습니다.

그는 발우를 씻고, 닦고서는 발우를 한쪽에 가만히 두되 가까이 두지도 않고, 멀리 두지도 않으며, 발우를 자주 살펴보지도 않고, 또한 발우를 위하지도 않습니다.

그는 이 먹을 것을 헐뜯지도 않고, 저 먹을 것을 기려 말하지도 않으며, 다만 부끄러워하는 마음으로 잠자코 있을 뿐입니다.

그는 여러 거사들을 위해 법을 설하여 간절히 우러르는 마음을 내게 하고, 기쁨을 성취하게 합니다. 한량없는 방편으로써 그들을 위해 법을 설하여 간절히 우러르는 마음을 내게 하고, 기쁨을 성취하게 한 뒤에는 곧 자리에서 일어나 물러갑니다.

그는 집을 나갈 때 몸을 구부리거나 젖히지 않습니다. 스승님이시여, 사문 고타마는 집을 나갈 때 끝내 몸을 구부리지 않습니다. 그는 거리에 있으면서는 굽어보지도 않고, 우러러보지도 않으며, 오직 곧게 바로 보는데 그 가운데 알고 보는 바에 걸림이 없습니다.

존자시여, 사문 고타마는 모든 아는 뿌리가 늘 고요합니다. 왜냐하면 원래 잘 걸으시기 때문입니다.

그는 마을을 나갈 때 몸을 구부리거나 젖히지 않습니다. 존자시여, 사문 고타마는 마을을 나갈 때 끝내 몸을 구부리지 않습니다. 그는 동산으로 들어갈 때에도 몸을 구부리거나 젖히지 않습니다. 존자시여, 사문 고타마는 동산으로 들어갈 때 끝내 몸을 구부리지 않습니다.

그는 공양을 마친 뒤에는 가사와 발우를 챙기고, 손과 발을 씻고는 니시다나를 어깨에 걸치고, 방에 들어가 고요히 앉습니다. 존자시여, 사문 고타마는 세상을 요익하게 하므로 방에 들어가 고요히 앉습니다. 존자시여, 사문 고타마는 해질 무렵에 좌선에서 일어나면 얼굴 빛깔이 빛이 납니다. 왜냐하면 여래 · 집착 없는 이 · 바르게 깨친 분이시기 때문입니다.

존자시여, 사문 고타마는 여덟 가지 소리[八音]를 냅니다.

첫째 깊고 깊은 소리, 둘째 깨끗한 물질(vimala-rūpa)의 소리, 셋째 마음에 들어오는 소리, 넷째 듣기 좋은 소리, 다섯째 아주 원만한 소리, 여섯째 살아 움직이는 소리, 일곱째 또렷한 소리, 여덟째 지혜로운 소리입니다. 이 소리는 많은 사람이 좋아하고 많은 사람이 즐거워하며, 많은 사람이 생각하는 소리로 마음의 선정[心定]을 얻게 합니다.

존자시여, 사문 고타마가 대중을 따라 설법하면 그 소리는 대중 밖으로 나가지 않고 오직 대중들에게만 들립니다. 그리하여 그들을 위해 법을 설하여 간절히 우러르는 마음을 내게 하고, 기쁨을 성취하게 합니다.

한량없는 방편으로써 그들을 위해 법을 설하여 간절히 우러르는 마음을 내게 하고, 기쁨을 성취하게 한 뒤에는 곧 자리에서 일어나 본래 있던 곳으로 돌아갑니다.

존자시여, 사문 고타마는 그 모습이 이와 같으나, 다만 이보다 빼어난 점들만 있습니다.

존자시여, 저는 저 사문 고타마에게 가서 그를 따라 범행을 배우고 싶습니다."

브라마나 브라흐마유가 말하였다.

"네 뜻대로 하라."

이에 우타라 마나바는 브라마나 브라흐마유의 발에 머리를 대 절하고 세 바퀴 두루고 나서 물러갔다.

그는 붇다 계신 곳에 나아가 붇다의 발에 머리를 대 절하고 물러나 한쪽에 앉아 여쭈었다.

"세존이시여, 저는 세존을 따라 도를 배우고 구족계를 받아 비구가 되어 세존을 따라 범행 닦아 행하고자 합니다."

이에 세존께서는 우타라 마나바를 건네주어 도를 배워 구족계를 받게 하시었다.

우타라 마나바를 건네주시어 도를 배워 구족계를 받게 한 뒤에, 세존께서는 바이데히에 노니시면서, 많은 비구대중과 함께 더욱 앞으로 나아가 미틸라 마을 마하데바(Mahādeva, 大天)의 망고나무숲에 머무르셨다.

• 중아함 161 범마경(梵摩經) 전반부

• 해설 •

지금 앞에 실은 경의 내용과 뒤에 실은 경의 내용은 하나의 경을 나눈 것이다.

앞의 내용은 브라마나 브라흐마유가 브라마나 가운데 나이 어리고 세상의 혼탁한 흐름에 때묻지 않은 어린이 우타라를 선발하여 소문대로 고타마에게 서른두 가지 큰 사람의 모습이 갖춰져 있는가를 알아보고 와서 보고케 한 내용이다.

스승에게 고타마 붇다의 거룩한 상호와 사마디와 지혜의 몸가짐을 보고한 뒤, 우타라 마나바는 브라마나의 길을 버리고 붇다가 계신 곳에 찾아가 비구가 된다.

뒤에 수록한 경은 브라흐마유가 고타마 붇다를 직접 찾아가 고타마에게 있는 '큰 사람의 모습'[大人相]을 확인하고 세존의 재가제자가 된 내용이다.

위의 기록에서 알 수 있듯 '서른두 가지 큰 사람의 모습'은 불교경전에 나온 이야기가 아니고 바로 브라마나들의 베다에 나온 이야기이다. 베다는 서른두 가지 큰 사람의 모습을 갖춘 이가 세간에 머물면 전륜왕이 될 것이고, 집을 나오면 위없는 붇다가 된다고 예언하고 있다.

고타마 붇다는 베다의 예언을 실현하신 분일 뿐, 스스로 서른두 가지 모습을 주장하지 않았다. 붇다의 뛰어나고 아름다운 모습의 장엄을 '여든 가지 좋은 모습'[八十種好]으로 말하는 것은, 위의 타고난 서른두 가지 모습에 붇다의 가고 머물고 앉고 눕고 말하는 단정하고 빼어난 몸가짐을 결합하여 여든의 수로 나타내 보인 것이다.

천태선사의 『법계차제초문』은 여래의 '서른두 가지 큰 사람의 모습'[三十二大人相], '여든 가지 좋은 모습'[八十種好]을 다음과 같이 보인다.

서른두 가지 모습의 이름과 항목이 많아서 아래에 갖추어 벌여 보일 수 없다. 크나큰 자비[大慈大悲] 다음에 서른두 가지 모습, 여든 가지 좋은 모습, 여덟 가지 소리[八音], 세 곳 살핌[三念處] 등 네 과목[四科]을 말하는 것은 다음과 같다.

만약 법신(法身)의 비어 고요함을 논하게 된다면 어찌 꼴과 소리, 마음의 앎으로 보고 듣고 알 수 있는 것이 있겠는가.

다만 자비의 힘으로써 여래의 청정한 세 가지 업의 기틀을 나타내, 즐거움을 얻고 괴로움을 벗어날 수 있는 사람을 따라서, 곧 단정하고 장엄한 모습과 묘한 음성, 평등한 세 가지 살핌 등 즐거움을 주고 괴로움을 빼내는 경계[與樂拔苦之緣]를 보이는 것이다.

그러므로 자비 다음에 좋은 모습과 여덟 가지 소리, 세 곳 살핌을 말하는 것이다.

지금 이 서른두 가지를 모두 통틀어 모습[相]이라고 말하는 것은 왜인가. 모습[相]은 나타내 보일 것이 있음을 말하니, 드러내 펼쳐[發攬] 구별할 수 있으므로 모습이라고 한 것이다.

여래께서 중생에 맞춰 변화한 몸[應化之體]이 이 서른두 가지 모습을 나타내는 것은 법신에 뭇 덕이 원만하고 지극함[衆德圓極]을 보인 것이다. 그리하여 보는 이들로 하여 사랑하고 공경하도록 하고 빼어난 덕이 있음을 알게 하여, 여래를 '사람과 하늘 가운데 높은 분'[人天中尊]이고 '뭇 성인 가운데 왕'[衆聖之王]으로 우러르게 하므로 서른두 가지 모습을 나타낸 것이다.

서른두 가지 모습은 다음과 같다.

1) 발바닥이 편편하여 거울 상자의 바닥과 같다. 2) 발바닥에 천 개의 바퀴살이 있는 수레바퀴 무늬가 있다. 3) 손가락과 발가락이 다른 사람보다 길다. 4) 손과 발이 몸의 다른 부분보다 부드럽다. 5) 손가락과 발가락 사이에 얇은 비단 같은 결이 있어 다른 이들보다 뛰어나다. 6) 발꿈치가 원만하게 좋은 모습을 갖추었다. 7) 발등이 높아 몸의 뿌리가 서로 맞는다. 8) 장딴지가 사슴의 다리 같이 가늘고 아름답다. 9) 서서 팔을 펴면 손이 무릎까지 내려간다. 10) 남근이 오므라들어 몸 안에 숨어 있는 것이

말의 것과 같다. 11) 키가 두 팔을 편 길이와 같다. 12) 낱낱의 털구멍마다 푸른 털이 부드럽게 나 있다. 13) 몸의 털은 위로 쏠려 있으며 푸른빛으로 부드럽고 오른쪽으로 틀어져 있다. 14) 온몸이 황금색으로 빛나 그 모습이 미묘하다. 15) 몸에서 솟는 빛이 한 길이나 된다. 16) 살결이 엷고 매끄러우며 티끌이나 물이 묻지 않고 모기가 물지 않는다. 17) 두 발바닥, 두 손바닥, 두 어깨, 목의 일곱 곳이 충만하다. 18) 양 겨드랑이 아래가 충만하다. 19) 윗몸이 사자와 같다. 20) 몸이 단정하고 바르다. 21) 어깨가 둥글고 두툼하다. 22) 마흔 개의 이를 모두 갖추었다. 23) 이가 희고 깨끗하며 가지런하고 빽빽하며 뿌리가 깊숙하다. 24) 네 어금니가 가장 희고 크다. 25) 뺨이 사자와 같다. 26) 목구멍의 침으로 맛 가운데 가장 좋은 맛을 본다. 27) 혀가 크고 얇아 얼굴을 뒤덮고 머리카락에까지 닿는다. 28) 깨끗한 목소리는 깊고 멀리까지 들리니 마치 칼라빙카 새 소리와 같다. 29) 눈의 빛깔이 황금[金精]과 같다. 30) 속눈썹이 소와 같다. 31) 두 눈썹 사이에 도라선(兜羅線) 같은 흰 털이 나있다. 32) 정수리에 살상투가 있다.

서른두 가지 모습이 여래의 타고난 빼어난 모습이라면, 여든 가지 좋은 모습[相好]은 서른두 가지 큰 사람의 모습이 단정하고 바른 몸가짐으로 발현된 모습이다.

우타라 마나바가 서른두 가지 모습을 확인한 뒤 넉 달 동안 여래의 생활을 관찰하고서 브라흐마유에게 보고한 갖가지 아름답고 장엄한 여래의 모습이 여든 가지 좋은 모습[八十種好]에 포함된다.

천태선사는 『법계차제초문』에서 다음과 같이 여든 가지 상호[八十種好]를 말한다.

여든 가지 좋은 모습의 이름과 항목이 이미 많아 아래에 차례대로 갖추어 말할 수 없다. 서른두 가지 모습 다음에 여든 가지 좋은 모습을 말한 것은 다음과 같다.

모습[相]과 좋은 것[好]은 같으니, 이는 다 물질의 법으로 장엄하여 붇다의 몸[佛身]을 드러낸 것이기 때문이다. 다만 모습이 모아 보임[相總]이라면, 좋은 것은 모습의 징표를 나누어 보임[好別]이다. 모습은 만약 좋은 것이 없으면 원만하지 못한 것이다.

저 전륜왕과 인드라하늘왕과 브라흐마하늘왕에게도 또한 큰 모습이 있지만 좋은 것이 없으므로 그 모습이 미묘하지 못한 것이다. 그러므로 서른두 가지 큰 사람의 모습 다음에 좋은 것을 말한 것이다.

모두 통틀어 '좋은 것'[好]이라고 말한 것은 사랑하고 즐거워할 만하기 때문이다. 여래께서 여든 가지 좋은 것으로 몸을 장엄하므로 하늘과 사람 온갖 중생이 사랑하고 즐거워하는 것이다. 그러므로 좋은 것이라고 말했다.

곧 이 사랑[慈]으로써 몸을 닦으므로 이 청정한 상호[淸淨相好]의 몸의 업[身業]이 있는 것이다. 여든 가지는 다음과 같다.

1) 정수리의 모습을 볼 수 없다. 2) 코가 높고 곧아서 콧구멍이 드러나지 않는다. 3) 눈동자가 초승달같이 감청색의 유리빛이다. 4) 귀가 수레바퀴와 같이 이뤄졌다. 5) 몸이 단단하고 알찬 것이 나라야나(narayaṇa)와 같다. 6) 뼈마디가 서로 얽힌 것이 쇠사슬 같다. 7) 몸을 한때에 돌리는 것이 코끼리왕 같다. 8) 다닐 때 발이 땅에서 네 치쯤 뜨며 발자국마다 무늬가 나타난다. 9) 손톱이 붉은 구리빛으로 엷고 가늘고 윤택하다. 10) 등골이 단단하고 둥그런 모습이다. 11) 몸이 청결하다. 12) 몸이 부드럽다. 13) 몸이 굽지 않았다. 14) 손가락이 길며 가늘고 둥글다. 15) 손금이 감춰져 있다. 16) 맥이 깊어 보이지 않는다. 17) 발뒤꿈치를 볼 수 없다. 18) 몸이 촉촉하고 윤이 난다. 19) 몸이 스스로 지탱하여 굽거나 비스듬하지 않다. 20) 몸이 원만하다.

21) 용모가 빠짐없이 갖춰져 있다. 22) 용모가 원만하다. 23) 머무는

곳이 편안하여 움직이지 않는다. 24) 위력이 온갖 곳에 떨친다. 25) 온갖 것을 즐겁게 본다. 26) 얼굴이 너무 크거나 길지 않다. 27) 단정한 용모로 빛이 요란스럽지 않다. 28) 얼굴이 원만함을 갖추었다. 29) 입술이 빔바나무(bimba) 열매 빛깔과 같다. 30) 말소리가 깊고 멀다. 31) 배꼽이 깊숙하고 둥글다. 32) 털이 오른쪽으로 돈다. 33) 손발이 원만하다. 34) 손발이 뜻대로 움직인다. 35) 손금이 곧고 분명하다. 36) 손금이 길다. 37) 손금이 끊어지지 않았다. 38) 온갖 나쁜 마음을 가진 중생이 보아도 기뻐한다. 39) 얼굴이 넓고 빛깔이 곱다. 40) 얼굴이 깨끗하고 원만하여 달과 같다.

41) 중생의 뜻에 따라 기쁘게 법을 설한다. 42) 털구멍에서 향기를 낸다. 43) 입에서 위없는 향기를 낸다. 44) 거동하는 모습이 사자와 같다. 45) 나아가고 멈춤이 코끼리 왕 같다. 46) 지어가는 법이 거위 왕 같다. 47) 머리가 마다나(madana) 열매와 같다. 48) 온갖 소리의 분별을 갖추었다. 49) 네 송곳니가 희고 날카롭다. 50) 혀가 붉은 빛이다. 51) 혀가 얇다. 52) 털이 붉은빛이다. 53) 털이 보드랍고 깨끗하다. 54) 눈이 길고 넓다. 55) 털구멍이 서로 갖추어져 있다. 56) 손발이 붉고 희어 연꽃빛과 같다. 57) 배꼽이 튀어나오지 않았다. 58) 배가 드러나지 않는다. 59) 허리가 가늘다. 60) 몸이 움직일 때 기울지 않는다.

61) 몸가짐이 무겁다. 62) 그 몸이 크다. 63) 키가 크다. 64) 손발이 부드럽고 깨끗하며 매끄럽고 윤택이 난다. 65) 사면으로 빛이 각각 한 길만큼 길게 비춘다. 66) 빛이 몸을 비추며 걷는다. 67) 중생을 평등하게 본다. 68) 중생들을 가벼이 여기지 않는다. 69) 중생의 음성을 따라 더하지도 덜하지도 않는다. 70) 법을 설함에 집착하지 않는다. 71) 중생의 말에 따라 법을 설한다. 72) 소리를 낼 때 뭇 소리로 대답한다. 73) 인연이 있는 것에 따라 차례로 설법한다. 74) 온갖 중생이 여래의 모습을 다 볼 수 없다. 75) 살펴봄에 싫증과 물림이 없다. 76) 머리카락이 길고 아름답다. 77) 머리카락이 가지런하다. 78) 머리카락이 잘 굽어져 있다. 79) 머리카

락 빛이 푸른 진주 같다. 80) 손발에 덕스러운 모습이 있다.

여래가 갖춘 맑고 깨끗한 상호와 몸의 업[身業]으로서 우타라가 자기 스승에게 보고한 내용 가운데 여덟 가지 여래의 음성이 나온다.

깊고 맑은 음성, 듣는 이의 마음에 꼭 드는 음성들이 여덟 가지 음성의 모습인데, 천태선사의 『법계차제초문』은 여래에게 있는 여덟 가지 음성[八音]을 다음과 같이 말한다.

'여든 가지 좋은 모습' 다음에 여덟 가지 음성을 말하는 것은 다음과 같다. 만약 붇다가 상호의 단정하고 엄숙함으로써 보는 이의 착한 마음을 일으킨다면, 그 음성이 반드시 맑고 묘해야 듣는 이의 믿음과 공경을 일으킬 수 있다. 그러므로 상호 다음에 여덟 가지 소리를 밝히는 것이다.

이 여덟을 모두 통틀어 소리[音]라고 말하는 것은 다음과 같다.

진리를 나타내는 소리[詮理之聲]를 소리[音]라고 하니, 붇다가 내는 음성에는 나타내는 말[詮辯]이 있어서 말씨가 맑고 아름다워 듣는 이가 싫증이 없고 들어도 물리지 않는다.

그래서 온갖 듣는 이들을 위해 즐거움을 주고 괴로움 빼내주는 인연을 지음에, 여래의 음성을 듣는 이익[聞聲之益]만한 것이 없다.

곧 이는 큰 사랑[慈]으로 입의 업을 닦으므로 여덟 가지 소리의 깨끗한 입의 업[口業]이 있는 것이다. 여래의 여덟 가지 소리는 다음과 같다.

첫째, 아주 좋은 소리[極好音]이다. 온갖 여러 하늘과 현성들이 비록 각기 좋은 소리가 있지만, 그 좋음이 지극하지는 못하다. 붇다의 보신은 원만하고 지극하므로 내는 소리가 맑고 아름다운 것이다. 그래서 듣는 이들이 싫증내지 않게 하고 다 좋은 도[好道]에 들어가게 하니, 좋음 가운데 가장 좋으므로 아주 좋은 소리라 말한다.

둘째, 부드러운 소리[柔軟音]이다. 붇다의 덕은 사랑에 넘치고 어질므로[慈善] 내는 음성이 중생의 뜻을 잘 따라 듣는 이들을 기뻐하게 하고 듣는 이들이 물리지 않게 한다. 그리하여 강하고 억센 마음을 버리고 저절로 고른 행[律行]에 들어가게 하므로 부드러운 소리라 말한다.

셋째, 어울려 맞는 소리[和適音]이다. 붇다는 중도의 진리[中道之理]에 머물러 교묘한 지혜가 조용하다. 그러므로 내는 음성이 고루어 어울리고 꼭 맞아[調和中適] 듣는 이들의 마음이 어울려 통하게 하고 소리로 인해 진리를 알게 하므로[因聲會理] '어울려 맞는 소리'라 한다.

넷째, 지혜를 높이는 소리[尊慧音]이다. 붇다의 덕은 높고 높으며 지혜의 마음은 밝게 사무쳤다. 그러므로 내는 음성이 듣는 이들로 하여금 지혜를 존중하여 지혜를 열어 밝히게 하므로 지혜를 높이는 소리라 한다.

다섯째, 씩씩한 소리[不女音]이다. 붇다는 수랑가마사마디(Śurangama-samādhi, 健勝三昧, 首楞嚴定)에 머물러 늘 세간 영웅의 덕이 있어서 오래도록 이미 가냘프고 약한 마음을 떠났다. 그러므로 내는 음성이 온갖 듣는 이들로 하여금 우러러 공경하게 하여 하늘 마라와 바깥길 가는 이들이 돌아와 굽히지 않음이 없으니 씩씩한 소리라 말한다.

여섯째, 그릇되지 않은 소리[不誤音]이다. 붇다의 지혜는 두렷이 밝아 그 비추어 밝힘이 그릇됨이 없다[照了無謬]. 그러므로 내는 음성이 말하고 논함[詮論]에 잃음이 없어서, 듣는 이로 하여금 각기 바른 견해를 얻어서 아흔다섯 가지 삿되고 그름을 떠나게 하므로 그릇되지 않은 소리라 한다.

일곱째, 깊고 먼 소리[深遠音]이다. 붇다의 지혜는 '진여인 실제의 바닥'[如如實際之底]을 비추어 사무쳐서 실천의 지위가 지극히 높다[行位高極]. 그러므로 내는 음성이 배꼽에서 일어나 시방에 사무쳐 이르러서, 가까이 듣는 이들에게는 크지 않게 하고 멀리서 듣는 이들에겐 작지 않게 하여, 다 깊고 깊은 진리를 깨달아 범행이 높고 멀게 하므로[梵行高遠] 깊고 먼 소리라 한다.

여덟째, 그치지 않는 소리[不竭音]이다. 여래의 지극한 과덕은 원(願)과 행(行)이 다함없다. 이로써 다함없는 진리의 곳간[無盡法藏]에 머물므로 내는 음성이 힘차게 물결쳐 다함없고 그 소리 울림이 그치지 않는다. 그리하여 듣는 이로 하여금 그 말의 뜻[語義]을 찾아 다함없고 남음없게 하여 '다함없이 늘 머무는 과덕'[無盡常住之果]을 이루게 하므로 그치지 않는 소리라 한다.

지혜와 자비로 성취된 여래의 거룩한 모습과 법계와 하나된 해탈의 업을 『화엄경』(「여래출현품」) 또한 다음과 같이 찬탄한다.

열 가지 힘을 갖춘 크신 영웅은
이 세간 가운데서 가장 위없으시어
비유하면 허공이 나란히 함 없음 같네.
경계가 넓고 커서 헤아릴 수 없으니
공덕은 으뜸가 세간을 뛰어넘네.

十力大雄最無上 譬如虛空無等等
境界廣大不可量 功德第一超世間

법계는 영역이 아니되 영역 아님도 아니고
헤아림이 아니되 헤아림 없음도 아니네.
큰 공덕 갖추신 이 행 또한 그러해
헤아림과 헤아림 없음도 아니니
여래의 몸에는 몸이 없기 때문이네.

法界非界非非界 非是有量非無量
大功德者行亦然 非量無量無身故

비구들이여, 브라마나 브라흐마유에게는 큰 이익 있으니

저 미틸라 마을의 브라마나와 거사들은 이렇게 들었다.

"사문 고타마는 사카족의 아들인데 사카족을 버리고, 수염과 머리를 깎고, 가사를 입고, 지극한 믿음으로 집을 버려 집이 없이 도를 배우는 사람인데, 지금 바이데히에 노닐면서 많은 비구대중과 함께 계신다.

그 사문 고타마는 큰 명성이 있어 시방에 두루 알려졌다.

그 사문 고타마는 여래 · 집착 없는 이 · 바르게 깨친 이 · 지혜와 행 갖추신 분 · 잘 가신 이 · 세간을 잘 아시는 분 · 위없는 스승 · 법에 잘 이끄시는 이 · 하늘과 사람의 스승 · 붇다 세존이라 불린다.

그는 이 세간에서 하늘과 마라, 브라흐만, 사문과 브라마나, 사람에서부터 하늘에 이르기까지 스스로 알고, 스스로 깨닫고, 스스로 증득하고 성취하여 노닌다. 그가 법을 설하면 처음도 묘하고, 가운데도 묘하고, 마지막도 또한 묘하며, 뜻도 있고 무늬도 있으며, 청정을 갖추어 범행을 나타낸다.

만약 여래 · 집착 없는 이 · 바르게 깨친 분을 뵙고 공경히 절하고 공양하여 받들어 섬기면 시원스럽게 좋은 이익을 얻는다."

그리하여 그들은 이렇게 생각했다.

'우리들은 모두 가서 저 사문 고타마를 뵙고 절하고 공양하도록 하자.'

미틸라 마을의 브라마나와 거사들은 각기 그 권속을 데리고 미틸라 를 나와 북으로 가서 마하데바의 망고나무숲에 이르렀다.

그들은 세존을 뵈옵고 절하고 공양하려고 붇다 계신 곳으로 나아갔다.

미틸라의 브라마나와 거사들은 붇다의 발에 머리를 대 절하고 물러나 한쪽에 앉기도 하고, 또한 붇다와 같이 문안을 드리고 물러나 한쪽에 앉기도 하며, 붇다를 향해 손을 맞잡고 물러나 한쪽에 앉기도 하고, 또는 멀리서 붇다를 뵙고는 잠자코 앉기도 하였다.

저 미틸라의 브라마나와 거사들이 각기 제자리에 앉자, 붇다께서는 그들을 위해 설법하여 간절히 우러르는 마음을 내게 하고, 기쁨을 성취하게 하셨다.

한량없는 방편으로써 그들을 위해 설법하여 간절히 우러르는 마음을 내게 하고, 기쁨을 성취하게 하시고 나서 잠자코 계셨다.

미틸라 마을에 오신 세존의 소식을 듣고 브라흐마유 브라마나가 찾아감

브라마나 브라흐마유는 이렇게 들었다.

"사문 고타마는 사카족의 아들인데 사카족을 버리고, 수염과 머리를 깎고, 가사를 입고, 지극한 믿음으로 집을 버려 집이 없이 도를 배우는 사람인데, 지금 바이데히에 노닐면서 많은 비구대중과 함께 계신다.

그 사문 고타마는 큰 명성이 있어 시방에 두루 알려졌다. 그 사문 고타마는 여래 · 집착 없는 이 · 바르게 깨친 이 · 지혜와 행 갖추신 분 · 잘 가신 이 · 세간을 잘 아시는 분 · 위없는 스승 · 법에 잘 이끄시는 이 · 하늘과 사람의 스승 · 붇다 세존이라 불린다.

그는 이 세간에서 하늘과 마라, 브라흐만, 사문과 브라마나, 사람에서부터 하늘에 이르기까지 스스로 알고, 스스로 깨닫고, 스스로 증득하고 성취하여 노닌다. 그가 법을 설하면 처음도 묘하고, 가운데도 묘하고, 마지막도 또한 묘하며, 뜻도 있고 무늬도 있으며, 청정을 갖추어 범행을 나타낸다.

만약 여래 · 집착 없는 이 · 바르게 깨친 분을 뵙고 공경히 절하고 공양하여 받들어 섬기면 시원스럽게 좋은 이익을 얻는다."

그리하여 그는 이렇게 생각했다.

'나도 이제 가서 사문 고타마를 뵙고 절하고 공양해야겠다.'

브라마나 브라흐마유는 마부에게 분부했다.

"너는 어서 수레를 꾸며 멍에를 메우라. 나는 지금 사문 고타마에게로 가려 한다."

마부는 분부를 받고 곧 수레를 꾸며 멍에 지운 뒤에 돌아와 말했다.

"수레를 다 꾸며 멍에 지웠습니다. 존자께선 때를 아십시오."

이에 브라흐마유는 아주 아름다운 수레를 타고 미틸라 마을을 나와 북으로 마하데바의 망고나무 숲에 이르러 세존을 뵈옵고, 절하고 공양하려고 하였다.

그때 세존께서는 한량없는 대중에게 앞뒤로 둘러싸인 채 그들을 위해 설법하고 계셨다.

세존께서 두려워 숨어 있는 브라흐마유를 불러들이심

브라마나 브라흐마유는 세존께서 한량없는 대중에게 앞뒤로 둘러싸여 그들을 위해 설법하고 계시는 것을 멀리서 보고는 두려웠다.

이에 브라흐마유는 곧 그 자리를 피해 길가 나무 밑으로 가서 어떤 마나바에게 분부했다.

"너는 저 사문 고타마에게 가서 나를 위해 이렇게 문안드리라.

'거룩하신 몸은 건강하시고 병이 없이 편안하시며, 지내심도 가볍고 편하시며 기력도 그대로이십니까.'

그리고 이렇게 말해다오.

'고타마시여, 우리 스승 브라흐마유는 이렇게 문안드리십니다.

〈거룩하신 몸은 건강하시고 병이 없이 편안하시며, 지내심도 가볍고 편하시며 기력도 그대로이십니까?〉

고타마시여, 우리 스승 브라흐마유는 와서 사문 고타마를 뵙고자 합니다.'"

이에 마나바는 분부를 받고 붇다께 나아가 문안드리고 물러나 한쪽에 앉아 말씀드렸다.

"고타마시여, 우리 스승 브라흐마유는 이렇게 문안드립니다.

'거룩하신 몸은 건강하시고 병이 없이 편안하시며, 지내심도 가볍고 편하시며 기력도 그대로이십니까?'

고타마시여, 우리 스승 브라흐마유는 와서 사문 고타마를 뵙고자 합니다."

세존께서 말씀하셨다.

"마나바여, 브라마나 브라흐마유로 하여금 안온하고 즐겁게 하고, 하늘과 사람 아수라와 간다르바, 라크샤 및 다른 여러 몸들도 다 안온하고 즐겁게 하리라.

마나바여, 브라마나 브라흐마유가 오고 싶어하면 그 뜻을 따라 하라."

이에 마나바는 붇다의 말씀을 들어 잘 받아 가지고 곧 자리에서 일어나 붇다를 세 바퀴 두루고는 물러갔다. 그는 브라마나 브라흐마유에게 돌아와 말씀드렸다.

"존자시여, 저는 이미 사문 고타마에게 뜻을 통했습니다. 저 사문 고타마는 지금 존자를 기다리고 계십니다.

존자께서는 때를 아십시오."

브라마나 브라흐마유는 곧 수레에서 내려 걸어서 붇다 계신 곳으로 나아갔다. 그 대중들은 멀리서 브라마나 브라흐마유가 오는 것을 보고 곧 자리에서 일어나 길을 열고 옆으로 피했다. 왜냐하면 그는 이름과 덕망이 있었고 지식이 많았기 때문이다. 브라마나 브라흐마유는 그 대중들에게 말했다.

"여러 어진 이들이여, 다시 자리에 앉으시오. 나는 곧장 가서 사문 고타마를 뵙고자 하오."

이에 브라흐마유는 붇다 계신 곳으로 나아가 서로 같이 문안드리고 물러나 한쪽에 앉았다. 그때 브라흐마유의 두 아는 뿌리[二根]가 무너지지 않았으니 곧 눈과 귀였다.

세존께서 브라흐마유의 의심을 끊기 위해 신통 사마디로 두 모습을 보이고 게송으로 가르치심

브라마나 브라흐마유는 자리에 앉아 붇다 몸의 서른두 가지 모습[三十二相]을 자세히 살펴보았는데, 그는 서른 가지 모습만 보고서는 두 가지 모습에 대해서는 의심이 있었다. 두 가지는 곧 '말처럼 숨은 남근[陰馬藏]의 모습'과 '넓고 긴 혀[廣長舌]의 모습'이었다.

그때 브라흐마유는 게송으로 세존께 여쭈었다.

내가 옛날 일찍이 들은 바로는
서른둘 큰 사람 모습 있다 했는데
그 가운데 두 모습은 볼 수 없도다.

거룩하신 사문 고타마의 몸에
말처럼 숨은 남근 있으신가.
온갖 사람 깊고 비밀함 높이는데
왜 사람 가운데 가장 높으신 이는
미묘한 혀 나타내 보이시지 않나.
세존께 넓고 긴 혀가 있으시면
제가 지금 볼 수 있게 해주소서.

지금 실로 의혹하는 마음 있으니
중생을 잘 길들이는 스승께서는
저의 의혹하는 마음 풀어주소서.

세존께서는 이렇게 생각하셨다.

'이 브라마나 브라흐마유는 내 몸의 서른두 가지 모습을 찾다가 서른 가지 모습만을 보고 두 가지 모습에 의혹이 있으니, 곧 말처럼 숨은 남근의 모습과 넓고 긴 혀이다. 내가 이제 그 의혹을 없애주어야겠다.'

세존께서는 그런 줄을 아시고 곧 '코끼리 같은 신통 사마디'[如其象如意足]를 지으셨다. 세존께서 코끼리 같은 신통 사마디를 지으시자, 브라마나 브라흐마유는 세존의 몸에서 말처럼 숨은 남근과 넓고 긴 혀를 보았다.

그 가운데서 넓고 긴 혀란 입에서 혀를 내밀면 온 얼굴을 다 덮는 것이다. 세존께서는 신통 사마디를 그치시고 브라마나 브라흐마유를 위해 게송을 설하셨다.

그대가 옛날 일찍이 들었다 한
서른두 가지 큰 사람의 모습
그 모든 것 내 몸에 다 있어서
원만히 갖추어 가장 높고 바르네.
'중생을 잘 길들이는 스승께선
저의 의혹 끊어주라'고 했으니
브라마나여, 미묘한 믿음을 내오.

보고 듣기 참으로 어려운 것은
가장 높아 바르게 깨친 분이고
세상 나오심 가장 어려운 이도
가장 높아 바르게 깨친 분이네.
브라마나여, 나는 바르게 깨쳐
위없이 높고 바른 법의 왕이오.

브라흐마유에게 세 가지 밝음과 참된 무니의 뜻을 보이심

브라마나 브라흐마유는 이 게송을 듣고 이렇게 생각했다.
'이 사문 고타마는 서른두 가지 큰 사람의 모습을 성취하였다.
곧 큰 사람의 모습을 성취하면 그에게는 반드시 두 곳이 있어, 진실하여 허망하지 않다.

만약 집에 있으면 반드시 전륜왕이 되어 총명한 지혜가 있으며, 네 종류의 군사를 두어 천하를 다스리며, 자기로 말미암아 자재하게 되고 법다운 법왕으로서 일곱 가지 보배를 성취한다.

바퀴보배 · 코끼리보배 · 말보배 · 구슬보배 · 여인보배 · 거사보배 · 군대를 관장하는 신하 보배이니, 이것을 일곱 가지 보배라 한다.

그는 또한 천 명의 아들을 갖추는데, 얼굴 모습이 단정하고 용맹하며 두려움이 없어, 다른 무리들을 항복할 수 있다. 또 그는 반드시 이 온갖 땅과 나아가 저 큰 바다에 이르기까지 모두 다스리되, 칼과 몽둥이를 쓰지 않고 법으로써 가르쳐 안온을 얻게 한다.

그가 만약 수염과 머리를 깎고, 가사를 입고, 지극한 믿음으로 집을 버리고 집이 없이 도를 배우면, 반드시 여래 · 집착 없는 이 · 바르게 깨친 이가 되고 이름이 널리 퍼져 시방에 두루 들리게 된다.'

이에 세존께서는 이렇게 생각하셨다.

'이 브라마나 브라흐마유는 기나긴 밤 동안 아첨함이 없었고, 속임이 없었다. 묻고자 하는 것은 온갖 것을 알고 싶어서이지 흔들려고 하는 것은 아니다. 그가 또한 이러하니, 나는 이제 그에게 깊고 깊은 아비다르마(abhidharma)를 말해주겠다.'

세존께서 아시고는 브라마나 브라흐마유를 위해 곧 게송으로 말씀하셨다.

현재 이 세상에서 법을 즐기므로
그 요익됨 뒤의 세상 되는 것이니
브라마나여, 그대가 묻고 싶은 일

본래 뜻의 생각한 바 따라하시오.
이런저런 여러 가지 묻는 일들
내가 그대 위해 그 의심 끊으리.

브라마나 브라흐마유가 게송으로 말씀드렸다.

세존이 브라마나 브라흐마유께
이미 여러 일 묻도록 허락했으니
본래 뜻의 생각한 바를 따라서
이제 곧 세존의 일 여쭤보리라.

어떤 것이 참된 브라마나이고
세 가지 통달함 무슨 뜻 있으며
무엇 때문에 집착 없음이라 하고
무엇이 평등하고 바른 깨침입니까.

그때 세존께서 게송으로 대답하셨다.

악하여 착하지 않은 법 없애고
서고 머무는데 범행을 가리어
브라마나의 바른 행 닦아 익히면
이것으로 참된 브라마나를 삼네.

지난 목숨의 일을 밝게 통달하고

즐거움과 중생의 악한 길 보며
무명이 다함을 말할 수 있으면
이로써 무니를 세움 알 수 있도다.

맑고 깨끗한 마음을 잘 알고
음욕 성냄 어리석음에서 벗어나
세 가지 밝음을 이루게 되면
이것으로 세 가지 통달함 삼네.

착하지 않은 법을 멀리 여의고
으뜸가는 진리 뜻에 바로 머물면
으뜸으로 세간에서 공경 받나니
이것으로 집착 없음을 삼네.

하늘과 사람을 요익되게 하고
바른 눈 주어 다툼 부수어 없애
널리 알아 현세에서 보아 다하면
이것으로 올바른 깨달음 삼네.

가장 높은 브라흐마유가 세존께 공경히 절함을 보고 미틸라 마을의 여러 브라마나 거사들이 세존을 찬탄함

이에 브라흐마유는 곧 자리에서 일어나 붇다의 발에 머리를 대 절하고자 하였다. 그때 대중들은 모두 한때에 크고 높은 소리를 냈다.

"사문 고타마는 매우 기이하고 참으로 뛰어나시다. 큰 사마디 신통[如意足]이 있고 큰 위덕이 있으며, 큰 복의 도움이 있고 큰 위신(威神)이 있다.

왜냐하면 이 미틸라 마을에 있는 브라마나나 거사 가운데서는 브라마나 브라흐마유가 가장 으뜸이니, 곧 그 태어남 때문이다.

브라마나 브라흐마유는 부모마저 높이 들어 보인 분이고, 그 태어남이 청정하고 칠대(七代) 동안 그 부모가 좋은 종족을 끊지 않았으며 대대로 악한 일이 없었다.

그런데, 그가 사문 고타마에게 아주 뜻을 낮추어 존경하고 절하며, 공양하고 받들어 섬기기 때문이다.

사문 고타마는 매우 기이하고 참으로 뛰어나시다. 큰 사마디신통이 있고 큰 위덕이 있으며, 큰 복의 도움이 있고 큰 위신이 있다.

왜냐하면 이 미틸라 마을에 있는 브라마나나 거사 가운데서는 브라마나 브라흐마유가 가장 으뜸이니, 곧 좋은 책을 널리 배우기 때문이다.

브라마나 브라흐마유는 널리 듣고 모두 기억하며, 네 베다를 다 외우고, 베다의 단어 · 의례 · 음운 · 문법 · 역사를 깊이 통달하였다.

그런데, 그가 사문 고타마에게 아주 뜻을 낮추어 존경하고 절하며, 공양하고 받들어 섬기기 때문이다.

사문 고타마는 매우 기이하고 참으로 뛰어나시다. 큰 사마디 신통이 있고 큰 위덕이 있으며, 큰 복의 도움이 있고 큰 위신이 있다.

왜냐하면 이 미틸라 마을에 있는 브라마나나 거사 가운데서는 브라마나 브라흐마유가 가장 으뜸이니, 곧 재물 때문이다.

브라마나 브라흐마유는 아주 큰 부자로 재산이 한량없고, 목축과 산업도 헤아릴 수 없을 정도로 많으며, 다스리고 거둬들이는 마을 등 갖가지가 갖추어져 먹을 것이 풍족하다.

미틸라 마을 안에 있는 것은 거기서 나는 물, 풀과 나무까지도 바이데히의 아들인 마가다 국의 아자타사트루 왕이 브라흐만의 섬김을 위해 특별히 준 것[梵封]이다.

그런데, 그가 사문 고타마에게 아주 뜻을 낮추어 존경하고 절하며, 공양하고 받들어 섬기기 때문이다.

사문 고타마는 매우 기이하고 참으로 뛰어나시다. 큰 사마디 신통이 있고 큰 위덕이 있으며, 큰 복의 도움이 있고 큰 위신이 있다.

왜냐하면 이 미틸라 마을에 있는 브라마나나 거사 가운데서는 브라마나 브라흐마유가 가장 으뜸이니, 나이 때문이다. 그는 아주 오래 사신 장로(長老)로서 목숨이 갖추어져 나이가 백이십육 세나 된다.

그런데, 그가 사문 고타마에게 아주 뜻을 낮추어 존경하고 절하며, 공양하고 받들어 섬기기 때문이다."

사제법을 듣고, 브라흐마유가 법의 눈을 얻어 세존께 귀의하여 우파사카가 됨

이때 세존께서는 남의 마음을 아는 지혜[他心智]로써 대중들이 생각하는 바를 아시고 브라마나 브라흐마유에게 말씀하셨다.

"그만두오, 브라마나여. 마음만 기쁘면 됐소. 돌아가 다시 자리에 앉으시오. 그대를 위해 설법해주겠소."

브라마나 브라흐마유는 붇다의 발에 머리를 대 절하고 물러나 한쪽에 앉았다. 세존께서는 그를 위해 설법하시어 목마르듯 간절히 우러르는 마음을 내게 하고 기쁨을 성취하게 하셨다.

한량없는 방편으로 그를 위해 설법하시어 목마르듯 간절히 우러르는 마음을 내게 하고 기쁨을 성취하게 하신 뒤에, 모든 붇다의 법과 같이 먼저 곧고 바른 법을 연설하시자 듣는 이들이 모두 즐거워하고 기뻐하였다.

곧 보시를 말씀하시고, 지계, 하늘에 나는 법을 말씀하시고, 탐욕은 걱정거리가 된다고 꾸짖으시고, 나고 죽음은 더러움이라 하시고, 욕심 없음이 묘함이 되고, 여러 도법(道法)들이 맑고 깨끗함이 된다고 칭찬하셨다.

말씀을 마치시자, 붇다께서는 그에게 기뻐하는 마음, 갖춘 마음, 부드러운 마음, 견디어 참는 마음, 위로 오르는 마음, 한결같은 마음, 의심이 없는 마음, 덮음이 없는 마음이 있음을 아시고, 붇다의 바른 법을 받을 만한 능력이 있음을 아셨다.

곧 모든 붇다가 말씀하신 법의 바른 요점인 괴로움과 괴로움의 익히어 모아냄, 괴로움의 사라짐과 괴로움 없애는 길을 갖추어 설명하셨다.

브라마나 브라흐마유는 그 자리에서 괴로움 · 괴로움의 모아냄 · 괴로움의 사라짐 · 괴로움 없애는 길의 네 가지 거룩한 진리를 보았다.

마치 흰 베가 물들기 쉬운 것처럼 브라흐마유는 그 자리에서 괴로움 · 괴로움의 모아냄, 괴로움의 사라짐 · 괴로움 없애는 길의 네 가지 거룩한 진리를 보았다.

이에 브라흐마유는 법을 보아 법을 얻고, 희고 깨끗한 법을 깨달아 의심을 끊고, 의혹을 건너 다시 다른 높임이 없고, 다시 남을 말미암지 않으며, 머뭇거려 망설임이 없이 이미 깨달음의 과덕에 머물러 세존의 법에서 두려움 없음을 얻었다.

그는 곧 자리에서 일어나 붇다의 발에 머리를 대 절하고 말했다.

"세존이시여, 저는 지금부터 붇다와 법과 비구상가에 귀의하겠습니다. 세존께서는 저를 받아주시어 우파사카가 되게 해주십시오.

저는 오늘부터 이 몸을 마치도록 스스로 귀의하여 목숨 다할 때까지 그렇게 하겠습니다."

브라흐마유가 세존과 비구대중을 집으로 초청하여 공양을 올리자, 다시 법을 설해 해탈의 길에 이끄심

브라마나 브라흐마유는 붇다를 향해 두 손을 맞잡고 말씀드렸다.

"세존이시여, 부디 내일 제 뜻을 살피시어 비구대중과 함께 저의 청을 받아주시길 바랍니다."

세존께서는 브라마나 브라흐마유를 위하여 잠자코 그 청을 받아주셨다. 브라마나 브라흐마유는 세존께서 잠자코 그 청을 받아 주심을 알고, 붇다의 발에 머리를 대 절하고 세 바퀴 두루고 나서 물러갔다.

그는 자기 집으로 돌아와, 곧 그날 밤에 아주 뛰어나고 묘한 맛의 반찬거리와 갖가지 넉넉하고 소화 잘 되는 먹을거리를 마련하였다.

이른 아침에 자리를 펴고 때가 되자 외쳤다.

"세존이시여, 음식은 이미 다 마련되었습니다. 거룩하신 분께서는 때를 아십시오."

이에 세존께서는 밤이 지나고 이른 아침에 가사를 입고, 발우를 가지시고 비구들을 옆과 뒤로 딸리고 세존께서 앞장서서 브라마나 브라흐마유의 집으로 나아가, 비구들 앞에 자리를 펴고 앉으셨다.

브라마나 브라흐마유는 세존과 비구대중이 자리에 앉아 고요해지자, 몸소 손 씻을 물을 돌리고, 아주 맛있는 반찬과 갖가지 넉넉하고 소화 잘 되는 음식을 손수 권하며 아주 배불리 공양하게 하였다.

공양이 끝나자 발우를 거두고, 손 씻을 물을 돌리고는 작은 평상을 가져다 앉아서 축원을 받았다.

브라마나 브라흐마유가 자리에 앉자, 세존께서는 그를 위해 축원을 말씀하셨다.

불에 비는 것 으뜸가는 재법 되고
툭 트인 소리는 모든 소리 근본이며
왕은 사람 가운데 가장 높은 이네.
바다는 강과 냇물의 어른이 되고
달은 모든 별 가운데 가장 밝으며
밝게 비춤 해를 넘는 것이 없어라.

위아래 모든 방위와 온갖 세간
사람에서 저 하늘에 이르기까지
오직 붇다가 가장 높아 으뜸이로다.

이에 세존께서는 브라마나 브라흐마유를 위해 축원을 말씀하신 뒤에 곧 자리에서 일어나 떠나셨다.

브라흐마유가 아나가민이 되어 다시 물듦의 땅에 돌아오지 않을 것을 언약하심

세존께서는 미틸라 마을에서 며칠을 지내신 뒤에, 가사를 거두시고 발우를 지니고 노닐어 걸으시어 슈라바스티 국에 이르고, 더욱 앞으로 나아가 '외로운 이 돕는 장자의 동산'에 이르러 그곳에 머무셨다.

이때 많은 비구들은 슈라바스티 국에서 밥을 빌다가, 저 미틸라 마을의 브라마나 브라흐마유가 게송으로 붇다의 일을 물은 뒤 곧 목숨을 마쳤다는 소식을 들었다.

여러 비구들은 밥을 먹은 뒤 오후에 가사와 발우를 거두어 들고, 손과 발을 씻고, 니시다나를 어깨에 걸치고, 붇다 계신 곳으로 나아가 머리를 대 절한 뒤에 물러나 한쪽에 앉아 말씀드렸다.

"세존이시여, 저희들 많은 비구들은 이른 아침에 가사를 입고 발우를 가지고 슈라바스티 국으로 들어가 밥을 빌다가, 저 미틸라 마을의 브라마나 브라흐마유가 게송으로 붇다의 일을 물은 뒤 곧 목숨을 마쳤다고 들었습니다.

세존이시여, 그는 어느 곳에 가서 어떻게 태어날 것이며, 그 뒷세상은 어떠하겠습니까?"

세존께서는 답하셨다.

"비구들이여, 브라마나 브라흐마유는 아주 큰 이익이 있다. 그는 맨 뒤에 법을 알았지만 법 때문에 나를 번거롭게 하지 않았다.

비구들이여, 브라마나 브라흐마유는 '다섯 가지 낮은 곳의 묶음'[五下分結]이 다해 저 세계에 태어나 니르바나를 얻고, 다시는 물러나지 않는 법을 얻었으니 이 세상에 다시 돌아오지 않을 것이다."

그때 세존께서는 브라흐마유가 아나가민(anāgāmin, 不來)을 얻을 것이라고 언약을 주셨다.

붇다께서 이렇게 말씀하시자, 브라마나 브라흐마유와 여러 비구들은 붇다의 말씀을 듣고 기뻐하며 받들어 행하였다.

• 중아함 161 범마경 후반부

• 해설 •

브라마나 브라흐마유는 미틸라 마을에서 브라마나 종족의 혈통의 순수성으로나 가진 것이 많음으로나 학식이 넓고 깊음과 나이 많음으로 가장 으뜸가는 이였다.

그가 베다에서 예언한 '큰 사람의 서른두 가지 모습'을 사문 고타마가 갖추고 있다는 소문을 듣고, 제자인 우타라를 시켜 그 소문의 참과 거짓을 확인하게 한다.

그는 세존을 관찰하고 돌아온 우타라를 통해 사문 고타마에게 '서른두 가지 거룩한 모습'이 있고, 거기다가 '여든 가지 모습의 좋은 징표'를 지니고 있으며, '여덟 가지 맑고 아름다운 음성'을 갖추었다는 말을 듣는다.

그는 제자 우타라가 세존의 거룩한 모습을 보고 세존께 귀의하여 브라마나의 길을 버리고 떠나는 것을 막지 않는다.

그는 브라마나로서 나이 비록 백이십육 세의 장로이지만, 그 정신은 편견에 얽매임이 없이 참으로 자유로운 사람이다. 그 스스로도 미틸라 마을 최고의 브라마나 장로로서의 권위를 버리고 세존을 찾아가 몸소 서른두 가지 모습 가운데 몸 안에 감추인 두 모습을 보고, 다시 세존의 사마디와 지혜, 위엄 있고 단정한 몸가짐을 보게 된다.

그리고 세존께서 그를 위해 맑고 아름다운 목소리로 일러주는 사제의 설법 듣고 한 티끌의 망설임이 없이 세존의 법의 문에 들어와 니르바나의 큰 안락의 땅에 곧장 서니, 그가 바로 한 번 뛰어 여래의 땅에 들어간[一超直入如來地] 법문(法門)의 용상(龍象)이다.

저 브라마나 브라흐마유처럼 눈의 아는 뿌리[眼根]가 아직 무너지지 않은 사람으로서 여래의 거룩한 모습과 사마디에 든 단정한 모습을 보고 그 누가 저 여래께 귀의하지 않겠는가.

저 브라마나 브라흐마유처럼 귀의 아는 뿌리[耳根]가 무너지지 않은 사람으로서 여래의 저 맑고 아름다운 목소리와 진리의 가르침을 듣고 누구인들 여래의 니르바나의 법에 따라 들어가지 않겠는가.

백이십육 세의 브라마나 장로가 일생을 견지해왔던 기성의 신앙, 불을 섬기는 제사, 나라 최고의 부유함과 명성을 모두 버리고 여래 앞에 우파사카가 되길 서약하니, 그가 다시는 이 미망과 어두움의 세계에 돌아와 떨어짐이 없이 해탈의 저 언덕으로 잘 나아가는 이, 아나가민이다.

베다의 예언대로 서른두 가지 거룩한 모습 갖춤으로 여래를 삼는 장로 브라마나에게는 갖추어진 모습을 모두 보여 그 믿음을 무르익게 한 뒤 해탈에 이끄시니, 이와 같은 여래의 교화의 방편을 『화엄경』(「여래출현품」)은 다음과 같이 찬탄한다.

세존의 큰 자비로 교화하심은
비유하면 마나사 용왕 구름 일으켜
이레 동안 먼저 비를 내리지 않다
여러 중생이 하던 일 마침을 기다려
그 뒤에 비 내려서 이익 줌과 같아라.

譬如摩那斯龍王　興雲七日未先雨
待諸衆生作務竟　然後始降成利益

열 가지 갖추신 이 세존께옵서
바른 뜻을 연설하심도 이와 같아서
먼저 중생 무르익게 교화하고서
그런 뒤에 깊고 깊은 법을 설하여
듣는 이가 두려워하지 않게 하시네.

十力演義亦如是　先化衆生使成熟
然後爲說甚深法　令其聞者不驚怖

5) 붇다의 비할 바 없이 빼어난 자재의 힘

여래의 깨달음과 해탈에는 열 가지 힘[十力]이 있나니

이와 같이 내가 들었다.

한때 붇다께서는 슈라바스티 국 제타 숲 '외로운 이 돕는 장자의 동산'에 계셨다.

그때 세존께서 모든 비구들에게 말씀하셨다.

"만약 비구가 물질에 대해 즐겨하지 않은 마음을 내, 탐욕 떠나 사라져 다해 번뇌를 일으키지 않고 해탈하면, 이를 아라한 · 삼약삼붇다라 한다.

느낌[受] · 모습 취함[想] · 지어감[行] · 앎[識]에 있어서도 또한 이와 같이 말한다.

만약 다시 비구가 물질[色]에 즐겨하지 않은 마음을 내, 탐욕 떠나 일으키지 않고 해탈하면, 이를 아라한의 지혜의 해탈[慧解脫]이라고 한다.

느낌 · 모습 취함 · 지어감 · 앎에 있어서도 또한 이와 같이 말한다."

여래가 성취한 지혜해탈의 갖가지 차별을 보임

"비구들이여, 여래 · 공양해야 할 분 · 바르게 깨친 이 · 아라한의 지혜의 해탈에는 어떤 갖가지 차별이 있는가?"

비구들이 붇다께 말씀드렸다.

"세존께서는 법의 근본이시고 법의 눈이시며 법의 의지처이시니, 저희들을 위해 말씀해주시기를 바랍니다. 여러 비구들은 말씀을 듣고서 받아 받들어 행할 것입니다."

붇다께서 비구들에게 말씀하셨다.

"자세히 듣고 잘 사유하라. 너희들을 위해 말해주겠다.

여래 · 공양해야 할 분 · 바르게 깨친 이는 일찍이 들어보지 못했던 법을 스스로 깨달아 알았고, 현재의 법에서 몸으로 알아 바른 깨달음[saṃbodhi]을 얻었으며, 미래세상에서도 바른 법을 연설하여 여러 성문(聲聞)들을 깨닫게 할 수 있다.

곧 바른 법이란, 네 곳 생각함[四念處] · 네 가지 바른 끊음[四正斷] · 네 가지 바른 선정[四如意足] · 다섯 가지 진리의 뿌리[五根] · 다섯 가지 진리의 힘[五力] · 일곱 갈래 깨달음의 법[七覺分, 七覺支] · 여덟 가지 바른 길[八聖道分, 八正道] 등이다.

이렇게 바른 법 깨쳐 설하시는 분을 여래 · 공양해야 할 분 · 바르게 깨친 이라고 한다.

여래는 아직 얻지 못했던 법을 얻고, 제정하지 못한 범행(梵行)을 제정하고, 바른 길[道]을 잘 알고서 그 길을 잘 말하여 대중들의 길잡이가 되었다.

그런 뒤에 성문들도 그 법(法)을 따르고 그 바른 길[道] 따름을 성취하여, 크신 스승의 가르쳐 깨우침[教誡]과 가르쳐줌[教授]을 즐거이 받들어 바른 법을 잘 행하게 되니, 이것을 여래 · 공양해야 할 분 · 바르게 깨친 이 · 아라한의 지혜의 해탈[慧解脫] 가운데 갖가지 차별이라 한다."

다섯 가지 배움의 힘과 여래의 열 가지 힘을 보임

"또 다섯 가지 배움의 힘[五學力]과 여래의 열 가지 힘[如來十力]이 있다.

어떤 것을 배움의 힘이라고 하는가? 믿음의 힘[信力] · 정진의 힘[精進力] · 생각의 힘[念力] · 선정의 힘[定力] · 지혜의 힘[慧力]을 말한다.

어떤 것을 여래의 열 가지 힘이라고 하는가?

그것은 곧 다음과 같다.

여래는 옳은 곳[是處]과 그른 곳[非處]을 진실 그대로 아니[如實知], 이것을 여래의 첫 번째 힘이라고 한다. 만약 이 힘을 성취하면 여래 · 공양해야 할 분 · 바르게 깨친 이는 과거 붇다의 가장 빼어난 곳[最勝處]의 지혜를 얻고, 깨끗한 법바퀴[法輪]를 굴려 대중 가운데서 사자의 외침으로 외칠 수 있게 된다.

다시 여래는 과거 · 미래 · 현재의 업(業)에 대하여 원인의 일로 그 과보 받는 것을 진실 그대로 아니, 이것을 여래의 두 번째 힘이라고 한다. 여래 · 공양해야 할 분 · 바르게 깨친 이는 이 힘을 성취하여, 과거 붇다의 가장 빼어난 곳의 지혜를 얻고, 깨끗한 법바퀴를 굴려 대중들 가운데에서 사자의 외침으로 외칠 수 있게 된다.

다시 여래 · 공양해야 할 분 · 바르게 깨친 이는 선정[禪]과 해탈(解脫)과 사마디(samādhi)와 사마파티(samāpatti, 正受)로 악에 물들어도 청정하여 깨끗함에 머묾을 진실 그대로 아니, 이것을 여래의 세 번째 힘이라 한다. 만약 이 힘을 성취하면 여래 · 공양해야 할 분 · 바르게 깨친 이는 과거 붇다의 가장 빼어난 곳의 지혜를 얻고 깨끗한 법바퀴를 굴려 대중 가운데서 사자의 외침으로 외칠 수 있게 된다.

다시 여래는 중생들의 갖가지 근기[根]의 차별을 진실 그대로 아니, 이것을 여래의 네 번째 힘이라고 한다.

만약 이 힘을 성취하면 여래 · 공양해야 할 분 · 바르게 깨친 이는 과거 붇다의 가장 빼어난 곳의 지혜를 얻고, 깨끗한 법바퀴를 굴려 대중들 가운데에서 사자의 외침으로 외칠 수 있게 된다.

다시 여래는 중생들의 갖가지 뜻과 생각을 진실 그대로 아니, 이것을 여래의 다섯 번째 힘이라고 한다. 만약 이 힘을 성취하면 여래 · 공양해야 할 분 · 바르게 깨친 이는 과거 붇다의 가장 빼어난 곳의 지혜를 얻고, 깨끗한 법바퀴를 굴려 대중들 가운데에서 사자의 외침으로 외칠 수 있게 된다.

다시 여래는 세간 중생들의 갖가지 여러 경계[諸界]를 진실 그대로 아니, 이것을 여래의 여섯 번째 힘이라 한다. 만약 이 힘을 성취하면 여래 · 공양해야 할 분 · 바르게 깨친 이는 과거 붇다의 가장 빼어난 곳의 지혜를 얻고, 깨끗한 법바퀴를 굴려 대중들 가운데에서 사자의 외침으로 외칠 수 있게 된다.

다시 여래는 온갖 이르는 곳[一切至處]을 도로써 진실 그대로 아니, 이것을 여래의 일곱 번째 힘이라고 한다. 만약 이 힘을 성취하면 여래 · 공양해야 할 분 · 바르게 깨친 이는 과거 붇다의 가장 빼어난 곳의 지혜를 얻고, 깨끗한 법바퀴를 굴려 대중들 가운데에서 사자의 외침으로 외칠 수 있게 된다.

다시 여래는 과거 오랜 목숨[宿命]의 갖가지 일들을 기억한다. 한 생에서 백천 생에 이르기까지, 한 겁에서 백천 겁에 이르기까지, 다음과 같이 온갖 것을 안다.

'나는 그때 거기에 태어나서, 이러한 종족 · 이러한 성 · 이러한 이름이었고, 이렇게 먹었고 이렇게 괴로워하고 즐거워하였으며, 이렇게 오래 살았고 이렇게 오래 머물렀고, 이러한 목숨이 얼마였으며, 나는 거기서 죽어 여기에 태어났고 여기에 태어나서 저곳에서 죽었으며, 이와 같이 지어가고 이와 같은 원인[因]과 이와 같은 방법[方]이었다.'

이처럼 오랜 목숨의 일들을 다 진실 그대로 아니, 이것을 여래의 여덟 번째 힘이라 한다. 만약 이 힘을 성취하면 여래 · 공양해야 할 분 · 바르게 깨친 이는 과거 붇다의 가장 빼어난 곳의 지혜를 얻고, 깨끗한 법바퀴를 굴려 대중들 가운데에서 사자의 외침으로 외칠 수 있게 된다.

다시 여래는 사람 눈보다 뛰어난 하늘눈의 깨끗함으로 중생들의 죽는 때와 나는 때, 아름다운 몸과 나쁜 몸, 낮은 몸과 높은 몸, 나쁜 곳에 남과 좋은 곳에 남, 업을 따라 과보 받음을 다 진실 그대로 이렇게 안다.

'이 중생은 몸[身]의 나쁜 행을 성취하고 말[口]과 뜻[意]의 나쁜 행을 성취하며, 성현을 비방하여 삿된 견해의 업을 받고 그 과보를 받게 될 것이다. 몸이 무너지고 목숨이 끝난 뒤에는 나쁜 곳에 떨어져 지옥에 태어날 것이다.

이 중생은 몸의 착한 행과 말과 뜻의 착한 행으로 성현을 비방하지 않고 바른 견해의 업(業)을 받았다. 이 인연 때문에 몸이 무너지고 목숨이 끝난 뒤에는 하늘위와 같은 좋은 곳에 태어날 것이다.'

이와 같음을 모두 진실 그대로 아니, 이것을 여래의 아홉 번째 힘이라고 한다. 만약 이 힘을 성취하면 여래 · 공양해야 할 분 · 바르게 깨친 이는 과거 붇다의 가장 빼어난 곳의 지혜를 얻고, 깨끗한 법바퀴를 굴려 대중들 가운데에서 사자의 외침으로 외칠 수 있게 된다.

여래는 모든 흐름[漏]이 이미 다하여, 샘이 없는[無漏] 마음의 해탈[心解脫]·지혜의 해탈[慧解脫]로 현재의 법에서 스스로 알아 몸으로 깨닫는다.

그리하여 '나의 태어남은 이미 다하고, 범행은 이미 서며, 지을 바를 이미 지어 다시는 뒤의 있음을 받지 않음'을 스스로 아니, 이것을 여래의 열 번째 힘이라고 한다. 만약 이 힘을 성취하면 여래·공양해야 할 분·바르게 깨친 이는 과거 붇다의 가장 빼어난 곳의 지혜를 얻고, 깨끗한 법바퀴를 굴려 대중들 가운데에서 사자의 외침으로 외칠 수 있게 된다.

이러한 열 가지 힘은 오직 여래만이 성취하신 것이므로, 이것을 여래와 성문의 갖가지 차별이라고 한다.

붇다께서 이 경을 말씀하시자, 모든 비구들은 붇다의 말씀을 듣고 기뻐하며 받들어 행하였다.

• 잡아함 684 십력경(十力經)

• 해설 •

지금 사물을 보고 알 때, 알려지는 모습과 아는 마음은 서로 의지해 있다. 알려지는 모습에 탐욕 떠나면 아는 마음에 물듦이 사라지고, 아는 마음에 탐욕을 일으키지 않으면 알려지는 모습이 모습에 모습 없는 실상[無相實相]이 된다.

모습에 모습 없음을 알아 알려지는 모습에서 탐욕 떠나면 아는 마음이 지혜인 마음이 되니, 이것이 아라한의 지혜의 해탈[慧解脫]이다.

아라한의 지혜의 해탈에도 차별이 있다.

마음에서 온전히 물든 마음을 떠나고 모습에서 온전히 닫힌 모습을 떠나 위없는 보디를 성취하면, 이는 여래 · 아라한 · 삼약삼붇다의 해탈로서 열 가지 힘[十力]을 갖춘다.

마음과 물질이 있되 공한 줄 알지만 아직 마음에서 집착과 탐욕이 온전히 다하지 않으면 배워가는 이의 배움의 힘[學力]이다.

배워가는 이의 다섯 가지 힘[五力]은 바른 세계관이 이루어졌지만 실천의 힘이 온전히 갖춰지지 않은 이의 힘이다. 그러나 그는 삼보에의 믿음의 마음이 굳세어 뒤로 물러섬이 없이 앞으로 나아가니, 이것이 믿음의 힘[信力] · 정진의 힘[精進力]이다.

그는 늘 마음에 마음 없음을 살피고 모습에 모습 없음을 살펴 마음과 모습의 장애가 없는 삶의 고요함에 서서 새로운 존재의 생성을 살피니, 이것이 생각의 힘[念力] · 선정의 힘[定力] · 지혜의 힘[慧力]이다.

다섯 가지 배움의 힘은 여래의 가르침을 듣고 진리의 문에 들어간 성문제자의 배움의 힘이다.

열 가지 힘[十力]은 온전히 그 지혜가 진리인 지혜가 되고, 진리가 지혜인 진리가 된 이의 힘이니, 열 가지 힘은 오직 저 여래만이 성취한 해탈의 힘이다.

여래의 해탈의 지혜는 스스로의 지혜의 성취가 온갖 중생을 건지는 자비의 힘으로 발현되는 지혜이니, 『화엄경』(「세주묘엄품」世主妙嚴品)은 세간에 오시어 중생을 건지는 여래의 자재한 힘을 다음과 같이 말한다.

여래는 자재하게 세간에 나시어
온갖 모든 중생을 교화하시네.
법문을 널리 보여 깨달아 들게 해
위없는 지혜 모두다 이루게 하네.

如來自在出世間　敎化一切諸群生
普示法門令悟入　悉使當成無上智

여래는 열 가지 힘을 성취하고 네 가지 두려움 없음으로 대중 가운데서 사자처럼 외치시네

이와 같이 들었다.

한때 붇다께서는 슈라바스티 국 '외로운 이 돕는 장자의 동산'에 계셨다.

그때 세존께서 여러 비구들에게 말씀하셨다.

"여래는 열 가지 힘[力]을 성취하고, 네 가지 두려움 없음[無所畏]을 얻어 대중 가운데 계시면서 사자처럼 외친다."

여래의 열 가지 힘

"어떤 것이 열 가지 힘[十力]인가?

여래는 옳은 곳[是處]에 대해서는 옳은 곳임을 진실 그대로 알고, 그른 곳[非處]에 대해서는 그른 곳임을 진실 그대로 안다.

또 여래는 계신 곳에서 다른 중생들이 인연으로 그곳에서 과보(果報) 받음을 안다.

또 여래는 여러 가지 법의 영역[界, dhāta]과 여러 가지 지닐 곳[持, sthāna]과 여러 가지 들임[入, āyatana]을 진실 그대로 안다.

또 여래는 여러 가지 해탈(解脫)과 한량없는 해탈을 진실 그대로 안다.

또 여래는 다른 중생들의 지혜[衆生智慧]가 많고 적음을 진실 그대로 안다.

또 여래는 다른 중생들의 마음 가운데 생각하는 바[心中所念]를 진실 그대로 안다. 곧 탐욕의 마음이 있으면 탐욕의 마음이 있는 줄을 알고, 탐욕의 마음이 없으면 탐욕의 마음이 없는 줄을 안다. 성내는 마음이 있으면 성내는 마음이 있는 줄을 알고, 성내는 마음이 없으면 성내는 마음이 없는 줄을 안다. 어리석은 마음이 있으면 어리석은 마음이 있는 줄을 알고, 어리석은 마음이 없으면 어리석은 마음이 없는 줄을 안다.

사랑하는 마음이 있으면 사랑하는 마음이 있는 줄을 알고, 사랑하는 마음이 없으면 사랑하는 마음이 없는 줄을 안다. 집착하는 마음이 있으면 집착하는 마음이 있는 줄을 알고, 집착하는 마음이 없으면 집착하는 마음이 없는 줄을 안다. 어지러운 마음이 있으면 어지러운 마음이 있는 줄을 알고, 어지러운 마음이 없으면 어지러운 마음이 없는 줄을 안다. 흩어진 마음이 있으면 흩어진 마음이 있는 줄을 알고, 흩어진 마음이 없으면 흩어진 마음이 없는 줄을 안다.

마음이 좁으면 마음이 좁은 줄을 알고, 좁은 마음이 없으면 좁은 마음이 없는 줄 안다. 마음이 넓으면 마음이 넓은 줄을 알고, 넓은 마음이 없으면 넓은 마음이 없는 줄 안다. 한량없는 마음이면 한량없는 마음인 줄을 알고, 한량이 있는 마음이면 한량이 있는 마음인 줄을 안다. 선정의 마음이면 선정의 마음인 줄을 알고, 선정의 마음이 없으면 선정의 마음이 없는 줄 안다. 해탈의 마음이면 해탈의 마음인 줄을 알고, 해탈의 마음이 없으면 해탈의 마음이 없는 줄 안다.

또 여래는 온갖 나아가는 마음의 길[一切所趣心之道]을 안다. 한 생 · 두 생 · 세 생 · 네 생 · 다섯 생 · 열 생 · 쉰 생 · 백 생 · 천 생 · 억백천 생 · 한량없는 생과 이루어지는 겁 · 무너지는 겁을 알며, 한량없이 이루어지고 무너지는 겁 동안에 오랜 목숨의 일을 다음과 같이 스스로 기억한다.

'나는 옛날 저기서 태어났다. 이름은 이러했고, 글자[字]는 이러했으며, 이러한 음식을 먹었고, 어떤 괴로움과 즐거움을 겪었으며, 목숨은 길고 짧았으며 여기서 죽어 저기서 태어나고 저기서 죽어 여기서 태어났다.'

또 여래는 중생들이 나고 죽어 가는 곳[衆生生死之趣]을 안다. 하늘눈[天眼]으로 중생들을 살펴 좋은 몸[善色]과 나쁜 몸[惡色], 좋은 세계[善趣]와 나쁜 세계[惡趣]가 행으로 심는 바에 따름[隨行所種]을 다 아신다.

곧 어떤 중생은 몸과 입과 뜻으로 악함을 행하고 성현을 비방하며 삿된 견해의 업을 지어 몸이 무너지고 목숨을 마친 뒤에 지옥에 태어난다. 또 어떤 중생은 몸과 입과 뜻으로 착함을 행하고 성현을 비방하지 않으며 늘 바른 견해를 행하여 몸이 무너지고 목숨을 마친 뒤에 하늘위 좋은 곳에 태어나는 것을 안다.

이것을 하늘눈이 청정하여 중생의 무리들이 나아가는 곳의 행[所趣之行]을 살핀다고 한다.

다시 여래는 번뇌의 흐름이 없는 마음의 해탈[心解脫], 지혜의 해탈[慧解脫]을 이루고, '나고 죽음은 이미 다하고 범행은 이미 서고, 지을 바를 이미 지어 다시는 뒤의 있음을 받지 않는다'고 진실 그대로 안다.

이것을 '여래는 이 열 가지 힘이 있어 집착 없이 네 가지 두려움 없음[四無所畏]을 얻어 대중 가운데 계시면서 사자처럼 외치며 깨끗한 법바퀴를 굴린다[轉於梵輪]'고 하는 것이다."

여래의 네 가지 두려움 없음

"어떤 것이 여래가 얻은 네 가지 두려움 없음[無所畏]인가?

여래는 위없고 바른 깨침[等正覺] 이루었다고 말하고자 하는데, 만약 어떤 중생이 그저 많이 아는 이[知者]라고 말하려 한다면 곧 그럴 수 없다.

만약 다시 어떤 사문이나 브라마나가 찾아와, 붇다를 비방하여 위없고 바른 깨침 이루지 못했다고 하면, 곧 그럴 수 없다. 그럴 곳이 없기 때문에 곧 안온을 얻는다.

그렇게 나는 오늘 이미 번뇌 흐름 다했음[已盡有漏]을 말하려 하는데, 설사 어떤 사문이나 브라마나, 하늘이나 마라의 하늘[魔天, māradeva]들이 찾아와 아직 번뇌 흐름 다하지 못한다고 말하려 하면, 곧 그럴 수 없다. 그럴 곳이 없으므로 곧 안온을 얻는다.

다시 내가 연설하는 법은 성현들이 벗어나 해탈한 길[得出要者]로서 진실 그대로 괴로움의 끝을 다한 것이다.

설사 어떤 사문이나 브라마나, 하늘이나 마라의 하늘들이 찾아와 괴로움의 끝을 아직 다하지 못했다고 말하려 한다면, 곧 그럴 수 없다. 그럴 곳이 없으므로 곧 안온을 얻는다.

또 내가 말하는 안의 법[內法]이란 나쁜 세계에 떨어지는 것이라, 만약 어떤 사문이나 브라마나가 찾아와 그른 것이라고 말하려 한다면 곧 그럴 수 없다.

이것을 비구들이여, 여래에게 네 가지 두려움 없음이 있다고 하는 것이다."

다른 바깥길에는 열 가지 힘 이룬 이가 없음을 보이심

"만약 어떤 바깥길 배움 다른 이들이 이렇게 말한다고 하자.

'저 사문 고타마는 어떤 힘이 있고 어떤 두려움 없음이 있기에 스스로 집착이 없어 가장 높은 이라고 일컫는가.'

그러면 너희들은 반드시 이 열 가지 힘[十力]을 가지고 그들에게 가서 대답하라. 설사 바깥길 배움 다른 이들이 거듭 '우리도 열 가지 힘을 성취하였다'고 말하거든, 너희 비구들은 다시 그들에게 이렇게 물어야 한다.

'그대는 어떤 열 가지 힘을 가졌느냐.'

그때 그 바깥길 배움 다른 이들은 대답하지 못하고 의혹만 더하게 될 것이다. 왜냐하면 여래를 내놓고는, '네 가지 두려움 없음'[四無所畏]을 얻었다고 스스로 일컬을 수 있는 어떤 사문과 브라마나도 보지 못했기 때문이다.

그러므로 비구들이여, 너희들은 방편을 구해 열 가지 힘과 네 가지 두려움 없음을 성취하도록 해야 한다.

이와 같이 비구들이여, 반드시 이렇게 배워야 한다."

그때 모든 비구들은 붇다의 말씀을 듣고 기뻐하며 받들어 행하였다.

• 증일아함 46 결금품(結禁品) 四

• 해설 •

왜 우리 중생이 여래가 성취한 '열 가지 힘'과 '네 가지 두려움 없음'을 알아야 하고 말해야 하는가. 여래의 열 가지 힘과 네 가지 두려움 없음은 여래가 이미 성취하고 실현한 삶의 공덕이자 우리 중생의 자기진실이고 끝내 이루어야 할 해탈의 공덕이기 때문이다.

중생이 어찌 저 거룩한 이를 우러러 보고 울부짖으며 죄를 고백해야 할 서글픈 존재이겠는가. 저 여래는 이미 성취된 삼약삼붇다이고 중생은 지금 비록 물들고 소외되어 있지만, 그 삶의 실상이 온전히 '여래의 공덕의 곳간'[如來藏] 자체인 중생 아닌 중생인 것이다. 그러므로 저 여래의 열 가지 힘이 나의 여래장의 공덕인 줄 알면 그 또한 이미 공덕의 땅에 들어선 것이다.

연기법으로 살피면 지혜란 진리의 땅에서 일어나지만 그 지혜가 진리의 실상을 비추어낸다. 그러므로 그의 아는 지혜가 온전히 세계의 실상인 지혜가 되면, 그의 삶은 막힘없고 걸림 없는 법계 그대로의 열 가지 진리의 힘을 발현해 쓰게 된다.

또한 마음의 해탈[心解脫]을 얻어 삶 속에 두려움이 사라지고, 지혜의 해탈[慧解脫]을 얻어 그 지혜가 걸림 없는 생활의 지혜가 되면, 그의 언어적 실천 그 말하는 행위가 또한 걸림 없는 변재를 이루게 된다.

걸림 없는 지혜로 인해 걸림 없는 변재가 성취되기 때문에 네 가지 걸림 없는 지혜[四無礙智]를 걸림 없는 변재[無礙辯]라고 말한다.

천태선사의 『법계차제초문』은 여래의 열 가지 힘, 여래의 두려움 없는 마음의 해탈, 네 가지 걸림 없는 지혜의 해탈을 다음과 같이 말하고 있다.

네 가지 걸림 없는 지혜

여래의 여덟 가지 변화의 작용은 몸을 작게 할 수 있음, 크게 할 수 있음, 가볍게 할 수 있음, 마음대로 바꿀 수 있음, 큰 주인이 될 수 있음, 멀리 갈 수 있음, 땅을 움직일 수 있음, 뜻대로 지을 수 있음이니, 이 변화[八種變化] 다음에 '네 가지 걸림 없는 지혜'[四無礙智]를 말하는 것은 다음과 같다.

보디사트바가 만약 갖가지 신통변화를 나타낼 수 있으면 온갖 보는 이들이 믿어 숙이지 않음이 없게 된다. 중생이 이미 공경하고 믿는 마음을 일으키지만, 만약 크나큰 보디의 도를 드날리고자 한다면 반드시 걸림 없는 변재가 필요하다. 그러므로 여덟 가지 변화 다음에 네 가지 걸림 없는 지혜를 밝힌다.

이 네 가지를 통틀어 '걸림 없는 지혜'라고 한 것은 보디사트바가 이 네 가지 법에 의해 아는 지혜가 재빠르고 분별하는 것이 분명해서 두루 통달하여 막힘이 없기 때문에 모두 통틀어 걸림 없는 지혜라고 하였다.

1) 뜻에 걸림 없는 지혜[義無礙智] 법의 뜻을 아는 것이 분명하고 통달하여 막힘이 없음을 '뜻에 걸림 없는 지혜'라고 한다. 또 온갖 뜻이 모두 실상의 뜻[實相義]에 들어감을 알 수 있기 때문에 '뜻에 걸림 없는 지혜'라고 하였다.

2) 법에 걸림 없는 지혜[法無礙智] 법(法)은 온갖 뜻[一切義]을 이름하니, 이름[名字]으로 온갖 뜻을 아는 것이다. 그러므로 지혜로 모든 법의 이름을 통달하고 분별하여 막힘이 없으므로 '법에 걸림 없는 지혜'라고 한다. 또 이 '법에 걸림 없는 지혜'로 삼승(三乘)을 분별할 수 있으나, 법의 성품[法性]을 무너뜨리지 않아서 설해지는 이름과 언어 가운데 집착함이 없고 막힘이 없다. 이것 또한 '법에 걸림 없는 지혜'이다.

3) 말에 걸림 없는 지혜[辭無礙智] 언어로 이름의 뜻을 말하여 갖가지로 장엄하고 언어로 그 맞는 바를 따라서 알아 듣게 하는 것이다. 곧 온갖 중생은 지방을 달리하면 말을 달리하니, 한 가지 말, 두 가지 말, 많은 말, 간략한 말, 자세한 말, 여자의 말, 남자의 말, 과거 미래 현재의 말, 이와 같은 여러 말들이 있는데, 그 말을 각각 그대로 알아듣게 하여 말함이 걸림 없어서 온갖 듣는 사람들이 그 말을 다 이해하니, 이것이 '말에 걸림 없는 지혜'이다.

4) 즐겁게 말함에 걸림 없는 지혜[樂說無礙智] 보디사트바는 한 글자 속에서 온갖 글자를 말할 수 있고, 한 마디 말 속에서 온갖 말을 말할 수 있으며, 한 법 속에서 온갖 법을 말할 수 있다. 말한 법은 모두 진실이며 모두 건네줄 수 있는 이를 따른 것이라 이익 되는 바가 있다.

곧 십이부경과 팔만 사천 법장은 온갖 중생의 근성을 따라 즐겨 듣고자 하는 대로 말하는 것이다. 중생의 기연(機緣)에 잘 나아가 말해주심이 어느 곳에나 막힘이 없으니, 듣는 사람이 싫어하거나 물리지 않는다.

보디사트바는 즐겁게 말하는 말솜씨의 힘으로 세상에 머물러서 반 겁이나 일 겁, 나아가 한량없는 겁에 이르도록 변설이 다함없이 온갖 중생을 널리 이익되게 할 수 있다. 한 구절이라도 그 근기에 어긋나는 잘못이 없으므로 '즐겁게 말함에 걸림 없는 지혜'라 이름하였다.

열 가지 힘

네 가지 걸림 없는 지혜에 이어 열 가지 힘을 말하는 것은 다음과 같다. 위에서 밝힌 것은 많은 부분 보디사트바가 얻은바 스스로 행하고 남을 교화하는 법이다. 지금은 모든 붇다들이 얻은바 스스로 행하고 남을 교화하는 법문을 밝히려 한다.

그러므로 다음에 '열 가지 힘'[十力], '열여덟 가지 함께 하지 않는 법' 등을 밝힌다. 이 열 가지를 통틀어 '힘'이라고 하는 것은 모든 붇다들이 얻으신 진실 그대로의 지혜의 작용이 온갖 것을 통달하여 또렷하고 분명하여 무너뜨릴 수 없고 이길 수 없으므로 '힘'이라 한다. 큰 보디사트바 또한 이 지혜의 힘을 부분적으로 얻었으나, 다만 붇다에 견주면 작고 보잘 것 없으므로 그런 이름을 받을 수 없다.

1) 옳은 곳과 그른 곳을 아는 힘[是處非處力] 붇다는 온갖 모든 법의 인연과 과보로 정해지는 모습을 다 아신다. 이런 인연으로 이와 같은 과보를 내며 이런 인연으로는 이와 같은 과보 내지 않음을 아신다.

만약 악업으로 즐거운 과보를 받는다면 그런 일은 있을 수 없다. 악업으로는 오히려 세간의 즐거움도 얻을 수 없는데 어찌 하물며 출세간의 즐거움이겠는가?

악행으로 하늘에 난다고 하면 그런 일은 있을 수 없다. 악행으로는 오히려 하늘에 태어날 수도 없는데 어찌 하물며 니르바나이겠는가?

다섯 가지 덮음[五蓋]이 마음을 덮어 흩어져 어지러우면, 비록 일곱 갈래 깨달음의 법을 닦는다 해도 니르바나 얻는 그런 일은 있을 수 없다.

다섯 가지 덮음이 마음을 덮어 흩어져 어지러우면 비록 일곱 갈래 깨달음의 법을 닦는다 해도 오히려 성문의 길도 얻지 못한다.

마음에 덮음이 없으면 붇다의 도를 얻을 수 있는데, 하물며 성문의 길이겠는가. 이와 같은 갖가지 옳은 곳과 옳지 못한 곳을 붇다는 모두다 두루 아시어 누구도 무너뜨릴 수 없고 이길 수 없으니, 이것이 첫째 힘이다.

2) 업을 아는 지혜의 힘[業智力] 붇다는 온갖 중생들의 과거 · 미래 · 현재의 모든 업과 모든 받음을 알고, 업 짓는 곳을 알고 인연을 알고 과보를 아신다. 모두다 두루 알아 누구도 깨뜨릴 수 없고 더 이길 수 없으니, 이것이 둘째 힘이다.

3) 선정의 힘[定力] 붇다는 온갖 모든 디야나[諸禪]와 해탈, 사마디[三昧定]를 다 아신다. 더럽고 깨끗하게 분별되는 모습을 진실 그대로 두루 알아 누구도 깨뜨릴 수 없고 이길 수 없으니, 이것이 셋째 힘이다.

4) 근기를 아는 힘[根力] 붇다는 다른 중생의 모든 근기의 높고 낮은 모습을 아신다. 진실 그대로 두루 알아 누구도 깨뜨릴 수 없고 이길 수 없으니, 이것이 넷째 힘이다.

5) 중생의 하고자 함을 아는 힘[欲力] 붇다는 다른 중생의 갖가지 하고자 함을 아신다. 진실 그대로 두루 알아 누구도 깨뜨릴 수 없고 이길 수 없으니, 이것이 다섯째 힘이다.

6) 성품을 아는 힘[性力] 붇다는 세간의 갖가지 셀 수 없는 성품을 아신다. 진실 그대로 두루 알아 누구도 깨뜨릴 수 없고 이길 수 없으니, 이것이 여섯째 힘이다.

7) 도로써 이르는 곳을 아는 힘[至處道力] 붇다는 온갖 도[一切道]로써 이르는 곳의 모습을 아신다. 진실 그대로 알아 누구도 깨뜨릴 수 없고 이길 수 없으니, 이것이 일곱째 힘이다.

8) 지난 목숨을 아는 힘[宿命力] 붇다는 갖가지 지난 목숨에 함께한 모습과 함께한 인연을 아시니, 한 생, 두 생 나아가 백천 생, 겁의 처음부터 모두 아신다.

그리하여 여래는 다음과 같이 아신다.

'나는 저 중생 가운데 있으면서 같이한 이의 이런 이름과 먹을거리를 알고, 괴로움과 즐거움, 목숨의 길거나 짧음, 저기서 죽어 여기에 나고, 여기서 죽어 다시 여기에 태어남을 알고, 여기에 날 때의 이름과 먹을거리, 즐거움과 괴로움, 목숨의 길고 짧음 또한 이와 같이 안다.'

이와 같이 진실 그대로 두루 알아 누구도 깨뜨릴 수 없고 이길 수 없으니, 이것이 여덟째 힘이다.

9) 하늘눈의 힘[天眼力] 붇다의 하늘눈이 깨끗하여 모든 사람들의 눈보다 뛰어나서, 중생이 죽을 때와 태어날 때, 단정하거나 못난 모습, 크거나 작은 모습, 나쁜 길에 떨어지거나 좋은 세상에 나는, 이와 같은 업의 인연과 받는 과보를 다음과 같이 모두 보신다.

그리하여 여래는 다음과 같이 아신다.

'이 모든 중생은 몸과 입과 뜻의 나쁜 업을 성취하고 성인을 비방하는 삿된 견해의 업을 성취하여, 이런 인연 때문에 몸이 무너져 죽을 때 나쁜 길에 들어가 지옥에 태어난다.

또 이 여러 중생은 몸과 입과 뜻으로 착한 업을 성취하고 성인을 비방하지 않는 바른 견해와 바른 업을 성취하여 이 인연으로 몸이 무너져 죽을 때 좋은 길에 들어가 하늘위에 난다.'

이런 일을 진실 그대로 두루 알아 누구도 깨뜨릴 수 없고 이길 수 없으니, 이것이 아홉째 힘이다.

10) 번뇌의 흐름이 다한 힘[漏盡力] 모든 붇다는 번뇌의 흐름이 다하였으므로 샘이 없이 마음이 해탈하고 샘이 없이 지혜가 해탈하여, 현재법 가운데서 '나의 태어남이 이미 다하고 계를 지님이 이미 섰으며 뒤의 있음을 짓지 않는다'고 스스로 아신다.

이를 진실 그대로 두루 알아 누구도 깨뜨릴 수 없고 이길 수 없으니, 이것이 열 번째 힘이다.

네 가지 두려움 없음

열 가지 힘에 이어 '네 가지 두려움 없음'[四無所畏]을 말하는 것은 다음과 같다. 모든 붇다는 열 가지 힘의 지혜가 안으로 충만하여 밝고 분명하고 확실하므로, 바깥 대상을 마주해 두려움이 없다.

그러므로 열 가지 힘 다음에 두려움 없음을 말하니, 그 뜻을 쉽게 보도록 함이다.

이 네 가지를 모두 통틀어 '두려움 없음'이라 한 것은 여덟 무리 가운데서 '스스로와 남이 평등한 지혜로 끊음'[自他智斷]을 널리 설해, 이미 확실하게 잃음이 없으면 작게라도 두려워하는 모습이 없으므로 두려움 없음이라 일컫는다.

1) 온갖 것 아는 지혜로 두려움 없음[一切智無所畏]

붇다는 이렇게 진실하게 말씀한다.

'나는 온갖 것 바르게 깨친 지혜의 사람이다. 만약 어떤 사문이나 브라마나, 하늘과 마라, 브라흐만 또는 다른 중생은 진실 그대로 이 법을 말해주어도 알지 못하고 보지도 못한다. 이것은 작게 두려워하는 모습[微畏相]이다.

이런 까닭에 나만 안온을 얻고 두려움 없음을 얻어 거룩한 이의 머무는 곳에 편안히 머무른다. 그래서 마치 소의 왕과 같이 대중 가운데 머물러 사자처럼 외쳐 법바퀴를 굴린다.'

이는 모든 사문과 브라마나, 하늘과 마라, 브라흐만 또는 다른 중생은 실로 굴릴 수 없으니, 첫째의 두려움 없음이다.

2) 번뇌가 다하여 두려움 없음[漏盡無所畏]

붇다는 이렇게 진실하게 말씀한다.

'나는 온갖 번뇌의 흐름을 다하였다. 만약 어떤 사문이나 브라마나, 하늘과 마라, 브라흐만 또는 다른 중생은 진실 그대로 이 법을 말해주어도 알지 못하고 보지도 못한다. 이는 작게 두려워하는 모습이다.

이런 까닭에 나만 안온을 얻고 두려움 없음을 얻어 거룩한 이의 머무는 곳에 편안히 머무른다. 그래서 마치 소의 왕과 같이 대중 가운데 머물러 사자처럼 외쳐 법바퀴를 굴린다.'

이는 모든 사문과 브라마나, 하늘과 마라, 브라흐만 또는 다른 중생은 실로 굴릴 수 없으니, 둘째의 두려움 없음이다.

3) 보디의 도 장애함을 설함에 두려움 없음[說障道無所畏]

붇다는 이렇게 진실하게 말씀한다.

'나는 도 장애하는 법을 설한다. 만약 어떤 사문이나 브라마나, 하늘과 마라, 브라흐만 또는 다른 중생은 진실 그대로 이 장애 받는 것을 말해주어도 도 장애하지 않도록 하지 못하고 보지도 못한다. 이는 작게 두려워하는 모습이다.

이런 까닭에 나만 안온을 얻고 두려움 없음을 얻어 거룩한 이의 머무는 곳에 편안히 머무른다. 그래서 마치 소의 왕과 같이 대중 가운데 머물러 사자처럼 외쳐 법바퀴를 굴린다.'

이는 모든 사문과 브라마나, 하늘과 마라, 브라흐만 또는 다른 중생은 실로 굴릴 수 없으니, 셋째의 두려움 없음이다.

4) 괴로움 다하는 도 설해 두려움 없음[說盡苦道無所畏]

붇다는 이렇게 진실하게 말씀한다.

'내가 설한 거룩한 도로 세간을 벗어날 수 있다. 이 행을 따르면 모든 괴로움을 다할 수 있다. 만약 어떤 사문이나 브라마나, 하늘과 마라, 브라흐만 또는 다른 중생은 진실 그대로 이 도 행함을 말해주어도 세간을 벗어날 수 없고 괴로움을 다하지 못하고 보지도 못한다. 이는 작게 두려워하는 모습이다.

이런 까닭에 나만 안온을 얻고 두려움 없음을 얻어 거룩한 이의 머무는 곳에 편안히 머무른다. 그래서 마치 소의 왕과 같이 대중 가운데 머물러 사자처럼 외쳐 법바퀴를 굴린다.'

이는 모든 사문과 브라마나, 하늘과 마라, 브라흐만 또는 다른 중생은 실로 굴릴 수 없으니, 넷째의 두려움 없음이다.

6) 붇다의 모자라거나 다함없는 공덕의 삶

자나 깨나 늘고 줆이 없는 삶

이와 같이 내가 들었다.

한때 붇다께서는 라자그리하 성 바이바라(Vaibhāra) 산의 핍팔라(pippala) 굴[七葉窟]에 계셨다.

그때에 세존께서는 밤에 일어나, 한데[露地]서 앉기도 하고 거닐기도 하다가, 새벽이 되어 발을 씻고 방에 들어가 몸을 편히 하여 누워 쉬셨다. 오른 옆구리를 땅에 붙이고, 발과 발을 서로 포개고 생각을 본래 밝은 모습에 묶어[繫念明相] 바른 생각과 바른 지혜로 일어날 생각을 하고 계셨다.

그때에 악한 마라 파피야스는 생각하였다.

'사문 고타마는 라자그리하 성 바이바라 산의 핍팔라 굴에 있으면서, 밤에 일어나 한데서 앉기도 하고 거닐기도 하다가, 새벽이 되어 발을 씻고 방에 들어가 앉았다가, 오른쪽으로 누워 쉬면서 발을 포개고 생각을 밝은 모습에 묶어 바른 생각과 바른 지혜로 일어날 생각을 하고 있다. 나는 지금 가서 어지럽게 하겠다.'

그는 곧 젊은이로 변화해 붇다 앞으로 가서 게송으로 말하였다.

나 때문에 잠자는가, 죽으려는가.

돈이나 값진 재물 많이 있거니
무엇하러 쓸쓸한 곳을 지키며
벗도 없이 홀로 잠에 빠져 있는가.

그때에 세존께서는 이렇게 생각하셨다.
'이것은 악한 마라 파피야스가 흔들어 어지럽게 하는 짓이다.'

자나 깨나 다름없고 늘어남과 줄어듦 없음을 노래로 보이심

곧 게송으로 말씀하셨다.

너 때문에 잠자는 것도 아니요
마지막 죽으려는 것도 아니다.
많은 돈이나 값진 재물 없어도
근심 없는 보배를 모을 뿐이다.

이 세상을 가엾이 여기기 때문
오른쪽으로 누워서 쉬고 있노라.
깨 있어도 마음속에 의혹이 없고
잠자도 또한 두려워하지 않노라.

낮이거나 만약 다시 밤이라 하여
늘어남 없고 또한 줄어듦 없네.
중생을 가엾이 여겨 잠자므로
줄어듦도 없고 다시 늘어남 없네.

바로 다시 백 개의 굳센 창으로
이 몸을 찔러서 늘 흔든다 해도
오히려 편안하게 잘 수 있나니
마음의 창 이미 떠났기 때문이네.

그때에 악한 마라 파피야스는 '사문 고타마는 이미 내 마음을 알았구나'라고 생각하고 안으로 근심과 슬픔을 품고 이내 사라져 나타나지 않았다.

• 잡아함 1090 수면경(睡眠經)

• 해설 •

여래는 있음이 실로 있음이 아니고 없음이 실로 없음이 아닌 중도의 실상 그대로 사는 분이므로, 온갖 있음 속에서 있음에 걸리지 않고 없음 속에서 허무에 빠지지 않는다.

여래는 깨어 있음 속에서 대상을 알되 앎과 알려지는 바가 공한 줄 알므로, 누워 쉼 속에서 보지 않고 알지 않되 보지 않음이 없고 알지 않음이 없다. 늘어나되 실로 늘어남이 없고 줄어들되 실로 줄어듦이 없는 법계의 실상에 서 계시므로 낮에 보고 듣고 알아도 늘어남이 없고 밤에 보지 않고 듣지 않아도 줄어듦 없다.

또한 나고 사라짐의 현실 속에서 이미 나고 사라짐이 없는 니르바나의 자리에 누워 쉬시니, 다시 없앨 나고 사라짐이 없다.

그분은 아무도 없는 산숲 돌집에 홀로 쉬시되 온갖 중생을 떠나지 않고, 한낮 한량없는 대중에 둘러싸여 사자 같은 외침으로 설법하시더라도 그 무엇과도 짝할 것 없는 법계의 한 모습[法界一相]에 서 계신다. 그러므로 그의 걸음걸음이 보디의 걸음이고 그의 앉음과 누워 쉼이 모두 뭇 삶들에 대한 끝없는 자비의 행이다.

여래만이 참으로 늘 깨어 있는 분이고 여래만이 참으로 니르바나의 자리에서 잘 주무시는 분이다. 이러한 여래의 늘고 줆이 없는 공덕의 삶을 낮과 밤에 깨어 있는 영적 자아[神我]와 같은 것으로 풀이하는 이들이 있으니, 이들이 어찌 여래의 늘고 줆이 없는 단이슬의 문에 들어설 수 있겠는가. 낮과 밤에 깨어 있는 영적인 자아는 다시 어디 있는가.

낮이라 앎이 없고 밤이라 모름이 없는 여래의 지혜의 빛을 어찌 유아론적 선정의 빛으로 헤아리려 하는가.

『화엄경』(「수미정상게찬품」)의 다음 게송의 뜻을 돌이켜 살펴보자.

> 여래의 빛은 널리 비치어
> 뭇 어두움을 다 없애버리네.
> 이 빛은 비춤 있음이 아니고
> 또다시 비춤 없음도 아니네.
>
> 如來光普照　滅除衆暗冥
> 是光非有照　亦復非無照

게송의 뜻처럼 비추되 고요하고 고요하되 비추는 여래의 지혜를 무엇이라 말할 수 있을 것인가. 「십지품」(十地品)은 여래의 지혜를 이렇게 찬탄한다.

> 내가 붇다의 지혜 생각하니
> 가장 빼어나 사의할 수 없네.
> 세간은 받아들이지 못하므로
> 잠자코 말하지 않을 뿐이네.
>
> 我念佛智慧　最勝難思議
> 世間無能受　默然而不說

나를 이롭게 하려고 생각 말라 나는 이익을 구하지 않는다

이와 같이 내가 들었다.

한때 붇다께서 코살라 국 사람 사이에 노닐어 다니시다 이차낭갈라(Icchānaṅgala) 마을로 가시어 이차낭갈라라고 하는 숲속에 머무시고 계셨다.

그때 존자 나기타(Nāgita)는 옛날부터 이차낭갈라 마을에 살아왔다. 이차낭갈라 마을에 살고 있는 사문과 브라마나들은 사문 고타마께서 코살라 국 사람 사이에서 노닐어 다니시다 이차낭갈라 마을로 오시어 이차낭갈라 숲속에 머물러 계신다는 말을 들었다. 그래서 각기 한솥밥을 마련해 문 앞에 놓고 이렇게 생각하였다.

'내가 먼저 세존께 공양하리라. 내가 먼저 잘 가신 이[善逝]께 공양하리라.'

제각기 크고 높은 소리로 이렇게 외쳐댔다.

그때 세존께서 동산 숲속에서 많은 사람들이 큰 소리로 떠드는 것을 들으시고 존자 나기타에게 말씀하셨다.

"무슨 일 무슨 까닭으로 동산 숲속에서 많은 사람들이 크고 높은 소리로 저렇게 떠들어대느냐?"

존자 나기타가 붇다께 말씀드렸다.

"세존이시여, 이 이차낭갈라 마을의 모든 크샤트리아와 브라마나와 장자들이 세존께서 이 숲속에 머물고 계신다는 말을 듣고 제각기

한 솥의 밥을 지어 동산 숲속에 가져다 놓고 저마다 '내가 먼저 세존께 공양하리라. 내가 먼저 잘 가신 이께 공양하리라'라고 하며 외치고 있습니다.

그 때문에 이 숲속에서 많은 사람들이 큰 목소리로 떠들어대는 소리가 나는 것입니다.

세존께서 저들의 밥을 받아주시길 바랍니다."

밖으로 구함이 없는 여래의 벗어남과 적멸의 삶을 보이심

붇다께서 나기타 존자에게 말씀하셨다.

"나를 이롭게 하려고 생각하지 말라. 나는 이로움을 구하지 않는다.

나를 칭찬하려고 생각하지 말라. 나는 칭찬을 구하지 않는다.

나기타여, 만약 여래에게서 이와 같이 바로 벗어남과 멀리 떠남 · 고요함 · 바른 깨달음의 즐거움을 얻은 자가, 곧 이런저런 곳에서 일으키는 이익과 즐거움에 맛들이거나 구하겠는가.

나기타여, 오직 나는 그런 여러 모습들에서 벗어남과 멀리 떠남 · 고요함 · 바른 깨달음의 즐거움을 얻는데, 그것은 구하지 않음으로 얻고[不求而得] 괴롭게 하지 않음으로 얻는다[不苦而得].

그런데 무슨 이런저런 곳에서 일으키는 이익과 즐거움에 맛들이거나 구하겠는가?

나기타여, 너희들은 이와 같은 모습들과 물질에서 벗어남과 멀리 떠남 · 고요함 · 바른 깨달음의 즐거움을 얻지 못하였기 때문에, 구하지 않는 즐거움과 괴롭게 하지 않는 즐거움을 얻지 못하는 것이다.

나기타여, 하늘[天] 또한 이와 같은 모습들에서 벗어남과 멀리 떠남 · 고요함 · 바른 깨달음의 즐거움을 얻지 못해 구하지 않는 즐거움과 괴롭게 하지 않는 즐거움을 얻지 못한다.

오직 나만 이와 같은 모습들에서 벗어남과 멀리 떠남 · 고요함 · 바른 깨달음의 즐거움 얻어 구하지 않는 즐거움과 괴롭게 하지 않는 즐거움을 얻었다.

그런데 무슨 이런저런 곳에서 일으키는 이익의 즐거움에 맛들이거나 구하려고 하겠느냐?"

존자 나기타가 붇다께 말씀드렸다.

"세존이시여, 저는 지금 비유를 들어 말하려고 합니다."

붇다께서 나기타에게 말씀하셨다.

"지금이 말할 때이다. 바로 말해보라."

존자 나기타가 붇다께 말씀드렸다.

"세존이시여, 비유하면 하늘에서 비가 내리면 그 물의 흐름이 아래를 따르듯, 세존께서 머무시는 곳을 따라, 그곳에 사는 크샤트리아나 브라마나나 장자들이 믿어 공경하고 받들어 섬기는 것은 다 세존께서 계의 덕[戒德]이 청정하시고 바른 견해가 곧고 참되기 때문입니다.

그러므로 저는 지금 이렇게 말합니다. 세존께서는 저들을 가엾이 여기시어 저들의 청을 받아주시길 바랍니다."

붇다께서 나기타에게 말씀하셨다.

"나기타여, 나를 이롭게 하려고 생각하지 말라. 나는 이로움을 구하지 않는다. 나를 칭찬하려 생각하지 말라. 나는 칭찬을 구하지 않는다. 나는 벗어남과 멀리 떠남 · 고요함 · 바른 깨달음의 즐거움을 얻었는데, 어떻게 이런저런 곳에서 일으키는 이익의 즐거움에 맛들이고 구하려고 하겠는가?"

좋은 음식에 탐착하고 의지할 것이 있는 여러 장로들을 경계하심

"나기타여, 나는 어떤 비구가 좋은 음식을 먹고 나서 배를 위로 하고 누워 숨을 헐떡이며 길게 쉬고 있는 것을 보았다. 나는 그런 모습을 보고 나서 이렇게 생각하였다.

'이런 장로(長老)는 벗어남과 멀리 떠남 · 고요함 · 바른 깨달음의 즐거움을 얻지 못하고, 구하지 않는 즐거움과 괴롭게 하지 않는 즐거움을 얻지 못한다.'

다시 나기타여, 나는 이 두 비구가 좋은 음식을 먹고 나서 배가 불러 헐떡거리며, 기우뚱거리며 다니는 것을 보고 이렇게 생각하였다.

'저 장로들은 벗어남과 멀리 떠남 · 고요함 · 바른 깨달음의 즐거움을 얻지 못하고, 구하지 않는 즐거움과 괴롭게 하지 않는 즐거움을 얻지 못할 것이다.'

나기타여, 나는 여러 많은 비구들이 좋은 음식을 먹고 나서 이 동산에서 저 동산으로, 이 방에서 저 방으로, 이 사람에게서 저 사람에게로, 이 무리들에게서 저 무리들에게로 옮겨 다니는 것을 보았다. 나는 그것을 보고 나서 이렇게 생각하였다.

'저 장로들이 이와 같이 하면 벗어남과 멀리 떠남 · 고요함 · 바른 깨달음의 즐거움을 얻지 못하고, 구하지 않는 즐거움과 괴롭게 하지 않는 즐거움을 얻지 못할 것이다.'

그러나 나는 이런 모습들에서 벗어남[出要]과 멀리 떠남[遠離] · 고요함 · 바른 깨달음의 즐거움을 얻고, 구하지 않는 즐거움[不求之樂]과 괴롭게 하지 않는 즐거움[不苦之樂]을 얻었다.

다시 나기타여, 나는 한때 길 따라 가다가 앞에 멀리 가는 비구를 보았고, 또 뒤에서 저 멀리 떨어져서 오고 있는 비구를 보았다.

나는 그때 한가하고 고요하여 함이 없었고[閑靜無爲], 또 대소변의 수고로움조차 없었다. 왜냐하면, 먹고 마심에 의지하고[依於食飮] 맛을 집착하고 즐기므로[樂着滋味] 변리(便利)가 생기기 때문이다. 이것은 곧 의지함[依]이 된다."

의지할 것이 없는 참된 의지처를 보이심

"다섯 받는 쌓임[五受陰]의 나고 사라짐을 살펴 즐겨하지 않고 떠나서[厭離] 머무르면, 그것은 곧 바르게 의지함이 된다.

여섯 가지 닿아 들이는 곳[六觸入處]에서 모이고 사라짐을 살피고 나서 즐겨하지 않고 떠나서 머무르면, 그것은 곧 바르게 의지함이 된다.

여러 무리가 모이는 즐거움[群聚之樂]에서 여러 무리의 모임[群聚]을 부지런히 익히다[勤習], 즐겨하지 않고 떠나서 머무르면 그것은 바르게 의지함이 된다.

멀리 여의는 것[遠離] 즐거이 닦고, 멀리 여의기를 힘쓰며 여러 무리가 모이는 것에 즐겨하지 않고 떠나면, 그것은 곧 바르게 의지함이 된다.

그러므로 나기타여, 반드시 이와 같이 배워야 한다.

곧 '다섯 받는 쌓임에 대하여 나고 사라짐을 살피고, 여섯 가지 닿아 들이는 곳에서 모이고 사라짐을 살펴, 멀리 여의기[遠離]를 좋아하고 멀리 여윔[遠離]에 부지런히 힘써야 한다.'

반드시 이와 같이 배워야 한다."

붇다께서 이 경을 말씀하시자, 존자 나기타는 붇다의 말씀을 듣고 기뻐하면서 절하고 떠나갔다.

• 잡아함 1250 나제가경(那提迦經)①

• 해설 •

붇다는 사부대중에게 여래와 상가대중에 대한 보시의 공덕을 말씀하고, 믿음의 마음으로 바치는 먹을거리 공양의 청이 들어오면 그 청을 거절하지 않으시고 여러 대중과 함께 그 공양을 받으셨다.

바이살리 국에서 화류계 여성 암라파알리의 공양청도 상가대중과 함께 받으신 분인데, 왜 이차낭갈라 마을에서는 여러 브라마나 · 장자 · 거사들의 공양을 받지 않으시는가.

그들이 공양을 올리되 준다는 마음, 위세를 자랑하고 싶은 마음, 경쟁해서 이기고 싶은 마음을 버리지 않고 공양을 베풀고, 자기 교만을 보시로 치장하기 위해 공양을 올리므로 그 공양을 물리치신 것이다.

여래는 이익 구함을 떠나고 모습이 모습 아닌 물질의 실상을 깨달아, 늘 벗어남의 즐거움, 멀리 떠나 고요한 즐거움에 머물러 계신다. 받는 이가 이와 같이 물질에서 물질 떠나고 마음에서 마음 떠난 해탈의 즐거움에 머물러 계시는데, 주는 이가 교만의 마음 집착하는 마음으로 밥을 베풀면 그것이 어찌 벗어남과 멀리 떠남의 공덕이 되겠는가.

또한 주는 이가 주되 교만의 마음으로 주고, 받는 이가 먹을거리의 맛에 집착하고 맛있는 먹을거리의 빛깔과 모습에 집착해서 먹는다면, 어찌 그 먹을 것 자체의 '다함없고 한량없는 맛'[無量味]의 공덕이 실현될 수 있겠는가.

주는 자[施者]가 깨끗하고 받는 자[受者]가 깨끗해야 주는 물건[物] 또한 깨끗해서 물질의 다함없는 공덕이 실현될 수 있으리라.

맛에 집착해 배부르게 먹고 뒤뚱거리는 이에게 저 먹을거리가 어찌 청정한 먹을거리가 되고 물질이 물질 아닌 물질의 실상이 드러나겠는가.

오직 온갖 법의 모임과 사람들의 모임 가운데 실로 모임이 없고, 온갖 법의 흩어짐에서 흩어짐 없음을 살펴, 모이고 흩어짐, 주고 받음을 떠나 멀리 떠남에 잘 머무는 것이 의지할 바 없음을 의지해 잘 머무는 것이다.

삼가하고 삼가해 멀리 여읨에 부지런히 힘써야 할 것이다.

붇다의 경계는 헤아릴 수 없으니

이와 같이 들었다.

한때 붇다께서는 슈라바스티 국 '외로운 이 돕는 장자의 동산'에 계셨다.

그때 세존께서 여러 비구들에게 말씀하셨다.

"네 가지 일이 있어 끝내 사유할 수 없다[不可思惟]. 어떤 것이 그 네 가지인가?

중생은 생각하고 말할 수 없으며, 세계(世界)도 생각하고 말할 수 없으며, 용의 나라[龍國]도 생각하고 말할 수 없으며, 붇다의 나라 그 경계도 생각하고 말할 수 없다.

왜 그런가. 이곳[此處]의 생각하고 말할 모습[思議相]을 말미암아서는 사라져 다한 니르바나[滅盡涅槃]에 이르지 못하기 때문이다."

중생과 세계, 용의 나라의 생각하고 말할 수 없음

"왜 중생은 생각하고 말할 수 없는가?

'이 중생들은 어디서 와서 어디로 가는가? 또 무엇으로부터 일어났고, 무엇을 좇아 마치며, 또 어디서부터 생겼는가?'

이와 같이 중생은 생각하고 말할 수 없기 때문이다.

왜 세계는 생각하고 말할 수 없는가? 삿된 소견을 가진 여러 사람들은 이렇게 생각한다.

'세계는 끊어져 없어지는가, 세계는 끊어져 없어지지 않는가. 세계는 끝이 있는가, 세계는 끝이 없는가? 이것은 목숨인가, 이것은 몸인가? 이것은 목숨이 아닌가, 이것은 몸이 아닌가?

이 세계는 브라흐마하늘이 지은 것인가, 큰 귀신이 만든 것인가?'"

세존께서 곧 이 게송을 말씀하셨다.

브라흐마하늘이 사람을 만드느니
세간은 귀신이 만든 것이라느니
또는 여러 귀신이 만든 것이라느니
이런 말을 그 누구가 정해 말하리.

탐욕과 성냄이 얽매 묶은 것이니
저 세 가지가 모두 같은 묶임이로다.
마음이 자재함을 얻지 못하면
이 세속에는 재변이 있게 되리라.

"이와 같이 비구들이여, 세간은 생각하고 말할 수 없다.

왜 용의 세계는 생각하고 말할 수 없는가?

어떻게 이 비가 용의 입에서 나오는가? 그렇게 생각할 수 없는 것은 빗방울은 용의 입에서 나오는 것이 아니기 때문이다. 그러면 용의 눈이나 귀나 코에서 나오는 것인가? 그것도 생각하고 말할 수 없는 일이다. 그렇게 생각할 수 없는 것은 빗방울은 용의 눈이나 귀나 코에서 나오는 것이 아니기 때문이다.

다만 용의 마음이 생각하는 바에 따라, 악(惡)을 생각해도 비를 내리고, 또는 선(善)을 생각해도 비를 내린다. 또한 그 행함의 바탕을 말미암아 이 비를 내리는 것이다.

그런 까닭은 지금 수메루 산의 허리[須彌山腹]에 하늘이 있어 '큰 힘'[大力]이라 이름하는데, 그도 중생들의 마음속 생각을 알아 비를 내리기 때문이다.

그러나 비는 저 하늘의 입에서 나오는 것이 아니며, 눈이나 귀나 코에서 나오는 것도 아니다. 다 저 하늘의 신력으로 말미암아 비를 내리게 할 수 있는 것이다.

이와 같이 비구들이여, 용의 경계는 생각하고 말할 수 없다."

생각하고 말할 수 없는 붇다의 경계

"왜 붇다의 나라 그 경계를 생각하고 말할 수 없는가?

여래의 몸은 곧 부모가 지은 것인가? 이것 또한 생각하고 말할 수 없다. 왜냐하면 여래의 몸은 청정하고 더러움이 없어 저 여러 하늘의 기운을 받았기 때문이다.

그러면 사람이 지은 것인가? 이것 또한 생각하고 말할 수 없다. 왜냐하면 사람의 행을 뛰어넘기 때문이다.

그러면 여래의 몸은 곧 큰 몸인가? 이것도 생각하고 말할 수 없다. 왜냐하면 여래의 몸은 지을 수 없어서 여러 하늘도 미치지 못하기 때문이다.

여래의 목숨은 짧은 것인가? 이것 또한 생각하고 말할 수 없다. 왜냐하면 여래는 네 가지 자재한 선정[四神足]이 있기 때문이다.

여래의 목숨은 긴 것인가? 이것도 생각하고 말할 수 없다. 왜냐하면 다시 여래는 일부러 세간에 출현하여 세간을 두루 다니며 좋은 방편으로 서로 응하기 때문이다.

여래의 몸은 더듬어 붙들 수 없고, 길다고도 말할 수 없고 짧다고도 말할 수 없다. 여래의 음성(音聲)도 또한 무어라 틀 지을 수가 없다.

여래의 거룩하고 깨끗한 음성[梵音], 여래의 지혜와 변재는 생각하고 말할 수 없어서 세간의 보통 사람들이 생각하고 말할 수 없는 것이다. 이와 같이 붇다의 경계는 생각하고 말할 수 없다.

비구들이여, 이와 같이 이 네 가지 일은 생각하고 말할 수 없는 것이며, 보통 사람이 생각하고 말할 수 있는 것이 아니다."

밖으로 네 가지 법을 말과 생각으로 구함이 해탈의 법이 아님을 보이심

"그렇듯 이 네 가지에 헤아리는 일로는 착한 뿌리[善根]가 없어서 이것을 말미암아 범행을 닦을 수 없고, 쉬는 곳[休息處]에 이를 수도 없으며, 나아가서는 니르바나의 처소에 이를 수도 없다.

다만 사람으로 하여금 미쳐 의혹되게 하고 마음을 어지럽게 해 여러 의심의 묶음을 일으키게 된다.

왜냐하면 비구들이여, 알아야 한다. 과거 오래고 먼 옛날 이 슈라바스티 성안에 어떤 평범한 사람이 있었다. 그는 이렇게 생각하였다.

'나는 지금 이 세계를 생각해보겠다.'

이때 그 사람은 곧 슈라바스티 성을 나가 어떤 연못 곁에서 두발을 맺고 앉아 이 세계를 이렇게 사유해보았다.

'이 세계는 어떻게 이루어졌으며, 어떻게 무너지는가? 누가 이 세계를 만들었는가, 이 중생의 무리들은 어디서 왔으며, 또 무엇으로부터 태어났고 언제 생겼는가?'

그때 그 사람은 이렇게 생각하다가 곧 못물 가운데에서 네 종류의 군사가 드나드는 것을 보았다. 이때 그 사람은 다시 이렇게 생각하였다.

'나는 지금 미쳐 의혹되어 마음이 어지러워졌다. 이 세간에 없는 것을 나는 이제 보았다.'

그때 그 사람은 슈라바스티 성으로 도로 들어가 거리 가운데서 이렇게 외쳤다.

'여러분, 알아야만 하오. 세계에 없는 것을 나는 이제 보았소.'

그러자 많은 사람들이 그 사람에게 말하였다.

'어떻게 세상에 없는 것을 당신은 보았소?'

그때 그 사람은 많은 대중들에게 이렇게 대답하였다.

'나는 아까 이렇게 생각하였소.

〈세계는 어디로부터 생겼는가?〉

그러고는 곧 슈라바스티 성을 나가 어느 연못 곁에서 이렇게 생각하였소.

〈이 세계는 어디서 왔으며, 누가 이 세계를 만들었는가? 이 중생의 무리들은 어디에서 왔으며, 누가 만들었는가? 또 목숨을 마친 자는 어느 곳에서 태어나는가?〉

이렇게 생각할 때에 나는 연못 가운데에 네 종류의 군사가 드나드는 것을 나는 보았소. 세계에 없는 것을 나는 이제 보았소.'

이때 많은 사람들이 이렇게 말하였다.

'당신 같은 자는 정말 미친 어리석은 사람이오. 어떻게 연못 가운데에 네 종류의 군사가 있을 수 있단 말이오. 이 세계의 미치고 어리석은 사람들 가운데서 당신이 으뜸이오.'

그러므로 비구들이여, 나는 이 뜻을 보았기 때문에 너희들에게 말하는 것이다. 왜냐하면 이것은 착한 뿌리의 공덕이 아니어서, 이것으로는 범행을 닦을 수 없고, 또한 니르바나의 처소에 이를 수 없기 때문이다. 그렇게 이것을 생각하고 말하는 사람은 곧 사람을 미치게 하고 마음을 어지럽게 한다.

그렇듯 비구들이여, 알아야 한다. 그 사람은 실로 네 종류의 군사를 본 것이다. 왜냐하면 옛날에 여러 하늘들이 아수라와 같이 싸워서 그때 하늘이 이기고 아수라가 졌다.

그래서 아수라들은 두려움을 품고 몸을 아주 작게 변화시켜 연뿌리 구멍을 통해 지나갔다. 그것은 붇다의 눈으로나 볼 수 있는 것이요, 다른 사람의 눈은 미칠 수 없는 것이다."

사제의 법 생각함이 해탈과 니르바나의 길임을 보이심

"그러므로 여러 비구들이여, 너희들은 반드시 네 가지 진리[四諦]를 사유하고 말해야 한다. 왜냐하면, 이 네 가지 진리는 뜻이 있고 이치가 있어 범행을 닦고 사문의 법을 행하여 니르바나에 이를 수 있기 때문이다.

그러므로 여러 비구들이여, 이 세계에 대해 사유하고 생각하는 법을 버리고 반드시 방편을 구해 네 가지 진리를 사유하고 말해야 한다.

이와 같이 여러 비구들이여, 반드시 이렇게 배워야 한다."

그때 여러 비구들은 붇다의 말씀을 듣고 기뻐하며 받들어 행하였다.

• 증일아함 29 고락품(苦樂品) 六

• 해설 •

셀 수 없는 중생과 끝없는 세계의 일어나고 사라지는 모습 오고가는 모습의 갖가지 차별과 갖가지 인연은 다함없고 한량없어 말할 수 없고 생각할 수 없다.

그 낱낱 일어나는 모습을 어찌 다 따라 생각할 수 있겠는가.

세간 중생 가운데 가장 그 변화가 신묘한 것은 용(龍)이다. 용이 천변만화를 일으키고 비구름과 함께하는 그 신묘한 모습은 다 따라 생각할 수 없다.

세간의 온갖 뭇 삶들 가운데서 그 지혜와 신통 자재한 공덕이 가장 빼어난 분은 붇다이시다. 붇다는 있음과 없음을 떠나 있음과 없음을 자재하게 굴리시고 크고 작음 길고 짧음을 떠나 크고 작음을 마음대로 굴린다. 그러한 여래의 자재한 공덕의 세계를 다 따라 생각할 수 없다.

끝없는 세간 중생과 세계의 있는 모습이거나 용과 신의 신묘한 변화, 붇다의 자재한 공덕이라도, 그 일어나는 모습을 따라 생각하거나, 한없는 차별의 세계를 좇아 살피는 곳에서는, 니르바나의 고요함에 이를 수 없고 해탈의 땅에 나아갈 수 없다.

여래의 신묘한 몸까지라도 그 온갖 있는 모습이 있되 공한 줄 알고, 일어나되 일어남이 없는 줄 알아 모습에 대한 집착을 떠나는 곳에서 괴로움을 다해 니르바나에 이르는 길이 열린다.

모습을 실로 있는 모습으로 보아 집착하는 괴로움의 원인과 그 원인 다하는 곳에서만 니르바나가 있다. 설사 여기 앉아서 아수라의 전쟁을 보고 용의 변화를 보며 저 신묘한 붇다의 자재한 신통을 본다 해도, 봄[見]이 있으면 그 봄[見]에 보는 바[所見]가 있고, 보는 바가 있으면 보지 못하는 바가 있게 된다.

또한 지금 본 것이 사라지면 새로운 봄이 일어나 생기고 사라짐이 끝이 없다. 그러므로 이 같이 보는 것은 그 보는 것이 아무리 신묘하다 해도 나고 사라지는 법이지 니르바나가 아니다.

오직 남[生]에서 남을 떠나고 사라짐[滅]에서 사라짐을 떠나야 니르바나의 고요함이 있게 된다.

이와 같이 이 경은 모습에서 모습 떠나고 사유에서 사유를 떠나야 해탈의 길이 있음을 보여주고 있다. 그러면서도 이 경은 붇다의 자재한 공덕과 신통 사마디를 보여 여래에 대한 중생의 굳건한 믿음을 세워주고 있다.

붇다의 자재한 공덕과 변화의 몸을 천태선사의 풀이를 통해 살펴보자.

천태선사의 『법계차제초문』는 여래와 큰 성인의 여덟 가지 자재한 변화[八種變化]를 다음과 같이 보인다.

여섯 가지 화합하고 공경함[六和敬] 다음에 여덟 가지 변화를 말하는 것은 다음과 같다. 보디사트바가 잘 화합하고 공경하는 법에 머무르게 되면 곧 온갖 중생과 함께 함이 마치 물과 젖이 섞임 같아서, 중생의 마음이 이미 가까이하고 사랑하므로, 쉽게 교화해 건네줄 수 있게 된다.

만약 중생에게 갖기 힘든 믿음을 내게 하려 하면 반드시 큰 신통을 드러내 보여주어야 한다.

큰 신통이란 곧 여섯 가지 신통이다. 여섯 가지 신통의 항목은 앞에서 이미 보였으니, 지금 거듭 설명하지 않는다. 다만 여덟 가지 변화의 자재한 작용은 중생을 이롭게 하는 공덕이 매우 깊어 이승이 헤아릴 수 없는 것이다. 그러므로 '여섯 가지 화합하고 공경함'[六和敬] 다음에 설명한다.

이 여덟 가지를 통틀어 모두 '변화'라고 이름한 것은, '변화'라는 명칭은 앞에 이미 말한 열네 가지 변화와 같다. 그래서 수고롭게 다시 해석할 것은 아니지만 여덟 가지의 힘과 쓰임이 자재하고 교묘하여 이승이 얻을 수 있는 바가 아니기 때문에 따로 드러내는 것이다.

그러므로 『대열반경』(大涅槃經) 가운데서는 이 여덟 가지 법을 '자재한 나'[自在我]의 뜻으로 풀이하였다.

1) 작게 할 수 있음[能作小] 변화의 힘으로 스스로 자기의 작은 몸을 만들 수 있다. 또한 다른 사람의 작은 몸도 변화로 만들 수 있다. 또는 세계

에 있는 모든 작은 것들도 모두 가는 티끌만하게 만들 수 있으니, 이것이 '작게 할 수 있음'이다.

2) 크게 할 수 있음[能作大] 변화의 힘으로 스스로 자기의 큰 몸을 만들 수 있다. 또한 다른 사람의 큰 몸도 변화로 만들 수 있다. 또는 세계에 있는 모든 큰 것들을 허공에 가득 찰 만큼 크게 만들 수 있으니, 이것이 '크게 할 수 있음'이다.

3) 가볍게 할 수 있음[能作輕] 변화의 힘으로 스스로 자기의 몸을 가볍게 할 수 있고, 또한 다른 사람의 몸을 가볍게 할 수 있다. 또는 세계에 있는 것들을 기러기 깃털만큼 가볍게 할 수 있으니, 이것이 '가볍게 할 수 있음'이다.

4) 자재하게 지을 수 있음[能作自在] 변화의 힘으로 큰 것을 작게, 작은 것을 크게, 긴 것을 짧게, 짧은 것을 길게 할 수 있다. 이와 같은 갖가지 가운데서도 자재하게 지을 수 있음을 말한다.

5) 자재한 주인이 될 수 있음[能有主] 변화의 힘으로 큰 사람이 될 수 있어서 마음으로 업신여김이 없게 한다. 그래서 온갖 중생을 항복받고 온갖 중생을 모두 거두어 받아, 온갖 중생에 대해 자재할 수 있으므로, '자재하게 주인이 될 수 있음'이라 한다.

6) 멀리 이르를 수 있음[能遠到] 변화의 힘으로 멀리 갈 수 있는데, 거기에는 네 가지가 있다. 첫째는 날아서 멀리감이고, 둘째는 여기서 없어져 저기서 나타나는 것이며, 셋째는 멀리 있는 것을 움직여서 가까이 오게 하여 가지 않고도 도달하는 것이고, 넷째는 한 생각에 시방에 두루 이르는 것이니, 이것을 '멀리 이르를 수 있음'이라 한다.

7) 땅을 움직일 수 있음[能動地] 변화의 힘으로 큰 땅이 여섯 가지로 떨려 움직이게 하고, 열여덟 가지로 떨려 움직이게 하니, 이것을 '땅을 움직일 수 있음'이라 한다.

8) 뜻의 하고자 함을 따라 다 지을 수 있음[隨意所作] 변화의 힘으로 한 몸을 여러 몸으로 만들 수 있고, 여러 몸을 한 몸으로 만들 수 있으며, 또 돌

벽을 지나갈 수 있고 물을 밟거나 허공을 밟을 수 있다. 또 손으로 해나 달을 잡을 수 있고, 사대를 변화시켜 흙을 물로, 물을 흙으로, 불을 바람으로, 바람을 불로, 돌을 쇠로, 쇠를 돌로도 만들 수 있다. 이것이 '뜻의 하고자 함을 따라 다 지을 수 있음'이다.

『열반경』에서 '여덟 가지 자재함'[八自在]을 밝힌 것과는 조금 다름이 있지만 크게는 같은 것[小異大同]이다.

여래는 이처럼 한량없는 신통변화를 갖추고 위덕과 자재의 힘을 갖추었다. 그래서 아함의 이 경에서도 연뿌리 구멍을 지나가는 아수라의 군대는 붇다의 눈으로만 볼 수 있다 한 것이다. 그러나 붇다는 신비능력을 강화해서 중생이 볼 수 없는 것을 본 것이 아니라 보되 봄이 없고 봄이 없이 온갖 것의 차별을 본 것이다. 여래는 늘 그 모든 모습에서 모습을 쓰되 모습에서 모습 떠나 고요한 분이니, 이와 같음을 바로 본 자가 여래의 참모습을 알아 해탈의 길에 나아갈 수 있는 것이다.

『화엄경』(「여래현상품」如來現相品)은 다음과 같이 말한다.

온갖 모든 여래께서는
뭇 모습을 멀리 떠났네.
이와 같은 법 알 수 있으면
세간의 인도자 볼 수 있으리.

一切諸如來　遠離於衆相
若能知是法　乃見世導師

여래께선 여섯 가지 공덕이 있으므로 사람들의 공경을 받나이다

이와 같이 들었다.

한때 붇다께서는 슈라바스티 국 제타 숲 '외로운 이 돕는 장자의 동산'에 계셨다. 그때 프라세나짓 왕은 마부에게 분부하였다.

"너는 지금 보배깃털 수레를 준비하라. 밖에 나가 노닐어보고 싶구나."

그는 왕의 분부를 받고 곧 보배깃털 수레를 갖추고 왕에게 나아가 말씀드렸다.

"보배깃털 수레를 꾸며 멍에 지웠습니다. 대왕이시여, 가실 때입니다."

프라세나짓 왕은 이 사람을 데리고 슈라바스티 성을 나서 동산으로 갔다. 동산 숲에서 여러 나무들을 살펴보니, 아무 소리도 들리지 않고 사람들도 없어 고요하여 텅 비었다.

그는 이를 보고 여래께서 말씀하신 모든 법의 근본[諸法之本]을 생각하였다. 그때 시자는 왕 뒤에서 부채를 들고 왕에게 부채질을 하고 있었다. 왕은 그에게 말하였다.

"이 동산의 과일나무들에선 어떤 소리도 없고, 또한 사람들도 없어 고요하고 텅 비었다.

지금 여래 · 지극히 참되신 분 · 바르게 깨친 이를 청해 이곳에서 노닐며 교화하게 하고 싶구나. 그러나 지금 어디 계시는지 알 수 없다. 나는 찾아가 뵙고 싶구나."

시자가 말씀드렸다.

"사카족의 땅에 사슴집[鹿堂]이라는 마을이 있는데, 여래께서는 지금 그곳에서 노닐며 교화하고 계십니다."

"그 사슴집은 여기서 가기에 가까운가 먼가?"

"여래께서 계시는 곳은 여기서 멀지 않습니다. 그 가는 길을 헤아리면 세 요자나(yojana, 由旬: 1요자나는 약 1.3킬로미터)쯤 될 것입니다."

이때 프라세나짓 왕이 말했다.

"보배깃털 수레를 빨리 준비하라. 내 지금 여래를 뵙겠다."

시자는 왕의 분부를 받고는 곧 수레에 멍에를 마련하고 왕에게 나아가 말씀드렸다.

"수레가 이제 다 메워졌습니다. 대왕이시여, 가실 때입니다."

왕은 곧 수레를 타고 그 마을로 갔다.

프라세나짓 왕이 홀로 세존을 뵈니 바른 법으로 다스리길 당부하심

그때 많은 비구들은 한데서 거닐고 있었다. 왕은 수레에서 내려 그 비구들이 있는 곳으로 갔다. 그곳에 도착해서는 머리를 대 발에 절하고 한쪽에 섰다.

이때 왕이 비구들에게 말했다.

"여래께서는 어디 계십니까? 제가 뵙고 싶습니다.'

뭇 비구들은 대답하였다.

"세존께서는 이 강당 안에 계십니다. 가서 뵐 수 있으니 어렵게 생각지 마십시오. 왕께선 가실 때 천천히 발을 들어 소리가 나지 않게 하십시오."

이때 프라세나짓 왕이 시자를 돌아보았다.

시자는 생각하였다.

'왕께서는 지금 홀로 세존과 서로 뵈려하신다. 나는 여기 있어야겠다.'

왕은 혼자서 세존께 나아갔다.

그때 세존께서는 하늘눈으로 프라세나짓 왕이 문밖에 서 있는 것을 보시고 곧 자리에서 일어나 왕에게 문을 열어주었다. 왕은 세존을 보자 곧 머리를 대 발에 절하고 스스로 성과 이름을 일컬었다.

"저는 프라세나짓 왕입니다."

스스로 이렇게 이름을 세 번 일컬었다.

세존께서는 말씀하셨다.

"당신은 왕이시고, 나는 사카족에서 집을 나와 도를 배우는 사람이오."

그때 왕이 붇다께 말씀드렸다.

"세존께서는 끝없는 목숨을 누리시며 하늘과 사람을 안락하게 하시길 바랍니다."

세존께서는 말씀하셨다.

"대왕이 끝없는 목숨을 누리시도록 하시고, 법으로 다스리고 법 아님으로 다스리진 마시오.

법으로 다스렸던 분들은 모두 하늘위의 좋은 곳에 태어났고, 목숨을 마친 뒤에도 그 이름이 시들지 않게 하여 세상 사람들은 전해가며 이렇게 말하오.

'옛날에 국왕이 있어 법으로 세상을 다스려서 일찍이 굽게 함이 없었다. 그래서 만약 이 왕의 국토에 사는 백성들이 왕의 공덕을 찬탄하고 기억하며 잊지 않는 자가 있으면, 그 왕의 몸이 하늘위에 있으면서 여섯 가지 공덕을 늘려줄 것이다.'

어떤 것이 여섯 가지냐 하면, 첫째는 하늘의 목숨이고, 둘째는 하늘의 몸이며, 셋째는 하늘의 즐거움이요, 넷째는 하늘의 신통이며, 다섯째는 하늘의 부유함이고, 여섯째는 하늘의 빛이오.

그러므로 대왕께서는 법으로 다스려야지 법 아님으로 다스려선 안 되오. 나도 지금 나의 몸에 이런 공덕이 있기 때문에 사람들의 공경과 절을 받는 것이오."

왕이 여래의 여섯 가지 공덕을 말씀드림

왕은 붇다께 말씀드렸다.

"여래의 공덕은 반드시 사람들의 절을 받으셔야 합니다."

세존이 말씀하였다.

"대왕께선 어째서 여래는 사람들의 절을 받아야 한다고 말씀하시오?"

왕이 붇다께 말씀드렸다.

"여래에겐 여섯 가지 공덕이 있기 때문에 사람들의 절을 반드시 받아야 합니다. 어떤 것이 여섯 가지냐 하면, 다음과 같습니다.

여래의 바른 법[正法]은 매우 부드럽고 아름다워 지혜로운 사람들이 닦아 행해야 할 것이니, 이것을 여래의 첫째 공덕으로서 섬길 만하고 공경할 만한 것이라 합니다.

다시 여래의 거룩한 대중[聖衆]은 아주 부드럽고 온순하여 법과 법을 성취하였고, 계율[戒]을 성취하며 사마디를 성취하고 지혜(智慧)를 성취하며 해탈(解脫)을 성취하고 해탈지견(解脫知見)을 성취하였습니다.

거룩한 대중이란 곧 네 짝 여덟 무리[四雙八輩]이니, 이분들이 바로 여래의 거룩한 대중으로서 공경할 만하고 높일 만한 세상의 큰 복밭입니다. 이것을 여래의 둘째 공덕이라 합니다.

다시 여래의 사부대중은 베풀어주는 행법(行法)을 다 잘 익히어 행합니다. 그래서 자꾸 거듭 물어 받아 여래를 귀찮게 하지 않습니다. 이것을 여래의 셋째 공덕이라 합니다.

다시 세존이시여, 세상을 덮는 높은 재주를 가진 크샤트리아 · 브라마나 · 거사 · 사문들이 모두 모여 이렇게 논의하는 것을 보았습니다.

'우리는 이 논란으로 저 사문 고타마에게 가서 물어보자. 만약 저 사문 고타마가 이 뜻에 대답하지 못한다면 그에게 빠뜨림이 있는 것이다. 그러나 만약 그가 잘 대답한다면 우리 모두 그 빼어남을 칭찬하자.'

그래서 네 족성의 무리들은 세존 계신 곳에 와서 그 논란을 묻기도 하고 잠자코 있기도 하였습니다.

그때 세존께서는 그들을 위해 설법하셨고, 그들은 법을 듣고서는 다시는 묻지 못했는데 하물며 따지려 했겠습니까? 그들은 모두 여래를 스승으로 섬겼으니, 이것을 그 넷째 공덕이라 합니다.

다시 저 예순두 가지 견해[六十二見]를 가진 이들이 세상 사람들을 속이면서 바른 법을 알지 못하고 이로 말미암아 사람들은 어리석게 됩니다.

그러나 여래께서는 그 여러 삿된 견해를 없애고 바른 견해를 닦게 하셨습니다. 이것을 여래의 다섯째 공덕이라 합니다.

다시 중생들이 몸과 입과 뜻으로 악을 행하다가도 목숨을 마칠 때 여래의 공덕을 생각하기만 해도 세 갈래 나쁜 길을 떠나 하늘위에 태어나게 되고, 아무리 나쁜 사람이라도 하늘위에 태어나도록 합니다. 이것을 여래의 여섯째 공덕이라 합니다.

그래서 중생으로 여래를 뵙기만 해도 모두들 공경하는 마음을 내어 공양하는 것입니다."

왕의 말을 찬탄하고 비구들에게 잘 배우기를 당부하심

세존께서는 말씀하셨다.

"옳은 말이오, 옳은 말이오. 대왕께서는 여래 앞에서 사자처럼 외쳐 여래의 공덕을 연설하였소. 그러므로 대왕께서는 여래를 향하는 마음을 늘 일으키도록 하십시오.

이와 같이 대왕이여, 반드시 이렇게 배워야 하오."

그때 같이 세존께서는 프라세나짓 왕을 위해 미묘한 법을 말씀하시어 그를 기쁘게 하셨다. 이에 대왕은 붇다의 설법을 듣고 곧 자리에서 일어나 세존의 발에 절하고 물러났다.

그가 물러난 지 오래지 않아 붇다께서는 비구들에게 말씀하셨다.

"너희들은 이 법을 지니어 공양하고 잘 외워 익혀야 한다. 왜냐하면 이것은 저 프라세나짓 왕이 한 말이기 때문이다.

너희들 또한 사부대중에게 그 뜻을 널리 연설해주라.

이와 같이 비구들이여, 반드시 이렇게 배워야 한다."

그때 여러 비구들은 붇다의 말씀을 듣고 기뻐하며 받들어 행하였다.

• 증일아함 38 역품(力品) 十

• 해설 •

당시 인도사회의 강대한 나라 코살라 국의 왕이 왕의 권위와 힘을 버리고 홀로 법의 왕[法王]인 여래를 찾아와 무릎 꿇고 공경히 절하니, 법의 왕이신 세존은 세간의 왕에게 바른 법[正法]으로 세간을 다스리고 사람을 죽이거나 빼앗거나 전쟁하는 등 법 아님[非法]으로 다스리지 말도록 가르치신다.

세간의 왕이 사람을 억누르지 않고 사람을 죽이지 않고 사람을 굶주리지 않게 하는 바른 정치로써 사람을 살리고 베풀고 배부르게 해 넉넉하게 한다면, 그가 어찌 뒷세상 하늘의 목숨 · 하늘의 몸 · 하늘의 즐거움 · 하늘의 부유함 · 하늘의 빛을 얻지 못하겠는가.

여래의 가르침을 듣고 세간의 왕이 법의 왕의 여섯 가지 공덕을 말하니, 프라세나짓 왕은 세간의 왕이되 법의 왕 그 진리의 문에 들어와 법을 들을 수 있는 우파사카의 자격이 있다.

세간의 왕은 법왕의 거룩한 공덕과 모습 떠난 지혜의 바탕[本]이 견줄 수 없고 무어라 말할 수 없어서 법왕의 법을 바로 말하지 않는다.

오히려 법왕의 거룩한 삶의 자취[迹]를 잡아, 설하신 법과 따르는 출가제자와 가르침을 듣는 사부대중과 붇다를 말하는 뭇 사람을 들어 여래의 공덕을 보이니, 그가 여래의 공덕을 잘 말할 줄 아는 사람이다.

그러므로 여래 또한 왕의 말을 '참 잘한 말이고 좋은 말이다'라고 찬탄하시고 비구들에게도 이 말을 잘 받아 지니도록 당부하신다.

당대의 예순두 가지 견해[六十二見]의 사람들이 세간의 스승이 되어 사람들에게 관념과 견해의 가르침을 펴니, 이들은 세계의 연기적 진실을 자신의 견해와 관념에 가두는 사람들이므로 속이는 이들이고 잘못된 교사들이다.

그러나 견해와 관념을 깨뜨려 청정한 법의 눈[淸淨法眼]을 열어 보이는 여래의 길은, 관념과 견해를 뛰어넘은 보디의 길[菩提路]이고 니르바나의 길[涅槃路]이니, 미망의 중생은 누구라도 저 여래의 법에 그 마음을 향해야 한다[心向於如來].

『화엄경』(「비로자나품」毘盧遮那品)은 붇다의 참된 지혜의 빛이 나의 삶의 현장 떠나지 않음을 바로 보아 늘 세존을 향해 공경의 마음을 내 보디의 길에 나아가야 함을 다음과 같이 말한다.

그대 반드시 붇다의 몸의
빛의 그물 아주 청정하여서
모습 나투면 온갖 것에 평등해
시방에 두루 가득함을 살피라.

汝應觀佛身　光網極淸淨
現形等一切　遍滿於十方

도량에서 묘한 음성을 내면
그 소리 아주 깊고 멀리 들리어
중생의 괴로움을 없애주시니
이것이 붇다의 신묘한 힘이네.

道場出妙音　其音極深遠
能滅衆生苦　此是佛神力

온갖 중생 모두다 공경하여서
마음에 크게 기뻐함을 일으켜
함께 같이 세존 앞에 나아가서
법의 왕을 우러러 보아야 하리.

一切咸恭敬　心生大歡喜
共在世尊前　瞻仰於法王

2 붇다의 걸림 없는 해탈의 작용

• 이끄는 글 •

우주의 온갖 존재는 운동하지 않는 존재가 없고 인간주체는 행위하지 않는 주체가 없다. 왜 그런가. 존재는 인연으로 이루어진 존재이므로 있되 있지 않고 있지 않되 인연을 통해 새로운 생성의 길을 가기 때문이다.

존재가 있되 공하고 공함도 공한 것은 존재가 과정과 활동의 존재임을 뜻하나, 그 활동 자체도 하되 함이 없다[爲而無爲].

걷고[行] 머물고[住] 앉고[坐] 누워 자고[眠] 먹고[食] 말하는[語] 여섯 가지 행위[六作]는 인간의 총체적 활동을 여섯 가지 행위의 틀로 나타내 보인 것이다.

그러므로 여섯 가지 지음[六作]은 행위하는 인간의 삶을 온통 드러낸다. 거님은 앉음과 서 있음으로 인해 거님의 행이 있다가, 걸음을 다시 멈추면 서고 다시 앉는다.

걷다가 서고 서다가 앉고 앉다가 일어섬으로 그 행의 지음[作]은 스스로 있지 않고 다른 지음[作]으로 인해 일어나, 짓되 지음이 없고 지음 없되 지어간다.

먹고 말함 또한 마찬가지다. 먹다가 먹지 않고 먹지 않다가 먹으며, 말하지 않다 말하고 말하다 말하지 않으니, 여섯 가지 지음은 모두 지음 없는 지음이다.

여래는 여섯 가지 행위를 짓되 지음 없고 지음 없이 지으니, 여래의 여섯 가지 행위가 곧 지혜와 공덕의 몸[慧身, 報身] 그것의 머묾 없는 해탈의 작용이고, 파라미타의 완성이며 진리법계의 발현이다.

붇다의 세 가지 몸으로 보면 해탈의 작용은 보신(報身)의 활동상이나, 해탈의 작용 또한 고요하여[解脫寂滅] 법계진리의 땅을 떠나지 않는다.

이를 닦아가는 이의 실천행에서 살펴보자. 연기법에서 자아는 세계 밖에 동떨어진 실체적 자아로 주어지지 않는다. 자아는 있되 있지 않은 공한 자아라 자아는 온전히 가고 머물며 행위하는 자아로 주어지는 것이다. 그러므로 주체가 공함을 깨달아, 가되 감이 없음을 살피고 감이 없되 감 없음도 없음을 살펴 함 있음과 함 없음에 모두 머물지 않으면 모습에 갇힌 주체의 행위는 해탈의 행으로 전환될 수 있다.

이를 천태선사는 '아는 뿌리를 돌이켜 아는 뿌리가 공함을 깨달아 이루는 사마디[覺意三昧]'라 한다.

또한 천태의 스승 남악혜사선사(南嶽慧思禪師)는 스스로 아는 뿌리[自意]가 공함을 깨달으면, 가고 오고 머묾이 없는 곳에서 자발적 의사를 따라[隨自意], 감이 없이 가고 옴이 없이 오며 머묾 없이 머물므로, 이를 '스스로의 뜻을 따르는 사마디'[隨自意三昧]라 한다.

감이 없고 옴이 없는 평등한 해탈과 사마디 속에서 감이 없이 가고 옴이 없이 오는 이, 그가 여래이고 붇다이며 크나큰 자비로 이 세간을 건져주시는 이[救世大悲者]이다.

여래 공덕의 몸은 몸 아닌 몸이라 그 몸은 해탈의 행으로 주어지는 것이며 세간 구제의 행으로 발현되는 것이니, 『화엄경』(「현수품」賢首品)은 다음과 같이 말한다.

여래는 열 가지 힘 두려움 없음
열여덟 함께 하지 않는 법으로
한량없는 모든 공덕 나타내 보여
고통받는 중생을 건네주시네.

如來十力無所畏　及以十八不共法
所有無量諸功德　悉以示現度衆生

「입법계품」(入法界品) 또한 여래의 다함없는 해탈의 행과 중생 구제의 행을 이렇게 노래한다.

온갖 모든 국토는 끝이 없으며
중생의 근기 하고자 함도 한량없어라.
여래의 지혜의 눈은 다 밝게 보아
교화할 바 따라 보디의 도를 보이네.

一切國土無有邊　衆生根欲亦無量
如來智眼皆明見　隨所應化示佛道

1) 여래의 여섯 가지 몸가짐 속의 사마디와 해탈

① 여래의 거님[如來行]

여래는 평등한 해탈 속에 거니시나니

이와 같이 내가 들었다.

한때 붇다께서는 라자그리하 성 그리드라쿠타 산에 계셨다.

그때 세존께서는 밤이 어두운 때에 하늘에서 가랑비가 내리며 번개가 치는데 방에서 나가 거닐고 계셨다.

그때 악한 마라 파피야스는 이렇게 생각하였다.

'지금 사문 고타마는 라자그리하 성 그리드라쿠타 산에 머물고 있는데, 그는 밤이 어두운 때에 가랑비가 내리며 번개가 치는데 방에서 나와 거닐고 있다. 내가 지금 그곳에 가서 어려움을 끼쳐주리라.'

그러고는 큰 덩이 돌을 쥐고 두 손으로 가지고 놀면서 붇다 앞에 가서 그것을 부수어 가는 먼지로 만들었다.

그때 세존께서는 '이것은 악한 마라 파피야스가 어지럽히는 짓이다'라고 생각하시고 곧 게송을 설하셨다.

마라의 어지럽힘을 게송으로 조복하심

그리드라쿠타 산 내 앞에서 부순들
여래의 평등한 해탈에서는

한 털도 움직일 수 없으리라.

가령 네 바다 안에 있는 산과 땅
함부로 지내는 그대 친족들이
모두 부수어 가루로 만든다 해도
여래의 아주 작은 털 하나라도
또한 기울여 움직일 수 없으리라.

그때 악한 마라 파피야스는 이렇게 생각했다.

'사문 고타마가 이미 내 마음을 알았구나.'

그러고는 마음속에 근심 걱정을 품은 채 사라져 나타나지 않았다.

• 잡아함 1088 경행경(經行經)

• 해설 •

평등한 해탈 속에서 감이 없이 가는 여래의 거니심이여, 가고 가되 법계의 고요함을 떠나지 않으니[不離法界], 여래는 걸어가며 물소를 타는 분[步行騎水牛]이다.

여래는 만법이 공함을 깨달아 온갖 존재의 소용돌이 속에서 시끄럽지 않으시니, 여래는 천지개벽의 바람이 불어와 산과 바다가 뒤집힌다 해도 늘 고요하신 분[旋嵐偃嶽而常靜]이다.

여래의 삶에서 움직임과 고요함은 둘이 없이[動靜不二] 늘 한결같아 움직임 없으니[如如不動], 저 마라의 어지럽힘이 여래의 털 하나인들 건들 수 있을 것인가.

설사 저 마라와 그 권속들이 함께 모여 산과 땅을 가루내고 큰 바다를 둘러엎어도 가되 감이 없는 여래의 가심을 흔들 수 없고 움직이되 고요한 여래의 선정을 어지럽게 할 수 없으리라.

② 여래의 머묾[如來住]

여래는 온갖 것에 머묾 없는 자가 참으로 잘 머무는 사람이라 가르치나니

이와 같이 내가 들었다.

한때 붇다께서는 슈라바스티 국 '외로운 이 돕는 장자의 동산'에 계셨다.

그때 윗자리[上座]라는 비구가 있었는데, 그는 홀로 한곳에 머물러 있으면서, 늘 홀로 한곳에 머무는 이를 찬탄하고 혼자 다니면서 밥을 빌고, 밥 빌기를 마치고는 홀로 돌아와 홀로 앉아 선정에 들곤 하였다.

그때 많은 비구대중들이 붇다 계신 곳으로 나아가 붇다의 발에 머리를 대 절하고 한쪽에 물러앉아서 붇다께 말씀드렸다.

"세존이시여, 윗자리라는 존자는 홀로 한곳에 있기를 좋아하고, 늘 홀로 한곳에 머무는 이를 찬탄하며, 홀로 마을에 들어가 밥을 빌고, 홀로 마을에서 머무는 곳으로 돌아와서는 홀로 앉아서 선정에 들곤 합니다."

그때 세존께서 한 비구에게 말씀하셨다.

"너는 저 윗자리 비구 있는 곳에 가서 '크신 스승께서 그대를 부르신다'라고 말해주라."

그 비구는 분부를 받고 윗자리 비구 있는 곳에 가서 말하였다.

"존자여, 크신 스승께서 당신을 부르십니다."

그러자 그 윗자리 비구는 곧 분부를 받고 붇다 계신 곳으로 와서 발에 머리를 대 절하고는 한쪽에 물러나 앉았다.

홀로 머묾을 좋아하는 윗자리 비구에게 참된 홀로 머묾의 뜻을 보이심

그때 세존께서 윗자리 비구에게 말씀하셨다.

"너는 참으로 홀로 고요한 곳에 있으면서, 홀로 있는 이를 찬탄하고, 홀로 다니면서 밥을 빌고, 홀로 마을에서 돌아와서는 홀로 앉아 선정에 들곤 하였느냐?

윗자리 비구가 붇다께 말씀드렸다.

"참으로 그렇게 하였습니다, 세존이시여."

붇다께서 윗자리 비구에게 말씀하셨다.

"너는 어째서 홀로 살고 있으며 홀로 있는 이를 칭찬하고 홀로 다니면서 밥을 빌고, 홀로 돌아와서는 홀로 앉아 선정에 들곤 하느냐?"

윗자리 비구가 붇다께 말씀드렸다.

"저는 다만 홀로 고요한 곳에 있기를 좋아하여 홀로 있는 이를 찬탄하고 홀로 다니면서 밥을 빌며, 홀로 마을에서 돌아와서는 홀로 앉아 선정에 들 뿐이옵니다."

붇다께서 윗자리 비구에게 말씀하셨다.

"너는 홀로 머무는 자이니, 나는 홀로 머묾이 아니라고는 말하지 않는다. 그러나 다시 더 빼어나고 묘한 홀로 머묾이 있으니, 어떤 것이 빼어나고 묘한 홀로 머묾인가?

비구여, 곧 앞의 것은 말라빠지고, 뒤의 것은 사라져 다하고, 가운데 것은 탐착해 기뻐할 것이 없다. 이렇게 하면 브라마나의 마음에 머뭇거림이 없어서 이미 걱정과 뉘우침을 버리고, 모든 있음의 애착을 떠나 뭇 번뇌의 모임이 끊어지니, 이것을 홀로 머묾이라 한다.

이런 홀로 머묾보다 빼어나게 머묾은 있지 않다."

그때 세존께서 곧 게송을 설하셨다.

온갖 것을 모두다 환히 비추고
여러 세간을 두루 다 알아서
온갖 모든 법에 집착하지 않으면
온갖 애욕을 모두 떠난 것이니
이와 같이 즐겁게 머무는 이를
나는 홀로 머무는 이라 말하네.

붇다께서 이 경을 말씀하시자, 존자 윗자리 비구는 붇다의 말씀을 듣고 기뻐하면서 절하고 떠나갔다.

• 잡아함 1071 상좌경(上座經)

• 해설 •

시끄러움과 번거로움을 떠나 홀로 다니며 홀로 고요한 곳에 돌아와 홀로 머무니 그 삶이 아름답기는 아름답다.

그러나 번거로움을 떠나 고요한 곳에 돌아오면 그의 삶은 번거로움이 없지 않은 것이며, 오고 감을 그치어 머물러야 할 곳이 있으면 그에게 가고 옴이 없지 않은 것이다. 이미 지나간 것, 아직 오지 않은 것에 취할 모습이 없고, 지금 있는 것에 머물 모습이 없는 줄 알아 온갖 것에 집착 버린 이가 참으로 잘 머문 자이고, 가고 옴에 가고 옴이 없고 머묾에 머묾 없음[無去無來亦無住]을 알아야 있음과 공함을 모두 떠나 참으로 잘 머문 자이다.

그와 같이 홀로 머무는 자는 홀로 머물되 늘 저 중생을 버리지 않는 자이고, 머물러 있되 삶의 역동성을 잃지 않는 자이다.

『화엄경』(「입법계품」)은 여래의 머묾 없는 머묾을 다음과 같이 찬탄한다.

비록 의지하는 바 없되 머물지 않음 없고
비록 이르지 않음 없되 가지 않는 것
허공 속 그림 같고 꿈에 보는 것 같으니
붇다의 몸 반드시 이와 같이 살피라.

雖無所依無不住　雖無不至而不去
如空中畫夢所見　當於佛體如是觀

삼계에 있고 없는 온갖 법들은
붇다와 더불어 비유할 수가 없네.
비유하면 산 숲의 새와 짐승들이
허공에 의지하되 머묾 없는 것 같네.

三界有無一切法　不能與佛爲譬諭
譬如山林鳥獸等　無有依空而住者

나는 마음에서 마음 떠나 온갖 괴로움 끊어졌으니

이와 같이 내가 들었다.

한때 붇다께서는 라자그리하 성에 있는 칼란다카 대나무동산에 계셨다.

그때 세존께서 밤에 일어나 거니시다가[經行], 새벽이 되자 발을 씻고 방에 들어가, 몸을 추스리고 바로 앉아 마음을 오롯이 해 생각을 묶었다[專心繫念].

그때 악한 마라 파피야스는 이렇게 생각하였다.

'지금 사문 고타마는 라자그리하 성에 있는 칼란다카 대나무동산에서 밤에 일어나 거닐다가 새벽이 되자 발을 씻고, 방에 들어가 몸을 추스리고 바로 앉아 생각을 묶어 선정에 들어 있다.

내가 지금 저곳에 가서 흔들어 어지럽히리라.'

마라가 세존의 선정을 어지럽히자 게송으로 물리치심

그는 곧 젊은이의 모습으로 변화하여 붇다 앞에 서서 게송으로 말했다.

내 마음이 저 허공 가운데서

긴 줄의 올가미 가지고 내려와
바로 그대 사문을 얽어매어서
그대가 벗어나지 못하게 하리.

그때 세존께서는 이렇게 생각하셨다.

'이는 악한 마라 파피야스가 흔들어 어지럽게 하려는 것이다.'

그러고는 곧 게송을 설하셨다.

나는 세간에서 다섯 탐욕의 뜻과
여섯 번째 뜻의 앎을 늘 말한다.
그것들을 길이 이미 여의었으니
온갖 괴로움 이미 끊어졌네.

나는 이미 저 탐욕 멀리 떠났고
마음과 뜻과 앎 또한 사라졌네.
파피야스여, 나는 너를 아노니
어서 빨리 여기에서 사라져 가라.

그러자 악한 마라 파피야스는 '사문 고타마가 벌써 내 마음을 알고 있구나' 하고, 부끄럽고 근심스러워하면서 이내 사라지더니 나타나지 않았다.

• 잡아함 1086 마박경(魔縛經)

• 해설 •

밤늦도록 거닐다가 새벽녘에 방에 들어가 단정히 앉아 선정에 들어 있는 여래의 모습을 생각해보라. 이 얼마나 거룩한 모습인가.

생각을 묶으셨다 하니 어느 곳에 생각을 묶는 것인가. 생각에 생각 없음이 법계(法界)이니, 한 생각을 돌이켜 생각이 생각 없는 생각[無念之念]이 되는 곳이 생각을 법계에 묶어[繫緣法界] 생각을 법계와 하나되게 함[一念法界]이다.

보고 들음에 실로 볼 것이 있고 들을 것이 있으면 주체의 감성적 인식[前五識]은 물든 앎이 되니, 이것이 다섯 가지 탐욕의 뜻[五欲意]이다.

앎[識]에 실로 아는 것이 있으면 주체의 이성적 인식[意識]은 아는 것에 가려진 앎이 되니, 이것이 여섯째 물든 뜻의 앎이다.

여래는 보고 듣고 아는 것에 실로 알 것이 없고 들을 것이 없음을 깨달아 마음에 물든 앎이 없으니, 어찌 저 마라의 올가미가 여래를 묶을 것인가.

온갖 법이 끝내 공한 진리의 자리에 앉는 여래의 앉음과 여래의 법계인 지혜에서는 저 마라도 법계인 마라이니, 마라가 마라 아닌 줄 알면 마라 또한 붇다께 귀의하리라.

생각에서 생각 끊어진 여래의 지혜와 선정을 『화엄경』(「십지품」)은 이렇게 말한다.

> 허공 가운데 그림 물감 칠함과 같고
> 허공 가운데 바람의 모습과 같아
> 무니의 지혜 물듦 없고 매임 없으니
> 분별해서는 매우 보기 어렵네.
>
> 如空中彩畵 如空中風相
> 牟尼智如是 分別甚難見

비어 고요한 여래의 몸과 마음
그 무엇도 다치게 하지 못하리

이와 같이 내가 들었다.

한때 붇다께서는 라자그리하 성 그리드라쿠타 산에 계셨다.

그때 세존께서는 밤에 일어나 거니시다가 새벽녘이 되자 발을 씻고 방에 들어가, 몸을 바로 하여 단정히 앉아 생각을 묶어 앞에 두고 계셨다. 그때 악한 마라 파피야스가 이렇게 생각하였다.

'지금 사문 고타마가 라자그리하 성 그리드라쿠타 산에 머물고 있으면서 밤에 일어나 거닐다가, 새벽이 되자 방에 들어가 몸을 바로 하여 단정히 앉아 생각을 묶어 앞에 두고 있다.

내가 지금 그곳에 가서 어려움을 끼쳐주리라.'

그러고는 곧 큰 용의 모습으로 변화해 붇다의 몸을 일곱 바퀴 돌고는 머리를 들어 붇다의 정수리 위에 드리웠다. 몸은 큰 배와 같고, 머리는 큰 돛과 같았으며, 눈은 놋쇠 화로와 같고 혀는 끌려오는 번갯불과 같았으며, 들고나는 숨결은 우레소리와 같았다.

게송으로 파피야스를 물리치심

그때 세존께서는 '이것은 악한 마라 파피야스가 흔들어 어지럽히려고 하는 짓이다'라고 생각하시고 곧 게송을 설하셨다.

마치 저 텅 비어 있는 집과도 같이

무니의 마음은 비고 고요하며
그 가운데서 돌아 구르고 있는
붇다의 몸 또한 이와 같도다.

한량없이 흉악하고 모진 큰 용과
모기 등에 파리 벼룩 따위가
널리 모여 그 몸 뜯어먹어도
털 하나도 움직일 수 없으리.

저 허공을 부수어 쪼개버리고
이 큰 땅을 기울여 뒤엎는다면
온갖 모든 중생의 무리들은
몰려와 모두 놀라고 두려워하리.

칼과 창 날카로운 화살로
모두 와 붇다의 몸 해친다 해도
이와 같은 여러 가지 모진 해침들
붇다의 털 하나도 다칠 수 없네.

이때 악한 마라 파피야스는 이렇게 생각했다.

'사문 고타마가 이미 내 마음을 알았구나.'

그러고는 마음속에 근심 걱정을 품은 채 이내 사라지더니 나타나지 않았다.

• 잡아함 1089 대룡경(大龍經)

• 해설 •

다섯 쌓임이 공적한 집[五蘊空寂舍]이 여래의 집이니 하늘땅이 무너져도 여래의 집은 무너지지 않고, 모든 법이 공하되 공도 공함이 여래의 자리[諸法空爲座]이니 모진 용 마라도 여래의 자리를 흔들 수 없다.

여래의 몸은 몸에 몸이 없어 법계가 그 몸[法界身]이시니, 칼과 창 날카로운 화살도 그 몸을 해치지 못하며 맹렬히 타오르는 불도 그 몸을 태우지 못하리라.

진리의 자리에 앉으신 세존의 몸과 앉으심을 『화엄경』(「세주묘엄품」世主妙嚴品)은 이렇게 찬탄한다.

그대는 법왕을 살펴야 하니
법왕의 법은 이와 같도다.
몸의 모습은 끝이 없으시어
세간에 널리 나타나시네.

汝應觀法王　法王法如是
色相無有邊　普現於世間

신통의 힘은 평등하시사
온갖 세계에 다 나타나시니
묘한 도량에 편안히 앉아
중생 앞에 널리 나타나시네.

神通力平等　一切刹皆現
安坐妙道場　普現衆生前

나는 숲에서 숲을 떠나 선정으로 온갖 번뇌 떠났으니

이와 같이 내가 들었다.

한때 붇다께서 코살라 국 사람들 사이에서 노닐어 다니시다가, 어느 날 밤에 사라 숲속에 계셨다.

그때 어떤 브라마나가 사라 숲에서 가기 멀지 않은 곳에서 농사를 짓고 있었다.

그는 이른 아침에 일어나 사라 숲으로 왔다가, 멀리서 세존께서 한 나무 밑에 앉아 계시는 것을 보았다.

세존의 몸가짐과 얼굴 모습은 단정하고 모든 아는 뿌리가 청정하며, 그 마음은 고요히 안정되어 으뜸가는 지관(止觀)을 갖추어 성취하였고, 그 몸의 금빛은 밝은 빛이 사무쳐 비추었다.

그는 보고 나서 그곳으로 나아가 말씀드렸다.

"고타마시여, 저는 여기에서 가까운 곳에서 농사를 짓기 때문에 이 숲을 좋아하지만, 고타마께서는 여기에서 무슨 일이 있어서 이 숲속을 좋아하십니까?"

그는 다시 게송으로 말하였다.

그대 비구여, 이 숲속에서
무슨 일을 하기 때문에
비어 고요한 곳 홀로 지키며

이 숲속을 좋아합니까?

지혜의 고요함으로 앉아 있음을 답하심

그때 세존께서 게송으로 대답하셨다.

나는 이 숲에서 아무 일이 없네.
숲의 뿌리 오래 전에 이미 끊어서
숲에서 숲을 떠나 벗어났으며
선정으로 번뇌의 숲 즐기지 않고
숲의 뿌리 이미 다 끊어 없앴네.

그때 그 브라마나는 붇다의 말씀을 듣고 기뻐하고, 따라 기뻐하고 또 따라 기뻐하면서 절하고 떠나갔다.

• 잡아함 1182 전업경(田業經)

• 해설 •

여래의 앉는 자리는 어디인가. 온갖 모든 법이 공하되 그 공함마저 마쳐 다한 참된 공[畢竟空]이 여래의 앉는 자리이다.

만법이 스스로 공하되 그 공함마저 자취 없는 진리의 자리[畢竟空爲座] 위에 사마디의 몸으로 앉아계신 여래를 흉악하고 모진 마라, 독한 용, 사나운 범과 늑대 사자인들 여래를 다치게 할 수 있겠는가.

불이 그를 태우지 못하고 물이 그를 젖게 하지 못한다.

그러므로 여래가 설사 저 빈 숲속을 즐겨 그곳에 머문다 해도 여래의 머무는 곳은 숲이 아니다.

여래는 숲에 들어 숲을 벗어나고 풀에 들어가 풀을 벗어났으니, 온갖 존재의 숲에서 한 그루 나무도 보지 않는 자[滿目靑山無寸樹]가 여래와 더불어 여래의 자리에 함께 앉아, 길이 중생을 위해 붇다의 일[佛事]을 지어가리라.

『화엄경』(「입법계품」)은 지금 여기 앉아 계시되 온갖 곳에 두루하신 여래의 몸을 다음과 같이 찬탄한다.

여래는 법의 성품 고요해
둘이 없음을 아시나니
청정한 모습으로 꾸민 몸
모든 세간에 널리 보이시네.

如來知法性　寂滅無有二
淸淨相嚴身　遍示諸世間

붇다의 몸은 늘 밝은 빛으로
온갖 티끌 세계와 평등하시니
갖가지 청정한 몸의 빛깔은
생각생각 법계에 두루하시네.

佛身常光明　一切刹塵等
種種淸淨色　念念遍法界

④ 여래의 잠[如來眠]

여래는 온갖 번뇌 다 버렸으므로 편히 자노라

이와 같이 내가 들었다.

한때 붇다께서는 라자그리하 성 칼란다카 대나무동산에 계셨다.

그때 세존께서 밤에 일어나 거니시다가 새벽이 되자 발을 씻고, 방에 들어가 오른쪽 옆구리를 땅에 대고 누워 쉬시며, 밝은 모습에 생각을 묶어 바른 생각과 바른 지혜로 일어나려는 생각을 하고 계셨다.

그때 악한 마라 파피야스가 이렇게 생각하였다.

'지금 사문 고타마는 라자그리하 성에 있는 칼란다카 대나무동산에 머물러 있으면서 밤에 일어나 거닐다 오른 옆구리를 땅에 대고 누워 쉬다 일어나려는 생각을 하고 있다.

내가 지금 가서 어려움을 끼쳐주리라.'

그러고는 곧 젊은이의 모습으로 변화하여 붇다 앞에 가서 게송으로 말했다.

왜 자는가, 어째서 자고 있는가.
이미 사라졌는데 왜 다시 자는가.
홀로 빈집에서 왜 자고 있는가.
벗어났다 하면서 왜 다시 자는가.

여래의 편안한 잠을 게송으로 보이심

그때 세존께서는 이렇게 생각하셨다.

'이는 틀림없이 악한 마라 파피야스가 흔들어 어지럽게 하려는 짓이다.'

그러고는 곧 게송을 말하셨다.

애욕의 그물에 걸려 물들어 집착하니
애욕이 없다면 누가 끌고 가랴.
온갖 남음 있음이 다하였으니
오직 붇다만이 편히 잘 수 있다네.
그대 아주 못된 마라 파피야스여,
여기에서 무슨 말을 하려는가.

그러자 나쁜 마라 파피야스는 이렇게 생각했다.

'사문 고타마가 내 마음을 이미 알았구나.'

파피야스는 부끄러워하며 근심하고 시름하다 이내 사라지더니 나타나지 않았다.

• 잡아함 1087 수면경(睡眠經)

• 해설 •

여래의 잠은 어떤 것이며 삶의 참된 휴식처는 어디인가. 여래의 삶은 법계인 지혜의 삶이고 법계인 선정의 삶이다. 법계인 지혜는 비치되 고요하고[照而寂] 법계인 선정은 고요하되 비친다[寂而照]. 지혜가 비치되 고요하므로, 눈으로 보고 뜻으로 알되 고요하시며, 선정이 고요하되 비치므로 누워 쉬시어도 늘 밝은 모습에 머물러 고요함에 빠지지 않는다.

여래의 지혜가 비치되 고요하므로 오직 보디의 밝음일 뿐 온갖 번뇌가 없고, 여래의 선정이 고요하되 비치므로 오직 니르바나의 고요함일 뿐 몸과 마음의 걸림이 없다. 끊을 번뇌가 없고 얻을 보디가 없이 니르바나의 평상 위에 늘 뉘시니, 누가 여래의 니르바나의 잠을 깨울 것이며, 누가 여래의 보디의 밝음을 어둡게 할 것인가.

미망과 혼돈의 세간 속에서 오직 붇다만이 편히 잘 수 있는 분이다.

니르바나의 쉼터에서 편히 쉬시며 중생 미망의 꿈을 깨워주시는 여래를 『화엄경』(「광명각품」)은 다음과 같이 찬탄한다.

삶의 바탕 늘 움직이지 않으사
나도 없고 오고 감이 없지만
세간의 잠을 깨워주시사
끝없이 모두 조복하시네.

體性常不動 無我無來去
而能寤世間 無邊悉調伏

고요한 한 모습에 둘이 없음
살펴보시길 늘 즐거워하사
그 마음이 늘고 줆이 아니나
한량없이 신묘한 힘 나타내시네.

常樂觀寂滅 一相無有二
其心不增減 現無量神力

여래는 네 가지 자재한 선정[四神足]의 자리에 누워 시원스럽게 잘 자노라

이와 같이 들었다.

한때 붇다께서는 알라비(巴 Āḷavī)라는 사당 곁에 계셨다.

추위가 한창일 때라 나무들은 잎이 말라 떨어졌다.

그때 하타카 알라바카(巴 Hatthaka Ālavaka)라는 장자의 아들이 성을 나와 밖에서 거닐다가 점점 세존 계신 곳에 이르러 세존을 뵙고 머리를 대 그 발에 절하고 한쪽에 앉았다.

장자의 아들이 세존께 말씀드렸다.

"지난밤에는 잘 주무셨는지요?"

세존께서 말씀하셨다.

"그렇다 어린이여, 아주 잘 잤다."

그때 장자의 아들이 붇다께 말씀드렸다.

"지금은 한창 추운 때라 만물이 모두 시들어 떨어졌습니다. 더구나 세존께서는 앉으실 때 풀 자리를 쓰고 계시며 입으신 옷도 홑이고 아주 얇습니다.

그런데도 세존께서는 어떻게 잘 주무셨다고 말씀하십니까?"

탐욕과 번뇌 끊어진 참된 휴식과 잠을 보이심

세존께서 말씀하셨다.

"어린이여, 자세히 들어라. 내가 이제 너에게 묻겠으니 답하고 싶은 대로 하라. 만약 어떤 장자가 집을 굳게 단속해서 바람이나 먼지가 없고, 방 안에는 짐승들의 가죽과 비단으로 된 침구 등 갖가지 일이 갖춰 있다 하자.

그리고 얼굴 모습이 단정하고 볼이 복사꽃 같아 세상에 보기 드물게 아름다워 아무리 보아도 싫증이 나지 않는 아름다운 여인[玉女] 네 명이 있고, 또 좋은 등불을 밝게 켜 놓으면 그 장자는 시원스럽게 잘 잘 수 있겠느냐?"

장자의 아들이 대답하였다.

"그렇습니다, 세존이시여. 좋은 침상에 누우면 시원스럽게 잘 잘 수 있을 것입니다."

세존께서 말씀하셨다.

"어떠냐, 장자의 아들아. 그 사람이 시원스럽게 잘 자는데, 때로 탐욕이 일어난다면 그 탐욕 때문에 잘 잘 수 없지 않겠느냐?"

장자가 대답하였다.

"그렇습니다. 세존이시여, 만약 그 사람에게 탐욕이 일어나면 시원스럽게 잘 잘 수 없을 것입니다."

세존께서 말씀하셨다.

"그렇다. 그런 사람이라면 탐욕이 왕성하지만, 지금 여래는 길이 탐욕이 다해 남음이 없고, 또 뿌리가 없어 다시는 일어나지 않는다. 어떠냐, 장자의 아들아. 만약 성냄과 어리석은 마음이 일어난다면 어찌 잘 잘 수 있겠느냐?"

어린이가 대답하였다.

"편히 잘 잘 수 없을 것입니다. 왜냐하면 그 세 가지 독[三毒]의 마음이 있기 때문입니다."

가장 높은 진리의 자리에 쉬시는 여래의 잠을 보임

세존께서 말씀하셨다.

"여래에게는 오늘 다시 이런 마음이 없어서 길이 다해 남음이 없고, 또한 뿌리도 없다. 어린이여, 알아야 한다. 내가 지금 네 가지 자리를 말해주겠다. 어떤 것이 그 네 가지 자리인가?

낮은 자리[卑座] · 하늘 자리[天座] · 브라흐만의 자리[梵座] · 붇다의 자리[佛座]가 그것이다.

어린이여, 알아야 한다. 낮은 자리는 곧 전륜왕의 자리이고, 하늘 자리는 바로 인드라하늘왕의 자리이며, 브라흐만의 자리는 곧 브라흐마하늘왕의 자리이다. 붇다의 자리는 바로 네 가지 진리[四諦]의 자리이다.

또 낮은 자리는 스로타판나(srotāpanna)로 향(向)하는 자리이고, 하늘 자리는 스로타판나를 얻은 자리이며, 브라흐만의 자리는 사크리다가민(sakṛdāgāmin)으로 향하는 자리이다. 붇다의 자리는 네 가지 바른 뜻으로 그치는 자리[四意止之坐, 四正斷之坐]이다.

또 낮은 자리는 사크리다가민을 얻은 자리이고, 하늘 자리는 아나가민으로 향하는 자리이며, 브라흐만의 자리는 아나가민을 얻은 자리이다. 붇다의 자리는 네 가지 평등한 마음의 자리[四等之坐]이다.

또 낮은 자리는 욕계(欲界)의 자리이고, 하늘 자리는 색계(色界)의 자리이며, 브라흐만의 자리는 무색계(無色界)의 자리이다. 붇다의 자리는 네 가지 자재한 선정[四神足]의 자리이다.

그러므로 어린이여, 여래는 이 네 가지 자재한 선정의 자리에 앉아 기분 좋게 잘 잘 수 있다. 그 가운데에서는 음욕과 성냄과 어리석음의 마음을 일으키지 않는다.

이 세 가지 독(毒)의 마음을 일으키지 않기 때문에 남음 없는 니르바나의 세계에서 파리니르바나에 든다.

그래서 나고 죽음은 이미 다하고 범행이 이미 서며, 지을 바를 이미 다 지어 다시는 뒤의 있음 받지 않는다는 것을 진실 그대로 안다.

장자의 아들아, 나는 이런 뜻을 살피어 마쳤다. 그러므로 '여래는 시원스럽게 잘 잘 수 있다'고 말한 것이다."

장자의 아들이 세존의 잠을 찬탄함

그때 장자의 아들이 곧 이런 게송을 말하였다.

서로 뵈었던 날이 아주 오래인데
브라마나는 파리니르바나에 드셨네.
여래의 거룩한 힘을 얻어서
밝은 눈으로 니르바나에 들었네.

낮은 자리와 나아가 하늘의 자리
브라흐만 자리와 붇다의 자리
여래는 모두다 분별하시니
그러므로 시원스레 잘 주무시네.

스스로 거룩한 이께 귀의하고
사람 가운데 높은 이께 귀의하나
어떤 선정 의지해 닦아가는지
저는 지금 아직 알지 못하옵니다.

장자의 아들이 이렇게 말하자 세존께서는 '그렇다'고 하셨다.

이때 장자의 아들은 이렇게 생각하였다.

'세존께서 그렇다고 말씀하셨다. 나는 아주 큰 기쁨이 넘쳐 스스로 이길 수 없다.'

그는 곧 자리에서 일어나 머리를 대 세존의 발에 절하고 물러나 떠나갔다.

그때 저 어린이는 붇다의 말씀을 듣고 기뻐하며 받들어 행하였다.

• 증일아함 28 성문품(聲聞品) 三

• 해설 •

어린이가 비록 나이는 어리나 여래의 잠에 대해 그처럼 잘 묻고 그토록 잘 알아들어 찬탄의 노래를 바치니, 어린이가 어린이가 아니고 보디사트바인 어린이다.

여래가 누워 쉬시는 자리는 탐냄 · 성냄 · 어리석음이 사라진 안온한 곳이니, 여래의 잠은 편안하고 즐거운 잠이고 고요하되 밝은 잠이다.

여래가 누워 쉬시는 자리는 나고 죽음이 있는 세간 왕의 자리 · 하늘의 자리 · 브라흐마하늘의 자리가 아니라 나고 죽음이 사라진 진리의 자리이고, 아직 나머지가 있는 닦아감의 자리가 아니라 네 가지 바른 끊음[四正斷]의 자리 · 평등한 마음의 자리 · 네 가지 자재한 선정의 자리[四神足]이니, 여래의 잠은 편안하고 즐거운 잠이다.

니르바나의 자리는 세 가지 독의 마음이 사라져 없되 온갖 법의 진실을 살피는 지혜가 밝으니, 잠에 잠이 없는 잠이고 온갖 중생을 사랑과 어짊의 이불로 덮어주는 잠이다.

⑤ 여래의 먹음[如來食]

여래는 진리의 기쁨으로 밥을 삼나니

이와 같이 내가 들었다.

한때 붇다께서는 사알라(śāla) 브라마나의 마을에 계셨다.

그때 세존께서 이른 아침에 가사를 입고 발우를 가지고 사알라 마을에 들어가 밥을 비셨다.

그때 악한 마라 파피야스는 이렇게 생각하였다.

'지금 사문 고타마가 이른 아침에 가사를 입고 발우를 가지고 사알라 마을에 들어가 밥을 빌고 있다. 내가 지금 먼저 그 집에 들어가 신심 있는 브라마나 장자들에게 말해서 사문 고타마로 하여금 빈 발우로 나오게 하겠다.'

그때 악한 마라 파피야스가 붇다 뒤를 따라가면서 이렇게 외쳤다.

"사문이여, 사문이여, 아예 밥을 얻지 못하였는가?"

그때 세존께서 '이것은 악한 마라 파피야스가 나를 흔들어 어지럽히려는 짓이다'라고 생각하시고, 곧 게송으로 말씀하셨다.

너는 지금 새롭게 여래에 대해
한량없는 죄를 지어 받고 있도다.
너는 저 해탈하신 여래를 불러

온갖 괴로움 받느냐고 하는구나.

그때 악한 마라 파피야스가 이렇게 말했다.

"고타마여, 다시 마을로 들어가라. 반드시 밥을 얻도록 하여주겠다."

모습 있는 몸 의지하지 않으며 진리의 기쁨으로 살아감을 보이심

그때 세존께서 게송으로 말씀하셨다.

가진 것이 없게 한다 해도
편안하고 즐겁게 살아가나니
마치 저 빛과 소리의 하늘무리들
늘 기쁨으로 밥을 삼는 것 같네.

가진 것이 없게 한다 해도
편안하고 즐겁게 살아가면서
늘 진리의 기쁨으로 밥을 삼아서
모습 있는 몸 의지하지 않노라.

그러자 악한 마라 파피야스는 '사문 고타마가 내 마음을 이미 알았구나' 생각하고, 안으로 근심과 시름을 품은 채 이내 사라지더니 나타나지 않았다.

• 잡아함 1095 걸식경(乞食經)

• 해설 •

중생은 육제척인 자아를 세워 밖으로 먹을 것을 먹어치우며 그 맛을 탐착한다. 맛[味]에 맛들일 것이 있다고 집착하므로 하나의 맛을 먹고 새로운 맛을 추구한다.

여래는 몸에 모습 없음을 통달하신 분이므로 여래의 몸은 몸 아닌 몸 곧 법계의 몸[法界身]이다. 그리고 여래는 저 먹을거리에 실로 맛들일 것이 없음[無味]을 통달하므로 지금 입으로 씹으며 느끼는 한맛[一味]이 한량없는 맛[無量味]을 갖춘다.

중생은 맛을 탐착하여 하나의 맛을 먹어치우고는 다시 새로운 맛 새로운 빛깔 찾아 나서며 끝없는 소유욕을 늘리고 더 많이 가짐을 향해 달려간다. 그러나 맛에 맛 없음을 알면 맛이 여래장의 맛이 되고 맛이 해탈의 문이 된다.

여래는 선정의 기쁨으로 밥을 삼고[禪悅食], 진리의 기쁨으로 밥을 삼으며[法喜食], 늘 니르바나의 밥[涅槃飯]을 먹으며 니르바나의 기쁨으로 중생을 거둬주고 저 중생을 해탈의 언덕에 이끄신다. 그는 맛을 통해 해탈하고 맛을 통해 중생에게 법으로 보시하는[法施] 분이다.

그러므로 남악혜사선사(南嶽慧思禪師)는 새로 배우는 보디사트바 또한 여래의 먹음을 따라 먹어, 맛이 곧 법계임을 깨달아 여래의 보디에 나아가야 함을 다음 보디사트바의 서원을 통해 보이고 있다.

밥을 받아 먹을 때에 바라오니 온갖 중생
선정의 기쁨 그 밥 얻어 다른 맛의 생각 없고
밥을 받아 먹을 때에 바라오니 온갖 중생
법의 기쁨 그 밥 얻어 단이슬의 맛보게 되고
먹을거리 씹을 때에 바라오니 온갖 중생
니르바나 밥을 먹어 저 언덕 이르러지이다.

若得食時 當願衆生　得禪悅食 無餘味想
若得食時 當願衆生　得法喜食 甘露味想

噉飮食時 當願衆生 餐涅槃飯 到彼岸想

밥을 다 먹고 나면 바라오니 온갖 중생
일체종지 원만하여 중생의 생각 깨쳐 다하고
양치질을 하고 나면 바라오니 온갖 중생
묘한 깨침 늘 머물러 고요하고 밝아지이다.

飯食已訖 當願衆生 種智圓滿 覺衆生想
澡口頼訖 當願衆生 妙覺常住 湛然明淨

혜사선사의 위 법문은 『화엄경』의 가르침을 받아 재구성한 것이니, 「정행품」(淨行品)은 말한다.

밥을 먹을 때는 바라오니 온갖 중생
선정기쁨 밥을 삼아 법의 기쁨 충만해지고
맛을 받을 때는 바라오니 온갖 중생
붇다의 위없는 맛 얻어 단이슬 가득해지며
밥을 다 먹고 나선 바라오니 온갖 중생
짓는 일 이루어져 붇다의 법 갖춰지이다.

若飯食時 當願衆生 禪悅爲食 法喜忠滿
若受味時 當願衆生 得佛上味 甘露滿足
飯食已訖 當願衆生 所作皆辨 具諸佛法

여래는 온갖 법에 두려움 없이 사자처럼 외치노라

이와 같이 내가 들었다.

한때 붇다께서는 바라나시 국 선인이 살았던 사슴동산에 계셨다.

그때 세존께서 여러 비구들에게 말씀하셨다.

"여래는 사자 같은 목소리로 성문들에게 '이미 알았다. 이미 알았다'라고 말한다.

여래가 성문들에게 '어떤 법을 이미 알았다'고 하며, 그 법을 이미 알았기 때문에 사자 같은 목소리로 외치는지를 알지 못하는가?

곧 괴로움의 거룩한 진리[苦聖諦]·괴로움 모아냄의 거룩한 진리[苦集聖諦]·괴로움 사라짐의 거룩한 진리[苦滅聖諦]·괴로움 없애는 길의 거룩한 진리[苦滅道聖諦]이다."

그때 하늘의 악한 마라 파피야스는 이렇게 생각하였다.

'사문 고타마가 지금 바라나시 국 선인이 살았던 사슴동산에 머물고 있으면서 여러 성문들을 위해 이렇게 설법한다.

〈나는 괴로움의 거룩한 진리·괴로움 모아냄의 거룩한 진리·괴로움 사라짐의 거룩한 진리·괴로움 없애는 길의 거룩한 진리, 이 네 가지 거룩한 진리[四聖諦]를 이미 알았다.〉

그러니 내가 그곳에 가서 그에게 어려움을 끼쳐주겠다.'

그리고 그는 젊은이로 변화하여 붇다 앞에 서서 게송을 말했다.

무엇 때문에 여러 무리들 앞에서
두려움 없이 사자처럼 외치는가.
나를 맞설 사람이 없다고 하여
온갖 이들 조복하길 바라는가.

그때 세존께서 이렇게 생각하셨다.

'이것은 악한 마라 파피야스가 나를 흔들어 어지럽히려고 하는 짓이다.'

곧 게송을 말하셨다.

여래는 온갖 깊고 깊은 법 깨달아
그 깊고 바른 법과 율에 대해서
방편으로 사자처럼 외치나니
온갖 법에 두려워할 것이 없도다.
만약 지혜 있는 사람이 있다면
왜 스스로 근심하고 두려워하리.

그러자 마라 파피야스는 '사문 고타마가 내 마음을 이미 알았구나' 생각하고, 마음속에 근심 걱정을 품은 채 사라지더니 나타나지 않았다.

• 잡아함 1101 사자경(師子經)

• 해설 •

이 경은 아마도 붇다께서 처음 성도하신 뒤 바라나시 국에서 성문제자들에게 처음 설법하실 때의 이야기인 듯하다.

여래는 온갖 법이 공한 줄 깨달아 하늘과 마라, 저 브라흐만에 이르기까지 그 온갖 것에 두려워할 것이 없는 지혜를 얻었다. 그 지혜는 나도 공하고 저 세계도 공하여 한 법도 걸릴 것이 없으며, 비록 말하되 실로 말함과 말할 것이 없는데 그 무엇을 두려워하고 그 어떤 것을 의혹해 머뭇거릴 것인가.

사자가 울부짖으면 백 가지 짐승이 달아나듯, 삿된 견해를 지닌 자 탐욕의 깃발로 세간을 지배하려는 자들도 여래의 사자 같은 외침과 삿됨을 깨뜨리는 여래의 진리의 깃발에 놀라 달아나리라.

『화엄경』(「비로자나품」)은 사자 같은 외침과 신통으로 세간 교화하시는 여래의 위신력을 다음과 같이 가르친다.

그대는 붇다의 신통 살펴야 하니
붇다의 털구멍 불꽃 구름을 내
세간을 환히 밝게 비추시사
밝은 빛은 다함이 없으시네.

汝觀佛神通　毛孔出焰雲
照耀於世間　光明無有盡

「입법계품」 또한 여래의 설법을 이렇게 찬탄한다.

잘 가신 이 위신의 힘으로
중생 위해 법바퀴 굴리시면
신묘한 변화 널리 가득하여
세간이 다 청정케 하여주네.

善逝威神力　爲衆轉法輪
神變普充滿　令世皆淸淨

네 가지 변재의 완성자는 여래이시니

이와 같이 들었다.

한때 붇다께서는 슈라바스티 국 '외로운 이 돕는 장자의 동산'에 계시면서 여러 비구들에게 말씀하셨다.

"네 가지 변재가 있다. 어떤 것이 네 가지인가.

뜻의 변재[義辯]·법의 변재[法辯]·말의 변재[辭辯]·잘 응함의 변재[應辯]이다.

그 어떤 것을 뜻의 변재라 하는가.

뜻의 변재란 하늘이나 용이나 귀신이 하는 이런 저런 말에서 그들이 하는 말의 뜻을 다 분별하는 것이니, 이것을 뜻의 변재라 한다.

그 어떤 것을 법의 변재라 하는가.

십이부경은 여래께서 말씀하신 것이다. 그것은 곧 수트라(Sūtra, 契經), 게야(Geya, 重頌), 비야카라나(Vyākaraṇa, 授記), 가타(Gāthā, 孤起頌), 우다나(Udāna, 無問自說), 이티브리타카(Itivṛttaka, 本事), 자타카(Jātaka, 本生譚), 바이풀야(Vaipulya, 方廣), 아부타다르마(Adbhuta-dharma, 未曾有法), 니다나(Nidāna, 因緣), 아바다나(Avadana, 譬喩), 우파데사(Upadeśa, 論議)이다.

나아가 모든 함이 있는 법[有爲法]·함이 없는 법[無爲法]·샘이 있는 법[有漏法]·샘이 없는 법[無漏法] 이 모든 법의 진실[諸法之實]은 막거나 무너뜨릴 수 없다.

이를 모두 지닐 수 있는 것을 법의 변재라 이름한다.

그 어떤 것을 말의 변재라 하는가.

만약 앞의 중생들의 길고 짧은 말 · 남자의 말 · 여자의 말 · 붇다의 말 · 브라마나 · 하늘 · 용 · 귀신의 말과 아수라 · 가루라 · 긴나라의 말한 것에 대해서, 그 근원을 따라 그들에게 법을 설해주면, 이를 말의 변재라 한다.

그 어떤 것을 잘 응함의 변재라 하는가.

설법할 때에 겁내 약하지 않고 두려움이 없어서, 네 가지 무리를 기쁘게 할 수 있으면, 이를 잘 응함의 변재라 한다."

네 변재의 뜻을 말하고 네 변재를
온전히 갖춘 이가 여래임을 보이심

"나는 이제 너희들에게 당부한다. 너희들은 마하카우스틸라(Mahākauṣṭhila)처럼 되어야 한다.

왜 그러냐 하면 마하카우스틸라는 이 네 가지 변재가 있어 네 가지 무리들에게 널리 분별해 연설할 수 있기 때문이다.

내가 지금 보는 바로는 이 대중 가운데서 이 네 가지 변재를 얻은 이로는 마하카우스틸라보다 나은 이가 없다.

만약 이 네 가지 변재라면 여래가 갖고 있는 것이다.

그러므로 방편을 구해 네 가지 변재를 이루어야 한다.

이와 같이 여러 비구들이여, 반드시 이렇게 배워야 한다."

그때에 비구들은 붇다의 말씀을 듣고 기뻐하며 받들어 행하였다.

• 증일아함 29 고락품(苦樂品) 五

• 해설 •

붇다의 제자 가운데 논의로 으뜸인 제자는 마하카타야나 존자이지만 네 가지 변재가 으뜸인 제자는 마하카우스틸라이다.

네 가지 변재 가운데 법의 변재가 법의 공한 진실을 알고 법의 차별된 모습을 알며 여러 가지 법의 실상을 밝히기 위해 설한 십이부경의 내용을 잘 지녀 아는 것을 말하니, 법의 변재는 곧 법의 실상을 살피는 지혜에서 나온다.

뜻의 변재란 온갖 중생이 하는 말의 뜻을 잘 알아듣는 것이니, 방편의 지혜이다.

말의 변재와 잘 응함의 변재는 법의 변재와 뜻의 변재를 갖춘 이가 두려움 없이 온갖 중생의 근기와 취향을 살펴 그들을 잘 따라 설법해 그 중생을 법의 기쁨 안에 이끌어들이는 것을 말한다.

그 가운데 말의 변재가 중생의 여러 가지 다른 말들을 다 알아듣는 것을 나타낸다면, 잘 응함의 변재는 각기 다른 중생의 취향을 따라 그 중생이 알아듣는 말로 잘 가르쳐 이끎을 말한다.

선종에서는 네 가지 변재 통한 이를 '지혜의 종과 말을 함께 통했다'[宗說兼通]고 표현하니, 이 세간에서 네 가지 변재 곧 지혜의 종지와 말씀을 함께 통해 완성한 분은 붇다 여래이다.

여래는 가장 위없는 보디의 완성자일 뿐만 아니라, 참다운 변재의 완성자가 되는 것이다.

붇다야말로 『금강경』의 가르침대로 '참된 말씀[眞語] · 실다운 말씀[實語] · 진리 그대로의 말씀[如語] 하시는 분이라, 다른 말[異語] · 속이는 말[誑語] 하시지 않는다.

이 경의 말씀처럼 하늘과 용신들의 말을 알아들으시고 한 음성으로 연설하면, 그 중생이 각기 그 설법을 알아듣고 법의 눈을 뜨는 것은 왜인가.

여래가 오직 온갖 중생 그 존재의 진실처에서 계시기 때문에 그런 것이니, 『화엄경』(「입법계품」)은 이렇게 말한다.

여래께선 넓고 큰 음성 널리 설해
근기와 하고자 함 따라 다 알게 해
중생이 보디의 마음 내도록 하사
미혹의 때를 모두 없애주지만
붇다께선 마음의 생각 내심 없네.

如來普演廣大音　隨其根欲皆令解
悉使發心除惑垢　而佛未始生心念

니르바나 고요해 달라지지 않으나
여러 중생에게는 지혜의 행에
빼어나고 못남의 차별 있으니
비유하면 허공의 바탕성품 하나지만
새가 허공에 날면 멀고 가까움이
각기 같지 않은 모습과 같아라.

涅槃寂靜未曾異　智行勝劣有差別
譬如虛空體性一　鳥飛遠近各不同

붇다의 몸과 음성 또한 이와 같아
널리 온갖 허공계에 두루하지만
여러 중생 마음의 지혜 다름을 따라
듣는 것과 보는 것 각기 차별되도다.

佛體音聲亦如是　普遍一切虛空界
隨諸衆生心智殊　所聞所見各差別

2) 여래에 의해 완성된 파라미타의 행

① 여래의 다나파라미타(dāna-pāramitā, 布施)

여래가 이 세상에 오면 널리 세간을 이롭게 하고 뭇 삶들을 안온하게 하나니

이와 같이 들었다.

한때 붇다께서는 슈라바스티 국 '외로운 이 돕는 장자의 동산'에 계셨다. 그때 세존께서 여러 비구들에게 말씀하셨다.

"만약 어떤 한 사람이 세상에 출현하면 사람들을 많이 이익 되게 하고 중생들을 안온하게 하며, 세상의 뭇 생명을 슬피 여기고 하늘과 사람들로 하여금 그 복된 도움을 얻도록 한다.

어떤 사람이 그 한 사람인가?

곧 여래 아라한 삼약삼붇다를 말한다. 이것을 '어떤 한 사람이 세상에 출현하면 사람들을 많이 이익 되게 하고 중생들을 안온하게 하며, 세상의 뭇 생명을 슬피 여기고 하늘과 사람들로 하여금 그 복된 도움을 얻도록 한다'고 하는 것이다.

그러므로 여러 비구들이여, 늘 여래 계신 곳[如來所]에 공경하는 마음을 내어야 한다.

그러므로 여러 비구들이여, 반드시 이렇게 배워야 한다."

그때 여러 비구들은 붇다의 말씀을 듣고 기뻐하며 받들어 행하였다.

• 증일아함 8 아수륜품(阿修倫品) 二

지혜의 보시 행하면
가는 곳마다 복되리라 가르치시니

이와 같이 내가 들었다.

한때 붇다께서는 슈라바스티 국 '외로운 이 돕는 장자의 동산'에 계셨다.

그때 얼굴 모습이 아주 묘한 어떤 하늘사람[天子]이 새벽에 붇다 계신 곳으로 찾아와 붇다의 발에 머리를 대 절하고 한쪽에 물러나 앉았다. 그러자 그 몸의 밝은 빛이 '외로운 이 돕는 장자의 동산'을 두루 비추었다.

그때 그 하늘사람이 게송으로 붇다께 말씀드렸다.

인색하게 아낌이 마음에 생기면
널리 베풀어줌을 행할 수 없네.
밝은 지혜로 복을 구하는 사람이
그 은혜로운 베풂 행할 수 있네.

지혜롭고 바른 보시의 공덕을 노래로 보이심

그때 세존께서 게송으로 말씀하셨다.

무섭고 두려워 보시 않으면
늘 보시하지 못한 두려움 있어

주리고 목마름을 두려워하나니
인색하게 아낌이 두려움에서 생기네.

이 세상과 저 세상에서 늘 어리석어
주림과 목마름을 두려워하네.
죽으면 가진 것 죽음 따르지 않고
홀로 감에 식량이 필요 없다네.

적은 재물을 보시할 수 있는 이도
많은 재물 버리기 또한 어려우니
버리기 어려운 것 버릴 수 있으면
이것이 하기 어려운 보시가 되네.

바로 알지 못한 이 깨닫지 못하나
지혜로운 이 알기 어려운 것을 알아
옳은 법으로 아내와 아들을 기르고
재물 적어도 맑은 마음으로 베푸네.

백 천의 삿된 제사 그 성대한 모임
그곳에서 얻은바 복과 이익은
앞의 법답게 하는 보시에 견준다면
열여섯의 하나에도 못 미치네.

때리고 묶어 중생을 괴롭게 하여

그렇게 해 얻은 바 온갖 재물로
은혜롭게 베풀어 나라를 편케 해도
이런 보시 죄 있는 보시라 하네.

그 보시를 평등한 보시에 견주면
재어 보고 헤아린들 미칠 수 없네.
법답게 해 그릇됨 행하지 않고
그렇게 해 얻은 재물 베풀어주라.

베풀기 어려운 것을 베풀어주면
이는 반드시 현성의 보시가 되니
가는 곳마다 늘 좋은 복을 얻으며
목숨 마치고는 하늘위에 나리라.

그때 그 하늘사람이 다시 게송으로 말하였다.

오래도록 브라마나 보아왔더니
온전한 니르바나 얻으셨어라.
온갖 두려움을 모두 이미 벗어나
길이 세간 은혜 애착 뛰어나셨네.

그때 그 하늘사람은 붇다의 말씀을 듣고 기뻐하고 따라 기뻐하면서, 붇다의 발에 머리를 대 절하고 이내 사라져 나타나지 않았다.

• 잡아함 1288 간인경(慳吝經)

• 해설 •

여래의 행위밖에 여래가 따로 없다. 여래는 걸어갈 때 발 들어올리고 발을 내림과 서 계심과 앉아 선정에 드심, 누워 쉬심과 먹을 것을 드심, 입을 열어 말씀하심이 온통 뭇 삶들을 안온히 보살피고 뭇 삶들을 이익되게 하고 뭇 삶들에게 두려움 없음을 주시는 분이니, 그의 삶 자체가 보시파라미타의 완성이다.

참된 보시는 바른 지혜의 발현이니, 여래가 위없는 보디의 완성자라면 그가 어찌 보시파라미타의 완성자가 되지 않겠는가.

지금 여래의 도에 나아가는 자에게 보시행은 보디의 완성[果德]을 향해 나아가는 실천행[因行]이지만, 위없는 도를 성취한 여래에게 보시는 위없는 보디의 작용이 되고 발현이 된다.

왜 지혜의 완성이 보시의 완성이 되는가. '보디의 처소'[菩提場]에는 나[我]에 나가 없고, 내 것에 내 것[我所]이 없되, 나와 내 것 없음마저 공하기 때문이다. 이와 같이 나와 내 것 없음을 체달한 지혜의 사람이 어찌 내 것을 내 것으로 붙들어쥐는 탐욕과 아낌의 때가 있겠는가. 나가 아니되 나 아님도 아닌 저 중생을 향한 끝없는 자비와 베풂의 삶만이 있을 뿐이다.

그러므로 여래는 보시하지 못하는 중생에게, 보시하지 못하는 허물이 가진 것을 잃지 않으려는 집착과 잃을 것에 대한 두려움에서 일어난다고 가르치신다.

내 것에 내 것 없음을 체달한 지혜로운 사람은 한 법도 잃을 것이 없는 곳에 한량없는 공덕이 가득함을 볼 수 있는 자이니, 그가 어찌 잘못된 견해로 가진 것에 아낌의 때를 일으키고 산목숨 해치는 잘못된 제사의식을 통해 복됨을 구할 것인가.

주는 나와 받는 너, 주는 물건이 모든 평등한 진리의 땅에서, 주되 줌이 없고 받되 받음 없는 보시만이 진리 그대로의 보시라, 그 공덕 또한 한량없고 다함없는 보시가 될 것이다.

② 여래의 실라파라미타(śīla-pāramitā, 持戒)

산목숨 죽이지 않고 자비 행함이 하늘의 길이라 가르치시니

이와 같이 내가 들었다.

한때 붇다께서는 슈라바스티 국 '외로운 이 돕는 장자의 동산'에 계셨다.

그때 얼굴 모습이 아주 묘한 어떤 하늘사람이 새벽에 붇다 계신 곳으로 찾아와 붇다의 발에 머리를 대 절하고 한쪽에 물러나 앉았다. 그러자 그 몸의 밝은 빛이 '외로운 이 돕는 장자의 동산'을 두루 비추었다.

그때 그 하늘사람은 게송으로 붇다께 여쭈었다.

어떤 계율 어떤 바른 몸가짐을
어떻게 얻어 지켜야 하며
어떻게 행해야 합니까.
지혜로운 사람은 어떻게 머무르며
어떻게 해야 하늘에 가서 납니까?

깨끗한 계로 하늘에 나는 길을 보이심

그때 세존께서 게송으로 대답하셨다.

산목숨 죽이는 것 멀리 여의고
계를 지켜 스스로 즐김 막으며
해치는 뜻 중생에게 내지 않으면
이것이 곧 하늘에 나는 길이다.

주지 않는 것 가짐 멀리 여의고
주는 것만 가져 마음 즐거워하며
도둑질할 마음을 끊어 없애면
이것이 곧 하늘에 나는 길이다.

남이 받아 사는 것 범하지 않고
삿된 음행을 멀리 떠나 여의어
스스로 받은 바에 만족함 알면
이것이 곧 하늘에 나는 길이다.

자기와 남을 위해 탐욕하거나
재물을 위해 우스갯짓 하거나
거짓말 속이는 말 하지 않으면
이것이 곧 하늘에 나는 길이다.

이간하는 두 말을 끊어 없애고
남의 친한 벗 떼어 놓지 않으며
이 사람과 저 사람이 어울리도록
언제나 생각하며 살아간다면

이것이 곧 하늘에 나는 길이다.

사랑스럽지 않은 말 멀리 여의고
부드러운 말로 남 다치지 않고
늘 깨끗하고 아름다운 말만 하면
이것이 곧 하늘에 나는 길이다.

성실하지 않은 말을 하지 않고
그 말에 이익되지 않는 뜻 없으며
언제나 법다운 말을 따르면
이것이 곧 하늘에 나는 길이다.

마을이나 텅 비어 고요한 곳에서
이익된 것 보아도 내 것이라 않고
탐착하는 생각을 내지 않으면
이것이 곧 하늘에 나는 길이다.

사랑의 마음에 해치는 뜻 없어
그 어떤 중생도 해치지 않으며
마음에 늘 원한 맺음 두지 않으면
이것이 곧 하늘에 나는 길이다.

괴로운 업과 괴로운 업의 갚음
이 두 가지에 깨끗한 믿음을 내

바른 견해 받아 지녀 살아간다면
이것이 곧 하늘에 나는 길이다.

이와 같은 여러 가지 착한 업들을
열 가지 깨끗한 업의 자취라 하니
평등하게 받아서 굳세게 지니면
이것이 곧 하늘에 나는 길이다.

그때 그 하늘사람은 다시 게송으로 말하였다.

오래도록 브라마나 보아왔더니
온전한 니르바나 얻으셨어라.
온갖 두려움을 모두 이미 벗어나
길이 세간 은혜 애착 뛰어나셨네.

그때 그 하늘사람은 붇다의 말씀을 듣고 기뻐하고 따라 기뻐하면서, 붇다의 발에 머리를 대 절하고 곧 사라지더니 나타나지 않았다.

• 잡아함 1299 십선경(十善經)

• 해설 •

위없는 공덕의 세계는 원인이 되는 실천행이 없이는 이루어지지 않는다. 그러므로 여래의 바른 길에 나아가려는 이는 계를 지니는 파라미타의 행[śīla-pāramitā, 持戒波羅密]으로 중생을 해치거나 탐욕에 물든 행을 버리고, 중생을 이익되게 하는 바른 행에 나아가야 한다.

위없는 보디의 완성자 여래는 선과 악, 죄와 복이 공한 곳[善惡罪福俱空

處]에서 그 공함에도 머물지 않으니, 그의 행은 죄악에 빠진 중생을 죄업을 끊게 해서 그 중생을 온전히 보디의 복됨으로 장엄하는 행이다.

닦아가는 이에게 지계는 보디의 원인이 되지만, 보디의 완성처에서 지계는 지혜의 발현인 자비행이고 범행이다.

여래는 생각생각 걸음걸음 저 중생에 해칠 마음이 길이 사라져, 한없는 자비로 그들을 안온케 하고 늘 두려움 없는 마음을 주며 단이슬의 문에 이끌어들여 니르바나의 공덕으로 그들을 요익케 한다.

그러므로 붇다는 걸어갈 때에도 파라미타의 걸음이고, 앉아 있을 때도 파라미타의 앉음이며, 깨어 있을 때도 파라미타의 깨어 있음이고, 누워 쉴 때에도 파라미타의 누워 쉼이다.

참으로 붇다는 선과 악이 공하되 공도 공한 니르바나의 자리에 누워 쉬시므로, 누워 쉼 속에 크나큰 자비와 온갖 범행이 함께하여 그 범행으로 뭇 삶들을 늘 요익케 하는 것이다.

모든 때를 떠나 범행을 완성하신 여래는 중생의 갖가지 때묻은 몸에서 온갖 물든 때를 떠나게 해 해탈의 길에 이끄시니, 『화엄경』(「세주묘엄품」)은 다음과 같이 말한다.

붇다는 진여인 법계장에 머물러
모습과 꼴이 없이 모든 때를 떠나
중생에게서 갖가지 몸 살펴보시사
온갖 고난 모두다 없애주시네.

佛住眞如法界藏　無相無形離諸垢
衆生觀見種種身　一切苦難皆消滅

③ 여래의 찬티파라미타(kṣānti-pāramitā, 忍辱)

여래는 성냄으로 성냄 갚지 않나니

이와 같이 내가 들었다.

한때 붇다께서는 슈라바스티 국 '외로운 이 돕는 장자의 동산'에 계셨다.

그때 젊은 브라마나 빌랑기카(Bilaṅgika)가 있었는데 붇다 계신 곳으로 찾아가 세존의 얼굴 앞에서 거칠고 악해 착하지 않은 말로 성을 내며 꾸짖었다.

그러자 세존께서 젊은 빌랑기카에게 말씀하셨다.

"만약 어느 좋은 날에 너는 너의 친족과 권속들을 모을 수 있겠느냐?"

빌랑기카가 붇다께 말씀드렸다.

"그렇게 할 수 있소, 고타마여."

붇다께서 빌랑기카에게 말씀하셨다.

"만약 너의 친족들이 음식을 먹지 않으면 어떻게 하겠느냐?"

빌랑기카가 붇다께 말씀드렸다.

"먹지 않으면 그 음식은 도로 내 것이 될 것이오."

붇다께서 빌랑기카에게 말씀하셨다.

"너도 또한 이와 같다. 여래의 얼굴 앞에서 거칠고 악해 착하지 않은 말로 욕하고 꾸짖었다. 내가 끝내 받아주지 않는다면 그 꾸짖음이 누구에게로 돌아가겠느냐?"

빌랑기카가 붇다께 말씀드렸다.

"그렇소. 이와 같지만 고타마여, 그가 비록 받지 않더라도 또다시 서로 준다면 곧 이것은 준 것이오."

붇다께서 빌랑기카에게 말씀드렸다.

"이와 같은 것은 다시 서로 남겨준 것이라고 할 수 없는데, 어떻게 서로 준 것이 되겠는가?"

빌랑기카가 붇다께 말씀드렸다.

"어떤 것을 다시 남겨주어서 서로 준 것이 된다고 하고, 어떤 것을 서로 남겨주었는데도 받지 않아서 서로 준 것이 아니라고 하겠소?"

붇다께서 빌랑기카에게 말씀하셨다.

"만약 이와 같이 꾸짖으면 꾸짖음으로써 갚고, 성내면 성냄으로써 갚으며, 때리면 때림으로써 갚고, 싸우면 싸움으로써 갚는다면, 그것은 서로 남겨주었다고 하고 서로 준 것이라 한다.

만약 다시 빌랑기카여, 꾸짖어도 꾸짖음으로써 갚지 않고, 성내어도 성냄으로써 갚지 않으며, 때려도 때림으로써 갚지 않고, 싸워도 싸움으로써 갚지 않는다 하자. 만약 이와 같이 하면 서로 남겨준 것이 아니라 서로 준 것이라 하지 않는다."

빌랑기카가 붇다께 말씀드렸다.

"고타마여, 나는 옛날 브라마나의 장로들로서 오래도록 도를 행한 큰 스승들이 다음과 같이 말하는 것을 들었소.

'여래 · 공양해야 할 분 · 바르게 깨친 이는 얼굴 앞에서 욕하고 성내며 꾸짖어도 성내지 않는다.'

그런데 지금 고타마는 성내고 있지 않소?"

여래의 다툼 없고 성냄 없는 생활 가르치니 빌랑기카가 참회함

그때 세존께서 곧 게송을 설하셨다.

성낼 마음 없는데 무슨 성냄 있으랴.
바른 생활로 성냄을 잘 조복하고
바른 지혜로 마음이 해탈하였으니
지혜로운 사람은 성냄이 없다.

성냄으로써 성냄을 갚는 사람
이런 사람이 바로 나쁜 사람이다.
성냄으로써 성냄을 갚지 않으면
누르기 어려운 적 누를 것이네.

성내지 않음이 성냄을 이기고
착하지 않음을 착함이 항복받으며
은혜로이 베풂이 아낌 누르고
참된 말이 거짓말을 무너뜨린다.

꾸짖지 않고 또한 사납지 않아서
늘 현성의 바른 마음에 머무르면
악한 사람이 성냄에 머물더라도
저 산의 돌처럼 움직이지 않으리.

성냄 일으킴을 잘 다스려짐이

미친 말수레를 눌러 이김 같도다.
나는 잘 말 다루는 이라 말하니
다만 저 밧줄만 끄는 사람 아니네.

그때 젊은 빌랑기카가 붇다께 말씀드렸다.

"허물을 뉘우칩니다, 고타마시여.

너무나도 캄캄하고 어리석어서 분별하지 못하고 착하지도 못해서 사문 고타마의 얼굴 앞에서 거칠고 악해 착하지 않은 말로 꾸짖고 욕하였습니다."

그는 붇다의 말씀을 듣고 기뻐하면서 절하고 떠나갔다.

• 잡아함 1152 빈기가경(賓耆迦經)

• 해설 •

여래도 성내는 마음이 일어나지만 그 성냄을 참는다 말하는가. 이는 여래를 비방하는 말이다.

여래는 아는 주체에 여섯 가지 아는 뿌리[六根]가 공하고, 몸 밖의 여섯 티끌[六塵]에 모습이 없으며, 그 가운데 여섯 앎[六識]에 앎 없는 법계의 실상을 깨달아 실상 그대로 사는 분이다.

그러므로 여래는 저 욕하는 소리가 실로 일어남이 없고, 실로 일어남이 없으므로 그 소리가 귀에 실로 와 닿음이 없음을 알아 움직임 없는 사마디[不動三昧]에 계시니, 비방하고 칭찬하며 헐뜯고 기리는 세간의 여덟 법이 여래를 움직이지 못한다.

여래는 나를 욕되게 하는 것이 실로 남이 없는 법을 깨쳐 참으므로[無生法忍], 그 참음에도 실로 참음이 없다. 그러므로 여래가 참는다 하면 이미 여래의 바른 법을 비방하는 것이다.

여래는 욕됨의 경계를 만나 억지로 참는 분이 아니라 주체·객체·행위의 온갖 법이 본래 공하여 움직임 없는 곳[不動處]에서 성냄을 성냄으로 갚지 않고 해침을 해침으로 갚지 않는 관용과 어짊의 길을 보이신다.

그러므로 배우는 이들이 여래가 보이시는 참음의 길을 따라 행하면, 그 중생 또한 움직임 없는 사마디[不動三昧]에 들어가고 온갖 법이 공한 법계의 참모습을 깨치게 될 것이다.

여래의 원한이 없고 성냄이 없는 공덕의 몸이 실상 그대로의 실천행으로 성취된 과덕의 세계임을,『화엄경』(「세주묘엄품」)은 이렇게 말한다.

참는 힘 성취하신 세간의 길잡이
한량없는 겁 중생 위해 닦아 행하사
세간 교만과 미혹 길이 떠났으므로
그 몸이 아주 단엄하고 깨끗하도다.

成就忍力世導師　爲物修行無量劫
永離世間憍慢惑　是故其身最嚴淨

지난 옛날 참음의 청정함 닦아 행해
믿음과 앎 진실해 분별 없었네.
그러므로 그 모습 다 원만하시사
널리 밝은 빛 놓아 시방 비추네.

往昔修行忍淸淨　信解眞實無分別
是故色相皆圓滿　普放光明照十方

닿음이 없으면 닿음의 갚음 없나니

이와 같이 내가 들었다.

한때 붇다께서는 슈라바스티 국 '외로운 이 돕는 장자의 동산'에 머무시고 계셨다.

그때 얼굴 모습이 아주 묘한 어떤 하늘사람이 새벽에 붇다 계신 곳으로 찾아가서 붇다의 발에 머리를 대 절하고 한쪽에 물러나 앉았다. 그러자 그의 몸의 밝은 빛이 '외로운 이 돕는 장자의 동산'을 두루 비추었다.

그때 그 하늘사람이 게송을 읊었다.

닿음이 없으면 닿음을 갚지 않고
닿으면 그 닿음으로 갚게 되네.
닿음으로써 그 닿음을 갚으므로
성내지 않으면 성냄 부르지 않네.

성냄 없는 이에게 성냄 더하지 말도록 가르치심

그때 세존께서 게송으로 대답하셨다.

성내지 않는 사람에 대해서는
성냄으로써 그에게 더하지 말라.

맑고 깨끗한 바른 수행자는
온갖 번뇌의 묶음을 떠났도다.

만약 그에게 나쁜 마음 일으키면
그 나쁜 마음 다시 제게로 돌아오니
거스르는 바람에 티끌 날리면
그 먼지 도로 제 몸을 덮는 것 같네.

그때 그 하늘사람이 다시 게송으로 말했다.

오래도록 브라마나 보아왔더니
온전한 니르바나 얻으셨어라.
온갖 두려움을 모두 이미 벗어나
길이 세간 은혜 애착 뛰어나셨네.

그때 그 하늘사람은 붇다의 말씀을 듣고 기뻐하면서, 붇다의 발에 머리를 대 절하고 곧 사라지더니 나타나지 않았다.

• 잡아함 1275 촉경(觸經)

• 해설 •

성내는 마음은 다른 이의 나에 대한 꾸짖음과 욕보임 해침이 나의 몸과 마음에 와 닿음으로 인해 일어나는 것이다. 그래서 그 꾸짖음과 해침이 나를 상처주면 상처받아 화난 마음을 남겨두어, 다시 그 성내는 이에게 성냄으로 되갚고 해치는 이에게 그 해침을 되돌려주어 성냄을 서로 주는 것이다.

여래는 자아와 세계가 공한 진실처에 계시므로 실로 느끼어 받음[受]이 없고 경계가 나의 앎에 와 닿음[觸]이 없다.

닿음[觸]은 아는 자[根]와 알려지는 것[境]과 앎[識], 이 세 가지 일이 서로 어울려 합함[三事和合]을 말한다. 아는 뿌리가 알려지는 경계를 만나 닿음[觸]이 날 때, 닿음을 내는 세 가지 일이 모두 공한 줄 알면 닿음에 닿음이 없다. 여래는 이미 닿음이 없는데 어찌 성냄을 되돌려 갚음이 있겠는가.

여래처럼 남의 해침과 분노가 나에게 와 닿음이 없어 움직임 없는 사마디[不動三昧]에 서있는 이를 무엇으로 꾸짖을 수 있으며 어떻게 헐뜯어 허물 수 있겠는가.

횃불로 하늘을 태우려는 자가 도리어 그 손만 탈 뿐 저 허공이 타지 않듯, 허공 같은 사마디[如空三昧]의 사람은 그 성냄의 불길에 타지 않고 도리어 성내는 자 스스로 타고 말 것이다.

『화엄경』(「십통품」十通品) 또한 여래를 따라 움직임 없는 사마디로 참음의 길을 닦는 이가 여래의 언약을 받아 중생을 진리의 길에 이끌게 됨을 다음과 같이 말한다.

> 보디사트바가 이 참음에 머무르면
> 널리 모든 여래를 뵙게 되나니
> 때를 같이해 언약을 주시면
> 붇다의 일 맡음이라 이름하리라.
>
> 菩薩住此忍　普見諸如來
> 同時與授記　斯名受佛職

④ 여래의 비리야파라미타(vīrya-pāramitā, 精進)

밤낮으로 부지런히 힘써 나아가 저 흐름 건너는 이는 누구입니까

이와 같이 내가 들었다.

한때 붇다께서는 슈라바스티 성 '외로운 이 돕는 장자의 동산'에 계셨다.

때에 얼굴 모습이 아주 묘한 어떤 하늘사람이 새벽에 붇다 계신 곳에 나아와 그 발에 머리를 대 절하였다. 그러자 몸의 여러 밝은 빛이 '외로운 이 돕는 장자의 동산'을 두루 비추었다.

그때 그 하늘사람은 게송으로 붇다께 여쭈었다.

그 누가 모든 번뇌의 흐름을 건너
밤낮으로 부지런히 정진하면서
붙잡지 않고 머무르지 않으며
어떤 더러움에도 집착 않습니까.

그때 세존께서는 게송으로 대답하셨다.

온갖 계율을 두루 갖추고
지혜로 바른 사마디에 들어

안으로 사유하여 생각 묶으면
건너기 어려운 모든 흐름 건너리.

탐욕의 생각 즐거워하지 않고
물질의 묶음을 뛰어 벗어나
매이지 않고 머무르지 않으며
더러움에도 또한 집착 않으리.

그때 그 하늘사람은 다시 게송으로 말하였다.

오래도록 브라마나 보아왔더니
온전한 니르바나 얻으셨어라.
온갖 두려움을 모두 이미 벗어나
길이 세간 은혜 애착 뛰어나셨네.

그때 그 하늘사람은 붇다의 말씀을 듣고, 기뻐하고 따라 기뻐하면서 그 발에 머리를 대 절하고 이내 사라져 나타나지 않았다.

• 잡아함 1269 도제류경(度諸流經)

• 해설 •

여래는 법계의 진리를 깨달아 하되 함이 없으므로 일 속에서 늘 고요하고, 함이 없되 함 없음도 없으므로 고요하되 쉬임없이 일한다.

모든 번뇌 떠나되 공에 머묾 없고, 함이 있음을 다하지 않고[不盡有爲] 함이 없음에도 머물지 않으니[不住無爲], 여래야말로 참으로 고요한 분이고 여래야말로 참으로 쉬임없이 세간과 중생을 위해 일하는 분이다.

한량없는 중생을 니르바나에 들게 하되 한 중생도 실로 니르바나 얻음이 없는 곳, 거기가 붇다의 일하는 곳이며 건짐 없이 건짐이 붇다의 일하심이다.

세간 온갖 곳 중생이 있는 곳에 널리 들어가 교화의 일을 짓되 일이 없고 몸에 몸의 모습 없는 여래의 일하심을 『화엄경』(「세주묘엄품」)은 이렇게 찬탄한다.

> 온갖 모든 붇다의 법 깊고 깊어서
> 걸림 없는 방편으로 널리 들어가
> 세간 어느 곳에나 늘 나타나시나
> 모습 없고 꼴도 없고 그림자 없네.
>
> 一切諸佛法甚深　無礙方便普能入
> 所有世間常出現　無相無形無影像
>
> 갖가지 방편으로 중생 교화해
> 닦아 다스림들 다 이루게 하시네.
> 온갖 시방 세계에 다 두루 가시사
> 끝없이 오랜 겁에 쉬시지 않네.
>
> 種種方便化衆生　令所修治悉成就
> 一切十方皆遍往　無邊際劫不休息

방일하지 않고 따라 배우는 이가 해탈 얻으리니

이와 같이 내가 들었다.

한때 붇다께서는 슈라바스티 국 '외로운 이 돕는 장자의 동산'에 계셨다.

그때 얼굴 모습이 묘한 비슈누(Viṣṇu) 하늘사람이 새벽에 붇다 계신 곳으로 찾아와 붇다의 발에 머리를 대 절하고 한쪽에 물러나 앉았다. 그러자 그의 몸의 밝은 빛이 '외로운 이 돕는 장자의 동산'을 두루 비추었다.

그때 그 비슈누 하늘사람이 게송으로 붇다께 말씀드렸다.

여래께 늘 공양드리면
기쁨이 늘 늘어나고 자라나
바른 법과 율 좋아하니
방일하지 말고 따라 배우라.

그때 세존께서 게송으로 대답하셨다.

만약 이와 같이 법 설하고
잘 막아 보살펴 방일하지 않으면
그는 늘 방일하지 않으므로

마라를 따르지 않고 자재하리.

그때 저 비슈누 하늘사람은 붇다의 말씀을 듣고 기뻐하고 따라 기뻐하면서 붇다의 발에 머리를 대 절하고 이내 사라지더니 나타나지 않았다.

• 잡아함 1304 비수뉴경(毘瘦紐經)

• 해설 •

여래는 밤낮으로 늘 니르바나의 고요함 속에 계시되 밤낮으로 부지런히 정진하여 쉼이 없다. 왜 그럴 수 있는가.

온갖 존재가 있되 공함을 깨달아 쓰므로 여래는 늘 고요하여 모든 번뇌의 흐름을 건넌다. 그러나 온갖 존재는 공하되 연기하여 다함없고 마침 없는 생성의 길 속에 있으니, 여래에게 존재의 덧없음은 흘러가 사라짐이 아니라 남이 없이 나는 존재의 실상이다.

이 같은 존재의 실상을 깨달아 쓰므로 여래는 쉬임없이 정진하되 늘 니르바나의 고요함을 떠나지 않으며, 하되 함이 없으므로 방일함이 없이 정진하되 그 정진에 지침이 없다.

여래가 깨달아 쓰는 법계의 진리는 비치되 고요하다[照而寂]. 그러므로 여래는 번뇌의 흐름에서 벗어나 늘 고요하다. 그러나 법계의 진리는 고요하되 비치며[寂而照] 고요하되 살아 움직인다[卽靜卽動]. 그러므로 여래는 쉼없이 일하고 쉼없이 정진하여 셀 수 없는 중생을 니르바나의 문에 이끌어 들이되, 늘 법계의 고요함을 떠나지 않는 것이다.

그렇다면 저 하늘신 비슈누의 찬탄처럼 늘 여래에게 공양하고 여래의 비리야파라미타(vīrya-pāramitā, 精進行)를 따라 행하는 이, 그가 어찌 법계의 진리바다[法界海]에 돌아가지 않을 것인가.

⑤ 여래의 디야나파라미타(dhyāna-pāramitā, 禪定)

시끄러운 법 깨달으면 깨닫는 그곳이 선정이니

이와 같이 내가 들었다.

한때 붇다께서는 슈라바스티 국 '외로운 이 돕는 장자의 동산'에 계셨다.

그때 얼굴 모습이 아주 묘한 판차라칸다(Pañcālacaṇḍa) 하늘사람이 새벽에 붇다 계신 곳으로 찾아와 붇다의 발에 머리를 대 절하고 한쪽에 물러나 앉았다. 그러자 그의 몸의 밝은 빛이 '외로운 이 돕는 장자의 동산'을 두루 비추었다.

그때 그 판차라칸다 하늘사람이 게송으로 붇다께 말씀드렸다.

시끄럽고 어지러운 곳에서도
지혜로운 사람은 깨달을 수 있다.
선정의 사유로 깨달은 것은
무니의 사유하는 힘이로다.

그때 세존께서 게송으로 대답하셨다.

시끄럽고 어지러운 법 깨쳐 알면
바르게 깨달아 니르바나 얻으리.

만약 바르게 생각 묶을 수 있으면
한 마음으로 잘 사마디에 들리.

그때 저 하늘사람은 붇다의 말씀을 듣고 기뻐하고 따라 기뻐하면서 붇다의 발에 머리를 대 절하고 이내 사라지더니 나타나지 않았다.

• 해설 •

세간의 시끄러움이 인연으로 난 줄 알면 시끄러움이 곧 공하니, 시끄러움을 깨친 곳이 고요한 곳이고 시끄러움을 피해 고요함에 돌아가면 참된 고요한 곳이 되지 못한다. 여래의 선정은 여래의 내면에 있는 고요한 곳이 아니다. 여래의 선(禪)은 걷고 앉고 서고 누움을 떠나지 않되, 걷고 앉고 서고 누움이 아니니 여래가 드는 사마디의 처소는 처소가 없다.

법계의 온갖 모습에 모습 없는 참모습[無相實相]이 여래의 사마디의 처소이니, 여래의 사마디에는 몸과 마음을 얻을 수 없어서 온갖 법 가운데 받아들여 생각하고 집착함이 없되 공함에도 빠지지 않는다.

이 수트라의 가르침처럼 시끄러움을 깨쳐 알면 곧 고요함이고, 망상에 얻을 것 없음을 깨치면 진리인데 보디의 법을 따로 구하면 그릇된 길 가는 자이니, 옛 선사[永嘉]는 이렇게 노래한다.

망상을 버리고 진리를 취함이여
취하고 버리는 마음 교묘한 거짓되네.
배우는 이 깨닫지 못하고 닦아 행함 쓰면
참으로 도적을 자식이라 아는 것이네.

捨妄心 取眞理 取捨之心成巧僞
學人不了用修行 眞成認賊將爲子

선정에 있는 이, 그물 벗어난 물고기와 같으니

이와 같이 내가 들었다.

한때 붇다께서는 슈라바스티 국 '외로운 이 돕는 장자의 동산'에 계셨다.

그때 얼굴 모습이 아주 묘한 찬디마사(Candimasa, 月自在) 하늘사람이 새벽에 붇다 계신 곳으로 찾아와 붇다의 발에 머리를 대 절하고 한쪽에 물러나 앉았다. 그러자 그의 몸의 밝은 빛이 '외로운 이 돕는 장자의 동산'을 두루 비추었다.

그때 그 찬디마사 하늘사람이 게송으로 붇다께 말씀드렸다.

그는 반드시 마쳐 다함 이르리.
모기가 풀 의지해 따름처럼
만약 바르게 생각 묶을 수 있으면
한 마음으로 잘 사마디에 들리.

그때 세존께서 게송으로 대답하셨다.

그는 반드시 저 언덕에 이르리.
마치 물고기가 그 그물 찢듯이
선정을 모두 갖추어 머물면

마음이 늘 기쁘고 즐거우리.

그때 저 찬디마사 하늘사람은 붇다의 말씀을 듣고 기뻐하고 따라 기뻐하면서 붇다의 발에 머리를 대 절하고 이내 사라지더니 나타나지 않았다.

• 잡아함 1305 반사라건경(般闍羅健經) · 1303 월자재경(月自在經)

• 해설 •

나고 죽음의 바다 건너 저 언덕은 어느 곳인가. 세존은 옴이 없이 오시므로 '여래'(如來)라 하고 감이 없이 잘 가시므로 '잘 가신 이'[善逝]라 하니, 잘 가신 이는 나고 죽음에 실로 나고 죽음이 없음을 아시므로, 나고 죽음에 머물지 않되 니르바나의 고요함에도 머물지 않는다.

두 치우친 갓길[二邊]을 가지 않되 가운뎃길[中道]에도 걸리지 않으므로, 모습 있는 온갖 법 가운데서 어지럽지 않고 고요함 또한 맛들여 탐하지 않는다. 중도의 진리와 하나된 여래의 사마디는 온갖 모습이 아니되 온갖 모습을 떠나지 않는다.

그러므로 여래는 사람 사이에 노니시되 이미 삼계 밖에 뛰어났으며, 사람의 몸이되 사람의 몸을 뛰어났으니, 『화엄경』(「입법계품」)은 이렇게 보인다.

옴도 없고 또한 머묾 없으며
의지함 없고 허튼 논란 없어서
때를 떠난 마음은 걸림 없으사
법계를 모두 마쳐 다했도다.

無來亦無住　無依無戲論
離垢心無礙　究竟於法界

비유하면 빠르고 세찬 바람이
가는 바에 막힘과 걸림 없듯이
붇다의 법도 이와 같아서
세간에 빨리 두루하도다.

譬如猛疾風 所行無障礙
佛法亦如是 速遍於世間

경이 말한 이 뜻이 곧 옛 사람이 '머리 돌린 돌말이 이미 울 밖으로 벗어난 소식인가'라는 뜻을 말함인가.

옛 선사는 이렇게 노래한다.

그물 벗어난 황금잉어 물에 걸려 있지만,
머리 돌린 돌말은 이미 울 밖에 벗어났네.

透網金鱗猶滯水 廻頭石馬出紗籠

그렇다면 이미 삼계를 뛰어난 여래는 어디 계시는가. 삼계 밖의 여래여, 도리어 슈라바스티 국 고요한 숲속 나무 아래에 앉아계시는 그분이 아닌가.

⑥ 여래의 프라즈냐파라미타(prajñā-pāramitā, 智慧)

여래, 바르게 깨달은 이만이
다시는 무명에 덮이지 않나니

이와 같이 내가 들었다.

한때 붇다께서는 슈라바스티 국 '외로운 이 돕는 장자의 동산'에 계셨다.

그때 얼굴 모습이 아주 묘한 어떤 하늘사람이 새벽에 붇다 계신 곳으로 찾아가서 붇다의 발에 머리를 대 절하고 한쪽에 물러나 앉았다. 그러자 그의 몸의 밝은 빛이 '외로운 이 돕는 장자의 동산'을 두루 비추었다.

그때 그 하늘사람이 게송으로 붇다께 여쭈었다.

누가 저 세간을 가려 숨기며
누가 이 세간을 얽매 묶으며
누가 중생이라 기억케 하며
누가 중생의 깃발 세웁니까?

그때 세존께서 게송으로 대답하셨다.

무명이 세간을 덮어 가리고

애욕의 묶음 중생을 얽어 묶으며
무명의 진실 덮어가림이
중생을 중생이라 기억케 하시며
나라는 교만 중생의 깃발 세운다.

그 하늘사람은 다시 게송으로 붇다께 여쭈었다.

어느 누가 어두운 덮음 없으며
어느 누가 애욕의 묶음 없으며
어느 누가 숨겨 덮음 벗어났으며
누가 교만의 깃발 세우지 않습니까?

여래만이 참으로 무명과 교만 없는 분임을 보임

그때 세존께서 게송으로 대답하셨다.

여래 바르게 깨치신 분은
바른 지혜로 마음 해탈했으니
무명에 덮이지 않으시고
또한 애욕의 묶음에 매이지 않고
숨기어 덮음을 벗어나시사
나라는 교만의 깃발 꺾어 없앴네.

그러자 그 하늘사람이 다시 게송으로 말하였다.

오래도록 브라마나 보아왔더니
온전한 니르바나 얻으셨어라.
온갖 두려움을 모두 이미 벗어나
길이 세간 은혜 애착 뛰어나셨네.

그때 그 하늘사람은 붇다의 말씀을 듣고 기뻐하고 따라 기뻐하면서, 붇다의 발에 머리를 대 절하고는 이내 사라지더니 나타나지 않았다.

• 잡아함 1012 무명경(無明經)

• 해설 •

중생은 무명으로 인해 중생의 이름이 있고, 무명으로 인해 중생으로 이어지고 중생으로 기억되어진다.

중생의 무명은 본래 공한 곳에서 여기 실로 보는 나를 세워, 저 보여지는 빛깔에 탐착을 일으키는 것이다. 그러므로 아함경은 여러 곳에서 '눈이 빛깔 봄을 인하여 탐착과 애착을 일으키는 것이 무명이다'[因眼見色生貪愛卽無明]라고 말한다.

눈과 빛깔, 눈의 앎이 서로 의지해 일어나 그 있음이 있되 공한 것인 줄 모름을 무명이라 하였지만, 다시 그 무명이 가리어 세계의 진실한 모습 세계의 끝을 알지 못한다.

무명이 고통의 원인이나, 무명은 다시 고통과 번뇌에 얽힌 중생의 닫힌 삶이 일으켜낸 결과이다. 무명이 온갖 번뇌와 나고 죽음의 윤회를 일으키지만 본래 있지 않은 나고 죽음을 실로 있다고 보는 것이므로 무명 또한 허깨비 같다.

무명은 나라는 교만의 깃발 때문에 일어나고 저 세계의 나고 사라짐에서 참으로 나고 사라짐이 다한 세계의 끝을 알지 못하기 때문에 일어난다. 나[我]에 나 없음[無我]을 알아 나라는 교만의 깃발을 꺾고 저 세계의 연기적 진실을 알면 무명이 곧 지혜가 된다.

무명의 업으로 인해 중생이라는 이름이 있으나 중생과 무명이 본래 공함을 『화엄경』(「야마궁중게찬품」)은 이렇게 가르친다.

다만 모든 업 때문에
중생이라 이름하나
또한 중생을 떠나서
업을 얻을 수 없네.

但以諸業故 說名爲衆生
亦不離衆生 而有業可得

업의 성품 본래 공적한데
중생은 업을 의지해 그쳐
널리 물질의 모습 짓지만
그 모습 또한 오는 곳 없네.

業性本空寂 衆生所依止
普作衆色相 亦復無來處

이와 같은 모든 물질의 모습과
업의 힘은 사의할 수 없으니
그 근본을 밝게 통달하면
그 가운데 보는 바 없네.

如是諸色相 業力難思議
了達其根本 於中無所見

세계의 끝을 깨달아 세간 건넘이 현성의 행이니

이와 같이 내가 들었다.

한때 붇다께서는 슈라바스티 국 '외로운 이 돕는 장자의 동산'에 계셨다.

그때 얼굴 빛이 아주 묘한 로히타사[Rohitassa, 赤馬] 하늘사람이 새벽에 붇다 계신 곳으로 찾아와 붇다의 발에 머리를 대 절하고 한쪽에 물러나 앉았다. 그러자 그의 몸의 밝은 빛이 '외로운 이 돕는 장자의 동산'을 두루 비추었다.

그때 그 로히타사 하늘사람이 붇다께 여쭈었다.

"세존이시여, 세계의 끝을 지나가면 나지도 않고 늙지도 않으며 죽지도 않는 그런 곳에 이를 수 있습니까?"

붇다께서 로히타사에게 말씀하셨다.

"이 세계의 끝을 지나간다 해도 나지도 않고 늙지도 않으며 죽지도 않는 그런 곳에 이를 수는 없다."

로히타사 하늘사람이 붇다께 말씀드렸다.

"기이하십니다, 세존이시여. 이 뜻을 잘 말씀해주셨습니다.

세존께서 말씀하신 것과 같아서, 이 세계 끝을 지나간다 하더라도 나지도 않고 늙지도 않으며 죽지도 않는 그런 곳에 이를 수는 없습니다.

왜냐하면 그것은 다음과 같습니다. 세존이시여, 저는 오랜 생의 일을 기억하고 있으니, 로히타사라 이름하였습니다. 저는 바깥길의 선인이 되어 신통을 얻고 모든 애욕을 다 여의었습니다. 저는 그때 이렇게 생각하였습니다.

'나는 이와 같이 빠른 신통의 발[神足]을 가졌다. 마치 건장한 장부가 날카로운 화살을 쏘아 사라 나무 그림자를 지나가는 것 같은 짧은 시간에 수메루 산 하나를 오르고, 한 수메루 산에 이르러서는 발로 동쪽 바다를 밟고 넘어 서쪽 바다에 이른다.'

저는 그때 또 이렇게 생각하였습니다.

'나는 지금 이렇게 빠른 신묘한 힘을 성취하였다. 오늘은 세계의 끝을 찾아보겠다.'

이렇게 생각하고는 곧 걸음을 내디뎠습니다. 오직 밥 먹고 대소변을 보는 동안만 내놓고는 잠을 자는 것까지도 줄여가면서 늘 걸어 백 년 동안을 갔습니다. 그러다가 거기에서 목숨을 마쳤으나 끝내 세계의 끝을 지나, 나지도 않고 늙지도 않으며 죽지도 않는 그런 곳에는 이를 수 없었습니다."

여래만이 세계의 끝을 얻어 그 길 설해주는 분임을 보이심

붇다께서 로히타사에게 말씀하셨다.

"나는 지금 한 길[尋]밖에 안 되는 몸으로, 세계와 세계의 모아냄과 세계의 사라짐과 세계를 없애는 길을 말한다.

로히타사 하늘사람이여, 어떤 것이 세간(世間)인가?

다섯 가지 받는 쌓임[五受陰]이다.

어떤 것이 그 다섯 가지인가? 물질의 받는 쌓임[色受陰]·느낌의 받는 쌓임[受受陰]·모습 취함의 받는 쌓임[想受陰]·지어감의 받는 쌓임[行受陰]·앎의 받는 쌓임[識受陰]이니, 이것을 세간이라고 말한다.

어떤 것이 세간의 모아냄[色集]인가? 곧 앞으로 올 것에 대한 애착·탐욕·기쁨이 함께하여 거기에 집착하는 것이다. 이것을 세간의 모아냄[世間集]이라고 한다.

어떤 것이 세간의 사라짐[世間滅]인가? 만약 그가 앞으로 올 것에 대한 애착과 탐욕과 기쁨이 함께하여 거기에 집착하는 것을 남음 없이 끊어서 버리고 떠나 집착 다해 탐욕 없어져 사라져 쉬면, 이것을 세간의 사라짐이라고 한다.

어떤 것이 세간을 없애는 길[世間滅道跡]인가? 곧 여덟 가지 바른 길[八正道]인 바른 견해[正見]·바른 뜻[正志]·바른 말[正語]·바른 업[正業]·바른 생활[正命]·바른 방편[正方便]·바른 생각[正念]·바른 선정[正定]이니, 이것을 세간을 없애는 길이라 한다.

로히타사여, 물든 세간을 또렷이 알아 세간의 괴로움을 끊고, 세간의 모아냄을 또렷이 알아 세간 모아냄을 끊고, 세간의 사라짐을 또렷이 알아 세간의 사라짐을 증득하고, 세간을 없애는 길을 또렷이 알아 세간 없애는 길을 닦아야 한다.

로히타사여, 만약 비구가 세간을 알아 끊고, 세간의 모아냄을 알아 끊으며, 세간의 사라짐을 알아 증득하고, 세간을 없애는 길을 알아 닦으면 로히타사여, 이것을 세계의 끝을 얻는 것이요 세간의 애욕을 건넘이라 이름한다."

세계의 끝 깨친 현성의 행을 노래함

그때 세존께서 게송으로 거듭 말씀하셨다.

일찍이 멀리 돌아다녀서는
세계의 끝을 얻지 못한다.
세계의 끝을 얻지 못하고는
끝내 괴로움의 끝 다할 수 없다.

이런 까닭에 무니께서만
세계의 끝 아실 수 있고
세계의 끝을 잘 아시므로
모든 범행이 이미 섰도다.

저 세계의 끝에 대해
평등하게 깨달아 아는 것
이를 현성의 행이라 하니
세간의 저 언덕에 건너가도다.

그때 로히타사 하늘사람는 붇다의 말씀을 듣고 기뻐하고 따라 기뻐하면서 붇다의 발에 머리를 대 절하고 이내 사라지더니 나타나지 않았다.

• 잡아함 1307 적마경(赤馬經)

• 해설 •

저 세간은 아는 마음과 알려지는 모습이 세간이니 곧 다섯 쌓임이다. 중생은 모습에 물든 마음으로 다시 모습을 집착하니, 중생의 세간은 끝이 없고 한량없다.

물질의 세계가 한량없으니 마음이 한량없고, 마음이 한량없으므로 물질이 한량없다. 한량없는 물질의 세계를 아무리 발빠른 하늘신이 빛보다 빠른 속도로 백 년을 달리고 천 년을 달려도, 세계의 끝은 이를 수 없다.

그러나 세계의 끝에 이르러 세간을 넘어서지 않고는 세간에서 해탈할 수 없다.

그렇다면 저 한량없는 세계가 있되 공함을 깨달아 알아야만 저 끝없는 세계의 모습을 무너뜨리지 않고 곧 세계의 끝에 이르러 해탈의 지혜를 성취할 수 있는 것인가.

세계의 끝이 다한 여래의 지혜는 안[內]의 마음과 밖[外]의 세계, 가운데[中]의 앎활동이 공한 세간법의 진실이다. 그러므로 여래의 지혜는 안의 주체에서도 얻을 수 없고 밖의 객체에서도 얻을 수 없고 가운데 앎활동에서도 얻을 수 없지만, 주체 · 객체 · 행위를 떠나서도 얻을 수 없다.

지금 주체 · 객체 · 행위가 서로 의지해 끝없이 사라지고 없어지는 모습이 바로 세계의 나고 사라지는 모습이다. 세계의 끝은 새로운 비롯함이고 세계의 비롯함은 새로운 끝이다.

그러므로 비롯함에 비롯 없음과 끝마침에 마침 없음을 깨달은 여래의 지혜가 아니고서는 세계의 끝에 이르를 수 없고, 세계의 끝에 이르지 못하고는 번뇌와 고통을 다할 수 없다.

주체 · 객체 · 행위에서도 구해 얻을 수 없되, 주체 · 객체 · 행위를 떠나지 않는 여래의 지혜를 어떻다 말해야 할까.

달빛은 흰 구름과 섞이어 희고
소나무 소리는 이슬 띄어 차갑다.

月色和雲白　松聲帶露寒

제3장

삶들의 구원자이신 붇다 [化身]

"그때 붇다가 세상에 출현하실 것이니, 붇다의 이름은
마이트레야 · 지극히 참된 분 · 바르게 깨친 이 · 지혜와 행 갖추신 분 ·
잘 가신 이 · 세간을 아시는 분 · 위없는 스승 · 도법에 잘 이끄시는 이 ·
하늘과 사람의 스승으로서 붇다 세존이라 불리며,
널리 사람들을 교화하실 것이다.
장자여, 알아야 한다. 그때 좋은 보배라는 곳간지기가
어찌 다른 사람이겠느냐? 다르다는 이런 생각을 하지 말라.
왜냐하면 그 곳간지기는 바로 지금 장자 그대이기 때문이다."

• 이끄는 글 •

화신은 변화의 몸[變化身]이고 세간에 응하는 몸[應身]이니, 이는 연기로 성취된 붇다의 과보의 몸[報身]이 있되 공하고 공하되 있으므로 일어나는 변화의 활동 자체를 말한다.

그렇다면 붇다의 일상 움직이고 숨쉬는 활동과 갖가지 언어적 실천이 변화의 몸 아님이 없다.

이 장에서 화신은 그 인연으로 성취된 몸의 변화의 활동을 우주론적으로 전개한 몸이다. 붇다의 세간에 오심이 한 큰일의 인연[一大事因緣]으로 오셨다는 이야기는, 붇다에 미리 규정된 붇다의 모습이 있는 것이 아니라 보디의 성취로 붇다가 비로소 붇다가 되며, 인연의 성취로 붇다의 몸이 세간에 있게 됨을 뜻한다.

붇다는 아무데도 규정된 모습이 없다. 그러므로 붇다는 어느 곳 어느 때에나 보디의 성취와 중생구제의 서원으로 옴이 없이 오신다. 과거에도 한량없는 붇다가 계셨고 현재에도 한량없는 붇다가 계시며 미래에도 한량없는 붇다가 계실 것이다.

과거 · 현재 · 미래에 걸쳐 만법은 인연으로 나고 사라져서 그 일어남 없는 일어남이 끝이 없고 다함없다. 이처럼 남이 없이 나는 세계의 모습이 끝이 없고 다함없으므로, 중생 또한 끝이 없고 다함없으며, 붇다 또한 끝이 없고 다함없다.

그러나 세계와 중생과 붇다의 오고감에 옴이 없고 감이 없으니, 나되 남이 없고 사라지되 사라짐 없음이 여래 법신(如來法身)의 땅이며 중생의 진여[衆生眞如]이다.

이 뜻을 깨달음 자체를 통해 살펴보자.

연기된 만법이 있되 공함을 깨달아 붇다는 붇다가 되었다. 그런데 만법은 원래 있되 공하고, 온갖 존재는 나되 남이 없다. 있되 공하고 나되 남이 없는 존재의 진실을 깨달은 것이 붇다의 깨달음이므로 깨달은 바에 실로 깨달아 얻은 것이 없으니, 여래의 보디는 깨칠 수 있음[能覺]과 깨친 바[所覺]가 공하다.

깨달음과 깨친 바가 공하나, 공한 법계의 터전에서 실천의 원인과 조건에 의해 보디는 역사 속에 실현되고 붇다는 중생의 세간 속에 중생의 모습으로 출현한다.

곧 중생의 무명과 중생의 모습이 공하기 때문에 중생의 번뇌를 돌이켜 깨달음이 일어나지만, 그 깨달음이 원래 법계의 진실 그대로의 깨달음이므로 깨달음에 다시 깨달음의 모습이 없다.

그렇다면 깨치신 분 붇다가 어떤 정해진 모습으로 있다 해도 붇다를 볼 수 없고, 붇다가 아예 없다 해도 붇다의 화신을 볼 수 없다.

붇다가 세간에 나타나시는 모습은 끝내 어떠한가. 저 세계의 진실을 보는 자가 여래의 진실을 보는 자인가.

옛 선사는 이렇게 말한다.

> 몇 줄기 푸른 물은 바위 앞을 지나는데
> 한 조각 흰 구름은 강 위에서 오도다.
>
> 幾條綠水岩前去　一片白雲江上來

1 붇다는 그 어느 때나 세간에 출현한다

• 이끄는 글 •

셀 수 있는 수의 모습이 공하므로 한량없는 수[無量數]가 분별된다. 비유하면 저 한 덩이 돌이 있되 공하므로 그 한 덩이 돌이 두 덩이 세 덩이가 될 수 있고, 천만억 개 작은 티끌의 수가 될 수 있다.

그와 같다. 붇다의 참된 몸에 붇다의 몸이 공하므로 한량없는 붇다가 분별되고, 한량없는 붇다가 분별되나 그 한량없음에 한 붇다도 얻을 수 없어서, 다시 한 법신의 고요함이 되는 것이다.

강가아 강 모래알은 얼마나 많은 수인가. 경은 강가아 강 모래알로도 한량없음을 비유할 수 없어서, 때로 '강가아 강 모래알 수의 강가아 강' 그 강들 속의 모래알 수와 같음으로 한량없음을 비유한다.

그렇다면 '강가아 강 모래알 수의 강가아 강' 그 모래알 수보다 많은 과거 한량없는 붇다[過去無量佛]의 출현과 미래 한량없는 붇다[未來無量佛]의 세간에 오심과, 지금 한량없는 붇다들[現在無量佛]의 세간에 머묾 속에서, 어떻게 하면 붇다의 오고 가는 모습의 진실을 알 수 있는가.

한 법이 곧 한량없으니, 한 붇다의 오고 감, 나고 사라짐의 자취 그 참모습을 보지 못한 자는, 한량없는 붇다 출현의 뜻을 알지 못한다.

그러므로 붇다의 출현이 한량없지만 한 붇다의 오심에 실로 옴이 없음을 알면 한량없는 붇다의 오심에 실로 옴이 없음을 알고, 한 붇다의 가심에 실로 감이 없음을 알면 시방 삼세의 붇다의 가심에 감이 없음을 아는 것이리라.

나아가 한 티끌이 있되 공함을 알면 온갖 법이 있되 공함을 아는 것이며, 지금 중생의 현재 한 생각[現前一念]이 나되 남이 없음을 알면 온갖 붇다 온갖 모든 법이 나되 남이 없고 가되 감이 없음을 알 것이다.

그렇다면 이 세간 그 온갖 곳에 붇다 계신 곳은 어디이고 붇다 계시지 않는 곳은 어디인가.

『화엄경』(「세주묘엄품」)은 이렇게 말한다.

> 여래는 넓고 커서 법계에 두루해
> 모든 중생에게 다 평등하시네.
> 뭇 뜻에 널리 응해 묘한 문 열어
> 이루 사유할 수 없는 청정한 법에
> 중생 모두 깨달아 들게 하시네.
>
> 如來廣大遍法界 於諸衆生悉平等
> 普應群情闡妙門 令入難思淸淨法

> 온갖 모든 붇다의 법은 깊고 깊어서
> 걸림 없는 방편으로 널리 들어가시사
> 있는 세간마다 늘 나타나시지만

모습과 꼴이 없고 그림자와 바탕 없네.

一切諸佛法甚深　無礙方便普能入
所有世間常出現　無相無形無影像

옛 선사[趙州] 또한 이렇게 가르친다.

조주선사께 어떤 승려가 하직 인사를 하자, 선사가 이렇게 말했다.

"붇다 있는 곳[有佛處]에도 머물지 말고, 붇다 없는 곳[無佛處]에도 빨리 지나가서 삼천리 밖에 사람을 만나거든 잘못 들어 보이지 말라[三千里外逢人 莫錯擧]."

그 승려가 말했다.

"그렇다면 가지 않겠습니다."

선사가 말했다.

"버들꽃을 꺾어라, 버들꽃을 꺾어라[摘楊花摘楊花]."

조주선사의 위 이야기에서 '버들꽃을 꺾으라'[摘楊花]는 한 마디에 붇다 있고 없는 곳[有佛無佛處]을 뛰어넘는 산 눈[活眼]이 다 들어 있다 할 것이니, 살피고 살필 일이다.

강가아 강 모래알 수보다 많은 과거와 미래의 붇다들

이와 같이 내가 들었다.

한때 붇다께서는 슈라바스티 성 '외로운 이 돕는 장자의 동산'에 계셨다.

그때 어떤 브라마나가 붇다 계신 곳에 찾아와서 공경히 문안하고 인사드린 뒤 한쪽에 물러나 앉아서 붇다께 여쭈었다.

"고타마시여, 미래세상에는 몇 분의 붇다가 계십니까?"

붇다께서 브라마나에게 말씀하셨다.

"미래의 붇다는 한량없는 강가아 강 모래알 수와 같을 것이다."

그때 브라마나가 이렇게 생각하였다.

'미래세상에도 한량없는 강가아 강 모래알 수 같은 삼약삼붇다가 계실 것이라고 하니, 나는 그 붇다를 따라 모든 범행을 닦으리라.'

그때 브라마나는 붇다의 말씀을 듣고 기뻐하면서 자리에서 일어나 떠나갔다. 그때 브라마나가 길을 가다가 사유했다.

'나는 사문 고타마에게 미래세상의 모든 붇다에 대해서만 묻고 과거세상의 붇다는 물어보지 못했다.'

그는 곧 오던 길로 되돌아가서 세존께 다시 여쭈었다.

"어떻습니까? 고타마시여, 과거세상에는 다시 몇 분의 붇다가 계셨습니까?"

붇다께서 브라마나에게 말씀하셨다.

"과거세상에도 한량없는 강가아 강 모래알 수 같은 붇다가 계셨다."

미래와 과거의 한량없는 붇다에 대해 듣고 브라마나가 출가하여 범행을 닦음

그때 브라마나는 다시 이렇게 생각하였다.

'과거에도 한량없는 강가아 강 모래알 수 같은 여러 붇다 세존이 계셨는데, 나는 일찍이 한번도 가까이 모시지 못했다. 그렇다면 설사 미래세상에도 한량없는 강가아 강 모래알 수 같은 삼약삼붇다께서 계시더라도 가까이 모셔 좋아하지 못할 것이다. 나는 지금부터 저 사문 고타마 계신 곳에서 범행을 닦아야겠다.'

그러고서 그는 곧 합장하고 붇다께 말씀드렸다.

"저도 바른 법과 율 안에서 집을 나와 범행을 닦도록 들어주시길 바랍니다."

붇다께서 브라마나에게 말씀하셨다.

"그대가 나의 바른 법과 율 안에서 집을 나와 범행을 닦고 비구가 되는 것을 들어주겠다."

그때 브라마나는 곧 집을 나와 구족계를 받았다. 집을 나온 뒤에는 홀로 고요한 곳에서 이렇게 사유하였다.

'옳게 행하는 이가 바른 믿음으로 집이 아닌 데로 집을 나와 도를 배우는 것은 범행을 닦아 스스로 깨달아 몸으로 증득하는 데 있다.'

그리하여 잘 행해 '나의 태어남은 이미 다하고 범행은 이미 서고, 지을 바를 이미 지어 뒤의 있음 다시는 받지 않음'을 진실 그대로 알아 끝내 아라한이 되었다.

• 잡아함 946 항하경(恒河經)

• 해설 •

지구를 중심으로 하늘땅 음양[天地陰陽]의 이치를 말하고 천지창조를 말하던 때에 한량없는 백천만억 우주의 세계를 말씀하고, 과거세상 한량없는 강가아 강 모래알 수의 붇다를 말하고 미래세상 한량없는 붇다를 말하는 여래의 지혜는 도대체 어떤 것인가.

다만 사유할 수 없고 말할 수 없을 뿐[不可思議]이다.

붇다는 어떤 분인가. 온갖 모든 법에 자기성품 없음[無自性, 無我]을 밝게 깨쳐 통달한 분[通達無我法]을 모든 붇다라 이름한다. 그러므로 붇다에 붇다의 모습이 없고, 그러므로 과거 · 현재에 한량없는 붇다가 분별되는 것이다. 곧 온갖 법이 공하기 때문에 한량없는 법이 일어나니, 하나도 공하고 만법도 공하다.

만유의 다양성이 저 브라흐만이라는 '하나인 자'의 전변이라는 교설을 믿던 브라마나가 과거 · 미래의 붇다가 강가아 강 모래알 수라는 말을 듣고 곧 붇다께 귀의했다. 이는 삼세의 붇다가 한량없다고 한 한 마디에 '저 하나인 자'가 본래 공함을 바로 알아듣고 여래를 따라 중도의 진실을 행한 것이다.

그러나 다시 온갖 성현이 번갯불 떨침과 같다[一切聖賢如電拂]는 뜻을 바로 안 이가 과거 · 현재 · 미래에 강가아 강 모래알 수 같은 붇다가 계신다는 뜻을 알 것이니, 살피고 살펴야 할 것이다.

미래의 온갖 붇다들도 모두
여덟 가지 바른 길로 세계의 끝을 아시니

이와 같이 들었다.

한때 붇다께서는 슈라바스티 국 '외로운 이 돕는 장자의 동산'에 계셨다.

로히타사(Rohitassa)는 사람 자취 없는 때에 세존 계신 곳으로 나아가 그 발에 머리 대 절하고 한쪽에 서 있었다.

그때 로히타사 하늘사람이 세존께 말씀드렸다.

"저는 조금 전 이런 생각을 했습니다.

'땅 위를 걸어 건너서 이 세계를 다할 수 있을까.'

저는 이제 세존께 여쭙니다. 걸어서 이 세계를 다할 수 있습니까?"

세존께서 말씀하셨다.

"너는 지금 무슨 뜻과 이치로 이렇게 묻는가?"

하늘사람이 붇다께 말씀드렸다.

"저는 옛날 언젠가 바가브라흐마하늘[婆伽梵天]의 처소에 갔습니다. 그때 그 브라흐마하늘은 제가 오는 것을 멀리서 보고 저에게 말했습니다.

'잘 왔소, 로히타사여. 이곳은 함이 없는[無爲] 세계로서 태어남도 없고 늙음도 없고 병듦도 없고 죽음도 없으며, 마침도 없고 비롯함도 없으며, 근심 · 걱정 · 괴로움 · 번민도 없소.'

저는 그때 이렇게 생각했습니다.

'이것이 곧 니르바나의 길인가? 왜냐하면 니르바나에는 태어남 · 늙음 · 병듦 · 죽음과 근심 · 걱정 · 괴로움 · 번민이 없기 때문이다.

이것이 세계의 끝인가? 가령 이곳이 세계의 끝이라면 세간을 걸어서 건널 수 있다는 것인가?'"

함이 있는 신통의 힘으로는 세계의 끝에 이를 수 없음을 여러 보기를 들어 보이심

세존께서 말씀하셨다.

"그대의 지금 신통은 어떤 종류인가?"

하늘사람이 붇다께 말씀드렸다.

"마치 활을 잘 쏘는 힘센 장사가 쏜 화살이 걸림 없이 날아가는 것처럼, 저의 지금 신통은 그 덕이 이와 같이 걸림 없습니다."

세존께서 말씀하셨다.

"내가 이제 너에게 묻겠으니, 좋아하는 대로 대답하라.

비유하면 다음과 같다. 네 남자가 있어서 활을 잘 쏘는데 각기 사방을 향해 활을 쏠 때 어떤 사람이 와서 그 사방의 화살을 거두어 잡아 땅에 떨어지지 않도록 한다고 하자.

어떤가? 하늘사람아, 그 화살을 땅에 닿지 않게 하는 그런 사람을 매우 빠르다고 생각하지 않는가?

하늘사람아, 알아야 한다. 저 위의 해와 달 앞에는 '빠른 발걸음 하늘사람'[捷步天子]이 있다. 그는 가고 오며 나아가고 그침이 앞의 이 사람의 재빠름을 앞지른다.

그러나 해와 달의 궁전은 가는 것이 이보다 더 빠르다.

그러나 앞의 빠른 사람과 '빠른 발걸음 하늘사람'과 해와 달의 궁전의 빠름을 헤아려도 서른세하늘[三十三天]의 빠름만 못하고, 서른세하늘의 빠름도 야마하늘[豔天]의 빠름만은 못한다. 이와 같이 모든 하늘이 가진 신통은 각기 서로 미치지 못한다.

설사 네가 저 하늘들과 같은 그런 신통의 힘을 가졌다 하더라도 한 겁에서 또 한 겁, 나아가 백 겁 동안 가더라도 세계의 경계에 이를 수 없을 것이다. 왜냐하면 세계의 영역은 헤아릴 수 없기 때문이다.

하늘사람아, 알아야 한다. 나는 지난 세상 아주 오래 전에 일찍이 선인(仙人)이었는데, 그 이름은 로히타사(Rohitassa, 馬血)로 지금 너의 이름과 같았다.

그때 나는 애욕이 이미 다하여 허공을 날아다님에 닿아 걸림이 없었다. 나는 그때 신통의 힘이 남과 달라 손가락을 퉁기는 사이에 사방의 화살을 거둬 잡아 땅에 떨어지지 않게 하였다. 이때 나는 그런 신통을 가지고 이렇게 생각하였다.

'나는 지금 이 신통으로 이 땅의 끝에 이를 수 있을까?'

그래서 곧 세계를 걸어 가보았지만 그 영역을 다할 수 없었다. 목숨을 마친 뒤에 어진 덕에 정진하고 바른 업을 닦아 깨달음의 도를 이루었고, 나무 밑에 단정히 앉아 지난 옛날 거쳐 오면서 베풀었던 일들을 사유하였다.

'본래 선인이었을 때 그런 위신의 덕으로도 그 방향의 끝에 이를 수 없었다. 어떤 신통의 힘이라야 그 끝에 이를 수 있을까?' "

현성의 여덟 가지 바른 길을 타고 과거와 미래 한량없는 붇다들이 세계의 끝에 이르름을 보이심

"이때 나는 다시 이렇게 생각하였다.

'반드시 현성의 여덟 가지 바른 지름길을 타야만 나고 죽음의 끝까지 갈 수 있을 것이다.'

그 어떤 것을 현성의 여덟 가지 바른 지름길이라 하는가? 곧 바른 견해[正見]·바른 뜻[正志]·바른 말[正語]·바른 행위[正業]·바른 생활[正命]·바른 방편[正方便]·바른 생각[正念]·바른 선정[正定]을 말한다.

하늘사람아, 이것을 현성의 여덟 가지 길이라 함을 또 알아야 하니, 이 길이라야 세계의 끝에 이를 수 있다.

과거 강가아 강 모래알 수처럼 많은 붇다들은 세계를 다한 분[得盡世界者]들인데, 다 이 현성의 여덟 가지 길을 써서 세계의 끝에 이르렀다. 만약 앞으로 여러 붇다 세존께서 이 세상에 출현하시게 되어도, 그들도 이 현성의 길로 세계의 끝에 이를 수 있을 것이다."

그때 세존께서 곧 이런 게송을 말씀하셨다.

걸어가서는 끝내 이 세계의 끝
이를 수 있는 사람이 없으며
땅의 종류도 이루 말할 수 없어서
신통으로 미칠 수 없는 것이네.

범부들은 뜻을 베풀어 일으켜서
그 가운데 곧 미혹을 일으키며
참되고 바른 법 분별하지 못하고
다섯 갈래 길 가운데 흘러 구르네.

현성의 여덟 가지 바른 삶의 길

이로써 타고 가는 배를 삼음은
모든 붇다들 행하신 바이니
이 길로 세계의 끝 이를 수 있네.

앞으로 마이트레야와 같은 붇다들
이 세상에 오시도록 한다 해도
또한 이 여덟 가지 바른 삶의 길로
이 세계의 끝에 이를 수 있으리라.

그러므로 지혜로운 수행자가
현성의 여덟 가지 바른 길 닦아
밤낮으로 이를 익히어 행한다면
곧 함이 없는 곳에 이르게 되리.

하늘사람이 세존의 설법 들은 뒤
법의 눈을 열고 세계의 끝에 이르는 길을 노래함

그때 로히타사는 여래로부터 현성의 여덟 가지 바른 길 설함을 듣고, 그 자리 위에서 모든 번뇌의 티끌과 때가 다해, 법의 눈이 깨끗해졌다.

하늘사람은 곧 그 발에 머리 대 절하고 붇다를 세 번 돌고 물러갔다.

그때 그 하늘사람은 바로 그날 하늘의 갖가지 좋은 꽃을 여래 위에 흩뿌리며 이런 게송을 말하였다.

오래도록 나고 죽음 흘러 구르며

이 세계를 걸어서 건너려 했지만
현성의 여덟 가지 바른 삶의 길
알지 못하고 또 보지도 못했네.

이제 나는 이와 같은 진리를 보고
여덟 가지 바른 삶의 길을 들어서
곧바로 세계의 끝 다함 얻었으니
모든 붇다께서 이르신 곳이네.

그러자 세존께서는 그 하늘사람의 말한 것이 옳다고 하셨다.

그 하늘사람은 세존께서 옳다 하시는 것을 보고 곧 세존의 발에 절하고 물러갔다. 그때 하늘사람은 붇다의 말씀을 듣고 기뻐하며 받들어 행하였다.

• 증일아함 43 마혈천자문팔정품(馬血天子問八政品) —

• 해설 •

붇다란 어떤 분인가. 붇다는 스스로 붇다인 것이 아니라 한량없는 세계 가운데서 세계의 끝을 다한 분이다. 과거의 강가아 강 모래알 수 같은 붇다도 세계의 끝을 다해 붇다가 되셨고, 지금 사카무니 여래도 세계의 끝을 다해 위없는 붇다로 계시고, 미래의 강가아 강 모래알 수 같은 붇다도 세계의 끝을 다해 붇다가 되시는 것이다.

어떻게 끝없는 저 세계의 끝을 다할 수 있는가. 설사 빛의 속도보다 더 빨리 달리는 신통의 힘을 가진 자가 있어서 백천만 겁을 날아간다 해도 세계의 끝에 이를 수 없다. 이르른 끝은 새로운 세계로 가는 출발점이 될 뿐이다.

그러나 저 세계의 모습에 모습 없음[於相無相]을 아는 자에게는 지극히 큰 것은 지극히 작은 것과 다르지 않고[極大同小] 지극히 작은 것은 큰 것과 같게 된다[極小同大].

연기법에서 저 세계는 세계인 세계가 아니라 마음인 세계이고, 마음은 마음인 마음이 아니라 세계인 마음이다. 그러므로 세계의 모습에서 모습 없음을 알면 곧 마음에 마음 없음[於心無心]을 깨달아 여기 이곳에 앉아 세계의 끝을 다할 수 있다.

이처럼 세계의 연기적 실상 그대로의 지혜와 진여 그대로의 실천의 수레를 타지 않고는 세계의 끝에 이를 수 없다.

과거의 한량없는 붇다들도 이 실천의 수레 타고 세계의 끝에 이르렀고, 현재의 한량없는 붇다도 이 실천의 수레 타고 세계의 끝에 이르르며, 미래의 한량없는 붇다들도 이 실천의 수레 타고 세계의 끝에 이르를 것이다.

그러나 세계의 끝에 이르른 한량없는 붇다들이 있다고 말하는 자, 그도 또한 세계의 끝에 이르지 못한 사람이다.

한량없는 붇다에게서 한 붇다도 실로 있지 않음을 보되, 그 붇다 없음에서 없음마저 보지 않는 자가, 세계의 끝에 이르러 세계 아닌 세계를 세울 수 있다. 그는 누구인가.

『화엄경』(「세주묘엄품」)은 이렇게 가르친다.

> 법의 성품 걸림 없음 깨쳐 아는 이
> 시방 한량없는 나라에 널리 나타나
> 붇다의 경계 부사의함을 설하여
> 저 중생으로 하여금 함께 다같이
> 해탈의 바다 돌아가게 하리라.
>
> 了知法性無礙者　普現十方無量刹
> 說佛境界不思議　令衆同歸解脫海

한량없는 붇다와 붇다가 성불언약으로 법을 이어가나니

이와 같이 들었다.

한때 붇다께서는 슈라바스티 국 '외로운 이 돕는 장자의 동산'에 계셨다.

그때 세존께서 여러 비구들에게 말씀하셨다.

"내가 이제 현성의 팔관재법(八關齋法)을 말해주겠으니, 너희들은 잘 사유하고 기억해 따라 기뻐하고 받들어 행하라."

그때 비구들이 붇다께 가르침을 받아들이니, 세존께서 말씀하셨다.

"그 어떤 것을 팔관재법이라 하는가?

첫째, 산목숨 죽이지 않음이다.

둘째, 주지 않는 것은 가지지 않음이다.

셋째, 음탕한 짓을 하지 않음이다.

넷째, 거짓말하지 않음이다.

다섯째, 술을 마시지 않음이다.

여섯째, 때를 지나서는 먹지 않음이다.

일곱째, 높고 넓은 평상에 앉지 않음이다.

여덟째, 놀이 즐김과 향과 꽃으로 몸 꾸미기를 멀리함이다.

이것을 비구들이여, 현성의 팔관재법이라 한다."

우팔리에게 팔관재법의 수행과 서원을 보이심

이때 우팔리(Upali)가 붇다께 말씀드렸다.

"어떻게 팔관재법을 수행합니까?"

세존께서 말씀하셨다.

"우팔리여, 잘 행하는 남자와 여인은 팔일 · 십사일 · 십오일에 사문이나 장로비구 있는 곳에 찾아가 자기 이름을 일컫고, 아침부터 저녁까지 아라한처럼 마음을 지녀 옮기어 움직이지 않으며, 칼이나 몽둥이를 뭇 생명에게 쓰지 않고 온갖 것에 사랑을 넓혀야 한다.

그리고 이렇게 생각해야 한다.

'저는 이제 재법(齋法)을 받아 하나라도 범하지 않겠습니다.

산목숨 죽일 마음을 일으키지 않을 것이며, 저 참된 분[眞人]의 가르침을 익혀 도둑질하지 않고, 음탕한 짓을 하지 않으며, 거짓말을 하지 않고, 술을 마시지 않겠습니다.

때를 지나서는 먹지 않고, 높고 넓은 평상에 앉지 않으며, 놀이 즐김을 멀리하고 향이나 꽃으로 몸을 꾸미지도 않겠습니다.'

만약 지혜로운 자라면 이렇게 말하겠지만 가령 지혜가 없는 자라면 그들에게 이와 같은 여덟 가지 법을 가르쳐주어야 한다.

또 그 비구는 낱낱이 가르쳐주어 차례를 빠뜨리거나 건너뛰는 일이 없도록 해야 한다. 그러고는 그들로 하여금 서원을 세우게 해야 한다."

우팔리가 붇다께 말씀드렸다.

"어떻게 서원을 세워야 합니까?"

세존께서 말씀하셨다.

"그가 발원할 때 다음과 같이 해야 한다.

'제가 이제 이 팔관재법 지님으로 지옥 · 아귀 · 축생에 떨어지지 않고, 또 여덟 가지 어려운 곳[八難之處]에 떨어지지도 않으며, 치우친 곳에 태어나지도 않고, 험하고 나쁜 곳에 떨어지지도 않아지이다.

나쁜 스승을 따라 섬기지 않으며, 부모는 올곧으며, 삿된 견해를 익히지 않고, 바른 나라에 태어나며, 좋은 법을 듣고 그것을 분별하고 사유하여 법과 법을 성취하게 하여지이다[法法成就].

이 재법의 공덕을 지니어 온갖 중생의 착함을 거두어 가지고, 이 공덕을 그들에게 베풀어 '위없고 바르고 참된 도'[無上正眞之道]를 성취하게 하여지이다.

이 서원의 복을 지니어 삼승(三乘)을 성취하고 가운데에서 물러서지 않게 하여지이다.

다시 이 팔관재법을 지니어 붇다의 도 · 프라테카붇다의 도 · 아라한의 도를 배우고, 여러 세계에서 바른 법을 배우는 이들도 이 업을 익히게 하여지이다.

바로 앞으로 마이트레야 붇다(Maitreya-buddha, 彌勒佛)께서 세상에 출현하시게 될 때 그 여래 · 지극히 참된 분 · 바르게 깨친 이의 법회를 만나 그때 바로 건너도록 하여지이다.' "

미래세상의 마이트레야 붇다의 출현과, 과거세상 보배 곳간 여래 때 무니 여인의 본사(本事)를 보이심

"마이트레야 붇다께서 세상에 출현하실 때 성문들의 법회[聲聞三會]가 세 차례 있을 것이다.

첫 번째 법회[初會之時] 때에는 구십육 억의 비구대중들이, 두 번째 법회 때[二會之時]에는 구십사 억의 비구대중들이, 세 번째 법회

때[三會之時]에는 구십이 억의 비구대중들이 모이는데, 그들은 다 아라한으로서 모든 번뇌의 흐름[諸漏]이 이미 다한 이들이다.

또 그 나라의 왕과 그 나라의 '가르치는 스승들'[敎授師]을 만나게 되는데, 그들에게도 이와 같은 가르침을 펴서 빠뜨려 샘이 없게 할 것이다."

이때 우팔리가 세존께 말씀드렸다.

"잘 행하는 남자와 여인이 비록 팔관재를 지키더라도 그 가운데 서원을 세우지 않으면 어찌 큰 공덕을 얻지 못합니까?"

세존께서 말씀하셨다.

"비록 복을 얻기는 하나 그 복은 말할 것이 못 된다. 그 까닭을 내가 이제 말해주겠다.

과거세상에 보배산[寶岳]이라는 왕이 있었다. 그는 법으로 다스리며 아부하고 굽음이 없이 이 잠부드비파(Jambudvīpa) 경계를 통솔하였다. 그때 붇다가 계셨으니, 그분은 보배 곳간[寶藏] 여래 · 지극히 참된 분 · 바르게 깨친 이 · 지혜와 행 갖추신 분 · 잘 가신 이 · 세간을 아는 분 · 위없는 스승 · 법에 이끄시는 이 · 하늘과 사람의 스승으로 붇다 세존이라 불렸다.

그 붇다께서 세상에 출현하셨는데, 그 왕에게는 무니(Muni)라는 딸이 있었다. 그녀는 얼굴이 빼어나고 얼굴빛이 복숭아꽃 같았으니, 그것은 앞세상 여러 붇다께 공양하여 이룬 것이었다.

그 붇다께서도 다시 세 번의 법회를 가졌는데, 첫 번째 법회에 참석한 성문은 일억 육만 팔천 명이었고, 두 번째 법회에는 일억 육만 명, 세 번째 법회에는 일억 삼만 명이 모였는데, 그들은 모두 아라한으로서 번뇌의 흐름이 이미 다하였다.

그때 그 붇다는 제자들을 위해 이렇게 설법하셨다.

'비구들이여, 늘 좌선하기를 생각해[常念坐禪] 게으르지 말고, 다시 방편을 구해 경전과 계를 외우고 익혀라[誦習經戒].'

그 붇다의 시자는 '원을 채우는 이'[滿願]였고 많이 들음이 으뜸이었으니, 마치 나의 오늘날 아난다 비구가 많이 들음으로 가장 빼어난 것과 같다.

이때 그 '원 채움' 비구는 '보배 곳간 붇다'께 말씀드렸다.

'여러 비구들은 모든 아는 뿌리[諸根]가 어둡고 무디어 선정의 법에 힘써 나아가지 않으며, 또 경전을 외우고 익히지도 않습니다. 이제 세존께서는 이 사람들을 어떤 법 가운데 두시어 편안하게 하시겠습니까?'

보배 곳간 붇다께서 말씀하셨다.

'설사 어떤 비구가 모든 아는 뿌리가 어둡고 무디어 선정의 법을 행할 수 없다면, 그는 세 가지 높은 수행자의 법[上人法]을 닦아야 한다. 세 가지란 무엇인가? 곧 좌선(坐禪)과 경 외움[誦經]과 대중의 일을 돕는 것[佐勸衆事]이다.'

이와 같이 그 붇다께선 제자들을 위해 이러한 미묘한 법을 말씀하셨다.

그때 어떤 장로비구가 또한 선정 수행을 감당할 수 없었는데, 그는 이렇게 생각하였다.

'나는 이제 너무 늙고 몸이 시들어 또 선정의 법을 닦을 수도 없으니, 돕는 법 행하기를 원하리라.'

이때 그 장로비구는 곧 아지랑이 성[野馬城]으로 들어가 등불과 기름을 구해 날마다 보배 곳간 여래께 공양하여 등불이 끊어지지 않게 하였다. 이때 왕의 딸 무니는 그 장로비구가 거리를 다니며 빌어 구하는 것을 보고 그 비구에게 물었다.

'비구께선 지금 무엇을 구하십니까?'

비구가 대답하였다.

'거룩한 여인이여, 아십시오. 저는 이제 너무 늙어 선정의 법을 행할 수가 없습니다. 그래서 기름을 구해 붇다께 공양하여 세존께 드리는 밝은 빛을 이어가려는 것입니다.'

그 여인은 붇다의 이름을 듣고 기뻐 뛰며 스스로 이기지 못하고 장로비구에게 말씀드렸다.

'비구시여, 지금부터 다른 곳에서 빌어 구하지 마십시오. 제가 스스로 기름과 등불을 서로 대어 드리겠습니다.'

이때 장로비구는 그 여인의 보시를 받아 날마다 기름을 가지고 와 보배 곳간 여래께 공양하고, 그 공덕과 복업을 가지고 위없는 바르고 참된 도에 보시하면서 입으로는 이렇게 연설하였다.

'저는 이미 늙었고 또 지혜가 없고 선정의 법을 행할 수 없습니다.
그러므로 이 공덕의 업을 지니어 태어나는 곳마다
나쁜 세계에 떨어지지 않으며,
앞으로 올 세상에서 거룩한 세존을 만나되
지금의 보배 곳간 여래와 다름없게 되고,
거룩한 상가대중[聖衆]을 만나되
지금의 거룩한 대중과 다름없으며,
또 설법함도 지금과 다름없어지이다.' "

보배 곳간 여래가 장로비구와 무니 여인에게 성불을 언약하심

"그때 보배 곳간 여래는 그 비구의 마음속 생각을 아시고 곧 웃으며 입에서 다섯 가지 빛깔의 밝은 빛을 내시면서 말씀하셨다.

'비구여, 너는 앞으로 올 셀 수 없는 아승지겁 뒤에 반드시 붇다가 될 것이니, 그 이름을 등빛[燈光] 여래 · 지극히 참된 분 · 바르게 깨친 이라 할 것이다.'

이때 장로비구는 기뻐 뛰놀며 스스로 이기지 못하고, 몸과 마음이 굳세어져 뜻이 물러서지 않았으며 보통 때와 달리 얼굴빛이 빼어났다.

이때 무니라는 여인은 그 비구의 얼굴빛이 평소와 다른 것을 보고 곧 나아가 물었다.

'비구시여, 오늘은 얼굴빛이 아주 빼어나게 묘한 것이 평소와 같지 않습니다. 어떤 뜻을 얻으신 것입니까?'

'거룩한 여인이여, 아십시오. 얼마 전 여래께서는 제게 단이슬을 부어주셨습니다.'

무니여인이 물었다.

'어떻게 여래께서 단이슬을 부어주셨습니까?'

비구가 대답하였다.

'저는 보배 곳간 여래의 성불언약[授決]을 받았습니다. 여래께선 이렇게 말씀하셨습니다.

〈앞으로 올 셀 수 없는 아승지겁 뒤에 반드시 붇다가 될 것이니, 그 이름을 등빛[燈光] 여래 · 지극히 참된 이 · 바르게 깨친 이라 할 것이다.〉

그래서 저는 몸과 마음이 굳세어져 뜻이 물러서지 않게 되었습니

다. 거룩한 여인이여, 이와 같이 저는 여래의 성불언약을 받았습니다.'

'그 붇다께서는 저에게도 성불언약을 주시겠습니까?'

장로비구가 답하였다.

'그대에게 성불언약을 주실지는 저도 모르겠습니다.'

이때 왕의 딸은 비구의 말을 듣고 곧 보배깃털로 꾸민 수레를 타고 보배 곳간 여래 계신 곳에 찾아가 그 발에 머리 대 절하고 한쪽에 앉았다. 그때 왕의 딸은 붇다께 말씀드렸다.

'제가 지금 바로 다나파티(dana-pati, 施主)로서 필요한 기름을 늘 서로 대드린 사람입니다. 그런데 지금 세존께서는 저 비구에겐 성불언약을 주시고 저만 언약 주심을 보지 못했습니다.'

보배 곳간 여래께서 말씀하셨다.

'마음을 내어 원을 구하기만 해도 그 복이 한량없는데 하물며 재물로 보시함이겠느냐?'

무니여인이 대답하였다.

'만약 여래께서 저에게 성불언약을 주시지 않으신다면 저는 스스로 목숨줄을 끊겠습니다.'

보배 곳간 여래께서는 말씀하셨다.

'여자의 몸으로는 전륜왕이 되려 하여도 끝내 얻지 못하고, 인드라하늘왕이 되려 하여도 또한 얻을 수 없고, 브라흐마하늘왕이 되려 하여도 또한 얻을 수 없으며, 마라의 왕이 되려 하여도 또한 얻을 수 없으며, 여래가 되려 하여도 또한 얻을 수 없다.'

여인이 말했다.

'그러면 저는 정녕 위없는 도를 이룰 수 없는 겁니까?'

'될 수 있다, 무니 여인아. 너는 위없이 바르고 참된 도를 이룰 수 있다. 그러나 왕의 딸이여, 알아야 한다. 셀 수 없는 아승지겁 뒤에 붇다가 세상에 출현하실 것이니, 그분이 너의 좋은 스승[善知識]이시다. 그 붇다께서 너에게 성불언약을 주실 것이다.'

왕의 딸이 그 붇다께 말씀드렸다.

'보시를 받은 이는 청정한데 주는 이가 흐리고 더러워서입니까?'

보배 곳간 붇다께서 말씀하셨다.

'내가 지금 말하는 것은 마음의 뜻이 청정하고 원을 내는 것이 굳셈을 말한 것이다.'

이때 왕의 딸은 말을 마치고 곧 자리에서 일어나 그 발에 머리 대 절하고 붇다를 세 번 두루고는 물러갔다."

등빛 붇다 때 마이트레야 브라마나가
세존의 서른두 가지 모습 갖춤을 보고 귀의하여 성불언약을 받음

"우팔리여, 알아야 한다. 그 뒤 셀 수 없는 아승지겁 뒤에 '등빛[燈光] 붇다'께서 세상에 출현하여 파드마(Padma)라는 큰 나라에 계시면서 큰 비구들 십육만 팔천 명과 함께 계셨고, 국왕과 인민들이 모두 찾아와 받들어 섬겼다.

그때 그 나라에는 데바야나(Devayāna, 天乘)라는 왕이 있어 법으로 다스리면서 이 잠부드비파 땅을 통솔하였다. 이때 그 왕은 붇다와 비구상가를 청해 음식을 공양하였고, 이때 등빛 여래는 맑은 아침에 가사를 입고 발우를 가지고 비구대중을 데리고 성으로 들어가셨다.

그때 마이트레야(Maitreya, 彌勒)라는 브라마나의 아들이 있었는데, 그는 얼굴 모습이 단정하여 무리 가운데서 홀로 뛰어났고, 모습은 브라흐마하늘과 같았으며, 모든 경전을 통달해 꿰뚫어 익히지 않은 것이 없고 온갖 서적과 주술을 모두 밝게 알았으며, 천문 지리도 밝게 알지 못하는 것이 없었다.

이때 그 브라마나는 멀리서 '등빛 붇다'가 오시는 것을 보았는데, 모든 아는 뿌리가 고요히 안정되었으며 서른두 가지 모습과 그 얼굴은 여든 가지 좋은 상호로 그 몸을 장엄하였다. 붇다를 뵙고서는 곧 기뻐하는 뜻과 착한 마음이 생겨 이렇게 생각하였다.

'책에 실린 것으로는 여래께서 출현하시는 일은 매우 만나기 어려워, 우트팔라 꽃이 때가 되어야 피는 것과 같다. 그러니 나는 이제 가서 시험해보리라.'

이때 브라마나는 손에 다섯 송이의 꽃을 들고 세존 계신 곳에 나아가다가 다시 이렇게 생각하였다.

'서른두 모습이 있는 분이라야 붇다를 이룬 것이다.'

그는 곧 다섯 송이 꽃을 여래 위에 흩뿌리고 서른두 모습을 찾아보았지만 서른 모습만 보이고 두 모습은 보이질 않으니, 곧 이렇게 여우 같은 의심을 일으켰다.

'지금 세존을 살펴보니 넓고 긴 혀의 모습과 말처럼 숨은 모습이 보이지 않는구나.'

곧 이런 게송을 말하였다.

듣기에 여래께는 서른두 가지
큰 사람의 모습이 있다 하던데
이제 두 모습이 보이지 않으니
그 상호 갖추시지 못한 것입니까?

참으로 깨끗하여 음란치 않아
말처럼 숨은 모습이 있으십니까?
어찌 귀를 핥고 얼굴을 덮는
넓고 긴 혀가 있다 합니까?

저를 위해 그 모습을 나타내어
여우 같은 의심의 묶음 끊어주소서.
말처럼 숨은 모습과 넓고 긴 혀
뵙고자 간절하게 바라옵니다.

이때 등빛 붇다께선 곧 사마디에 들어 그 브라마나로 하여금 두 모습[相]을 보게 하셨다. 등빛 붇다께서는 다시 넓고 긴 혀를 내밀어 양쪽 귀를 핥고 크고 밝은 빛을 놓았다가 정수리로 다시 들어가게 하셨다. 그 브라마나는 여래께서 서른두 모습 갖추신 것을 보고는 기뻐 뛰놀며 스스로 이기지 못하고 이렇게 말하였다.

'세존께서는 잘 살피시길 바랍니다. 저는 이제 이 다섯 송이 꽃을 여래께 올립니다.

또 이 몸을 가지고 거룩한 세존께 공양하겠습니다.'

이렇게 서원을 세웠을 때 그 다섯 송이 꽃은 허공 가운데서 보배의 대[寶臺]로 변화했는데, 아주 빼어나게 묘한 네 기둥과 네 문이 있었다. 그는 이 드러나 있는 보배대를 보고 기뻐 뛰놀며 스스로 이기지 못하고 이런 서원을 세웠다.

'제가 오는 세상 붇다가 된다면 등빛 붇다처럼 되고, 옆과 뒤를 따르는 제자들도 모두 이와 같아지이다.'

이때 등빛 붇다께서는 그 브라마나의 마음속 생각을 아시고 곧 웃으셨다.

붇다 세존의 항상한 법은 성불의 언약을 주실 때 세존께서 웃으시는 것이니, 웃으시며 입에서 다섯 가지 빛깔 밝은 빛을 놓자 삼천대천세계를 두루 비추었다.

이때 밝은 빛이 삼천대천세계를 두루 비추어 해와 달이 다시 밝은 빛이 없어지자 정수리로 도로 들어갔다.

만약 여래가 되리라고 언약하실 때에는 밝은 빛은 정수리로 들어가고, 프라테카붇다가 되리라 언약하실 때에는 밝은 빛이 입에서 나와 귀로 들어가며, 성문이 되리라 언약하실 때에는 밝은 빛이 어깨위로 들어간다.

하늘위에 나리라고 언약하실 때에는 밝은 빛이 팔 속으로 들어가며, 사람으로 나리라고 언약하실 때에는 밝은 빛이 양 옆구리로 들어간다.

아귀로 나리라고 언약하실 때에는 밝은 빛이 겨드랑이로 들어간다.

축생으로 나리라고 언약하실 때에는 밝은 빛이 무릎으로 들어가고, 지옥에 나리라고 언약하실 때에는 밝은 빛이 다리 밑으로 들어간다.

그때 브라마나는 밝은 빛이 정수리로 들어가는 것을 보고 기뻐 뛰놀며 스스로 이기지 못해 곧 머리를 풀어 땅에 펴고 이렇게 말하였다.

'만약 여래께서 저에게 언약해주지 않으신다면 저는 곧 이 자리에서 스스로 목숨을 끊어 모든 아는 뿌리를 이루지 못하도록 하겠습니다.'

이때 등빛 붇다께서는 그 브라마나의 마음속 생각을 알고 곧 이렇게 말씀하셨다.

'너는 빨리 일어나라. 너는 앞으로 올 세상에서 붇다가 되어 이름을 사카무니 여래 · 지극히 참된 분 · 바르게 깨친 이라 할 것이다.'

이때 그 아이는 붇다가 언약 주심을 듣고 마음으로 기뻐 뛰놀며 스스로 이기지 못했다. 그는 곧 그 자리에서 '두루 나타나는 사마디'[遍現三昧]를 얻어 허공으로 솟아올라, 땅에서 일곱 길쯤 떨어진 곳에서 등빛 여래를 향해 합장하였다."

과거세상 무니 여인이 지금의 세존임을 말씀하시고
팔관재의 계법 닦도록 하심

"그대 우팔리여, 달리 살피지 말라. 보배 곳간 여래 때의 장로비구가 어찌 다른 사람이겠느냐? 등빛 여래가 바로 그 사람이다.

또 그때의 왕의 딸 무니가 바로 지금의 나이다. 그때 보배 곳간 여래께서 나에게 사카무니라는 이름을 지어주셨다.

나는 이제 이런 인연 때문에 이 팔관재법을 설한 것이다.

반드시 서원을 세워야 하나니 원이 없으면 과보도 없다. 왜냐하면 그 여인도 그런 서원을 세웠기 때문에 바로 그 겁에 원한 바를 이룬 것이고, 만약 그 장로비구도 서원을 세우지 않았더라면 끝내 붇다의 도를 이루지 못했을 것이기 때문이다.

서원의 복은 이루 헤아려 기록할 수 없으니, 단이슬 같은 니르바나의 처소에 이르게 한다.

이와 같이 우팔리여, 반드시 이렇게 배워야 한다."

그때 우팔리는 붇다의 말씀을 듣고 기뻐하며 받들어 행하였다.

• 증일아함 43 마혈천자문팔정품 二

• 해설 •

앞의 붇다가 뒤에 올 붇다의 성불을 언약하고 다시 그 뒤에 오는 붇다가 그다음 붇다를 언약함은 무엇을 뜻하는가. 존재의 연기적 실상이 항상함도 아니고 끊어짐도 아니므로[不常不斷] 연기법을 깨친 여래의 보디의 도가 또한 항상함도 아니고 끊어짐도 아님을 나타낸다.

연기법은 여래가 세간에 오시든 오시지 않든 법계에 늘 머물러 있다[法界常住]. 그 연기법을 깨친 분이 붇다이니, 붇다는 한 붇다가 가시면 그 다음 붇다가 새롭게 세간에 출현하여 중생을 건진다.

그러나 붇다의 깨달음에 실로 얻을 것이 없어서 깨칠 수 있음[能覺]과 깨친 바[所覺]가 공한 곳에서 보면 본디 깨쳐 있음[本覺]은 때와 곳을 넘어 온갖 곳 온갖 때에 늘 그렇게 있다.

법계진리의 본디 깨쳐 있음[本覺, 正因佛性]은 스스로 움직이는 진리의 빛이 아니다. 그 진리는 팔관재법과 같은 바른 계행(戒行), 좌선법[坐禪], 경을 외우고[誦經] 보시행을 닦거나 대중의 일을 돕는 등 깨닫게 하는 옳은 행[緣因]을 통해, 성취된 구체적인 깨달음의 모습[始覺, 了因佛性]으로 역사 속에 현전한다. 진리는 오직 살피는 지혜인 진리[了因之所了]로만 현전하니 보디의 행밖에 법계진리가 없다.

비록 보디를 성취하되 보디인 진리에 얻을 바 모습이 없기 때문에 실로 깨침과 깨친 바가 없으니, 보디의 도는 끊어짐 없이 늘 항상하지만 과덕의 원인이 되는 계 · 정 · 혜의 실천을 통해서만 그 본디 깨쳐 있음은 구체적 보디의 도[菩提道]로 역사 속에 현전한다. 그러므로 보디의 도는 초월적인 모습이나 닫힌 모습으로 늘 머물러 있지 않고 실천을 통해 늘 새롭게 나타난다.

이처럼 진리가 행위를 통해 발현되는 진리이므로 보배 곳간 여래가 등빛 여래를 언약하고, 등빛 여래가 사카무니를 언약하고, 사카무니가 마이트레야 붇다의 성불을 언약해 붇다와 붇다의 성불의 예언과 약속이 끊어지지 않으니 그 모습은 어떠한가.

한량없는 보배의 곳간이 있으면 그 문을 여는 자는 반드시 보배를 볼 수 있으며, 튼튼한 씨앗을 좋은 땅에 심어서 잘 물을 대고 햇빛이 알맞으면 그 씨앗은 반드시 싹이 트고 열매 맺는다.

그처럼 이미 중생의 여래장(如來藏)의 보배 곳간에 니르바나의 공덕이 본래 갖추어져 있다면 보디의 마음을 내고 여덟 가지 재법을 닦고 좌선행을 지으면, 그는 반드시 보디의 도를 이루게 된다.

지금 붇다에게 믿음을 내고 바른 선정과 지혜를 닦는 자, 그는 이미 붇다의 땅에 씨앗을 뿌린 자이니 뒷날 반드시 보디의 열매를 거두게 된다. 씨앗을 뿌리는 자리에 이미 결과가 갖춰 있는데 어찌 그 결과를 언약하지 않겠는가. 그러므로 언약 받은 미래의 먼 시간은 원래 갖춘 보디의 공덕장, 깨침과 깨치는 바가 공한 본디 깨쳐 있음[本覺]의 땅에서는 시간적인 간격이 없다.

지금 여래의 과덕에 의해 검증된 법계진리의 땅에 발을 대고 바른 보디의 마음 낸 자[發菩提心者], 그가 곧 위없는 보디의 완성자이다.

그러므로 경은 보배 곳간 여래가 등빛여래를 언약하고 등빛여래가 무니의 여인과 마이트레야 브라마나에게 뒷날 사카무니 붇다가 되리라 언약함을 통해, 실은 지금 사카무니 붇다가 보디의 마음을 낸 온갖 중생에게 성불의 미래를 언약하심을 보이고 있는 것이다.

뒷날 마이트레야 붇다의 보디 이룸은, 지금 여래장의 땅에 보디의 씨앗을 심은 자 모두의 해탈이고 구원이다.

법계진리와 여래는 두 모습이 없어서 법계진리에 의심 없는 이 그가 바로 법계진리의 힘에 의해 반드시 믿는 그 자리를 떠나지 않고 보디의 과덕 이루게 된다. 그가 바로 여래께 언약 받는 자이니 『화엄경』(「입법계품」)은 말한다.

붇다는 온갖 세계 가운데
보디 나무에 모두 앉으사
도를 이루고 법바퀴 굴리어
모든 중생 건네 해탈케 하네.

佛於一切刹 悉坐菩提樹
成道轉法輪 度脫諸群生

만약 믿어 바로 아는 마음 있으면
삼세의 붇다를 다 보게 되리라.
그 믿음의 사람은 눈이 깨끗해
모든 붇다의 바다에 들어가리라.

若有信解心 盡見三世佛
彼人眼淸淨 能入諸佛海

공덕 갖춘 노사나 여래께서는
이 도량에서 바른 깨침 이루시어
온갖 끝없는 법계 가운데서
깨끗한 법바퀴를 굴리시도네.

盧舍那如來 道場成正覺
一切法界中 轉於淨法輪

「이세간품」 또한 여래의 지혜와 바른 계에 머물러 중생 교화를 쉬지 않으면 그가 여래의 언약을 받아 보디 이루게 됨을 다음과 같이 보인다.

부지런히 정진해 스스로 안온하고
한량없는 중생을 늘 교화하며
깨끗한 계 가운데 편히 머물면
언약 주시는 행 갖추게 되리.

精勤自安隱 敎化諸含識
安住淨戒中 具諸授記行

그러면 붇다의 공덕에 들어가서
중생의 행과 세계를 알고
이어지는 겁의 세상 또한 알아
지치거나 싫증내는 생각 없도다.

能入佛功德　衆生行及刹
劫世悉亦知　無有疲厭想

차별의 지혜를 모두 지니고
진실의 뜻을 통달하여서
사유함과 말함이 견줄 수 없게 되어
고요하여 바른 깨침 이루게 되리.

差別智總持　通達眞實義
思惟說無比　寂靜等正覺

2 삼세에 출현하시는 붇다

• 이끄는 글 •

온갖 법은 인연으로 생겨나기 때문에 실로 생겨남이 없고, 인연으로 사라지기 때문에 실로 사라짐이 없다. 온갖 존재가 오되 옴이 없고 가되 감이 없는 연기의 진실을 붇다의 몸을 들어 살펴서, 대승에서는 '붇다의 몸이 늘 머물러 있다'[佛身常住]고 말한다.

이 '늘 머무는 모습'은 오직 인연으로 통해서 나고 사라지는 현실 모습의 공한 진실이다. 그러므로 늘 머무는 붇다의 몸은 역사 속에 오고 가는 붇다의 모습밖에 따로 세울 수 없다.

붇다의 보디를 살펴보면 보디는 자아[根]와 행위[識]와 세계[境]가 모두 있되 공한 존재의 진실[諸法實相]이 온전히 실현된 지혜이다. 그 공한 지혜의 바탕에서 보면 붇다의 지혜는 온갖 곳에 두루한 지혜[遍一切處智]이지만, 그 온갖 곳에 두루한 지혜는 초월자의 지혜가 아니라 대상을 보고 듣고 아는 우리 중생이 지금 빛깔과 소리를 알되 아는 자와 아는 바가 공한 현실의 지혜다.

그러므로 사물을 보고 듣고 알고 있는 중생이 보고 듣고 아는 앎 활동에서 실로 보는 자와 보는 바가 공한 실상을 깨달아 봄이 없이 보고 앎이 없이 알면, 중생의 번뇌는 여래의 보디에 돌아간다.

중생의 번뇌가 보디에 돌이켜지면 중생의 온갖 샘이 있음과 온갖 묶음이 다해 중생의 삶에 샘이 없는 지혜와 파리니르바나의 공덕이 현전한다. 보디는 온갖 곳에 두루하나 지금 보고 듣고 대상을 경험하는 앎을 통해서만 드러나는 두루함이고, 붇다의 몸은 늘 머무나 지금 역사 속에 출현하는 붇다를 통해서만 실현되는 늘 머묾이다.

붇다는 옴이 없지만 늘 새롭게 온다. 그리고 지금의 붇다가 찰나 뒤에는 과거의 붇다가 되고, 지금 실천행에 나아가는 자는 반드시 그 바른 원인으로 인해 실천의 과덕을 이룬 미래의 붇다가 될 것이다. 오고 감이 없는 곳에서 찰나찰나 붇다는 이와 같이 오고[如是來] 이와 같이 간다[如是去].

지난 세상과 지금의 일곱 붇다는 다만 일곱 붇다가 아니라 과거 · 현재 · 미래로 이어지는 한량없는 붇다의 세계를 일곱 붇다로 나타내 보인 것이다. 지나간 일곱 붇다에 이름이 있고 나이가 있고 따르는 대중이 있고 머무는 국토가 있다. 그리고 앞으로 오실 붇다에도 이름이 있고 나이가 있고 따르는 대중이 있고 머무는 국토가 있다.

이것은 바로 온갖 곳에 두루한 붇다의 보디가 늘 지금 이곳 구체적이고 역사적인 현실존재의 지혜이고 현실존재의 삶으로 주어짐을 나타낸다. 이처럼 붇다는 늘 과거 · 현재 · 미래를 걸쳐 이와 같이 오고 이와 같이 갈 것이나, 붇다는 오되 옴이 없이 오고 가되 감이 없이 갈 것이다.

1) 이미 오신 붇다[過去佛]

과거 일곱 붇다의 본말 말해주리니

이와 같이 들었다.

한때 붇다께서는 슈라바스티 국 '외로운 이 돕는 장자의 동산'에 계셨다.

그때 많은 비구들은 널리 모이는 강당[普會講堂]에 모여 서로 이렇게 말하였다.

"지금 여래께서는 매우 기이하고 매우 뛰어나십니다.

지난 세상 파리니르바나에 드신 그분들의 이름과 종족, 계 지님과 따르는 이들을 모두다 밝게 분별하시고, 또 그들의 사마디와 지혜와 해탈과 해탈지견과 그 목숨의 길고 짧음까지도 모두다 아십니다.

어떻습니까, 여러 어진 이들이여. 이는 여래께서 법의 처소[法處]를 분별하심이 아주 청정하시기 때문에 그 붇다들의 성명과 종족을 아시는 것일까요, 아니면 여러 하늘들이 붇다 계신 곳에 찾아와 이것을 알려드리는 것일까요?"

그때 세존께서는 하늘귀로 여러 비구들이 이러한 논란 일으키는 것을 환히 들으시고 곧 비구들 있는 곳으로 가시어 한복판에 앉아 말씀하셨다.

"너희들은 여기 모여 무엇을 논의하고 있고, 무슨 법을 말하려 하는가?"

비구들은 말씀드렸다.

"저희들은 여기 모여 바른 법의 요점을 논하고 있습니다. 곧 여러 사람들은 각기 이런 논의를 일으켰습니다.

'여래께서는 매우 기이하고 매우 뛰어나십니다.

지난 세상 모든 붇다 세존의 성명을 아시고 그 지혜의 많고 적음을 꿰뚫어 널리 알지 못함이 없으십니다. 매우 기이하고 아름답습니다.

어떻습니까, 여러 어진 이들이여. 여래께서는 법계(法界)를 분별하심이 아주 청정하시기 때문에 저 여러 붇다들의 성명과 나신 곳을 아시는 걸까요, 아니면 여러 하늘들이 붇다 계신 곳에 찾아와 그것을 알려드리는 걸까요?' "

여러 비구들의 찬탄을 듣고
과거 붇다의 지혜와 목숨의 일을 말해주심

그때 세존께서는 말씀하셨다.

"너희들은 과거 모든 붇다의 신묘한 지혜의 힘과 그 성명과 목숨의 길고 짧음에 대해 듣고 싶은가?"

비구들은 말씀드렸다.

"지금이 바로 그때입니다. 세존께서 그 뜻을 말씀해주시길 바랍니다."

세존께서는 여러 비구들에게 말씀하셨다.

"너희들은 잘 사유하고 생각하라. 내 너희들을 위해 그 뜻을 널리 연설해주겠다."

과거 일곱 붇다의 이름을 보이심

그때 뭇 여러 비구들이 붇다에게서 가르침을 받으려 하니, 세존께서는 말씀하셨다.

"비구들이여, 알아야 한다. 과거 아흔한 겁 전에 붇다께서 세상에 출현하셨으니, 그 이름을 비파신(Vipaśyin) 여래 · 지극히 참된 분 · 바르게 깨친 이라 하셨다.

또 서른한 겁 전에 붇다께서 세상에 출현하셨으니, 그 이름을 시킨(Śikhin) 여래 · 지극히 참된 분 · 바르게 깨친 이라 하셨다.

또 그 서른한 겁 전 무렵에 붇다가 계셨으니, 바로 비쓰바부(Viśvabhū) 여래라는 분이 세상에 출현하셨다.

또 이 현겁(賢劫) 가운데 붇다께서 세상에 출현하셨으니, 그 이름을 크라쿠찬다(Krakucchanda) 여래라 하셨다.

또 이 현겁 가운데 붇다께서 세상에 출현하셨으니, 그 이름은 카나카무니(Kanakamuni) 여래 · 지극히 참된 분 · 바르게 깨친 이라 하셨다.

또 이 현겁 가운데 붇다께서 세상에 출현하셨으니, 그 이름을 카샤파(Kāśyapa)라 하셨다.

다시 이 현겁 가운데 내가 세상에 출현하였으니, 사카무니(Sākya muni) 여래 · 지극히 참된 분 · 바르게 깨친 이이다."

그때 세존께서는 곧 이런 게송을 읊으셨다.

아흔한 겁 전에 비파신 붇다 계셨고
서른한 겁 전에 시킨 여래 나오셨고
또 그 겁에 비쓰바부 여래 오셨네.

지금 이 현겁에 네 붇다 나셨으니
사카무니 앞에는 크라쿠찬다
카나카무니 카샤파 붇다로서
해가 세간을 널리 비춤 같았네.
그 붇다들 이름을 알고 싶은가
그 붇다들 이름은 다 이와 같도다.

과거 붇다와 지금 붇다의 나신 종족을 보이심

"비파신 여래께서는 크샤트리아 종족 출신이셨고, 시킨 여래께서도 크샤트리아 종족 출신이셨으며, 비쓰바부 여래께서도 크샤트리아 종족 출신이셨다. 크라쿠찬다 여래께서는 브라마나 종족 출신이셨고, 카나카무니 여래께서도 브라마나 종족 출신이셨으며, 카샤파 여래께서도 브라마나 종족 출신이셨다.

그리고 지금 나는 크샤트리아 종족 출신이다."

그때 세존께서 곧 다음 게송을 읊으셨다.

현겁 전에 세상 오신 붇다들께선
모두 크샤트리아 종족 출신이셨고
크라쿠찬다에서 카샤파 여래까지는
모두들 브라마나 종족 출신이셨네.

가장 높아 누구도 미칠 수 없는 이
나는 지금 하늘과 사람의 스승
모든 아는 뿌리 맑고 깨끗하나니

나는 크샤트리아 종족 출신이다.

과거 · 현재 붇다의 성을 보이심

"비파신 여래의 성은 고타마요, 시킨 여래께서도 성이 고타마이셨으며, 비쓰바부 여래 또한 성이 고타마이셨다.

카샤파 여래는 카샤파 족성이요, 크라쿠찬다 여래와 카나카무니 여래 또한 카샤파 족성이라, 위와 같아 다름이 없었다.

그리고 지금 나, 여래의 성[如來姓]은 고타마이다."

그때 세존께서는 곧 이런 게송을 읊으셨다.

처음의 세 붇다 그 성은 고타마요
그 뒤로 카샤파까지 세 붇다
카샤파의 족성에서 나오셨네.
나는 지금 하늘과 사람 공경 받으며
모든 아는 뿌리 맑고 깨끗하나니
고타마의 족성에서 나왔도다.

"비구들이여, 알아야 한다. 비파신 여래께서는 성이 카운디야(Kauṇḍiya)이셨고, 시킨 여래께서도 카운디야에서 나왔으며, 비쓰바부 여래 또한 카운디야에서 나오셨다. 크라쿠찬다 여래께서는 바라드바자(Bhāradvāja)에서 나왔고, 카나카무니 여래도 바라드바자에서 나왔으며, 카샤파 여래 또한 바라드바자에서 나오셨다.

그리고 지금 나 여래 · 지극히 참된 분 바르게 깨친 이는 카운디야에서 나왔다."

그때 세존께서는 곧 다음 게송을 읊으셨다.

처음의 세 붇다는 카운디야에서 나오셨고
카샤파까지 세 분 바라드바자에서 나오셨네.
나는 지금 하늘과 사람의 공경 받으며
여러 아는 뿌리 맑고도 깨끗하나니
지금 여래 바로 카운디야에서 나왔다.

과거 · 현재 붇다가 보디의 도 이루실 때 앉은 나무를 보이심

"비파신 여래께서는 파탈리(paṭali) 나무 밑에 앉아 보디의 도를 이루셨고, 시킨 여래께서는 푼다리카(puṇḍarīka) 나무 밑에 앉아 보디의 도를 이루셨으며, 비쓰바부 여래께서는 사라(sāla) 나무 밑에 앉아 보디의 도를 이루셨다.

크라쿠찬다 여래께서는 시리사(śirīṣa) 나무 밑에 앉아 보디의 도를 이루셨으며, 카나카무니 여래께서는 우둠바라(udumbara) 나무 밑에 앉아 보디의 도를 이루셨고, 카샤파 여래께서는 니그로다(nigrodha) 나무 밑에 앉아 도의 과덕[道果]을 이루셨다.

그리고 나 지금의 여래는 아쓰바타(aśvattha, 吉祥) 나무 밑에 앉아 보디의 도를 이루었다."

그때 세존께서는 곧 다음 게송을 읊으셨다.

처음 한 붇다 보디의 도 이루심은
파탈리 나무 아래에서였고
시킨 여래 푼다리카 나무 아래 앉으셨고

비쓰바부께선 사라 나무 아래 앉았네.

크라쿠찬다 시리사 나무 아래에 앉고
카나카무니께선 우둠바라 나무 아래이고
카샤파께서는 니그로다 나무이며
아쓰바타 나무에선 내가 도를 이루었네.

일곱 붇다는 하늘 가운데 하늘
온 세간을 환히 비추어 밝히니
인연 따라 여러 나무 아래에 앉아
제각기 그 도의 과덕 이루시었네.

과거 · 현재 붇다의 제자의 수를 보이심

"비파신 여래의 제자는 십육만 팔천 무리요, 시킨 여래의 제자대중은 십육만이며, 비쓰바부 여래의 제자대중은 십만이요, 크라쿠찬다 여래의 제자대중은 팔만이며, 카나카무니 여래의 제자대중은 칠만이요, 카샤파 여래의 제자대중은 육만이었다.

그리고 지금 내 제자는 천이백오십 명인데, 다 아라한으로서 모든 번뇌 흐름이 길이 다해 다시 여러 묶음[諸縛]이 없다."

그때 세존께서는 곧 다음 게송을 읊으셨다.

십육만 팔천 명 비파신 여래의 제자
십만에 또 육만 시킨 여래의 제자
십만의 비구들은 비쓰바부 제자요

크라쿠찬다는 팔만 카나카무니는 칠만
카샤파의 육만 대중 다 아라한이었고
지금 나 사카무니 제자 천이백오십 명이다.

참사람의 행으로 법의 가르침 널리 펴니
남긴 법과 남은 제자 그 수 헤아릴 수 없네.

과거 · 현재 붇다의 시자의 이름을 보이심

"비파신 여래의 시자 이름은 '큰 길잡이 스승'[大導師]이요, 시킨 여래의 시자 이름은 '잘 깨친 이'[善覺]이며, 비쓰바부 여래의 시자 이름은 '무리에서 빼어난 이'[勝衆]이다.

크라쿠찬다 여래의 시자 이름은 '길상'(吉祥)이요, 카나카무니 여래의 시자 이름은 '비요수타라'(Bhiyyosuttara)이며, 카샤파 여래의 시자 이름은 '길잡이 스승'[導師]이다. 그리고 지금 내 시자의 이름은 '아난다'(Ānanda)이다."

그때 세존께서는 곧 다음 게송을 읊으셨다.

지난 여러 붇다들 시자 이름은
큰 길잡이 스승, 잘 깨친 이
무리에서 빼어난 이와 길상이었고
다섯 번째 시자는 비요수타라이고
여섯 번째 붇다 시자는 길잡이 스승
아난다는 일곱 번째 시자이네.

이 사람들은 성인을 공양함에
때맞추지 못해 잃음이 없고
읊어 외우고 또 받아 지니어
그 뜻과 이치를 잃지 않았네.

과거 · 현재 붇다의 수명을 보이심

"비파신 여래의 수명은 팔만 사천 세였고, 시킨 여래의 수명은 칠만 세였으며, 비쓰바부 여래의 수명은 육만 세였다. 크라쿠찬다 여래의 수명은 오만 세였고, 카나카무니 여래의 수명은 사만 세였으며, 카샤파 여래의 수명은 이만 세였다.

그리고 지금의 여래 나는 그 수명이 아주 줄어 백 세를 넘지 않는다."

그때 세존께서는 곧 다음 게송을 읊으셨다.

처음 붇다 수명은 팔만 사천 세
다음 붇다 수명은 칠만 세였네.
비쓰바부께서는 육만 세였고
크라쿠찬다 수명은 오만 세였네.

사만 년은 카나카무니 여래의 수명
카샤파 여래 수명이 이만 세였고
오직 나만은 수명이 백 년이네.

"이와 같이 비구들이여, 여래는 모든 붇다의 성명과 부르는 이름을 살펴 아는 것이 다 분명하고, 종족의 나온 곳을 꿰뚫어 통하지 않음이 없으며, 계 지님과 지혜와 선정과 해탈을 모두다 사무쳐 안다."

한량없는 과거 붇다 가운데 일곱 붇다의 본말만 말씀한 까닭 보이심

아난다는 말씀드렸다.

"여래께서는 또한 말씀하셨습니다.

'니르바나에 드신 강가아 강의 모래알 수 같은 여러 붇다들을 여래는 또한 알고, 또 앞으로 오실 강가아 강의 모래알 수 같은 붇다들도 여래는 알고 있다.'

그런데 여래께서는 왜 그 많은 붇다들의 지으신 일을 다 말씀하지 않으시고, 지금 일곱 붇다의 본말(本末)만을 말씀하십니까?"

세존께서는 아난다에게 말씀하셨다.

"다 인연의 바탕과 끝[因緣本末]이 있어서 여래가 일곱 붇다의 바탕과 끝[本末]을 말한 것이다.

과거 강가아 강의 모래알 수 같은 붇다들 또한 일곱 붇다의 본말만 말씀하셨고, 앞으로 올 마이트레야 붇다가 세상에 출현하셔도 또 일곱 붇다의 본말만 말씀하실 것이다.

또 '사자처럼 응하시는[師子應] 여래'께서 세상에 출현하셔도 일곱 붇다의 본말만 말씀하실 것이요, '유순함을 따르는[承柔順] 붇다'께서 세상에 출현하셔도 일곱 붇다의 본말만 말씀하실 것이며, 또 '불꽃[光焰] 붇다'께서 세상에 출현하셔도 일곱 붇다의 본말만 말씀하실 것이다.

그리고 만약 '때 없는[無垢] 붇다'께서 세상에 출현하시면 '카샤파 붇다'의 본말만 말씀하실 것이요, 또 만약 '보배빛[寶光] 여래'께서 세상에 출현하시면 '사카무니[釋迦文] 붇다'의 본말만 말씀하실 것이다."

그때 세존께서는 곧 다음 게송을 읊으셨다.

사자처럼 웅함, 유순함을 따름
불꽃, 때 없음, 보배빛 여래
이 분들은 마이트레야 다음에
모두 붇다의 도를 이룰 것이다.

마이트레야는 시킨 여래 본말 설하고
사자처럼 웅하시는 여래께서는
비쓰바부 붇다의 본말을 말하며
유순함을 따르는 여래께서는
크라쿠찬다 여래의 본말 말하고
그다음 오실 불꽃 여래께서는
카나카무니 붇다의 본말 말하리.

또 때 없는 여래는 카샤파 여래
과거의 겪어온 바 모두 말하고
보배빛 여래 바른 보디 이루고는
또한 지금 나의 이름 말해주리라.

과거의 바른 보디 이룬 분들과
또 앞으로 올 여러 붇다들도

모두다 반드시 일곱 붇다들의
과거에 겪은 본말을 말해주리라.

경의 이름을 말씀하심

"이런 인연으로 말미암아 여래는 지금 일곱 붇다의 이름만 말한 것이다."

이때 아난다가 세존께 말씀드렸다.

"이 경 이름은 무엇이며 어떻게 받들어 행하여야 합니까?"

세존께서는 말씀하셨다.

"이 경 이름은 '붇다의 명호를 말한 경'[記佛名號]이니, 반드시 생각하고 받들어 행하라."

그때 아난다와 여러 비구들은 붇다의 말씀을 듣고 기뻐하며 받들어 행하였다.

• 증일아함 48 십불선품(十不善品) 四

• 해설 •

중생이 중생이 아니라 이미 '여래의 위없는 깨달음을 짊어지고 있는 자'[荷擔如來無上菩提]이니, 중생의 중생됨을 버리면 그 중생이 곧 현재의 붇다이다. 현재의 붇다가 찰나 뒤에는 과거의 붇다가 되고, 지금의 중생이 미래의 붇다가 된다.

붇다를 우리 중생과 다르다 말하지 말라.

붇다에게도 부모가 있고 눈이 있고 코가 있으며, 이름이 있고 성이 있으며 종족이 있고 따르는 대중이 있으니, 그는 우리 중생의 다른 이름일 뿐이다.

그러나 붇다를 미망과 번뇌에 묶인 중생과 같다 말하지 말라.

그분들은 파탈리 꽃 나무 · 니그로다 나무 · 길상나무 아래 앉아서 위없는 보디를 이루신 분이고, 하늘과 사람의 공경을 받으며 아는 뿌리가 늘 고요하여 그 지혜의 빛이 시방에 두루하고, 스스로 파리니르바나의 저 언덕에 잘 가시어 끝없는 자비로 한량없는 중생을 파리니르바나에 이끄신다.

붇다와 중생이 다름없는 곳에서 보면 붇다의 몸은 삼세에 끊어짐이 없고, 중생이 본래 여래의 진리의 땅에 이미 서 있다. 그러나 보디사트바가 다시 진리의 도량 보디 나무에 앉아 번뇌를 다하고 밝은 지혜를 성취해야만 세간에 붇다가 출현하여 강가아 강 모래알 수 같은 붇다와 붇다가 과거 · 현재 · 미래로 이어져 세간 밝힐 지혜의 등불이 꺼지지 않는 것이다.

『화엄경』(「여래현상품」)은 먼저 중생이 늘 여래의 땅에 있음을 이렇게 말한다.

붇다의 몸은 늘 드러나 있어
법계에 모두 가득하시사
언제나 넓고 큰 음성 연설해
시방 국토에 널리 떨치시네.

佛身常顯現　法界悉充滿
恒演廣大音　普震十方國

「비로자나품」(毘盧遮那品)에서는 지혜의 등불을 다시 밝혀 법계진리의 땅에서 옴이 없이 크신 인도자가 세간에 오심을, 다음과 같이 말한다.

한량없는 억천 겁 머나먼 때
큰 인도자 때가 되어야 나오시네.
붇다께서 지금 세간 나오셨으니
온갖 사람 우러러 받드는 바네.

無量億千劫　導師時乃現
佛今出世間　一切所瞻奉

아난다여, 이제 사카무니 붇다가 오셨지만 여래의 목숨은 길고 길다

이와 같이 들었다.

한때 붇다께서는 슈라바스티 국 '외로운 이 돕는 장자의 동산'에 계셨다. 그때 세존께서는 보름날 계를 말씀하시는 때라 여러 비구들을 데리고 앞뒤로 둘러싸여 '널리 모이는 강당'으로 가셨다.

이때 세존께서는 잠자코 말이 없이 살피셨고, 대중들도 고요히 말이 없었다.

이때 아난다가 세존께 말씀드렸다.

"오늘 거룩한 상가대중이 강당에 다 모였습니다. 그렇습니다, 세존이시여. 여러 비구들을 위하여 금한 계[禁戒]를 말씀해주셔야 합니다."

이때 세존께서는 잠자코 말씀이 없으셨다. 아난다가 잠깐 있다 다시 말씀드렸다.

"지금이 바로 설하실 때입니다. 금한 계를 말씀해주십시오. 초저녁이 다하려 합니다."

세존께서는 다시 잠자코 말씀이 없으셨다. 잠깐 있다가 아난다는 다시 말씀드렸다.

"한밤이 다하려 하고 대중들도 지쳤습니다. 세존께서 지금 바로 계율을 말씀해주시길 바랍니다."

그러나 세존께서는 다시 잠자코 말씀이 없으셨다. 잠깐 있다가 아난다는 다시 말씀드렸다.

"늦은 밤이 다하고 새벽이 밝아오고 있습니다. 세존께서 지금 바로 계율을 말씀해주시길 바랍니다."

붇다께서 아난다에게 말씀하셨다.

"이 대중 가운데 깨끗하지 못한 자가 있기 때문에 계율을 말하지 않는 것이다.

이제 높은 자리[上座] 비구가 금한 계를 설하도록 들어주겠다. 만약 높은 자리 비구가 계율을 설할 수 없다면 계율 지니는 자[持律者]가 설하도록 하리라. 또 만약 계율 지니는 자가 없으면 계율을 외워 밝게 통달한 이[誦戒通利者]를 시켜 그것을 외우고 설하게 하리라.

지금부터 이 뒤로는 여래는 이 가운데서 계율을 설하지 않을 것이다.

대중 가운데 깨끗하지 못한 자가 있을 때, 여래가 그곳에서 계율을 설한다면 그 사람은 머리가 일곱 조각으로 부서져, 저 수라(酬羅) 열매와 다름없이 될 것이다."

이때 아난다는 슬픔과 눈물이 어우러져 이렇게 말하였다.

"거룩한 상가는 오늘 외롭게 되었구나. 여래의 바른 법이 가는 것이 어찌 이다지도 빠른가? 깨끗하지 못한 사람이 나오는 것은 또 어찌 이다지도 빠른가?"

여래께서 계 설하시지 않자 목갈라야나 존자가 청정하지 않은 자를 가려 밖으로 내침

이때 마하목갈라야나는 생각하였다.

'이 대중 가운데 어떤 법을 허무는 자들이 있어 여래로 하여금 금

한 계를 말씀하지 못하게 하는가?'

마하목갈라야나는 이어 사마디에 들어[入三昧定] 대중들의 마음 속 더러움을 살펴보았다.

그때 목갈라야나는 아쓰바카(Aśvaka)와 푸나르바수(Punarvasu) 두 비구가 대중 가운데 있는 것을 보았다. 그는 곧 자리에서 일어나 그 비구들 있는 곳에 가 말하였다.

"너희들은 빨리 일어나 이 자리를 떠나라. 여래께서 꾸짖고 계시다. 너희들 때문에 여래께서 금한 계를 설하지 않으시는 것이다."

그러나 두 비구는 잠자코 말이 없었다. 목갈라야나는 두 번 세 번 말하였다.

"너희들은 빨리 일어나라. 여기 있지 말라."

이때에도 그 비구들은 잠자코 말하지 않았다.

그러자 목갈라야나는 곧 앞으로 다가가 그들의 손을 잡고 문밖으로 끌어내고는 돌아와 문을 걸고 앞에서 붇다께 말씀드렸다.

"깨끗하지 못한 비구들을 이미 문밖으로 끌어내었습니다. 그렇습니다, 세존이시여. 이제 금한 계를 설하실 때입니다."

세존께서는 말씀하셨다.

"그만두어라, 그만두어라. 목갈라야나여, 여래는 다시는 비구들에게 계율을 설하지 않을 것이다. 여래가 설한 말에는 둘이 있지 않다. 네 자리로 돌아가라."

이때 목갈라야나는 다시 말씀드렸다.

"지금 이 대중 가운데서 이미 티끌과 더러움이 생겼습니다. 저는 유나법(維那法, karma-dāna)을 행할 수 없습니다. 세존께서는 다른 사람을 뽑으시길 바랍니다."

세존께서는 잠자코 옳다 하셨다.

그때 목갈라야나는 머리를 대 세존의 발에 절하고 본 자리로 돌아갔다.

아난다가 과거 붇다들의 대중과 금한 계를 여쭈자
비파신 붇다 때의 거룩한 대중과 금한 계, 법의 모임을 보이심

이때 아난다가 세존께 말씀드렸다.

"비파신 여래께서 세상에 출현하셨을 때, 그 거룩한 대중은 얼마나 되었습니까? 또 얼마나 지나 티끌과 더러움이 생겼습니까? 나아가 카샤파 여래의 제자는 얼마나 되었으며, 어떻게 계율을 말씀하셨습니까?"

세존께서는 말씀하셨다.

"아흔한 겁 전에 붇다가 세상에 출현하셨으니 비파신 여래 · 지극히 참된 분 · 바르게 깨친 이라 이름하였다.

그때 거룩한 대중의 모임은 세 번 있었다. 첫 번째 모임에는 비구에 십육만 팔천의 거룩한 대중이 있었고, 두 번째 모임에는 십육만의 거룩한 대중이 있었으며, 세 번째 모임에는 십만 거룩한 대중이 있었는데 그들은 모두 아라한이었다.

그 붇다의 수명은 팔만 사천 세였고 백 년 동안 거룩한 대중은 청정하였다. 그 붇다는 늘 하나의 게송으로 금한 계를 삼으셨다.

욕됨을 참는 것이 으뜸이요
붇다 말씀 중 함 없음이 으뜸이네.
비록 수염과 머리를 깎았지만

남을 해치면 사문이 아니다.

이때 그 붇다는 이 하나의 게송으로 백 년 동안 금한 계를 삼으셨다. 그러다가 티끌과 더러움이 생기자 곧 다시 금한 계를 세우셨다."

시킨 붇다 때의 거룩한 대중과 금한 계, 법의 모임을 보이심

"또 서른한 겁 전에 시킨 여래 · 지극히 참된 이 · 바르게 깨친 이라 하였다.

세상에 출현하신 그때 거룩한 대중의 모임이 세 번 있었다. 첫 번째 모임에는 십육만 거룩한 대중이 있었고, 두 번째 모임에는 십사만 거룩한 대중이 있었으며, 세 번째 모임에는 십만 거룩한 대중이 있었다.

그 붇다 때에는 팔십 년 동안 청정하여 티끌과 더러움이 없었다. 또한 하나의 게송을 말씀하셨다.

만약 눈으로 보면 삿되지 않아
지혜로운 이 그 마음 잘 보살펴서
보는 것에 마음 집착하지 않도다.
뭇 악한 일을 모두 버려 없애면
세간에 있어도 지혜로우리라.

이때 그 붇다는 팔십 년 동안 이 하나의 게송을 말씀하셨고, 뒤에 티끌과 더러움이 생기자 다시 금한 계를 세우셨다. 그때 시킨 붇다의 수명은 칠만 세였다."

비쓰바부 붇다 때의 거룩한 대중과 금한 계, 법의 모임을 보이심

"또 그 겁에 다시 붇다가 세상에 출현하시니, 비쓰바부라 이름하였다.

그 붇다도 거룩한 대중의 모임을 세 번 가지셨다. 첫 번째 모임에는 십만의 거룩한 대중이 모였는데 다 아라한이었고, 두 번째 모임에는 팔만 아라한이었고, 세 번째 모임에는 칠만의 아라한이었는데, 모든 번뇌의 흐름이 이미 다하였다.

비쓰바부 여래 때에는 칠십 년 동안 티끌과 더러움이 없었다.

그때는 하나 반의 게송으로 금한 계를 삼았었다.

해치지 말고 그른 짓도 말고
큰 계율을 받들어 행하라.
음식을 먹음에 만족할 줄 알고
앉는 자리 또한 그렇게 하라.
뜻을 붙들어 오롯이 한결같으면
이것이 모든 붇다의 가르침이다.

이 붇다는 칠십 년 동안 이 하나 반의 게송으로 금한 계를 삼으셨고, 뒤에 티끌과 더러움이 생기자 다시 금한 계를 세우셨다.

비쓰바부 여래의 수명도 칠만 세였다."

크라쿠찬다 붇다 때의 거룩한 대중과 금한 계, 법의 모임을 보이심

"그리고 이 현겁 가운데 붇다가 세상에 출현하셨으니 이름을 크라쿠찬다 여래라 하였다.

세간에 출현하신 그때 거룩한 대중의 모임은 두 번 있었다. 첫 번째 모임에는 칠만의 거룩한 대중이 모였는데 모두 아라한이었고, 두 번째 모임에는 육만 아라한이었다.

그 붇다 때에는 육십 년 동안 티끌과 더러움이 없었다. 그 붇다께서는 그때 두 게송으로 계율을 삼으셨다.

비유하면 벌이 꽃의 꿀을 따면
그 빛깔 매우 향기롭고 깨끗하듯
맛으로써 남에게 보시하면서
수행자들은 마을에 노닐어 가라.

다른 사람 헐뜯어 비방하지 말고
또한 옳고 그름 따져 살피지 말고
다만 스스로 제 몸의 행을 살피어
바르고 바르지 않음 깊이 살피라.

그 붇다께서는 육십 년 동안 이 두 게송으로 금한 계를 삼으셨고, 이로부터 오면서 그 뒤에 티끌과 더러움이 있자 곧 다시 금한 계를 세우셨다. 그 붇다의 수명은 육만 세였다."

카나카무니 붇다 때의 거룩한 대중과 금한 계, 법의 모임을 보이심

"또 이 현겁 가운데 붇다가 세상에 출현하셨으니, 이름을 카나카무니 여래 · 지극히 참된 분 · 바르게 깨친 이라고 하였다.

그때는 거룩한 대중의 모임이 두 번 있었다. 첫 번째 모임에는 육십 만 거룩한 대중이 모였는데 모두 아라한이었고, 두 번째 모임에는 사십 만 거룩한 대중이었는데 모두 아라한이었다.

그 붇다 때에는 사십 년 동안 티끌과 더러움이 없었고, 하나의 게송으로 금한 계를 삼았었다.

뜻을 붙들어 가볍게 놀지 말고
세존의 고요한 도 배워야 한다.
어진 이는 시름과 근심 없나니
늘 뜻으로 생각함 없애버리라.

그 붇다께서는 사십 년 동안 이 게송을 설하시며 금한 계로 삼으셨고, 이로부터 오면서 티끌과 더러움이 있자 다시 금한 계를 세우셨다. 그리고 그 붇다의 수명은 사만 세였다.

카샤파 붇다 때의 거룩한 대중과 금한 계, 법의 모임을 보이심

"또 이 현겁에 붇다가 계셨으니 이름이 카샤파였다.

그 붇다께도 또한 거룩한 대중의 모임이 두 번 있었다. 첫 번째 모임에는 사십만 거룩한 대중이었고, 두 번째 모임에는 삼십만 거룩한 대중으로서 모두 아라한이었다.

그 붇다 때에는 이십 년 동안 티끌과 더러움이 없었고 늘 하나의 게송으로 계율을 삼았었다.

온갖 악한 일은 짓지 말고
착한 일은 받들어 행해야 한다.

마음의 뜻 스스로 깨끗이 하면
이것이 모든 붇다의 가르침이다.

그 붇다께서는 이십 년 동안 이 하나의 게송을 설해 금한 계로 삼으셨고, 이로부터 오면서 티끌과 더러움이 있자 다시 금한 계를 세우셨다. 그 카샤파 붇다의 수명은 이만 세였다."

지금 사카무니 붇다의 거룩한 대중과 금한 계
법의 모임과 계 설하는 법을 보이심

"나는 지금 여래로 세간에 출현하였으니, 한 번의 모임에 거룩한 대중은 천이백오십 명이었고, 십이 년 동안 티끌과 더러움이 없었으며, 또 하나의 게송으로 금한 계를 삼았었다.

입과 마음 보살펴 청정케 하고
몸의 행 또한 청정케 해야 한다.
이 세 가지 행의 자취 깨끗이 하여
큰 선인의 거룩한 도 닦아 행하라.

십이 년 동안 이 하나의 게송을 설하여 금한 계로 삼았는데, 이 계율을 범하는 사람이 생겨 더욱 이백오십 계가 있게 되었다.

지금부터 뒤로는 상가대중이 함께 모여 비나야(vinaya, 律)에 있는 그대로 다음과 같이 서로 말하라.

'여러 어진 이들이여, 모두 들으십시오. 오늘은 보름날 계를 설하는 날입니다.

지금 상가대중은 참는 이들이고 대중은 화합하니 금한 계를 설할 것입니다.'

이렇게 알린 뒤에, 만약 할 말이 있는 비구가 있거든 계를 설하지 말고 각기 같이 잠자코 있어라.

만약 말하는 사람이 없거든 계를 설명하여야 한다. 나아가 계의 차례를 말한 뒤에는 다시 이렇게 물어야 한다.

'여러 어진 이들이여, 누가 청정하지 않습니까?'

이렇게 두 번 세 번 '누가 청정하지 않습니까?' 하고 물어라.

그리고 청정한 사람은 잠자코 그대로 있어라. 지금 사람의 수명은 아주 짧아 목숨을 다해도 백 세를 넘지 못한다.

그러므로 아난다여, 이 법을 잘 받아 지녀야 한다."

사카무니 붇다의 남기신 법은 오래 남고 그 목숨도 길고 길며 제자도 한량없음을 보이심

그때 아난다는 세존께 말씀드렸다.

"지나간 오래고 먼 세상의 모든 붇다 세존의 목숨도 아주 길고, 계율을 범하는 이도 적어 때와 더러움이 없었습니다. 그런데 지금 사람들은 목숨은 짧아 백 년을 넘지 못합니다. 과거 붇다들께서 니르바나에 드신 뒤, 남기신 법은 세상에 얼마 동안이나 머물렀습니까?"

붇다께서 아난다에게 말씀하셨다.

"과거 붇다들께서 니르바나에 드신 뒤, 그 법은 오래 머물지 않았다."

아난다는 말씀드렸다.

"여래께서 세상을 떠나신 뒤에는 바른 법이 세상에 머묾이 얼마 동안이나 되겠습니까?"

세존께서는 말씀하셨다.

"내가 니르바나에 든 뒤에 그 법은 오래 머물 것이다.

카샤파 붇다께서 니르바나에 드신 뒤에 그 남기신 법은 이레 동안 세상에 머물렀다.

아난다여, 너는 지금 여래의 제자가 적다고 여기는가? 그렇게 보지 말라. 동방의 제자가 셀 수 없는 억 천이요, 남방의 제자도 셀 수 없는 억 천이다.

그러므로 아난다여, 너는 반드시 이렇게 뜻을 세워야 한다.

'우리 사카무니 붇다의 목숨은 아주 길다.'

왜냐하면 육신은 비록 니르바나에 들지만 법신은 머물러 있기 때문이다. 이것이 그 뜻이니, 반드시 생각하고 받들어 행해야 한다."

그때 아난다와 여러 비구들은 붇다의 말씀을 듣고 기뻐하며 받들어 행하였다.

• 증일아함 48 십불선품 二

• 해설 •

모든 붇다의 늘 머무는 법의 몸[法身]과 다함없는 지혜의 목숨[慧命]은 서로 다름이 없어 한 몸[一身] 한 지혜[一智]이다. 그러나 그 붇다들이 세간에 나투는 몸, 나타내 가르치는 말과 계율, 붇다를 따르는 대중의 수는 그 세간의 중생의 모습과 세계의 모습, 그 세간 중생의 근기나 치유할 병에 따라 각기 다르다.

금한 계[禁戒]는 중생이 짓는 죄업에 따라 세워지니, 금한 계가 많아지고 빨리 새로운 금한 계를 세우는 것은 상가대중이 짓는 갖가지 허물이 생겨나고 깨끗하지 못한 행이 많아짐을 뜻한다. 세울 금한 계가 없어야 참으로 청정한 세상이다.

과거 · 현재 · 미래 한량없는 여래의 몸은 법의 몸으로 한 몸이고 지혜의 목숨은 한 지혜이다. 다만 중생의 업을 따라 수명을 보이고 금한 계의 수를 나타내는 것이니, 지금 사카무니께서 세간 중생의 모습 따라 나툰 몸의 수명이 비록 백 세를 넘지 못하고 그 따르는 대중의 수가 많지 않더라도, 붇다의 수명이 백 년이 안 된다고 말하거나 그 대중이 적다고 해서는 안 된다.

그 붇다의 법의 몸 · 지혜의 목숨은 다함이 없고 그 따르는 대중은 셀 수 없는 억천이다. 사카무니 붇다의 동방의 제자가 셀 수 없는 억천이고, 남방의 제자도 셀 수 없는 억천이다. 그리고 사카무니 붇다께서 남기신 법도 오래고 오래 저 마이트레야 붇다 때까지 이를 것이다.

경의 가르침은 무엇을 보인 것인가. 한 법[一法]과 한량없는 법[無量法]이 모두 공해 모습 끊어져 한 법이 한량없는 법이 됨을 보이심인가.

붇다의 덧없는 몸[無常身]에서 항상 머무는 법의 몸[常住法身]을 보아야 하고, 여기 있는 사카무니의 한 몸에서 천백억 화신 사카무니를 보아야 할 것이다.

옛 선사의 다음 게송의 뜻을 생각해보자.

> 툭 트여 두루한 모래알 수 세계가
> 거룩한 상가라마의 도량인데
> 눈에 가득한 만주쓰리와 만나 말하면서
> 한 마디 말끝에 붇다의 눈 열 줄 모르고
> 머리 돌려 푸른 산 바위만을 보는구나.
>
> 廓周沙界聖伽藍　滿目文殊接話談
> 言下不知開佛眼　廻頭只見翠山巖

2) 지금 오시는 붇다[現世佛]

어떤 한 사람이 세상에 나타나
지혜의 빛이 세상에 나타나면

이와 같이 들었다.

한때 붇다께서는 슈라바스티 국 '외로운 이 돕는 장자의 동산'에 계셨다.

그때 세존께서 모든 비구들에게 말씀하셨다.

"만약 어떤 한 사람이 세상에 출현하면, 곧 지혜의 밝은 빛이 세상에 출현한다.

어떤 사람이 그 한 사람인가?

곧 다타가타(Tathāgata, 如來) · 아라한(Arhat, 應供) · 삼약삼붇다(Samyak-saṃbuddha, 正等覺者)이시다. 이것을 한 사람이 세상에 출현하면, 곧바로 지혜의 밝은 빛이 세상에 출현한다고 하는 것이다.

그러므로 여러 비구들이여, 믿는 마음으로 붇다께 향하여 기울어지거나 삿됨이 없게 해야 한다.

이와 같이 비구들이여, 반드시 이렇게 배워야 한다."

그때 여러 비구들은 붇다의 말씀을 듣고 기뻐하며 받들어 행하였다.

• 증일아함 8 아수륜품(阿修倫品) 四

어떤 사람이 세상에 나타나 해탈의 문이 함께 나타나면

이와 같이 들었다.

한때 붇다께서는 슈라바스티 국 '외로운 이 돕는 장자의 동산'에 계셨다.

그때 세존께서 모든 비구들에게 말씀하셨다.

"만약 한 사람이 세상에 출현하면, 곧바로 그 한 사람은 도에 들어가 세간에 살며, 또한 두 가지 진리[二諦]와 세 가지 해탈문[三解脫門], 사제의 참된 법[四諦眞法], 다섯 가지 진리의 뿌리[五根], 여섯 가지 삿된 견해의 사라짐[六邪見滅], 일곱 갈래 깨달음 법[七覺意], 현성의 여덟 가지 바른 길[八道品], 아홉 중생의 거처[九衆生居], 여래의 열 가지 힘[如來十力], 열한 가지 자비로운 마음의 해탈[慈心解脫]도 곧 세상에 출현하게 된다.

어떤 사람이 그 한 사람인가?

곧 다타가타 · 아라한 · 삼약삼붇다이시다.

이것을 '한 사람이 세상에 출현하면, 곧바로 그 한 사람은 도에 들어가 세간에 살며, 또한 두 가지 진리[二諦]와 세 가지 해탈문[三解脫門], 사제의 참된 법[四諦眞法], 다섯 가지 진리의 뿌리[五根], 여섯 가지 삿된 견해의 사라짐[六邪見滅], 일곱 갈래 깨달음 법[七覺意], 현성의 여덟 가지 바른 길[八道品], 아홉 중생의 거처[九衆生居], 여래의 열 가지 힘[如來十力], 열한 가지 자비로운 마음의 해탈

[慈心解脫]도 곧 세상에 출현한다'고 하는 것이다.

그러므로 비구들이여, 늘 여래 계신 곳에 공경하는 마음을 내어야 한다.

이와 같이 여러 비구들이여, 반드시 이렇게 배워야 한다."

그때 여러 비구들은 붇다의 말씀을 듣고 기뻐하며 받들어 행하였다.

어떤 사람이 세상에서 사라져
뭇 사람들이 시름과 근심에 잠기면

이와 같이 내가 들었다.

한때 붇다께서는 슈라바스티 국 '외로운 이 돕는 장자의 동산'에 계셨다.

그때 세존께서 모든 비구들에게 말씀하셨다.

"만약 어떤 한 사람이 세상에서 사라지면 많은 사람들의 무리는 모두들 시름과 근심을 품게 될 것이요, 하늘과 사람들은 모두 덮어줌[廕覆]을 널리 잃을 것이다.

어떤 사람이 그 한 사람인가?

곧 다타가타 · 아라한 · 삼약삼붇다이시다. 이것을 '어떤 한 사람이 세상에서 사라지면 많은 사람들의 무리는 모두들 시름과 근심을 품게 될 것이요, 하늘과 사람들은 모두 덮어줌을 널리 잃을 것이다'라고 하는 것이다.

왜냐하면 만약 여래께서 세상에서 사라지면 서른일곱 실천법[三十七品] 또한 사라지게 될 것이기 때문이다.

그러므로 여러 비구들이여, 늘 붇다를 공경해야 한다.

이와 같이 여러 비구들이여, 반드시 이렇게 배워야 한다."

그때 여러 비구들은 붇다의 말씀을 듣고 기뻐하며 받들어 행하였다.

• 증일아함 8 아수륜품(阿修倫品) 三 · 七

• 해설 •

연기로 성취된 사물의 모습과 그 사물의 작용은 둘이 아니다. 그 사물 자체는 그 작용으로 한정되지 않지만 작용을 떠난 사물은 없다.

여래와 여래의 행 또한 마찬가지다. 모든 번뇌의 흐름이 다해 보디를 완성함으로써 붇다는 붇다로 성취되었다. 그리고 세상을 향한 한없는 자비와 헌신의 행으로 세간 뭇 사람들이 공양해야 할 행이 다 갖춰지므로 붇다를 공양해야 할 분, 지극히 참된 분[應供, 至眞, Arhat]이라 이름한다. 또한 나와 남이 없는 법계의 모습대로 옴이 없이 오시는 행[不來而來]이 완성되므로 아라한을 또한 다타가타(tathāgata, 如來)라 이름하는 것이다.

붇다 또한 서른일곱 실천법으로 정진하여 위없는 보디를 완성하여 다시 미망과 번뇌의 중생들에게 서른일곱 실천법을 설해주신 것이다.

그러므로 어떤 사람이 위없는 보디를 이루어 뭇 삶들이 공양해야 할 세간의 복밭이 되어, 세간에 서른일곱 실천법을 열어주고 해탈의 문을 열어주는 이가 있으면, 그가 곧 붇다이다.

붇다께는 깨침과 깨치는 바의 자취가 없어서 붇다의 참된 몸[佛眞身]은 어디에서도 그 모습 구해 얻을 수 없다.

그러나 중생이 번뇌를 돌이켜 지혜에 돌아가고 성냄을 돌이켜 자비에 돌아가며 탐욕을 돌이켜 크나큰 서원의 바다에 돌아가면, 붇다는 지금 이곳 이 세간에 늘 출현하고 진리의 깃발은 이 오탁(五濁)의 세간에 늘 세워지는 것이다.

3) 앞으로 오실 붇다 [未來佛]

나는 용맹정진하는 힘으로
마이트레야보다 먼저 붇다를 이루었나니

이와 같이 들었다.

한때 붇다께서는 슈라바스티 국 '외로운 이 돕는 장자의 동산'에 계셨다.

그때 세존께서 여러 비구들에게 말씀하셨다.

"만약 어떤 사람이 게으름을 피우면서 착하지 않은 행의 씨앗만 심으면, 그는 하는 일에 줄어듦만 있을 것이다. 또 어떤 사람이 게으르지 않아서 정진할 수 있으면 이 사람은 가장 미묘한 사람으로서, 모든 착한 법에 곧 늘어 더함이 있을 것이다.

왜냐하면, 마이트레야 보디사트바[彌勒菩薩]는 서른 겁이 지나서야 비로소 붇다 · 지극히 참된 분 · 바르게 깨친 이가 될 것이니, 나의 정진하는 힘과 용맹한 마음이 빼어나 마이트레야 보디사트바를 뒤에 있게 하였기 때문이다.

과거 강가아 강 모래알 수만큼 많은 다타가타 · 아라한 · 삼약삼붇다도 다 용맹스럽게 정진함에서 말미암아 붇다가 되었다.

이런 방편 때문에 게으름은 괴로움이 되고 온갖 악행을 지으며, 일에 손해가 있다는 것을 알아야 한다.

만약 잘 정진하고 용맹하여 마음이 강하면 온갖 착한 공덕은 늘어나 더하게 될 것이다.

그러므로 여러 비구들이여, 너희들은 늘 정진하기를 생각하고 게으름을 피우지 말라.

이와 같이 여러 비구들이여, 반드시 이렇게 배워야 한다."

그때 여러 비구들은 붇다의 말씀을 듣고 기뻐하며 받들어 행하였다.

마이트레야 붇다가 세상에 나오더라도
이 산 이름은 그리드라쿠타 산이니

이와 같이 들었다.

한때 붇다께서는 라자그리하 성의 그리드라쿠타 산에서 큰 비구대중들[大比丘衆] 오백 명과 함께 계셨다.

그때 어떤 비구가 세존께 말씀드렸다.

"참된 겁은 끝이 있습니까?"

붇다께서 말씀하셨다.

"방편으로 비유를 이끌어 말해주겠다. 겁의 수는 다함이 없다.

지나간 오래고 먼 옛날 이 현겁(現劫) 가운데 붇다께서 세상에 출현하셨으니, 그 이름을 크라쿠찬다 · 지극히 참된 분 · 바르게 깨치신이라 하였다.

그때 이 그리드라쿠타 산은 다른 이름이 있었다. 이때 이 라자그리하 성에 살던 사람들은 이 그리드라쿠타 산에 오르기 위해 나흘 낮 나흘 밤을 걸어서 비로소 그 꼭대기까지 올랐다.

또 비구여, 카나카무니 붇다 때에도 이 그리드라쿠타 산은 다른 이름이 있었다. 그때 라자그리하 성 사람들은 사흘 낮 사흘 밤을 걸어 비로소 이 산꼭대기에 이르렀다.

카샤파 여래가 세상에 나오셨을 때에도 이 그리드라쿠타 산은 다른 이름이 있었다. 이때 라자그리하 성 사람들은 이틀 낮 이틀 밤을 걸어 비로소 이 산 꼭대기에 이르렀다.

또 지금 나 사카무니 붇다가 세상에 나왔는데 이 산 이름은 그리드라쿠타 산이라 하고 사람들은 잠깐 동안에 이 산꼭대기에 이르게 된다.

또 마이트레야 여래가 세상에 출현하더라도 이 산 이름은 또한 그리드라쿠타 산이라 할 것이다. 왜냐하면 모든 붇다의 위신력이 모두 이 산이 생겨나도록 하기 때문이다.

비구들이여, 이런 방편으로 겁이 시들어 다하는 것이 헤아릴 수 없음을 알아야 한다."

큰 겁과 작은 겁을 분별해 말씀함

"겁에는 두 가지가 있으니 곧 큰 겁[大劫]과 작은 겁[小劫]이다.

만약 그 겁에 붇다가 세상에 나타나시지 않으면 그때에는 프라테카붇다[辟支佛]가 세상에 나타나게 될 것이니, 그 겁을 작은 겁이라고 한다.

만약 그 겁에 붇다가 세상에 나타나면 그때는 프라테카붇다는 세상에 나타나는 일이 없을 것이니, 그 겁을 큰 겁이라고 한다.

비구들이여, 이런 방편으로 겁 수는 길고 멀어 헤아릴 수 없음을 알아야 한다.

그러므로 비구들이여, 이 겁의 수의 뜻을 기억하여야 한다."

그때 다른 비구들이 붇다의 말씀을 듣고 기뻐하며 받들어 행하였다.

• 증일아함 20 선지식품(善知識品) 六, 50 예삼보품(禮三寶品) 十

• 해설 •

연기법의 진리는 붇다가 세간에 출현하든 출현하지 않든 늘 법계에 머물러 있다. 늘 머물러 있는 연기의 진리를 깨달아 지혜의 법등[智慧法燈]을 켜서 이 세간 무명의 긴 밤[無明長夜]을 밝히는 것이 붇다 세간 출현의 한 큰일의 인연이다.

곧 깨침[能覺]과 깨칠 것[所覺]이 공해 때와 곳을 뛰어넘은 보디의 땅에서 중생구제의 서원과 실천의 힘을 통해 앞의 붇다와 뒤의 붇다가 서로 이어 세간에 나오는 것이다.

붇다는 이 세간에 그 누구가 보내서 오는 분이라거나 그 누구의 말씀을 전하기 위해서 온 분이 아니라 늘 머무는 연기법의 진리를 스스로 깨달아 중생에게 그 단이슬의 문을 열어주고 니르바나의 저 언덕에 이끄시는 분이다.

그 서원과 실천의 힘이 차별되므로 앞의 붇다와 뒤의 붇다가 차별되나, 새로 깨칠 것이 없는 진리의 바다에서 보면 옴도 없고 감도 없어 서로 떨어져 있지 않다.

진리의 바다는 하나이지만 보디의 마음을 내서 앞 붇다의 가르침을 따라 새롭게 실천의 길에 나서는 이, 그가 새로 올 뒤의 붇다인 것이다.

앞 붇다 때 그리드라쿠타 산이 지금 붇다 때의 그리드라쿠타 산과 그 이름이 다르고, 지금 붇다 때 그리드라쿠타 산과 다음 마이트레야 붇다 때 그리드라쿠타 산과 그 이름이 같다 함은 무슨 뜻일까.

그것은 앞 붇다와 뒤의 붇다가 같음도 아니고 다름도 아님을 나타낸다. 그러나 어찌 오고 가시는 붇다만 그럴 것인가. 앞과 뒤의 저 그리드라쿠타 산인들 어찌 그 가운데 실로 같고 다른 모습을 얻을 수 있겠는가.

앞때의 산이 그대로 뒤때의 산으로 이어지는 것이 아니지만, 앞때의 산을 떠나서 뒤때의 산이 있는 것도 아니다.

지금 그리드라쿠타 산이 마이트레야 붇다 때에도 그 이름이 바뀜 없으며, 붇다의 위신력이 이 산에서 나온다고 함은 나되 남이 없고 사라지되 사라짐 없는 실상에서 여래의 지혜가 현전함을 말한 것이리라.

앞 붇다와 뒤 붇다, 온갖 법의 앞뒤가 같음도 아니고 다름도 아닌 진실의 모습을 어떻게 말해야 하는가.

공자의 『논어』에 다음과 같은 이야기가 있다.

공구(孔丘)가 어느 날 위수(渭水) 강가에서 흐르는 강물을 보고 말했다.

"가는 것이 이와 같구나. 낮과 밤으로 그치지 않네[逝者如斯夫 不捨晝夜]."

공자가 바라본 위수의 저 강물은 낮과 밤으로 흐르고 흐르되 그치지 않으니 이 모습은 어떤 것인가.

물이 낮과 밤으로 흐름은 모든 법이 항상함이 아님[不常]을 나타내고, 낮과 밤에 그침이 없는 것은 모든 법이 끊어짐이 없음[不斷]을 나타낸 것인가.

앞 붇다를 이어 뒤 붇다가 오시는 모습이 이와 같은가.

'어젯밤 남산에서 범이 범을 물은 소식'[昨夜南山 虎咬大蟲]을 보아야 하리라.

장자여, 마이트레야 시대에 '좋은 보배'라는 곳간지기가 바로 장자 그대이니라

이와 같이 들었다.

한때 붇다께서는 슈라바스티 국 '외로운 이 돕는 장자의 동산'에 계셨다.

그때 세존께서 여러 비구들에게 말씀하셨다.

"그때 아나타핀다다(Anāthapiṇḍada) 장자에게 네 아들이 있었는데, 그들은 모두 붇다와 법과 거룩한 상가를 섬기지 않았고, 또한 다시 스스로 붇다와 법과 거룩한 상가에 귀명(歸命)하지도 않았다. 그때 아나타핀다다 장자가 네 아들들에게 말하였다.

"너희들은 각기 스스로 붇다와 법과 거룩한 상가에 귀의하라. 그리하면 기나긴 밤 동안 복 얻음이 한량없을 것이다."

아들들이 아버지에게 말하였다.

"저희들은 스스로 붇다와 법과 거룩한 상가에 귀의할 수 없습니다."

아나타핀다다 장자가 말하였다.

"나는 지금 너희들에게 각기 순금(純金) 천 냥씩 줄 테니, 내 분부대로 붇다와 법과 거룩한 상가에 귀의하라."

여러 아들들이 말하였다.

"저희들은 스스로 붇다와 법과 거룩한 상가에 귀의할 수 없습니다."

아나타핀다다 장자가 말하였다.

"너희들에게 각기 이천·삼천·사천·오천 냥의 순금을 더 줄 테니, 부디 스스로 붇다와 법과 거룩한 상가에 귀의하여라. 그리하면 기나긴 밤 동안 복 얻음이 한량없을 것이다."

그때 아들들은 이 말을 듣고 잠자코 받아들였다. 그때 아들들은 아나타핀다다 장자에게 말씀드렸다.

"저희들은 어떻게 붇다와 법과 거룩한 상가에 귀의해야 합니까?"

아나타핀다다 장자가 말하였다.

"너희들은 모두 와서 나를 따라 세존 계신 곳에 가자. 만약 세존께서 무슨 말씀이 계시거든 너희들은 꼭 잘 생각해 받들어 행하라."

아들들이 아버지에게 말씀드렸다.

"여래께서는 지금 어디 계십니까? 여기서 멉니까 가까웁니까?"

아나타핀다다 장자가 말하였다.

"지금 여래 · 지극히 참된 분 · 바르게 깨친 이께서는 슈라바스티 성에 있는 내 동산에 머물고 계신다."

그때 아나타핀다다 장자는 네 아들을 데리고 세존 계신 곳으로 찾아가 그 발에 머리를 대 절하고 한쪽에 서 있었다.

아나타핀다다 장자가 네 아들을 삼보에 귀의케 하고 세존께 찾아가 그 공덕을 물음

그때 장자가 세존께 말씀드렸다.

"저의 지금 네 아들들은 아직 붇다와 법과 거룩한 상가에 귀의하지 않았습니다. 그래서 어제 각기 순금 오천 냥씩을 주고 권하여 붇다와 법, 거룩한 상가를 섬기게 하였습니다.

세존께서는 이 아이들을 위해 설법하시어, 기나긴 밤 동안 복 얻음이 한량없도록 해주시길 바랍니다."

세존께서는 장자의 네 아들들에게 차츰 법을 설하시어 그들을 권해 모두 기쁘게 해 주셨다.

장자의 아들들은 그 설법을 듣고 뛸 듯이 기뻐하며 스스로 이기지 못하고 저절로 앞에 나아가 꿇어앉아 세존께 말씀드렸다.

"저희들은 각기 스스로 세존과 바른 법과 거룩한 상가에 귀의합니다. 지금부터 이 뒤로는 산목숨 죽이지 않고 도둑질하지 않으며, 삿된 음행 하지 않고 거짓말하지 않으며 술을 마시지 않겠습니다."

이와 같이 두 번 세 번 되풀이하였다.

그때 아나타삔다다 장자가 세존께 말씀드렸다.

"만약 어떤 사람이 물질을 내어 사람들을 사서 그들로 하여금 붇다를 섬기게 하면 그 복이 어떠합니까?"

보배가 헤아릴 수 없는 용왕의 네 곳간을 먼저 보이심

세존께서 말씀하셨다.

"참 잘 말했다, 장자여. 이런 물음을 하다니. 하늘과 사람들이 편안하게 될 것이다. 여래에게 이런 뜻을 물을 수 있으니, 잘 생각하고 기억하라. 내가 너희들을 위해 말해주겠다."

그때 장자가 붇다에게 가르침을 받아들으니, 세존께서 말씀하셨다.

"큰 곳간 넷이 있다. 어떤 것이 그 네 가지인가? 이라바트라(Elābattra) 용왕의 곳간이 간다라(Gandhāra)에 있는데, 그것을 첫 번째 곳간이라 하며, 셀 수 없는 진기한 보배가 그 궁에 쌓여 있다.

다시 판두카(Pāṇḍuka)라고 하는 큰 곳간이 미틸라 국에 있는데, 이루 헤아릴 수 없이 많은 진기한 보배가 거기에 쌓여 있다.

다시 삔갈라(Piṅgala)라고 하는 큰 곳간이 수라스타(Suraṣṭā) 국에 있는데, 거기에도 헤아릴 수 없이 많은 진기한 보배가 쌓여 있다.

상카(Śāṅkha)라고 하는 큰 곳간이 바라나시에 있는데, 거기에도 헤아릴 수 없이 많은 보배가 쌓여 있다.

설사 잠부드비파 땅의 남자와 여인 늙은이와 젊은이들이 한아름씩 사 년 사 개월 사 일 동안 이라바트라 곳간에 있는 보배를 꺼내 쓴다 해도 끝내 줄어들지 않는다.

다시 저마다 판두카 곳간에 와서 사 년 사 개월 사 일 동안 보배를 가져가도 줄어드는 줄을 모르고, 또 저마다 핀갈라 곳간에 와서 사 년 사 개월 사 일 동안 보배를 가져가도 줄어드는 줄을 모르며, 또 바라나시 국에 있는 상카 큰 곳간의 보배를 사 년 사 개월 사 일 동안 각기 가져가도 줄어드는 줄을 모른다.

장자여, 이것을 '네 개 큰 곳간의 보배를 잠부드비파 땅의 남자와 여인 늙은이와 젊은이들이 사 개년 사 월 사 일 동안 각기 한 아름씩 꺼내 가도 줄어드는 줄을 모른다'고 하는 것이다."

미래세상 마이트레야 붇다의 출현을 예언하고 그 국토의 모습을 말씀하심

"앞으로 올 세상에 마이트레야라는 붇다께서 세상에 출현하실 것이다.

그때 그 나라의 이름은 닭벼슬[鷄頭]이라고 하는데, 왕이 다스리는 경계는 동서(東西)가 열두 요자나이고 남북(南北)이 일곱 요자나이며, 사는 사람들이 번성하고 곡식이 풍성할 것이다.

닭벼슬왕[鷄頭王]이 다스리는 곳은 일곱 겹 성으로 둘렀고, 그 가운데 못이 있는데 세로와 너비가 한 요자나나 되는 못이 네 개나 있다. 그 못 아래는 금모래가 깔려 있고, 우트팔라 연꽃 · 쿠무다 꽃 · 푼다리카 꽃이 각기 그 못 안에 피어 있다.

물빛은 금빛 · 은빛 · 수정빛 · 유리빛이며, 만약 은빛 물이 얼어버리면 곧 그 물이 은으로 변화되고, 금빛 물이 얼어버리면 곧 그 물이 금으로 변화되며, 유리빛 물이 얼어버리면 곧 그 물이 유리로 변화되고, 수정빛 물이 얼어버리면 곧 그 물이 수정(水精)으로 변화된다.

장자여, 알아야 한다. 그때 거기에는 큰 성문이 네 개가 있는데, 은 못물에는 금으로 문지방을 만들고, 금 못물에는 은으로 문지방을 만들었으며, 유리 못에는 수정으로 문지방을 만들고, 수정 못에는 유리로 문지방을 만들 것이다.

장자여, 알아야 한다. 그때 닭벼슬성[鷄頭城] 둘레에는 방울이 달려 있어 그 방울들은 다섯 가지 음악 소리를 낼 것이고, 그 성안에서는 늘 일곱 가지 소리가 날 것이다. 어떤 것이 그 일곱 가지 소리인가?

곧 조개[貝]소리 · 북소리 · 거문고소리 · 작은북[小鼓]소리 · 둥근북[員鼓]소리 · 장고소리 · 노래와 춤 소리가 일곱이다.

그때 그 닭벼슬성 안에는 저절로 된 멥쌀이 나는데 길이가 다 세 치이고, 매우 향기롭고 맛있어서 뭇 맛 위로 빼어나, 곧 베고 나면 바로 자라나서 베어낸 곳을 볼 수 없다."

마이트레야 시대 '좋은 보배' 곳간지기가 바로 지금의 장자임을 예언하심

"그때 왕이 있는데 상카라 이름한다. 그는 법으로 나라를 교화하고 일곱 가지 보배를 갖출 것이다.

장자여, 알아야 한다. 그때 '좋은 보배'[善寶]라고 하는 창고지기가 있을 것이니, 그는 덕이 높고 지혜로우며 하늘눈이 으뜸일 것이다. 또 보배 간직할 곳을 잘 알아 주인이 있는 곳간은 저절로 보살펴 지켜주고 주인이 없는 곳간은 왕에게 바칠 것이다.

그때 이라바트라 용왕 · 판두카 용왕 · 핀갈라 용왕 · 상카 용왕, 이 네 용왕들이 보배 곳간을 맡고 있는데, 그들은 모두 좋은 보배라는 곳간지기가 있는 곳에 가서 말할 것이다.

'필요한 것이 있으면 우리들이 서로 대드리겠소.'

그때 네 용왕이 말할 것이다.

'네 곳간에 있는 보배를 받들어 올리고자 하오. 그것으로 스스로 경영하십시오.'

그때 좋은 보배 곳간지기는 네 곳간의 보배를 가지고 상카 왕에게 금보배깃털 수레를 바칠 것이다."

그때 세존께서 곧 이 게송을 읊으셨다.

이라바트라 용왕 곳간 간다라에 있고
판두카 용왕 곳간 미틸라에 있고
핀갈라 용왕 곳간 수라스타에 있으며
상카 용왕 곳간 바라나시에 있다.

이 네 가지 용왕의 보배 곳간에는
갖가지 보배들이 가득 차 있다가
그때에 늘 보배가 나타나리니
그곳에 공덕이 이르기 때문이다.

상카 왕이라는 거룩한 왕에게
금은 보배 깃털수레 바쳐 올리면
여러 신들이 다 지켜줄 것이니
장자는 그 복을 받게 되리라.

"그때 붇다가 세상에 출현하실 것이니, 붇다의 이름은 마이트레야·지극히 참된 분·바르게 깨친 이·지혜와 행 갖추신 분·잘 가신 이·세간을 아시는 분·위없는 스승·도법에 잘 이끄시는 이·하늘과 사람의 스승으로서 붇다 세존이라 불리며, 널리 사람들을 교화하실 것이다.

장자여, 알아야 한다. 그때 좋은 보배라는 곳간지기가 어찌 다른 사람이겠느냐? 다르다는 이런 생각을 하지 말라. 왜냐하면 그 곳간지기는 바로 지금 장자 그대이기 때문이다."

마이트레야 시대 상카 왕의 출가와
삼보에 귀의한 공덕을 다시 보이심

"그때 상카 왕은 금수레로 널리 복덕(福德)을 짓고, 팔만 사천 대신들에게 앞뒤로 둘러싸여 마이트레야가 계신 곳에 찾아가 집을 나와 도를 배울 것이다.

또 곳간지기도 널리 복덕을 지은 뒤에 집을 나와 도를 배워 괴로움의 끝을 다할 것이다. 그것은 모두 장자가 네 아들을 이끌어 붇다와 법과 비구상가[比丘僧]에 귀의하게 했기 때문이니, 그 공덕의 인연으로 세 갈래 나쁜 세계에 떨어지지 않을 것이다.

또 그 공덕 때문에 네 개의 큰 곳간을 얻고, 그 과보(果報)로 상카 왕의 곳간을 주관하게 되어, 그 세상에서 괴로움의 끝을 다할 것이다.

왜냐하면 붇다와 법과 상가에 귀의하면, 그 덕은 이루 다 헤아릴 수 없기 때문이다.

붇다와 법과 상가에 귀의하면, 그 복이 이와 같다.

그러므로 장자여, 부디 모습 있는 모든 무리들을 사랑하고 가엾이 여겨, 방편을 구해 붇다와 법과 상가에 향하도록 하라.

장자여, 반드시 이와 같이 배워야 한다."

그때 아나타핀다다 장자는 기뻐 뛰놀며 스스로 이기지 못하고 곧 자리에서 일어나 붇다를 세 바퀴 두루고 절하고 떠나갔고, 그 네 아들들도 이와 같이 하였다.

그때 아나타핀다다 장자와 그 네 아들은 붇다의 말씀을 듣고 기뻐하며 받들어 행하였다.

• 증일아함 51 비상품(非常品) 七

• 해설 •

지금 중생이 일으키는 보디의 마음과 계와 선정, 지혜의 실천은 반드시 뒤때 위없는 보디의 과덕을 예언하고, 지금 중생이 베푸는 물질의 보시와 법의 보시는 뒷세상 삶의 풍요와 가난과 궁핍이 없는 새로운 세상을 약속한다.

지금 믿음의 마음이 없는 네 아들을 위해 가진 재산을 바치는 장자의 그 서원과 베푸는 마음은 반드시 안락과 풍요가 넘치는 마이트레야 붇다의 세상, 온갖 보배 곳간의 주인을 약속하게 되리라.

마이트레야의 시대 상카 왕은 정의의 권력을 상징한다. 그 상카 왕이 한량없는 보배를 뭇 삶들에게 나누어주고 누리고 있는 그 권력의 자리마저 버릴 때, 그곳이 바로 마이트레야 붇다의 진리의 방에 들어가[入如來室] 길이 다하지 않을 단이슬의 맛을 맛보는 때이다.

옛 붇다가 오고 가고 새 붇다가 오고 간들 그 어느 때라도 진여의 법바다[眞如海]가 마름이 있고 끊어짐이 있겠는가. 진여의 법바다가 끊어짐이 없다면 그 법을 깨달아 세간에 법등을 전하는 이도 끊어질 수 없는 것이니, 때로 위없는 붇다가 출현하고 때로 홀로 깨달아 그 법을 지키는 프라테카붇다[獨覺] · 아라한 · 성문들이 끊어짐 없이 이어지고 이어질 것이다.

그 현성들은 어디 계신가. 흙먼지 날리는 길머리 왁자지껄한 저자 가운데 우리들의 어머니 아버지 이웃사촌들이다.

옛 사람[悅齋居士]의 다음 한 노래를 살펴보자.

세 몸이신 붇다의 보신 · 화신 다 나타나
일곱 붇다 몸가짐을 모두 흘러 보이네.
사람들은 다만 물결이 하늘 치는 것만 보고
흐르는 물가에서 고기와 자라 셀 줄 모르네.

三身報化俱現前　七佛威儀都漏洩
世人但見浪滔天　不解臨流數魚鼈

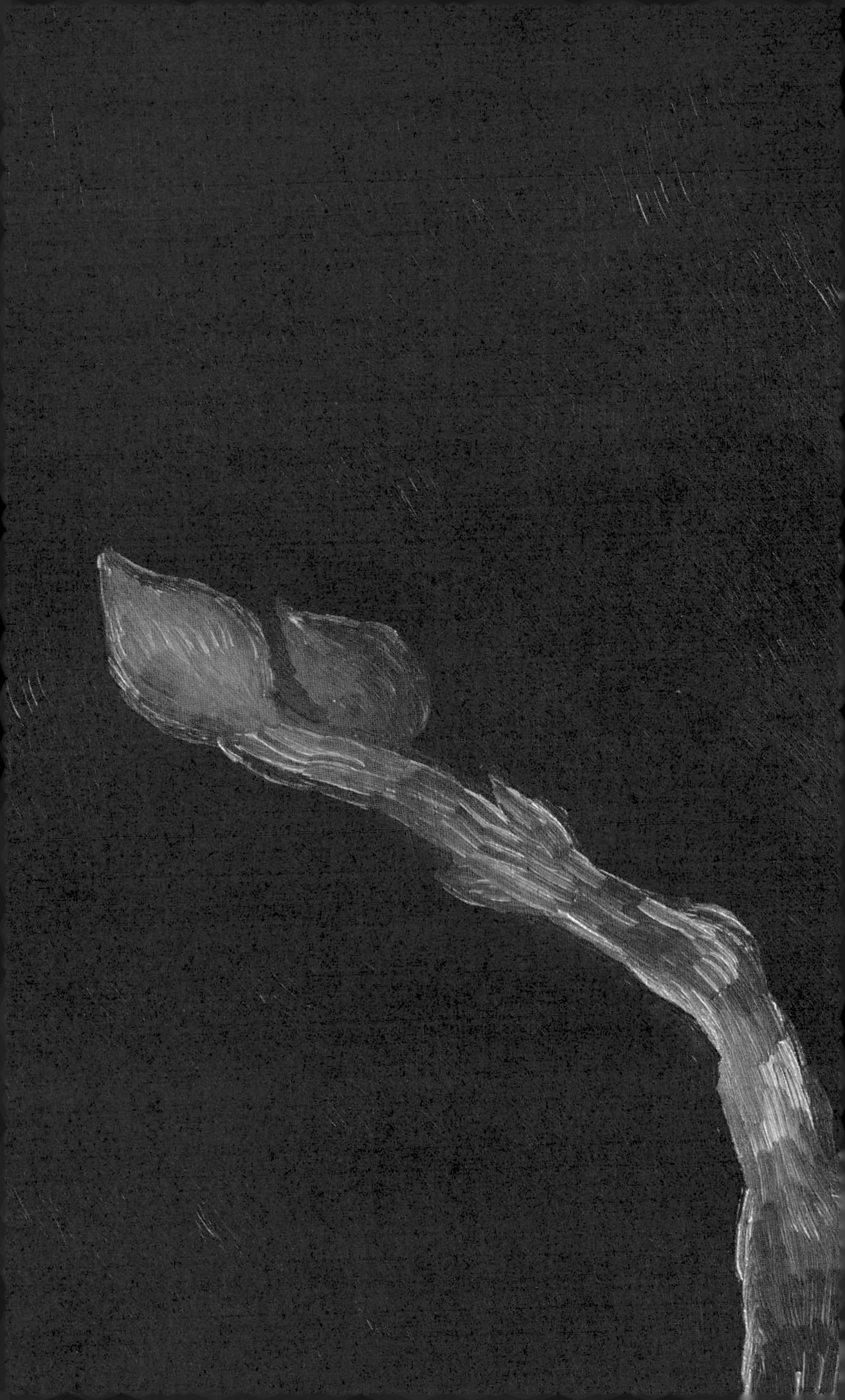

불보장 佛寶章 3

붇다에 대한 찬송과 붇다됨의 길

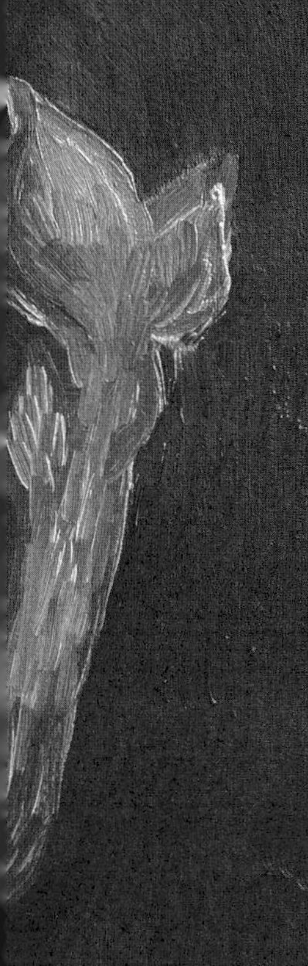

중생의 진실, 붇다의 진실

• 해제

1. 서구 사회철학에서 반종교론과 불교에서 종교의 뜻

역사적으로 생성되어 발전해온 불교를 말할 때, 불교는 늘 서구에서 형성된 종교 일반에 포함시켜 기술되고, 종교의 구원과 폐해를 말할 때에도 다른 종교와 같은 틀 안에서 함께 다루어진다.

그러한 일련의 사고의 흐름 속에서 제사종교의 절대자에 대한 찬송과 붇다에 대한 찬송과 귀의가 동일시되고 있으니, 이는 서로 다른 세계관에 대한 고려 없이 종교의례 속의 찬송과 귀의가 모두 인간보다 위대하고 두려운 초월적 존재에 대한 경배와 찬송으로 일반화되고 있기 때문이다.

서구에서의 종교 개념으로 보면 종교는 초자연적 · 초인간적 대상에 대한 신앙으로 표현할 수 있다. 그 신앙의 행위에 의례 · 조직 · 규율 · 교리가 결부된 사회적 제도가 바로 역사 속의 종교의 모습일 것이다.

보디(bodhi)의 완성자에 대한 불교도의 경배와 이름 부름, 우러름의 행위도 행태론적으로 보면 종교 일반의 범주를 완전히 벗어날 수 없다.

종교에 대해서는 두 가지 상반된 사상적 입장이 함께해왔다. 그 하나는 절대자를 향한 인간의 내재적 요구로 종교 자체를 합리화하는 입장이고, 다른 하나는 종교는 인간의 어리석음과 두려움의 산물이고 종교의 대상은 실로 환상일 뿐 실체 없는 마음의 그림자라고 주장하는 관점이다.

서구 사회철학에서 관념론의 전통은 종교 합리화의 입장을 취하고, 유물론의 전통은 반종교론의 입장을 취하여 종교란 억압된 사회에서 맹목적인 사회적인 힘이 뒤바뀌어 나타난 것으로 본다.

유물론의 전통에서는 맹목적인 환상을 낳는 사회적 조건들을 소멸함으로써 무지의 산물로서 종교의 부정을 완성한다.

관념론적 일원론자들은 세계가 절대적인 하나인 것에서 전개되어 나온 것이라고 말하니, 헤겔의 절대정신과 같은 것이다.

그에 비해 지금 경험된 것은 인간의 보편적 의식의 형식에 의해 형성되나 경험되지 않는 사물 자체는 신적인 영역이라고 말하는 관념론자들은 경험의 영역 너머에 신적인 절대자를 설정하는 입장이니, 칸트 철학과 같은 것이다.

헤겔의 절대정신은 모든 사물은 절대정신의 자기외화라고 주장함으로써 그 이원성을 극복한다. 위와 같은 절대정신이나 신 관념은 기독교적 신 관념의 합리화 과정에서 형성된 것이다.

브라흐만의 하나인 자[Tad Ekam, 彼一者]에서는 처음부터 경험적인 것과 초월적인 것의 이원성은 존재하지 않고, 만유는 '오직 하나인 자'의 자기전변으로 표현된다.

도가의 도(道)는 만유를 포괄하고 모든 모순을 통일하는 우주의 일원적 운동자[道生一 一生二]이지만, 그 유일자는 하늘 땅의 스스로 그러한 사물운동에서 추상된 무위(無爲)의 일원자이다.

모든 존재의 근거를 물질에서 찾거나 만유가 사물의 무규정적 원형인 기(氣)에서 파생되었다고 주장하는 일원론자들도 정신의 신을 전도시켜 물질의 신을 주장하는 셈이다.

근대 서구 사회철학에서 종교적 신을 반대하는 유물론자의 대표는 포이어바흐이다. 그는 헤겔의 절대정신이 신학의 합리적 치장이라고 말하며, 자연을 기초로 하는 인간의 입장에 선 학문을 주장한다. 그는 이러한 입장에서 '신학의 비밀은 인간이다'라고 말하며, 신은 인간 사유와 의식의 산물이며 인간의 사유가 존재로서 대상화한 것이라고 말한다.

마르크스 또한 종교의 심성은 환상의 세계에 대한 마음 없는 마음이라고 말한다. 그러나 마르크스에게 세계는 포이어바흐에서처럼 감성적 직관의 대상이 아니고 인간의 사유와 실천이 개조하고 변혁할 수 있는 세계이다. 마르크스에게 세계를 인간화할 수 있는 주체의 실천은 포이어바흐의 인간학을 다시 헤겔의 절대관념론의 개방성과 결부시킨 개념이다. 이렇게 보면 마르크스에게 신 관념은 세계 속의 보편적 측면을 절대화하고 실체화한 것이라 할 수 있다.

붇다는 주체의 관념의 틀 안에 세계운동의 연기적 진실을 가두는 것은 견해의 길이라고 말하고 삿된 견해라고 가르친다.

붇다의 보디의 길은 모든 견해를 넘어서서 세계의 연기적 진실을 온전히 생활하는 실천이다.

붇다는 브라마나들이 주장하는바, 세계를 전변하는 '하나인 자'란 실로 존재하지 않는 것에 대한 환상의 관념이라고 말한다. 붇다의 가르침에서 유한자로서 인간 생존의 괴로움과 죽음의 두려움을 브라흐만에 대한 기도의 공양 신비적 합일의 선정을 통해 벗어나려고 하는 것은 참된 해탈의 길이 되지 못한다.

그러나 붇다는 다시 저 신적인 하나인 자를 부정하고 닫힌 원자들의 쌓임[積聚]으로 만유의 존재성을 설명하려는 사문들의 세계관도 넘어선다.

붇다의 연기론(緣起論) 속에서는 만유를 하나인 것의 자기운동이라고 말하는 것도 그릇된 견해의 길이고, 사물사물이 각기 고유한 존재로 닫혀 있다고 말하는 것도 환상의 견해이다.

자아와 세계에 관한 모든 관념과 환상이 다한 곳에서 붇다의 보디의 길이 출발하므로, 포이어바흐나 마르크스의 반종교 비판이 붇다의 세계관 자체에 들어설 틈은 없다.

세간의 대의왕(大醫王)인 여래 또한 갖가지 법의 약[法藥]을 써서 중생의 번뇌와 고통의 병을 고쳐 니르바나의 땅에 이끈다. 약은 병이 있을 때 쓰지만 병이 나으면 약 또한 쓰지 않아야 한다. 그러나 병은 약을 쓰지 않으면 나을 수 없다. 불교에서 가르침은 환상의 병을 낫게 하기 위한 법의 약이다.

붇다의 가르침은 그 가르침의 지양을 통해서만 가르침의 뜻이 실현될 수 있고, 가르침은 가르침의 철저한 실현을 통해서만 지양될 수 있다.

곧 중생의 번뇌나 환상의 병을 다스리기 위한 붇다의 가르침의 약은 가르침 자체로 교조화될 수 있는 것이 아니라, 가르침 안에 가르침의 자기지양을 안고 있다. 그러므로 중생은 가르침을 듣고 가르침의 뜻을 철저히 실천함으로써 번뇌의 병을 낫게 할 뿐 아니라 법에 대한 애착[法愛見]까지 놓아야 보디의 길에 나아갈 수 있다.

이러한 불교의 입장은 천태선사의 오중현의(五重玄義)의 기본 뜻을 살핌으로써 더욱 분명해진다.

종교(宗教)로 번역된 'Religion'은 절대신성으로부터 소외된 인간이 다시 신성과 결합한다는 뜻이 담겨 있다.

그에 비해 불교에서 종교의 원래 뜻은 천태선사가 경전해석의 기본 잣대로 보인 오중현의 가운데 종(宗)과 교(教)의 두 가지 뜻을 합친 말이다. 오중현의는 명(名) · 체(體) · 종(宗) · 교(教) · 용(用)의 다섯 가지 뜻이다.

그 가운데 명(名)은 해석하고자 하는 경의 이름이니, 아함경(阿含經) · 『금강반야바라밀경』(金剛般若波羅密經) · 『묘법연화경』(妙法蓮華經)과 같다.

체(體)란 경전의 언어적 가르침대로 실천하여 깨달아 드는 진리의 바탕이니, 『법화경』 제목에서 보면 세계와 중생의 자기진실인 묘법(妙法)이 진리의 바탕[體]이 된다.

종(宗)이란 경전이 제시하는 해탈의 실천을 말한다. 『법화경』에서는 일승(一乘)의 실천을 연꽃[蓮華]으로 비유하니, 일승의 실천이 종이 된다.

교(教)란 경전의 진리가 언어로 표현된 것이니, 『법화경』으로 보면 실상을 밝히고 일승의 해탈의 길을 밝힌 언어적 가르침을 말한다.

용(用)이란 문자반야를 받아들여 행함으로 성취된 실천의 효용이니, 『법화경』으로 보면 미망의 중생이 온갖 의심을 끊고 스스로 붇다의 지견[佛知見]을 여는 것이다.

그러므로 오중현의에서 종교의 뜻은 보디의 완성자 붇다의 가르침을 따라 행해 환상과 미혹에 빠진 중생이 묘법인 자기진실에 돌아가는 것을 말한다.

저 진흙 속의 연꽃이 '꽃이 피어야만 연실이 드러나지만'[花開蓮現] '꽃이 져야 연실이 이루어지듯'[花落蓮成], 여래의 가르침은 가르침을 통해야 진리의 바다에 들어가지만 가르침마저 지양되어야 중생 스스로 해탈의 주체로 서고 보디의 완성자로 서게 되는 것이다.

중생의 미망과 고통, 한과 눈물의 현실 삶 속에서 중생의 번뇌와 환상이 가르침의 법약을 통해 다하고, 고통과 미혹이 다해 자기진실에 온전히 돌아가는 곳에 불교에서 말하는 종교의 뜻이 있다.

무명의 병이 다하면 가르침의 약도 다하니, 불교에서 종교는 자기지양을 통해서만 자기실현이 있는 것이다.

그러므로 불교에서는 반종교론자들이 깨뜨릴 종교의 환상도 없고 종교관념론자들이 붙잡을 절대관념의 신비도 없다.

2. 중생의 땅에서 연기한 붇다의 도

붇다는 절대신성으로부터 계시의 뜻을 받는 이가 아니고, 만유의 포괄자이며 전변자인 하나인 것과의 합일을 통해 붇다가 되신 분도 아니다. 오히려 만유를 전변하는 하나인 자의 실체에 집착하는 것이 바로 중생의 환상임을 깨달은 분이다.

그러나 붇다는 만유를 전변하는 하나인 자를 부정해서 닫힌 개아의 실체를 집착하거나 개아 안에 고유한 영적 신비성을 하나의 실체로 세운 것도 아니다. 붇다는 초월적 보편자나 내재적 영혼을 모두 부정해서 세계를 자아인 세계로 세우고 자아를 세계인 자아로 세운다.

세계가 자아인 세계이므로 세계는 공하고 자아가 세계인 자아이므로 자아도 공하니, 붇다는 자아와 세계[根境], 마음·물질[名色]이 모두 있되 공하고 공도 공한 진실을 깨달은 분이다. 그리하여 붇다는 세계의 실상에 눈 어두워 고통의 굴레 속에 쳇바퀴 도는 온갖 중생의 자애로운 스승[四生慈父]이 되고, 삼계 중생의 크신 인도자[三界導師]가 되신다.

그러므로 우리 중생이 크신 스승 붇다의 공덕을 사유하고 그 이름을 부르는 것도 이름 부름을 통해 절대신성의 세계에 돌아가거나 영적 자아에 돌아가려는 것이 아니다.

이름 부름은, 이름 부르는 나[能念者]와 이름 불리는 붇다[所念佛]의 하나도 아니고 다름도 아닌 관계의 진실을 깨달아 연기의 실상에 돌아가는 데 그 실천적인 뜻이 있다.

거룩한 무니(muni) 붇다의 이름을 부르되 부름 없이 부르는 자는 눈이 빛깔을 보고 귀가 소리를 듣되 들음 없이 들어, 아는 자와 알려지는 것의 있되 공한 연기의 진실에 깨달아 들어간 자이다.

중생은 자아도 공하고 세계도 공한 곳에서 나와 내 것을 집착하여 나와 세계 사이의 본래 막힘없는 진실을 등지고 모습에 갇혀 막히고 걸린 괴로움의 삶을 산다. 그리고 온갖 존재가 이미 나되 남이 없고 사라지되 사라짐 없는 곳에서 실로 나고 사라짐을 보아 기나긴 밤에 윤회의 삶을 산다.

괴로움의 발생이 인연으로 이루어진 것이라면, 괴로움의 소멸은 그 발생 과정을 거스르는 과정으로 주어진다. 괴로움과 괴로움의 원인을 알아 괴로움의 원인인 집착과 미혹을 끊는 바른 실천행으로 연기의 진실 그대로의 해탈과 니르바나의 삶으로 돌아가는 것이 여래가 가르친 보디의 길이다.

과거의 붇다도 사제의 진리를 깨달아 쓰므로 고통의 땅에서 해탈을 구현했고, 현재의 붇다도 사제의 진리를 깨달아 쓰므로 고통의 땅에서 해탈을 구현하신 것이며, 미래의 붇다도 사제의 진리를 깨달아 쓰므로 고통의 땅에서 해탈을 구현하여 붇다가 되실 것이다.

넓은 들판을 헤매던 이가 옛 성인의 길을 찾아 보배 가득한 성에 이르듯, 붇다 또한 옛 붇다가 그 길에 의지해 이미 해탈했고 온갖 중생이 그 길에 의지해 미래의 붇다 이룰 그 보디의 길을 발견해 니르바나의 성에 이르렀다.

붇다의 도는 이처럼 세간의 진실과 중생의 탐욕과 번뇌의 실상을 깨달아 해탈과 니르바나를 구현한 것이므로, 세간법을 떠나 구할 신비한 영역이 따로 있지 않다.

중생의 참모습에 윤회하는 자아와 윤회할 나고 죽음이 공한 줄 깨닫는 곳에 붇다의 도[佛道]라 이름이 붙여진다. 그러므로 중생의 나고 죽음의 진실이 붇다의 도이니, 붇다의 도에는 도라고 할 규정할 장이 따로 없다.

나고 죽음에 실로 나고 죽음이 없어, 나고 죽음이 본래 니르바나 되어 있으므로 붇다의 도는 나고 죽음을 끊고 니르바나의 신비를 얻는 것이 아니다. 나고 죽음 속에 있되, 남이 남이 아니고 죽음이 죽음 아닌 줄 알아 물듦 속에 물들지 않는 것이며, 죄업의 한복판에서 죄업을 벗어나 죄업의 중생을 해탈의 길에 이끄는 것이다.

그러므로 『비말라키르티수트라』(淨名經)에서 만주쓰리 보디사트바[文殊菩薩]와 비말라키르티 거사[淨名居士]는 도 아닌 것의 실상을 통달한 곳[通達非道]에 붇다의 도가 있지, 붇다의 도라고 말할 정해진 삶의 장이 없음을 다음과 같이 문답한다.

그때 만주쓰리 보디사트바가 비말라키르티 거사에게 물었다.

"보디사트바는 어떻게 붇다의 도를 통달합니까."

비말라키르티가 말했다.

"만약 보디사트바가 도 아님[非道]을 통달하면 이것이 붇다의 도를 통달하는 것입니다."

또 물었다.

"어떻게 보디사트바가 도 아님을 통달합니까."

대답했다.

"만약 보디사트바라면 다섯 가지 무간업(無間業)을 행하되 괴로움과 성냄이 없고, 지옥에 이르러도 모든 죄의 때가 없으며, 축생에 이르러도 무명과 교만 등의 허물이 없으며, 아귀에 이르러도 공덕을 갖추고 색계와 무색계의 도를 행하되 그것으로 빼어남을 삼지 않습니다.

탐욕 행함을 보이되 모든 물들어 집착함을 떠나며, 성냄의 장애 행함을 보이되 모든 중생에 성냄의 장애가 없으며, 어리석음 행함을 보이되 지혜로 그 마음을 조복하며, 아낌의 탐욕 행함을 보이되 안과 밖의 있는 것을 버려 몸과 목숨을 아까워하지 않으며, 금한 계 허물어뜨림을 보이되 깨끗한 계에 편히 머물고 나아가 작은 죄라도 오히려 크게 두려워하는 것입니다.

성냄의 장애 행함을 보이되 늘 사랑으로 참으며[慈忍], 게으름 행함을 보이되 부지런히 공덕을 닦으며, 어지러운 뜻 행함을 보이되 늘 선정을 생각하고, 어리석음 행함을 보이되 세간 · 출세간 지혜를 통달합니다.

아첨과 속임 행함을 보이되 좋은 방편으로 여러 경의 뜻을 따르고, 교만 행함을 보이되 중생을 마주해 건네주는 다리와 같으며, 모든 번뇌 행함을 보이되 마음이 늘 청정하며, 마라(māra)에 들어감을 보이되 붇다의 지혜를 따라 남의 가르침을 따르지 않습니다.

성문에 들어감을 보이되 중생을 위해 듣지 못했던 법을 설해주고, 프라테카붇다에 들어감을 보이되 큰 자비를 이루어 중생을 교화하며, 가난함에 들어감을 보이되 보배손[寶手]이 있어 공덕이 다함없습니다.

모습 빠뜨림[形殘]을 보이되 모든 상호(相好)를 갖추어 스스로 장엄하며, 낮고 천한 곳에 들어감을 보이되 붇다의 종성 가운데 태어나 모든 공덕을 갖추며, 더럽고 못나고 못생김에 돌아감을 보이되 나라야나(Narayana)의 몸을 얻어 온갖 중생이 즐겁게 보는 바가 됩니다.

늙음과 병듦에 들어감을 보이되 길이 병의 뿌리를 끊어 죽음의 두려움을 벗어나며, 살림살이 함[資生]을 보이되 늘 덧없음을 살펴 실로 탐내는 것이 없으며, 아내와 기녀를 두되 늘 다섯 욕망의 진흙탕을 멀리 여읩니다.

말 더듬고 무딤을 보이되 변재를 이루어 다라니의 공덕을 다 지니어 잃음이 없으며, 삿된 구제에 들어감을 보이되 바른 건짐으로 모든 중생을 건네주며, 여러 길에 널리 들어감[遍入諸道]을 보이되 그 인연을 끊으며, 니르바나를 보이되 나고 죽음을 끊지 않습니다.

만주쓰리 보디사트바시여, 보디사트바는 이와 같이 도 아님 행하는 것을 알 수 있으니, 이것이 붇다의 도를 통달하는 것입니다."

비말라키르티 거사가 만주쓰리 보디사트바의 물음에 답한 위 내용은, 『비말라키르티수트라』의 '붇다의 도에 관한 품'[佛道品]의 주된 내용이다.

붇다의 도는 세간을 끊고 출세간의 도를 얻는 것이거나 나고 죽음을 끊고 나고 죽음이 없는 니르바나에 돌아가는 것이 아니며, 그름을 끊고 그름이 없는 정신의 신비를 찾는 길이 아니다. 중생의 탐욕과 나고 죽음은 중생이 건너가야 할 장애이므로 바른 도가 아니므로 그른 도[非道]라 한 것이다.

나고 죽음의 진실을 살피면 남[生]에 남이 없고 죽음에 죽음이 없으며 탐욕 또한 본래 있되 공한 것인데, 실로 있음 아닌 곳에서 실로 있는 것으로 탐착하는 것이 탐욕이므로 붇다의 도는 나고 죽음과 탐욕을 끊고 얻는 것이 아니다. 오히려 극복해야 할 나고 죽음과 탐욕의 진실을 통달해서 나고 죽음을 해탈의 작용으로 쓰고 탐욕을 '보디사트바의 원'[普薩願]으로 굴려 쓰는 데 해탈의 길이 있으니, 경은 그 뜻을 붇다의 도는 그른 도를 통달함에 있다고 말한다.

보디사트바는 넘어서고 건너야 할 장애에 실로 깨뜨릴 것이 없으므로 장애 속에서 해탈을 보이며 나고 죽음에 들어가되 나고 죽음에 물들고 얽매임이 없이 해탈의 길을 가는 것이다.

영가선사는 이렇게 노래한다.

참됨을 구하지 않고 망상 끊지 않음이여

두 법이 공해 모습 없음을 깨쳐 알면
모습 없고 공도 없고 공하지 않음도 없으니
이것이 바로 여래의 진실한 모습이로다.

不求眞 不斷妄 了知二法空無相
無相無空無不空 卽是如來眞實相

3. 중생의 진실과 여래의 공덕

연기하는 세간법의 진실이 여래가 깨친 법의 실상이고, 중생의 번뇌와 괴로움을 돌이키는 곳에 붇다의 해탈의 길이 있다. 그러므로 붇다의 도를 붇다의 도라 말해서는 안 된다.

그러나 번뇌를 돌이켜 보디로 쓰고, 성냄과 아낌의 허물을 돌이켜 크나큰 자비와 널리 베풂의 행을 짓는 곳에 여래의 도가 있으므로 붇다의 도를 '붇다의 도가 아니다'라고 해서도 안 된다.

중생이 집착하는 바 나와 내 것에 실로 붙잡을 실체가 없고, 나와 내 것이 공한 곳에 그 공함도 공하여 다함없는 해탈의 공덕이 넘쳐난다. 그러므로 중생의 번뇌의 땅을 떠나 여래의 니르바나의 성이 없고, 중생의 번뇌의 씨앗을 떠나 여래의 씨앗이 없다.

여래는 중생이 번뇌를 돌이켜 지혜를 발현하는 곳에서 이루어지므로, 중생의 병들고 죽는 이 몸이 곧 여래의 씨앗[如來種]이고, 중생의 무명과 성냄이 여래의 씨앗이며, 지금 저 경계를 탐착하는 중생의 여섯 앎[六識]이 여래의 바탕이다.

중생의 땅을 떠나 해탈의 땅이 없으니, 중생 번뇌의 큰 바다[煩惱大海]에 들지 않고서는 온갖 지혜의 보배[一切智寶]를 얻을 수 없다.

그러므로 『비말라키르티수트라』는 중생의 번뇌를 끊고 보디를 얻는 것이 아니라, 중생의 진실한 모습 살피는 것이 바로 보디의 길이 되고, 중생의 진실을 온전히 실현한 곳이 여래의 공덕의 땅이 된다고 말한다.

그래서 중생이 여래의 공덕을 의지해 사는 것은 중생이 자기진실을 살펴 자기진실에 돌아가는 것임을 말한다.

경은 만주쓰리 보디사트바와 비말라키르티의 문답을 통해 그 뜻을 다음과 같이 가르친다.

그때 만주쓰리 보디사트바가 비말라키르티 거사에게 물었다.

"보디사트바는 어떻게 중생을 살피오."

비말라키르티가 말했다.

"비유하면 환술쟁이가 허깨비 사람을 보듯이, 보디사트바가 중생을 살피는 것도 이와 같습니다.

지혜로운 이가 물속의 달을 보고 거울 속의 그 얼굴을 보는 것과 같으며, 뜨거울 때에 아지랑이같이 보고 소리 지를 때 메아리같이 보며, 허공 가운데 구름처럼 보고, 물속 물방울 무더기 물 위의 거품같이 봅니다.

파초의 굳셈, 번개의 오래 머묾, 사대 밖의 다섯 번째 요인[第五大], 다섯 쌓임 밖의 여섯 쌓임[第六陰], 여섯 뜻 밖의 일곱째 뜻[七情], 열두 들임 밖의 열세 번째 들임[十三入], 열여덟 영역 밖의 열아홉째 영역[十九界]같이 봅니다.

보디사트바의 중생 살핌도 이와 같습니다."

비말라키르티 거사의 가르침처럼, 중생이 있다고 붙들고 있는 자아와 세계의 실체가 번갯불 같고 물속의 달과 같으며, 중생의 모습이 실로 허깨비와 같아 붙잡을 것이 없음을 깨달아, 중생이 중생 아닌 자기진실을 보면 중생의 나고 죽음의 땅에 해탈의 길이 있다.

그러므로 보디사트바의 중생을 위한 행과 세간을 위한 참된 자비의 실천은 바로 중생에게 중생의 자기진실을 가르치는 것이며, 중생의 얽힘과 묶임이 곧 해탈의 길임을 깨우쳐주는 것이다.

『비말라키르티수트라』는 다음과 같이 말한다.

만주쓰리 보디사트바가 말했다.

"만약 보디사트바로서 이와 같이 살피는 이는 어떻게 자비를 행하오?"

비말라키르티가 말했다.

"보디사트바는 이렇게 살핀 뒤에는 스스로 '나는 중생을 위해 이 같은 법을 말해야 하니, 이것이 곧 진실한 사랑이다'라고 생각합니다.

고요한 사랑을 행함이니 낳는 바가 없기[無所生] 때문이고,
뜨거움이 없는 사랑을 행함이니 번뇌가 없기 때문이고,
평등한 사랑을 행함이니 삼세에 평등하기 때문이며,
다툼 없는 사랑을 행함이니 일으킨 바가 없기 때문입니다.
둘이 아닌 사랑을 행함이니 안과 밖이 합하지 않기 때문이며,
무너짐 없는 사랑을 행함이니 끝내 다함마저 다하기 때문이고,
굳센 사랑을 행함이니 마음에 허물어뜨림이 없기 때문이며,
청정한 사랑을 행함이니 모든 법의 성품이 깨끗하기 때문이고,

끝없는 사랑을 행함이니 허공과 같기 때문입니다.
아라한의 사랑을 행함이니 묶는 도적을 깨뜨리기 때문이고,
보디사트바의 사랑을 행함이니 중생을 편안케 하기 때문이며,
여래의 사랑을 행함이니 진여의 모습 얻기 때문이고,
붇다의 사랑을 행함이니 중생을 깨우치기 때문이며,
스스로 그런 사랑을 행함이니 원인 없이 얻기 때문이고,
보디의 사랑을 행함이니 한맛에 평등하기 때문입니다."

중생에 대한 참된 사랑은 대상으로서 저 중생에게 애착의 견해로 사랑을 베푸는 데 있는 것이 아니라, 중생에게 여래장으로서 중생의 자기진실을 열어주는 것이다.

이것이 중생에 대한 보디사트바의, 뜨거움이 없지만 참으로 중생을 안락케 하는 사랑이고 중생을 스스로 진리의 땅에 서게 하는 사랑이다.

중생의 진실밖에 여래의 공덕의 땅이 없으니, 중생을 버리고 여래를 구함이 삿된 견해가 된다. 그러므로 보디사트바는 여래의 공덕의 땅에 의지하여 자기진실을 등지고 있는 중생을 여래장 공덕의 땅에 세워주어야 한다.

나고 죽음의 두려움이 있는 중생 세간에서 참된 사랑을 펼치는 보디사트바는 나고 죽음이 본래 니르바나되어 있는 진실처에 서서, 중생의 나고 죽음의 액난과 고통을 건네주어 니르바나의 땅에 이끌어야 한다.

경은 다시 말한다.

만주쓰리 보디사트바가 또 물었다.

"보디사트바는 어느 곳에 의지해야 하오?"

비말라키르티 거사가 말했다.

"보디사트바는 나고 죽음의 두려움 가운데서 여래의 공덕의 힘[如來功德之力]을 의지해야 합니다."

만주쓰리 보디사트바가 물었다.

"보디사트바가 여래의 공덕의 힘을 의지하려 하면 어디에 머물러야 하오?"

답했다.

"보디사트바가 여래의 공덕의 힘을 의지하려 하면 반드시 온갖 중생을 건네 벗어나게 함[度脫一切衆生]에 머물러야 합니다."

또 물었다.

"중생을 건네주려면 무엇을 없애야 하오?"

답했다.

"중생을 건네주려면 그 번뇌를 없애야 합니다."

다시 물었다.

"번뇌를 없애려면 무엇을 행해야 하오?"

답했다.

"반드시 바른 생각[正念]을 행해야 합니다."

"어떻게 바른 생각을 행하오?"

"반드시 나지 않고 사라지지 않음[不生不滅]을 행해야 합니다."

곧 나고 사라짐의 두려움 속에 있는 중생 세간 속에서 남[生]이 실로 남이 아니고 사라짐[滅]이 실로 사라짐 아닌 진실을 스스로 열고 남에게 열어주는 것이 보디사트바의 중생에 대한 뜨거움 없지만 길이 다하지 않는 사랑이다.

그리고 이 사랑의 길이 고난과 두려움의 세간에서 여래의 나지 않고 사라지지 않는 공덕의 땅에 의지하는 행인 것이다.

중생의 진실밖에 여래의 공덕이 없으니, 아함에서 가르치는바 '스스로에 귀의하고 법에 귀의하는 자', 그가 보디사트바의 크나큰 사랑을 행하는 것이다.

또한 그 사람이 죽음의 두려움이 있는 세간에서, 죽음의 두려움과 액난이 없는 여래의 공덕의 힘을 의지해, 니르바나의 땅에 앉아 니르바나의 공덕을 역사 속에 실현하는 것이다.

4. 화엄 보현행원으로 다시 본 붇다됨의 길

지금까지 살핀 것처럼 세계의 실상밖에 여래 공덕의 세계가 없다.

모든 환상과 미혹 번뇌를 뛰어넘어 중생의 진실을 온전히 실현한 곳이 여래의 공덕의 땅이고, 중생의 장애를 진여 그대로의 모습으로 돌이켜 중생을 해탈의 땅에 이끄는 것이 여래 공덕의 힘이다.

여래 공덕의 힘에 의지하는 것은 중생이 자기진실에 복귀하는 것이니, 보디사트바가 이 두려움과 고난이 넘치는 험난한 세간의 바다를 두려움 없이 헤쳐가는 것도 이 여래 공덕의 힘을 의지해 사는 것이다. 또한 보디사트바가 중생에 평등한 사랑을 실현하는 것도 이 니르바나의 진실상이 곧 중생의 진실임을 중생에 알려주고 열어주는 것이다.

그러므로 중생이 여래의 공덕을 찬탄하고 여래의 이름을 부르고 여래께 공양하는 것은, 초월자에게 기도해서 그 응답을 듣기 위함이거나 초월자의 구원의 힘을 받기 위함이 아니다. 보디사트바는 그 찬탄과 공양, 예경과 이름 부름을 통해 자기진실에 돌아가는 것이고, 번뇌가 공한 곳에 실로 허망하지 않은 여래 공덕의 힘에 돌아가고 중생을 그 진실 공덕의 땅에 이끄는 것이다.

중생이 자기진실에 돌아가는 것과 여래를 찬탄·공양하는 것은 두 길이 아니니, 여래를 찬탄함으로써 여래 안에 성취된 지혜와 자비가 곧 자기진실임을 승인하고 받아들이게 된다.

그러므로 참으로 여래를 찬탄하고 여래께 공양하는 자는 중생에게 늘 치우침 없고 따짐 없는 사랑[無緣慈]을 행하게 된다.

보디사트바가 여래께 참된 법의 공양[法供養]을 바치는 것이 곧 미망의 꿈에 취해 있는 중생을 깨워 여래 공덕의 땅에 이끌어 들이는 것이다.

중생은 지금 허깨비처럼 공하지만 중생을 얽매이는 나고 죽음의 밧줄에 묶이어, 고난과 장애의 넓은 들판에서 기나긴 밤 바퀴 돌며 고통받고 있다. 그 중생에게 나고 죽음의 고통이 고통 아님을 깨우쳐 보디사트바는 중생의 나고 죽음의 땅을 떠나지 않으니, 이것이 저 중생의 고통을 대신 받으며 함께 니르바나의 성에 돌아가는 보디사트바의 행이다.

이처럼 여래의 공덕을 의지해 여래께 공양하고 중생을 니르바나에 이끄는 행이 화엄의 가르침에서 맨 뒷구절[末後句]이 되는 사만타바드라 보디사트바(Samantabhadra-bodhisattva, 普賢菩薩)의 열 가지 광대한 행원[廣大行願]이다.

이 보디사트바의 넓고 큰 행원은 법계의 진실 그대로의 삶의 모습일 뿐 억지로 짓는 행이 아니다. 화엄의 보현행원이 곧 법계 진실의 땅에서 일으키는 법 그대로의 행[因地法行]이다. 그리고 그 행이 『비말라키르티수트라』에서 말한바 여래 공덕의 힘에 의지하는 보디사트바의 삶의 길이고, 중생을 여래 공덕의 땅에 세워주는 보디사트바의 평등한 사랑, 뜨거움 없는 사랑, 다함없는 사랑의 길이다.

『화엄경』(「보현행품」普賢行品)은 열 가지 넓고 큰 행원을 다음과 같이 말한다.

> 그때 사만타바드라 보디사트바는 여래의 뛰어난 공덕을 칭찬하고, 여러 보디사트바들과 선재(善財)에게 말했다.
>
> "진리의 길에 옳게 나아가는 이여, 여래의 공덕은 비록 시방의 모든 붇다들께서 이루 말할 수 없고 말할 수 없는 붇다의 세계 가는 티끌 수 겁 동안 서로 이어서 연설한다 해도 다 말할 수 없소.
>
> 여래께서 이미 이루신 이 공덕의 문을 성취하려면 열 가지 넓고 큰 행원을 실천해야 하오. 그 열 가지 행원이란 어떤 것일까.
>
> 첫째 모든 붇다들께 예경함[禮敬諸佛]이고,
> 둘째 여래의 공덕을 칭찬함[稱讚如來]이며,
> 셋째 널리 공양을 닦음[廣修供養]이오.
> 넷째 모든 업의 장애를 참회함[懺悔業障]이고,
> 다섯째 옳은 일의 공덕을 따라 기뻐함[隨喜功德]이며,
> 여섯째 바른 진리의 바퀴 굴려주기를 청함[請轉法輪]이고,
> 일곱째 붇다께서 세상에 오래 머무시길 청함[請佛住世]이오.
> 여덟째 늘 붇다를 따라 배움[常隨佛學]이고,

아홉째 뭇 삶들의 뜻을 늘 따름[恒順衆生]이며,

열째 공덕을 모두 널리 돌려 줌[普皆廻向]이오."

선재는 사만타바드라 보디사트바께 말씀드렸다.

"위대한 성자이시여, 어떻게 모든 붇다를 예경하며 나아가 모든 실천의 공덕을 진리와 뭇 삶들에게 돌려줍니까."

사만타바드라 보디사트바가 선재에게 말했다.

"진리의 길에 옳게 나아가는 이여, 모든 붇다들께 예경한다는 것은 다음과 같소. 그것은 온 법계 · 허공계 그 어디에나 과거 · 현재 · 미래에 걸쳐 있는 모든 세계의 가는 티끌 수와 같이 한량없는 모든 붇다들을 내가 보현행원의 힘(普賢行願力)으로 깊이 믿고 그 참모습을 바르게 이해하여 마치 눈앞에 대하듯 나의 깨끗한 몸과 말과 뜻으로 그 붇다들께 늘 예경함이오.

그렇게 하여 낱낱의 붇다께서 계신 곳에 이루 말할 수 없고 말할 수 없는 세계의 티끌 수와 같은 한량없는 몸을 나타내고, 내가 나타낸 낱낱의 몸으로 그 한량없는 붇다들께 두루 예배하오.

저 허공계가 다한다면 나의 이 예경도 다하겠지만 허공계가 다할 수 없으므로 나의 이 예경함도 다하지 않소.

이처럼 중생계가 다하고 중생의 업이 다하며 중생의 번뇌가 다하면 나의 예경이 다하겠지만, 중생계와 나아가서는 중생의 번뇌가 다할 수 없으므로 나의 예경함도 다하지 않소.

이렇듯 붇다들께 예경하는 일은 생각생각 서로 이어져 사이가 없고 끊어짐이 없으며 몸과 말과 뜻의 업에 지치거나 싫증냄이 없소.

(중략)

다시 진리의 길에 옳게 나아가는 이여, 널리 공양한다는 것은 다음과 같소.

온 법계 · 허공계 그 어디에나 과거 · 현재 · 미래에 걸쳐 있는 모든 붇다 세계의 가는 티끌들, 그 낱낱의 티끌마다 모든 세계의 가는 티끌 수처럼 한량없는 붇다들 계시며, 그 한량없는 붇다들 계신 곳에는 많은 보디사트바들이 모여 붇다들을 둘러싸고 있소.

내가 이제 보현행원의 힘으로 깊은 믿음과 눈앞의 것을 보듯 하는 밝은 앎을 일으켜 뛰어나고 묘한 공양거리로 붇다들과 보디사트바의 대중에게 공양하므로 널리 공양함이라 하오.

뛰어나고 묘한 공양 거리란 구름처럼 많은 꽃이며 꽃다발이며 하늘음악 · 하늘우산 · 하늘옷이며 하늘의 여러 향인 바르는 향 · 사르는 향 · 가루향이니, 이와 같은 공양 거리는 낱낱의 양이 수메루 산과 같소.

다시 갖가지 등을 켜서 공양하니 그 등이란 버터기름의 등, 기름등이니, 모든 향기로운 기름등의 낱낱 심지는 수메루 산과 같고 낱낱 등의 기름은 큰 바닷물과 같소.

널리 공양함이란 이와 같은 여러 공양거리로 늘 공양함이오.

그러나 진리의 길에 옳게 나아가는 이여, 모든 공양 가운데에서도 법공양(法供養)이 가장 높소.

법공양이란 바른 가르침대로 실천하는 공양[如說修行供養]이며, 뭇 삶들을 이롭게 하는 공양[利益衆生供養]이며, 뭇 삶들을 거두어들이는 공양[攝受衆生供養]이오.

그리고 뭇 삶들의 괴로움을 대신 받는 공양[代衆生苦供養]이며, 선근을 부지런히 닦는 공양[勤修善根供養]이며, 보디사트바의 바른 일을 버리지 않는 공양[不捨菩薩業供養]이며, 위없이 높은 깨달음의 마음 떠나지 않는 공양[不離菩提心供養]이오.

진리의 길에 옳게 나아가는 이여, 앞의 물질로 베푸는 공양의 한량없는 공덕도 이 한 생각 법공양의 공덕에 비교한다면 백으로 나눈 하나, 천으로 나눈 하나에도 못 미치며, 백천구지나유타로 나눈 하나, 가라의 수로 나눈 하나, 산수의 수, 비유의 수, 우바니사타의 수로 나눈 하나에도 또한 미치지 못하오.

왜 그런가요. 모든 붇다들은 진리를 존중하기 때문이며 바른 가르침대로 실천하는 데서 모든 붇다들께서 태어나시기 때문이오.

만약 모든 보디사트바들이 법공양을 실천하면 곧 여래에 대한 공양을 성취하게 되니, 이와 같이 닦아 행해감[如是修行]이 참된 공양[眞供養]이기 때문이오.

이와 같이 넓고 크고 가장 뛰어난 공양이란 저 허공계가 다하고 중생계가 다하고 중생의 업이 다하고 중생의 번뇌가 다하면 나의 공양도 다하려니와 허공계와 나아가 중생의 번뇌가 다할 수 없으므로 나의 이 공양 또한 다할 수 없소.

이 공양은 생각생각 서로 이어져 사이가 없고 끊어짐이 없으며 몸과 말과 뜻의 업에 지치거나 싫증냄이 없소."

온갖 법은 나되 남이 없고 남이 없이 나므로 모든 법은 항상함이 없지만 끊어져 다함이 없다. 그러므로 법계의 실상에 돌아가는 보디사트바의 행과 원[行願] 또한 저 허공계와 중생계가 다할 수 없으므로 끝내 다할 수 없다. 그리고 여래의 공덕에 의지해 살며 중생을 니르바나의 공덕바다에 이끄는 보디사트바의 행 또한 중생의 업과 번뇌가 다할 수 없으므로 다할 수 없는 것이다.

그의 원과 행은 생각생각 끊어져 다함이 없고 지침과 싫증이 없으니, 이것이 곧 아함이 말하는 사이 없이 평등한[無間等] 지혜의 비춤이고 지혜의 행이다.

그렇다면 보디에 돌아가는 구도자의 행이 왜 이토록 중생과 세계를 거두는 행으로 발현되는 것일까. 보디사트바가 의지하는 붇다의 공덕의 땅이 이 중생과 세간의 진여의 땅이고, 진여에는 나도 없고 내 것도 없으므로 보디에 돌아가는 자는 온갖 공덕을 진여 그대로 끝내 저 중생 세간에 회향하게 되는 것이니, 『화엄경』(「십회향품」十迴向品)은 이렇게 말한다.

> 여래의 길 잘 행하는 보디사트바는
> 한량없는 겁 가운데 닦아 익혀온
> 온갖 공덕을 모두다 회향하여서
> 모든 중생 건져 건네주려 하나니
> 그 마음 끝내 물러나 구름 없도다.
>
> 無量劫中所修習　一切功德盡迴向
> 爲欲救度諸群生　其心畢竟不退轉
>
> 비유하면 진여의 본래 자기성품대로
> 보디사트바가 이같이 큰 마음을 내면
> 진여가 있는 곳엔 있지 않음이 없으니
> 이와 같은 행으로 공덕을 회향하네.

譬如眞如本自性　菩薩如是發大心
眞如所在無不在　以如是行而迴向

비유하면 진여의 본래 자기성품이
그 가운데 일찍이 한 법도 있지 않아
자기성품 얻지 않으면 참성품이듯
이와 같은 업으로 공덕을 회향하네.

譬如眞如本自性　其中未曾有一法
不得自性是眞性　以如是業而迴向

제3부

붇다에 대한 우러름과 찬탄

여래가 법을 설하면 사람만 법을 듣는 것이 아니라 하늘 · 용 · 야크샤 · 마후라가 · 가루라 · 긴나라 · 간다르바도 그 법을 듣고 함께 기뻐하고 지저귀는 새도 찬탄의 노래를 부른다. 그래서 여래가 사마디에 들면 나무도 여래의 몸에 그늘을 드리워 거룩한 분의 선정을 도우며, 여래의 위신력 앞에 땅도 여섯 가지로 떨려 움직이고 하늘도 꽃비를 내려 여래를 축복하고 여래의 설법을 찬탄한다.

•이끄는 글•

여래를 찬탄함이 여래의 법바다에 들어감이니

미망과 번뇌의 꿈에 잠겨[集諦] 고통바다에서 헤매는[苦諦] 중생이 어떻게 해야 붇다의 보디의 길[菩提路]을 따라[道諦], 다함없는 법계의 진리바다[法界眞如海] 니르바나의 저 언덕에 돌아갈 수[滅諦] 있는가.

먼저 우리에게 사제의 교설을 설해주고 팔정도의 길을 열어주는 저 붇다가 법계진리의 온전한 체현자라, 깨치신 붇다[能覺]와 깨친 바 진리[所覺]가 끝내 둘이 없음을 깊이 믿어 붇다께 예경하고 붇다의 공덕을 찬탄해야 한다.

붇다를 찬탄함이 붇다 안에 실현된 진리를 찬탄함이니, 붇다의 몸 붇다의 자비와 지혜의 행밖에 외화될 진리가 없기 때문이다.

붇다 안에 실현된 삶의 공덕은 중생이 이미 갖추고 있는 것이며 중생의 참된 자기얼굴이다.

그러므로 붇다를 찬탄하고 붇다께 예경하는 것은 나의 삶밖에 동떨어진 대상을 향해 자기주체를 매몰하는 행이 아니다.

저 여래를 찬탄하고 여래의 이름을 부르는 것은 '나와 너'의 '둘이 아니되 하나도 아닌 참된 관계성'[不二不一之門]에 들어서는 길이며, '너 아닌 너'를 당당히 부를 수 있는 '나 아닌 참된 나'를 올바로 세워내는 일이다.

『화엄경』에서 보현행(普賢行)은 법계진리의 바다에서 일어나는 '진리대로의 행'[稱法界行]이다. 그러나 보현행은 진리에서 일어나지만 보현행을 따라 행해야만 법계진리에 들어갈 수 있으니, 보현행이 곧 진리바다에 들어가는 행이다.

『화엄경』(「보현행원품」)은 보디사트바의 열 가지 넓고 큰 행과 원[十大行願]의 처음을 붇다에 대한 예경과 찬탄으로부터 시작한다.

붇다에 대한 예경과 찬탄은 붇다의 공덕에 대한 우러름과 돌아감이자 붇다 안에서 실현된 삶의 진실이 온갖 중생의 진실임을 온전히 승인하는 일이다.

그러므로『화엄경』은 '저 허공(虛空)과 중생세계[衆生界], 중생의 업[衆生業]과 번뇌[衆生煩惱]가 다하지 않는 한 보디사트바의 붇다에 대한 예경과 찬탄 또한 영겁에 다할 수 없다'고 말한다.

붇다는 온갖 모습에서 모습을 떠나 온갖 모습을 모습 아닌 모습으로 쓰는 분이므로, 우리 눈에 보이는 인간 세상만의 스승이라 하지 않는다.

붇다는 저 무한우주의 세계마저 공한 줄 깨쳐, 하늘과 마라를 뛰어넘은 분이므로 붇다를 '하늘 가운데 하늘'이라 한다. 붇다는 사람 가운데서 사람이 공함을 깨쳐 사람이되 사람 세상에 머묾 없고 사람을 뛰어넘어 '하늘과 사람의 스승'이 된 분이므로 '세간의 큰 영웅'이라 하고 '사람 가운데 사자'라 한다.

붇다의 보디의 세계는 저 물질세계가 아니되 물질세계를 떠나지도 않으니, 그는 하늘땅이 아니되 하늘땅을 떠남 없이 하늘땅의 참된 주인이 되는 분이다.

모습에서 모습 떠나되 모습을 버리지 않으므로 붇다를 '삼계 모든 중생세계의 위대한 인도자'[三界大導師]라 부르고, 하늘에서 하늘을 떠난 이 붇다가 하늘땅의 참된 주인이므로 성문제자뿐 아니라 하늘의 신도 찬탄하고 땅의 신도 찬탄한다.

붇다가 깨친 연기의 진리에서는 중생의 마음이 저 세계를 떠나지 않고 중생의 세계가 마음을 떠나지 않으며, 여래의 참된 몸은 중생과 세계를 모두 거두니, 경은 '뜻이 없는[無情] 바람과 풀꽃과 나무마저 여래의 공덕에 귀의하고 찬탄해야 한다'고 말한다.

이처럼 붇다의 공덕 세계는 중생의 실상일 뿐 아니라 세계의 참모습이니, 붇다의 공덕을 찬탄함은 법계의 실상을 찬탄함이다.

이러한 뜻을 아함경 가운데 방기사(Vaṅgisa) 존자의 붇다에 대한 찬탄과 성문제자들의 찬탄으로 듣기 전에 『비말라키르티수트라』의 첫머리 '장자의 아들 보적(寶積)'이 세존께 바치는 찬탄의 노래를 통해 살펴보기로 한다.

보적은 노래의 끝에서 다음과 같이 법왕이신 세존의 '중생과 같이하지 않는 빼어난 법'[不共法]을 찬탄하고, 세존께 예경을 바치고 있다.

> 크신 성인 진리의 왕이신 세존은
> 뭇 사람들이 돌아가는 곳이니
> 깨끗한 마음으로 붇다 살펴서
> 누구라도 기뻐하지 않는 이 없네.
> 각기 세존 자기 앞에 계심을 보니
> 이는 신묘한 힘의 같이하지 않는 법
>
> 大聖法王衆所歸　淨心觀佛靡不欣
> 各見世尊在其前　斯則神力不共法
>
> 붇다께서 한 음성으로 설법하시면

중생은 무리 따라 각기 알아듣고
다 세존 말씀 자기 말과 같다 하니
이는 신묘한 힘의 같이하지 않는 법

佛以一音演說法　衆生隨類各得解
皆謂世尊同其語　斯則神力不共法

붇다께서 한 음성으로 설법하시면
중생은 각기 알아듣는 바 따라
그 행을 널리 받아 이익 얻으니
이는 신묘한 힘의 같이하지 않는 법

佛以一音演說法　衆生各各隨所解
普得受行獲其利　斯則神力不共法

붇다께서 한 음성으로 설법하시면
두려워하기도 하고 또 기뻐하며
싫증내기도 하고 또 의심 끊으니
이는 신묘한 힘의 같이하지 않는 법

佛以一音演說法　或有恐畏或歡喜
或生厭離或斷疑　斯則神力不共法

열 가지 힘 갖춰 큰 정진 이루신
세존께 머리 숙여 절하옵니다.
이미 두려워할 바 없음 얻으신
세존께 머리 숙여 절하옵니다.

같이하지 않는 법에 머물러 계신
세존께 머리 숙여 절하옵니다.
세간 온갖 중생의 크신 인도자
세존께 머리 숙여 절하옵니다.

稽首十力大精進　稽首已得無所畏
稽首住於不共法　稽首一切大導師

모든 얽맴과 묶음들 끊어 없애신
세존께 머리 숙여 절하옵니다.
저 언덕에 잘 가시어 이미 이르신
세존께 머리 숙여 절하옵니다.
모든 세간 뭇 삶들 건네주시는
세존께 머리 숙여 절하옵니다.
길이 나고 죽음의 길을 떠나신
세존께 머리 숙여 절하옵니다.

稽首能斷諸結縛　稽首已到於彼岸
稽首能度諸世間　稽首永離生死道

중생의 오가는 모습 모두 아시고
세간 모든 법에서 해탈하시사
연꽃처럼 세간에 집착 않으며
늘 공적한 행에 잘 들어가시사
법의 모습 통달하여 걸림 없어서
허공처럼 의지하는 바가 없으신

세존께 머리 숙여 절하옵니다.

悉知衆生來去相　善於諸法得解脫
不著世間如蓮華　常善入於空寂行
達諸法相無罣礙　稽首如空無所依

『비말라키르티수트라』에는 사람인 보적이 여래의 공덕을 찬탄하고 있는데, 『화엄경』(「세주묘엄품」世主妙嚴品)에서는 중생의 법에 대한 실천적 증험과 여래에 대한 찬탄이 둘이 아님을, 다음 하늘신들의 찬탄을 통해 보인다.

여래께선 세간에 있되 의지함 없으니
비유하면 빛그림자 뭇 나라에 나타남 같네.
법의 성품 마쳐 다해 일어남이 없으니
빼어나게 보는 하늘왕이 들어간 문이네.

如來處世無所依　譬如光影現衆國
法性究竟無生起　此勝見王所入門

여래는 한량없는 겁의 바다에 방편 닦으사
시방 모든 국토를 널리 깨끗이 하네.
법계는 한결같아 늘 움직이지 않으니
고요한 덕의 하늘신이 깨친 바이네.

無量劫海修方便　普淨十方諸國土
法界如如常不動　寂靜德天之所悟

제1장

붇다를 우러러 찬송하오리

"브라흐마하늘이여, 그대는 늘 덧없는 것을
늘 그렇다고 말하고, 변치 않는 즐거움이 아닌 것을
늘 변치 않음이라 말하며, 길이 살지 않는 것을 길이 산다 말하고,
진실하지 않은 것을 진실하다 말한다.
마치는 법을 마치지 않는 법이라 말하고,
벗어남의 길이 아닌 것을 벗어남의 길이라 하며,
이 벗어남이 보다 더 위를 지나고 빼어나고 묘하며
가장 좋은 것은 없다고 말한다.
브라흐마하늘이여, 그대에게는 무명(無明)이 있다."

• 이끄는 글 •

동아시아 한문불교권에서 붇다에 대한 찬탄과 예경은 '삼계의 큰 길잡이 스승'[三界大導師] '사생의 자비로운 어버이'[四生慈父]로 붇다를 부르면서 시작한다.

삼계는 탐욕의 거친 물질이 있는 세계[欲界] · 탐욕이 없어진 미묘한 물질의 세계[色界] · 관념의 자취가 있는 세계[無色界]로 정의될 수 있으며, 그 안에는 지옥 · 아귀 · 축생 · 아수라 · 사람 · 하늘의 중생이 살고 있다. 사생(四生)은 태로 낳는 중생 · 알로 낳는 중생 · 습기로 낳는 중생 · 변화로 낳는 중생이다.

이처럼 사람의 스승이라고만 말하지 않고, 불교는 붇다가 바로 온갖 목숨 있는 것, 온갖 존재들의 스승이라 말한다.

왜 그렇게 말하는가. 저 하늘의 미묘한 물질세계에 사는 이, 관념의 하늘에 사는 이들도 나고 죽음에서 해탈하지 못하고 존재의 얽매임을 다하지 못한 윤회 속의 중생이기 때문이다. 오직 붇다 세존이 존재의 얽매임과 공함의 자취까지 다해 뭇 생명에게 나고 죽음이 없는 니르바나의 길을 보일 수 있기 때문이다.

붇다는 사람의 몸을 지녔지만 사람의 몸이 공함을 체득한 분이라, 사람이되 사람 아닌 사람이고, 하늘신이 아니되 하늘이 공함을 알아 하늘을 건지는 하늘 밖의 하늘[天外天], 하늘 가운데 하늘[天中天]이다.

여래는 곧 모든 있음의 묶음을 다하고[盡諸有結] 모든 존재의 무거운 짐을 버려[捨諸重擔] 해탈의 길을 보이시는 분이니, 하늘의 보좌에 앉아 하늘의 영광을 누리는 브라흐마하늘왕 · 인드라하늘왕도 붇다의 제자가 되는 것이다.

삼세의 크신 길잡이, 위없는 스승, 하늘 가운데 하늘 앞에 어찌 하늘 신 · 땅의 신 · 풀과 나무마저 경배하지 않겠는가.

『화엄경』(「세주묘엄품」)은 다음과 같은 하늘신들의 여래 찬탄을 통해 여래가 세계의 진실 그 온전한 체현자이며 온갖 실천의 공덕 그 완성자임을 보인다.

사의할 수 없는 크나큰 겁의 바다에
온갖 모든 여래를 공양하옵고
닦은 공덕 널리 중생에게 베푸셨도다.
그러므로 단엄하심 높아 견줄 수 없네.

不可思議大劫海　供養一切諸如來
普以功德施群生　是故端嚴最無比

여래께선 지난 옛날 중생을 위해
법의 바다 끝없는 행 닦아 오셨으니
비유하면 비 쏟아져 타는 더위 맑혀주듯
중생 번뇌의 뜨거움 널리 없애주셨네.

如來往昔爲衆生　修治法海無邊行
譬如霈澤淸炎暑　普滅衆生煩惱熱

1 방기사 존자의 여래 찬탄

• 이끄는 글 •

여래의 바른 제자라면 그 누가 크신 스승 여래의 가르침을 많이 듣고서 잘 받아 지니어 말씀대로 닦아 행하지 않을 수 있겠는가.

또한 여래의 바른 성문제자라면 그 누군나 좌선(坐禪)하고 행선(行禪)하여 선정을 닦고, 세간 대중에게 법을 잘 설하며, 마을에 들어가 밥을 빌고 두타행을 닦아 행할 것이다.

아라한을 이룬 모든 제자가 계 · 정 · 혜(戒定慧)의 세 가지 배움에 빼뜨림이 없지만, 여래는 사리푸트라를 '지혜가 으뜸가는 제자'라 찬탄하고, 마하카사파를 '두타행에 으뜸가는 제자'라 일컬으며, 아난다를 '많이 들음으로 으뜸가는 제자'라 찬탄하신다.

같은 식으로 붇다는 제자 방기사(Vaṅgisa) 비구를 '게송을 잘 지어 붇다 찬탄함에 으뜸가는 제자'라 말씀하신다.

아함경의 여러 곳에 방기사 존자의 붇다 찬탄의 게송이 등장한다. 오백 명 천 명의 성문제자들이 모여 여래의 설법을 듣기 위해 고요히 선정에 들어 있는데, 대중 가운데 일어나 아름다운 시[偈]를 지어 여래를 찬탄하는 방기사의 모습을 생각해보라.

여래를 찬탄함은 여래가 깨친 진리를 찬탄함이고 여래의 선정과 지혜를 찬탄함이며 여래의 거룩한 공덕과 해탈의 행을 찬탄함이니, 여래의 공덕을 잘 찬탄하는 이, 그는 잘 가신 이를 따라 그 또한 파리니르바나의 저 언덕에 잘 건너가는 자인 것이다.

그러므로 붇다는 여래를 잘 찬탄하는 이를 또한 찬탄해주시니, 이것은 여래를 찬탄함이 여래가 깨친 법계에 드는[入法界] 첫걸음이고, 중생에게 이미 있는 여래장의 진실 · 생명을 찬탄함이며, 여래를 우러름이 실로 여래인 중생 섬김의 길이기 때문이리라.

『화엄경』(「세주묘엄품」)은 지금 붇다의 위없는 보디의 성취 또한 과거 붇다와 선지식에 대한 찬탄과 공양의 실천으로 이루어진 과덕임을 하늘신의 음성으로 다음과 같이 가르친다.

지금 세간의 위없는 인도자께서도
시방의 세계바다 가는 티끌 수 같은
온갖 붇다의 처소에 모두 같이 가 모여
온갖 붇다 공경하고 그분들을 공양하며
설하시는 법을 받아 들으셨으니
장엄한 깃발 하늘신이 보는 바이네.

十方刹海微塵數　一切佛所皆往集
恭敬供養聽聞法　此莊嚴幢之所見

여래의 지혜의 밝은 빛 온 세상 비추네

이와 같이 내가 들었다.

한때 붇다께서는 참파(Campa) 국의 각가라(Gaggara) 못가에 계셨다.

그때 세존께서 그 달 보름날 우파바사타(Upavasatha, 布薩)를 행할 때에 대중들 앞에 앉아 계셨는데 달이 막 뜰 무렵이었다.

존자 방기사도 대중들 속에 있었는데 그는 이렇게 생각하였다.

'나는 지금 붇다 앞에서 달에 비유한 게송[月譬偈]으로 찬탄하리라.'

이렇게 생각하고는 곧 자리에서 일어나 옷매무새를 바로 잡고 붇다께 절을 올린 뒤에 합장하고서 붇다께 말씀드렸다.

"세존이시여, 드리고 싶은 말씀이 있습니다. '잘 가신 이'[Sugata, 善逝]여, 아뢰고 싶은 말씀이 있습니다."

붇다께서 방기사에게 말씀하셨다.

"하고 싶은 말이 있으면 말하라."

보름날 우파바사타 때 달에 비유해 세존의 지혜를 찬탄함

그러자 존자 방기사는 곧 붇다 앞에서 게송으로 말하였다.

마치 저 달이 허공에 머물러
구름의 가림 없으면 밝고 깨끗해
그 밝은 빛 불꽃처럼 환히 빛나

끝없는 시방을 널리 두루 비추듯
여래께서 또한 이와 같아서
지혜의 빛 세간을 두루 비추니
공덕과 아름답고 좋은 이름은
시방에 두루하여 가득하도다.

존자 방기사가 이 게송을 말하자, 여러 비구들은 그 말을 듣고 모두 크게 기뻐하였다.

• 잡아함 1208 게가지경(揭伽池經)

• 해설 •

보름날 대중이 모여 우파바사타를 행할 때 맑은 하늘 환히 비추는 달을 비유해 여래의 지혜를 노래하니, 저 끝없는 허공은 머묾 없는 지혜의 바탕[智體]을 나타내고 환한 달은 여래의 사마디인 지혜의 빛[慧光]을 나타낸다.

여래의 지혜는 법계인 지혜이다[法界智]. 지혜인 법계는 비치되 고요하니[照而寂] 두루하지 않음이 없고, 법계인 지혜는 고요하되 비치니[寂而照] 비추지 않음이 없다.

여래의 지혜가 법계인 지혜이므로 여래의 지혜는 여래만의 지혜가 아니라 중생이 본래 갖춘 중생의 지혜이다.

그러므로 지금 저 거룩한 여래를 우러러 보고 있는 중생이 지금 보고 있는바 여래의 모습에서 실로 볼 것이 없는 줄을 살피면, 중생의 앎이 앎 없는 앎이 되어 중생의 지혜가 법계인 지혜가 된다.

번뇌를 돌이켜 법계인 지혜의 바다에 들어간 자, 그가 참으로 여래를 찬탄하는 자이고 여래의 참된 제자이다.

길잡이 스승, 나가 산 곁에 머무시니

이와 같이 내가 들었다.

한때 붇다께서는 라자그리하 성 나가(Nāga) 산 곁에서 오백 비구와 함께 계셨다.

그들은 다 아라한으로서 모든 번뇌의 흐름이 이미 다하여 지을 바를 이미 지었으며, 온갖 무거운 짐을 떠나 스스로의 이익을 얻었으며, 모든 존재의 묶임[諸有結]을 끊어 없애고 바른 지혜로 마음이 잘 해탈한 분들이었다.

존자 마하목갈라야나가 대중의 마음을 살펴보니 온갖 대중은 다 탐욕에서 해탈한 이들이었다.

그때 존자 방기사는 대중들 가운데 있으며 이렇게 생각하였다.

'나는 지금 세존과 비구상가 얼굴 앞에서 게송으로 찬탄하리라.'

이렇게 생각하고 나서 그는 곧 자리에서 일어나 옷매무새를 바르게 하고 합장하고 붇다께 말씀드렸다.

"세존이시여, 드리고 싶은 말씀이 있습니다. 잘 가신 이여, 아뢰고 싶은 말씀이 있습니다."

붇다께서 방기사에게 말씀하셨다.

"말하고 싶은 대로 말하라."

세존과 비구상가에 대한 찬탄의 노래를 바침

그러자 존자 방기사가 곧 게송으로 말하였다.

중생의 길잡이신 위없는 스승
나가산 곁에 지금 머무시니
오백이나 되는 비구대중들은
큰 스승을 몸소 받들어 모시네.

크신 제자 마하목갈라야나가
신통 얻고 진리 밝게 깨달아서
저 대중의 마음을 살펴보시니
그들 모두 탐욕에서 벗어났도다.

이와 같이 갖추어 번뇌를 넘어
무니께선 저 언덕에 이미 건너가
이 맨 뒤의 몸만을 지니셨으니
제가 이제 머리 숙여 절하옵니다.

존자 방기사가 이렇게 말하자, 여러 비구들은 그 말을 듣고 모두 크게 기뻐하였다.

• 잡아함 1211 나가산경(那伽山經)

• 해설 •

이 경과 다음 경은 모두 라자그리하 성 가운데 나가 산의 모임에서 방기사가 세존과 상가대중을 찬탄한 경이니, 산 이름이 나가(nāga, 龍)이므로 여래를 용으로 찬탄하고 있다.

나가 산의 법자리에 함께한 대중이 오백 대중인데, 그 대중이 모두 아라한의 과덕을 얻어 모든 존재의 묶임을 다하고 바른 지혜로 마음이 해탈한 이들이다.

여래의 가르침이 그들을 얽매임의 존재에서 해탈의 사람으로 만들었고, 상가대중의 마음의 해탈이 여래의 지혜와 가르침의 진리성을 검증하였다. 그러므로 여래의 가르침을 통해 해탈한 대중이 여래를 우러러 보고, 지혜와 마음이 해탈한 상가대중이 고요한 사마디 행으로 여래와 함께할 때가 바로 여래의 공덕을 잘 찬탄해 마친 곳이다.

왜 그런가. 지혜가 해탈해[慧解脫] 봄이 없이 여래를 우러를 때가 여래의 지혜의 목숨[慧命]에 함께할 때이고, 마음이 해탈해[心解脫] 여래를 보되 봄이 없이 고요한 사마디에 있을 때가 여래의 법의 몸[法身]에 함께함이기 때문이다.

또한 방기사 존자처럼 여래와 상가대중의 마음의 해탈을 잘 알아본 이, 잘 찬탄한 이도 여래와 상가대중의 법 바다에 함께한 이들이고, 오늘 뒷세상 미혹의 사람으로서 이 공덕의 바다에 찬탄의 마음 일으킨 이도 여래를 따라 스로타판나의 지혜의 흐름에 들어갈 것이다.

세존께선 법을 잘 연설하사 중생의 덮음 없애주시니

이와 같이 내가 들었다.

한때 붇다께서는 라자그리하 성 나가 산 곁에서 천 명의 비구들과 함께 계셨다.

그들은 다 아라한으로서 모든 번뇌의 흐름을 이미 다하여 지을 바를 이미 지었으며, 온갖 무거운 짐을 이미 떠나 스스로의 이익을 얻었으며, 모든 존재의 묶임을 끊어 없애고 바른 지혜로 마음이 잘 해탈한 이들이었다.

그때 존자 방기사는 라자그리하 성 찬 숲[寒林] 가운데 있는 무덤 사이에 있었는데 그는 이렇게 생각하였다.

'지금 세존께서 라자그리하 성에 있는 나가 산 곁에서 천 명의 비구들과 함께 계신다.

그들은 다 아라한으로서 모든 번뇌의 흐름을 이미 다하여, 지을 바를 이미 지었으며, 온갖 무거운 짐을 떠나 스스로의 이익을 얻었으며, 모든 존재의 묶임을 끊어 없애고 바른 지혜로 마음이 잘 해탈한 분들이다.

나는 지금 가서 세존과 비구스님들을 각기 따로 찬탄하리라.'

이렇게 생각하고 나서 곧 붇다 계신 곳으로 나아가 그 발에 머리 대 절하고 한쪽에 물러나 앉아서 게송으로 말하였다.

세존과 번뇌 다한 상가대중을 용의 비유로 찬탄함

중생의 위없는 길잡이 스승께서
나가 산 곁에 머물고 계시는데
여래 따르는 천 명의 비구대중
여래를 받들어 섬기고 있네.

큰 스승이 널리 법 설하시니
맑고 시원한 니르바나 길이네.
맑고 시원한 법 오롯이 들으니
바르게 깨친 이의 설하심이네.

바르게 깨치신 세존 공경받으며
큰 무리 가운데 머물고 계시니
공덕의 그늘 속 큰 용이시며
모든 선인 가운데 맨 윗머리로서
공덕 가득한 구름을 일으키시어
성문대중에게 널리 비 내리네.

낮 사마디의 자리에서 일어나
큰 스승께 와 받들어 뵈오며
지금 세존의 제자 방기사는
머리 숙여 세존께 절하옵니다.

해와 달의 비유로 다시 세존을 찬탄함

"세존이시여, 드리고 싶은 말씀이 있습니다. 그렇습니다. 잘 가신 이여, 드리고 싶은 말씀이 있습니다."

붇다께서 방기사에게 말씀하셨다.

"말하고 싶은 대로 하고 사유를 먼저 하지 말라."

그러자 방기사가 곧 게송으로 말하였다.

파피야스가 작은 악을 일으켜도 가만히 눌러 빨리 사라지게 하고
모든 마라들을 억눌러 막으시사 그 허물 스스로 깨쳐 알게 하시네.

잘 살피어 얽매어 묶임 푸시고
맑고 깨끗한 법을 분별하여서
길 달리하는 여러 왕들을 위해
해와 달처럼 밝게 비추어 주시네.

뛰어나신 큰 지혜로 도를 증득해 으뜸가는 그 법을 연설하시고
온갖 번뇌의 흐름에서 벗어나 방편의 도 한량없이 말씀하시사
단이슬의 니르바나 세워주시며 진실 모아 진실한 법 열어주셨네.

나가 산에 함께 모인 상가대중들
이와 같은 스승의 도를 따르니
이와 같은 스승은 얻기 어렵네.

단이슬의 길 세간에 세워주시니
진리 보아 멀리 떠남 우러르네.

이처럼 크신 스승 세존께서는
해탈의 법 잘 열어 말씀하시사
다섯 쌓임의 덮음 없애주시고
여러 가지 법을 밝게 나타내시어
중생 길들여 따라 배우게 하네.

존자 방기사가 이 게송을 말하자, 여러 비구들은 그 말을 듣고 모두 크게 기뻐하였다.

• 잡아함 1219 나가산측경(那伽山側經)

• 해설 •

앞의 경이 마하목갈라야나 존자의 사마디의 사유를 따라 방기사 존자가 오백 대중의 자리에서 바로 일어나 세존과 상가를 찬탄하고 있다면, 이 경에서 방기사는 찬 숲 무덤 사이에서 좌선하다 나가 산을 찾아가 천 명 상가 대중 앞에서 여래를 찬탄한다.

먼저 방기사는 나가 산 용의 이름 그대로 공덕 구름 일으키는 큰 용을 들어 여래의 지혜의 작용을 비유하고, 큰 용의 말없이 잠잠히 있음으로 여래의 고요한 사마디를 비유한다.

또한 방기사는 큰 용이 구름을 일으키고 비를 내려 적셔줌으로, 여래께서 단이슬의 법을 뭇 대중에게 설해 법을 듣는 대중을 해탈의 땅에 이끄심에 비유하고 있다.

해와 달로 여래의 빛을 비유함은 여래의 지혜와 여래의 자비가 가림이 없고 치우침이 없이 평등함을 비유한 것이다.

다섯 쌓임은 실로 있음도 아니고 실로 없음도 아니다. 다섯 쌓임에 있다는 집착을 내면 그 쌓임은 중생의 지혜를 가리는 덮음이 되지만, 있음에서 있음을 떠나면 다섯 쌓임은 있되 공한 진실의 모습을 드러내 가림과 덮음이 사라진다.

여래는 오직 주어진 것의 참모습을 밝혀서 나고 죽음의 장애에 가린 중생을 모든 얽힘과 매임이 없는 해탈의 땅에 이끄니, 여래가 세간 온갖 중생의 참된 길잡이 스승[導師]이요 바른 길의 안내자이다.

니르바나의 고요함과 해탈의 큰 작용 함께 갖춘 여래가 바로 공덕의 그늘 속 큰 용이시고 온갖 선인의 우두머리니, 그 누가 여래와 짝할 수 있을 것인가.

『화엄경』(「입법계품」) 또한 용으로 여래의 가림 없는 법의 비를 다음과 같이 비유해 가르친다.

비유하면 용왕이 큰비 내리면
그 비가 몸을 좇아 나옴 아니고
마음을 좇아 나옴이 아니지만
널리 두루 그 빗물 흠뻑 적시어
불꽃 같은 뜨거움을 씻어 없애어
맑고 시원하게 해줌과 같네.

譬如龍王降大雨　不從身出及心出
而能霑洽悉周遍　滌除炎熱使淸涼

여래의 법의 비 또한 다시 그러해
붇다의 몸과 마음 따라 나옴 아니나
온갖 중생 모두 열어 깨우쳐주사
삼독의 불 널리 두루 없애주시네.

如來法雨亦復然 不從於佛身心出
而能開悟一切衆 普使滅除三毒火

「입법계품」은 다시 비춤 없이 비추는 여래의 지혜와 설함 없이 설하는 여래의 설법을, 해를 들어 이렇게 찬탄한다.

비유하면 깨끗한 해 천 줄기 빛 놓지만
본 곳을 움직이지 않고 시방 비추듯
붇다의 해 밝은 빛 또한 이 같아
감이 없고 옴이 없이 세간 어두움 없애네.

譬如淨日放千光 不動本處照十方
佛日光明亦如是 無去無來除世暗

여래의 청정하신 묘한 법신은
삼계의 그 누군들 짝할 이 없으니
세간을 벗어난 여래의 언어의 길은
그 성품이 있음과 없음 아니기 때문이네.

如來淸淨妙法身 一切三界無倫匹
以出世間言語道 其性非有非無故

여래는 중생 따라 온갖 약 베풀어
중생의 병 낫게 해주시네

이와 같이 내가 들었다.

한때 붇다께서는 바라나시 국 선인이 머물던 곳인 사슴동산에 계셨다.

그때 세존께서 비구대중들을 위해 네 가지 거룩한 진리에 서로 응하는[四諦] 법을 말씀하셨으니, 그 법은 곧 다음과 같다.

'이것은 괴로움의 거룩한 진리[苦聖諦]이고, 이것은 괴로움 모아냄의 거룩한 진리[苦集聖諦]이다. 이것은 괴로움 사라짐의 거룩한 진리[苦滅聖諦]이고, 이것은 괴로움 없애는 길의 거룩한 진리[苦滅道聖諦]이다.'

그때 존자 방기사가 대중 속에 있다가 이렇게 생각하였다.

'나는 지금 세존 보시는 앞에서 화살을 뽑는 비유를 들어 찬탄하리라.'

이렇게 생각한 뒤에 그는 곧 자리에서 일어나 옷매무새를 바르게 하고 합장하고서 붇다께 말씀드렸다.

"오직 그럴 뿐입니다. 세존이시여, 드리고 싶은 말씀이 있습니다.

그럴 뿐입니다. 잘 가신 이여, 아뢰고 싶은 말씀이 있습니다."

붇다께서 방기사에게 말씀하셨다.

"말하고 싶은 대로 말하라."

세존을 크신 의왕(醫王)으로 찬탄함

그러자 존자 방기사가 곧 게송으로 말하였다.

저는 지금 붇다께 경례하오니
중생의 큰 의왕이신 세존께선
모든 중생들 슬피 여겨주시사
맨 먼저 날카로운 화살을 뽑고
뭇 병들을 잘 알아 다스리시네.

이름난 의사 가로가 약을 쓰고
파후라가 약으로 병을 다스리며
저 첨바기와 약사 지바카가
환자의 병을 치료해 낫게 해주어도
어쩌다 병이 조금 나아져서
병을 잘 낫는 의사라 이름하나
뒷날에 병이 다시 도져 일어나
병을 앓다가 마침내 죽고 마네.

그러나 바로 깨친 크신 의왕은
중생에게 맞는 약을 잘 써주시어
끝내 뭇 괴로움을 없애주시니
다시는 모든 존재 받지 않도다.

나아가 백천 나유타 수처럼

한량없이 많은 저 온갖 병들을
붇다는 남김없이 다 나아주시어
괴로움의 끝을 다하게 하시네.

여기 와서 모인 여러 의사들이여,
나는 이제 그대들께 다 말하리니
단이슬 같은 법의 약을 얻어서
좋아하는 바를 따라 복용하소서.

맨 먼저 날카로운 화살을 뽑고
뭇 병들을 잘 깨달아 아는 것이
병 나아줌 가운데 가장 높나니
그러므로 고타마께 절을 올리네.

존자 방기사가 이 말을 하자, 모든 비구들은 그 말을 듣고 모두들 매우 기뻐하였다.

• 잡아함 1220 발전경(拔箭經)

• 해설 •

세간에는 여러 좋은 의사와 약사가 있다. 의사는 환자의 병을 진단해 병 따라 약을 처방하고 갖가지 약을 써서 환자의 병을 낫게 해준다.

그러나 천하의 아무리 용한 의사라 해도 병의 뿌리를 뽑아 완전히 낫게 하지는 못한다. 그 병은 다시 도지기도 하고 의사 스스로도 병을 앓기도 한다. 누구나 몸이 있으면 병 앓는 것을 피할 수 없고 죽음을 피할 수 없다.

그러나 파리니르바나로 중생을 이끄시는 여래는 모든 존재가 공한 줄 알아 스스로 모든 존재의 묶음을 다하시어[盡諸有結] 중생을 그 묶음에서 해탈케 하시므로 다시는 그 나고 죽음의 병이 도지지 않게 하는 세간의 큰 의사이다.

여래가 중생에게 '괴로움의 진리'[苦諦]를 설해, 타는 번뇌의 불을 바로 알려주어 삼보의 안온한 진리의 문에 이끌어 들이는 것은 마치 죽임의 날카로운 화살을 뽑아주는 것과 같다.

'괴로움 모아냄의 진리'[集諦]를 잘 설해 그 원인을 없애게 하시는 것은 큰 의사가 온갖 병의 원인을 잘 진단해주는 것과 같다.

'괴로움 없애는 길의 진리'[道諦]를 말씀하시는 것은 병에 맞는 갖가지 처방으로 약을 잘 써서 병을 낫게 해주는 것과 같다.

'괴로움 사라짐의 진리'[滅諦]를 말씀하시는 것은 약을 써서 그 병이 다 사라져서 온전히 치유됨과 같다.

병이 나으면 약도 다시 쓸 것이 없으니, 병과 약이 서로 다스려[藥病相治] 병과 약이 함께 다한 곳[藥病俱盡處]은 어디인가. 그곳이 중생이 본래 붇다인 파리니르바나의 처소인가.

파리니르바나의 처소는 중생의 번뇌의 병이 본래 니르바나되어 있는 곳이고 중생의 나고 사라짐에 나고 사라짐이 없는 곳이니, 붇다는 스스로 온갖 번뇌와 죽음의 병을 뛰어넘어 중생을 파리니르바나의 처소에 이끄는 분이다.

원래 병이 없는 곳 파리니르바나의 진실을 알려주고 파리니르바나의 처소로 이끌어주시므로, 붇다가 바로 다시는 나고 죽음의 병에 떨어지지 않게 하는 크신 의왕[大醫王]이신 것이다. 그 법약[法藥]을 먹는 중생 누구나 방기사를 따라 크신 의왕 고타마께 공경히 절하고, 가장 높은 의왕[無上醫王]을 찬탄해야 하리라.

저는 이제 세존을 뵈었으니 나고 죽음의 저 언덕에 건너가리

이와 같이 내가 들었다.

한때 붇다께서는 라자그리하 성 칼란다카 대나무동산에 계셨다.

그때 존자 니그로다삼즈냐(Nigrodhasaṃjñā)가 넓은 들판에 짐승들이 득실거리는 곳에 있었는데, 병이 위독하여 존자 방기사가 간병인이 되어 돌보아주고 공양하였다.

그러나 존자 니그로다삼즈냐는 병 때문에 마침내 파리니르바나에 들었다.

그때 존자 방기사는 이렇게 생각하였다.

'우리 화상(和上)께서는 남음 있는 니르바나[有餘涅槃]에 들었을까. 또는 남음 없는 니르바나[無餘涅槃]에 들었을까? 나는 이제 그 모습을 찾아보겠다.'

그때 존자 방기사는 존자 니그로다삼즈냐의 사리를 공양한 뒤에 가사와 발우를 가지고 라자그리하 성을 향해 갔다.

라자그리하 성에 이르러서 가사와 발우를 거두어 들고 발을 씻은 뒤에, 붇다 계신 곳으로 나아가 붇다의 발에 머리 대 절하고 나서 한쪽에 물러나 앉아서 게송으로 말하였다.

존자 니그로다삼즈냐의 파리니르바나에 대해 묻고 세존의 공덕을 찬탄함

저는 지금 큰 스승께 절하옵나니
바르게 깨치는 이는 사라짐 없이
바로 이 현재의 법 가운데서
온갖 의심의 그물을 끊으셨도다.

넓은 들판 머물러 살던 저 비구가
목숨 마치고 온전한 니르바나 들어
바른 몸가짐으로 아는 뿌리 거두니
큰 덕은 온 세간에 다 들리었네.
세존께서 그를 위해 이름 지으사
니그로다삼즈냐라고 이름하였네.

저는 이제 세존께 여쭈옵니다.
그는 움직임 없는 해탈 속에서
정진하여 방편에 힘을 썼나니
그 공덕 저를 위해 말씀해주소서.

저는 사카의 같은 종족이고
세존의 거룩한 법의 제자로서
두렷한 진리의 눈이신 세존께서
저를 위해 말씀해주시는 바른 법

다른 이들과 같이 듣고자 하여
저희들은 여기에 머물러 있으며
그 온갖 것 다 듣기를 바랍니다.

세존은 이 세간의 큰 스승으로
위없이 이 세간을 건져주시고
의심 끊으신 크신 무니께서는
그 지혜를 이미 두루 갖추시사
두루 비추는 신묘한 도의 눈의
밝은 빛이 사부대중 비춰주시니
마치 저 높은 인드라하늘왕이
서른세하늘 밝게 비추는 것 같네.

중생의 온갖 탐욕과 의혹들은
모두다 무명을 따라 일어나나니
그가 만약 여래를 만나 뵈옵게 되면
끊어 없어 나머지 없게 되리라.

세존의 신묘하신 진리의 눈은
이 세간에서 가장 높아 으뜸이라
중생들의 근심 걱정 없애버림이
바람이 먼지 날려 보냄 같아라.

온갖 모든 세간의 중생 무리는

번뇌에 덮여 깊이 빠져 있도다.
설사 다른 성인이 계신다 해도
붇다처럼 눈 밝은 이 있지 않나니
지혜의 빛 온갖 중생 두루 비추어
무니의 큰 정진과 같게 하시네.

바라오니 크신 지혜 세존이시여
대중 위해 말씀하여 주시옵소서.
미묘하온 소리내어 말씀하시면
저희들은 마음 다해 들으오리라.

부드러운 음성으로 연설하시면
온 세간에 그 음성 두루 들리니
마치 목말라 고통받던 사람이
맑고 시원한 물 구해 찾음 같으리.
붇다의 줄어듦 없는 지혜와 같은
그런 지혜 저희들도 구하옵니다.

세존을 찬탄하고 다시 스스로의 해탈을 노래함

존자 방기사가 다시 게송으로 말하였다.

지금 위없이 높은 스승에게서
그 공덕 말씀하여주심 들으니
헛되지 않게 범행을 닦음이라

저는 듣고 나서 크게 기뻐합니다.

말씀하신 대로 따라 말하며
무니를 따르는 제자가 되어
나고 죽음의 긴 밧줄 없애고
거짓과 허깨비의 묶음 없앴네.

이처럼 세존을 뵈었기 때문에
모든 애욕을 끊어 없애버리고
나고 죽음의 저 언덕으로 건너가
모든 있음 다시는 받지 않으리.

붇다께서 경을 말씀하시자, 존자 방기사는 붇다의 말씀을 듣고 기뻐하며 절하고 떠나갔다.

• 잡아함 1221 니구율상경(尼拘律想經)

• 해설 •

이 경은 장로인 니그로다삼즈냐를 간병하던 방기사가 니르바나에 든 니그로다삼즈냐의 죽음에 대해 세존께 묻고, 세존의 말씀을 듣고서는 니르바나의 법이 큰 안락의 법임을 더욱 확신하고 세존을 찬탄하는 내용을 담고 있다.

그러나 경에 방기사의 물음에 직접적으로 답한 세존의 가르침은 실려 있지 않고, 방기사가 세존의 대답을 듣고 크게 기뻐하는 내용만 실려 있으니, 방기사의 기쁨과 방기사의 해탈 속에 세존의 답이 들어 있다.

아무리 여래의 가르침을 많이 들은 거룩한 제자[多聞聖弟子]라 한들 그가 아직 깊이 지혜의 해탈을 얻지 못했다면, 지금 병을 앓다 죽은 화상의 죽은 뒤가 걱정되고 죽은 뒤의 일이 두렵지 않겠는가.

여래의 연기의 가르침에서 보면 지금 살아 있음을 살펴 살아 있음에서 크게 한 번 죽으면[大死一飜] 죽음에서 죽음을 보지 않는다. 또한 지금 있음을 바르게 깨달아 지금 있음에서 있음을 떠나면 없음에서 없음에 빠지지 않는다.

그러므로 보디의 눈으로 거짓과 허깨비의 묶음 없애면 나고 죽음의 저 언덕 건너서 다시 존재의 굴레에 묶이지 않으니, 연기의 가르침을 듣고 니르바나의 크나큰 안락의 땅에 나고 죽음 끊어진 기나긴 미래의 삶을 언약받으면 그 어찌 기쁘지 않겠는가.

방기사 존자의 기쁘고 기뻐함을 우리 또한 다시 기뻐하지 않을 수 없다.

화엄회상(「입법계품」) 선지식 또한 구도자 선재에게 다음과 같이 가르친다.

보디사트바의 행은 바다와 같고
붇다의 지혜는 허공과 같으며
그대의 원 또한 다시 그러하니
반드시 크게 기뻐함 내도록 하라.

菩薩行如海　佛智同虛空
汝願亦復然　應生大欣慶

세존의 가르침 따라 미혹의 꿈 쉬고 세 가지 밝음 얻었네

이와 같이 내가 들었다.

한때 붇다께서는 슈라바스티 국 제타 숲 '외로운 이 돕는 장자의 동산'에 계셨다.

때에 존자 방기사는 슈라바스티 국 동쪽 동산 므리가라마트리 강당에 있었다. 그는 홀로 고요히 사유하면서[獨一思惟] 방일하지 않고 머물러, 스스로의 바른 업을 오롯이 닦아 세 가지 밝음[三明]을 얻어 몸으로 증득하였다.

때에 존자 방기사는 이렇게 생각하였다.

'나는 홀로 고요한 곳에서 사유하여 방일하지 않고 머물러, 스스로의 바른 업을 오롯이 닦아 세 가지 밝음을 얻어 몸으로 증득하였다. 나는 지금 게송을 읊어 세 가지 밝음을 찬탄하리라.'

그는 곧 게송으로 말하였다.

고요한 곳에 홀로 사유하여 증득한 세 가지 밝음을 찬탄함

본래 욕심으로 미치고 미혹하여
마을과 집집마다 돌아다니다
붇다를 만나 뵙게 되었더니
나에게 빼어난 법을 주시었네.

고타마께서는 가엾게 여기시사
나를 위해 바른 법 말씀해주니
그 법을 듣고 깨끗한 믿음 얻어
다 버리고 집 아닌 데로 집 나왔네.

그의 연설하시는 법을 듣고는
그 법의 가르침에 바로 머물러
방편에 부지런히 해 생각을 묶어
굳세게 늘 바른 생각 견디어 나가
세 가지 밝음을 깨달아 얻고서
붇다의 가르침 이미 이루었네.

세존께서 잘 나타내 보여주시는
해 종자 후손의 거룩한 말씀
날 때부터 눈 어둔 중생을 위해
벗어남의 문을 활짝 열어주셨네.

쓰라린 괴로움과 괴로움의 원인
괴로움의 사라짐을 증득케 하는
괴로움 떠나는 여덟 거룩한 길
그 길 열어 모든 중생 안락하게
니르바나로 나아가게 하시네.

좋은 뜻과 좋은 구절의 맛 갖춘

범행은 그보다 더 위가 없나니
세존은 그 법 잘 나타내 보이시사
니르바나로 중생을 건져주시네.

붇다께서 이 경을 말씀하시자 여러 비구들은 그 말씀을 듣고 기뻐하며 받들어 행하였다.

• 잡아함 1217 본욕광혹경(本欲狂惑經)

• 해설 •

이 경은 해탈의 길을 알지 못해 미친 기운에 취해 헤매다 세존을 만나 니르바나의 길을 배워, 스스로 세 가지 밝음[三明] 얻은 방기사 존자가 스스로의 삶의 과정을 술회하고 있는 경이다.

탐욕과 미혹의 꿈에 취해 마을과 마을 집집마다 돌아다니는 방기사의 모습이 어찌 방기사만의 모습이리.

기나긴 밤 미혹의 꿈에 빠져 빛깔을 보면 빛깔을 향해 내달리고, 소리를 들으면 소리를 좇아 헤매며, 냄새를 맡으면 냄새에 취하고, 맛을 보면 그 맛있는 것에 맛들이고, 부드러움을 감촉하면 그 닿음을 구해 밤길 헤매며, 관념의 집을 지으면 아는바 법[所知法]의 감옥을 벗어나지 못하는 우리 중생의 탐욕과 미혹의 삶이 바로 방기사의 모습이다.

세존을 만나 보는 바에 실로 볼 것이 없고 아는 바에 실로 알 것이 없음을 깨달아, 보지 못할 것이 없고 알지 못할 것이 없는 여래의 밝음[三明]을 깨달았으니, 어찌 저 방기사만이 그럴 수 있겠는가.

중생 그 누구라도 이와 같이 여래의 가르침을 만나 가르침을 듣고[聞] 이와 같이 믿고 이와 같이 사유하며[思] 이와 같이 행하면[修] 우리 또한 여래의 해탈의 길을 깨달아[證] 해탈의 기쁨 누리리라.

세존이시여, 용의 노래로 세존을 찬송케 해주십시오

나는 들었다, 이와 같이.

한때 붇다께서는 슈라바스티 국에 노니시면서 동쪽 동산[東園]의 므리가라마트리 강당에 계셨다.

그때에 세존께서는 해질녘 좌선에서 일어나 집 위에서 내려오시어 말씀하셨다.

"우다이여, 너와 함께 동쪽 강에 가서 목욕하리라."

존자 우다이가 말씀드렸다.

"네, 그렇게 하겠습니다."

그러자 세존께서는 존자 우다이를 데리고 동쪽 강에 가시어, 언덕 위에서 옷을 벗고 곧 물에 들어가 목욕하셨다.

목욕하신 뒤 도로 나와 몸을 닦고 옷을 입으셨다.

그때에 프라세나짓 왕에게는 스므리티(Smṛti, 念)라고 하는 큰 코끼리[龍象]가 있었는데, 온갖 악기를 연주하며 동쪽 강을 건너고 있었다.

사람들은 그것을 보고 이렇게 말하였다.

"이것은 용 가운데 용으로서 큰 용의 왕이다. 이는 누구인가."

존자 우다이는 두 손을 맞잡고 붇다를 향하여 말씀드렸다.

"세존이시여, 코끼리가 큰 몸을 받았으므로 사람들이 보고 '이것은 용 가운데 용으로서 큰 용의 왕이다. 이는 누구인가'라고 말합니다."

세존께서는 말씀하셨다.

"그렇다, 우다이여. 그렇다, 우다이여. 코끼리가 큰 몸을 받았으므로 사람들은 그것을 보고 이렇게 말한다.

'이것은 용 가운데 용으로서 큰 용의 왕이다. 이는 누구인가.'

말 · 낙타 · 소 · 나귀 · 뱀 · 사람 · 나무도 큰 몸을 가지면, 우다이여 사람들은 그것을 보고서는 '이것은 용 가운데 용으로서 큰 용의 왕이다. 이는 누구인가'라고 이렇게 말한다.

우다이여, 만약 세간에서 하늘과 마라, 브라흐만 · 사문 · 브라마나, 사람에서 하늘에 이르기까지 몸과 입과 뜻으로써 해치지 아니하면, 그 때문에 나는 그를 용이라고 말한다.

우다이여, 여래는 세간에서 하늘이나 마라, 브라흐만 · 사문 · 브라마나, 사람에서 하늘에 이르기까지 몸과 입과 뜻으로써 해치지 아니하였다. 그러므로 나를 용이라고 이름한다."

이 말씀에 존자 우다이는 두 손을 맞잡고 붇다를 향하여 말씀드렸다.

"세존이시여, 세존께서 저에게 위신의 힘 주시길 바랍니다. 잘 가신 이여, 저에게 위신의 힘을 주십시오. 그리하여 저로 하여금 붇다 앞에서 '용과 서로 맞는 노래'[龍相應頌]로써 세존을 찬송하게 하십시오."

세존께서 말씀하셨다.

"그대 하고 싶은 것을 따라하라."

우다이 존자가 세존을 용의 노래로써 찬송함

이에 존자 우다이는 붇다 앞에서 '용과 서로 맞는 노래'로 세존을 찬탄하였다.

바르게 깨친 이 사람 세상 나시어
스스로를 잘 다뤄 바른 선정 얻어
범행을 잘 닦고 잘 익히어서
마음 쉬어 스스로 즐거우시네.

사람들의 공경과 존중을 받아
온갖 법을 모두다 뛰어넘었고
또한 하늘의 공경을 받으시니
집착이 없어 지극히 참된 사람

온갖 맺음을 벗어나 건너시고
숲에서 숲을 떠나 멀리 가시사
탐욕 버려 탐욕 없음 즐기시는 것
돌에서 참된 금이 나오는 것 같네.

널리 듣고 바로 다해 깨달으시니
마치 해가 허공에 솟아오른 듯
온갖 용 가운데서 높으신 모습
뭇 산 가운데 멧부리 있는 것 같네.

크나큰 용이라 일컬어 말하지만
남을 다치거나 해치지 않으시니
온갖 용 가운데 가장 높은 용으로
진실되어 위없는 참 용이시네.

따뜻하고 윤기 어려 해침 없으니
이 두 가지는 바로 용의 발이요
고행과 범행을 행하시는 것
이것을 용이 행하는 일이라 하네.

큰 용은 믿음을 손으로 삼고
두 가지 공덕을 어금니 삼으며
바른 생각의 목과 지혜의 머리로
법을 깊이 사유하고 분별하도다.

모든 법을 받아 지님은 배가 되고
멀리 떠남 즐기는 것은 두 팔이네.
드나드는 숨을 잘 살펴 머무니
안의 마음 지극히 좋은 선정이네.

용은 다니거나 그침 다 선정이 되고
앉고 누움 또한 선정이 되어
용은 온갖 때가 다 고요하나니
이것을 용의 늘 그런 법이라 하네.

더러움이 없는 집에서 먹이를 받고
더러움이 있으면 곧 받지 않으며
깨끗하지 못해 나쁜 먹이 얻으면
사자처럼 그 먹이 바로 버리네.

만약 얻는바 좋은 공양 있으면
사랑과 슬피 여김으로 공양 받으니
용은 남의 믿음 어린 보시 받지만
목숨만을 보존할 뿐 집착 없도다.

크고 작은 맺음을 끊어 없애고
온갖 묶임에서 풀려 벗어나
노닐어 다니는 곳 그 어디서도
마음에 얽매임과 집착이 없네.

마치 흰 연꽃이 물에서 나고 자라도
진흙물이 연꽃의 묘한 향기와
사랑스런 빛깔에 묻지 못함 같네.

이와 같이 가장 높이 깨치신 이
세상에 나서 세상에 다니셔도
탐욕에 전혀 물들지 않는 것
연꽃이 물에 묻지 않음과 같네.

마치 불을 태워 활활 탄다고 해도
섶을 다하지 않으면 곧 꺼지고
섶 없으면 불이 잇지 못하게 되어
이 불은 이 때문에 꺼짐 같아라.

지혜로운 사람은 이 비유 말해
그 뜻을 알게 하시려 하니
이것이 크나큰 용의 아는 바요
용 가운데 용이 말씀한 것이로다.

음욕과 성냄을 멀리 떠나고
어리석음 끊어 샘 없는 지혜를 얻고
용은 그 몸을 버리어 떠나나니
이것을 이 용의 니르바나라 하네.

붇다께서 이렇게 말씀하시니, 존자 우다이는 붇다의 말씀을 듣고 기뻐하며 받들어 행하였다.

• 중아함 118 용상경(龍象經)

• 해설 •

세간의 짐승 가운데 코끼리가 가장 크고 힘이 세지만, 코끼리 가운데 큰 코끼리를 용 같은 코끼리[龍象]라 한다.

세간의 큰 용은 다른 짐승보다 큰 힘으로 뭇 짐승을 누르고 뭇 짐승을 해치지만, 여래는 하늘과 마라, 사람과 하늘 그 어떤 중생도 해치지 않고 모두 거두어 편안케 하니, 큰 자비의 힘을 갖춘 세존이 용 가운데 용이시다.

세존은 삿됨과 악함 그릇됨과 거짓됨을 깨뜨리되, 그 거짓의 흐름에 두려움 없으니 사람 가운데 사자이고, 큰 위력과 신통을 갖추셨되 세간 중생을 잘 거두시니 용 가운데 큰 용[龍中大龍]이시다.

크신 용은 지혜로 온갖 삿됨 깨뜨리되 온갖 중생 거두시고 물듦 속에도 늘 깨끗하며, 가장 큰 힘을 갖추었되 세간 중생 해치지 않으며, 늘 고요하되 늘 밝으며, 잘 중생 섬김으로 중생의 공경받고 세간의 복밭이 된다.

그 용의 위력 있는 모습을 뵙고 그 용의 걸음을 따라 걷고 그 용의 먹음을 따라서 먹으며 용의 몸가짐을 따라 행하면, 그 또한 용의 걸음걸이로 걷고 용의 눈빛으로 보는 용의 아들이 되고 '사람 가운데 사자'의 아들이 되어 사자의 외침을 두려움 없이 외치리라.

화엄회상(「여래출현품」如來出現品)에서도 여래의 길을 따르는 보디사트바가 용 가운데 용이신 붇다를, 다음과 같이 비유해 찬탄한다.

크게 장엄하는 용이 바다 가운데
열 가지로 장엄하는 비를 퍼부우면
백이나 천 백천 가지가 되지만
물은 비록 한맛이나 꾸밈 다르네.

大莊嚴龍於海中　霔於十種莊嚴雨
或百或千百千種　水雖一味莊嚴別

마쳐 다한 여래 변재 또한 이 같아
열이나 스물 여러 법문 설해주시사
백이나 천 한량없음에 이르지만
법이 다르다는 생각 내지 않도다.

究竟辯才亦如是　說十二十諸法門
或百或千至無量　不生心念有殊別

2 여러 하늘신들의 여래 찬탄과 귀의

• 이끄는 글 •

불교 이전의 온갖 종교와 붇다의 가르침 밖의 바깥길[異學]에서 하늘[天, deva]은 숭배의 대상이거나 두려운 권능을 가진 존재이다. 오직 붇다를 '하늘과 사람의 스승'[天人師], '하늘 가운데 하늘'[天中天]이라고 말하는 불교에서만 하늘신은 아직 번뇌가 다하지 못한 존재, 여래에 의해 건네줌[度]을 받아야 할 존재로 표현된다.

하늘은 땅의 일과 세상사를 포괄하고 관장하는 원리[天理]로서 숭배되기도 하고, 어떤 신비의 힘을 가진 실체[天神]로 숭배되기도 한다.

붇다의 가르침으로 보면 원리로서의 하늘이든 신격의 하늘이든 업(業)으로 이루어지지 않은 것이 없고 연기하지 않은 것이 없다. 하늘도 업으로 이루어진 것이고 연기된 것이므로, 아직 번뇌 다한 지혜의 해탈을 이루지 못해도 복업을 짓거나 세간의 선정[世間禪]을 통해서 하늘에 날 수 있다.

하늘신이 업력으로 이루어졌으므로 하늘신 가운데는 현성의 도를 찬탄하고 우러르는 착한 신들도 있고 현성의 도를 어지럽히는 마라의 하늘도 있다.

하늘신이 보시의 공덕을 짓고 현성에게 공양을 지으며 착한 업으로 하늘에 난 이들이라면, 비록 하늘의 위력이 있지만 보디의 도를 찬탄하면 그들 또한 보디의 도에 나아갈 선근의 인연을 저버리지 않는다.

하늘신이 붇다의 위없는 지혜를 찬탄하고 '하늘과 사람의 스승'인 세존의 가르침을 따라 믿음의 마음을 일으키고 보디의 도를 따라 행하면, 하늘신은 하늘신의 몸을 버리지 않고 하늘의 몸을 넘어 해탈의 몸, 법계진리의 몸을 이룰 것이다.

해탈의 몸을 이룬 보디사트바를 하늘왕에 견주어 『화엄경』(「이세간품」離世間品)은 이렇게 노래한다.

보디사트바 큰 브라흐마왕은
자재하게 삼계를 벗어나
업과 미혹 모두 끊고서
자비와 버림 갖추지 않음 없네.

菩薩大梵王　自在超三有
業惑悉皆斷　慈捨靡不具

곳곳에서 몸을 나타내보여
법의 음성으로 깨우침 열어
중생의 삼계 가운데서
삿된 견해의 뿌리 빼내네.

處處示現身　開悟以法音
於彼三界中　拔諸邪見根

하늘여인도 여래께 절하나니

이와 같이 내가 들었다

한때 붇다께서는 바이살리 국 원숭이 못가에 있는 이층강당에 계셨다.

그때 얼굴 모습이 아주 미묘한 코카나다(Kokanada) 하늘여인과 쿨라코카나다(Culakokanada) 하늘여인이 새벽에 붇다 계신 곳을 찾아와, 붇다의 발에 머리를 대 절하고 한쪽에 물러나 앉아 있었다.

그러자 그 몸의 밝은 빛이 원숭이 못가를 두루 비추었다.

두 하늘여인이 세존을 찬탄하자 두 하늘신의 뜻을 인정해주심

그때 쿨라코카나다 하늘여인이 게송으로 붇다께 말씀드렸다.

큰 스승 바르게 깨치신 분께서
바이살리 국에 머무시기에
코카나다와 쿨라코카나다는
머리 숙여 공손히 절하옵니다.

저희들은 옛날 일찍이 한 번이라도
무니의 바른 법과 율을 못 들었더니
오늘에야 몸소 눈앞에서 곧바로

바른 법 설하심을 듣게 되었네.

만약 세존의 거룩한 법과 율에
나쁜 지혜로 싫어하는 마음을 내면
그는 틀림없이 나쁜 길에 떨어져
기나긴 밤에 온갖 고통받게 되리라.

만약 세존의 거룩한 법과 율에
바른 생각으로 법다운 계 갖추면
그는 반드시 하늘위에 태어나
기나긴 밤에 안락함을 받게 되리라.

코카나다 하늘여인도 또 게송으로 말하였다.

그 마음으로 악한 짓을 하지 말며
몸과 입으로도 악한 짓 하지 말라.
세간의 오욕은 다 거짓되나니
바른 지혜로 바르게 생각을 묶고
바른 뜻과 어울려 합하지 않는
온갖 괴로움 익히거나 가까이 말라.

붇다께서 하늘여인들에게 말씀하셨다.
"그렇다, 그렇다. 너희들이 이렇게 말한 것과 같다."

그 마음으로 악한 짓을 하지 말며
몸과 입으로도 악한 짓 하지 말라.
세간의 오욕은 다 거짓되나니
바른 지혜로 바르게 생각을 묶고
바른 뜻과 어울려 합하지 않는
온갖 괴로움을 익히거나 가까이 말라.

그때 저 하늘여인들은 붇다의 말씀을 듣고 기뻐하고 따라 기뻐하면서, 곧 사라지더니 나타나지 않았다.

두 하늘여인의 찬탄과 설법해주신 일을 비구상가에 널리 알리심

그때 세존께서는 밤이 지나고 이른 아침이 되자 상가대중 가운데로 가시어, 자리를 펴고 앉아 여러 비구들에게 말씀하셨다.

"어제 새벽에 얼굴 모습이 아주 묘한 두 하늘여인이 나를 찾아와서 나에게 절하고는 한쪽에 물러나 앉았다.

쿨라코카나다 하늘여인이 이렇게 게송으로 말하였다.

큰 스승 바르게 깨치신 분께서
바이살리 국에 머무시기에
코카나다와 쿨라코카나다는
머리 숙여 공손히 절하옵니다.

저희들은 옛날 일찍이 한 번이라도
무니의 바른 법과 율을 못 들었더니

오늘에야 몸소 눈앞에서 곧바로
바른 법 설하심을 듣게 되었네.

만약 세존의 거룩한 법과 율에
나쁜 지혜로 싫어하는 마음을 내면
그는 틀림없이 나쁜 길에 떨어져
기나긴 밤에 온갖 고통받게 되리라.

만약 세존의 거룩한 법과 율에
바른 생각으로 법다운 계 갖추면
그는 반드시 하늘위에 태어나
기나긴 밤에 안락함을 받게 되리라.

코카나다 하늘여인도 또 게송으로 말하였다.

그 마음으로 악한 짓을 하지 말며
몸과 입으로도 악한 짓 하지 말라.
세간의 오욕은 다 거짓되나니
바른 지혜로 바르게 생각을 묶고
바른 뜻과 어울려 합하지 않는
온갖 괴로움 익히거나 가까이 말라.

그때 내가 답했다
"그렇다, 그렇다. 너희들이 이렇게 말한 것과 같다."

그 마음으로 악한 짓을 하지 말며
몸과 입으로도 악한 짓 하지 말라.
세간의 오욕은 다 거짓되나니
바른 지혜로 바르게 생각을 묶고
바른 뜻과 어울려 합하지 않는
온갖 괴로움을 익히거나 가까이 말라.

붇다가 이 경을 말씀하시자, 여러 비구들은 붇다의 말씀을 듣고 기뻐하며 받들어 행하였다.

• 잡아함 1274 주로타경(朱盧陀經)

• 해설 •

앞의 두 하늘여인은 사람의 몸일 때 여래의 법 듣지 못하다 하늘의 몸과 하늘의 신통으로 여래의 설법을 듣고 여래를 찬탄하고 있다.

두 하늘여인은 하늘의 신통을 써서 여래의 아라한의 길을 잘 따라 배우고, 번뇌 다한 해탈의 길에 나아가니 아라한에 가기 멀지 않다고 할 것이다.

두 하늘여인의 찬탄을 듣고 세존께서 그 뜻을 인정하시고 상가대중에게 알리시니, 하늘사람도 여래의 법을 따라 바른 지혜로 바르게 생각을 묶어 그 생각이 생각 아닌 지혜의 생각이 되면 하늘의 길에서 해탈의 도에 나아가게 됨을 보이신 것이다.

하늘의 몸이 비록 신통을 갖추고 온갖 복으로 장엄된 몸이지만 그 몸도 업보의 몸이라 윤회의 길을 벗어나지 못한다. 그러므로 여래의 보디의 도를 따라 행해 모습에서 모습을 떠나면, 사람은 사람의 몸으로 해탈하고 하늘은 하늘의 몸으로 해탈할 것이다.

하늘신이 여래의 가르침을 듣고 해탈의 몸[解脫身]을 이루면, 그 하늘신은 하늘이되 하늘 아닌 하늘의 몸으로 하늘대중 가운데 우뚝 빼어난 장부

[mahāsattva]로 하늘대중을 교화하며 살아갈 것이다.

여래의 법은 평등하되 하늘신에게는 하늘의 말로 법을 설하고 축생에게는 축생의 말로 법을 설해 웅해 씀이 다함없는 여래의 경계를, 『화엄경』(「입법계품」)은 이렇게 말한다.

모든 붇다는 늘 법계의
평등한 바탕에 편히 머무사
중생 따라 차별법 연설하시니
그 말씨는 다함이 없네.

諸佛常安住　法界平等際
演說差別法　言辭無有盡

낱낱 가는 티끌 가운데
모든 붇다 법의 바퀴 굴리시니
모두다 다함없는 음성으로
단이슬법 널리 비내리네.

一一微塵中　諸佛轉法輪
悉以無盡音　普雨甘露法

쇠창에 발을 찔리고도 안온하게 참으시는 여래를 하늘신들이 기리나니

이와 같이 내가 들었다.

한때 붇다께서는 라자그리하 성 킴빌라(Kimbilā) 산의 킴빌라 귀신이 살고 있는 돌집에 머무시고 계셨다. 그때 세존께서는 쇠창에 발을 찔린 지 얼마 되지 않아서 몸에 큰 고통이 일어났지만, 평정한 마음을 얻을 수 있어서 바른 지혜와 바른 생각으로 잘 견뎌 스스로 편안하시어 조금도 물러서거나 움츠려 드는 생각이 없으셨다.

그 산의 신[山神]인 하늘사람[天子] 여덟 명은 이렇게 생각하였다.

'지금 세존께서는 라자그리하 성 킴빌라 산의 킴빌라 귀신이 살고 있는 돌집에 머물고 계신다. 쇠창에 발을 찔려 몸에 큰 고통이 일어나는데도 평정한 마음을 얻어서 바른 지혜와 바른 생각으로 조금도 물러서거나 움츠러들지 않으신다. 그곳에 가서 세존 앞에서 찬탄하리라.'

이렇게 생각하고는 붇다 계신 곳을 찾아가 붇다의 발에 머리를 대 절하고 한쪽에 물러나 앉았다.

여덟 하늘신이 차례로 세존을 찬탄함

첫 번째 하늘신이 게송으로 찬탄하였다.

거룩하신 사문 고타마는

사람 가운데 사자이시네.
몸이 고통을 겪고 있건만
잘 견디어 편안해 하시고
바른 지혜와 바른 생각으로
물러서거나 움츠려듦 없네.

두 번째 하늘신 또한 찬탄하였다.

큰 성자께서는 큰 용이시오.
큰 성자께서는 소의 왕이시네.
큰 성자께서는 용기와 힘 있고
큰 성자께서는 좋은 말이시네.
큰 성자께서는 윗머리되시며
큰 성자께서는 가장 빼어나시네.

세 번째 하늘신 또한 찬탄하였다.

이 크신 사문 고타마는
푼다리카 꽃과 같은 장부시네.
몸에 온갖 고통 생겼는데도
평등한 마음을 잘 행하시어
바른 지혜와 바른 생각으로
잘 견디어 스스로 편안하시어
물러섬과 움츠려듦 없으시네.

네 번째 하늘신 또한 찬탄하였다.

"만약 누구라도 사문 고타마에 대해 '푼다리카 꽃과 같은 장부시네'라고 한 말을 어기고 나무란다면, 알아야 한다.

그는 기나긴 밤 동안 요익됨이 없는 고통을 받을 것이다. 다만 진실을 모르는 자는 내놓는다."

다섯 번째 하늘신이 다시 게송으로 말하였다.

저분의 사마디를 살펴보니
바른 선정에 잘 머무르시사
해탈하여 온갖 티끌 여의시고
들뜨지도 않고 가라앉지도 않네.
그 마음이 안온하게 머무시어
마음의 해탈을 얻으셨도다.

여섯 번째 하늘신도 게송으로 말하였다.

오백 살을 지나오는 동안
브라마나의 경전을 외우고
부지런히 힘써 고행 닦아도
해탈하여 티끌을 여의지 못하면
그는 못나고 낮은 무리이니
저 언덕에 건너갈 수 없으리.

일곱 번째 하늘신도 게송으로 말하였다.

탐욕에 시달려 내몰림 받고
계율 지니기에 얽매 묶이면
용맹스럽게 고행을 행하면서
백 년 동안 지낸다 하더라도
그 마음이 해탈하지 못하여
티끌과 때 여의지 못하리니
그런 사람 못나고 낮은 무리라
저 언덕에 건너갈 수 없으리.

여덟 번째 하늘신도 게송으로 말하였다.

마음을 교만과 탐욕에 두어
스스로 길들여 누르지 못하고
무니의 바른 사마디의 선정
그 선정을 바로 얻지 못하여
홀로 산숲에 있으면서도
그 마음이 늘 방일하면
그는 죽음의 마라에 붙들려
저 언덕에 건너갈 수 없으리.

그때 그 산의 신인 여덟 하늘신은 각기 이렇게 찬탄하고는, 붇다의 발에 머리를 대 절하고 이내 사라져 나타나지 않았다.

• 잡아함 1289 팔천경(八天經)

• 해설 •

여래의 몸은 신비한 영성의 몸이 아니라 몸이 몸 아닌 해탈의 몸이다. 여래는 사람의 세상을 떠나지 않되 머물지도 않으며, 니르바나의 몸을 성취하셨되 니르바나의 공함도 공하므로 그 고요함에 머묾 없이 사람 세상을 떠나지 않고 해탈의 길을 가르치는 분이다.

그러므로 여래는 맨발로 걸어 사람 사이를 노닐어 다니시며 밥을 비시고, 때로 숲에서 좌선하고 때로 대중 앞에 설법하시며, 밤이 되면 정사나 숲에서 쉬시며 선정을 닦으셨다.

일생을 맨발로 걸으시며 세존은 얼마나 많은 거친 돌길 험한 언덕 물구덩이를 넘고 건너셨을 것인가. 쇠붙이와 돌부리, 날카로운 나무 그루터기, 가시, 거친 흙더미에 발이 찔리고 다치며 몸이 찢기는 일이 한두 번이 아니었으리라.

어느 날 맨발로 걸으시다 쇠창에 깊이 발이 찔리고도 오직 사마디의 힘으로 그 아픔을 견디시며 마음의 평정을 잃지 않으시니, 하늘신인들 '사람 가운데 사자' '자재한 변화의 힘을 갖춘 큰 용' 같은 여래의 위신력과 여래의 사마디를 찬탄하지 않겠는가.

앞의 네 하늘신은 쇠창에 깊이 찔리고도 사마디의 힘으로 극심한 고통을 이기신 여래를 '사람 가운데 영웅' '진흙 속에 때묻지 않은 연꽃 같은 장부' '사람 가운데 사자'라 찬탄하고 있다. 그에 비해 뒤의 네 하늘신은 여래의 사마디만이 해탈의 사마디이고 지혜의 사마디라 온갖 고행의 길과 브라마나들의 기도와 선정 뛰어넘은 진리의 길임을 찬탄하고 있다.

연기법을 깨달아 마라와 하늘을 뛰어넘은 여래의 선정만이 나고 죽음이 없는 니르바나의 저 언덕에 건너는 사마디이다. 그에 비해 삿된 견해 떠나지 못한 고행과 선정은 티끌과 때를 여의지 못해 끝내 죽음의 마라 군대를 벗어나지 못하고 마라의 낚시줄과 밧줄을 끊지 못한다.

마라의 밧줄을 끊지 못하면 그는 기나긴 밤에 고통을 벗어나지 못할 것이다.

백천 개 파드마 꽃인들 무엇하겠소
세존만이 참된 보배이시오

이와 같이 내가 들었다.

한때 붇다께서는 라자그리하 성 칼란다카 대나무동산에 계셨다.

때에 사타기라(Sātāgira) 하늘신과 헤마바타(Hemavata) 하늘신은 서로 약속하였다.

'궁안에서 어떤 보물이 나오면 반드시 서로 말합시다. 만약 서로 알리지 않으면 약속을 어긴 죄를 받게 되오.'

때에 헤마바타 하늘신 궁안에서는 일찍이 없었던 보배 파드마(padma) 꽃이 나왔다. 꽃에는 잎사귀가 천 개 있어 크기는 수레바퀴 같았고 보배줄기는 금빛이었다.

헤마바타 하늘신은 심부름꾼을 보내어 사타기라에게 알렸다.

"마을주인이여, 지금 내 궁안에는 일찍이 없었던 보배 파드마 꽃이 갑자기 나왔는데, 꽃에는 잎사귀가 천 개 있고 크기는 수레바퀴와 같고 보배줄기는 금빛이니 와서 보시오."

참된 보배의 출현을 알리고 아라한께 공양하도록 함

사타기라 하늘신은 헤마바타 하늘신에게 심부름꾼을 보내어 말했다.

"마을주인이여, 그 파드마 꽃이 백천 개인들 어디 쓰겠소. 지금 내 궁안에는 일찍이 없었던 보배 큰 파드마 꽃이신 크신 스승이 나오셨소. 그분은 여래 · 바르게 깨친 분 · 지혜와 행을 갖추신 분 · 잘 가신 이 · 세간을 잘 아시는 분 · 위없는 스승 · 잘 다루는 장부 · 하늘과 사람의 스승으로 붇다 세존이라 이름하오.

그대는 곧 와서 받들어 섬기고 공양하시오."

때에 헤마바타 하늘신은 곧 오백 권속과 함께 사타기라 하늘신이 있는 곳에 가서 게송으로 물었다.

보름날 달 밝고 좋은 때에
즐거운 모임을 만났으니
저 높으신 아라한을 따라서
어떤 재를 받아야 한다 말하오.

때에 사타기라는 게송으로 대답하였다.

오늘 붇다 세존께서는
마가다 좋은 나라에 계시며
저 라자그리하 성 칼란다카
대나무동산에 머무시오.

미묘한 법을 연설하시어
중생의 괴로움을 없애주시니
괴로움과 괴로움 모아냄
괴로움 사라져 다함과
여덟 가지 괴로움 벗어나는

거룩한 길 말씀하시어
안온히 니르바나 나아가게 하니
아라한이신 세존께 가서
공양을 베풀어야 하오.

세존의 크신 공덕의 세계를 문답함

세존의 평등한 자비를 문답함

헤마바타는 게송으로 물었다.

그는 마음에 바람과 즐거움 있어
사랑으로 중생을 건지시오.
그는 받음과 받지 않음에
그 마음이 평등하시오.

사타기라는 게송으로 대답했다.

그는 묘한 원과 사랑의 마음으로
온갖 중생을 건네주시고
모든 받음과 받지 않음에
마음이 늘 평등하시오.

세존이 성취한 밝음을 문답함

때에 헤마바타는 게송으로 물었다.

밝음을 통달해 갖추었으며
이미 그 행을 이루었습니까.
모든 흐름 길이 사라져 다해
뒤의 있음 받지 않으십니까.

사타기라는 게송으로 대답했다.

밝음을 통달해 갖추시고
바른 행을 이미 이루셨으며
모든 흐름 이미 길이 다해서
다시 뒤의 있음 받지 않으시오.

세존의 원만한 업을 문답함

헤마바타는 게송으로 물었다.

무니는 뜻의 행함 원만하시고
몸과 입의 업도 그러합니까.
밝은 지혜와 행 갖추시어서
법으로 그분을 찬탄합니까.

사타기라는 게송으로 대답했다.

무니는 밝은 마음 갖추시고
몸과 입의 업 원만하시어

밝은 지혜와 행 갖추셨으므로
법으로 그분을 찬탄한다오.

세존의 계행과 선정을 문답함

헤마바타는 게송으로 물었다.

산목숨 해치기 멀리 떠나고
주지 않는 것 갖지 않으신가요.
함부로 놓아 지냄 멀리 여의고
선정의 사유 떠나지 않으신가요.

사타기라는 게송으로 말하였다.

늘 중생의 목숨 해치지 않고
주지 않는 것 그릇 갖지 않으며
함부로 놓아 지냄 멀리 여의어
밤낮으로 늘 선정으로 사유하시오.

세존의 범행과 법의 눈을 문답함

헤마바타는 게송으로 물었다.

다섯 가지 탐욕 즐기지 않아
그 마음 흐리고 어지럽지 않는가.
맑고 깨끗한 법의 눈이 있어

어리석음을 없애 다하셨는가.

사타기라는 게송으로 대답했다.

마음은 늘 탐욕을 즐기지 않고
또한 흐리고 어지러운 마음 없네.
붇다의 법의 눈은 맑고 깨끗해
어리석음 다해 남음 없으시네.

세존의 진실한 입의 업을 문답함

헤마바타는 게송으로 물었다.

지성스러워 거짓말하지 않고
거칠고 까다로운 말 또한 없으며
남 이간질하는 말 없고
성실하지 않은 말은 없으신가.

사타기라는 게송으로 대답했다.

지성스러워 거짓말하지 않으시고
거칠거나 까다로운 말 또한 없으며
남 두터운 사이 이간질 않으시고
늘 법다운 말만 말씀하시네.

여래의 계행과 평등한 해탈을 문답함

헤마바타는 게송으로 물었다.

맑고 깨끗한 계율 지니고
바른 생각으로 고요하신가.
평등한 해탈을 갖추었는가.
여래의 큰 지혜를 얻었는가.

사타기라는 게송으로 대답했다.

깨끗한 계율 모두 갖추셨고
바른 생각으로 늘 고요하시네.
평등한 해탈을 성취하셨고
여래의 큰 지혜를 얻으셨네.

다시 통달한 밝음을 문답함

헤마바타는 게송으로 물었다.

통달한 밝음 다 갖추었고
바른 행 이미 맑고 깨끗한가.
모든 번뇌의 흐름이 다하여
다시 뒤의 있음 받지 않는가.

사타기라는 게송으로 대답했다.

통달한 밝음 다 갖추셨고
바른 행은 이미 맑고 깨끗하시네.
온갖 모든 번뇌의 흐름 다해
다시 뒤의 태어남 있지 않네.

세존의 원만한 업을 다시 문답함

헤마바타는 다시 게송으로 물었다.

무니는 착한 마음 갖추었으며
몸과 입의 업의 자취도 그러합니까.
밝은 지혜와 행 다 갖추었기에
무니의 그 법을 찬탄합니까.

사타기라는 게송으로 대답했다.

무니는 착한 마음 갖추시고
몸과 입의 업의 자취 갖추시며
밝은 지혜와 행 다 이루시어서
무니의 그 법을 찬탄한다오.

헤마바타가 세존을 찬탄함

헤마바타는 다시 게송으로 말했다.

아이네야 사슴의 장딴지 같은

큰 선인의 빼어난 그 모습
먹음 줄여 몸의 탐욕 버리시고
무니께선 숲속에서 좌선하시니
그대는 지금 나와 함께 가서
저 고타마께 공경히 절해야 하리.

백천 귀신 무리들이 세존께 절하고 법을 물음

때에 백천 귀신은 권속들에 둘러싸여 사타기라와 헤마바타와 함께 붇다 앞에 빨리 나아가 절하고 공양하였다.

그리고 옷을 바루어 오른 어깨를 드러내고 두 손을 모아 공경히 절하고 게송으로 말하였다.

아이네야 사슴의 장딴지 같은
큰 선인의 빼어난 그 모습
먹음 줄여 맛에 탐욕이 없이
무니께서 숲속 선정 즐겨 하시니
저희들은 지금 일부러 찾아와
고타마께 법을 청해 묻사옵니다.

사자는 홀로 노닐어 걷고
큰 용은 모든 두려움 없으므로
지금 일부러 찾아와 묻사오니
무니께선 저희 의심 풀어주소서.

어떻게 괴로움에서 벗어나고
어떻게 괴로움에서 해탈합니까.
해탈의 법 말씀해주시길 바라니
괴로움은 어디서 사라집니까.

그때에 세존께서는 게송으로 대답하셨다.

세간의 다섯 탐욕의 공덕과
또 여섯째 뜻의 탐욕 말하니
그 욕심에서 탐냄 없으면
온갖 괴로움을 해탈하리라.

이와 같이 괴로움에서 벗어나
이와 같이 괴로움을 해탈한다.
지금 그대 물음에 대답했으니
이를 따라 괴로움 사라지리라.

사타기라와 헤마바타가 세존께 법을 물어 가르침을 받음

사타기라와 헤마바타는 게송으로 붇다께 여쭈었다.

샘물은 어디에서 돌아서 흐르고
악한 길은 어찌 돌이키지 못합니까.
세간의 온갖 괴로움과 즐거움
어디에서 사라져 다합니까.

그때에 세존께서는 게송으로 대답하셨다.

눈과 귀, 코와 혀, 몸
그리고 뜻의 들이는 곳
거기에서 마음과 물질이
남음 없이 길이 다하리.

거기에서 샘물은 돌아 흐르고
거기에서 길은 뒤바뀌지 않으며
거기에서 괴로움과 또 즐거움은
남음 없이 사라져 다하리라.

세간법의 일어나고 사라짐을 여쭘

사타기라와 헤마바타는 다시 게송으로 여쭈었다.

세간에는 몇 가지 법이 일어나고
몇 가지 법이 세간에 어울리며
몇 가지 법이 세간을 취해 받으며
몇 가지 법이 세간을 없애게 합니까.

그때에 세존께서는 게송으로 대답하셨다.

여섯 가지 법이 세간에 일어나고
여섯 가지 법이 세간에 어울리고

여섯 가지 법이 세간을 취해 받으며
여섯 가지 법으로 세간은 사라진다.

번뇌의 흐름 건네는 방편의 법을 여쭘

사타기라와 헤마바타는 다시 게송으로 여쭈었다.

무슨 법으로 모든 흐름 건너고
밤낮으로 방편에 부지런하면
잡음 없고 머무는 곳 없어서
깊은 못에 빠지지 않게 됩니까.

그때에 세존께서는 게송으로 대답하셨다.

온갖 계율을 모두 갖추고
지혜로 잘 선정 닦으며
바른 사유대로 생각을 매면
깊은 못을 건널 수 있네.

모든 탐욕 생각 즐기지 않고
빛깔의 모든 묶음 뛰어넘으면
잡음도 없고 머무는 곳도 없어
그 깊은 못에 빠지지 않게 된다.

흐름 건너는 해탈의 법을 여쭘

사타기라와 헤마바타는 다시 게송으로 여쭈었다.

무슨 법으로 모든 흐름 건너고
무엇으로써 큰 바다 건넙니까.
어떻게 괴로움을 버려 떠나고
어떻게 청정함을 얻게 됩니까.

그때에 세존께서는 게송으로 대답하셨다.

바른 믿음으로 강물의 흐름 건너고
방일하지 않음으로 바다 건넌다.
정진하여 괴로움 끊을 수 있고
지혜로 청정함을 얻게 된다.

그때에 세존께서는 다시 게송으로 대답하셨다.

그대는 다른 사문과 브라마나의 법
그 법을 다시 물어보도록 하라.
진실한 보시로 조복하는 것
이밖에 다시 다른 법이 없는 것이다.

헤마바타 하늘신이 세존의 법이 참된 해탈의 법임을 찬탄함

헤마바타는 게송으로 말하였다.

다른 사문이나 브라마나의 법
다시 물어서 무엇할 것인가.
오늘 크게 정진하는 분께서
이미 갖추어 잘 열어 보이셨네.

나는 저 사타기라의 은혜
이제 반드시 갚아야 하리.
그는 잘 이끌어 길들이는 스승을
우리들에게 알려주었도다.

나는 반드시 마을에서 마을로
집에서 집으로 붇다 따르면서
받들어 섬기고 절하고 공양하며
붇다 따라 바른 법을 들으리.

여기에 모인 이 백천의 귀신들
모두다 합장하고 공경하면서
붇다이신 무니의 크신 스승께
온갖 이들 다 돌아가 의지하오리.

그러면 위없는 이름을 얻고
반드시 진실한 뜻을 보아서
크나큰 지혜를 이루게 되고
탐욕에 물들어 집착 않으리.

세존은 세간 건져 보살피는 분이니
지혜로운 이는 반드시 잘 살피라.
현성의 도의 자취 얻으셨으니
이분이 곧 크나큰 선인이어라.

붇다께서 이 경을 말씀하시자, 사타기라와 헤마바타와 여러 권속과 오백 귀신은 붇다의 말씀을 듣고 모두 크게 기뻐하고 따라 기뻐하면서 절하고 떠나갔다.

• 잡아함 1329 혜마파저경(醯魔波低經)

• 해설 •

세간의 일곱 보배와 하늘의 보배 파드마 꽃은 빛나고 아름다워 뭇 사람이 갖고 싶어하고 지니고 싶어하는 보배이지만, 무너짐이 있고 닳아짐이 있는 보배는 참된 보배가 아니다.

하늘 보배꽃을 자랑스러워하는 헤마바타 하늘신에게 사타기라 하늘신이 지혜와 복덕 갖춰 사람과 하늘의 스승되시는 여래가 이 세간의 참된 보배임을 알려주니, 사타기라 하늘신은 곧 여래에 대한 여우 같은 의심이 다해 지혜의 흐름에 들어선 스로타판나[入流]의 하늘신이다.

사타기라 하늘신이 여래 크신 아라한께 의심 끊지 못한 헤마바타를 이끌어 아라한께 공양하여 법을 받도록 하니, 그가 헤마바타의 배움 같이하는 선지식[同學善知識]이고 가르쳐주는 선지식[教授善知識]이다.

왜 여래가 세간의 참된 보배인가. 미움이 있고 다툼이 있는 세간 속에서 여래는 평등한 자비와 다툼 없는 사마디를 갖추어 그 길로 중생을 이끄시므로 여래가 참된 보배이다. 온갖 번뇌와 탐욕의 흐름이 다한 밝음을 통달해 길이 나고 죽음에 떨어지지 않으므로 여래가 참된 보배이다. 물듦이 있고 두려움이 있는 세간에서 여래의 몸과 입과 뜻의 업과 낱낱 행은 그대로 법계와 하나된 행[稱法界行]이라 모자람도 없고 남음이 없이 원만하여 온갖 두려움을 떠났으므로 여래가 세간의 보배이다.

사타기라의 깨우침으로 헤마바타가 여래의 공덕과 지혜를 믿어 그 지혜의 바다에 들어가니 따르던 백천 귀신이 또한 세존께 귀의한다.

왜 이럴 수 있는가. 여래의 법이 여래의 법이 아니라 중생의 자기진실인 여래의 법이기 때문이고, 중생이 자기진실에 돌아가면 곧 여래의 공덕을 의지하고 여래의 공덕에 돌아가기 때문이다.

그러므로 세존은 세간의 괴로움과 즐거움의 윤회 다하는 길이 멀리 있는 것이 아니라, 지금 여섯 아는 뿌리가 여섯 경계를 알 때 아는 마음과 알려지는 것에 취할 것이 없음을 알아 마음에서 마음 떠나고 모습에서 모습 떠나면 그것이 윤회 다한 니르바나의 땅임을 알려주신다.

여섯 아는 뿌리[六根]와 여섯 티끌경계[六境]와 여섯 앎[六識]이 어울려 나는 것을 세간법이라 한다.

세간법 가운데서 여섯 아는 뿌리가 있되 공한 줄 모르고 아는 마음을 실체화하므로 여섯 앎이 경계와 물들어 섞이고 경계를 취해 받는다. 여섯 아는 뿌리가 공한 줄 알고 여섯 경계에 실로 취할 경계가 없는 줄 알면 여섯 앎이 세간의 여섯 경계와 섞이지 않고 여섯 경계를 취하지 않는다. 그리하여 눈이 빛깔을 보되 봄이 없고 귀가 소리를 듣되 들음이 없으니, 그가 보고 듣고 깨달아 앎을 떠나지 않되 잡음 없고 머무는 곳 없이 해탈의 삶을 살게 되리라.

이것이 참된 사문의 법이고 브라마나의 법이며 사람의 법이고 귀신의 법이며 하늘의 법이니, 이 길밖에 다른 해탈의 길이 없다.

이 길을 하나인 붇다의 수레[一佛乘]라 하고 하나인 진리의 길[一乘道]이라 하니, 이 법을 보이신 세존을 크신 스승으로 삼아 거짓이 없고 헛것이 없는 해탈의 한길을 행하고 행해야 하리라.

모든 하늘 가운데 옳게 깨달은 이 으뜸이시네

이와 같이 내가 들었다.

한때 붇다께서는 라자그리하 성 바이풀라 산 옆에 계셨다.

그때 본래 집을 나온 바깥길 수행자였던 여섯 하늘신[六天子]이 있었으니, 첫째는 아사마(Asama)이고, 둘째는 사할리(Sahali)이며, 셋째는 닌카(Niṇka)이고, 넷째는 아코타카(Ākoṭaka)이며, 다섯째는 베탐발리(Vetambalī)이고, 여섯째는 마나바감비야(Māṇavagāmviya)였다.

그들은 다 붇다 계신 곳으로 찾아갔다.

여러 하늘신들이 게송으로 자기 견해를 밝힘

아사마 하늘신이 곧 게송으로 말하였다.

비구가 지극한 마음 오롯이 하여
싫어해 떠남을 늘 닦아 행하여
초저녁부터 새벽이 될 때까지
사유하여 잘 스스로 보살피며
세존의 말씀하심 보고 들으면
지옥에 떨어지지 아니하리라.

사할리 하늘신도 다시 게송으로 말하였다.

검고 어두운 법 싫어해 여의고
마음은 늘 스스로 거둬 보살펴
이 세간의 집착 있는 온갖 말들과
다투어 논란하는 법 길이 떠나라.

세간의 크신 스승 여래로부터
집착 없는 사문의 법 받아 지니고
세간을 잘 거두어 보살펴주어
온갖 나쁜 일 짓지 않도록 하라.

닌카 하늘신 또한 게송으로 말하였다.

산목숨 끊어 베고 때려 죽여서
카샤파께 공양하고 보시해도
그것을 악이라고 보지 않으며
또한 복이라고도 보지 않도다.

베탐발리 하늘신 또한 다시 게송으로 말하였다.

저 니르그란타의 바깥길 수행자
즈냐타푸트라는 집을 나와 도를 배워
기나긴 밤에 어려운 행 닦았으니

큰 스승의 여러 제자무리에게
거짓말 멀리 떠났다 나는 말하네.
그리고 다시 이와 같은 사람은
아라한에 멀지 않다 나는 말하네.

앞의 두 하늘신의 찬탄을 받아주시고서
뒤의 두 하늘신의 잘못된 뜻과 마라의 경계를 가려 보이심

그때 세존께서 게송으로 대답하셨다.

야위어 다 죽어가는 저 들여우는
늘 사자와 함께 어울려 놀아도
하루 내내 작고 말라 못났으니
결코 저 사자처럼 되지 못하네.

니르그란타 큰 스승의 무리라고
부질없이 스스로 칭찬하지만
이는 나쁜 마음의 거짓말이니
아라한에 가기 더욱 멀어지리라.

그때 하늘마라 파피야스가 아코타카 하늘신 곁에 붙어서 게송으로 말하였다.

정진하여 어두움을 모두 버리고
멀리 떠남 늘 지키어 보살피라.

미묘한 빛깔에 깊이 집착해
브라흐마하늘세계 좋아하나니
나는 이들 올바로 교화하여서
브라흐마하늘에 나게 해주리.

그때 세존께서 이렇게 생각하셨다.

'이 아코타카 하늘신이 말한 게송은 이 아코타카 하늘신이 제 마음으로 설한 것이 아니다.

하늘마라 파피야스가 그 힘을 더해서 다음과 같이 말한 것이다.'

정진하여 어두움을 모두 버리고
멀리 떠남 늘 지키어 보살피라.
미묘한 빛깔에 깊이 집착해
브라흐마하늘세계 좋아하나니
나는 이들 올바로 교화하여서
브라흐마하늘에 나게 해주리.

그때 세존께서 다시 게송으로 말씀하셨다.

이 세간에 있는 모든 빛깔들
여기 이곳이나 또 저곳에서
또한 다시 저 허공 가운데서
각기 따로 빛이 환히 비추네.

그러나 반드시 알아야 한다.
그 온갖 빛 마라의 묶음 못 떠났음을
이는 마치 미끼 달린 낚시 드리워
노니는 저 물고기 낚는 것 같네.

그때 그 하늘신들은 모두 생각하였다.

'지금 아코타카 하늘신이 말한 게송을 사문 고타마께서는 하늘마라가 한 말이라고 하셨다. 무엇 때문에 사문 고타마께서는 그것을 하늘마라의 말이라고 말씀하셨을까?'

그때 세존께서 여러 하늘신들이 무슨 생각을 하고 있는지를 아시고 말씀하셨다.

"지금 아코타카 하늘신이 말한 게송은 그 하늘신이 제 마음으로 말한 것이 아니다. 그때 악한 마라 파피야스가 그 힘을 보태주었기 때문에 다음처럼 이렇게 말한 것이다."

정진하여 어두움을 모두 버리고
멀리 떠남 늘 지키어 보살피라.
미묘한 빛깔에 깊이 집착해
브라흐마하늘세계 좋아하나니
나는 이들 올바로 교화하여서
브라흐마하늘에 나게 해주리.

"그래서 나는 다시 게송으로 이렇게 말한 것이다."

이 세간에 있는 모든 빛깔들
여기 이곳이나 또 저곳에서
또한 다시 저 허공 가운데서
각기 따로 빛이 환히 비추네.

그러나 반드시 알아야 한다.
그 온갖 빛 마라의 묶음 못 떠났음을
이는 마치 미끼 달린 낚시 드리워
노니는 저 물고기 낚는 것 같네.

하늘마라의 뜻을 가려주시자 여러 하늘신들이 세존을 찬탄함

그때 여러 하늘신들은 다시 이렇게 생각하였다.

'기이하다. 사문 고타마께서는 신묘한 힘과 크신 덕으로 하늘마라 파피야스도 보실 수 있구나.

그런데 우리들은 보지 못한다. 우리들은 다시 각기 게송으로 사문 고타마를 찬탄해야겠다.'

그들은 곧 게송으로 말하였다.

온갖 존재의 몸 그 애착과 탐착
모두 끊어 남김없이 없애버리며
이렇게 잘 보살피게 하는 사람이
온갖 거짓된 말 없애버리네.
그러므로 만약 탐욕 끊으려 하면
크신 스승께 공양하여야 한다.

세 가지 존재의 애착을 끊고
거짓말을 깨뜨려 부숴버리며
삿된 견해 탐욕 이미 끊으셨으니
크신 스승께 공양하여야 한다.

라자그리하 성의 으뜸가는 산
바이풀라 산이라고 이름하도다.
설산은 모든 산 가운데 으뜸이고
금시조는 새 가운데 이름이 높네.

여덟 방위와 위아래 쪽에 있는
온갖 한량없는 중생의 세계 속
여러 하늘과 온갖 사람 가운데
바르게 깨치신 이 가장 높도다.

그때 여러 하늘사람들은 게송으로 붇다를 찬탄한 뒤에, 붇다의 말씀을 듣고 기뻐하고 또 따라 기뻐하면서, 붇다의 발에 머리를 대 절하고 이내 사라지더니 나타나지 않았다.

• 잡아함 1308 외도제견경(外道諸見經)

• 해설 •

이 경에서는 본래 붇다의 가르침과 그 배움이 다른[異學] 가르침을 따라 행했던 여섯 수행자가 하늘신의 몸으로 여러 게를 지어 여래에 대해서 각기 자기 견해를 밝히고 있다.

그것은 곧 다른 가르침을 통해서도 그가 짓는 착한 업의 과보로 하늘에 가서 날 수 있음을 보인다.

신선(神仙)과 하늘신[天神] 또한 신통을 가진다. 하늘신은 다섯 가지 신통을 가질 수 있으니, 하늘눈[天眼] · 하늘귀[天耳] · 남의 마음 아는 지혜[他心智] · 오랜 목숨 아는 지혜[宿命智] · 마음대로 다니는 신통[如意神足]이다.

그러나 '번뇌를 다해 나고 죽음이 다한 신통'[漏盡通]은 오직 붇다와 바른 지혜로 연기법을 깨달은 현성만이 얻을 수 있다.

번뇌를 다하지 못한 하늘신은 비록 신통의 힘을 갖추어 하늘의 복을 받아 써도 그 복의 힘이 다하면 죽음에 다다라 다섯 가지 시드는 모습[五衰相]을 보이고, 나고 죽음의 길에서 새로운 생존을 받게 된다.

또 번뇌를 다하지 못했으므로 삿된 견해를 아직 다 버리지 못한다.

붇다는 여섯 하늘 가운데 니르그란타의 고행을 찬탄하거나 미묘한 빛깔의 브라흐마하늘로 맨끝을 삼는 하늘신들이 저 마라하늘의 꼬임에 빠진 자들이라 꾸중하시고 계신다.

고행을 통해 하늘에 나거나 브라흐만에 기도하고 선정을 닦아 브라흐마하늘에 난다 해도 남이 있으면 죽음이 있는 것이니 파리니르바나의 길이 아니다.

온갖 법의 생겨남에 실로 남이 없음[無生]을 바르게 깨쳐, 비록 방편으로 나되 남이 없이 나는[無生而生] 자만이 보디사트바의 길을 가는 자이고 아라한의 길을 가는 자이다.

설사 밝은 빛의 하늘, 브라흐마하늘의 미묘한 빛깔이라 할지라도 보는 바에 보아야 할 것이 있는 삶은 마라의 묶음을 벗어나지 못한 것이고, 낚시에 물린 물고기와 같은 것이다.

빛깔이 곧 공하여[色卽空] 빛깔이 빛깔 아님을 바로 알아야 하늘마라의 낚시바늘에 걸림이 없어서 아라한에 가기 멀지 않은 것이다.

가장 높고 아름다운 빛깔의 세계, 하늘의 영광으로 충만한 곳이라도 남이 있으면 죽음이 있고 빛남이 있으면 시듦이 있으니, 그곳이 어찌 나고 죽음이 다한 니르바나의 땅일 것인가.

빛깔이 공한 곳에서 한량없는 빛깔의 공덕이 넘치는 줄 알아야 참된 공덕의 땅이니, 하늘을 뛰어넘는 해탈의 길을 듣고 하늘신들이 기뻐하고 기뻐하며 크신 스승을 찬탄하는 것이다.

이곳의 거친 물질세계를 떠나 저 하늘세계와 같은 곳의 미묘하고 깨끗한 물질세계에 나게 하는 것이 붇다의 법의 자식인 보디사트바의 길이 아니다. 거친 물질과 미묘한 물질이 모두 공하고 그 공함마저 공한 실상의 땅에 중생을 이끄는 것이 참된 보디사트바의 길이니 『화엄경』(「수미정상게찬품」須彌頂上偈讚品)은 이렇게 가르친다.

시방의 온갖 세계와 허공에 있는
땅과 물 불과 바람의 큰 요인과
욕계 색계 무색계의 온갖 세계들
자기성품 없는 진실 살피게 해
모든 모습 다 사라져 없어지게 하네.

十方世界及虛空　所有地水與火風
欲界色界無色界　悉勸觀察咸令盡

세계의 차별된 모습과 그 바탕의 성품
지혜로 살피면 모두 마쳐 다함이니
이와 같은 바른 가르침을 얻어서
가르침대로 부지런히 닦아 행하면
이 사람을 붇다의 길을 잘 따르는
참된 붇다의 법의 자식이라 하네.

觀察彼界各差別　及其體性咸究竟
得如是敎勤修行　此則名爲眞佛子

인드라하늘왕의 찬탄 받고
이 세간 참된 복밭 설하셨나니

이와 같이 내가 들었다.

한때 붇다께서는 라자그리하 성 그리드라쿠타 산에 계셨다.

그때 라자그리하 성의 사람들은 널리 큰 모임을 마련해[普設大會] 모두 여러 다른 길의 수행자들을 청하였다.

차라카(Caraka)를 섬기는 어떤 바깥길 수행자는 이렇게 생각하였다.

'나는 지금 차라카의 길 따르는 하늘을 청해 먼저 복밭[福田]을 지어야겠다.'

또 어떤 사람은 바깥길 집을 나온 수행자들[外道出家]을 섬겼고, 어떤 사람은 니르그란타 즈냐타푸트라(Nirgrantha-jñātaputra)의 도를 섬겼으며, 어떤 사람은 늙은 제자[老弟子]를 섬겼고, 어떤 사람은 큰 제자[大弟子]를 섬겼으며, 어떤 사람은 붇다의 제자인 상가를 섬겼다.

모두 이렇게 생각하였다.

'지금 붇다 앞에 있는 상가대중으로 하여금 먼저 복밭을 짓게 하리라.'

인드라하늘왕이 브라마나가 되어
여러 바깥길 수행자들에게 세존을 찬탄함

그때 인드라하늘왕은 이렇게 생각하였다.

'라자그리하 성의 여러 사람들로 하여금 붇다 앞에 있는 상가를 버리고서, 다른 도를 받들어 섬기며 복밭을 구하는 일이 없도록 해야겠다. 나는 지금 빨리 가서 라자그리하 성의 사람들을 위해 복밭을 세워주겠다.'

그러고는 큰 브라마나로 변화했는데, 그 자태와 얼굴이 단정하였다. 흰 마차에 오르자, 여러 젊은 브라마나들이 앞에서 이끌고 뒤에서 따르면서, 금 자루로 된 비단 일산을 들고 라자그리하 성에 이르러 곳곳의 대중들의 모임에 나아갔다.

라자그리하 성의 여러 남녀들은 모두 이렇게 생각하였다.

'다만 이 큰 브라마나가 받들어 섬기는 곳을 살펴보고 우리도 그를 따라 먼저 공양해 좋은 복밭을 삼아야겠다.'

그때 인드라하늘왕은 라자그리하 성의 온갖 남녀들이 생각하고 있는 것을 알고, 수레를 타고 앞뒤로 대중을 거느리고 곧장 그리드라쿠타 산으로 갔다. 문밖에 이르러서는 다섯 가지 꾸밈새를 버리고, 붇다 계신 곳으로 나아가 붇다의 발에 머리를 대 절하고 한쪽으로 물러나 앉아 게송으로 말하였다.

온갖 모든 법의 저 언덕을
잘 분별해 나타내 보이사
온갖 두려움 다 건넜으므로
고타마께 머리 숙여 절하옵니다.

여러 사람 널리 모임 열어
크나큰 공덕 구하려고 해

각기 큰 보시를 베풀어서
다른 과덕 있길 늘 바라오니
저들을 위해 복밭 말씀하시어
이 보시과덕 이뤄지게 해주소서.

붇다의 상가에 공양하여 지혜 행함이
가장 높은 복밭이 됨을 보이심

큰 자재 갖춘 인드라하늘왕이
여래께 여쭌 갖가지 일들은
그리드라쿠타 산에서 큰 스승이
중생 위해 말씀해주신 것이니
크신 스승 이와 같이 말씀하셨네.

여러 사람 널리 모임 열어
크나큰 공덕을 구하려고 해
각기 큰 보시를 베풀어서
다른 과덕 있길 늘 바라나니
보시하여 큰 과덕 얻는 곳
참된 복밭 지금 말해주리.

바르게 향함에 넷이 있으니
네 거룩한 이들이 과덕에 머묾
이를 상가의 복밭이라 말하네.

밝은 지혜와 행 선정을 갖추어서
상가의 복밭은 늘어나고 넓어져서
한량없는 복 저 큰 바다를 넘네.

사람 잘 길들이는 크신 스승
그 제자들의 밝게 비추는 지혜
바른 법을 드러내주나니
이 거룩한 이들에게 잘 공양하고
상가의 좋은 복밭에 늘 보시하라.
상가의 좋은 복밭에 뿌린 씨앗
붇다는 큰 열매 얻는다 말씀하네.

상가는 다섯 가지 덮음 여의어
그 청정함을 늘 찬탄해야 하나니
저 가장 높은 복밭에 보시하면
작은 보시로 큰 이익 거두게 되리.

그러므로 세간의 여러 사람들
상가의 복밭에 보시해야 하니
빼어나고 묘한 법 더욱더 얻고
지혜와 행 선정에 서로 응하리.

상가의 진귀한 보배에 공양하면
보시하는 이 마음도 기쁘리니

세 가지 마음을 일으켜서
옷과 먹을거리 보시하면
티끌과 때 칼과 가시를 떠나
모든 나쁜 길 벗어나 건너리.

몸소 스스로 행하고 열어 청하며
손수 평등하게 나누어주면
스스로 이롭고 남 이롭게 하니
이런 보시 큰 이익을 얻게 되네.

자비로운 이 이와 같이 베풀고
깨끗한 믿음으로 마음 해탈하나니
죄 없고 편안하고 즐거운 보시
안락하게 지혜의 배를 타고
저 언덕에 가서 나게 되리라.

그때 인드라하늘왕은 붇다의 말씀을 듣고 기뻐하고 따라 기뻐하면서, 붇다께 절하고 이내 사라지더니 나타나지 않았다.

라자그리하 성의 사람들이 세존과 상가를 청해 공양하고 설법을 들음

그때 라자그리하 성의 여러 사람들은 곧 자리에서 일어나 옷매무새를 바르게 하고 붇다께 절한 뒤에, 합장하고 붇다께 말씀드렸다.

"세존이시여, 세존께서 여러 대중과 함께 저희들의 공양을 받아주시길 바랍니다."

그때 세존께서는 잠자코 그 청을 받아주셨다. 그러자 라자그리하 성 사람들은 세존께서 잠자코 그 청을 받아들이신 것을 알고는 절하고 돌아가 여러 사람들이 모인 곳에 이르러 음식을 갖추어 놓고 앉을 자리를 폈다.

그러고는 이른 아침에 사람을 보내 붇다께 말씀드렸다.

"때가 되었습니다. 때를 아시길 바랍니다."

그때 세존께서 대중들과 함께 가사를 입고 발우를 가지고 큰 모임이 있는 곳으로 가셔서 대중 앞에서 자리를 펴고 앉으셨다.

라자그리하 성 사람들은 붇다께서 앉으신 줄 알고 갖가지 넉넉하고 맛있는 음식들을 손수 돌렸다. 공양이 끝나 발우를 씻고 손을 씻고 양치질한 뒤, 다시 본래의 자리로 돌아가 붇다의 설법을 들었다.

세존께서는 라자그리하 성 사람들을 위해 갖가지로 설법해 가르쳐보여 기쁘게 해주시고는 자리에서 일어나 떠나가셨다.

• 잡아함 1224 대사경(大祠經) ①

• 해설 •

연기법에서는 모든 원인은 다른 것의 결과로서 또 다른 결과를 내고, 모든 결과는 다른 원인에 의해 일어나 다른 결과의 원인이 되니, 원인도 공하고 결과도 공하다. 생겨나는 것은 다른 것에 의해 생기며 사라지는 것은 다른 것에 의해 사라져, 나고 사라지는 법이 다른 법을 또 나게 하고 사라지게 하니, 남[生]에 남이 없고 사라짐[滅]에도 사라짐이 없다.

법계의 진리가 이와 같으므로 섬김 받는 자는 섬김으로 섬김 받으며, 높임 받는 자는 높임으로 높임 받는 것이라 오직 섬김 받고 높임 받아야 할 정해진 권능자는 없다.

저 하늘왕은 하늘왕의 복된 과보로 섬김 받고 높임 받는 자이다.

오직 섬김 받고 높임 받던 자가, 이제 참으로 나고 죽음을 떠나 중생을 섬김으로 섬김을 받고, 스스로를 낮춤으로 높이신 이, 공양함으로써 공양 받는 이 세존을 뵙고, 세간의 참된 복밭과 참으로 우러러 공양해야 할 곳을 알게 되었다.

그리하여 하늘왕은 사람 세상 브라마나의 몸이 되어 참된 복밭과 귀의처를 알지 못하는 세간 뭇 삶들에게 세존과 세존의 상가 섬기도록 권유한다. 온갖 모습을 버리고 모습 없음마저 버린 곳이 여래의 보디의 처소이니, 그곳 밖 어디에 위없는 복밭이 있겠는가.

세존이야말로 스스로 나고 죽음의 바다 건너 온갖 중생에 나고 죽음의 바다 건너는 길을 가르치는 분이니, 그 모습 우러르고 그 지혜와 자비의 배를 타면 누구나 저 언덕에 가서 나게 되리라.

공덕으로 성취된 붇다의 몸을 바라보고 그 몸이 법의 성품과 다름 없음을 바로 보면 그가 또한 붇다의 법에 온갖 의혹 깨뜨릴 수 있으니, 『화엄경』(「야마궁중게찬품」夜摩宮中偈讚品)은 이렇게 말한다.

> 만약 붇다의 몸이 청정하여
> 법의 성품과 같음을 보게 되면
> 이 사람은 바로 붇다의 법
> 그 온갖 것에 의혹이 없으리라.
>
> 若能見佛身　淸淨如法性
> 此人於佛法　一切無疑惑

큰 선인이시여, 여래는 모든 있음[有]의 뿌리 빼내셨습니다

나는 들었다, 이와 같이.

한때 붇다께서는 슈라바스티 국에 노니시면서 제타 숲 '외로운 이 돕는 장자의 동산'에 계셨다.

그때에 어떤 브라흐마하늘은 브라흐마하늘 위에서 이런 삿된 소견을 내었다.

'이곳은 늘 그러함[常]이 있고 늘 변치 않음[恒]이 있으며, 이곳은 길이 살며[長存] 이곳은 진실하다[要].

이곳은 마치지 않는 법이요 이곳은 벗어남의 길[出要]로써 이 벗어남의 길보다 더 위를 지나고 빼어나고 묘하며 가장 좋은 것은 없다.'

이에 세존께서는 '남의 마음 아는 지혜'로써 저 브라흐마하늘의 생각하는 바를 아셨다.

그래서 곧 코끼리 같은 사마디[如其象定]에 들어, 그 코끼리 같은 사마디로 마치 힘센 장사[力士]가 팔을 굽혔다 펴는 것 같은 동안에 슈라바스티 국 제타 숲 '외로운 이 돕는 장자의 동산'에서 사라져 나타나지 않다가 브라흐마하늘 위에 가셨다.

브라흐마하늘이 해탈의 처소가 아님을 보이시는 세존의 뜻을 파피야스가 어지럽히려 함

때에 브라흐마하늘은 세존께서 오시는 것을 보고 곧 세존을 청하였다.

"잘 오셨습니다, 큰 선인(仙人)이시여. 이곳은 늘 그러함[常]이 있고 늘 변치 않음[恒]이 있으며, 이곳은 길이 살며[長存] 이곳은 진실합니다[要].

이곳은 마치지 않는 법이요, 이곳은 벗어남의 길로써 이 벗어남의 길보다 더 위를 지나고 빼어나고 묘하며 가장 좋은 것은 없습니다."

이에 세존께서는 말씀하셨다.

"브라흐마하늘이여, 그대는 늘 덧없는 것을 늘 그렇다고 말하고, 변치 않는 즐거움이 아닌 것을 늘 변치 않음이라 말하며, 길이 살지 않는 것을 길이 산다 말하고, 진실하지 않은 것을 진실하다 말한다.

마치는 법을 마치지 않는 법이라 말하고, 벗어남의 길이 아닌 것을 벗어남의 길이라 하며, 이 벗어남이 보다 더 위를 지나고 빼어나고 묘하며 가장 좋은 것은 없다고 말한다.

브라흐마하늘이여, 그대에게는 무명(無明)이 있다."

때에 악한 마라 파피야스는 그 무리 가운데 있었다. 이에 악한 마라 파피야스는 세존께 말하였다.

"비구여, 이 브라흐마하늘이 말한 바를 어기지 말라. 이 브라흐마하늘이 말한 바를 거스르지 말라.

비구여, 만약 그대가 이 브라흐마하늘이 말한 바를 어기고, 이 브라흐마하늘이 말한 바를 거스르면, 이것은 비구여, 마치 어떤 사람이 아주 좋은 일[吉祥吉]이 오는 것을 물리치는 것과 같다.

비구가 말한 것 또한 이와 같다.

그러므로 비구여, 나는 그대에게 '이 브라흐마하늘이 말한 바를 어기지 말라. 이 브라흐마하늘이 말한 바를 거스르지 말라'고 말한다.

비구여, 만약 그대가 이 브라흐마하늘이 말한 바를 어기고, 이 브라흐마하늘이 말한 바를 거스르면, 이것은 비구여, 마치 어떤 사람이 산 위에서 떨어지면서 비록 손발로써 허공을 더위 잡으려고 하여도 할 수 없는 것과 같다.

비구가 말한 것 또한 이와 같다.

그러므로 비구여, 나는 그대에게 '이 브라흐마하늘이 말한 바를 어기지 말라. 이 브라흐마하늘이 말한 바를 거스르지 말라'고 말한다.

비구여, 만약 그대가 이 브라흐마하늘의 말한 바를 어기고, 이 브라흐마하늘이 말한 바를 거스르면, 이것은 마치 어떤 사람이 나무 위에서 떨어지면서, 비록 손발로써 가지나 잎을 더위 잡으려 하여도 할 수 없는 것과 같다.

비구가 말하는 것 또한 이와 같다.

그러므로 비구여, 나는 그대에게 '이 브라흐마하늘이 말한 바를 어기지 말라. 이 브라흐마하늘이 말한 바를 거스르지 말라'고 말한다.

왜 그런가. 이 브라흐마하늘은 브라흐만[梵] 자체로서 복됨[福祐]이며, 자재한 변화[能化]이고 가장 높음[最尊]이며, 잘 지을 수 있음[能作]이고 잘 만들 수 있음[能造]이며, 아버지[父]로서 이미 있고 있게 될 온갖 중생은 다 브라흐만을 따라 나기 때문이다.

이 하늘은 알 것을 다 알고 볼 것을 다 본다.

큰 선인이여, 만약 어떤 사문이나 브라마나가 땅을 미워하고 땅을 헐뜯으면, 그는 몸이 무너지고 목숨 마치면 반드시 다른 낮은 음악신 가운데 날 것이다.

이와 같이 물 · 불 · 바람 · 신 · 하늘 · 나게 하는 주인[生主]에 대하여도 또한 그러하고, 브라흐마하늘을 미워하고 브라흐마하늘을 헐

뜨으면, 그는 몸이 무너지고 목숨 마치면 다른 낮은 음악신 가운데 날 것이다.

큰 선인이여, 만약 어떤 사문이나 브라마나가 땅을 사랑해 좋아하고 땅을 칭찬하면, 그는 몸이 무너지고 목숨 마치면 반드시 가장 높은 브라흐마하늘 가운데 날 것이다.

이와 같이 물 · 불 · 바람 · 신 · 하늘 · 나게 하는 주인[生主]에 대하여도 또한 그러하고, 브라흐마하늘을 사랑해 좋아하고 브라흐마하늘을 칭찬하면, 그는 몸이 무너지고 목숨 마치면 반드시 가장 높은 브라흐마하늘 가운데 날 것이다.

큰 선인이여, 그대는 이 브라흐마하늘의 큰 권속들의 앉은 것이 우리들과 같은 것을 보지 않는가."

이렇게 말하는 저 악한 마라 파피야스는 브라흐마하늘도 아니요, 또한 브라흐마하늘의 권속도 아니다. 그런데도 스스로 내가 바로 이 브라흐마하늘이라고 일컬어 말했다.

그때에 세존께서는 곧 이렇게 생각하셨다.

'이 악한 마라 파피야스는 브라흐마하늘도 아니요 또한 브라흐마하늘의 권속도 아니다. 그런데도 스스로 나는 이 브라흐마하늘이라고 일컬어 말한다. 만약 악한 마라 파피야스가 있다고 말한다면, 이것이 바로 곧 악한 마라 파피야스이다.'

세존께서는 이미 아시고 말씀하셨다.

"악한 마라 파피야스야, 그대는 브라흐마하늘도 아니요 또한 브라흐마하늘의 권속도 아니다.

그런데도 너는 스스로 '나는 이 브라흐마하늘이다'라고 일컫는다.

만약 악한 마라 파피야스가 있다고 말한다면, 네가 곧 악한 마라 파피야스이다."

이에 악한 마라 파피야스는 이렇게 생각하였다.

'세존은 나를 알고 잘 가신 이가 나를 보는구나.'

이렇게 알고 시름하고 걱정하면서, 곧 그곳에서 갑자기 사라져 나타나지 않았다.

세존의 뜻에 대해 브라흐마하늘신이 따져 말함

그때에 그 브라흐마하늘은 두 번 세 번 와서 세존을 청하였다.

"잘 오셨습니다, 큰 선인이시여.

이곳은 늘 그러함이 있고 늘 변치 않음이 있으며, 이곳은 길이 살며 이곳은 진실합니다.

이곳은 마치지 않는 법이요 이곳은 벗어남의 길로써 이 벗어남의 길보다 더 위를 지나고 빼어나고 묘하며 가장 좋은 것은 없습니다."

세존께서 또한 두 번 세 번 말씀하셨다.

"브라흐마하늘이여, 그대는 늘 덧없는 것을 늘 그렇다고 말하고, 변치 않는 즐거움이 아닌 것을 늘 변치 않음이라 말하며, 길이 살지 않는 것을 길이 산다 말하고, 진실하지 않은 것을 진실하다 말한다.

마치는 법을 마치지 않는 법이라 말하고, 벗어남의 길이 아닌 것을 벗어남의 길이라 하며, 이 벗어남이 보다 더 위를 지나고 빼어나고 묘하며 가장 좋은 것은 없다고 말한다.

브라흐마하늘이여, 그대에게는 이런 무명이 있다. 브라흐마하늘이여, 그대에게는 이런 무명이 있다."

이에 브라흐마하늘은 세존께 말씀드렸다.

"큰 선인이여, 옛날 어떤 사문과 브라마나는 그 목숨이 아주 길고 머물러 사는 것이 아주 오래였습니다. 큰 선인이여, 그대의 목숨은 아주 짧아 저 사문과 브라마나의 한 번 좌선하는 동안만도 못합니다.

왜냐하면 그는 알 것은 다 알고 볼 것은 다 보기 때문입니다.

만약 진실로 벗어남의 길이 있다 해도, 다시 이 위를 지나고 빼어나고 묘하고 가장 좋은 다른 것은 없습니다.

만약 진실로 벗어남의 길이 없다면, 다시 이 위를 지나고 빼어나고 묘하고 가장 좋은 다른 것은 없기 때문입니다.

큰 선인이여, 그대는 벗어남의 길에 대해서는 벗어남의 길이 아니라고 생각하고, 벗어남의 길이 아닌 것에는 벗어남의 길이라고 생각합니다.

이와 같이 그대는 벗어남의 길을 얻지 못하여 큰 어리석음을 이루었습니다. 왜냐하면 그런 경계가 없기 때문입니다.

큰 선인이여, 만약 어떤 사문이나 브라마나가 땅을 사랑해 좋아하고 땅을 칭찬하면, 그는 나의 자재함이 되고[爲我自在], 나의 하고자 하는 바를 따르게 되며[隨我所欲], 내가 시키는 것을 따르게 됩니다[隨我所使].

이와 같이 물 · 불 · 바람 · 신 · 하늘 · 나게 하는 주인에 대하여도 또한 그러하며, 브라흐마하늘을 사랑해 좋아하고 브라흐마하늘을 칭찬하면, 그는 나의 자재함이 되고, 나의 하고자 하는 바를 따르게 되며, 내가 시키는 것을 따르게 됩니다.

큰 선인이여, 만약 그대가 땅을 사랑해 좋아하고 땅을 칭찬하면, 그대도 또한 나의 자재함이 되고, 나의 하고자 하는 바를 따르게 되며, 내가 시키는 것을 따르게 될 것입니다."

함이 있는 세계와 함이 없는 해탈의 세계를 가려 보이심

이에 세존께서는 말씀하셨다.

"브라흐마하늘이여, 그렇다. 브라흐마하늘이 말한 바는 진실이다.

만약 어떤 사문이나 브라마나가 땅을 사랑해 좋아하고 땅을 칭찬하면, 그는 그대의 자재함이 되고, 그대의 하고자 하는 바를 따르게 되며, 그대가 시키는 것을 따르게 된다.

이와 같이 물 · 불 · 바람 · 신 · 하늘 · 나게 하는 주인에 대하여도 또한 그러하며, 브라흐마하늘을 사랑해 좋아하고 브라흐마하늘을 칭찬하면, 그는 그대의 자재함이 되고, 그대의 하고자 하는 바를 따르게 되며, 그대가 시키는 것을 따르게 된다.

브라흐마하늘이여, 만약 내가 땅을 사랑해 좋아하고 땅을 칭찬하면, 나도 또한 그대의 자재함이 되고, 그대의 하고자 하는 바를 따르게 되며, 그대가 시키는 것을 따르게 된다.

이와 같이 물 · 불 · 바람 · 신 · 하늘 · 나게 하는 주인에 대하여도 또한 그러하며, 브라흐마하늘을 사랑해 좋아하고 브라흐마하늘을 칭찬하면, 나도 그대의 자재함이 되고, 그대의 하고자 하는 바를 따르게 되며, 그대가 시키는 것을 따르게 된다.

브라흐마하늘이여, 만약 이 여덟 가지 일[事]에 대하여 내가 그 일을 따라 사랑해 좋아하고 칭찬하면, 그것 또한 이와 같을 것이다.

브라흐마하늘이여, 나는 그대의 온 곳[所從來處]과 가서 이르는 곳[所往至處]을 안다. 머무르는 곳을 따르고 마치는 곳을 따르며, 나는 곳을 따라, 만약 브라흐마하늘이 있으면, 뜻대로 되는 큰 만족[大如意足]이 있고 큰 복이 있으며, 큰 위덕이 있고 큰 위신이 있을 것을 안다."

이에 브라흐마하늘은 세존께 말씀드렸다.

"큰 선인이여, 그대는 어떻게 내가 아는 것을 알고, 내가 보는 것을 보십니까.

어떻게 내가 해가 자재하게 모든 곳을 밝게 비추는 것처럼, 이렇게 일천 세계까지 널리 비춤을 다 알아, 그 일천 세계 가운데서 그대도 자재할 수 있습니까. 나는 그 이런 저런 곳에 밤낮이 없음을 다 아는데 큰 선인이여, 일찍 그곳을 지내고 자주 그곳을 거쳐 지난 적이 있습니까."

세존께서는 말씀하셨다.

"브라흐마하늘이여, 해가 자재하게 모든 곳을 비추는 것처럼, 이렇게 일천 세계까지 비추는데 그 일천 세계 가운데 나는 자재를 얻고, 또 그 이런저런 곳에 밤낮이 없는 것을 안다.

브라흐마하늘이여, 나는 일찍 그곳을 지내고 자주 그곳을 거쳐 지낸 적이 있다. 브라흐마하늘이여, 세 가지 하늘이 있으니, 곧 빛의 하늘 · 깨끗한 빛의 하늘 · 두루 깨끗한 빛의 하늘이다.

브라흐마하늘이여, 만약 저 세 가지 하늘에 알고 보는 자가 있으면, 나 또한 그것을 알고 본다. 만약 저 세 가지 하늘에 아는 자가 없고 보는 자가 없어도 나는 또한 스스로 알고 본다.

브라흐마하늘이여, 만약 저 세 가지 하늘과 권속에 알고 봄이 있다면, 나 또한 그것을 알고 본다. 브라흐마하늘이여, 만약 저 세 가지 하늘과 권속에 아는 자가 없고 보는 자가 없어도 나는 또한 스스로 알고 본다.

브라흐마하늘이여, 만약 그대가 알고 봄이 있으면 나 또한 알고 본다.

브라흐마하늘이여, 만약 그대는 알지 못하고 보지 못해도 나는 또한 스스로 알고 본다. 브라흐마하늘이여, 만약 그대와 권속들이 알고 봄이 있으면 나 또한 스스로 알고 본다. 브라흐마하늘이여, 만약 그대와 권속들이 알지 못하고 보지 못해도 나는 스스로 알고 본다.

브라흐마하늘이여, 그대는 나와 온갖 것이 같지 않고 모두 같지 않다. 다만 나는 그대보다 가장 빼어나고 가장 높다."

내가 있고 분별 있는 브라마나의 알고 봄에 대해
세존의 나와 내 것 없는 빼어남을 답해주심

이에 브라흐마하늘은 세존께 말씀드렸다.

"큰 선인이여, 무엇으로 말미암아 저 세 가지 하늘이 알고 봄이 있으면 그대도 또한 알고 보며, 만약 세 가지 하늘이 알지 못하고 보지 못해도 그대는 또한 스스로 알고 봄이 있습니까.

만약 저 세 가지 하늘과 권속들이 알고 봄이 있으면 그대도 또한 알고 보며, 만약 저 세 가지 하늘과 권속들은 알고 봄이 없어도 그대는 또한 스스로 알고 봄이 있다 합시다.

만약 내가 알고 봄이 있으면 그대 또한 그 알고 봄이 있으며, 만약 내가 알고 봄이 없어도 그대 또한 스스로 알고 봄이 있으며, 만약 나와 권속들이 알고 봄이 있으면 그대 또한 그 알고 봄이 있으며, 만약 나와 권속들이 알고 봄이 없더라도 그대 또한 스스로 알고 봄이 있다 합시다.

큰 선인이여, 이것은 듣기 좋게 하기 위한 말[愛言]이 아닙니까. 나는 듣고는 나도 모르게 어리석음만을 더욱 늘려 더하게 됩니다.

왜인가요. 한량없는 경계를 알기 때문에, 한량없는 앎[無量知] 한량없는 봄[無量見] 한량없는 차별[無量差別]을 나는 각각 가려 알아, 이 땅을 땅이라 알고 물 · 불 · 바람 · 신 · 하늘 · 내는 주인에 대해서도 또한 이렇게 아니, 이것이 브라마나하늘이 브라흐마하늘을 아는 것입니다."

세존께서 말씀하셨다.

"브라흐마하늘이여, 만약 어떤 사문이나 브라마나가 땅에 대하여 땅이라는 생각이 있어 '땅은 이 나[我]다, 땅은 내 것이다, 나는 땅의 것이다'라고 한다면, 그는 땅은 이 나라고 헤아린 뒤에는 곧 땅을 바로 알지 못한다.

이와 같이 물 · 불 · 바람 · 신 · 하늘 · 내는 주인 · 브라흐마하늘 · 번뇌 없는 하늘 · 뜨거움 없는 하늘에 대하여 또한 그러하다.

깨끗함에 대하여 깨끗하다는 생각이 있어 '깨끗함은 이 나다, 깨끗함은 내 것이다, 나는 깨끗함의 것이다'라고 한다면, 그는 깨끗함은 이 나라고 헤아린 뒤에는 곧 깨끗함을 바로 알지 못한다.

브라흐마하늘이여, 만약 어떤 사문이나 브라마나가 땅에서 땅을 안다는 것은 다음과 같다.

'땅은 이 내가 아니다. 땅은 내 것이 아니다. 나는 땅의 것이 아니다.'

그가 '땅은 나다'라고 헤아리지 않은 뒤에야 그는 곧 땅을 알게 된다.

이렇게 물 · 불 · 바람 · 신 · 하늘 · 내는 주인 · 브라흐마하늘 · 번뇌 없는 하늘 · 뜨거움 없는 하늘에 대하여 또한 그러하다.

깨끗함에서 깨끗함을 안다는 것은 다음과 같다.

'깨끗함은 이 내가 아니다. 깨끗함은 내 것이 아니다. 나는 깨끗함의 것이 아니다.'

그가 '깨끗함은 나다'라고 헤아리지 않은 뒤에야 그는 곧 깨끗함을 알게 된다.

브라흐마하늘이여, 나는 땅에서 곧 땅을 안다. 곧 '땅은 내가 아니다. 땅은 내 것이 아니다. 나는 땅의 것이 아니다'라고 알고, 나는 '땅은 곧 나다'라고 헤아리지 않으므로 나는 곧 땅을 안다.

이렇게 물 · 불 · 바람 · 신 · 하늘 · 브라흐마하늘 · 번뇌 없는 하늘 · 뜨거움 없는 하늘에 대하여 또한 그러하다.

깨끗함에서 깨끗함을 안다. 곧 '깨끗함은 이 내가 아니다. 깨끗함은 내 것이 아니다. 나는 깨끗함의 것이 아니다'라고 알고, 내가 '깨끗함은 나다'라고 헤아리지 않으므로 나는 곧 깨끗함을 안다."

브라흐마하늘왕이 있음의 견해 끊어진 세존을 찬탄하고 신통을 보이자, 다시 세존께서 모습 없는 신통을 보이심

이에 브라흐마하늘은 세존께 말씀드렸다.

"큰 선인이여, 이 중생들은 있음[有]을 사랑하고 있음을 즐기며, 있음을 익힙니다. 무니께서는 이미 있음의 뿌리를 빼셨습니다.

왜냐하면 곧 여래 · 집착이 없는 이 · 바르게 깨친 분이기 때문입니다."

그는 게송으로 말하였다.

있음에서 두려움을 보는 것이니
있음이 없으면 두렵지 않음 보네.
그러므로 있음을 즐기지 않으니
있음을 어떻게 끊지 않으리.

"큰 선인이시여, 저는 지금 스스로 모습을 숨기려 합니다."

세존께서는 말씀하셨다.

"브라흐마하늘이여, 그대가 만약 스스로 모습을 숨기고자 하거든 하고 싶은 대로 따라 하라."

이에 브라흐마하늘은 곧 있는 곳에서 스스로 모습을 숨기었으나, 세존께서는 곧 아셨다.

"브라흐마하늘이여, 그대는 저기 있구나. 그대는 여기 있구나. 그대는 가운데 있구나."

이에 브라흐마하늘은 뜻대로 되는 신통을 나타내어 스스로 모습을 숨기려 했으나 숨길 수가 없어 브라흐마하늘 가운데로 돌아가 머물렀다.

이에 세존께서는 말씀하셨다.

"브라흐마하늘이여, 나도 지금 스스로 모습을 숨기려 한다."

브라흐마하늘은 세존께 말씀드렸다.

"큰 선인이여, 만약 스스로 모습을 숨기고자 하시거든 곧 하고 싶은 대로 따라하십시오."

이에 세존께서는 이렇게 생각하셨다.

'나는 이제 차라리 코끼리 같은 선정의 뜻대로 되는 신통[如其像如意足]을 나타내어 지극히 묘한 밝은 빛을 놓아, 온갖 브라흐마하늘을 비추고, 스스로 숨어 있으면서 모든 브라흐마하늘과 브라흐마하늘의 권속들로 하여금 내 음성만을 듣게 하고 모습은 보지 못하게 하리라.'

이에 세존께서는 곧 코끼리 같은 선정의 뜻대로 되는 신통을 나타내어 지극히 묘한 밝은 빛을 놓아 온갖 브라흐마하늘을 비추고, 곧 스스로 숨어 있으면서 모든 브라흐마하늘과 브라흐마하늘의 권속들로 하여금 그 음성만 듣고 그 모습은 보지 못하게 하셨다.

이에 모든 브라흐마하늘과 브라흐마하늘의 권속들은 제각기 이렇게 생각하였다.

'사문 고타마는 참으로 기이하고 참으로 빼어나시어 큰 뜻대로 되는 신통이 있고 큰 위덕이 있으며, 큰 복됨이 있고 큰 위신력이 있으시다.

왜 그런가. 곧 지극히 묘한 밝은 빛을 놓아 온갖 브라흐마하늘을 비추시고, 스스로 숨어 계시면서 우리들과 권속들로 하여금 다만 그 음성만 듣고 모습은 보지 못하게 하신다.'

이에 세존께서는 다시 이렇게 생각하셨다.

'나는 이미 이 브라흐마하늘과 브라흐마하늘의 권속들을 교화하였다. 나는 이제 뜻대로 되는 신통[如意神通]을 거두어야겠다.'

제자들에게 설법하지 말게 하는 파피야스의 뜻을 꾸중하심

세존께서는 곧 뜻대로 되는 신통을 거두시고 브라흐마하늘 가운데 돌아가 머무셨다.

이에 마라의 왕 또한 두 번 세 번 와서 그 대중 가운데 있었다.

그때에 마라의 왕은 세존께 말하였다.

"큰 선인이여, 잘 보고 잘 알고 잘 통달하였습니다. 그러나 제자들을 깨우치고 가르치지 말며, 또한 제자들을 위하여 설법하지도 말고 제자들에게 집착하지도 마십시오. 제자들에게 집착함으로 말미암아 몸이 무너지고 목숨 마친 뒤에 다른 낮고 천한 음악신들 가운데 태어나지 말고, 함이 없음[無爲]을 행하여 현세에서 안락을 받으십시오.

왜냐하면 큰 선인이여, 이렇게 하는 것은 부질없이 스스로 괴롭게 할 뿐입니다.

큰 선인이여, 옛날에 어떤 사문과 브라마나는 제자를 깨우치고 제자를 가르치며 제자를 위하여 설법하고 제자에게 집착하였습니다.

그는 제자에게 집착함으로 말미암아 몸이 무너지고 목숨 마친 뒤에 다른 낮고 천한 음악신들 가운데 태어났었습니다.

큰 선인이여, 그러므로 나는 당신에게 이렇게 말합니다.

'제자를 깨우치고 제자를 가르치지 말며, 또한 제자를 위하여 설법하지도 말고 제자에게 집착하지도 마십시오. 제자들에게 집착함으로 말미암아 몸이 무너지고 목숨 마친 뒤 다른 낮고 천한 음악신들 가운데 태어나지 말고, 함이 없음을 행하여 현세에서 안락을 받으십시오.

왜냐하면 큰 선인이여, 그대는 부질없이 스스로 괴롭게 하기 때문이오.' "

이에 세존께서는 말씀하셨다.

"악한 마라 파피야스야, 너는 나에게서 바른 뜻[義]을 구해서 말함이 아니고, 요익을 위함이 아니고 즐거움을 위함이 아니며, 안온을 위함이 아니기 때문에 다음과 같이 말하는 것이다.

'제자를 깨우치고 가르치지 말며, 또한 제자를 위하여 설법하지도 말고 제자에게 집착하지도 마십시오. 제자들에게 집착함으로 말미암아 몸이 무너지고 목숨 마친 뒤 다른 낮고 천한 음악신들 가운데 태어나지 말고, 함이 없음을 행하여 현세에서 안락을 받으십시오.

왜냐하면 큰 선인이여, 그대는 부질없이 스스로 괴롭게 하기 때문

이오.'

악한 마라 파피야스야, 너는 이렇게 생각한다.

'이 사문 고타마가 제자를 위하여 설법하면, 저 제자들이 법을 듣고서는 내 경계를 벗어날 것이다.'

악한 마라 파피야스야, 그러므로 그대는 이제 내게 이렇게 말한다.

'제자를 깨우치고 가르치지 말며, 또한 제자를 위하여 설법하지도 말고 제자에게 집착하지도 마십시오. 제자들에게 집착함으로 말미암아 몸이 무너지고 목숨 마친 뒤 다른 낮고 천한 음악신들 가운데 태어나지 말고, 함이 없음을 행하여 현세에서 안락을 받으십시오.

왜냐하면 큰 선인이여, 그대는 부질없이 스스로 괴롭게 하기 때문이오.' "

여래가 참된 아라한이고 바르게 깨친 분임을 보이심

"악한 마라 파피야스야, 만약 어떤 사문이나 브라마나가 제자를 깨우치고 제자를 가르치며, 제자를 위하여 설법하고 제자에게 집착하며, 제자에게 집착하기 때문에 몸이 무너지고 목숨 마친 뒤 다른 낮고 천한 음악신들 가운데 태어났다 하자.

그러면 그 사문이나 브라마나는 그는 사문이 아니면서 사문이라 일컫고, 브라마나가 아니면서 브라마나이라 일컬으며, 아라한이 아니면서 아라한이라 일컫고, 바르게 깨친 분이 아니면서 바르게 깨친 분이라 일컬었던 것이다.

악한 마라 파피야스야, 나는 진실로 사문이면서 사문이라 일컫고, 진실로 브라마나이면서 브라마나라 일컬으며, 진실로 아라한이면서 아라한이라 일컫고, 진실로 바르게 깨친 분이면서 바르게 깨친 분이라 일컫는다.

악한 마라 파피야스야, 만약 내가 제자를 위하여 설법하거나 설법하지 않거나 너는 우선 스스로 떠나가라.

나는 지금 내 스스로 제자를 위하여 설법할 것인가, 제자를 위하여 설법하지 않을 것인가를 안다."

이것이 곧 브라흐마하늘이 청하고, 악한 마라 파피야스가 거스르는 것을 세존께서 그들을 잘 따라 말씀하신 것이다.

그러므로 이 경을 '브라흐마하늘이 붇다께 청한 경'이라 한다.

붇다께서 이렇게 말씀하시자, 브라흐마하늘과 브라흐마하늘의 권속들은 붇다의 말씀을 듣고 기뻐하며 받들어 행하였다.

• 중아함 78 범천청불경(梵天請佛經)

• 해설 •

붇다의 성도 이후 맨 처음 세존께 설법을 청한 하늘신이 브라흐마하늘왕인데, 이 경에서 브라흐마하늘왕은 브라흐마하늘이 곧 항상하여 변치 않은 것이며 가장 빼어난 해탈의 처소라고 집착하는 하늘왕으로 표현된다.

이는 아마 하늘신을 공경하고 브라흐마하늘에 나는 것을 해탈의 끝으로 생각하는 세상 사람들의 뜻을, 섬김 받는 브라흐마하늘왕을 통해 깨뜨리기 위함이리라.

경에서는 '브라흐마하늘이 곧 브라흐만 자체요 복됨이고 가장 높은 이고 잘 짓고 만드는 이이며 중생의 어버이이고 존재의 근원이고 온갖 것 아는 자라고 하는 것'이 곧 마라가 말한 것이라 기술하고 있다.

이것은 곧 브라흐만을 섬기는 세간 중생의 생각이 진실이 아니고 마라의 꿈과 마라의 그물에 빠진 생각임을 깨우치시는 뜻이리라.

설사 수억 년을 살고 한량없는 복을 받는 하늘이 있고 그곳에 사는 중생이 다섯 가지 신통을 갖추었다고 해도, 있음[有]에서 있음의 뿌리를 뽑지 못하고 남[生]에서 나지 않음[不生]을 알지 못하면, 그 하늘의 긴 목숨은 나지 않고 사라지지 않는 지혜의 목숨이 되지 못하고, 그 신통은 있음[有]과 몸[身]의 걸림을 다하지 못한 신통이다.

구해서 얻음이 있고 하고자 함이 있어서, 그 하고자 함에 따름이 있고 큰 얻음이 있으며 아름답고 좋은 곳에 머묾이 있고 빛이 비추어 비추는 바가 있다 하자.

하는 바가 있는 그 자재함과 그 비춤과 그 하고자 함은 참된 해탈의 자재가 아니며, 막힘없는 비춤이 아니고 하지 못함이 없는 하고자 함이 되지 못한다. 하되 함이 없어야[爲而無爲] 하지 않음이 없고[無所不爲] 자재하지 못함이 없는 참된 자재가 되는 것이고, 비추되 비춤이 없어야[照而無照] 비추지 않음이 없는[無所不照] 참된 비춤이 된다. 또한 머물되 머묾이 없어야[住而無住] 머물지 않음이 없고[無所不住] 무너짐이 없는 참된 머묾[眞住]이 된다.

여래만이 함이 없으므로 하지 않음이 없고, 자재함이 없으므로 자재하지 못함이 없고, 비춤에 비추는 바가 없으므로 비추지 않는 바가 없는 분이다. 여래는 나와 내 것이 없으므로 한량없이 알되 앎이 없고, 한량없이 보되 봄이 없으며, 한량없이 분별하되 분별없는 평등에 계시며, 머물되 머묾 없으므로 그 몸과 마음이 두루하지 않음이 없는 분이다.

왜 그런가. 여래는 앎[識]과 알려지는 세계[四大虛空]에서 공함을 깨달아 온갖 모습 있는 경계에서 늘 모습 없기 때문이고, 나[我]에서 나를 떠나고 내 것에서 내 것을 떠나 참으로 나와 내 것에 막힘없는 두루한 몸을 성취하였기 때문이다.

여래의 설법을 듣고, 스스로 가장 높고 가장 존귀하다 생각하고 머물고 있는 세계가 참으로 안락한 세계라 생각한 브라흐마하늘이 스스로 의지하고 있는 세계가 덧없음의 세계이고 있음에 갇힌 세계임을 알아, 여래만이 있음에서 있음 떠나 온갖 무거운 삶의 짐을 벗어난 이라 찬탄한다.

여래만이 존재의 실체성에서 벗어난 분인 줄 알지만, 스스로 신통을 보여주기 위해 저 브라흐마하늘이 몸을 숨기었으나 세존이 그 숨은 곳을 아셨다고 하니, 그 뜻은 무엇일까.

그것은 피함이 있고 숨음이 있는 곳은 참된 피난처가 아니기 때문이고, 머묾이 있는 곳은 참으로 안락한 곳이 아니기 때문이다.

여래의 머묾을 브라흐만이라는 하늘이 알지 못하고 그 음성만 들었다는 뜻은 무엇일까.

여래의 머묾은 머묾이 없으므로 머물지 않음이 없고, 여래의 숨음은 모습이 모습 아닌 실상의 처소이므로 드러나되 모습 없고 숨되 드러나지 않음이 없어서 숨음과 드러남이 늘 두렷이 통하기 때문[顯密圓通]이리라.

또 경의 끝에 마라가 여래의 사마디를 인정하면서 여래의 설법을 막는 것은 무엇인가, 사마디의 행이 중생 구제행이 되지 못하고 보디회향(菩提廻向)이 중생회향이 되지 못하는 것이 바로 여래의 뜻이 아니고 마라의 뜻임을 나타낸다. 그러므로 사마디만을 닦고 중생 위해 법을 말하지 않는 것은 바로 마라의 그물에 갇힘이 되고 마라에 걸림이 되는 것이다.

무명과 환상이 실로 있는 것이 아니라 하나인 법계의 진실을 바로 알지 못하는 것[不了一法界]이 무명이다. 그러므로 경에서, 세존께 귀의한 브라흐만의 법을 청함이란 여래가 깨친 법계의 진리에 따르는 행[稱法界行]이고, 파피야스의 거스르는 뜻이란 한 생각 법계의 뜻을 거스르는 환상이다. 그러므로 환상이 환상인 줄 알면 파피야스가 곧 여래의 법계행을 따르는 자가 되는 것이니, 마라가 공하고 번뇌가 공한 곳이 여래의 진리의 땅인 것이다.

『화엄경』(「세주묘엄품」)에서는 여래께 귀의한 하늘왕의 깨달음을 다음과 같이 말한다.

> 여래의 법의 몸은 부사의하여
> 그림자가 갖가지 모습 나눔과 같아
> 법계와 평등하여 차별 없으사

곳곳에서 온갖 법 밝혀 보이시니
고요한 빛 하늘의 해탈문이네.

如來法身不思議　如影分形等法界
處處闡明一切法　寂靜光天解脫門

온갖 세간의 참된 인도자께선
고통바다 빠져 있는 중생을 위해
건져줌 되고 돌아갈 되어주시려
고통받는 이 세간에 나타나시사
중생에게 안락한 곳을 보여주시니
봉우리 달의 신은 이 뜻으로
법의 문에 깊이 깨쳐 들었네.

一切世間眞導師　爲救爲歸而出現
普示衆生安樂處　峰月於此能深入

3 땅을 의지한 여러 신들의 여래와 여래법의 찬탄

• 이끄는 글 •

중생의 업과 중생의 마음이 한량없으므로 세계가 한량없고, 다시 세계가 한량없으므로 중생이 한량없고, 중생이 한량없으므로 중생의 업과 마음이 한량없다. 비록 중생세계는 실로 남이 없고 사라짐이 없되, 업의 인연을 따라 남이 없이 나고 사라짐 없이 사라져 한량없는 중생과 세계가 연기한다.

사람 세상은 사람 세상만으로 고립되어 있지 않다. 사람 세상에 하늘과 땅, 끝없는 우주가 함께하고 사람 세상에 지옥 · 아귀 · 축생 · 아수라 · 하늘, 붇다와 온갖 현성의 세계가 함께하니, 온갖 세계는 지금 보고 듣고 아는 나의 한 생각[一念]을 떠나지 않는다. 한 생각 속에 다함없는 세계가 있고 한량없는 뭇 삶들이 있다.

여래는 지금 사람의 인연으로 오시어 사람의 몸으로 계신다. 그러나 여래는 사람에서 사람을 벗어난 '사람의 영웅'이고 '하늘과 사람의 큰 스승'이시니, 여래의 한 음성을 하늘신은 하늘의 소리로 알아듣고 귀신은 귀신의 소리로 알아듣는다.

고통바다에 허덕이는 뭇 삶들을 괴로움에서 니르바나의 저 언덕에 이끄는 여래의 설법은, 하늘이 하늘을 벗어나는 길이고 지옥 중생이 지옥의 고통을 벗어나는 길이며 귀신이 귀신의 몸에서 벗어나는 길이다.

왜 그런가. 여래가 가르치시는 연기법에서 보면 저 한량없는 세계도 있되 공하고 한량없는 중생도 있되 공하며, 지금 설법 듣는 중생의 한 생각도 있되 공하여, 지금 미망과 번뇌에 빠진 중생의 닫힌 삶 가운데 막힘없고 걸림 없는 법계의 길[法界路]이 있고 보디의 길[菩提路]이 있기 때문이다.

그러므로 중생이 마음을 열면 하늘 중생은 하늘에서 여래를 뵙고 지옥 중생은 지옥에서 여래를 뵙게 되니, 『화엄경』(「도솔궁중게찬품」兜率宮中偈讚品)은 이렇게 말한다.

비유하면 뜻 따르는 구슬이
중생의 마음 채울 수 있듯
모든 붇다의 법 이와 같아
온갖 바람 모두 채워주시네.

譬如隨意珠　能滿衆生心
諸佛法如是　悉滿一切願

한량없는 국토 가운데
큰 인도자 세간에 나시어
그 원의 힘을 따르므로
시방에 널리 응해주시네.

無量國土中　導師興於世
隨其願力故　普應於十方

기특하다 아이들아
나를 따라 붇다를 찬탄하는구나

이와 같이 나는 들었다.

한때 붇다께서는 마가다 국 사람 세상을 노니시다가 대중들과 함께 푸나바수(Punabbasu)라는 귀신의 어미가 살고 있는 곳에서 묵으시게 되었다.

그때 세존께서 여러 비구들을 위해 네 가지 거룩한 진리에 서로 응하는 법[四諦相應法], 곧 괴로움의 거룩한 진리, 괴로움 모아냄의 거룩한 진리, 괴로움 사라짐의 거룩한 진리, 괴로움 없애는 길의 거룩한 진리를 연설하셨다.

그때 푸나바수 귀신의 어미가 낳은 두 어린 귀신, 아들 푸나바수와 딸 웃타라(Uttarā)가 밤에 울었다. 그때 푸나바수 귀신의 어미는 그 아들과 딸을 가르치기 위해 게송을 읊었다.

귀신 어미가 게송으로 세존께 귀의하도록 깨우치자
그 아이들이 함께 따름

너 푸나바수와 웃타라야,
제발 울음 그쳐 그만 울어라.
저 여래가 설하시는 법을
내가 들을 수 있도록 하여라.

어버이라고 자기 아이들을
괴로움 벗어나게 할 수는 없다.
여래께서 설하시는 법을 들어야
그 괴로움 벗어날 수 있으리.

세상 사람들은 애욕만을 따르므로
온갖 괴로움의 내몰림 받는다.
여래께선 그들 위해 법을 설하여
나고 죽음을 깨뜨려 부수시네.
내 이제 그 법을 듣고자 하니
너희들은 잠자코 있어야 한다.

그때 푸나바수와 딸 웃타라는
모두 그 어미의 타이름을 받아
잠자코 고요히 설법 들으며
그들 또한 어미에게 말했도다.

좋습니다. 저희들도 어머니처럼
세존 설법 듣기를 좋아합니다.
바르게 깨달으신 세존께서는
이 마가다 국의 빼어난 산에서
모든 중생의 무리들을 위해
괴로움 벗어나는 법 연설하시네.

괴로움과 괴로움의 모아냄과
괴로움의 사라짐과 없애는 길
이 네 가지 거룩한 진리 따르면
안온히 니르바나에 나아가나니
지금 세존께서 말씀하시는 법을
어머니는 다만, 잘 들으십시오.

그때 푸나바수 귀신의 어미가 곧 게송으로 말하였다.

기특하다, 지혜로운 아이들아
내 마음을 잘 따라주는구나.
내 아들 푸나바수야, 너는 오늘
길잡이신 붇다를 잘 찬탄하였다.

푸나바수야 그리고 웃타라야
따라 기뻐하는 마음을 내어라.
나는 이미 거룩한 진리 보았나니.

그때 푸나바수 귀신의 어미가 이 게송을 말하자, 그 아들과 딸은 따라 기뻐하면서 잠자코 있었다.

• 잡아함 1322 부나바수경(富那婆藪經)

• 해설 •

왜 여래를 법왕이라고 말하는가. 온갖 모든 법 모든 생각이 있되 그 있음이 있음 아님을 깨달아, 으뜸가는 진리의 뜻에서 움직임 없이[於第一義不動] 온갖 모든 법에서 자재하기 때문이다.

그러므로 법왕인 여래가 한 음성으로 설법하면 온갖 삶들의 무리는 각기 자기말로 여래의 음성을 알아듣고 여래의 가르침을 받아들인다.

귀신 가운데 뛰어난 땅의 신들은 신통까지 지니고 있는데 어찌 여래의 말을 알아듣지 못하겠는가. 법왕의 말을 알아들으면 알아듣는 그때 법왕의 법의 재물[法財]을 얻어 니르바나의 길에 이르를 수 있다.

붇다의 몸은 모습 없지만 모습 없음도 없어 중생은 업의 힘 따라 여래의 모습을 보고 해탈의 길에 나아갈 수 있으니, 『화엄경』(「도솔궁중게찬품」)은 이렇게 말한다.

붇다의 몸은 안에 있지 않고
또한 다시 밖에 있지도 않네.
신묘한 힘 때문에 나타나니
인도자의 법 이와 같도다.

佛身不在內　亦復不在外
神力故顯現　導師法如是

세간의 크신 인도자께서
여러 중생의 무리들이
앞세상 쌓은 업을 따라서
이와 같은 갖가지 몸
보여주심 각기 같지 않네.

隨諸衆生類　先世所集業
如是種種身　示現各不同

울지 마라 아들아, 저 비구의 법구 알면 귀신의 길을 벗어나리라

이와 같이 내가 들었다.

한때 붇다께서는 라자그리하 성 칼란다카 대나무동산에 계셨다.

그때 존자 아니룻다는 마가다 국 사람 사이를 노닐어 다니다가 피양카라(Piyaṅkara) 귀신 어미가 사는 곳에서 자게 되었다.

그때 존자 아니룻다는 새벽에 몸을 단정히 해 바르게 앉아, 우다나(Udāna, 無問自說)와 파라야나(巴 Pārāyana), 진리를 바르게 본 법의 노래[見眞諦, 法句偈], 여러 상좌들이 설한 게송, 비구니가 설한 게송, 실라(śila)의 게[尸路偈, 頌]와 뜻을 말한 품[義品], 무니(mūri)의 게[牟尼偈], 수트라(sūtra)를 모두 두루 외웠다.

귀신 어미가 우는 아이를 꾸짖어 아니룻다 존자의 경 외움을 듣게 함

그때 피양카라 귀신의 아들이 밤에 울었다. 피양카라 귀신의 어미는 그 아들에게 게송을 읊어 꾸짖고 그치게 하였다.

피양카라 귀신 아들아
너는 지금 울지 말고
저 비구께서 외우는
진리의 게송 들어라.

만약 저 법의 구절을 알면
스스로 계 지님을 보살펴
산목숨 죽임을 멀리 여의고
진실만 말해 거짓말 않으며
바른 뜻 아니면 스스로 버려
귀신의 길에서 해탈하리라.

피양카라 귀신의 어미가 이 게송을 읊자, 피양카라 귀신의 아들은 곧 울음을 그쳤다.

• 잡아함 1321 비릉가경(毘陵伽經)

• 해설 •

여래의 가르침이 법계의 진실을 보이고 해탈의 길을 열어 보이므로, 여래의 가르침을 외우는 비구의 경 읽는 소리, 게송 외우는 소리만 들어도 지옥 중생은 지옥의 고통 벗어나고 귀신의 길에 묶인 이들은 귀신의 길에서 벗어날 수 있다.

하물며 법구(法句)를 외우는 저 비구가 이미 하늘눈[天眼]을 얻고 네 곳 살핌[四念處]의 지혜로 깊은 사마디를 얻은 아니룻다인데, 아니룻다의 경 외우는 소리에 경을 듣는 중생이 어찌 번뇌의 불을 끄고 해탈의 저 언덕에 가지 못하겠는가.

이처럼 법왕이신 세존은 그 가르침을 읽고 외우는 이나 가르침을 듣는 이가 함께 해탈의 땅에 나아가게 되니, 이는 왜 그럴 수 있는가. 여래의 수트라의 가르침은 여래의 지혜인 문자이고, 여래의 지혜는 세계의 실상이며 온갖 공덕의 곳간이자 읽는 중생의 자기진실처이기 때문이다.

『비말라키르티수트라』는 나와 중생이 모두 공한 진리의 땅에서 움직임 없이, 중생 위해 가림 없이 법의 재물 베푸는 여래의 행을 이렇게 말한다.

크신 성인 저희들이 이미 보오니
시방 세계 한량없는 모든 국토에
세존의 신통변화 널리 나투네.
그 가운데 모든 붇다 연설하신 법
여기에서 온갖 것 보고 듣사옵니다.

既見大聖以神變　普現十方無量土
其中諸佛演說法　於是一切悉見聞

법왕의 법의 힘은 뭇 중생 넘어
법의 재물 온갖 중생에 늘 베푸니
모든 법의 모습들 잘 분별하지만
으뜸가는 진리의 뜻엔 움직임없네.

法王法力超群生　常以法財於一切
能善分別諸法相　於第一義而不動

『화엄경』(「입법계품」) 또한, 여래가 한 음성으로 법을 설하면 하늘은 하늘의 음성으로 법을 듣고 용과 신은 용과 신의 음성으로 법을 들어 해탈의 문에 들어가게 됨을 이렇게 가르친다.

온갖 것 멀리 떠나 허공 같지만
붇다께선 방편으로 분별하시사
여래는 이와 같이 법바퀴 굴리어
시방의 모든 국토 널리 떨치네.

一切遠離如虛空　佛以方便而分別
如來如是轉法輪　普震十方諸國土

용과 신 등 여덟 부류 여러 무리 중생들

사람인 듯 사람 아닌 부류 브라마나하늘신
샤크라인드라왕과 세간 보살피는 신
그 밖의 여러 하늘신 무리들에게
붇다께서는 한 음성으로 법을 설하사
그 부류 따라 가르침을 다 알도록 하네.

龍神八部人非人　梵釋護世諸天衆
佛以一音爲說法　隨其品類皆令解

여래께서는 얼굴에서 큰 빛을 놓아
팔만 사천 많은 수를 갖추시었네.
말씀하신 법문 또한 이 같아
세계를 널리 비추어 번뇌 없애네.

如來面門放大光　具足八萬四千數
所說法門亦如是　普照世界除煩惱

4 새와 바람도 여래를 공경해야 하나니

• 이끄는 글 •

연기법은 온갖 존재의 실상을 밝힐 뿐 아니라 뭇 삶들을 니르바나의 저 언덕에 이끄는 해탈의 법이다. 여래의 위없는 보디밖에 하늘도 없고 땅도 없으며 하늘신도 없고 길짐승 날짐승도 없고 지옥중생도 없다.

하늘신이 보면 여래는 '하늘신의 스승'이며, 사람이 보면 '사람의 영웅'이고 '사람 가운데 사자 같으신 분'이며, 지옥중생에게는 지옥의 고통을 건져주시는 분이고, 축생에게는 축생의 몸을 벗게 하는 진리의 등불[法燈]이다.

그러므로 여래가 법을 설하면 사람만 법을 듣는 것이 아니라 하늘·용·야크샤·마후라가·가루라·긴나라·간다르바도 그 법을 듣고 함께 기뻐하고 지저귀는 새도 찬탄의 노래 부른다.

그래서 여래가 사마디에 들면 나무도 여래의 몸에 그늘을 드리워 거룩한 분의 선정을 도우며, 여래의 위신력 앞에 땅도 여섯 가지로 떨려 움직이고 하늘도 꽃비를 내려 여래를 축복하고 여래의 설법을 찬탄한다.

여래는 온갖 모습에서 모습을 떠나므로 모습을 거두지 않음이 없고, 모습에 막히지 않는 여래의 자비는 미치지 않는 곳이 없다.

죽음의 병을 안으며 번뇌의 불에 타는 중생 그 누구인들 죽음의 병을 낫게 해주고 삼계의 불타는 집[三界火宅] 밖으로 이끌어내주시는 크신 의왕[大醫王] 크나큰 인도자[大導師]에게 경례하지 않을 것인가.

『비말라키르티수트라』는 '나고 죽음의 병에 빠진 뭇 삶들의 죽음의 병 없애주는 큰 의왕께 공경히 절해야 함'을 이렇게 말한다.

삼계 모든 중생의 인도자께선
이 묘한 법으로 뭇 삶들 건지시니
가르침 한 번 받아 물리지 않으면
늘 고요하여 움직임이 없으리.
여래는 늙음과 병듦과 죽음
건네주시는 크신 의왕이시니
여래의 진리바다 끝없는 덕에
온갖 중생 공경히 절해야 하리.

以斯妙法濟群生　一受不退常寂然
度老病死大醫王　當禮法海德無邊

『화엄경』(「여래현상품」如來現相品) 또한 여래에 대한 예배를 다음과 같이 가르친다.

여래께서 큰 음성 떨쳐 외치사
그 소리 시방 세계 두루하시고

널리 적멸의 법 넓게 펼치어
중생 마음 즐거워함을 따라서
갖가지 방편으로 깨닫게 하네.

大音震吼遍十方 普爲弘宣寂滅法
隨諸衆生心所樂 種種方便令開曉

지난 옛날 모든 파라미타 닦으사
그 행을 모두 두렷이 채우시고
천 세계 티끌 수 중생에 평등하게
온갖 공덕의 힘 모두 이루셨으니
너희들은 반드시 여래 계신 곳에 가
같이 우러러 공경히 절해야 하리.

往修諸度皆圓滿 等於千刹微塵數
一切諸力悉已成 汝等應往同瞻禮

여래의 한 음성은 한량없어서
중생 위해 수트라를 연설하심은
깊고 깊으며 넓고 큰 바다와 같네.
중생 마음 응해 묘한 법 널리 비내리니
지혜 복덕 모두 갖추신 세존께
반드시 가서 뵙고 절해야 하리.

如來一音無有量 能演契經深大海
普雨妙法應群心 彼兩足尊宜往見

울루카 새여 여래의 발자국 어지럽히지 마라

이와 같이 내가 들었다.

한때 붇다께서는 코살라 국 사람 사이를 노닐어 다니시다가 어느 숲속에 계셨다.

그때 한 하늘신이 그 숲을 의지해서 살고 있었는데, 붇다의 가신 자취를 보고서 머리를 숙여 자세히 살피면서, 붇다 생각하는 선정[佛念]을 닦았다.

그때 울루카 새가 길을 가다가 붇다의 발자국을 밟으려고 하였다. 그때 하늘신이 곧 게송으로 말하였다.

그대 지금 울루카 새여
동그란 눈을 하고서
나무 사이 깃들어 살며
여래의 거룩한 자취
어지럽히지 말아라.
그리하여 붇다 생각하는
나의 선정 무너뜨리지 말라.

그때 그 하늘신은 이 게송을 외우고는 잠자코 붇다를 생각하였다.

• 잡아함 1349 우루조경(優樓鳥經)

• 해설 •

여래의 발자취 여래의 목소리 여래의 거룩한 몸이 여래의 참된 진리의 몸이 아니지만, 발자취와 목소리와 거룩한 몸을 떠나서도 여래의 진리의 몸은 없다.

오히려 발자취와 거룩한 음성과 상호를 통해 그 모습에 모습 없음을 알면 여래의 보디에 나아가고 여래의 참된 몸에 나아간다.

여래의 자취를 생각해 여래 생각함의 선정으로 여래의 보디에 나아가는 하늘신에게 여래의 발자취 어지럽히는 울루카 새는 선정을 어지럽히는 훼방꾼으로 보일 것이다.

또 사마디 들어 계신 여래를 공경히 우러르는 이에게는 여래께서 앉아 계신 파탈리 나무가 꽃을 떨어뜨리면 부는 바람이 사마디에 드신 여래께 공양 올리는 모습으로 비칠 것이다.

여래의 보디와 사마디는 법계진리인 사마디이니, 사마디에 계신 여래께 저 산과 강 넓은 땅 꽃과 나무 비와 바람인들 어찌 장애가 되고 맞섬이 될 것인가.

여래의 보디와 사마디에는 한 중생도 밖이 없고, 밖이 없으므로 버림이 없으니, 여래의 사마디 속 나는 새 기는 짐승뿐 아니라 저 사악한 하늘의 마라까지라도 끝내 고개 숙여 절하게 되리라.

바람마저 꽃을 떨어뜨려 여래를 공양하네

이와 같이 내가 들었다.

한때 붇다께서는 코살라 국 사람들 사이에서 계시다가 한 숲속에 머무셨다.

파탈리 나무 밑에 의지해 계셨는데, 그때 한 하늘신도 그 숲 가운데 살고 있으면서 곧 게송으로 말하였다.

오늘 바람이 갑자기 일어
파탈리 나무에 불어와
파탈리 꽃 떨어뜨려서
여래께 받들어 올리는구나.

그때 그 하늘신은 이 게송을 읊고 나서 잠자코 머물러 있었다.

• 잡아함 1350 파타리경(波吒利經)

• 해설 •

바람과 나무마저 여래께 공양 올린다는 이 경의 말을 어떻게 이해해야 할까. 『비말라키르티수트라』「불국품」의 이야기를 살펴보기로 한다. 거기에서는 장자의 아들 보적(寶積)이 세존께 일산을 바치니, 그 보배 일산 가운데 삼천대천세계가 나타나고 산하대지와 붇다의 설법 하늘과 용의 궁전이다 나타났다고 했다.

보적의 일산은 지금 보적의 손에 있는 작은 물건인데, 그 가운데 삼천대천세계에 나타나고 여래의 설법이 나타나고 다른 곳 중생의 세계가 나타났다는 뜻을 어떻게 받아들여야 할까.

이 말을 통해 우리는 바로 여래의 보디와 세존께 바치는 보적의 깨끗한 믿음의 마음 가운데는 정신과 물질, 중생과 세계, 하나와 여럿이 서로 걸림 없고 막힘 없음을 보아야 할 것이다.

이처럼 여래의 사마디 가운데서는 세계와 중생이 오직 여래의 사마디인 세계와 중생이니, 저 새와 바람마저 여래를 공경하고 공양한다는 말을 어찌 거짓된 말이라 할 것인가.

『비말라키르티수트라』의 게송은 다음과 같이 말한다.

마음의 행 평등하여 허공 같으니
사람 속 보배이신 분 말씀을 듣고
그 뉘라서 공경히 받들지 않으리.
지금 세존께 작은 일산 바치오니
그 가운데 삼천세계가 나타나네.

心行平等如虛空　孰聞人寶不敬承
今奉世尊此微蓋　於中現我三千界

여러 하늘 용신이 살고 있는 궁
간다르바와 야크샤가 살고 있는 곳
세간의 있는 것 모두 볼 수 있으니
이는 열 가지 힘 갖춘 세존이
자비로 이 변화를 나툰 것이네.

諸天龍神所居宮　乾闥婆等及夜叉
悉見世間諸所有　十力哀現是化變

뭇 사람들 드문 일을 바라보고서
뭇 사람들 모두 붇다 찬탄하나니
지금 나도 공손히 머리 숙여서
삼계의 높은 이께 절하옵니다.
큰 성인이신 법의 왕께서는
뭇 사람이 돌아가는 곳이니
깨끗한 마음으로 붇다를 살피면
모두 기뻐하지 않음이 없네

衆都稀有皆歎佛　今我稽首三界尊
大聖法王衆所歸　淨心觀佛靡不欣

세간에 집착 않음 연꽃과 같아
늘 비어 고요한 행에 잘 들어가서
법의 모습 걸림 없음 밝게 통달하시니
허공같이 의지하는 바 없는 분께
머리 숙여 지심으로 절하옵니다.

不著世間如蓮華　常善入於空寂行
了達法相無罣礙　稽首如空無所依

제2장

붇다는
브라마나 가운데 브라마나

"철없고 어리석은 이여, 그대가 어찌 알 수 있으리.
저 아라한의 말씀으로 보면, 온갖 모든 행은 덧없어서
이것이 나고 사라지는 법이네.
나는 것은 다시 없어지니 나고 사라짐이 모두 고요함,
이것이 참된 즐거움이네."

• 이끄는 글 •

브라마나들에게 브라흐만(Brahman)은 온갖 존재를 내는 오직 하나인 자[Tad Ekam]이고 온갖 존재가 돌아가는 곳이며 온갖 선(善)의 근원이다. 그 브라흐만의 절대신에 제사하고 공양하며 그 신성에 하나되는[梵我一如] 선정으로 살아가는 브라마나(brāhmaṇa)는 가장 높은 계급이고 신성한 계급이며 거룩한 일을 맡아 하는 이[聖職者]이다.

붇다의 연기론은 세계를 일으키고 거두어들이는 '하나인 자'가 존재하지 않는다고 말하고, 돌아가고 합일해야 할 하나인 것이 공하다고 가르치므로, 붇다는 브라흐만의 절대신성과 브라마나의 거룩한 계급으로서 선택받음을 부정하는 분이다.

그러나 붇다는 세간의 높음이 높음이 아니고 낮음이 낮음이 아님을 깨달아 그 마음이 높고 낮음에 평등한 분이므로 가장 높으신 분[法中王 最高勝]이고, 나와 내 것, 주체 · 객체가 공한 줄 알므로 모든 모습의 장애를 떠나 참으로 널리 두루함[普遍]을 실현하신 분이다.

또 선과 악이 공한 곳에서 지음 없이 착한 일을 짓는 분이므로 참으로 범행을 성취하신 분이고, 시방 모든 곳에 널리 자비의 마음을 행하시므로 늘 한량없는 마음[無量心]을 행하신 분이며, 중생에게 해탈의 길을 가르치어 법으로 세간에 공양하는 분이므로 늘 베풀어 줌과 널리 거둠의 삶을 사시는 분이다.

붇다는 브라흐만을 깨뜨려 참된 브라마나가 되신 분이고, 사람을 깨뜨려 참으로 사람의 스승이 되신 분이며, 하늘을 깨뜨리고 지옥을 깨뜨려 하늘과 지옥중생의 스승이 되신 분이니, 저 하늘신들이 세존을 '브라마나 가운데 브라마나'라 찬탄하는 것이다.

『화엄경』(「세주묘엄품」)은 여래께 귀의해서 깨달은 하늘신들이 스스로 깨달아 증험한 대로 여래의 공덕을 찬탄한 노래로 채워져 있으니, 마하브라흐마하늘신들[大梵天衆]은 이렇게 노래한다.

붇다의 몸 허공 같아 다할 수 없어서
모습 없고 걸림 없어 시방에 두루하네.
중생에 응해 나타낸 것 변화와 같으니
변화하는 소리왕은 이 도 깨쳤네.

佛身如空不可盡　無相無礙遍十方
所有應現皆如化　變化音王悟斯道

여래의 몸의 모습 끝이 없으며
지혜의 음성 또한 이와 같아서
세간에서 모습 나투되 집착 없으니
빛나는 하늘왕은 이 문에 들었네.

如來身相無有邊　智慧音聲亦如是
處世現形無所著　光耀天王入此門

법왕은 묘한 법의 궁전 편히 계시며
법신의 밝은 빛이 비추지 않음 없네.
법의 성품 견줄 수 없고 모습 없으니
이는 바다 소리왕의 해탈이로다.

法王安處妙法宮　法身光明無不照
法性無比無諸相　此海音王之解脫

1 중생의 고통과 윤회의 원인을 깨우쳐주시는 붇다

• 이끄는 글 •

하늘신마저 붇다를 '브라마나 가운데 브라마나'라 하고 '사문 가운데 사문'이라고 찬탄하는 까닭은 무엇인가.

붇다가 참으로 고통바다에 빠져 윤회의 길을 헤매는 중생에게 그렇게 된 원인을 밝혀주고 그 원인이 되는 가시를 빼내주며 밧줄을 끊어주어 중생을 해탈의 저 언덕에 건네주기 때문이다.

해탈과 니르바나는 맨 먼저 고통의 자각과 그 원인에 대한 자각이 있어야만 그 길에 나아갈 수 있다. 하늘신은 하늘신이 아니라 법을 들어 깨달으면 보디사트바인 하늘신이 되는 것이다. 그러므로 이미 진리의 문에 들어선 하늘신들이 저 중생을 대신해 무엇이 고제이며 집제인가를 물어 해탈의 길을 열어주고 중생의 자기전환의 얼굴인 여래의 공덕을 찬송하는 것이다.

앎이 없이 견해를 마쳐 다해야 모든 애착 건너리라

이와 같이 내가 들었다.

한때 붇다께서는 슈라바스티 국 제타 숲 '외로운 이 돕는 장자의 동산'에 계셨다.

때에 하늘사람이 있었는데 얼굴 모습이 아주 아름다웠다. 그는 새벽에 붇다 계신 곳에 와서 머리를 대 붇다의 발에 절하고 한쪽에 물러앉았다.

그러자 온몸의 여러 밝은 빛이 제타 숲 '외로운 이 돕는 장자의 동산'을 두루 비추었다.

때에 그 하늘사람이 게송으로 붇다께 말씀드렸다.

법으로써 잘 조복하여서
모든 견해에 따르지 않으면
비록 다시 잠에 집착하여도
때를 따라 깨칠 수 있으리.

세존께서는 게송으로 대답하셨다.

만약 법으로써 조복하여서
다른 견해들을 따르지 않고

앎이 없이 이미 마쳐 다하면
세간 은혜 애착 건너리라.

때에 그 하늘사람은 다시 게송으로 말하였다.

오래도록 브라마나 보아왔더니
온전한 니르바나 얻으셨어라.
온갖 두려움을 모두 이미 벗어나
길이 세간 은혜 애착 뛰어나셨네.

하늘사람은 붇다의 말씀을 듣고 기뻐하고 따라 기뻐하면서, 머리를 대 붇다의 발에 절하고 곧 사라져 나타나지 않았다.

• 잡아함 580 선조경(善調經)

• 해설 •

여래의 가르침을 듣고 그릇된 견해를 조복했다 해도 잠에 취하고 게으름에 빠져 산다면, 어찌 세간의 은혜 애착 건너 해탈의 언덕에 오를 것인가. 바른 견해로 방일함이 없이 정진해야 니르바나의 성에 들어갈 것이다.

조복해야 할 세간 중생의 그릇된 견해는 크게 두 방향이니, 지금 보이고 있는 사물에 실로 볼 것이 있고 취할 것이 있다고 집착하는 견해와 보이고 들리는 사물은 헛것이고 헛것 너머에 진실한 것이 따로 있다는 견해이다.

붇다의 연기법은 보이고 들리는 사물이 연기이므로 공하되, 공 또한 공하여 사물의 연기가 없지 않음을 가르친다.

가르침을 듣고 그 뜻을 알아듣지만 가르침대로 실천하지 않으면 가르침을 생활화할 수 없고, 가르침을 통해 해탈의 바다에 들어갈 수 없다.

계 · 정 · 혜 삼학의 가르침에서도 사마디의 고요함[定]이 없고 상황에 맞는 윤리적 실천[戒]이 없는 지혜[慧]가 바른 지혜가 될 수 없듯, 비록 바른 법으로 조복하고 그릇된 견해를 따르지 않더라도 그 바른 견해가 정진이 되지 못하면 바른 견해가 될 수 없다.

바른 견해란 저 사물을 보되 보는 사물에 취할 것이 없음을 아는 것이니, 아는 바에 취함이 없으므로 사물을 아는 마음에 마음[無知]이 없되, 앎 없음에 머묾도 없이 온갖 파라미타행 잘 닦아 행하고 봄이 없이 사물을 잘 분별해 알면 세간의 은혜 애착 건너게 될 것이다.

또 온갖 견해와 앎을 뛰어넘어야 견해와 주의주장이 넘치는 세간에서 견해에 물듦 없이 큰 장부가 될 수 있으니, 그와 같은 사람이라야 잘 닦아 행해 끝내 붇다의 경계에 들어가게 되는 것이다.

『화엄경』(「보현행품」普賢行品)은 말한다.

온갖 가장 빼어나 높은 이들은
널리 붇다의 경계에 들게 되나니
닦아 행함 물러나 구름 없어서
위없는 보디 얻게 되리라.

一切最勝尊　普入佛境界
修行不退轉　得無上菩提

탐욕은 머리에 타는 불과 같나니

이와 같이 내가 들었다.

한때 붇다께서는 슈라바스티 국 제타 숲 '외로운 이 돕는 장자의 동산'에 계셨다.

때에 하늘사람이 있었는데 얼굴 모습이 아주 아름다웠다. 그는 새벽에 붇다 계신 곳에 와서 머리를 대 붇다의 발에 절하고 한쪽에 물러앉았다.

그러자 온몸의 여러 밝은 빛이 제타 숲 '외로운 이 돕는 장자의 동산'을 두루 비추었다.

때에 그 하늘사람이 게송으로 붇다께 말씀드렸다.

마치 날카로운 칼이 해침과 같고
또한 머리에 불이 타는 것 같으니
탐욕의 불을 아주 끊어 없애버리고
바른 생각으로 멀리 떠남 구하리.

그때에 세존께서는 게송으로 대답하셨다.

비유하면 날카로운 칼 해침과 같고
또한 머리에 불 붙는 것 같거니

뒤의 받을 있음의 몸 끊어 없애고
바른 생각으로 멀리 떠남 구하라.

때에 그 하늘사람은 다시 게송으로 말하였다.

오래도록 브라마나 보아왔더니
온전한 니르바나 얻으셨어라.
온갖 두려움을 모두 이미 벗어나
길이 세간 은혜 애착 뛰어나셨네.

때에 하늘사람은 붇다의 말씀을 듣고 기뻐하고 따라 기뻐하면서, 머리를 대 붇다의 발에 절하고 곧 사라져 나타나지 않았다.

• 잡아함 586 이검경(利鈐經)

• 해설 •

온갖 존재는 있되 공하니 아는 마음과 알려지는 사물에 실로 취할 것이 없다.

저 보이는 사물의 빛깔과 듣는 소리에 보고 들을 것이 있다고 집착하면, 빛깔과 소리가 나의 삶에 장애가 되고 빛깔과 소리가 날카로운 칼이 되어 내 마음이 다칠 것이다. 그렇게 되면 나의 삶이 위태롭기가 머리털에 불이 붙은 것과 같을 것이다.

보이고 들리는 바에 볼 것이 없음을 알면 보되 봄과 보는 바가 없으니, 아는 마음 또한 고요해져 보고 들음 속에서 걸림과 막힘이 없이 안락할 것이다.

또한 지금 사물을 보는 나[我]에 나가 없으면[無我] 몸[身]에 몸이 없으니, 실로 받을 뒷세상 몸이 없는 것이니, 그는 나고 죽음 속에서 니르바나의 안락함을 누리게 되리라.

어둡고 게을러서 거룩한 도 나타나지 않나니

이와 같이 내가 들었다.

한때 붇다께서는 슈라바스티 국 제타 숲 '외로운 이 돕는 장자의 동산'에 계셨다.

때에 하늘사람이 있었는데 얼굴 모습이 아주 아름다웠다. 그는 새벽에 붇다 계신 곳에 와서 머리를 대 붇다의 발에 절하고 한쪽에 물러앉았다.

그러자 온몸의 여러 밝은 빛이 제타 숲 '외로운 이 돕는 장자의 동산'을 두루 비추었다.

때에 그 하늘사람이 게송으로 붇다께 말씀드렸다.

잠과 졸음에 깊이 빠지고
하품하며 짜증을 내고
너무 먹어 마음이 시끄럽고
게을러 부지런하지 않으면
이 열 가지 중생을 덮어
거룩한 도 나타나지 않네.

그때에 세존께서는 게송으로 대답하셨다.

마음은 잠과 졸음에 빠지고
하품하며 짜증을 내고
너무 먹어 마음이 시끄럽고
게을러서 부지런히 하지 않으면
거룩한 도 나타나지 않으니
부지런히 힘써 닦아 익히는 자
거룩한 도 열어낼 수 있으리.

때에 그 하늘사람은 다시 게송으로 말하였다.

오래도록 브라마나 보아왔더니
온전한 니르바나 얻으셨어라.
온갖 두려움을 모두 이미 벗어나
길이 세간 은혜 애착 뛰어나셨네.

때에 하늘사람은 붇다의 말씀을 듣고 기뻐하고 따라 기뻐하면서, 머리를 대 붇다의 발에 절하고 곧 사라져 나타나지 않았다.

• 잡아함 598 수면경(睡眠經)

• 해설 •

붇다의 도는 사람이 아니되 사람 아님이 아니고, 하늘이 아니되 하늘 아님이 아니다. 그러므로 하늘신이 바른 뜻으로 게으름과 시끄러움 떠난 사마디의 길을 말하면, 저 하늘신의 사마디의 길밖에 붇다의 도가 따로 없다.

깨어 있을 때 보고 들음 속에서 보고 들음에 물들지 않고, 쉬어 잠자는 가운데 캄캄한 잠을 벗어나 본래 밝은 지혜를 떠나지 않으면, 그가 자나깨나 여래의 보디의 길을 잘 따라 행하는 사람이다. 또한 먹고 마심에 탐욕의 마음이 없이 양을 맞춰 잘 먹으며, 늘 부지런하되 고요하고 고요하되 부지런하면 생각생각 걸음걸음 거룩한 붇다의 도가 늘 나타나리라.

용맹스럽게 정진해 니르바나에 나아가는 수행자의 모습을, 『화엄경』(「입법계품」)은 이렇게 표현한다.

그대는 세간 떠나지 않되
또한 세간 집착하지 않아
세간 다님에 걸림 없음이
바람이 허공에 노님 같아라.

汝不離世間　亦不著於世
行世無障礙　如風遊虛空

용맹하게 크게 정진하는 것
굳세고 굳세 움직일 수 없으니
금강 같은 지혜의 사자가
두려움 없이 노닐음이네.

勇猛大精進　堅固不可動
金剛慧師子　遊行無所畏

몇 사람이 잠에서 깨었습니까

이와 같이 내가 들었다.

한때 붇다께서는 슈라바스티 국 제타 숲 '외로운 이 돕는 장자의 동산'에 계셨다.

때에 하늘사람이 있었는데 얼굴 모습이 아주 아름다웠다. 그는 새벽에 붇다 계신 곳에 와서 머리를 대 붇다의 발에 절하고 한쪽에 물러앉았다.

그러자 온몸의 여러 밝은 빛이 제타 숲 '외로운 이 돕는 장자의 동산'을 두루 비추었다.

때에 그 하늘사람이 게송으로 붇다께 말씀드렸다.

몇 사람은 깨어 있음에서 자고
몇 사람은 잠에서 깨었습니까.
몇 사람은 더러운 때를 취하고
몇 사람은 깨끗함 얻었습니까.

그때에 세존께서는 게송으로 대답하셨다.

다섯 사람은 깨어 있음에서 자고
다섯 사람은 잠에서 깨었다.

다섯 사람은 더러운 때를 취하고
다섯 사람은 깨끗함을 얻었다.

때에 그 하늘사람은 다시 게송으로 말하였다.

오래도록 브라마나 보아왔더니
온전한 니르바나 얻으셨어라.
온갖 두려움을 모두 이미 벗어나
길이 세간 은혜 애착 뛰어나셨네.

때에 하늘사람은 붇다의 말씀을 듣고 기뻐하고 따라 기뻐하면서, 머리를 대 붇다의 발에 절하고 곧 사라져 나타나지 않았다.

• 잡아함 1003 각면경(覺眠經)

• 해설 •

탐냄 · 성냄 · 어리석음 · 의심 · 잠과 졸음, 이 다섯 가지 덮음[五蓋]에 지혜가 덮여 어두운 사람이 깨어 있음에서 자는 사람이니, 이것이 다섯 사람이 깨어 있음에서 자는 사람이다.

이 다섯 가지 덮음이 지혜를 덮지 않아 늘 밝은 지혜로 살아가는 사람이 잠에서 깨어 있는 사람이니, 이것이 다섯 사람이 잠에서 깨어 있는 것이다.

빛깔 · 소리 · 냄새 · 맛 · 닿음의 다섯 경계에서 그 경계를 취해 그 마음이 물든 사람이 더러운 때를 취하는 사람이니, 이것이 다섯 사람이 더러운 때 취한 것이다.

빛깔 · 소리 · 냄새 · 맛 · 닿음에 취할바 경계가 공한 줄 알아 보고 듣고 닿아 느끼되 봄이 없고 느낌이 없으면 늘 경계의 물듦에서 마음이 깨끗하니, 이것이 다섯 사람이 깨끗함을 얻은 것이다.

밝은 빛에 지혜를 넘는 것 없네

이와 같이 내가 들었다.

한때 붇다께서는 슈라바스티 국 제타 숲 '외로운 이 돕는 장자의 동산'에 계셨다.

때에 하늘사람이 있었는데 얼굴 모습이 아주 아름다웠다. 그는 새벽에 붇다 계신 곳에 와서 머리를 대 붇다의 발에 절하고 한쪽에 물러앉았다.

그러자 온몸의 여러 밝은 빛이 제타 숲 '외로운 이 돕는 장자의 동산'을 두루 비추었다.

때에 그 하늘사람이 게송으로 붇다께 말씀드렸다.

사랑에는 자식 넘는 것 없고
재물에는 소보다 귀한 것 없네.
밝은 빛엔 해를 넘는 것 없고
살라는 바다를 넘는 것 없네.

그때에 세존께서는 게송으로 대답하셨다.

사랑에는 자기를 넘는 것 없고
재물에는 곡식을 넘는 것 없네.

밝은 빛엔 지혜를 넘는 것 없고
살라는 견해를 넘는 것 없네.

때에 그 하늘사람은 다시 게송으로 말하였다.

오래도록 브라마나 보아왔더니
온전한 니르바나 얻으셨어라.
온갖 두려움을 모두 이미 벗어나
길이 세간 은혜 애착 뛰어나셨네.

때에 하늘사람은 붇다의 말씀을 듣고 기뻐하고 따라 기뻐하면서, 머리를 대 붇다의 발에 절하고 곧 사라져 나타나지 않았다.

• 잡아함 1006 애무과자경(愛無過子經)

• 해설 •

세간의 탐욕에 이성 사이의 애착보다 더한 것 없고, 가정을 꾸리고 살아감에 자식 사랑 넘는 것이 없으며, 재물을 탐착하는 데 농경시대 부를 만들어내는 땅과 소보다 더한 것 없고, 세간 사람이 우러르는 밝음에 저 빛나는 해보다 더한 것 없다.

다시 경의 게송에서 '살라'는 바다를 넘는 것 없다고 했는데, 소리로 옮겨진 살라(薩羅)의 범어를 찾을 수 없다. 다만 글의 흐름상 살라는 가로막힘 건너기 힘든 것의 뜻으로 보아야 하므로 게송의 뜻을 사람의 앞길을 가로막는 살라에는 바다보다 더한 것 없다고 풀이한다.

여래의 눈으로 보면 모든 탐욕은 나[我]가 나 없음[無我]을 모르는 어리석음이 뿌리가 되니 애착은 자기보다 더한 것 없고, 재물의 탐욕도 내 몸 기르는 양식을 넘는 것 없다.

밝은 빛은 밝음과 어두움을 뛰어넘는 지혜보다 빼어난 것 없으며, 사람의 지혜를 가로막는 것은 사물의 진실을 가리는 견해보다 더한 것 없으니, 사물의 진실 가리는 견해란 무엇인가.

주체가 사물을 볼 때 보여지는 사물의 그러함은 연기적 생성 속의 그러함이라 꼭 그러함[必然]이 없지만, 그렇지 아니함[不然]도 없는 그러함인데, 사물의 그러함을 꼭 그러함으로 규정하는 주체의 관념의 틀을 견해라 한다.

안의 꼭 그렇다 함과 보여지는 것의 꼭 그러함을 넘어설 때 마음의 해탈[心解脫]이 이루어진다.

『수랑가마수트라』의 표현대로 하면, 알고 봄에 앎을 세우면[知見立知] 무명의 뿌리가 되고, 알고 봄에 앎이 없으면[知見無知] 곧 니르바나의 길이니, 어찌 니르바나의 길을 버리고 기나긴 밤 윤회의 밤길을 헤매일 것인가.

옛 선사[黃龍心]는 말한다.

눈앞에 아사리가 없고
자리 위에 노승이 없다.
만약 돌이키지 못한다면
부질없는 알음알이를 가지고
조사의 마음 파묻지 말라.

目前無闍梨 座上無老僧
若也轉不得
莫將閑學解 埋沒祖師心

무엇이 세간을 덮고 가립니까

이와 같이 내가 들었다.

한때 붇다께서는 슈라바스티 국 제타 숲 '외로운 이 돕는 장자의 동산'에 계셨다.

때에 하늘사람이 있었는데 얼굴 모습이 아주 아름다웠다. 그는 새벽에 붇다 계신 곳에 와서 머리를 대 붇다의 발에 절하고 한쪽에 물러앉았다.

그러자 온몸의 여러 밝은 빛이 제타 숲 '외로운 이 돕는 장자의 동산'을 두루 비추었다.

때에 그 하늘사람이 게송으로 붇다께 말씀드렸다.

무엇이 이 세간을 덮고 있으며
무엇이 이 세간을 가립니까.
무엇이 중생을 묶고 있으며
어느 곳이 세간을 세웁니까.

그때에 세존께서는 게송으로 대답하셨다.

시들어 늙음이 세간을 덮고
죽음이 세간을 가리고 있으며

애욕이 중생을 묶고 있고
법이 이 세간을 세운다.

때에 그 하늘사람은 다시 게송으로 말하였다.

오래도록 브라마나 보아왔더니
온전한 니르바나 얻으셨어라.
온갖 두려움을 모두 이미 벗어나
길이 세간 은혜 애착 뛰어나셨네.

때에 하늘사람은 붇다의 말씀을 듣고 기뻐하고 따라 기뻐하면서, 머리를 대 붇다의 발에 절하고 곧 사라져 나타나지 않았다.

• 잡아함 1011 암경(掩經)

• 해설 •

한 빛깔 한 냄새도 중도의 실상 아님이 없고, 세간법이 그대로 나고 사라짐 떠난 법계의 진리인데, 무엇이 이 세간의 진실 가리는가.

실로 나고 죽음이 없는 곳에서 나고 죽음을 보므로 삶이 가려지고 닫히며, 몸에 몸 없는 법의 몸을 알지 못하므로 병과 액난이 그 삶을 물들이고 불안에 빠뜨린다. 저 보이고 들리는 경계에 붙잡을 경계의 실체 없음을 알지 못하고 애욕으로 경계를 붙잡아 중생은 경계에 물들고 얽매인다.

아는바 경계에 실로 경계가 없는 줄 깨달으면, 경계에 갇힌 마음이 마음 아닌 마음이 된다.

이 세간이 인연으로 일어나므로 실로 일어남이 없으니, 연기의 법을 깨달으면 저 세간은 다만 덧없는 세간이 아니라 법이 세우는 세간이고 세간이 곧 법의 세간이 된다. 이와 같이 세간을 알아[世間解] 어지러운 세간에 법의 깃발 세우면 그가 세간의 그물 참으로 벗어나게 되니, 연기의 진실 아는 그가 이 세간에서 크나큰 자재[大自在]와 큰 안락[大安樂]을 이루리라.

『화엄경』(「비로자나품」毘盧遮那品)은 세간 가리는 온갖 미혹의 구름 사라진 지혜의 눈과, 지혜의 눈에 드러난 세간의 진실을 다음과 같이 말한다.

> 내가 붇다의 세계바다 살펴보니
> 맑고 깨끗해 크게 밝은 빛이로다.
> 이 세간의 위없는 스승께서는
> 고요하게 보디를 증득하시사
> 법계에 다 널리 두루하도다.
>
> 我觀佛刹海　淸淨大光明
> 寂靜證菩提　法界悉周遍
>
> 나는 반드시 세존께서
> 세계바다 널리 깨끗이 하듯
> 붇다의 위신의 힘으로써
> 보디의 행 닦아 익히리라.
>
> 我當如世尊　廣淨諸刹海
> 以佛威神力　修習菩提行

어떤 법이 중생을 냅니까

이와 같이 내가 들었다.

한때 붇다께서는 슈라바스티 국 제타 숲 '외로운 이 돕는 장자의 동산'에 계셨다.

때에 하늘사람이 있었는데 얼굴 모습이 아주 아름다웠다. 그는 새벽에 붇다 계신 곳에 와서 머리를 대 붇다의 발에 절하고 한쪽에 물러앉았다.

그러자 온몸의 여러 밝은 빛이 제타 숲 '외로운 이 돕는 장자의 동산'을 두루 비추었다.

때에 그 하늘사람이 게송으로 붇다께 말씀드렸다.

어떤 법이 중생을 내며
어떤 것이 앞서 치달립니까.
무엇이 나고 죽음 일으키고
어떤 것에서 해탈 못합니까.

그때에 세존께서는 게송으로 대답하셨다.

애욕이 모든 중생을 내며
뜻이 앞에 있어 치달린다.

중생이 나고 죽음 일으키고
괴로운 법을 해탈하지 못한다.

때에 그 하늘사람은 다시 게송으로 말하였다.

오래도록 브라마나 보아왔더니
온전한 니르바나 얻으셨어라.
온갖 두려움을 모두 이미 벗어나
길이 세간 은혜 애착 뛰어나셨네.

때에 하늘사람은 붇다의 말씀을 듣고 기뻐하고 따라 기뻐하면서, 머리를 대 붇다의 발에 절하고 곧 사라져 나타나지 않았다.

• 잡아함 1016 중생경(衆生經) ①

• 해설 •

여섯 아는 뿌리가 일으키는 앎 가운데 뜻의 앎[意識]이 모든 번뇌의 뿌리가 되어 다섯 감성의 앎[前五識]을 물들인다. 뜻의 앎이 집착하여 탐욕이 일어나 경계를 붙잡으므로 중생의 보고 듣고 아는 것에 삶이 물든다.

나고 죽음이 본래 나고 죽음 아닌 곳에서 나고 죽음을 보므로 중생 아닌 중생이 나고 죽음에 갇힌 중생이 되고, 본래 니르바나되어 있는 진리의 땅을 등지어 나고 죽음에 갇히고 보고 들음에 물든 중생의 삶이 일어난다.

그러므로 모습이 모습 아닌 줄 알고 나고 죽음 가운데 나고 죽음이 본래 공한 줄 알면 중생이 곧 보디사트바가 되고, 괴로운 법에 얽매인 중생이 해탈의 사람이 되니 이것이 브라마나 가운데 브라마나인 크신 사문의 가르침이다.

중생은 무엇을 믿고 의지합니까

이와 같이 내가 들었다.

한때 붇다께서는 슈라바스티 국 제타 숲 '외로운 이 돕는 장자의 동산'에 계셨다.

때에 하늘사람이 있었는데 얼굴 모습이 아주 아름다웠다. 그는 새벽에 붇다 계신 곳에 와서 머리를 대 붇다의 발에 절하고 한쪽에 물러앉았다.

그러자 온몸의 여러 밝은 빛이 제타 숲 '외로운 이 돕는 장자의 동산'을 두루 비추었다.

때에 그 하늘사람이 게송으로 붇다께 말씀드렸다.

어떤 법이 중생을 내며
어떤 것이 앞서 치달립니까.
무엇이 남과 죽음 일으키고
어떤 법을 의지해 믿습니까.

그때에 세존께서는 게송으로 대답하셨다.

애욕이 모든 중생을 내며
뜻이 앞에 있어 치달린다.

중생이 나고 죽음 일으키고
업을 의지해 믿는 것이다.

때에 그 하늘사람은 다시 게송으로 말하였다.

오래도록 브라마나 보아왔더니
온전한 니르바나 얻으셨어라.
온갖 두려움을 모두 이미 벗어나
길이 세간 은혜 애착 뛰어나셨네.

때에 하늘사람은 붇다의 말씀을 듣고 기뻐하고 따라 기뻐하면서, 머리를 대 붇다의 발에 절하고 곧 사라져 나타나지 않았다.

• 잡아함 1017 중생경②

• 해설 •

중생은 중생인 중생이 아니라 업인 중생이다. 업(業)은 자아와 세계 속에서 일어나되 주체의 업이 다시 자아를 규정하고 세계를 업인 세계로 규정한다.

중생의 업이 세계 속에서 일어난 업이므로 그 업이 공한 줄 모르고, 물든 뜻이 이끌어서 업을 짓고, 짓는 업을 의지해 새 업을 지어 업을 따라 굴러가고 나고 죽음에 구르고 구르는 것이다.

업을 짓되 그 업이 온 곳이 없고 이르러 갈 곳이 없는 줄 알면, 나고 죽음 속에서 나고 죽음을 떠나니, 업의 공성을 통달한 자, 그가 중생 아닌 중생 곧 마하사트바(mahā-sattva, 大心衆生)인 것이다.

불꽃처럼 범행 닦으면 모든 허물 벗어나리

이와 같이 내가 들었다.

한때 붇다께서는 슈라바스티 국 제타 숲 '외로운 이 돕는 장자의 동산'에 계셨다.

때에 하늘사람이 있었는데 얼굴 모습이 아주 아름다웠다. 그는 새벽에 붇다 계신 곳에 와서 머리를 대 붇다의 발에 절하고 한쪽에 물러앉았다.

그러자 온몸의 여러 밝은 빛이 제타 숲 '외로운 이 돕는 장자의 동산'을 두루 비추었다.

때에 그 하늘사람이 게송으로 붇다께 말씀드렸다.

어떤 것을 도 아닌 것이라 하며
어떤 것이 밤낮으로 옮겨갑니까.
무엇이 범행을 물들이며
무엇이 세상의 허물됩니까.

그때에 세존께서는 게송으로 대답하셨다.

탐욕을 도 아님이라 하고
목숨이 밤낮으로 옮겨간다.

이성의 애착 범행을 물들이고
이성의 애착 세간의 허물 된다.
불꽃처럼 범행을 닦아가면
모든 작은 그름들 씻어 없앤다.

때에 그 하늘사람은 다시 게송으로 말하였다.

오래도록 브라마나 보아왔더니
온전한 니르바나 얻으셨어라.
온갖 두려움을 모두 이미 벗어나
길이 세간 은혜 애착 뛰어나셨네.

때에 하늘사람은 붇다의 말씀을 듣고 기뻐하고 따라 기뻐하면서, 머리를 대 붇다의 발에 절하고 곧 사라져 나타나지 않았다.

• 잡아함 1019 비도경(非道經)

• 해설 •

세간법은 나되 남이 없고 옮겨 흐르되 옮겨 흐름이 없다. 집착과 탐욕으로 붙잡아 애착하므로 중생의 번뇌와 고통이 일어나는 것이니, 탐욕이 도 아님이라 한다.

탐욕으로 인해 나고 죽음 없는 지혜의 목숨[慧命] 깨닫지 못하고, 밤낮으로 흐르는 목숨줄을 붙들고 윤회의 삶을 살며 이성을 탐착하고 모습을 집착하는 것이다. 그러므로 모습에서 모습 떠나 모습에 물듦 없이 깨끗한 행을 지음 없이 지으면 모든 그름과 거짓됨 떠나 범행을 이미 세운 사람이 되고, 늘 물든 세간 가운데 연꽃처럼 물듦 없는 사람이 되리라.

연기를 보면 불인 줄 안다

이와 같이 내가 들었다.

한때 붇다께서는 슈라바스티 국 제타 숲 '외로운 이 돕는 장자의 동산'에 계셨다.

때에 하늘사람이 있었는데 얼굴 모습이 아주 아름다웠다. 그는 새벽에 붇다 계신 곳에 와서 머리를 대 붇다의 발에 절하고 한쪽에 물러앉았다.

그러자 온몸의 여러 밝은 빛이 제타 숲 '외로운 이 돕는 장자의 동산'을 두루 비추었다.

때에 그 하늘사람이 게송으로 붇다께 말씀드렸다.

어떻게 그것이 수레인 줄을 알고
어떻게 다시 불인 줄 압니까.
어떻게 그 국토를 알고
어떻게 그 아내를 압니까.

그때에 세존께서는 게송으로 대답하셨다.

깃발과 덮개 보면 수레를 알고
연기를 보면 불인 줄 안다.

왕을 보면 그 국토를 알고
남편을 보면 그 아내를 안다.

때에 그 하늘사람은 다시 게송으로 말하였다.

오래도록 브라마나 보아왔더니
온전한 니르바나 얻으셨어라.
온갖 두려움을 모두 이미 벗어나
길이 세간 은혜 애착 뛰어나셨네.

때에 하늘사람은 붇다의 말씀을 듣고 기뻐하고 따라 기뻐하면서, 머리를 대 붇다의 발에 절하고 곧 사라져 나타나지 않았다.

• 잡아함 1022 왕거경(王車經)

• 해설 •

모든 법은 인연으로 일어난다. 그것을 그것이게 하는 법이 있으므로 그것이 있고, 인연으로 일어난 그것 또한 다른 존재의 원인이 되고 조건이 된다. 원인 · 조건 · 결과가 모두 스스로 있는 것이 아니므로 모두 공하되 서로 화합해 그것 아닌 그것이 된다. 원인 · 조건 · 결과가 모두 있되 공하므로 실로 의지함이 없되 서로 어울려 합해 남이 없이 나는 것이다.

수레는 스스로 수레가 아니고 깃발 · 덮개 · 바퀴 · 바퀴대가 어울려 수레가 되니, 수레라는 모아진 모습[總相]은 깃발과 덮개 등 따로 있는 모습[別相]을 떠나지 않는다.

불은 불인 불이 아니라 불씨와 타는 섶과 바람과 허공이 어울려 불이 있으니, 불은 불이 아니고 불 아님도 아니다.

그러므로 깃발과 덮개를 보면 수레를 알고 연기를 보면 불을 알며, 그 왕을 보면 그 나라와 백성의 형편을 알고, 남편을 보면 그 아내를 아는 것이다.

다른 것을 통해서 그 무엇이 되고 다른 것을 통해서 알 수 있는 법은 그것에 그것이 없으니, 온갖 것이 그것 아닌 그것인 줄 알아 지음 없이 바르게 짓고 함이 없이 바르게 나아가며 움직임 속에서 바르게 안정하면 해탈의 길을 알아 니르바나의 저 언덕에 이르게 된다.

『화엄경』(「승수미정상게찬품」昇須彌頂上偈讚品)은 이렇게 말한다.

하나이기 때문에 여럿임을 알고
여럿이기 때문에 하나임을 아네.
모든 법은 실로 의지함이 없지만
다만 어울려 합함 좇아 일어나네.

知以一故衆　知以衆故一
諸法無所依　但從和合起

실로 지음과 짓는 바가 없으나
오직 업의 생각 좇아 생기니
어떻게 이와 같음을 아는가.
이와 다름은 없기 때문이네.

無能作所作　唯從業想生
云何知如是　異此無有故

안으로 그 마음 쉬지 못하면
참된 뉘우침과 쉼이 되지 못하리

이와 같이 내가 들었다.

한때 붇다께서는 슈라바스티 국 제타 숲 '외로운 이 돕는 장자의 동산'에 계셨다.

때에 하늘사람이 있었는데 얼굴 모습이 아주 아름다웠다. 그는 새벽에 붇다 계신 곳에 와서 머리를 대 붇다의 발에 절하고 한쪽에 물러앉았다.

그러자 온몸의 여러 밝은 빛이 제타 숲 '외로운 이 돕는 장자의 동산'을 두루 비추었다.

스스로 허물 뉘우치는 게송을 말함

때에 그 하늘사람이 게송으로 붇다께 말씀드렸다.

늘 말만 해서는 안 되고
또한 한결같이 듣지도 말라.
그러면 도의 자취를 얻어
굳건하고 바르게 뛰어건너리.
사유하여 잘 고요히 하면
모든 마라의 묶음 해탈하리.

행할 수 있음 말해도 좋으나
행하지 않을 것 말하지 말라.
행하지 않을 것 말하는 것
지혜로운 이 그 그름을 아네.
행하지 않을 것 이미 그랬다 하고
짓지 않고서 지었다 말하면
이것은 도적의 그른 짓 같네.

때에 세존께서는 그 하늘사람에게 말씀하셨다.
"그대는 지금 싫어해 꾸짖는 것인가."
하늘사람은 말씀드렸다.
"허물을 뉘우칩니다, 세존이시여.
허물을 뉘우칩니다, 잘 가신 이여."
그때에 세존께서는 빙그레 웃으셨다.

안으로 원한 쉰 참된 뉘우침을 가르치심

때에 하늘사람은 다시 게송으로 말하였다.

저는 지금 허물을 뉘우치건만
세존께선 받아주시지 않으니
안으로 나쁜 마음을 품고
원한 지녀 버리지 않아서인가.

그때에 세존께서는 게송으로 대답하셨다.

말로는 허물 뉘우쳐버렸다 하나
안으로 그 마음을 쉬지 못하면
어떻게 원한을 쉴 수 있으며
무엇을 착함 닦는다 하리.

때에 그 하늘사람은 다시 게송으로 말하였다.

누구에게 그 허물이 없는가.
그 어떤 사람에게 죄가 없는가.
그 누구에게 어리석음 없는가.
그 누가 늘 굳셀 수가 있는가.

때에 그 하늘사람은 다시 게송으로 말하였다.

오래도록 브라마나 보아왔더니
온전한 니르바나 얻으셨어라.
온갖 두려움을 모두 이미 벗어나
길이 세간 은혜 애착 뛰어나셨네.

때에 하늘사람은 붇다의 말씀을 듣고 기뻐하고 따라 기뻐하면서, 머리를 대 붇다의 발에 절하고 곧 사라져 나타나지 않았다.

• 잡아함 1277 혐책경(嫌責經)

• 해설 •

말하기만 하고 들을 줄 모르는 사람은 가르치기만 하고 배울 줄 모르는 사람이고, 듣기만 하고 말할 줄 모르는 사람은 배우기만 하고 가르칠 줄 모르는 사람이다. 말하되 말함 없이 말할 줄 아는 사람이 말하되 들을 줄 알고 가르치되 배우는 사람이다. 듣되 들음 없이 들을 줄 아는 사람이 듣되 말할 줄 알고 배우되 가르치는 사람이다.

그러므로 말함과 들음을 평등히 하고 탐욕의 집을 떠나 바르게 사유하며, 늘 진실을 말하고 말과 행동을 늘 하나되게 해야 한다는 하늘신의 말이 그릇된 말은 아니다.

그 말이 비록 바르나 그 말이 진실된 마음에서 우러나온 말이 아니고 집착을 쉰 사마디의 마음에서 나온 말이 아니라면, 그 말이 어찌 참으로 진실된 말이라 할 것인가.

그러므로 세존은 안으로 온갖 집착과 원한 쉰 마음에서 큰 자비가 나올 수 있으며, 모든 지음 있고 거짓된 마음이 다해 함이 없는 마음에서 착한 행이 나올 수 있음을 가르치시는 것이다.

하늘신이 듣고 그 뜻을 받아들여 참으로 허물없는 이는 위없는 보디의 완성자라고 찬탄하고, 죄 없고 어리석음 없어 위태로운 세간 속에서 무너짐 없이 굳센 이가 세존임을 찬탄한다.

하늘신이 이와 같이 여래의 가르침을 받아들여 여래께 찬탄의 노래를 바치니, 그가 이제 여래의 지혜의 흐름에 들어선 스로타판나의 하늘신인 것이다.

무엇이 내리면 번뇌도 따라 내립니까

이와 같이 내가 들었다.

한때 붇다께서는 슈라바스티 국 제타 숲 '외로운 이 돕는 장자의 동산'에 계셨다.

때에 하늘사람이 있었는데 얼굴 모습이 아주 아름다웠다. 그는 새벽에 붇다 계신 곳에 와서 머리를 대 붇다의 발에 절하고 한쪽에 물러앉았다.

그러자 온몸의 여러 밝은 빛이 제타 숲 '외로운 이 돕는 장자의 동산'을 두루 비추었다.

때에 그 하늘사람이 게송으로 붇다께 말씀드렸다.

무엇이 내리면 따라 내리고
무엇이 높이 들어 오르면
따라서 높이 올라갑니까.
어떤 것이 어린이 소꿉놀이 때
흙덩이를 서로 던짐과 같습니까.

그때에 세존께서는 게송으로 대답하셨다.

애욕이 내리면 따라 내리고

애욕이 높이 치솟아 오르면
번뇌도 따라 오르게 된다.
어리석은 이들의 애욕의 놀이가
아이들이 흙덩이 서로 던짐 같네.

때에 그 하늘사람은 다시 게송으로 말하였다.

오래도록 브라마나 보아왔더니
온전한 니르바나 얻으셨어라.
온갖 두려움을 모두 이미 벗어나
길이 세간 은혜 애착 뛰어나셨네.

때에 하늘사람은 붇다의 말씀을 듣고 기뻐하고 따라 기뻐하면서, 머리를 대 붇다의 발에 절하고 곧 사라져 나타나지 않았다.

• 잡아함 1280 굴하경(屈下經)

• 해설 •

온갖 법은 인연으로 난 법이므로 원인 없이 난 법은 없다. 번뇌로 인해 애착이 나고 애착으로 인해 번뇌가 나서 원인과 결과는 서로 떨어지지 않는다[因果不離].

저 대상의 모습이 모습 아닌 모습인 줄 모르는 어리석음으로 번뇌가 나고 번뇌로 인해 애착이 나지만, 다시 애착으로 인해 번뇌가 나고 애착이 치솟으면 번뇌도 치솟는 것이다.

저 소꿉놀이하는 어린이들이 서로 흙덩이 던지듯 번뇌와 애착이 서로 끌어올리고 서로서로 일으키니, 애착하는바 경계에 취할 모습이 없는 줄 알면 애착과 번뇌, 마음과 경계가 함께 쉬어[心境俱息] 고요할 것이다.

오직 나쁜 업만 막고 막으라

이와 같이 내가 들었다.

한때 붇다께서는 슈라바스티 국 제타 숲 '외로운 이 돕는 장자의 동산'에 계셨다.

때에 하늘사람이 있었는데 얼굴 모습이 아주 아름다웠다. 그는 새벽에 붇다 계신 곳에 와서 머리를 대 붇다의 발에 절하고 한쪽에 물러앉았다.

그러자 온몸의 여러 밝은 빛이 제타 숲 '외로운 이 돕는 장자의 동산'을 두루 비추었다.

때에 그 하늘사람이 게송으로 붇다께 말씀드렸다.

뜻의 망상이 오는 것을
분명하게 막고 막아서
만약 사람이 그 온갖 것 막으면
그것이 내몰지 못하게 하리.

그때에 세존께서는 게송으로 대답하셨다.

뜻의 망상이 오는 것을
분명하게 막고 막아도

반드시 온갖 것 막지 못하니
다만 그 나쁜 업만 막으라.
이런저런 악만 막아버리면
그것이 내몰지 못하게 하리.

때에 그 하늘사람은 다시 게송으로 말하였다.

오래도록 브라마나 보아왔더니
온전한 니르바나 얻으셨어라.
온갖 두려움을 모두 이미 벗어나
길이 세간 은혜 애착 뛰어나셨네.

때에 하늘사람은 붇다의 말씀을 듣고 기뻐하고 따라 기뻐하면서, 머리를 대 붇다의 발에 절하고 곧 사라져 나타나지 않았다.

• 잡아함 1281 차차경(遮遮經)

• 해설 •

뜻의 망상이 나는 것은 그 원인이 무엇인가. 뜻의 앎[意識, mano-vijñāna]은 스스로 뜻의 앎이 아니라 알려지는 바[所緣境]를 안고 앎으로 나는 것[識自體分]이니, 억지로 그 뜻을 막고 막는다 한들 망상을 막지 못한다.

뜻으로 아는바 경계가 경계 아닌 줄 바로 보아 경계 취하는 악업을 그칠 때 망상이 그치는 것이다.

경계를 취하는 헛된 생각은 경계와 마음이 공한 줄[心境俱空] 바로 살필 때 그쳐지는 것이니, 망상은 억지로 그쳐서 그쳐지는 것이 아니다. 망상은 업(業) 가운데 취하는 마음[能取]과 취하는 바[所取]가 모두 공한 줄 알아 망상의 붙잡음을 떠나면[但離妄緣] 곧 쉬는 것이니, 망상이 쉬면 중생의 아는 마음 그 자체가 곧 한결같은 붇다의 지혜인 것[卽如如佛]이다.

그러므로 『화엄경』(「수미정상게찬품」)은 보는바 사물의 차별된 모습이 공해 평등함을 보면 보되 봄이 없어 그 마음이 자재하게 됨을, 이렇게 말한다.

만약 평등하여 다름 없음을 보면
사물에 분별하지 않게 되네.
이렇게 보면 모든 미혹 떠나서
번뇌 없어 자재를 얻게 되리라.

若見等無異　於物不分別
是見離諸惑　無漏得自在

법의 성품은 본래 청정하여
허공처럼 모습 있음이 없네.
온갖 것은 말할 수 없으니
지혜로운 이는 이같이 살피네.

法性本淸淨　如空無有相
一切無能說　智者如是觀

자식도 공해 덧없음을 알아야 하리

이와 같이 내가 들었다.

한때 붇다께서는 슈라바스티 국 제타 숲 '외로운 이 돕는 장자의 동산'에 계셨다.

때에 하늘사람이 있었는데 얼굴 모습이 아주 아름다웠다. 그는 새벽에 붇다 계신 곳에 와서 머리를 대 붇다의 발에 절하고 한쪽에 물러앉았다.

그러자 온몸의 여러 밝은 빛이 제타 숲 '외로운 이 돕는 장자의 동산'을 두루 비추었다.

때에 그 하늘사람이 붇다께 말씀드렸다.

"세존이시여, 구루타 왕의 딸 수파라데사(Supāradeśa)가 오늘 아들을 낳았습니다."

붇다께서는 하늘사람에게 말씀하셨다.

"이것은 좋지 않다. 좋은 것이 아니다."

때에 그 하늘사람은 곧 게송으로 말하였다.

사람은 아들 낳아 즐거움 삼고
세간은 아들 두어 기뻐하네.
어버이가 나이 늙어 시들게 되면
아들은 받들어 모실 수 있는데

고타마께서는 무엇 때문에
아들 낳는 것 좋지 않다 하십니까.

자식에 대한 애착의 괴로움을 보이심

그때에 세존께서는 게송으로 대답하셨다.

그것도 늘 덧없음을 알아야 하니
온전히 공한 쌓임이라 자식 아니네.
아들 낳으면 늘 고달픔 얻지만
어리석은 이 즐겁다 말하네.
그러므로 나는 자식 낳는 것
좋은 일이 아니라고 말하네.

좋지 않은 것을 좋다 생각하고
생각하지 않을 것 생각하면
실로 괴롭지만 즐거운 것 같으니
방일하여 그 일에 밟히게 되네.

때에 그 하늘사람은 다시 게송으로 말하였다.

오래도록 브라마나 보아왔더니
온전한 니르바나 얻으셨어라.
온갖 두려움을 모두 이미 벗어나
길이 세간 은혜 애착 뛰어나셨네.

때에 하늘사람은 붇다의 말씀을 듣고 기뻐하고 따라 기뻐하면서, 머리를 대 붇다의 발에 절하고 곧 사라져 나타나지 않았다.

• 잡아함 1296 구루타왕녀경(拘屢陀王女經)

• 해설 •

자식이 많고 재화가 늘어나면 세간은 그것으로 기쁜 일을 삼는다. 그러나 그 자식에 대한 애착이 불꽃처럼 일어나 애착으로 그 삶이 자재하지 못하고 재물에 대한 탐욕으로 잠 못 이루고 재물 때문에 가족끼리 불화하여 서로 원망하면 자식과 재물이 어찌 꼭 경사가 될 것인가.

저 자식도 다섯 쌓임으로 자식이 된 줄 알고 가지고 있는 재물이 공한 줄 알아, 실로 취할 것이 없는 줄 알면 자식과 재물이 장애가 되지 않을 것이다. 그러나 탐욕과 애착이 불꽃처럼 일어나면 경계에 물든 마음이 나의 삶을 진흙 구덩이에 몰아넣고 가시밭길에 집어넣을 것이다.

그러나 집착하는 대상의 공성을 통달하면 탐욕이 보디사트바의 자비의 마음이 되고 미혹이 지혜가 되고 얽매임의 집이 공적한 진리의 집이 되는 것이다. 아내를 두고 자식을 두어도 탐착 없고 물듦 없이 반야와 방편을 어버이 삼고 법의 기쁨으로 아내를 삼으며, 자비의 마음과 성실함으로 자식 삼는 보디사트바의 삶을 『비말라키르티수트라』는 이렇게 말한다.

지혜파라미타 보디사트바의 어머니요
방편은 아버지니 온갖 모든 큰 인도자
여기에서 나지 않음이 없으시네.

智度菩薩母　方便以爲父
一切衆導師　無不由是生

법의 기쁨 아내 되고 자비 마음 딸이 되며
성실한 착한 마음이 좋은 아들이 되니

마쳐 다함마저 공해 고요함은 집이 되네.

法喜以爲妻　慈悲心爲女
善心誠實男　畢竟空寂舍

뭇 번뇌의 티끌로 제자 삼아 뜻 따라 굴려서
서른일곱 실천법으로 선지식을 삼으면
이로 말미암아 바른 깨침 이루도다.

弟子衆塵勞　隨意之所轉
道品善知識　由是成正覺

애욕의 물에 젖지 않고 번뇌의 불과 재난의 바람이 닿지 않는 여래의 땅에 머무는 이는 그 스스로 중생을 권해 애욕의 강물을 건너 진리의 땅에 들게 할 수 있으니, 『화엄경』(「광명각품」光明覺品) 또한 이렇게 말한다.

붇다의 보디에 향하도록 권할 수 있으면
법계 그대로의 온갖 지혜에 나아가리라.
붇다의 진리의 처소에 머무는 이는
중생을 잘 교화해 진리에 들게 하니
이는 붇다의 마음에 머무는 이가
중생 위해 나타내는 방편의 힘이네.

有能勸向佛菩提　趣如法界一切智
善化衆生入於諦　此住佛心方便力

어떤 사람과 같이 일하고 함께 지내야 합니까

이와 같이 내가 들었다.

한때 붇다께서는 슈라바스티 국 제타 숲 '외로운 이 돕는 장자의 동산'에 계셨다.

때에 시바(巴 Siva)라는 하늘사람이 있었는데 얼굴 모습이 아주 아름다웠다. 그는 새벽에 붇다 계신 곳에 와서 머리를 대 붇다의 발에 절하고 한쪽에 물러앉았다.

그러자 온몸의 여러 밝은 빛이 제타 숲 '외로운 이 돕는 장자의 동산'을 두루 비추었다.

때에 그 하늘사람이 게송으로 붇다께 말씀드렸다.

어떤 사람과 함께 지내야 하고
어떤 사람과 같이 일해야 하며
어떠한 바른 법을 알아야만
더욱 빼어나 악 아님이 됩니까.

그때에 세존께서는 게송으로 대답하셨다.

바른 수행자와 같이 지내고
바른 수행자와 같이 일하며

바른 수행자의 법을 알게 되면
더욱 빼어나 악 아님이 되리.

때에 그 하늘사람은 다시 게송으로 말하였다.

오래도록 브라마나 보아왔더니
온전한 니르바나 얻으셨어라.
온갖 두려움을 모두 이미 벗어나
길이 세간 은혜 애착 뛰어나셨네.

그때 그 시바 하늘사람은 붇다의 말씀을 듣고 기뻐하고 따라 기뻐하면서, 머리를 대 붇다의 발에 절하고 곧 사라져 나타나지 않았다.

• 잡아함 1302 시비경(尸毘經)

• 해설 •

번뇌의 불꽃이 타오르는 이 흐리고 험한 세간에서 그 누구와 가까이 지내고 그 무엇을 알아야 모든 고난과 액난을 벗어나 안락의 삶을 살 것인가.

연기의 진리[緣起法]를 깨달아 삿된 견해의 병을 없애주는 선지식을 가까이해야 그 삶이 비틀어지지 않고 옆길로 빠짐이 없이 곧고 바르게 나아갈 것이다.

바른 지혜로 대중을 거두어주고 자비로 이웃을 거두어주는 선지식과 같이 일해야, 거짓과 속임수로 가득 찬 세간에서 속임이 없고 해침이 없이 안온한 삶을 살 수 있을 것이다.

바른 지혜를 가진 큰 사람 넓은 사람을 가까이할 뿐 아니라, 그 스스로 선지식에게 법을 들어 삿된 견해를 떠나 지혜의 흐름에 들고, 아낌의 때와 탐욕의 번뇌를 떠나 늘 세상에 베푸는 마음으로 살 때 그 삶은 넉넉하여 모자람이 없는 풍요의 삶을 살게 될 것이다.

선지식이 가르친 지혜의 법을 따라 온갖 선을 지음 없이 짓고 온갖 악을 끊음 없이 끊어 범행을 늘 바르게 세우는 이가, 서로 다투고 서로 이기기 위해 싸우는 세간에서 다툼 없는 사마디[無諍三昧]로 해탈의 삶을 살게 될 것이다.

그리하여 스스로 지은 복된 업을 내 것으로 취함이 없이 늘 이웃과 법계에 회향하여 이 세간을 진리의 땅으로 깨끗하고 아름답게 가꾸어갈 것이다.

짓되 지음 없는 자가 세간의 높은 자이고, 하되 함이 없는 자가 모든 교만의 때를 떠나 크신 스승 붇다를 공경하고 중생을 법으로 공양하며 공경하는 보디사트바인 것이다.

『화엄경』(「세주묘엄품」)은 붇다가 바로 중생이 가까이 모셔야 할 참된 선지식이 됨을 다음과 같이 말한다.

중생의 죄악 깊어 두려웁나니
백천 겁토록 붇다를 뵙지 못하면
나고 죽음의 강물에 떠돌아 흘러
뭇 괴로움을 끝없이 받게 되므로
이 모든 괴로움들을 건져주시려
붇다께서 이 세간에 오신 것이네.

衆生罪惡深可怖　於百千劫不見佛
漂流生死受衆苦　爲救是等佛興世

그대는 여래 성품 청정하시사
위엄스런 빛 널리 나타내시어
뭇 중생들 이롭게 함 살펴보아라.
단이슬의 도를 보여 시원케 하사

뭇 괴로움 길이 모두 없애주고
의지할 것 없도록 하여주시네.

汝觀如來性淸淨　普現威光利群品
示甘露道使淸涼　衆苦永滅無所依

세간에 있는 편안하고 즐거운 일
그 온갖 것 붇다를 뵈어 일어나네.
세간 중생의 참된 인도자께서
모든 중생 이익되게 하여주시고
중생 널리 건져주고 보살피시사
돌아가 의지할 곳 되어주시네.

世間所有安樂事　一切皆由見佛興
導師利益諸衆生　普作救護歸依處

「입법계품」은 또한 구도자들이 해탈을 얻기 위해서는 세간의 참된 스승이신 여래의 처소에 가서 여래의 가르침을 받아야 함을 다음과 같이 말한다.

여래는 세간에 나오시어
널리 모든 중생 건져주시네.
너희들은 어서 빨리 일어나
큰 인도자 계신 곳 가서 뵈어라.

如來出世間　普救諸群生
汝等應速起　往詣導師所

한량없고 셀 수 없는 겁이라야
붇다께서는 세간에 나오시어
깊고 묘한 법 연설하시사

온갖 중생 요익케 하네.

無量無數劫 乃有佛興世
演說深妙法 饒益一切衆

붇다께서는 모든 세간 온갖 중생이
뒤바뀐 채 늘 어리석음에 미혹돼
끝없는 나고 죽음의 괴로움에
바퀴 도는 것을 살펴보시고
큰 자비의 마음 일으키시네.

佛觀諸世間 顚倒常癡惑
輪迴生死苦 而起大悲心

만약 지혜 복덕 갖추신 세존을 뵙고
넓고 큰 마음을 일으킬 수 있으면
이 사람은 늘 붇다와 함께해
지혜의 힘을 늘려 키우리.

若見兩足尊 能發廣大心
是人恒値佛 增長智慧力

2 아라한 비구의 해탈의 길을 잘 가르치시는 붇다

• 이끄는 글 •

여래의 가르침을 듣고 중생의 현실이 괴로움인 줄 알고 그 괴로움의 원인이 미혹과 애착인 줄 알았으면, 수행자는 가르침대로 닦아 행해 미혹과 애착의 성을 넘어 니르바나의 땅에 돌아가야 한다.

닦아 행함은 집에 있음과 집을 나옴에 관계 없지만, 비구는 집 아닌 데로 집을 나와 붇다의 상가에 수를 채움으로 스스로의 해탈을 세간에 회향코자 결단한 비구 보디사트바인 것이다.

비구는 집이 없지만 탐욕의 집을 벗어나므로 얽매임의 번뇌에 시달리지 않고 집이 아닌 데로 집을 나왔지만, 여래의 집에 들어가므로 집 없는 공허와 방황에 시달리지 않는다.

그는 숲에 홀로 살되 세간을 버리지 않아야 하며, 그는 세간에 노닐어 다니되 세간의 번거로움에 때 묻지 않아야 하니, 참된 비구 아라한의 길이 무엇인가. 붇다의 자비하신 가르침이 아라한 비구의 고요한 행이 무엇인지 가르쳐준다.

철없는 이여, 숲에 산다고 어찌 해탈의 즐거움 알리

이와 같이 내가 들었다.

한때 붇다께서는 슈라바스티 국 제타 숲 '외로운 이 돕는 장자의 동산'에 계셨다.

때에 하늘사람이 있었는데 얼굴 모습이 아주 아름다웠다. 그는 새벽에 붇다 계신 곳에 와서 머리를 대 붇다의 발에 절하고 한쪽에 물러앉았다.

그러자 온몸의 여러 밝은 빛이 제타 숲 '외로운 이 돕는 장자의 동산'을 두루 비추었다.

때에 그 하늘사람이 게송으로 붇다께 말씀드렸다.

난다 숲에 살지 않으면
끝내 즐거움 얻지 못하리.
나는 이 도리하늘궁전 가운데
하늘왕의 이름 얻었네.

그때에 세존께서는 게송으로 대답하였다.

철없고 어리석은 이여
그대가 어찌 알 수 있으리.

저 아라한의 말씀으로 보면
온갖 모든 행은 덧없어서
이것이 나고 사라지는 법이네.
나는 것은 다시 없어지니
나고 사라짐이 모두 고요함
이것이 참된 즐거움이네.

때에 그 하늘사람은 다시 게송으로 말하였다.

오래도록 브라마나 보아왔더니
온전한 니르바나 얻으셨어라.
온갖 두려움을 모두 이미 벗어나
길이 세간 은혜 애착 뛰어나셨네.

때에 하늘사람은 붇다의 말씀을 듣고 기뻐하고 따라 기뻐하면서, 머리를 대 붇다의 발에 절하고 곧 사라져 나타나지 않았다.

• 잡아함 576 난타림경(難陀林經)

• 해설 •

고요한 숲에 산다고 아란야행이 아니다. 세간의 시끄러움에 물들지 않고 숲의 고요함도 취하지 않아야 아란야행이 된다.

세간법의 진실 알지 못하면 숲의 새소리 바람소리도 걸림이 되고 숲의 고요함도 막힘이 된다. 세간 모든 법이 나되 남이 없고 사라지되 사라짐 없음을 알아 나고 사라짐이 모두 고요해지면 나고 사라짐 속에서 온전히 고요함이 현전할 것이니, 이 즐거움이 아라한의 즐거움이고 잘 가신 이의 즐거움이 된다.

악을 잘 떠나는 이, 채찍 그림자 보고 뛰는 말과 같네

이와 같이 내가 들었다.

한때 붇다께서는 슈라바스티 국 제타 숲 '외로운 이 돕는 장자의 동산'에 계셨다.

때에 하늘사람이 있었는데 얼굴 모습이 아주 아름다웠다. 그는 새벽에 붇다 계신 곳에 와서 머리를 대 붇다의 발에 절하고 한쪽에 물러앉았다.

그러자 온몸의 여러 밝은 빛이 제타 숲 '외로운 이 돕는 장자의 동산'을 두루 비추었다.

때에 그 하늘사람이 게송으로 붇다께 말씀드렸다.

늘 부끄러워하는 마음 익히는
이런 사람 때때로 있네.
그는 모든 악 멀리 여의니
좋은 말 채찍질하는 모습
돌아다 보는 것과 같네.

그때에 세존께서는 게송으로 말씀하셨다.

늘 부끄러워하는 마음 익히는

이런 사람 실로 드물게 있네.
그는 모든 악 멀리 여의니
좋은 말 채찍질하는 모습
돌아다 보는 것과 같네.

때에 그 하늘사람은 다시 게송으로 말하였다.

오래도록 브라마나 보아왔더니
온전한 니르바나 얻으셨어라.
온갖 두려움을 모두 이미 벗어나
길이 세간 은혜 애착 뛰어나셨네.

때에 하늘사람은 붇다의 말씀을 듣고 기뻐하고 따라 기뻐하면서, 머리를 대 붇다의 발에 절하고 곧 사라져 나타나지 않았다.

• 잡아함 578 참괴경(慚愧經)

• 해설 •

참으로 지난 잘못 부끄러워해 뉘우치는 사람은 잘못을 짓고 뻔뻔스럽게 그 잘못을 반복하는 자도 아니고, 과거의 잘못을 뉘우쳐 꾸짖는다고 과거에 빠져 새로운 미래를 힘있게 짓지 못하는 자도 아니다.

지은 잘못은 공하므로 붙잡을 것이 없지만, 공하기 때문에 잘 뉘우쳐 반성하지 않으면 그 잘못은 늘 새롭게 반복될 수 있는 잘못이다. 그러므로 법답게 잘못을 부끄러워해 반성하는 자는 악과 그름이 공한 줄 알아 다시 그 그름을 반복하지 않는 자이다. 지난 잘못을 잘 뉘우쳐 앞으로 나아가는 그는, 조금만 채찍질해도 돌아다보며 잘 달리는 말과 같다.

늘 깨어 흐름 다해야 험한 세상에서 평탄하리

이와 같이 내가 들었다.

한때 붇다께서는 슈라바스티 국 제타 숲 '외로운 이 돕는 장자의 동산'에 계셨다.

때에 하늘사람이 있었는데 얼굴 모습이 아주 아름다웠다. 그는 새벽에 붇다 계신 곳에 와서 머리를 대 붇다의 발에 절하고 한쪽에 물러앉았다.

그러자 온몸의 여러 밝은 빛이 제타 숲 '외로운 이 돕는 장자의 동산'을 두루 비추었다.

때에 그 하늘사람이 게송으로 붇다께 말씀드렸다.

바른 법을 가까이해 익히지 않고
모든 삿된 소견 즐겨해 집착 않으면
잠에 빠져 스스로 깨어 있지 않아도
기나긴 겁 그 마음 깨칠 수 있으리.

그때에 세존께서는 게송으로 대답하셨다.

바른 법을 오롯이 닦아서
착하지 않은 업을 멀리 여의면

바로 흐름 다한 아라한이니
험악한 세상에서 늘 평등하리.

때에 그 하늘사람은 다시 게송으로 말하였다.

오래도록 브라마나 보아왔더니
온전한 니르바나 얻으셨어라.
온갖 두려움을 모두 이미 벗어나
길이 세간 은혜 애착 뛰어나셨네.

때에 하늘사람은 붇다의 말씀을 듣고 기뻐하고 따라 기뻐하면서, 머리를 대 붇다의 발에 절하고 곧 사라져 나타나지 않았다.

• 잡아함 579 불습근경(不習近經)

• 해설 •

세간의 바다는 높고 낮음이 굽이치고 어두움과 밝음이 엇바뀌고 나고 사라짐이 이어져 다함없이 움직이고 물결치는 곳이다.

비록 많이 들어 그 견해가 바르다 해도 세간 바다의 일고 지는 물결 속에서 남[生]에 남이 없고[無生] 사라짐[滅]에 사라짐 없음[無滅]을 늘 살펴야 온갖 움직임 가운데서 늘 고요하여 그 삶이 위태롭지 않을 것이다.

또한 움직임 가운데서 움직임을 벗어나고 지혜를 덮는 다섯 덮음을 떠나 늘 밝게 깨어 있어야 험악한 세간의 행로를 평탄하게 걸어가고 거센 탐욕과 번뇌의 흐름 속에서 안온히 살아가게 될 것이다.

험악한 세간살이 속에서 평등하게 사는 자는 그 누구인가. 몸을 살펴 몸에 몸 없음을 알고 마음 살펴 마음에 마음 없음을 아는 자가, 나고 사라짐 떠난 고요함 속에서 지음 없이 세간의 일을 짓고 함이 없이 세간의 법을 행해 고요함과 움직임이 한결같은[動靜一如] 선정의 삶을 살아갈 수 있을 것이다.

하늘신의 말처럼 바른 법을 가까이하고 그릇된 소견 떠났다 해도, 잠과 졸음의 덮음이 참된 지혜를 덮으면 그는 참된 지혜의 사람이 아니다. 또 지혜가 있어도 그 지혜가 모든 흐름 떠난 선정 그대로의 지혜가 아니면 그 지혜는 고요함과 하나된 지혜가 아니다.

오직 지혜의 밝음과 사마디의 고요함이 하나되어 온갖 흐름 속에서 흐름 다한 아라한, 보고 알되 봄이 없고 앎이 없는 아라한만이 험하고 흐린 이 세간을 평탄하게 걸어갈 수 있으리라.

아라한의 그 길이 어찌 멀리 있으랴. 옛 선사[大慧]는 이렇게 노래한다.

거친 밭은 가는 사람 없고
갈게 되면 사람들의 다툼이 있다.
바람 없어도 연잎이 움직이니
반드시 물고기가 가는 것이다.

荒田無人耕　耕着有人爭
無風荷葉動　決定有魚行

아라한 비구는 세간의 나와 내 것
거짓 이름인 줄 잘 아나니

이와 같이 내가 들었다.

한때 붇다께서는 슈라바스티 국 제타 숲 '외로운 이 돕는 장자의 동산'에 계셨다.

때에 하늘사람이 있었는데 얼굴 모습이 아주 아름다웠다. 그는 새벽에 붇다 계신 곳에 와서 머리를 대 붇다의 발에 절하고 한쪽에 물러앉았다.

그러자 온몸의 여러 밝은 빛이 제타 숲 '외로운 이 돕는 장자의 동산'을 두루 비추었다.

여래의 나 없음의 가르침이 공에 떨어지는 것이 아님을 보이심

때에 그 하늘사람이 게송으로 붇다께 말씀드렸다.

> 만약 아라한 비구가 되어
> 흐름 다해 뒤의 몸 지닌다면
> 내가 있다고 말하거나
> 내 것이 있다고 말합니까.

그때에 세존께서는 게송으로 대답하셨다.

만약 아라한 비구가 되어
흐름 다해 뒤의 몸 지닌다면
또한 내가 있다 말하고
내 것이 있다고 말하리.

아라한 비구는 나와 내 것이 거짓 이름인 줄 앎을 보이심

때에 그 하늘사람은 다시 게송으로 여쭈었다.

만약 아라한 비구가 되어
스스로 지을 것 이미 다 짓고
모든 있음의 흐름 이미 다하여
맨 뒤의 몸만을 지닌다면
어찌 내가 있다고 말하고
어떤 것을 내 것이라 말합니까.

그때에 세존께서는 게송으로 대답하셨다.

만약 아라한 비구가
스스로 지을 것 이미 다 짓고
온갖 모든 흐름 다하여
오직 맨 뒤의 몸만 지니면
나의 흐름 이미 다했다 말하고
또한 내 것을 집착 않으니
세간의 모든 이름 평등하게

거짓 이름 말한 줄 잘 아네.

때에 하늘사람은 붇다의 말씀을 듣고 기뻐하고 따라 기뻐하면서, 머리를 대 붇다의 발에 절하고 곧 사라져 나타나지 않았다.

• 잡아함 582 나한경(羅漢經) ②

• 해설 •

여래께서 나[我]가 없고 내 것[我所]이 없다고 함은 아무것도 없는 공(空)에 돌아가라 함이 아니다.

나에 나 없고 내 것에 내 것 없으므로 실로 나 없음도 없고 내 것 없음도 없는 것이니, 나의 실로 있음에 집착해도 여래가 가르친 아라한 비구의 길이 아니고, 나의 실로 없음에 집착해도 여래가 가르친 아라한 비구의 길이 아니다.

번뇌의 흐름 다한 아라한은 비록 나를 말하고 내 것을 말해도 나와 내 것이 거짓 있음[假有]이라 있음과 없음을 떠난 줄 알아 실로 있는 나[我]와 실로 없는 나 없음[無我]을 모두 넘어선다.

그러므로 아라한은 나에서 나를 떠나 나 없는 해탈의 행을 지음 없이 지으니, 그가 방편으로 남이 없이 나는 자[無生而生]이며 모습 없는 사마디로 모습에서 모습 떠나되 모습 없음에 떨어짐이 없이 모습 없는 모습[無相之相]을 잘 굴려 쓰는 자이다.

어찌해야 세간 탐욕 쉬는 고요함 구할 수 있습니까

이와 같이 내가 들었다.

한때 붇다께서는 슈라바스티 국 제타 숲 '외로운 이 돕는 장자의 동산'에 계셨다.

때에 하늘사람이 있었는데 얼굴 모습이 아주 아름다웠다. 그는 새벽에 붇다 계신 곳에 와서 머리를 대 붇다의 발에 절하고 한쪽에 물러앉았다. 그러자 온몸의 여러 밝은 빛이 제타 숲 '외로운 이 돕는 장자의 동산'을 두루 비추었다.

때에 그 하늘사람이 게송으로 붇다께 말씀드렸다.

저 라타반타 나라 가운데
여러 상인들이 있어서
큰 부자로 재보가 넉넉하지만
각기 더욱 부자 되려 다투어
방편 써서 재물의 이익 탐하니
마치 타오르는 불길 같나이다.

이와 같이 다투어 이기려는
마음의 탐욕 늘 치달려 가니
어떻게 해야 탐욕을 끊어

세간의 번뇌 쉬는 고요함을
부지런히 구할 수 있습니까.

세간의 다툼과 탐욕을 쉬어 안락한 아라한의 길을 보이심

그때에 세존께서는 게송으로 대답하셨다.

세속 버리고 집 아닌 데로 나와
아내와 자식과 또 재물과 보배
탐욕 성냄 어리석음에서
탐욕 떠난 저 아라한은
모든 번뇌의 흐름을 다하고
바른 지혜로 마음이 해탈하고
애욕 다해 모든 방편 쉬었네.

때에 그 하늘사람은 다시 게송으로 말하였다.

오래도록 브라마나 보아왔더니
온전한 니르바나 얻으셨어라.
온갖 두려움을 모두 이미 벗어나
길이 세간 은혜 애착 뛰어나셨네.

때에 하늘사람은 붇다의 말씀을 듣고 기뻐하고 따라 기뻐하면서, 머리를 대 붇다의 발에 절하고 곧 사라져 나타나지 않았다.

• 잡아함 589 나타국경(羅吒國經)

• 해설 •

중생의 마음은 아는바 모습인 마음이고 세간의 온갖 모습은 마음인 모습이다. 그러므로 인연으로 나는 세간의 모습이 인연으로 난 것이기 때문에 공한 줄 모르면, 중생의 마음은 높고 낮은 모습 크고 작은 모습, 많고 적은 모습에 갇혀 평등한 마음이 되지 못한다.

낮은 자는 높은 것을 추구하고 높은 자는 더 높아지기 위해 발버둥치고, 없는 자는 갖기 위해 싸우고 있는 자는 가진 것을 잃지 않고 더 많이 갖기 위해 싸우니, 큰 것과 작은 것, 높은 것과 낮은 것, 많은 것과 적은 것, 있는 것과 없는 것의 다툼과 갈등은 쉬지 않는다.

저 모습이 있되 공한 줄 알아 모습에서 모습 떠난 사람은 없음이 없음 아닌 줄 알고 있음이 있음 아닌 줄 알며, 큰 것이 실로 큰 것이 아니고 작은 것이 실로 작은 것이 아닌 줄 알게 된다.

그리하여 그는 큼과 작음, 많음과 적음, 가짐과 못 가짐이 불꽃같이 다투는 싸움 속에서 다툼 없는 사마디[無諍三昧]를 얻어 안온한 해탈의 삶을 살 수 있을 것이다.

누가 그 사람인가. 탐욕의 집을 떠나 법계의 해탈의 집에서 머묾 없이 사는 아라한이 그 사람이고, 탐욕의 세간에서 물듦 없고 걸림 없이 사는 마하사트바가 그 사람이며 보디사트바가 바로 그 사람이다.

비구가 어떻게 세찬 흐름 건너갑니까

이와 같이 내가 들었다.

한때 붇다께서는 슈라바스티 국 제타 숲 '외로운 이 돕는 장자의 동산'에 계셨다.

때에 하늘사람이 있었는데 얼굴 모습이 아주 아름다웠다. 그는 새벽에 붇다 계신 곳에 와서 머리를 대 붇다의 발에 절하고 한쪽에 물러앉았다.

그러자 온몸의 여러 밝은 빛이 제타 숲 '외로운 이 돕는 장자의 동산'을 두루 비추었다.

때에 그 하늘사람이 게송으로 붇다께 말씀드렸다.

몇 가지 법을 끊어 없애고
몇 가지 법을 버려야 하며
그리고 다시 몇 가지 법을
더욱 방편 늘리어 닦으면
몇 가지 무더기를 뛰어넘어
비구가 세찬 흐름 건넙니까.

그때에 세존께서는 게송으로 대답하셨다.

다섯을 끊어 없애고 다섯 버리고
다섯 아는 뿌리 더욱 닦아가면
다섯 가지 모임 뛰어넘어서
비구가 흐르는 물 건너가리라.

때에 그 하늘사람은 다시 게송으로 말하였다.

오래도록 브라마나 보아왔더니
온전한 니르바나 얻으셨어라.
온갖 두려움을 모두 이미 벗어나
길이 세간 은혜 애착 뛰어나셨네.

때에 하늘사람은 붇다의 말씀을 듣고 기뻐하고 따라 기뻐하면서, 머리를 대 붇다의 발에 절하고 곧 사라져 나타나지 않았다.

• 잡아함 1002 단제경(斷除經)

• 해설 •

이 고통바다 거친 세간의 물결을 어떻게 건너 해탈의 저 언덕에 나아갈 것인가.

다섯을 끊고 다섯을 버리라고 가르치시니, 다섯 덮음[五蓋]을 끊고 다섯 탐욕[五欲]을 버리고 눈·귀·코·혀·몸 다섯 아는 뿌리[五根]를 잘 보살펴야 세찬 번뇌의 흐름 속에서 저 언덕에 이를 수 있다는 뜻이리라.

다섯 덮음은 탐욕의 덮음·성냄의 덮음·잠과 졸음의 덮음·들뜸과 뉘우침의 덮음·법에 대한 의심의 덮음이니, 다섯 덮음이 없어야 본래 밝은 지혜가 드러날 것이다.

다섯 탐욕은 눈과 귀 · 코 · 혀 · 몸의 다섯 아는 뿌리가 빛깔과 소리 · 냄새 · 맛 · 감촉의 경계에 맛들여 탐착함이니, 다섯 탐욕이 없어야 경계의 진실이 드러나고 마음의 밝음이 나타날 것이다.

어떻게 덮음을 끊고 다섯 탐욕을 버릴 수 있는가.

다섯 아는 뿌리 보살펴 눈이 빛깔 보고 몸이 닿음을 만나되 봄이 없고 닿음이 없으면, 보고 듣고 느껴 앎 가운데서 다툼 없는 사마디를 얻고 모습 없는 사마디를 얻을 것이다.

이렇게 되면 물질 · 느낌 · 모습 취함 · 지어감 · 앎의 다섯 쌓임에서 다섯 쌓임이 공한 줄 깨달아 경계를 알되 앎이 없고 앎이 없이 경계를 알게 되어 세차게 흐르는 세간 탐욕의 강물 건너게 될 것이다.

세찬 세간의 흐름이 흐름 아닌 줄 알아 세간 흐름 잘 건너는 이, 그가 비구이고 아라한의 성자인 것이다.

아라한 가운데 아라한이신 붇다 세존이 세간의 흐름 가운데 노니심을 『화엄경』(「수미정상게찬품」)은 이렇게 찬탄한다.

붇다께선 갖가지 몸으로
세간에 두루 노닐어 다니시나
법계에 걸리는 바가 없으시니
헤아려 알 수 있는 이가 없도다.

佛以種種身　遊行遍世間
法界無所礙　無能測量者

어떤 법이 게송의 원인입니까

이와 같이 내가 들었다.

한때 붇다께서는 슈라바스티 국 제타 숲 '외로운 이 돕는 장자의 동산'에 계셨다.

때에 하늘사람이 있었는데 얼굴 모습이 아주 아름다웠다. 그는 새벽에 붇다 계신 곳에 와서 머리를 대 붇다의 발에 절하고 한쪽에 물러앉았다. 그러자 온몸의 여러 밝은 빛이 제타 숲 '외로운 이 돕는 장자의 동산'을 두루 비추었다.

때에 그 하늘사람이 게송으로 붇다께 말씀드렸다.

어떤 법이 게송의 원인이 되고
무엇으로써 게송을 꾸밉니까.
게송은 어디에 의지하며
어떤 것이 게송의 바탕입니까.

그때에 세존께서는 게송으로 대답하셨다.

하고자 함이 게송의 원인이고
문자가 게송을 꾸민다.
이름이 게송이 의지하는 곳이요

지음이 게송의 바탕이다.

때에 그 하늘사람은 다시 게송으로 말하였다.

오래도록 브라마나 보아왔더니
온전한 니르바나 얻으셨어라.
온갖 두려움을 모두 이미 벗어나
길이 세간 은혜 애착 뛰어나셨네.

때에 하늘사람은 붇다의 말씀을 듣고 기뻐하고 따라 기뻐하면서, 머리를 대 붇다의 발에 절하고 곧 사라져 나타나지 않았다.

• 잡아함 1021 하법위게인경(何法爲偈因經)

• 해설 •

무엇이 원인이 되고 조건이 되어 게송이 나오는가. 게송을 지어 찬탄의 뜻을 말하고 수트라의 뜻을 밝히려는 주체의 하고자 하는 마음이 원인이 되고 갖가지 문자와 낱말[名]이 게송의 조건이 된다.

하고자 하는 마음과 문장 · 단어가 어울린다고 게송이 되지 않는다. 문장과 단어를 엮어 바른 법의 말[法說] · 뜻의 말[義說]을 나타내려는 주체의 행위[造作]가 곧 게송의 바탕[偈體]이 되니, 게송은 일어나되 실로 일어남이 없다.

게송을 짓되 언어가 고요한 곳에서 지음 없이 게송의 말을 지어 여래를 찬탄하고 뜻의 말을 나타내는 자, 그가 곧 문자 속에서 문자의 모습을 떠나되 문자를 버리지 않고 문자 속에서 해탈하고 문자로써 붇다의 일[佛事]을 짓는다.

평등히 진제 살피면 즐거우리라

이와 같이 내가 들었다.

한때 붇다께서는 슈라바스티 국 제타 숲 '외로운 이 돕는 장자의 동산'에 계셨다.

때에 하늘사람이 있었는데 얼굴 모습이 아주 아름다웠다. 그는 새벽에 붇다 계신 곳에 와서 머리를 대 붇다의 발에 절하고 한쪽에 물러앉았다. 그러자 온몸의 여러 밝은 빛이 제타 숲 '외로운 이 돕는 장자의 동산'을 두루 비추었다.

때에 그 하늘사람이 게송으로 붇다께 말씀드렸다.

> 어떤 법이 일어나면 없애야 하고
> 어떤 것이 생기면 막아야 합니까.
> 어떤 법을 반드시 떠나야 하며
> 무엇을 평등하게 살펴야만
> 참된 즐거움을 얻게 됩니까.

그때에 세존께서는 게송으로 대답하셨다.

> 성냄이 일어나면 없애야 하고
> 탐욕이 나면 거슬러 막아야 하네.

무명은 반드시 떠나야 하고
평등히 진제 살피면 즐거우리.

탐욕은 모든 번뇌를 내니
탐욕이 괴로움 내는 근본이다.
그러므로 번뇌를 조복한 이는
뭇 괴로움을 곧 조복하게 되고
뭇 괴로움을 조복한 이는
번뇌 또한 조복하게 된다.

때에 그 하늘사람은 다시 게송으로 말하였다.

오래도록 브라마나 보아왔더니
온전한 니르바나 얻으셨어라.
온갖 두려움을 모두 이미 벗어나
길이 세간 은혜 애착 뛰어나셨네.

때에 하늘사람은 붇다의 말씀을 듣고 기뻐하고 따라 기뻐하면서, 머리를 대 붇다의 발에 절하고 곧 사라져 나타나지 않았다.

• 잡아함 1285 사리경(捨離經)

• 해설 •

탐냄 · 성냄 · 어리석음은 어떻게 멀리 여읠 수 있는가.
온갖 법의 진제(眞諦)란 있는바 법이 있되 공함인 줄 알아, 보고 듣는 것에서 실로 볼 것이 없고 들을 것이 없는 줄 살펴야, 보이고 들리는 것에서 탐욕을 떠나고 성냄을 떠나게 될 것이다.

진제를 잘 살펴 있음에서 있음 떠나고 없음에서 없음 떠난 자, 그가 높고 낮음, 크고 작음, 있고 없음 가운데서 그 마음이 있음과 없음, 크고 작음에서 해탈하여 늘 평등할 것이다.

모든 법의 근원을 통달해 진제를 보아 마음을 쉰 자, 그가 비구이고 그가 여래의 제자이니, 『화엄경』(「십회향품」)은 이렇게 말한다.

온갖 있는 법을 부지런히 살피어
있음이 있음 아님 따라서 사유해
이와 같이 진실한 이치에 나아가면
깊고 깊어 다툼 없는 곳 들어가리.

精勤觀察一切法　隨順思惟有非有
如是趣於眞實理　得入甚深無諍處

미묘한 법 잘 배워 말하려면

이와 같이 내가 들었다.

한때 붇다께서는 슈라바스티 국 제타 숲 '외로운 이 돕는 장자의 동산'에 계셨다.

때에 하늘사람이 있었는데 얼굴 모습이 아주 아름다웠다. 그는 새벽에 붇다 계신 곳에 와서 머리를 대 붇다의 발에 절하고 한쪽에 물러앉았다. 그러자 온몸의 여러 밝은 빛이 제타 숲 '외로운 이 돕는 장자의 동산'을 두루 비추었다.

때에 그 하늘사람이 게송으로 붇다께 말씀드렸다.

미묘한 법 잘 배워 말하려면
여러 사문과 가까이 사귀고
같이하는 벗 없이 오직 홀로
바른 사유로 고요히 말없어야 하리.

그때에 세존께서는 게송으로 대답하셨다.

미묘한 법 잘 배워 말하려면
여러 사문과 가까이 사귀고
같이하는 벗 없이 오직 홀로

고요하게 말없이 머물러 지내며
모든 아는 뿌리를 고요히 하라.

때에 그 하늘사람은 다시 게송으로 말하였다.

오래도록 브라마나 보아왔더니
온전한 니르바나 얻으셨어라.
온갖 두려움을 모두 이미 벗어나
길이 세간 은혜 애착 뛰어나셨네.

그때 그 하늘사람은 붇다의 말씀을 듣고 기뻐하고 따라 기뻐하면서, 머리를 대 붇다의 발에 절하고 곧 사라져 나타나지 않았다.

• 잡아함 1301 장승천자경(長勝天子經)

• 해설 •

잘 듣고 잘 배우는 자가 잘 말할 수 있는 자이고, 진제를 잘 살펴 세간에 더불어 살되 짝할 이 없이[無伴] 하늘땅을 홀로 걸을 수 있는 이[獨步乾坤]가 세간에 물듦 없이 참으로 세간에 복귀할 수 있는 자이며, 세간 중생을 잘 거둘 수 있는 자이다.

늘 선지식을 가까이하고 그 법을 들음 없이 들어 시끄러움 속에 고요한 자, 그가 고요함에도 머묾 없이 잘 법을 말하고 사물을 봄이 없이 잘 본다.

그와 같은 사람을 세존은 다툼 없는 사마디를 얻은 자, 아라한이라 찬탄하시는 것이다.

세존의 찬탄처럼 선지식을 가까이 모시고 잘 배워 스스로 바른 사유와 고요함으로 살아가는 이 그가 곧 이 세간의 선지식이 되는 것이니, 『화엄경』(「광명각품」光明覺品)은 바른 법을 따라 참된 고요함 속 지혜를 발현해 세간 일깨우는 이의 삶을 다음과 같이 말한다.

법의 바탕성품 늘 움직이지 않아
나도 없고 오고 감이 없지만
잠든 세간을 잘 일깨워주어
끝없이 다 조복하여주네.

體性常不動 無我無來去
而能寤世間 無邊悉調伏

늘 고요함 살피기를 즐겨하면
한 모습이라 둘 있음이 없게 되니
그 마음은 늘고 줆이 없지만
한량없는 신묘한 힘 나투어주네.

常樂觀寂滅 一相無有二
其心不增減 現無量神力

화엄회상(「입법계품」) 선지식 또한 스스로 스승에게 잘 배워 이 세간 어두움을 밝히려는 구도자를 다음과 같이 격려한다.

그대는 지금 이 세간에 나와
세간의 크고 밝은 등이 되어서
널리 고통바다 여러 중생 위하여
부지런히 위없는 보디 구하네.

汝今出世間 爲世大明燈
普爲諸衆生 勤求無上覺

한량없는 억천의 겁 동안에
그대 같은 이 보기 어려우니
지금 공덕의 해가 나와서
세간의 어두움을 없애버리네.

無量億千劫 難可得見汝
功德日今出 滅除諸世闇

그대는 보디의 행을 닦아
공덕이 모두 원만해지고
큰 지혜의 빛을 놓아서
온갖 세상을 널리 비추리.

汝修菩提行 功德悉圓滿
放大智慧光 普照一切世

3 지혜와 복덕의 온전한 실현자이신 붇다

• 이끄는 글 •

여래는 세계의 실상을 온전히 밝혀 온갖 미혹을 떠나므로 여래라 이름지어진 것이며, 중생이 갖춘 공덕을 온전히 드러내 쓰시므로 여래라 한다.

중생은 중생이 아니라 이미 여래의 위없는 보디를 짊어지고 있지만 스스로 여래장 한량없는 공덕의 곳간 그 문을 닫아버리고, 본래 밝은 지혜의 빛을 다섯 덮음으로 덮어 드러내지 못하게 하므로 중생이라 한다.

중생이 이제 위없는 보디의 완성자 여래께 찬탄의 노래를 바치는 것은 스스로 중생이 중생이 아니고 자기진실이 곧 여래의 공덕의 삶인 줄 믿어 아는 것이고, 티끌에 물든 삶을 돌이켜 보디에 나아감[背塵合覺]이다.

귀의하고 찬탄하는 자, 그가 이미 여래의 법바다에 발을 담근 자이다.

바이로차나의 밝은 빛은 온갖 가림 없애니

이와 같이 내가 들었다.

한때 붇다께서는 슈라바스티 국 제타 숲 '외로운 이 돕는 장자의 동산'에 계셨다.

그때에 라훌라라는 아수라가 달하늘신[月天子]을 가리었다.

달하늘신은 모두다 두려워해 붇다 계신 곳에 와서 붇다의 발에 머리를 대 절하고 한쪽에 물러서서 게송으로 붇다를 찬탄하였다.

가장 빼어나게 깨친 이
온갖 장애 벗어나신 분께
지금 우러러 절하옵니다.
저는 지금 괴로움 만나
붇다께 와 귀의합니다.

저희들 달하늘신들은
잘 가신 이께 귀의하오니
세간 슬피 여기시는 붇다께선
아수라의 묶음 풀어주소서.

그때에 세존께서는 게송으로 대답하셨다.

모든 어두움을 깨뜨려 부수어
밝은 빛이 온 허공 비추나니
지금 저 바이로차나의
맑고 깨끗한 빛 밝게 나타났네.

라훌라는 허공으로 피하면서
날아가는 토끼 모습 빨리 놓아주고
라훌라 아수라는 곧바로
달을 버리고 돌아가네.

온몸에는 다 땀을 흘리고
두려워 떨며 스스로 편치 않아
그 마음 아득하고 어지러워
마치 무거운 병 앓는 사람 같아라.

가림이 없는 바이로차나의 빛을 말씀하니 아수라신들이 찬탄함

때에 '베파치티'라는 아수라는 라훌라 아수라가 달을 버리고 돌아가는 것을 보고 곧 게송으로 말하였다.

저 라훌라 아수라여
달을 버리기 어이 그리 빠른가.
온몸에 다 땀을 흘리며
마치 무거운 병 앓는 사람 같구나.

라훌라 아수라는 게송으로 대답하였다.

고타마께서 진언의 게로 말씀하시되
빨리 그 달을 놓아주지 않는다면
머리가 일곱 조각 날 것이요
죽을 것 같은 괴로움 받는다 했네.

베파치티 아수라는 다시 게송으로 말하였다.

붇다 오심 일찍이 없던 일이니
세간을 안온케 하여주시네.
진언의 게를 말씀하시어
아수라가 달 버리게 했네.

붇다께서 이 경을 말씀하시자, 달하늘신들은 붇다의 말씀을 듣고 기뻐하고 따라 기뻐하면서 절하고 떠나갔다.

• 잡아함 583 월천자경(月天子經)

• 해설 •

세간의 밝은 빛은 가림이 있고 어두움과 서로 엇바뀌는 밝음이니, 낮을 비추는 저 하늘의 밝은 해와 밤에 빛나는 달빛도 일어남이 있으므로 사라짐이 있고 막힘이 있고 가림이 있는 빛이다.

여래의 지혜의 빛은 비추되 고요하여 비추되 비춤이 없으므로 비추지 않음이 없는 밝음이다. 여래의 지혜의 밝음은 어두움과 밝음이 모두 공함을 깨달아 어두움에서 어두움 떠나 어두움을 어두움 아닌 어두움으로 세워내고, 밝음에서 밝음 떠나 밝음을 밝음 아닌 밝음으로 세우는 밝음이니, 그 빛은 널리 두루해 미치지 않는 곳이 없고 나고 사라짐을 떠나 길이 다하지 않는다. 그 빛을 바이로차나(Vairocana, 光明遍照]라 하고 아미타바(Amitābha, 無量光)라 한다.

달을 가림을 아수라신이라 한 것은 저 달이 마음이 아니되 마음 아님도 아님을 신으로 표현한 것이니, 저 달빛을 보는 마음과 보이는 달빛이 함께 공한 줄 알면 다시 아수라신에 가리지 않는 끝없는 빛을 보고 길이 다하지 않는 진리생명을 볼 수 있는 것이다.

그러므로 아는 마음과 알려지는 경계에서 마음과 경계를 함께 버리고[雙遮心境] 함께 살리는 자[雙照心境], 그가 길이 가림이 없고 막힘이 없으며 다함없는 바이로차나 밝은 빛의 세계에 나아가리라.

온갖 곳에 가림이 없고 막힘이 없이 그 빛이 널리 비치어 중생의 괴로움을 없애주는 여래 바이로차나의 빛을 『화엄경』(「세주묘엄품」世主妙嚴品)은 다음과 같이 말한다.

붇다께선 밝은 빛을 놓으시어
이 세간에 널리 두루하시사
시방 모든 국토 환히 비추네.
이루 사유할 수 없고 말할 수 없는
넓고 크나큰 법을 연설하시어
중생의 어리석음과 미혹의 어두움
길이 깨뜨려 모두 없애주시네.

佛放光明遍世間 照耀十方諸國土
演不思議廣大法 永破衆生癡惑暗

여섯 경계에서 탐욕 없으면 해탈하나니

이와 같이 내가 들었다.

한때 붇다께서는 슈라바스티 국 제타 숲 '외로운 이 돕는 장자의 동산'에 계셨다.

때에 하늘사람이 있었는데 얼굴 모습이 아주 아름다웠다. 그는 새벽에 붇다 계신 곳에 와서 머리를 대 붇다의 발에 절하고 한쪽에 물러앉았다. 그러자 온몸의 여러 밝은 빛이 제타 숲 '외로운 이 돕는 장자의 동산'을 두루 비추었다.

때에 그 하늘사람이 게송으로 붇다께 말씀드렸다.

에니쟝가 사슴의 발 같은 이
선인 가운데서도 높은 이로
먹음 줄여 그 맛을 즐기지 않고
선정의 사유로 산숲을 좋아하네.

나는 이제 공경히 머리 숙여
무니이신 고타마께 여쭈옵니다.
어떻게 괴로움에서 벗어나며
어떻게 괴로움에서 해탈합니까.
저는 지금 해탈을 여쭈옵나니

무엇으로 사라져 다합니까.

경계에 탐욕 없는 행이 해탈의 법임을 가르치심

그때에 세존께서는 게송으로 대답하셨다.

세간의 다섯 가지 탐욕의 공덕에
마음의 법 여섯째가 된다 말하니
이 여섯 가지 탐욕 경계에서
탐욕의 물든 마음 없으면
온갖 괴로움을 해탈하리라.

이와 같이 괴로움에서 벗어나고
이와 같이 괴로움 해탈하면
그대가 묻는바 해탈의 법
거기서 사라져 다함 이루리.

때에 그 하늘사람은 다시 게송으로 말하였다.

오래도록 브라마나 보아왔더니
온전한 니르바나 얻으셨어라.
온갖 두려움을 모두 이미 벗어나
길이 세간 은혜 애착 뛰어나셨네.

때에 하늘사람은 붇다의 말씀을 듣고 기뻐하고 따라 기뻐하면서,

머리를 대 붇다의 발에 절하고 곧 사라져 나타나지 않았다.

• 잡아함 602 이니야경(伊尼耶經)

• 해설 •

선인 가운데 가장 높은 이로 그 모습 아름답고 빼어난 이, 그가 누구인가. 고타마이니, 그분은 먹을거리의 맛에 탐착 않고 산숲에 머물며 선정으로 사유하시니 사유하되 늘 고요하다.

고타마가 왜 선인 가운데 높은 이가 되시는가.

그는 뜻의 앎[意識]과 다섯 가지 감성의 앎[五識]에 경계를 취함이 없으므로 앎에 앎이 없고, 또한 경계를 버림이 없으므로 앎 없되 앎 없음도 없어, 알되 앎 없이 안다.

앎에 앎 없는 앎이 법계 그대로의 앎이고 법계 그대로의 행이니, 법계의 행은 나지 않고 사라지지 않으며 늘어남도 없고 줄어듦도 없다.

이처럼 고타마는 법계 그대로의 평등한 앎과 행으로 사는 분이므로 선인 가운데 높음이 되는 것이다.

고타마가 왜 괴로움 다한 해탈의 사람인가. 그는 온갖 있음[一切有]에서 있음을 떠났으므로 그를 묶는 존재의 짐이 없고, 남[生]에 남이 없음[無生]을 밝게 통달했으므로 그를 얽맬 나고 죽음의 그물 마라의 밧줄이 없기 때문이다.

온갖 얽매임의 밧줄을 끊고 다함없는 법계의 공덕장을 온전히 쓰시는 이, 그가 하늘 가운데 하늘이고 선인 가운데 선인이니, 그를 붇다라 부르고 '하늘과 사람의 스승'이라 부르며 '잘 가신 이'라 부르는 것이다.

탐욕 끊어야 남음 없는 니르바나의 기쁨 얻으리

이와 같이 내가 들었다.

한때 붇다께서는 슈라바스티 국 제타 숲 '외로운 이 돕는 장자의 동산'에 계셨다.

때에 하늘사람이 있었는데 얼굴 모습이 아주 아름다웠다. 그는 새벽에 붇다 계신 곳에 와서 머리를 대 붇다의 발에 절하고 한쪽에 물러앉았다. 그러자 온몸의 여러 밝은 빛이 제타 숲 '외로운 이 돕는 장자의 동산'을 두루 비추었다.

때에 그 하늘사람이 게송으로 붇다께 말씀드렸다.

어두운 움직임이 목숨 가져가
사람의 목숨을 짧게 해
늙음이 쳐들어와 닥치면
건져 보살필 이 아무도 없네.

이 늙고 병들어 죽음을 보면
사람들이 크게 두렵게 되니
오직 모든 공덕 지은 이만이
즐거움에 머물러 살다
즐거운 곳에 이르게 되리.

죽음의 두려움에서 해탈하는 니르바나의 법을 보이심

그때에 세존께서는 게송으로 대답하셨다.

어두운 움직임이 목숨 가져가
사람의 목숨을 짧게 해
늙음이 쳐들어와 닥치면
건져 보살필 이 아무도 없네.

남음 있음의 이 허물 살피면
사람들이 크게 두렵게 되나
세간의 탐욕과 애착 끊으면
남음 없는 니르바나 기쁨 되리라.

때에 그 하늘사람은 다시 게송으로 말하였다.

오래도록 브라마나 보아왔더니
온전한 니르바나 얻으셨어라.
온갖 두려움을 모두 이미 벗어나
길이 세간 은혜 애착 뛰어나셨네.

때에 하늘사람은 붇다의 말씀을 듣고 기뻐하고 따라 기뻐하면서, 머리를 대 붇다의 발에 절하고 곧 사라져 나타나지 않았다.

• 잡아함 1001 침박경(侵迫經)

• 해설 •

남음 없는 니르바나의 기쁨이란 온갖 존재의 진실을 남음 없이 깨치게 되면 온갖 존재가 있되 공하여 그대로 남음 없는 니르바나가 됨이다.

연기된 온갖 존재는 남[生]이 있으므로 머묾[住]이 있고, 머묾이 있으므로 달라짐[異]이 있으며, 달라짐이 있으므로 사라짐[滅]이 있다. 그러므로 남[生]에 남이 없음[無生]을 밝게 깨달아 알지 못하면, 목숨의 덧없는 흘러감과 늙음과 죽음의 두려움을 벗어나지 못한다.

온갖 법이 실로 나지 않으므로 사라짐이 없음을 깨달아 남음 없는 이가 온갖 두려움을 뛰어넘게 되니, '온갖 두려움 없는 이'를 붇다 세존이라 한다.

붇다 세존의 가르침을 따라 사는 이 또한 연기의 진실을 살펴 온갖 법이 공하고 공도 공함을 살펴 한 티끌도 남음이 없으면, 그 또한 세존을 따라 남음 없는 니르바나 큰 기쁨의 바다에 들어가게 되리라.

『화엄경』(「십회향품」) 또한 여래의 가르침 따라 온갖 법의 진실을 남음 없이 깨치면 삼세 모든 있음의 바다[有海] 건너게 됨을 다음과 같이 가르친다.

온갖 모든 붇다께서 밝게 깨치신 법
모두 거두어 취해 남음이 없으면
비록 삼세의 온갖 법 말한다 해도
이와 같은 법은 모두 있음 아니네.

一切諸佛所覺了　悉皆攝取無有餘
雖說三世一切法　如是等法悉非有

세존은 바르게 깨친 이, 세간의 위없는 분이니

이와 같이 내가 들었다.

한때 붇다께서는 슈라바스티 국 제타 숲 '외로운 이 돕는 장자의 동산'에 계셨다.

때에 하늘사람이 있었는데 얼굴 모습이 아주 아름다웠다. 그는 새벽에 붇다 계신 곳에 와서 머리를 대 붇다의 발에 절하고 한쪽에 물러앉았다. 그러자 온몸의 여러 밝은 빛이 제타 숲 '외로운 이 돕는 장자의 동산'을 두루 비추었다.

때에 그 하늘사람이 게송으로 붇다께 말씀드렸다.

크샤트리아는 두 가지 갖추어
세간 가운데 높은 사람이고
황소는 짐승 가운데 빼어나네.
때묻지 않음 좋은 아내 되고
맏아들이 가장 좋은 자식이네.

그때에 세존께서는 게송으로 대답하셨다.

바르게 깨친 이 두 가지 갖춰
세간 사람 가운데 높은 이요

산 말이 짐승 가운데 빼어나네.
남편 잘 따름이 어진 아내요
그른 생각 다함이 좋은 아들이네.

때에 그 하늘사람은 다시 게송으로 말하였다.

오래도록 브라마나 보아왔더니
온전한 니르바나 얻으셨어라.
온갖 두려움을 모두 이미 벗어나
길이 세간 은혜 애착 뛰어나셨네.

때에 하늘사람은 붇다의 말씀을 듣고 기뻐하고 따라 기뻐하면서, 머리를 대 붇다의 발에 절하고 곧 사라져 나타나지 않았다.

• 잡아함 1007 찰리경(刹利經)

• 해설 •

어찌 얻고 잃음이 있고 높고 낮음이 있는 세간 권력자의 자리에 앉음으로 가장 높은 사람이 되고, 돈벌이에 쓸모있는 황소를 얻음으로 가장 빼어남이 되며, 아내와 자식 잘 갖춤만으로 행복한 삶이 될 것인가.

바르게 깨친 이는 지혜와 복덕 두 가지를 갖추어 위와 아래 높고 낮음이 평등하므로 가장 높으신 이가 되고, 바르게 깨친 이는 안의 마음과 바깥 경계가 공하므로 가장 넓은 이가 된다. 또한 사람과 하늘의 모습을 취하지 않되 사람과 하늘의 모습을 버리지 않으므로 하늘과 사람의 스승이 되고 세간의 길잡이가 되신다.

사람과 하늘 가운데 높은 이 여래를 따라 지혜의 흐름에 잘 따라 들어간 이가 이 세간에 가장 어진 이요 가장 지혜로운 이이니, 여래의 지혜의 흐름에 들어간 이를 여래의 법의 아들이라 말하고 이 세간의 빼어난 장부라 한다. 출세간 해탈의 복덕을 갖추고 그른 생각 없는 가족과 화목하게 지내며 남을 위해 베풀 수 있으면, 그가 또한 세간의 복을 함께 갖춘 자이다.

『화엄경』(「도솔궁중게찬품」) 또한 여래의 법을 듣고 지혜의 바다에 들어가 세간을 위해 공양할 수 있으면 이 법의 공양이 여래의 산실이 됨을, 이렇게 말한다.

설사 생각생각 그 가운데에
한량없는 붇다 공양한다 해도
진실한 법을 알지 못하면
공양이라 이름하지 못한다.

設於念念中　供養無量佛
未知眞實法　不名爲供養

만약 이와 같은 법을 들으면
모든 붇다가 이를 좇아 태어나니
비록 한량없는 괴로움 겪은들
보디의 행을 버리지 않네.

若聞如是法　諸佛從此生
雖經無量苦　不捨菩提行

구함 없는 것이 큰 힘의 자재한 즐거움이니

이와 같이 내가 들었다.

한때 붇다께서는 슈라바스티 국 제타 숲 '외로운 이 돕는 장자의 동산'에 계셨다.

때에 하늘사람이 있었는데 얼굴 모습이 아주 아름다웠다. 그는 새벽에 붇다 계신 곳에 와서 머리를 대 붇다의 발에 절하고 한쪽에 물러앉았다. 그러자 온몸의 여러 밝은 빛이 제타 숲 '외로운 이 돕는 장자의 동산'을 두루 비추었다.

때에 그 하늘사람이 게송으로 붇다께 말씀드렸다.

큰 힘의 자재한 즐거움은
구하는 것 얻지 못함이 없네.
그 무엇이 다시 그보다 빼어나
온갖 하고자 함 갖출 수 있나.

그때에 붇다께서는 게송으로 대답하셨다.

큰 힘의 자재한 즐거움
그것은 구하는 것이 없네.
만약 구해 하고자 함이 있으면

이것은 괴로움이고 즐거움 아니네.
구하는 것 이미 넘어가면
이것은 구함보다 즐거우리.

때에 그 하늘사람은 다시 게송으로 말하였다.

오래도록 브라마나 보아왔더니
온전한 니르바나 얻으셨어라.
온갖 두려움을 모두 이미 벗어나
길이 세간 은혜 애착 뛰어나셨네.

때에 하늘사람은 붇다의 말씀을 듣고 기뻐하고 따라 기뻐하면서, 머리를 대 붇다의 발에 절하고 곧 사라져 나타나지 않았다.

• 잡아함 1294 무소구경(無所求經)

• 해설 •

구하는 것을 반드시 얻고 바라는 것을 채우는 자가 삶이 자재하고 원만한 것이 아니다.

구함이 있고 취함이 있으면 취하지 못함이 있고, 바람이 있으면 바라지 못함이 있지만, 구함이 없으면 한 법도 구함이 없으므로 온갖 법을 갖추지 못함이 없고, 바람이 없으면 그 바람 없는 바람이 감싸지 못함이 없다.

누가 그런 분인가. 여래이니, 여래는 탐냄이 없으므로 저 경계를 거두지 않음이 없고, 바람이 없으므로[無願] 바람 없는 바람으로 온갖 중생을 감싸지 않음이 없다. 여래의 삶처럼 구함 없는 즐거움이 니르바나의 즐거움이고 탐냄 없는 삶이 법계 그대로의 다함없는 바람[如法界願]의 삶이 되는 것이다.

그러므로 법계밖에 여래가 없고 여래밖에 법계가 없으니, 여래를 참으로 공경하는 자, 온갖 구함과 탐욕을 떠나 법계의 진리에 돌아가는 자이다.

여래의 지혜에 구함이 없고 취함이 없으므로 여래의 경계는 깊고 깊어 바닥이 없고 넓고 넓어 끝이 없으니, 『화엄경』(「보살문명품」菩薩問明品)은 말한다.

여래의 깊은 경계는
그 크기가 허공과 같아서
온갖 중생이 들어가도
실로 들어간 바가 없네.

如來深境界　其量等虛空
一切衆生入　而實無所入

여래의 깊은 경계와
빼어나고 묘한 인행은
억겁토록 늘 말한다 한들
또한 다시 다할 수 없네.

如來深境界　所有勝妙因
億劫常宣說　亦復不能盡

세간의 참된 인도자께선
그 마음의 지혜를 따라
위없는 보디의 도에
나아가도록 잘 이끌어서
모두 이익되게 하시어
이와 같이 중생 건네니

이것이 모든 붇다의 경계이네.

隨其心智慧 誘進咸令益

如是度衆生 諸佛之境界

법계와 중생의 세계는

마쳐 다해 차별 없으니

온갖 것 다 깨달아 알면

이것이 여래의 경계이네.

法界衆生界 究竟無差別

一切悉了知 此是如來境

온갖 세간 가운데 있는

갖가지 모든 중생의 음성들

붇다의 지혜는 다 따라 알지만

또한 분별함이 있지 않으시네.

一切世間中 所有諸音聲

佛智皆隨了 亦無有分別

제4부

중생의 진실과 붇다의 진실

중생의 어리석음과 탐냄과 성냄은
본래 공한 나와 내 것을 바탕해 일어나는
것이므로 그 탐냄과 어리석음 또한 공한 것이다.
중생과 여래의 삶의 진실엔 두 모습이 없다.
다만 여래는 모습이 모습 아닌 진실을 깨달아
탐냄을 크나큰 원(願)으로 쓰시고, 성냄을
한량없는 자비의 마음으로 쓰실 뿐이다.
여래의 진실이 세계의 진실이며 중생의 진실이다.
중생이 스스로 자기 삶의 진실을 등지므로 여래의
법을 등지는 것이니, 중생의 법을 끊고
여래의 법이 있다고 해도 안 되고,
중생의 물든 삶이 그대로 여래의 진실과
같다고 해도 안 된다.

• 이끄는 글 •

세간법 속에 있는 붇다됨의 길

붇다됨의 길은 무엇인가. 연기하는 세속제를 떠나 보디의 길이 있는가. 연기하는 존재의 진실이 곧 니르바나의 성[涅槃城]이고 해탈의 저 언덕이라, 세속제를 떠나 붇다됨의 길이 있다 말해서는 안 된다. 다만 존재의 진실을 온전히 사는 분이 붇다이고 존재의 진실을 스스로 등진 이가 중생일 뿐이니, 중생은 중생 아닌 중생이다. 곧 본래 니르바나되어 있는 해탈의 땅에서 스스로 나고 죽음을 보는 이가 중생일 뿐이니, 중생에 중생의 모습이 없다.

그러므로 존재의 있음에서 실로 있음을 떠나면 중생은 스스로 윤회와 고통의 삶을 돌이켜 해탈의 땅에 돌아가는 것이니, 중생의 진실이 여래의 진실이고 무명이 연기하는 고통의 땅이 여래의 씨앗이고 해탈의 씨앗이다.

중생의 고통과 윤회가 실로 있음이 아닌 곳을 중생의 본디 깨쳐 있음[本覺]이라 말하고, 고통과 번뇌가 실로 있음이 아니므로 번뇌를 돌이켜 존재의 실상에 돌아감이 새로이 보디 이룸[始覺]이다. 이 뜻을 『금강경』은 '온갖 모습에서 모습 떠남을 모든 붇다라 말한다'[離一切相 卽名諸佛]고 한다.

『화엄경』(「보현행품」) 또한 중생 아닌 중생에게 나와 내 것 본래 공한 실상의 문을 열어 보이는 보디사트바의 길을 다음과 같이 보인다.

보디사트바는 삿된 견해 없애고

중생 위해 바른 견해 열어 보이네.
법의 성품 오고 감이 본래 없으니
나와 내 것의 모습 집착 않도다.

除滅諸邪見 開示於正見
法性無來去 不著我我所

화엄회상(「입법계품」) 선지식 또한 여래가 가르치신 지혜와 자비의 문에 드는 것이 진리바다에 드는 것임을, 새로 마음을 낸 구도자들에게 이렇게 가르친다.

고요한 큰 자비의 바다가
삼세의 모든 붇다를 내고
중생의 괴로움을 없애주니
그대는 이 문에 들어가야 한다.

寂靜大悲海 出生三世佛
能滅衆生苦 汝應入此門

나의 지혜는 넓고 깨끗하여
모든 법의 바다를 깨쳐 알아
중생의 미혹 없애주나니
그대는 이 문에 들어가야 한다.

我智廣淸淨 了知諸法海
除滅衆生惑 汝應入此門

제1장

인연의 법과 진제

"과거와 미래의 물질도 덧없는데 하물며
현재의 물질이겠느냐. 거룩한 제자로서 이렇게 살피는
사람은 과거의 물질은 돌아보지 않고, 미래의 물질은
바라지 않으며, 현재의 물질에 대해서는 좋아하지 않아[厭]
탐욕 떠나 바로 사라져 다함[滅盡]으로 향한다."

세간에는 연기하는 세계의 진실만이 있을 뿐, 나고 사라지고 있다가 없어지는 세간법이 있고 그 너머에 초월적인 진리가 있는 것이 아니다. 세간법은 인연으로 나므로 실로 남이 없지만, 실로 남이 없기 때문에 나지 않음도 없다.

온갖 법은 있되 공하고, 법이 있되 공하므로 있음 아닌 있음의 연기적인 성취가 있는 것이다. 곧 존재가 공하기 때문에 실로 남이 없되 남 없음도 없이 연기하는 것이다.

진제(眞諦)의 이름은 중생이 연기된 있음을 실로 있음으로 집착하므로, 있되 있음 아닌 존재의 진실을 보이기 위해 세워진 이름이다.

그러므로 진제라는 말을 듣고 연기하는 세간법밖에 진제가 있는 것으로 보아서는 안 된다.

아함경에서 다섯 쌓임 · 열두 들임 · 열여덟 법의 영역 그 세간법이 실로 있음이 아니고 실로 없음이 아닌 실상이 곧 여래의 진여의 세계이고 니르바나의 성이다.

다만 중생이 그 있음을 있음으로 집착하므로 '끊어 없애라'고 가르치고 '돌아보아 붙잡지 말라' 가르치는 것이니, 세간법의 진실은 취할 것이 없고 버릴 것도 없는 것이다.

『화엄경』(「야마궁중게찬품」)은 세간법의 실상이 붇다의 법임을 다음과 같이 가르친다.

다섯 쌓임 등 모든 쌓임 분별하나
그 성품은 본래 비어 고요하도다.
공하므로 사라지게 할 수 없으니

이것이 바로 남이 없는 뜻이네.

分別此諸蘊　其性本空寂
空故不可滅　此是無生義

중생의 진실 이미 이와 같으며
모든 붇다 또한 다시 그러하니
붇다와 온갖 모든 붇다의 법은
닫힌 자기성품 있지 않도다.

衆生旣如是　諸佛亦復然
佛及諸佛法　自性無所有

중생에 중생의 정해진 모습이 없고 공한 연기의 진실밖에 여래가 없으므로, 보디의 행을 실천하면 중생이 곧 여래의 몸이 됨을 「십인품」(十忍品)은 이렇게 말한다.

삼세에 계신 모든 붇다
그 온갖 분들 변화와 같네.
본원으로 여러 행을 닦아
중생의 몸을 변화하여서
위없는 여래를 이룬 것이네.

三世所有佛　一切亦如化
本願修諸行　變化成如來

다섯 쌓임의 덧없고 나 없는 진실을 보면 사라져 다함으로 향한다

이와 같이 내가 들었다.

한때 붇다께서는 슈라바스티 국 제타 숲 '외로운 이 돕는 장자의 동산'에 계셨다.

그때 세존께서 여러 비구들에게 말씀하셨다.

"과거와 미래의 물질도 덧없는데 하물며 현재의 물질이겠느냐.

거룩한 제자로서 이렇게 살피는 사람은 과거의 물질은 돌아보지 않고, 미래의 물질은 바라지 않으며, 현재의 물질에 대해서는 좋아하지 않아[厭] 탐욕 떠나 바로 사라져 다함[滅盡]으로 향한다.

이와 같이 과거와 미래의 느낌 · 모습 취함 · 지어감 · 앎도 덧없는데, 하물며 현재의 느낌 · 모습 취함 · 지어감 · 앎이겠느냐.

거룩한 제자로서 이렇게 살피는 사람은 과거의 앎 등은 돌아보지 않고, 미래의 앎 등은 바라지 않으며, 현재의 앎 등에 대해서는 좋아하지 않아 탐욕 떠나 바로 사라져 다함으로 향한다.

이렇게 삼세(三世)의 모든 법이 덧없는 것과 같이 괴롭고 공하고 나[我] 아님 또한 다시 이와 같다."

때에 여러 비구들은 붇다의 말씀을 듣고 기뻐하며 받들어 행하였다.

• 잡아함 8 과거무상경(過去無常經)

• 해설 •

느낌 · 모습 취함 · 지어감 · 앎은 물질을 떠나지 않고 물질은 앎 밖이 아니니, 앎은 물질인 앎이고 물질은 앎인 물질이다.

앎과 물질이 모두 공한 앎과 물질이므로 앎에서 앎을 떠나 돌아보아 취하지 않고 물질에서 물질을 떠나 돌아보아 취하지 않으면, 물질인 앎과 앎인 물질이 진제인 다섯 쌓임이 되고, 진제인 다섯 쌓임이 여래의 집이 되고 법계의 집이 된다.

다섯 쌓임이 아지랑이 같고 불꽃 같아 취할 것이 없으면 다섯 쌓임에서 걸림 없는 마음의 경계 이루게 됨을 『화엄경』(「십인품」)은 이렇게 말한다.

비유하면 날 더울 때 아지랑이 보고
세간 사람 보고서 물이라고 말하지만
물은 실로 있는 바가 없음 같나니
지혜로운 이 구하지 않아야 하네.

譬如熱時焰　世見謂爲水
水實無所有　智者不應求

중생 또한 다시 그리하여서
중생 세간의 길 다 있지 않아서
아지랑이 같다는 생각에 머물면
걸림 없는 마음의 경계가 되리.

衆生亦復然　世趣皆無有
如焰住於想　無礙心境界

번뇌에 묶인 다섯 쌓임을 넘어서면 곧 안락의 길입니다

이와 같이 내가 들었다.

한때 붇다께서는 슈라바스티 국 제타 숲 '외로운 이 돕는 장자의 동산'에 계셨다. 그때에 어떤 비구는 자리에서 일어나 붇다께 절하고 말씀드렸다.

"거룩하십니다, 세존이시여. 저를 위해 간략히 법의 요점[法要]을 말씀해주십시오. 저는 그 법을 듣고서는 홀로 고요한 곳에서 사유에 오롯이 정진해 방일하지 않고 머물고서는 사유하겠습니다.

그렇게 하는 것은 잘 행하는 이가 바른 믿음의 집[正信家]에서 집이 아닌 데로 집을 나와 도를 배움이란 위없는 범행을 닦아 현재의 법에서 몸으로 증득하여 '나의 태어남은 이미 다하고, 범행은 이미 서고, 지을 바를 이미 지어 뒤의 존재[後有] 받지 않음을 스스로 아는 것'이기 때문입니다."

비구의 물음을 찬탄하시고 번뇌에 묶인 법 끊게 하자 비구가 깨달음

그때에 세존께서는 그 비구에게 말씀하셨다.

"잘 말하고 잘 말했다. 너는 지금 이렇게 말하였는가.

'거룩하십니다, 세존이시여. 저를 위해 간략히 법의 요점을 말씀해주십시오. 저는 그 법을 듣고서는 홀로 한 고요한 곳에서 사유에 오롯이 정진해 방일하지 않고, 방일하지 않고 머물고서는 사유하겠습니다.

그렇게 하는 것은 잘 행하는 이가 바른 믿음의 집[正信家]에서 집이 아닌 데로 집을 나와 도를 배움이란 위없는 범행을 닦아 현재의 법에서 몸으로 증득하여 '나의 태어남은 이미 다하고, 범행은 이미 서고, 지을 바를 이미 지어 뒤의 존재[後有] 받지 않음을 스스로 아는 것'이기 때문입니다.' "

"그렇습니다, 세존이시여."

붇다께서는 그 비구에게 말씀하셨다.

"자세히 듣고 잘 생각하라. 나는 너를 위하여 말해주겠다.

비구여, 번뇌의 맺음[結]에 묶인 법을 빨리 끊어버려야 한다. 그 법을 끊어버린 뒤에는 바른 뜻의 요익됨[義饒益]으로 긴 밤 동안에 안락할 것이다."

"알았습니다, 세존이시여. 알았습니다, 잘 가신 이여."

번뇌에 묶인 다섯 쌓임을 벗어나면 다섯 쌓임이
곧 안락의 길이 됨을 보이니, 세존께서 인정하심

붇다께서는 그 비구에게 말씀하셨다.

"너는 내가 간략히 말하는 법 가운데서 어떻게 그 뜻을 널리 알았느냐."

그 비구가 붇다께 말씀드렸다.

"세존이시여, 물질이 번뇌의 맺음에 묶인 법입니다. 이 맺음에 묶인 법은 빨리 끊어버려야 합니다. 그 법은 끊어버린 뒤에는 바른 뜻의 요익됨으로 긴 밤 동안에 안락하게 됩니다.

이와 같이 느낌 · 모습 취함 · 지어감 · 앎도 번뇌의 맺음에 묶인 법입니다. 이 맺음에 묶인 법은 빨리 끊어버려야 합니다. 그 법을 끊어 버린 뒤에는 바른 뜻의 요익됨으로 긴 밤 동안에 안락하게 됩니다. 그러므로 저는 세존께서 간략히 말씀하신 법의 요점 가운데서 그 뜻을 널리 알았습니다."

붇다께서 비구에게 말씀하셨다.

"잘 말하고 잘 말했다. 너는 내가 간략히 말한 법 가운데서 그 뜻을 널리 알았구나. 왜 그런가. 너는 이렇게 말했기 때문이다.

'물질이 번뇌의 맺음에 묶인 법입니다. 이 맺음에 묶인 법은 빨리 끊어버려야 합니다. 그 법은 끊어 버린 뒤에는 바른 뜻의 요익됨으로 긴 밤 동안에 안락하게 됩니다.

이와 같이 느낌 · 모습 취함 · 지어감 · 앎도 번뇌의 맺음에 묶인 법입니다. 이 맺음에 묶인 법은 빨리 끊어버려야 합니다. 그 법을 끊어 버린 뒤에는 바른 뜻의 요익됨으로 긴 밤 동안에 안락하게 됩니다.'"

때에 그 비구는 붇다의 말씀을 듣고 마음이 크게 기뻐 붇다께 절하고 물러갔다.

그는 홀로 고요한 곳에서[獨一靜處] 사유에 오롯이 정진해 방일하지 않고 머물고서는 사유하여 범행을 닦아 드디어 마음의 해탈을 얻어 아라한이 되었다.

• 잡아함 19 결계경(結繫經)

• 해설 •

법의 요점을 잘 물어서 여래로부터 '잘 물었다'고 칭찬 받은 비구는 무엇이 삶의 근원적인 문제인 줄 이미 아는 이이니 여래의 집[如來家]에 가까이와 있는 자이다.

'잘 물었다'고 찬탄 받은 그 자리에서 스스로 물은 그 말의 답을 깨달아 아니, 좋은 말이 채찍 그림자만 보아도 잘 뛰는 것과 같다.

다섯 쌓임의 실상이 있되 공하고 공도 공하여 다섯 쌓임의 공적한 집[五蘊空寂舍]이 법계진리의 집인데, 중생이 있음에 가리고 공에 빠져 스스로 법계의 집을 등지고 기나긴 밤 길 잃고 집 잃은 나그네 신세가 되는 것이다.

그러므로 다섯 쌓임에서 헛된 번뇌의 묶음을 버리면 다섯 쌓임밖에 진제가 없고 니르바나의 성이 없는 것이다.

『화엄경』(「수미정상게찬품」) 또한 다섯 쌓임의 실로 있는 모습 취하지 않으면 붇다를 바로 보아 니르바나의 땅에 이르게 됨을 다음과 같이 가르친다.

미혹하여 알지 못하는 자는
헛되이 다섯 쌓임의 모습을 취해
다섯 쌓임의 참모습 알지 못하니
이 사람은 붇다를 보지 못하리.

迷惑無知者　妄取五蘊相
不了彼眞性　是人不見佛

아난다여, 나고 사라지는 법을 물으면 어떻게 대답하겠느냐

이와 같이 내가 들었다.

한때 붇다께서는 슈라바스티 국 제타 숲 '외로운 이 돕는 장자의 동산에 계셨다. 그때에 세존께서는 존자 아난다에게 말씀하셨다.

"만약 믿음의 마음이 있는 장자나 장자의 아들이 너에게 와서 이렇게 묻는다 하자.

'어떤 법에서 그 나고 사라지는 것을 아십니까.'

그러면 너는 어떻게 대답하겠느냐."

아난다는 붇다께 말씀드렸다.

"세존이시여, 만약 어떤 장자나 장자의 아들이 제게 와서 묻는다면 저는 이렇게 대답하겠습니다.

'물질이 나고 사라지는 법인 줄 알고, 느낌 · 모습 취함 · 지어감 · 앎이 나고 사라지는 법인 줄을 아오.'

세존이시여, 만약 장자나 장자의 아들이 이와 같이 묻는다면 저는 이렇게 대답하겠습니다."

다섯 쌓임의 진실 아는 것이 법 아는 것임을 보이심

붇다께서 아난다에게 말씀하셨다.

"잘 말하고 잘 말했다. 반드시 이렇게 대답해야 한다.

왜 그런가. 물질은 나고 사라지는 법이요, 느낌 · 모습 취함 · 지어감 · 앎은 나고 사라지는 법이기 때문이다. 만약 물질이 나고 사라지는 법인 줄을 알면 물질을 안다고 하고, 느낌 · 모습 취함 · 지어감 · 앎이 나고 사라지는 법인 줄을 알면 앎 등을 안다고 한다."

붇다께서 이 경을 말씀하시자, 여러 비구들은 붇다의 말씀을 듣고 기뻐하며 받들어 행하였다.

• 잡아함 49 아난경(阿難經) ①

• 해설 •

스스로 잘 배우지 못하면 잘 가르치지 못하며, 스스로 잘 물어 법의 요점을 체달하지 못하면 설함 없이 잘 설할 수 없다. 그러므로 세존께서 아난다에게 믿음 있는 장자의 물음에 어떻게 답할 것인가를 묻고, 아난다가 '다섯 쌓임이 나고 사라진다'고 답한 뜻을 세존께서 인정해주시고 있는 것이다.

많이 들음[多聞]은 잘 들어 스스로 법바다에 들어가 남을 위해 잘 설하기 위함[善說]이니, 세존께서 많이 들은 제자에게 '참으로 잘 듣는가'를 깨우쳐 물으신 것이고, 잘 들은 제자 아난다는 법의 뜻을 알아 잘 대답하니 세존께서 아난다의 뜻이 여래의 뜻임을 인정하신 것이다.

여래와 아난다의 문답의 요점은 무엇인가.

다섯 쌓임이 나고 사라진다는 것은 온갖 법은 아는 마음과 알려지는 것이 서로 의지해 있는 연기의 진실밖에 없음을 보이고 있는 것이다.

다섯 쌓임의 법에 의해 존재[我]가 있으므로 존재가 공하고[我空], 다섯 쌓임의 법이 인연으로 나고 인연으로 사라지므로 법도 공한 것[法空]이다.

나되 실로 난 것이면 나서 사라지지 않아야 하고, 사라지되 실로 사라지는 것이면 사라져 다시 나지 않아야 한다. 실로 남이 없고 사라짐이 없으므로 나고 사라지는 것이니, 나고 사라진다는 말을 통해 남이 없는 뜻[無生義]을 알아들으면 그가 여래의 집에 가기 멀지 않은 성문제자(聲聞弟子)인 것이다.

삼세 다섯 쌓임의 진실을 알면 곧 사라져 다한 곳이니

이와 같이 내가 들었다.

한때 붇다께서는 슈라바스티 국 제타 숲 '외로운 이 돕는 장자의 동산'에 계셨다.

그때 세존께서 여러 비구들에게 말씀하셨다.

"과거와 미래의 물질도 오히려 덧없는데 하물며 현재의 물질이겠느냐.

많이 들은 거룩한 제자들은 이렇게 살핀 뒤에는 과거의 물질을 돌아보지도 않고, 미래의 물질을 기뻐하지 않으며, 현재의 물질에 대해 좋아하지 않으며 탐욕 떠나 사라져 고요함이 된다.

느낌 · 모습 취함 · 지어감 · 앎에 있어서도 또한 다시 이와 같다."

다섯 쌓임의 있음이 곧 있음 아닌 줄 깨달으면
집착 떠날 것도 없음을 보이심

"비구들이여, 만약 과거의 물질이 없다면 많이 들은 거룩한 제자들은 과거의 물질을 돌아보지 않아야 하는 것조차 없을 것이다. 과거의 물질이 있기 때문에 많이 들은 거룩한 제자들은 과거의 물질을 돌아보지 않아야 하는 것이다.

만약 미래의 물질이 없다면 많이 들은 거룩한 제자들은 미래의 물질을 기뻐하지 않아야 하는 것조차 없을 것이다. 미래의 물질이 있기 때문에 많이 들은 거룩한 제자들은 미래의 물질을 기뻐하지 않아야 하는 것이다.

만약 현재의 물질이 없다면 많이 들은 거룩한 제자들은 현재의 물질에 대해서 좋아하지 않음을 내, 탐욕 떠나 사라져 다함으로 향해야 하지도 않을 것이다. 현재의 물질이 있기 때문에 많이 들은 거룩한 제자들은 현재의 물질에 대해서 좋아하지 않음을 내 탐욕 떠나 사라져 다함으로 향해야 하는 것이다.

느낌 · 모습 취함 · 지어감 · 앎에 있어서도 또한 이와 같이 말한다."

붇다께서 이 경을 말씀하시자 여러 비구들은 붇다의 말씀을 듣고 기뻐하며 받들어 행하였다.

(덧없음[無常]같이 괴로움[苦] · 공(空) · 나가 아님[非我]의 세 경 또한 이렇게 말씀하셨다.)

• 잡아함 79 생경(生經)③

• 해설 •

온갖 법이 덧없음의 뜻을 알면 덧없으므로 공하고 공하기 때문에 남이 없이 나고 사라짐이 없이 사라지는 뜻을 아는 것이다.

집착할바 과거의 물질 미래의 물질이 본래 없는 것이라면 돌아보지 말라 할 것도 없고 취하지 말라 할 것도 없는데, 과거의 법에 대한 중생의 집착이 있으므로 돌아보아 붙잡지 말라고 하고 붙잡아 취하지 말라 가르치시는 것이다.

그러므로 있음이 있음 아닌 있음인 줄 바로 알면 보되 봄이 없고 봄이 없이 보는 것이니, 끊으라 할 것이 없고 붙잡지 말라 할 것도 없으며, 무명도 다할 것이 없고 괴로움도 끊어 없앨 것이 없다.

과거 · 현재 · 미래의 다섯 쌓임에 물들어 맛들임이 없으면 다섯 쌓임의 중생의 집이 '공적한 여래의 집'[如來空寂舍]이니, 어찌 따로 탐욕 끊고 사라져 다함으로 향할 것인가. 망상도 실로 끊을 것이 없고 참됨 또한 따로 구할 것이 없는 곳에 여래의 덧없음[無常]의 법문의 참뜻이 있다.

덧없는 다섯 쌓임이 곧 세간이라 다섯 쌓임의 실로 있음과 실로 없음, 세간과 출세간의 두 견해를 넘어서야 여래의 보디에 나아갈 수 있으니, 『화엄경』(「광명각품」)은 이렇게 말한다.

실답거나 실답지 않거나
허망하거나 허망하지 않거나
세간이나 세간 벗어남
다만 짐짓 말함이네.

若實若不實　若妄若非妄
世間出世間　但有假言說

세간과 출세간의 견해
온갖 견해 다 벗어나서
법을 잘 알 수 있으면
크게 환한 빛을 이루리.

世及出世見　一切皆超越
而能善知法　當成大光耀

어떤 것이 존재의 흐름 사라짐입니까

이와 같이 내가 들었다.

한때 붇다께서는 마쿨라(Makula) 산에 계셨다. 때에 시자 비구가 있었는데 라다라 하였다. 그 비구는 해질녘 선정에서 깨어나 붇다 계신 곳에 가서 붇다의 발에 절하고 한쪽에 앉아 여쭈었다.

"세존께서는 존재의 흐름[有流]이라고 말씀하시는데 어떤 것을 존재의 흐름이라 하며, 어떤 것을 존재의 흐름이 사라짐[有流滅]이라 합니까."

붇다께서는 라다에게 말씀하셨다.

"잘 물었다. 너를 위해 말해주겠다. 존재의 흐름이란 다음과 같다.

어리석고 들음이 없는 범부들은 물질의 모임과 물질의 사라짐과 물질의 맛들임과 물질의 걱정거리와 물질 떠남을 진실 그대로 알지 못한다. 진실 그대로 알지 못하기 때문에 물질을 사랑해 즐기고 찬탄하고 거두어 받으며 물들어 집착한다.

물질을 사랑해 즐기기 때문에 그것을 취하고, 취하기 때문에 존재가 있으며, 존재가 있기 때문에 나고, 나기 때문에 늙음 · 병 · 죽음과 근심 · 슬픔 · 번민 · 괴로움이 늘어난다. 이와 같이 순전한 큰 괴로움의 무더기가 여기서 모여 일어난다.

느낌 · 모습 취함 · 지어감 · 앎에 있어서도 또한 다시 이와 같다.

이것을 존재의 흐름이라 한다."

존재의 흐름이 일어나는 모습을 보이시고
존재의 흐름이 사라짐을 보이심

"많이 들은 거룩한 제자들은 물질의 모임과 물질의 사라짐과 물질의 맛들임과 물질의 걱정거리와 물질 떠남을 진실 그대로 안다.

진실 그대로 알기 때문에 그 물질에 대해 사랑해 즐김과 찬탄하고 거두어 받음 물들어 집착함을 일으키지 않는다.

사랑해 즐기지 않고 찬탄해 거두어 받지 않으며 물들어 집착하지 않기 때문에 물질에 대한 사랑이 곧 사라지고, 사랑이 사라지면 취함[取]이 사라지며, 취함이 사라지면 존재가 사라진다.

존재가 사라지면[有滅] 태어남이 사라지며, 태어남이 사라지면 늙음 · 병 · 죽음과 근심 · 슬픔 · 번민 · 괴로움이 사라진다. 이와 같이 순전한 큰 괴로움의 무더기가 사라진다.

느낌 · 모습 취함 · 지어감 · 앎에 있어서도 또한 다시 이와 같다.

이것을 여래가 말한 존재의 흐름과 존재의 흐름이 사라짐이라 한다."

붇다께서 이 경을 말씀하시자 라다 비구는 붇다의 말씀을 듣고 기뻐하며 받들어 행하였다.

• 잡아함 111 유류경(有流經)

• 해설 •

존재의 있음을 있음으로 붙잡으므로 그 존재의 사라짐이 사라짐이 되어 나고 사라지는 존재의 흐름이 있고, 그 흐름을 벗어나지 못한 중생이 있다.

있음이 있음 아니면 그 흐름은, 남이 없되 남 없이 나는[無生而生] 진리의 묘용이 된다.

진리의 묘용은 흐르되 흐름 없고 흐름 없이 흐르는 것이니, 진리의 묘용을 아는 자 길이 나고 죽음 속에서 남이 없이 방편으로 나[以方便生] 해탈의 한길을 걸어갈 것이다.

온갖 법이 끝없이 나고 사라지되 온 곳이 없고 간 곳이 없으며 흐르고 흐르되 실로 흐름 없음을 알면, 흐름 가운데서 온갖 흐름 사라진 니르바나의 뜻을 알 수 있으니, 『화엄경』(「야마궁중게찬품」)은 다음과 같이 말한다.

모든 법은 온 곳이 없고
또한 짓는 자도 없도다.
좇아 난 곳이 없으므로
분별해 알 수 없도다.

諸法無來處　亦無能作者
無有所從生　不可得分別

온갖 법은 옴이 없으므로
남이 있지 않은 것이네.
생겨남이 있지 않으므로
사라짐 또한 얻을 수 없네.

一切法無來　是故無有生
以生無有故　滅亦不可得

제2장

탐욕과 해탈

"너는 진실한 말[實語]을 이루었다. 여래를 헐뜯지 않았다.
말답게 말하고 법답게 말하였으며 법과 법을 따라 말하였다.
왜 그런가. 라다여, 물질은 괴로움이니 그 괴로움을 끊기 위해
집을 나와 범행을 닦는 것이다. 느낌 · 모습 취함 · 지어감 · 앎은
괴로운 것이니 그것들의 괴로움을 끊기 위해
집을 나와 범행을 닦는 것이기 때문이다."

• 이끄는 글 •

중생의 번뇌와 얽매임은 무엇이고 붇다의 보디와 해탈은 무엇인가. 중생은 온갖 모습이 인연으로 나는 모습이라 모습에 모습 없음을 알지 못하므로 모습을 취해 탐착을 내고, 그 탐욕의 마음이 꺾이고 눌리면 성낸다. 그리하여 나의 탐욕과 하고자 함, 다른 이의 탐욕과 하고자 함이 서로 맞부딪히면 다툼이 일어난다.

중생의 어리석음과 탐냄과 성냄은 본래 공한 나와 내 것을 바탕해 일어나는 것이므로 그 탐냄과 어리석음 또한 공한 것이다. 중생과 여래의 삶의 진실엔 두 모습이 없다.

다만 여래는 모습이 모습 아닌 진실을 깨달아 탐냄을 크나큰 원(願)으로 쓰시고, 성냄을 한량없는 자비의 마음으로 쓰실 뿐이다.

여래의 진실이 세계의 진실이며 중생의 진실이다. 중생이 스스로 자기 삶의 진실을 등지므로 여래의 법을 등지는 것이니, 중생의 법을 끊고 여래의 법이 있다고 해도 안 되고, 중생의 물든 삶이 그대로 여래의 진실과 같다고 해도 안 된다.

『화엄경』(「광명각품」)은 중생이 자기진실을 깨달으면 여래의 해탈경계에 들어가게 됨을 다음과 같이 가르친다.

> 중생에게 생겨남이 없고
> 또한 다시 무너짐이 없네.
> 만약 이와 같은 지혜 얻으면
> 위없는 보디의 도 이루게 되리.
>
> 衆生無有生　亦復無有壞
> 若得如是智　當成無上道

물질을 사랑해 기뻐하면 괴로움을 사랑해 기뻐함이니

이와 같이 내가 들었다.

한때 붇다께서는 슈라바스티 국 제타 숲 '외로운 이 돕는 장자의 동산'에 계셨다.

그때 세존께서 여러 비구들에게 말씀하셨다.

"물질에 대해 사랑해 기뻐하는 것은 곧 괴로움을 사랑해 기뻐하는 것이다. 괴로움을 사랑해 기뻐하면 곧 괴로움에서 해탈하지 못하고 괴로움에 대해 밝지 못하며 탐욕을 떠나지 못한다.

이와 같이 느낌 · 모습 취함 · 지어감 · 앎을 사랑해 기뻐하는 것은 곧 괴로움을 사랑해 기뻐하는 것이다. 괴로움을 사랑해 기뻐하면 곧 괴로움에서 해탈하지 못한다."

다섯 쌓임을 진실대로 알아 해탈하는 길을 보이심

"여러 비구들이여, 물질에 대해 사랑해 기뻐하지 않는 것은 곧 괴로움을 사랑해 기뻐하지 않는 것이다. 괴로움을 사랑해 기뻐하지 않으면 곧 괴로움에서 해탈하게 된다.

이와 같이 느낌 · 모습 취함 · 지어감 · 앎을 사랑해 기뻐하지 않는 것은 곧 괴로움을 사랑해 기뻐하지 않는 것이다. 괴로움을 사랑해 기뻐하지 않으면 곧 괴로움에서 해탈하게 된다.

비구들이여, 물질에 대해서 알지 못하고 밝지 못하며 탐욕을 떠나지 못하면 마음이 해탈하지 못하고, 탐욕에서 마음이 해탈하지 못하면 그는 괴로움을 끊지 못한다.

이와 같이 느낌 · 모습 취함 · 지어감 · 앎에 대해서도 알지 못하고 밝지 못하며 탐욕을 떠나지 못하여 탐욕에서 마음이 해탈하지 못하면 그는 괴로움을 끊지 못한다.

만약 물질에 대해서 잘 알고 밝으며 탐욕을 떠나 마음이 해탈하면 그는 괴로움을 끊게 된다.

이와 같이 만약 느낌 · 모습 취함 · 지어감 · 앎에 대해서도 잘 알고 밝으며 탐욕을 떠나 마음이 거기서 해탈하면 그는 괴로움을 끊게 된다."

때에 여러 비구들은 붇다의 말씀을 듣고 기뻐하며 받들어 행하였다.

• 잡아함 5 무지경(無知經) ③

• 해설 •

알려지는 물질이 나되 남이 없는 곳[生而無生處]에서 물질의 남에 집착하면 물질에 얽매어 묶이고, 아는 마음이 나되 남이 없는 곳에서 마음의 남에 집착하면 마음에 얽매어 묶인다.

그러므로 경은, 물질의 실로 있음을 사랑하고 기뻐하면 괴로움을 사랑해 기뻐함이고, 느낌 · 모습 취함 · 지어감 · 앎을 사랑하고 기뻐하면 괴로움을 사랑하고 기뻐함이라 가르친다.

마음인 물질은 남이 없이 나고 물질인 마음은 나되 남이 없으니, 물질과 마음의 실상을 밝게 알면 물질은 물든 마음에서 해탈하여 모습 아닌 실상을 실현하고, 마음은 물질의 닫힌 모습에서 벗어나 마음 아닌 마음이 되어 마음이 해탈하고 지혜가 해탈하여 뭇 괴로움을 벗어난다.

번뇌와 묶임이 실로 오는 곳이 없는 곳이 해탈의 땅이고 진리의 땅이다.

다섯 쌓임을 밝게 알아야 죽음의 두려움 벗어나리라

이와 같이 내가 들었다.

한때 붇다께서는 슈라바스티 국 제타 숲 '외로운 이 돕는 장자의 동산'에 계셨다. 그때 세존께서 여러 비구들에게 말씀하셨다.

"물질에 대해서 알지 못하고 밝지 못하며 탐욕을 떠나지 못하여 마음이 해탈하지 못한 자는 태어남 · 늙음 · 병듦 · 죽음의 두려움에서 뛰어나지 못한다.

이와 같이 느낌 · 모습 취함 · 지어감 · 앎에 대해서 알지 못하고 밝지 못하며 탐욕을 떠나지 못하여 마음이 해탈하지 못하는 자는 태어남 · 늙음 · 병듦 · 죽음의 두려움에서 뛰어나지 못한다.

여러 비구들이여, 만약 물질에 대해서 잘 알고 밝으며 탐욕을 떠나 마음이 해탈한 자는 태어남 · 늙음 · 병듦 · 죽음의 두려움에서 뛰어날 수 있다.

이와 같이 느낌 · 모습 취함 · 지어감 · 앎에 대해서도 만약 잘 알고 밝으며 탐욕을 떠나 마음이 해탈한 자는 태어남 · 늙음 · 병듦 · 죽음의 두려움에서 뛰어날 수 있다."

때에 여러 비구들은 붇다의 말씀을 듣고 기뻐하며 받들어 행하였다.

• 잡아함 6 무지경 ④

• 해설 •

물질인 마음이 공해 마음에 마음 없고, 마음인 물질이 공해 모습에 모습 없다. 그러므로 마음에 마음 없음을 알면 마음은 진여의 참마음이 되고, 모습에 모습 없음을 알면 모습은 법계의 참모습이 된다.

참마음은 나되 남이 없는 마음이니 온갖 법이 일어나되 실로 남이 없음을 알아야 남과 죽음 늙음과 병듦의 두려움에서 벗어날 해탈의 길이 열린다.

온갖 묶음과 괴로움이 허깨비 같음을 아는 곳, 그곳이 허깨비 같은 나고 죽음에서 해탈하는 길이다.

『화엄경』(「광명각품」)은 저 붇다의 거룩한 몸 또한 허깨비 같아 취할 것 없음을 아는 자, 그가 빼어난 지혜의 사람이 됨을 이렇게 말한다.

이 세계의 있는 모습을 보되
그 마음이 흔들려 움직이지 않고
붇다의 몸에 대해서도 또한 그러면
반드시 빼어난 지혜 이루게 되리.

能見此世界　其心不搖動
於佛身亦然　當成勝智者

다섯 쌓임이 번뇌의 부림 따르지 않아야
그 부림 따라 죽지 않으리

이와 같이 내가 들었다.

한때 붇다께서는 슈라바스티 국 제타 숲 '외로운 이 돕는 장자의 동산'에 계셨다.

그때에 어떤 비구는 붇다 계신 곳에 와서 붇다의 발에 머리를 대 절하고 물러나 한쪽에 서서 붇다께 말씀드렸다.

"거룩하십니다, 세존이시여. 지금 저를 위해 간략히 법의 요점을 말씀해주십시오. 저는 그 법을 듣고서는 고요한 곳에서 홀로 있으면서[獨一靜處] 방일하지 않음을 닦겠으며, 방일하지 않음을 닦고서는 다시 사유하겠습니다.

그것은 잘 행하는 이가 집을 나와 수염과 머리를 깎고 가사를 입고, 바른 믿음의 집[信家]에서 집이 아닌 데로 나와 도를 배우는 것은, 위없는 범행을 마쳐 다하여 현재의 법에서 증득하기 위함이며, '나의 태어남은 이미 다하고, 범행은 이미 서고, 지을 바를 이미 지어 스스로 뒤의 있음 받지 않음'을 아는 것이기 때문입니다."

그때 세존께서는 그 비구에게 말씀하셨다.

"잘 말하고 잘 말했다. 비구여, 너는 시원스럽게 이렇게 말하는구나.

'지금 저를 위해 간략히 법의 요점을 말씀해주십시오. 저는 그 법을 듣고서는 고요한 곳에서 홀로 있으면서 방일하지 않음을 닦겠으며, 방일하지 않음을 닦고서는 다시 사유하겠습니다.

그것은 잘 행하는 이가 집을 나와 수염과 머리를 깎고 가사를 입고, 바른 믿음의 집에서 집이 아닌 데로 집을 나와 도를 배우는 것은, 위없는 범행을 마쳐 다하여 현재의 법에서 증득하기 위함이며, '나의 태어남은 이미 다하고, 범행은 이미 서고, 지을 바를 이미 지어 스스로 뒤의 있음 받지 않음'을 아는 것이기 때문입니다.'"

비구가 붇다께 말씀드렸다.

"그렇습니다, 세존이시여."

붇다께 법의 요점 듣고서 곧바로 알아듣자 이해한 뜻을 물으심

붇다께서는 말씀하셨다.

"자세히 듣고 자세히 들어 잘 사유하라. 너를 위해 말해주겠다.

비구여, 만약 번뇌의 부림을 따르면 그는 곧 그 부림을 따라 죽을 것이요, 만약 죽음을 따르면 그는 취함에 묶이게 될 것이다.

비구여, 만약 번뇌의 부림을 따르지 않으면 그는 그 부림을 따라 죽지 않을 것이요, 부림을 따라 죽지 않으면 그 취함[取]에서 해탈할 것이다."

그 비구가 붇다께 말씀드렸다.

"세존이시여, 알았습니다. 잘 가신 이여, 알았습니다."

붇다께서 비구에게 말씀하셨다.

"너는 어떻게 내가 간략히 말한 법 가운데서 그 뜻을 널리 알았느냐."

그 비구가 붇다께 말씀드렸다.

"세존이시여, 물질이 번뇌의 부림을 따르면 그는 그 부림을 따라 죽을 것이요, 번뇌의 부림을 따르고 그 부림을 따라 죽으면 그는 취함에 묶일 것입니다.

이와 같이 느낌 · 모습 취함 · 지어감 · 앎이 번뇌의 부림을 따르면 그는 그 부림을 따라 죽을 것이요, 번뇌의 부림을 따르고 그 부림을 따라 죽으면 그는 취함에 묶일 것입니다.

세존이시여, 만약 물질이 번뇌의 부림을 따르지 않으면 그는 그 부림을 따라 죽지 않을 것이요, 번뇌의 부림을 따르지 않고 그 부림을 따라 죽지 않으면 그는 취함에서 해탈할 것입니다.

이와 같이 물질 · 느낌 · 모습 취함 · 지어감 · 앎이 번뇌의 부림을 따르지 않으면 그는 그 부림을 따라 죽지 않을 것이요, 번뇌의 부림을 따르지 않고 그 부림을 따라 죽지 않으면 그는 취함에서 해탈할 것입니다.

이와 같이 세존이시여, 세존께서 간략히 말씀하신 법 가운데서 저는 이렇게 그 뜻을 널리 알았습니다."

비구가 이해한 뜻을 세존께서 인정해주심

"잘 말하고 잘 말했다. 비구여, 내가 간략히 말한 법 가운데서 그 뜻을 널리 알았구나.

왜 그런가. 물질이 번뇌의 부림을 따르면 그는 그 부림을 따라 죽을 것이요, 번뇌의 부림을 따르고 그 부림을 따라 죽으면 그는 취함에 묶일 것이다.

이와 같이 느낌 · 모습 취함 · 지어감 · 앎이 번뇌의 부림을 따르면 그는 그 부림을 따라 죽을 것이요, 번뇌의 부림을 따르고 그 부림을 따라 죽으면 그는 취함에 묶일 것이다.

비구여, 물질이 번뇌의 부림에 따르지 않으면 그는 그 부림을 따라 죽지 않을 것이요, 번뇌의 부림을 따르지 않고 그 부림을 따라 죽지 않으면 그는 취함에서 해탈할 것이다.

이와 같이 느낌 · 모습 취함 · 지어감 · 앎이 번뇌의 부림을 따르지 않으면 그는 그 부림을 따라 죽지 않을 것이요, 번뇌의 부림을 따르지 않고 그 부림을 따라 죽지 않으면 그는 취함에서 해탈할 것이다."

세존의 말씀을 듣고 깊이 사유하여 아라한을 이룸

때에 그 비구는 붇다의 말씀을 듣고 마음이 크게 기뻐 붇다께 절하고 물러갔다.

그는 그 법을 듣고서는 홀로 고요한 곳에 사유에 오롯이 정진해 방일하지 않고 머물고서는 사유하였다.

그런 까닭은 잘 행하는 이가 집을 나와 수염과 머리를 깎고 가사를 입고, 바른 믿음의 집에서 집이 아닌 데로 나와 도를 배우는 것은, 위없는 범행을 마쳐 다하여 현재의 법에서 증득하기 위함이며, '나의 태어남은 이미 다하고, 범행은 이미 서고, 지을 바를 이미 지어 스스로 뒤의 있음 받지 않음'을 아는 것이기 때문이다.

때에 그 비구는 곧 아라한을 이루어 마음의 해탈을 얻었다.

• 잡아함 15 사경(使經)

• 해설 •

잘 물을 줄 아는 이는 무엇이 근원적인 문제인 줄 안다.

그 비구는 스스로 깊이 번뇌의 뿌리를 사유하고 관찰하므로 '번뇌의 부림을 따라 죽음이 있는 것이므로 번뇌의 부림을 따르지 않아야 온갖 취함에서 해탈할 것이다'라는 붇다의 한 마디 말씀을 곧바로 알아듣고 지혜의 호름에 들어간다[入流].

나고 죽음이 실로 있지 않은 곳에서 나고 죽음이 있다고 보아 중생의 번뇌가 일어나 중생의 삶을 얽매이는 것이다. 그러므로 남이 없는 남[無生之生]을 실로 남이 있는 것으로 보는 번뇌의 흐름에 따라 살지 않으면 그는 나고 죽음에서 벗어나고 온갖 모습 취함에서 해탈할 것이다.

법의 진실을 잘 사유하여 그 사유가 지극해져 사유에 사유가 끊어진 곳, 그곳이 사유가 참생각[眞念]이 되고 모습이 참모습[實相]이 되는 곳이다.

그 사유가 생각 아닌 참생각이 되어 늘 모습 아닌 진실의 모습이 현전하면, 그는 홀로 고요한 곳에 있되 자비의 마음으로 온갖 중생과 늘 더불어 있게 되며, 뭇 삶들과 더불어 있되 만법과 짝하지 않고 하늘땅을 홀로 걷는 자가 될 것이다.

번뇌의 부림과 취함이 사라져 없게 되니, 그의 앞길을 누가 막을 것이며 그의 머묾을 누가 흔들 것인가. 그가 바로 세간의 영웅[世雄] 사람 가운데 사자[人師子]이신 세존의 제자인 것이다.

몸의 모아냄으로 나아가면 곧 괴로움을 모아내는 길이니

이와 같이 내가 들었다.

한때 붇다께서는 슈라바스티 국 제타 숲 '외로운 이 돕는 장자의 동산'에 계셨다. 그때 세존께서 여러 비구들에게 말씀하셨다.

"나는 이제 몸의 모아냄[有身集]으로 나가는 길[趣道]과 또 몸의 모아냄[有身集]을 없애는 길[滅道]을 말해주겠다.

어떤 것이 몸의 모아냄으로 나가는 길인가. 어리석고 들음 없는 범부들은 몸을 보아 진실 그대로 물질의 모아냄과 물질의 사라짐과 물질의 맛들임과 물질의 걱정거리와 물질 떠남을 알지 못한다.

진실 그대로 알지 못하기 때문에 물질을 즐겨하고 물질을 찬탄하며 물질에 집착하고 물질에 머무른다.

물질을 즐겨하고 물질을 찬탄하며 물질에 집착하고 물질에 머무르기 때문에 사랑하고 즐겨하여 그것을 취한다.

취함 때문에 존재가 있고, 존재 때문에 태어남이 있으며, 태어남 때문에 늙음 · 병듦 · 죽음과 근심과 슬픔 괴로움과 번민이 있으며, 이렇게 순전한 큰 괴로움의 무더기가 생긴다.

물질과 같이 느낌 · 모습 취함 · 지어감 · 앎 또한 이와 같다. 이것을 몸의 모아냄으로 나가는 길이라 한다.

비구들이여, 몸의 모아냄으로 나가는 길은 곧 괴로움의 모아냄으로 나가는 길임을 알아야 한다."

몸의 모아냄 없애는 길을 보이심

"어떤 것이 몸의 모아냄을 없애는 길인가. 많이 들은 거룩한 제자들은 물질과 물질의 모아냄과 물질의 사라짐과 물질의 맛들임과 물질의 걱정거리와 물질 떠남을 진실 그대로 안다.

진실 그대로 알기 때문에 물질을 즐겨하지 않고 찬탄하지 않으며 집착하지 않고 머무르지 않는다.

즐겨하지 않고 찬탄하지 않으며 거기에 집착하지 않고 머무르지 않기 때문에 그 물질을 사랑해 즐거워함이 사라진다.

사랑해 즐거워함이 사라지면 곧 취함이 사라지고, 취함이 사라지면 곧 존재가 사라진다.

존재가 사라지면 곧 태어남이 사라지고, 태어남이 사라지면 늙음 · 병듦 · 죽음과 걱정 근심과 슬픔 괴로움과 번민의 순전한 큰 괴로움의 무더기가 사라진다.

물질과 같이 느낌 · 모습 취함 · 지어감 · 앎 또한 이와 같다. 이것을 몸의 모아냄을 없애는 길이라 하니, 몸의 모아냄을 없애는 길이 곧 괴로움을 없애는 길이다.

그러므로 몸의 모아냄을 없애는 길을 말하였다."

붇다께서 이 경을 말씀해 마치시자 여러 비구들은 붇다의 말씀을 듣고 기뻐하며 받들어 행하였다.

• 잡아함 69 당설경(當說經)

• 해설 •

몸은 인연이 모아내서 나는 몸이므로 몸에 몸이 없다. 그러나 중생은 몸이 실로 있는 몸이라 탐착하고 맛들이므로 탐욕의 마음에 물든 몸이 더욱 늘어나 물질의 장애를 벗어나지 못한다.

마음 또한 인연이 모아내서 나는 마음이므로 마음에 마음이 없다. 그러나 중생은 마음이 실로 있는 마음이라 탐착하여 맛들이므로 모습에 갇힌 마음이 늘어나 관념의 장애와 구속을 벗어나지 못한다.

마음과 물질의 일어난 것[有]에서, 모아냄에 실로 모아내는 원인과 조건이 공한 줄 알면 모아내는 것의 실로 있음을 벗어난다. 인연이 모여서 나는 몸 가운데 인연이 공한 줄 알면 인연이 모아내는 몸에서 몸을 벗어난다.

곧 모아냄이 공하므로 모아낸 것이 공하니, 존재가 나되 실로 나는 곳이 없어서[生而無生處] 남이 없이 법이 나는 줄[無生而法生] 알면 모아냄 속에서 온갖 모아냄을 없애게 된다.

몸이 몸 아닌 줄 알아 온갖 있음에서 있음에 집착하지 않는 자, 그가 여래의 위없는 몸을 알아 모든 붇다의 집[諸佛家]에 태어나는 자이니, 『화엄경』(「입법계품」)은 말한다.

> 모든 있음에 집착하지 않으면
> 이 법의 성품 알 수가 있으니
> 그는 모든 붇다의 집에 태어나
> 붇다의 지켜 보살펴줌이 되리.
>
> 非著諸有者　能知此法性
> 生於諸佛家　爲佛所守護

몸을 모아내는 길이 있고 몸의 모아냄을 없애는 길이 있나니

이와 같이 내가 들었다.

한때 붇다께서는 슈라바스티 국 제타 숲 '외로운 이 돕는 장자의 동산'에 계셨다.

그때 세존께서 여러 비구들에게 말씀하셨다.

"나는 지금 몸이 있음과 몸의 모아냄이 있음과 몸의 사라짐과 몸을 사라지게 하는 도의 자취가 있음을 말해주겠다. 자세히 듣고 잘 사유하라. 너희들을 위해 말해주겠다.

어떤 것이 몸이 있음인가. 다섯 가지 받는 쌓임을 말한다.

어떤 것이 다섯인가. 물질의 받는 쌓임과 느낌 · 모습 취함 · 지어감 · 앎의 받는 쌓임이니, 이것을 몸이 있음[有身]이라 한다.

어떤 것이 몸의 모아냄이 있음인가. 앞으로 올 것[當來]에 사랑과 탐욕과 기쁨이 함께해 이것저것에 애착하면, 이것을 몸의 모아냄이 있음이라 한다.

어떤 것이 몸의 사라짐이 있음인가. 앞으로 올 것에 사랑과 탐욕과 기쁨이 함께해 이것저것에 대해 애착함을 남김없이 끊고 다 뱉어 내 욕심을 떠나 사라지면, 이것을 몸의 사라짐이 있음이라 한다."

번뇌의 몸 없애는 길이 여덟 가지 바른 길임을 보이심

"어떤 것이 몸을 사라지게 하는 도의 자취가 있음인가.

여덟 가지 거룩한 길을 말하니, 바른 견해 · 바른 뜻 · 바른 말 · 바른 행위 · 바른 생활 · 바른 방편 · 바른 생각 · 바른 선정이다.

이것을 몸을 사라지게 하는 도의 자취가 있음이라 한다.

이것을 곧 몸이 있음과 몸의 모아냄이 있음과 몸의 사라짐이 있음과 몸을 사라지게 하는 도의 자취가 있음을 말해준다고 하는 것이다."

붇다께서 이 경을 말씀해 마치시자, 여러 비구들은 붇다의 말씀을 듣고 기뻐하며 받들어 행하였다.

• 잡아함 71 유신경(有身經)

• **해설** •

중생의 탐착의 뿌리는 몸이 실로 있다는 견해[有身見]이다. 몸의 모아냄을 보지 못하는 몸의 탐착이 탐욕에 물든 몸을 더욱 일으키니, 이것이 몸을 모아내는 길이다.

몸은 몸 아닌 몸이니 몸이 몸 아닌 몸인 줄 아는 것이 진리의 몸을 아는 것이다. 진리의 몸을 알아 몸에서 몸을 떠나면 몸의 모아냄을 없애 실체에 갇힌 몸이 사라지고, 몸에 몸 없되 몸 없음도 없는 법의 몸[法身]이 현전하니, 이것이 몸을 없애는 길이다.

또한 지금 이 몸에서 실로 있는 몸이 사라지면 앞으로 올 것에 대한 집착과 이미 지나간 것에 대한 집착이 끊어지니, 온갖 탐욕과 애착을 다 뱉어 다하는 길이다.

지금 있는 몸에서 실로 있는 몸이 없어지면 몸이 몸 아닌 참몸이 현전하니, 몸이 끊어져 없어진다 말해서는 안 된다.

몸을 몸 아닌 참된 몸으로 굴려 쓰는 삶의 길이 여덟 가지 바른 길이니, 몸이 몸 아닌 몸인 줄 아는 자가 바른 견해의 사람이고, 몸에 몸 없음을 알아 늘 고요한 자가 바른 선정에 머물러 번뇌 다한 자이다.

몸에서 몸에 대한 탐착을 떠나 몸에 다할 모습이 없는 줄 알면 몸 아닌 해탈의 몸을 세간에 나타낼 수 있으니, 『화엄경』(「보현행품」)은 다음과 같이 가르친다.

이와 같이 물들어 집착함 떠나면
몸과 세간이 다 청정하게 돼
맑고 맑기가 허공 같아서
온갖 곳에 생겨남이 있지 않으리.

如是離染著　身世皆清淨
湛然如虛空　一切無有生

몸에 다함이 있지 않음을 알면
남이 없고 또한 사라짐 없으며
항상함도 아니고 덧없음도 아니라
모든 세간에 해탈의 몸을 보이리.

知身無有盡　無生亦無滅
非常非無常　示現諸世間

나는 다섯 쌓임의 괴로움을 끊기 위해 세존 계신 곳에서 범행을 닦소

이와 같이 내가 들었다.

한때 붇다께서는 마쿨라 산에 계셨다. 때에 시자 비구는 라다라 하였다.

그때에 집을 나온 여러 바깥길 수행자들은 존자 라다가 있는 곳에 가서 서로 같이 문안한 뒤에 한쪽에 물러앉아 존자 라다에게 물었다.

"그대는 무슨 까닭으로 집을 나와 사문 고타마 있는 곳에서 범행을 닦고 있소."

존자 라다는 대답하였다.

"나는 괴로움을 끊기 위해 집을 나와 세존 계신 곳에서 범행을 닦소."

다시 물었다.

"그대는 어떤 괴로움을 끊기 위해 집을 나와 사문 고타마 있는 곳에서 범행을 닦고 있소."

라다가 답해 말했다.

"나는 '물질'의 괴로움을 끊기 위해 집을 나와 세존 계신 곳에서 범행을 닦고, 느낌 · 모습 취함 · 지어감 · 앎의 괴로움을 끊기 위해 세존 계신 곳으로 집을 나와 범행을 닦고 있소."

세존 계신 곳에 집을 나온 뜻을 말하고 그릇됨이 없는가 세존께 여쭘

때에 집을 나온 여러 바깥길 수행자들은 존자 라다의 말을 듣고 마음이 기쁘지 않아 자리에서 일어나 꾸짖고 떠나갔다.

그때에 존자 라다는 집을 나온 여러 바깥길 수행자들이 떠나간 줄을 알고 이렇게 생각하였다.

'내가 아까 이와 같이 말한 것은 세존을 비방한 것이 아닌가. 말답게 말하고 법답게 말하고 법과 법을 따라 말한 것인가. 다른 사람이 와서 따져 묻고 꾸짖을 때 지게 되지나 않을까.'

그때에 존자 라다는 해질녘 선정에서 깨어나 붇다 계신 곳에 나아가 붇다의 발에 머리를 대 절하고 물러나 한쪽에 앉아 위의 일을 갖추어 여쭈었다.

"세존이시여, 제가 아까 한 말에 허물은 없습니까. 세존을 헐뜯은 것은 아닙니까.

또는 다른 사람이 와서 따져 묻고 꾸짖을 때에 지게 되지는 않겠습니까. 말답게 말하였습니까. 법답게 말하고 법과 법을 따라 말한 것입니까."

라다의 뜻을 세존께서 인정해주심

붇다께서는 라다에게 말씀하셨다.

"너는 진실한 말[實語]을 이루었다. 여래를 헐뜯지 않았다. 말답게 말하고 법답게 말하였으며 법과 법을 따라 말하였다.

왜 그런가. 라다여, 물질은 괴로움이니 그 괴로움을 끊기 위해 집을 나와 범행을 닦는 것이다. 느낌 · 모습 취함 · 지어감 · 앎은 괴로운 것이니 그것들의 괴로움을 끊기 위해 집을 나와 범행을 닦는 것이기 때문이다."

붇다께서 이 경을 말씀하시자, 존자 라다는 붇다의 말씀을 듣고 기뻐하며 받들어 행하였다.

• 잡아함 113 단색고경(斷色苦經)

• 해설 •

다섯 쌓임의 가르침은 마음이 물질인 마음이라 공하고 물질과 저 세계가 마음인 세계라 공함을 가르친다.

세계 밖에 마음이 여기 실로 있고, 보여지는바 세계가 마음 밖에 스스로 있다는 집착으로 마음과 물질은 괴로움의 마음이 되고 괴로움의 물질이 된다.

오직 다섯 쌓임의 공한 진실 깨달아 해탈의 마음 실상의 세계를 구현하기 위해 탐욕의 집을 나와 여래 계신 곳에서 범행을 닦는 것이니, 탐욕의 집을 나오면 다섯 쌓임이 공적한 여래의 집에서 법의 기쁨을 누리고 해탈의 법맛을 보아 길이 굶주림을 없애게 된다.

그러므로 다섯 쌓임의 괴로움을 끊는다는 것은 끊어져 없어짐에 들어가는 것이 아니라, 존재의 얽매임을 벗어나 실로 남이 없는 곳에서 응해야 할 바를 따라 자재의 몸 나타내게 되는 것이니, 『화엄경』(「이세간품」)은 이렇게 말한다.

몸에 집착하는 바가 없으면
자재의 몸 나타낼 수 있으니
온갖 세간 그 가운데에서
응함 따라 남이 없는 남을 받으리.

於身無所著　而能示現身
一切世間中　隨應而受生

또 다섯 쌓임이 공함을 깨달아 물질과 마음의 괴로움을 떠나면 번뇌와 합하지도 않고 번뇌를 다하지도 않아 번뇌가 곧 지혜의 길이 되는 것이니, 「이세간품」은 이렇게 말한다.

모든 법 공함을 밝게 깨달아
늘 묘한 보디의 법을 구하면
번뇌와 더불어 합하지도 않고
또한 번뇌 흐름 다하지도 않네.

了達諸法空　而常求妙法
不與煩惱合　而亦不盡漏

벗어나 떠남의 도를 널리 알아
중생을 저 언덕에 건네주고
여기에서 두려움 없음 얻지만
모든 행 닦음을 버리지 않네.

廣知出離道　而以度衆生
於此得無畏　不捨修諸行

제3장

보디와 니르바나

"만약 늘 항상하고 변해 바뀌지 않는
나가 있음을 보고 세간이 있음을 보며
이 세상 저 세상이 같이 있음을 본다 해도, 그 온갖 것이
나가 아니고 나와 다름도 아니며 서로 같이 있음도 아니면,
이것을 바른 지혜라 한다.
만약 다시 이 세상이 나가 아니고 이 세상이 내 것 아님을 보고,
오는 세상이 나가 아니고 오는 세상이 내 것 아님을 보아,
그 온갖 것이 나가 아니고 나와 다름도 아니며
서로 같이 있음도 아니면, 이것을 바른 지혜라 한다."

• 이끄는 글 •

온갖 번뇌와 괴로움으로부터 벗어난 해탈과 자재의 세계를 경은 때로 보디라 말하고 때로 니르바나라 말한다.

사제의 법으로 살피면 무명과 번뇌로 인해 일어난 괴로움이 괴로움 없애는 해탈의 실천에 의해 소멸된 세계를 니르바나라 한다.

니르바나는 괴로움 없애는 여덟 가지 바른 길로 인해 현전하지만, 해탈은 실천 너머에 해탈의 결과가 있는 것이 아니라 해탈의 실천 자체로 주어지는 것이니, 여덟 가지 바른 길이 지음 없는 지음[作而無作]이 되고 닦음 없는 닦음[修而無修]이 되는 곳이 니르바나이다.

이처럼 니르바나는 닫힌 처소가 아니며 개아 안의 영성의 해탈이 아니다. 니르바나는 아는 자와 아는 바가 서로 물들이고 서로 맞서는 닫힌 행위가 물듦 없고 다툼 없고 막힘없는 행위로 전환되는 것이 니르바나이다. 니르바나는 이르러 가야 할 곳이 아니라 머묾 없되 공에 떨어지지 않는 해탈의 행위이다.

번뇌 다한 니르바나가 끊어져 없어짐이 아니라 니르바나에 해탈의 공덕이 충만하니, 니르바나가 고요하되 지혜의 비침이 늘 어둡지 않음을 보디라 한다. 보디의 지혜는 비치되 고요하고 니르바나는 고요하되 비치니, 니르바나는 보디인 해탈의 행으로 주어진다.

보디사트바의 닦아감의 지위[因行]에서 번뇌 없애는 사마타(śamatha)의 행은 여래의 과덕에서 니르바나가 되고, 보디사트바의 실상을 드러내는 비파사나(vipaśyanā)의 행은 여래의 과덕에서 보디가 된다.

그러므로 여래의 보디와 니르바나는 보디사트바의 사마타와 비파사나행을 떠나지 않고, 사마타와 비파사나는 중생의 진실을 드러내는 행이라 중생의 삶을 떠나지 않는다.

이렇게 보면 여래의 공덕의 몸이 곧 중생의 실상인 것이니, 니르바나와 보디가 성취된 여래의 공덕의 몸을 『화엄경』(「세주묘엄품」)은 이렇게 노래한다.

붇다의 몸 청정하여 늘 고요하고
밝은 빛은 언제나 환히 비추어
모든 세간에 널리 두루하시네.
모습에 모습 없고 지음 없으며
그림자와 모습이 모두 없어서
저 허공 가운데 구름 같으니
이와 같이 여래의 공덕을 보네.

佛身淸淨常寂滅　光明照耀遍世間
無相無行無影像　譬如空雲如是見

중생의 실상이 여래의 보디이지만, 중생의 번뇌를 다하지 않으면 여래의 보디가 구현되지 못하니, 여래는 세간에 출현하여 세간의 미망의 어두움을 깨뜨려 보디의 빛을 다시 밝히는 것이다.

그러므로 「수미정상게찬품」은 중생의 번뇌 없애주는 여래의 자재한 보디의 작용과 의심할 것 없는 여래의 지혜를 다음과 같이 노래한다.

붇다의 지혜의 빛 늘 널리 비추어
세간의 어두움 모두 없애버리네.

온갖 모든 것이 짝할 수 없으니
어떻게 헤아려 알 수 있겠는가.

慧光恒普照　世闇悉除滅
一切無等倫　云何可測知

나는 온갖 법을 살펴서
모두다 밝게 깨쳐 알았네.
그러고서 지금 여래를 뵈니
분명하여 여래를 의심치 않네.

我觀一切法　皆悉得明了
今見於如來　決定無有疑

여래의 크고 크신 지혜는
이 세간에 아주 드무시어
그 무엇도 짝할 수 없으니
온갖 모든 세간에 있는 이들
사유해서 미칠 수 없네.

如來大智慧　希有無等倫
一切諸世間　思惟莫能及

사이 없는 평등한 지혜로 괴로움의 끝을 다함에 출가의 뜻이 있으니

이와 같이 내가 들었다.

한때 붇다께서는 마쿨라 산에 계셨다. 때에 시자 비구가 있었는데 라다라고 하였다.

그는 붇다 계신 곳에 나아가 붇다의 발에 머리를 대 절하고 한쪽에 물러앉아 붇다께 여쭈었다.

"거룩하십니다, 세존이시여. 저를 위해 간략히 법의 요점을 말씀해주십시오.

저는 그 법을 듣고서는 고요한 곳에서 홀로 있으며 마음을 오롯이 해 사유하여 방일하지 않고 머물겠습니다.

왜냐하면 잘 행하는 이가 집을 나와 수염과 머리를 깎고 몸에 물들인 옷을 걸치고, 바른 믿음의 집에서 집이 아닌 데로 나와 도를 배우는 것은, 위없는 범행을 닦아 현재의 법에서 몸으로 증득하는 것이기 때문입니다.

그리하여 '나의 태어남은 이미 다하고, 범행은 이미 서고, 지을 바를 이미 지어 다시는 뒤의 있음[後有] 받지 않음'을 스스로 아는 것이기 때문입니다."

몸의 있음을 넘어 니르바나에 이르는 사제의 진리를 답해주심

그때에 세존께서는 라다에게 말씀하셨다.

"잘 물었다, 라다여. 붇다 앞에서 이와 같은 뜻을 물을 수 있다니. 자세히 듣고 잘 사유하라. 너를 위해 말해주겠다.

라다여, 몸[身]이 있음과 몸의 모아냄[身集]이 있음과 몸의 사라짐[身滅]이 있음과 몸을 없애는 도의 자취[身滅道迹]가 있음을 알아야 한다.

어떤 것이 몸이 있음인가. 다섯 쌓임을 말하니, 물질의 쌓임과 느낌·모습 취함·지어감·앎의 쌓임이다.

어떤 것이 몸의 모아냄이 있음인가. 앞으로 올 것에 대한 사랑과 탐욕과 기쁨이 같이 하여 이러저러한 것을 사랑해 즐겨하는 것이니, 이것을 몸의 모아냄이 있음이라 한다.

어떤 것이 몸의 사라짐이 있음인가. 앞으로 올 것에 대한 사랑과 기쁨과 탐욕이 같이 하여 이러저러한 것을 사랑해 즐겨하는 것을 남음없이 끊어버리고 뱉어 다해서 욕심을 떠나 고요히 다하는 것이니, 이것을 몸의 사라짐이 있음이라 한다.

어떤 것이 몸을 없애는 도의 자취가 있음인가. 여덟 가지 바른 길을 말한다. 곧 바른 견해·바른 뜻·바른 말·바른 행위·바른 생활·바른 방편·바른 생각·바른 선정이니, 이것을 몸을 없애는 도의 자취가 있음이라 한다.

몸이 있음은 반드시 알아야 하고, 몸의 모아냄이 있음은 반드시 끊어야 하고, 몸의 사라짐이 있음은 반드시 증득해야 하고, 몸을 없애는 도의 자취가 있음은 반드시 닦아야 한다.

라다여, 만약 많이 들은 거룩한 제자들이 몸이 있음을 반드시 알고, 몸의 모아냄이 있음을 반드시 끊고, 몸의 사라짐이 있음을 반드시 증득하고, 몸을 없애는 도의 자취가 있음을 반드시 닦았다 하자.

그러면 라다여, 그것을 사랑을 끊고 사랑을 떠났으며 묶음을 돌이키고 교만을 그쳐서 사이 없는 평등한 살핌[無間等]으로 괴로움의 끝을 마쳐 다함이라 한다."

라다 비구는 붇다의 말씀을 듣고 기뻐하며 받들어 행하고 자리에서 일어나 절하고 물러갔다.

여래의 가르침을 듣고 스스로 사유하여 아라한을 이룸

세존께서 이렇게 말씀하시자 라다 비구는 고요한 곳에서 홀로 있으면서 마음을 오롯이 해 사유하여 방일하지 않고 머물렀다.

그런 까닭은 잘 행하는 이가 집을 나와 수염과 머리를 깎고 물들인 옷을 입고 바른 믿음의 집에서 집이 아닌 데로 나와 도를 배우는 것은, 위없는 범행을 닦아 현재의 법에서 몸으로 증득하는 것이기 때문이다.

그리하여 그는 '나의 태어남은 이미 다하고, 범행은 이미 서고, 지을 바를 이미 지어 뒤의 있음 받지 않음'을 스스로 알아 아라한이 되어 마음이 잘 해탈하였다.

붇다께서 이 경을 말씀하시자, 라다 비구는 붇다의 말씀을 듣고 기뻐하며 받들어 행하였다.

• 잡아함 123 유신경(有身經)

• 해설 •

여래 안에 성취된 보디와 니르바나가 중생이 본래 갖춘 지혜이고, 중생의 번뇌가 본래 공한 곳이 진여의 생명바다[眞如海]이다.

집 아닌 데로 떠나 여래 계신 곳에서 도를 배우는 것은 여래의 추종자가 되거나 절대신의 계시를 받기 위함이 아니다.

여래를 따라 탐욕의 집을 나온 것은 여래의 진실이 자기 삶의 진실임을 깊이 믿어, 스스로 여래가 들어간 진리바다에 함께 들어가 해탈과 자재의 삶을 살기 위함이다.

몸에 몸이 있음이 범부의 길이라면 몸을 끊고 몸 없는 고요함에 돌아가는 것은 치우친 수행자의 길이고, 몸에 몸 없으므로 몸 없음에 몸 없음도 없어 몸 아닌 진리의 몸을 실현하는 것은 붇다 여래의 길이다.

그러므로 경에서 몸을 없애는 길이란 몸을 없애 몸 없음에 돌아가는 길이 아니라, 몸을 몸으로 보는 삿된 견해를 없애 몸에서 몸을 떠나 해탈의 몸[解脫身]을 증득하는 길이다.

몸과 몸 없음을 뛰어넘은 몸 아닌 몸을 법계의 몸[法界身]이라 하고, 법계의 몸 그대로의 고요하되 밝은 지혜를 지혜의 몸[智慧身]이라 한다.

중생의 모습에 갇히고 나고 죽음에 매인 물든 몸을 해탈의 몸이 되게 하고, 함이 있고 씀이 있는 범부의 몸을 쓰고 쓰되 씀이 없는 고요한 몸이 되게 하는 것이 출가의 뜻이고 보디사트바의 길인 것이다.

그 길은 어디 있는가. 영가선사(永嘉禪師)는 이렇게 노래한다.

법신을 깨쳐 아니 한 물건도 없음이여
본바탕 자기성품이 타고난 붇다로다.
다섯 쌓임 뜬구름은 부질없이 가고 오며
세 가지 독 물거품은 헛되이 일고 지네.

法身覺了無一物　本源自性天眞佛
五陰浮雲空去來　三毒水泡虛出沒

온갖 보는 곳에서 견해 다하면
바로 보디에 향하게 되리

이와 같이 내가 들었다.

한때 붇다께서는 슈라바스티 국 제타 숲 '외로운 이 돕는 장자의 동산'에 계셨다.

그때 세존께서 여러 비구들에게 말씀하셨다.

"어떤 것이 있기 때문에 어떤 것이 일어나고, 어떤 것에 매이어 집착하며, 어떤 것에서 '나'를 보아 모든 중생들로 하여금 이와 같이 보게 하고 이와 같이 말하게 하는가.

'보시도 없고 모임도 없으며 말도 없고, 좋은 세계와 나쁜 세계의 업보도 없고, 이 세상과 저 세상도 없다. 어미도 없고 아비도 없으며, 중생도 없고 세간의 아라한이 바르게 이르고 바르게 나아감도 없다.

이 세상에서나 다른 세상에서 법을 보아 스스로 알고 몸으로 증득하여 갖추어 머물며, 〈나의 태어남은 이미 다하고 범행은 이미 서고, 지을 바를 이미 지어 다시는 뒤의 있음 받지 않을 줄을 스스로 아는 것'도 없다.〉"

세존께서 삿된 견해의 길을 보이시고 다시 견해의 뿌리를 답하심

비구들은 붇다께 말씀드렸다.

"세존께서는 법의 근본이시고 법의 눈이시며 법의 의지이십니다. 널리 말씀하시길 바랍니다. 여러 비구들은 듣고서 잘 받아서 받들어 행하겠습니다."

붇다께서 여러 비구들에게 말씀하셨다.

"물질이 있으므로 물질이 일어나고 물질에 묶인다. 물질에 집착하므로 물질에서 '나'를 보아 아직 일어나지 않은 근심 · 슬픔 · 번민 · 괴로움이 일어나도록 하고, 이미 일어난 근심 · 슬픔 · 번민 · 괴로움을 더욱 늘어나 넓히게 한다.

느낌 · 모습 취함 · 지어감 · 앎 또한 다시 이와 같다.

여러 비구들이여, 어떻게 생각하느냐. 물질은 항상한가 덧없는가."

비구들이 대답하였다.

"덧없습니다, 세존이시여."

다시 물으셨다.

"만약 덧없는 것이라면 괴로운 것인가."

"괴로운 것입니다, 세존이시여."

세존께서 비구들에게 말씀하셨다.

"이와 같이 비구들이여, 만약 덧없는 것이라면 괴로운 것이고 이 괴로움이 있으므로 이 일이 일어나고 묶이고 집착하여 물질에서 '나'를 보아 아직 일어나지 않은 근심 · 슬픔 · 번민 · 괴로움이 일어나도록 하고, 이미 일어난 근심 · 슬픔 · 번민 · 괴로움을 더욱 늘어나 넓히게 한다.

느낌 · 모습 취함 · 지어감 · 앎 또한 다시 이와 같다."

'나'가 없음을 보아 삿된 견해 다하는 보디의 길을 보이심

"그러므로 여러 비구들이여, 모든 있는바 물질로서 과거든 미래든 현재든, 안이든 밖이든, 거칠든 가늘든, 곱든 밉든, 멀든 가깝든,

그 모든 것은 나[我]가 아니요 나와 다름[異我]도 아니며 '나'와 '나와 다름'이 같이 있는 것[相在]도 아니니, 이것을 바른 지혜[正慧]라 한다.

느낌 · 모습 취함 · 지어감 · 앎 또한 다시 이와 같다.

만약 봄과 들음 느끼어 앎이 일어남에서 기억하고 따라 느끼고 따라 살피면, 그 온갖 것은 나가 아니고 나와 다름도 아니며 서로 같이 있음도 아니니, 이것을 바른 지혜라 한다.

만약 늘 항상하고 변해 바뀌지 않는 나가 있음을 보고 세간이 있음을 보며 이 세상 저 세상이 같이 있음을 본다 해도, 그 온갖 것이 나가 아니고 나와 다름도 아니며 서로 같이 있음도 아니면, 이것을 바른 지혜라 한다.

만약 다시 이 세상이 나가 아니고[非我] 이 세상이 내 것 아님[非我所]을 보고, 오는 세상이 나가 아니고 오는 세상이 내 것 아님을 보아, 그 온갖 것이 나가 아니고 나와 다름도 아니며 서로 같이 있음도 아니면, 이것을 바른 지혜라 한다.

만약 많이 들은 거룩한 제자가 이 여섯 보는 곳[六見處]에서 나가 아님과 내 것 아님을 살펴서 이와 같이 보는 자는 붇다에 대한 여우 같은 의심을 끊고 법과 상가에 대한 여우 같은 의심을 끊으니, 이것을 비구라 한다.

많이 들은 거룩한 제자가 몸과 입과 뜻의 업을 다시 받아 지녀 세 가지 악한 길에 가지 않고 방일하지 않게 하면, 거룩한 제자는 반드시 바른 보디에 향하게 된다. 그리하여 일곱 번 하늘과 사람 길에 가고 오다 괴로움을 끝내게 된다."

붇다께서 이 경을 말씀하시자 여러 비구들은 붇다의 가르침을 듣고 기뻐하며 받들어 행하였다.

• 잡아함 154 무과경(無果經)

• 해설 •

중생의 앎은 알려지는바 경계를 의지해 일어나 경계를 머금으니, 지금 보는 앎 밖에 세계가 없고 마음 밖에 물질이 없다. 앎이 세계를 통해 연기하므로 세계를 보는 그 견해가 삿되고 바르지 못하면 견해에 의해 세계의 모습 아닌 진실의 모습이 물들고 닫히게 된다.

'나'는 스스로 '나'이지 못하고 다섯 쌓임의 법으로 '나'라고 이름지어진다. 다섯 쌓임의 법도 있되 있음 아님이므로, 다섯 쌓임이 곧 나라고 해도 안 되고 다섯 쌓임을 떠나 내가 있다고 해도 안 된다.

'나'는 다섯 쌓임의 물질이 아니지만 물질을 떠나서도 내가 없다. 그러므로 저 물질은 '나'도 아니고, '나와 다름'도 아니고, '나와 나와 다름이 함께 있는 것'도 아니다.

물질과 마찬가지로 '나'는 '앎'도 아니고 '앎 아님'도 아니므로, 앎은 '나'도 아니고 '나와 다름'도 아니고, '나와 나와 다름이 함께 있는 것'도 아니다.

이처럼 다섯 쌓임의 법과 다섯 쌓임이 어울린 나가 모두 공함을 보는 자가 실상의 문을 열고 여래의 진여바다에 들어갈 수 있다.

다시 여섯 보는 곳[六見處]과 보여지는 사물에서도 '나'라는 집착과 '내 것'이라는 집착을 넘어서면, 나의 알고 봄[知見]은 나와 내 것을 넘어 알되 앎이 없고 보되 봄이 없게 된다. 알되 앎이 없이 알고 보되 봄이 없이 보는 자가 바른 견해로 보아 보디로 향하는 자이다.

여래의 '많이 들은 거룩한 제자'로서 늘 보디로 향하는 자가, 여래 집안 '법의 아들'로서 끝내 니르바나의 저 언덕에 오를 것이다.

앎과 경계의 얽맴 떠나면 보디의 해탈이 있나니

이와 같이 내가 들었다.

한때 붇다께서는 라자그리하 성 칼란다카 대나무동산에 계셨다.

그때에 세존께서는 라훌라에게 말씀하셨다.

"어떻게 알고 어떻게 보아야 이 앎의 몸[vijñana-kaya, 識身]과 또 바깥의 온갖 모습[外一切相]에서 '나'와 '내 것'이 있다는 거만과 번뇌와 얽맴이 없게 되겠는가."

라훌라는 붇다께 여쭈었다.

"세존께서는 법의 근본이시요 법의 눈이시며 법의 의지이십니다.

거룩한 세존이시여. 여러 비구들을 위하여 그 뜻을 널리 말씀해 주시면 여러 비구들은 그 말씀을 듣고 반드시 받아 받들어 행하겠습니다."

나와 내 것 있다는 묶임의 세계 벗어남의 길을 가르치심

붇다께서는 라훌라에게 말씀하셨다.

"잘 말했다, 라훌라여. 자세히 들으라. 너희들을 위하여 말해주겠다.

모든 있는바 눈[所有眼]으로 과거든 미래든 현재든, 안이든 밖이든, 거칠든 가늘든, 곱든 밉든, 멀든 가깝든 그 온갖 것은 모두 '나'가 아니요, '나와 다른 것'[異我]도 아니며, '나와 나와 다른 것이 함께 있는 것'[相在]도 아니라고 진실 그대로 바로 살피라[如實正觀].

라훌라여, 귀 · 코 · 혀 · 몸 · 뜻에 있어서도 또한 이와 같다.

라훌라여, 이와 같이 알고 이와 같이 보면 나의 이 앎의 몸과 또 바깥의 온갖 모습에서 '나'와 '내 것'이 있다는 거만과 번뇌와 얽맴이 생기지 않을 것이다.

라훌라여, 이와 같은 비구는 두 가지를 뛰어넘고 모든 모습을 떠나 고요하여 해탈할 것[寂滅解脫]이다.

라훌라여, 이와 같은 비구는 모든 애욕을 끊고 모든 맺음을 돌이켜 버려서 괴로움의 끝을 마쳐 다한다."

붇다께서 이 경을 말씀하시자 라훌라는 붇다의 말씀을 듣고 기뻐하며 받들어 행하였다.

• 잡아함 199 나후라경(羅睺羅經) ②

• 해설 •

아는 마음은 경계를 떠나지 않으니 앎의 몸[識身]이 공하고, 바깥의 온갖 모습[外一切相]은 앎 가운데 알려지는 것으로 드러나니 온갖 모습이 공하다.

눈을 떠나 내가 없지만 내가 곧 눈이 아니므로 아는 눈이 '나'가 아니되 '나 아님'도 아니며, 보는바 저 빛깔이 '나'가 아니되 내가 보는 빛깔이므로 '나 아님'도 아니다.

이와 같이 여섯 아는 뿌리가 '나'도 아니고 '나와 다름'도 아니며 '나와 나와 다름이 함께 있는 것'도 아니라고 살피고, 아는 뿌리가 마주하는 여섯 경계에서도 이와 같이 살피면 아는 마음과 알려지는 것에서 '나'[我]와 '내 것'[我所]의 집착을 넘어선다.

아는 마음과 알려지는 것에서 나와 내 것이라는 집착을 떠나면, 아는 마음은 알되 앎이 없게 되고 알려지는 온갖 모습은 모습 없는 참모습이 되니,

아는 자와 알려지는 것에서 두 모습을 떠나면 마음은 보디의 마음이 되고 모습은 실상의 모습이 된다.

그 뜻을 붇다는 '진실대로 살피는 비구는 두 가지를 뛰어넘고 모든 모습을 떠나 고요하여 해탈할 것이다'라고 가르치신 것이다.

미혹의 마음을 돌이키면 중생이 보디사트바라 마음에 마음 없는 보디사트바에게 이미 '나'와 '내 것'이라는 모습이 없으니, 그에게 끊어 없앨 번뇌의 얽맴이 어디 있겠는가. 그는 이미 여래의 니르바나의 땅[涅槃地]에 선 자이고 지혜의 바다[智慧海]에 들어선 자이다.

모습 떠나 고요한 곳이 사의할 수 없는 보디의 처소이니, 『화엄경』(「입법계품」)은 이렇게 말한다.

보디는 이루 말할 수 없어서
언어의 길을 벗어났도다.
모든 붇다 이를 좇아 나시니
이 법은 사의할 수 없도다.

菩提不可說 超過語言路
諸佛從此生 是法難思議

네 가지 진리를 알아
사이 없는 평등한 지혜가 있으면

이와 같이 내가 들었다.

한때 붇다께서는 바라나시 국의 선인이 살던 사슴동산에 계셨다.

그때 세존께서 여러 비구들에게 말씀하셨다.

"만약 잘 행하는 남자로서 바른 믿음으로 집 아닌 데로 집을 나와 도를 배우면, 그의 온갖 것에 맞는 것은 네 가지 거룩한 진리의 법인 줄을 알아야 한다.

어떤 것이 네 가지인가. 괴로움의 진리를 알고, 괴로움 모아냄의 진리를 알며, 괴로움 사라짐의 진리를 알고, 괴로움을 없애는 길의 진리를 아는 것이다.

그러므로 비구들이여, 네 가지 거룩한 진리에 대하여 아직 사이 없는 평등한 지혜가 없으면 반드시 방편에 부지런히 하여 사이 없는 평등한 살핌을 닦아야 한다. 이와 같은 글귀는 '온갖 네 가지 거룩한 진리의 경'[一切四聖諦經]이니, 갖추어 말해주겠다."

붇다께서 이 경을 말씀하시자, 여러 비구들은 붇다의 말씀을 듣고 기뻐하며 받들어 행하였다.

먼저 스로타판나의 길을 잡아 보임

"이와 같이 알고 이와 같이 보고 이와 같이 사이 없이 살핌을 다 말해주겠다.

또 세 가지 묶음[三結]이 다하여 스로타판나를 얻는 것이니, 그 온갖 것은 다 네 가지 거룩한 진리를 진실 그대로 아는 데 있다.

어떤 것이 넷인가.

괴로움의 진리를 알고, 괴로움 모아냄의 진리를 알며, 괴로움 사라짐의 진리를 알고, 괴로움을 없애는 길의 진리를 아는 것이다.

이와 같이 알아야 하고 이와 같이 보아 사이 없는 평등한 살핌이 되어야 한다."

붇다께서 이 경을 말씀하시자, 여러 비구들은 붇다의 말씀을 듣고 기뻐하며 받들어 행하였다.

사크리다가민의 길을 잡아 보임

이와 같이 내가 들었다.

"만약 세 가지 묶음이 다하고 탐욕 · 성냄 · 어리석음이 엷어지면 사크리다가민을 얻는다. 온갖 것은 다 네 거룩한 진리를 진실 그대로 아는 데 있다.

어떤 것이 넷인가. 괴로움의 진리를 알고, 괴로움 모아냄의 진리를 알며, 괴로움 사라짐의 진리를 알고, 괴로움을 없애는 길의 진리를 아는 것이다.

이와 같이 알고 이와 같이 보아 사이 없는 평등한 살핌이 되라는 것 또한 이와 같이 말한다."

아나가민의 길을 잡아 보임

"다섯 가지 낮은 곳의 묶음이 다하고 파리니르바나를 내면 그것은 아나가민으로서 이 세상에 돌아오지 않는다.

그 온갖 것은 다 네 거룩한 진리를 진실 그대로 아는 데 있다.

어떤 것이 넷인가. 괴로움의 진리를 알고, 괴로움 모아냄의 진리를 알며, 괴로움 사라짐의 진리를 알고, 괴로움을 없애는 길의 진리를 아는 것이다.

이와 같이 알고 이와 같이 보아 사이 없는 평등한 살핌이 되라는 것 또한 이와 같이 말한다."

아라한의 길을 잡아 보임

"만약 온갖 흐름이 다하면, 흐름 없는 마음이 해탈하고 지혜가 해탈하고, 법을 보아 스스로 알고 증득하여 나의 태어남은 이미 다하고, 범행은 이미 서고, 지을 바를 이미 지어 다시는 뒤의 있음을 받지 않는다고 스스로 안다.

그 온갖 것은 다 네 거룩한 진리를 진실 그대로 아는 데 있다.

어떤 것이 넷인가. 괴로움의 진리를 알고, 괴로움 모아냄의 진리를 알며, 괴로움 사라짐의 진리를 알고, 괴로움을 없애는 길의 진리를 아는 것이다.

이와 같이 알고 이와 같이 보아 사이 없는 평등한 살핌이 되라는 것 또한 이와 같이 말한다."

프라테카붇다의 길을 잡아 보임

"만약 프라테카붇다의 도를 증득하게 되면 그 온갖 것은 네 가지 거룩한 진리를 알기 때문이다.

어떤 것이 넷인가. 괴로움의 진리를 알고, 괴로움 모아냄의 진리를 알며, 괴로움 사라짐의 진리를 알고, 괴로움을 없애는 길의 진리를 아는 것이다.

이와 같이 알고 이와 같이 보아 사이 없는 평등한 살핌이 되라는 것 또한 이와 같이 말한다."

위없는 보디의 길을 잡아 보임

"만약 위없는 평등하고 바른 깨달음을 얻으면 그 온갖 것은 네 가지 거룩한 진리를 알기 때문이다.

어떤 것이 넷인가. 괴로움의 진리를 알고, 괴로움 모아냄의 진리를 알며, 괴로움 사라짐의 진리를 알고, 괴로움을 없애는 길의 진리를 아는 것이다.

이와 같이 알고 이와 같이 보아 사이 없는 평등한 살핌이 되라는 것 또한 이와 같이 말한다."

붇다께서 이 경을 말씀하시자, 여러 비구들은 붇다의 말씀을 듣고 기뻐하며 받들어 행하였다.

• 잡아함 393 선남자경(善男子經)

• 해설 •

거룩한 사제의 법을 바로 아는 데 해탈의 구현이 있다.

고제(苦諦)를 바로 알아야 괴로움이 마쳐 다한 니르바나와 해탈의 길이 열린다. 지금 중생의 괴로움은 원인을 좇아 일어나는 것이니, 괴로움을 일으키는 무명과 번뇌의 생각을 바로 살펴서 번뇌의 생각에 생각이 나는 첫 모습이 없음[念無初相]을 깨달아 번뇌가 온전히 지혜로 드러나는 곳이 여래의 평등한 깨달음이다.

중생 고제의 자기전변이 여래의 해탈이니, 중생 번뇌의 땅밖에 보디가 없다.

곧 여래의 위없는 보디는 중생의 번뇌가 본래 니르바나되어 있는 곳에서 번뇌를 지혜로 돌이켜서 구현된 중생의 새로운 자기실현인 것이니, 중생의 번뇌의 씨앗을 떠나 여래의 보디의 열매가 없는 것이다.

번뇌의 진실이 곧 보디이니 보디의 길에는 한 법도 실로 끊을 것이 없고 한 법도 실로 얻을 것이 없다. 그러므로 조사선(祖師禪)의 깊은 도리를 깨달아 얻었다고 말하는 자나 아라한의 도[阿羅漢道]를 얻었다고 말하는 자가 있다면, 그는 여래의 보디의 뜻을 모르는 자이고, 여래가 보인 아란야행 그 다툼 없고 얻음 없는 사마디의 길을 알지 못하는 자이다.

중생의 고통과 번뇌가 연기된 것이라 본래 공하다면 번뇌를 돌이켜 지혜의 흐름에 들었다고 어찌 실로 지혜의 흐름에 들어간 것이 있겠는가. 또 지혜의 힘이 굳세어져 다시 탐욕의 땅에 돌아오지 않는다고 어찌 실로 돌아오지 않음이 있을 것이며, 다툼 없는 사마디를 얻었다고 말하지만 어찌 사마디를 실로 얻음이 있겠는가.

중생이 이미 여래 보디의 땅에 서 있으며 니르바나의 성에 있는 줄 바로 아는 이가 스로타판나[入流]이고, 설사 중생이 때묻고 병들어도 실로 때묻음 없고 병듦 없음을 아는 이가 사크리다가민[一來]이다. 중생이 보디의 길에 들어서서 다시 탐욕의 길에 떨어지지 않는다 해도 탐욕과 마라의 길에 떨어짐 없이 떨어질 수 있는 이가 아나가민[不來]이고, 아라한의 도에 실로 얻을 것이 없다고 아는 이가 아라한의 길에 이미 들어선 자이다.

이와 같이 법의 눈을 뜬 자가 '여래 진리의 집안일'[家裏事]을 떠나지 않고 '길 가는 일'[途中事]을 짓는 자이니, 그는 가되 감이 없고 닦되 닦음이 없다. 그는 길 가는 일을 짓되 늘 집안일을 떠남이 없고, 이미 니르바나의 땅에 앉아 니르바나의 일을 지음 없이 지으니, 그가 보디사트바의 길을 감이 없이 가는 자이고 아라한의 도를 행함 없이 행하는 자이다.

그는 발심의 첫걸음[初發心]에서 이미 여래의 평등한 성품에 발을 대고 있으므로 갖가지 방편의 도를 닦되 닦음 없어서 차제에 떨어지지 않으니, 『화엄경』(「범행품」梵行品)은 이렇게 말한다.

이미 여래의 평등한 성품에 머물러
미묘한 방편의 도를 잘 닦아가네.
붇다의 경계에 믿음의 마음 일으켜
붇다께서 정수리에 물 뿌려 주심 받되
마음에 조금도 집착하는 바 없네.

已住如來平等性　善修微妙方便道
於佛境界起信心　得佛灌頂心無著

한량없는 모든 붇다 묘한 법의 곳간
따라 살피고서 다 들어갈 수 있어
중생의 근기와 행 알지 못함 없으니
이와 같은 곳에 이르면 세존과 같네.

無量諸佛妙法藏　隨順觀察悉能入
衆生根行靡不知　到如是處如世尊

제5부

붇다의 길 보디의 길

보디는 이처럼 스스로의 삶을
고통으로 인식한 중생이 보디의 마음을 내
새롭게 성취한 것이지만, 보디의 지혜는 진실에
대한 깨달음일 뿐 실로 얻음이 없다.
여래의 보디가 세계의 진실에 대한 깨달음을
통해 성취되었다는 말은 곧 중생 그 어느 누구나
보디의 마음을 내 다섯 쌓임의 공한 실상을 살펴
실상 그대로의 삶의 길을 걸으면, 곧 보디의
길에 들어서고 니르바나의 저 언덕에
건너갈 수 있음을 뜻한다.

• 이끄는 글 •

고제의 자기전환으로서 붇다됨

연기의 진리관에서 보면 이 세간 온갖 법 가운데 인연으로 나지 않는 법은 하나도 없다. 붇다도 스스로 붇다인 것이 아니라 붇다의 지혜와 자비, 위없는 보디의 성취가 붇다를 붇다라고 이름짓게 하였으니, 붇다의 씨앗[佛種] 붇다의 열매[佛果]도 인연으로 있는 것이다.

중생 세간에서 과거의 삶에서도 그러했고, 현재의 삶에서도 그러하며, 미래의 삶에서도 그러할 사제 · 십이인연 연기의 진리를 깨달아 붇다도 붇다가 되었다.

이는 마치 넓은 들판에 노닐다 길 잃은 이가 길을 찾다 옛 선인의 길을 발견하여 그 길을 따라 성읍과 우물, 숲과 과일이 넘치는 옛터에 이르른 것과 같다.

붇다의 법이 이와 같다. 옛 선인의 길을 찾은 이가 그 길을 뭇 사람들에게 보이듯, 붇다가 세간에 오시든 오시지 않든 법계에 늘 머무는 연기의 진리를 깨달아, 뭇 사람들에게 그 진리를 설하는 분이 여래이고 붇다이다.

붇다는 중생의 자기전환의 얼굴이다. 붇다의 깨친 지혜 보디는 법계인 보디이고, 깨친바 진리인 법계는 보디인 법계이다. 붇다의 '법계인 보디'와 '보디인 법계'는 바로 중생의 물든 다섯 쌓임의 실상이다.

다만 붇다는 아는 마음과 알려지는 것에서 나와 내 것을 떠나고 장애를 떠나 자재와 해탈을 누리는 분이라면, 중생은 아는 자와 알려지는 것에서 나와 내 것을 헤아리고 나와 내 것에 가리고 막혀 기나긴 밤을 나고 죽음에 쳇바퀴 돌며 애착으로 머리를 묶고 기나긴 길을 치달리는 자이다.

그러므로 중생이 삶이 고통이라는 자각을 통해 붇다를 크신 스승으로 삼아 붇다를 우러르고 찬탄하는 것은 붇다를 밖에서 우러르고 따르는 자로 남기 위함이 아니다. 우러름과 찬탄은 붇다 안에서 성취된 공덕의 삶이 세계의 실상이며 삶의 진실임을 믿고 우리 스스로 붇다의 보디의 길[菩提路]에 들어서기 위함이다.

여래는 막힘없고 걸림 없는 법계[無障礙法界]의 진실을 진실 그대로 사는 분이다. 그에 비해 중생은 막힘없고 걸림 없는 해탈의 법계[解脫法界]에서 스스로 막힘을 두고 걸림을 두어 영겁의 기나긴 밤 부자유와 얽매임의 삶을 이어가는 자이다.

그러나 중생의 부자유과 얽매임이 삶의 진실이 아니고 여래의 해탈법계가 삶의 진실인 줄 믿어 이해하면, 바로 믿는 그 자리에 해탈의 활로가 열리게 될 것이다.

이는 마치 넓은 들판을 거닐다 옛 선인의 길을 찾아 우물과 숲, 보배가 가득한 옛터에 이르른 이의 말을 믿고[信] 그 이정표를 이해하고[解], 그 길을 따라 걸으면[行] 끝내 옛 선인의 공덕의 땅에 이르게 됨[證]과 같다.

여래의 집 가운데 진리의 문은 열려 있고 진리의 가르침은 안과 밖의 구분 없이 그리고 비밀하게 감추는 주먹손이 없이 잘 설해졌다. 귀를 열고 눈을 열면 눈앞에 진리의 길은 환히 드러나 있다.

그 길을 따라 걸으면 반드시 니르바나의 성에 이르게 된다. 그러나 여래가 증득한 니르바나의 세계가 실은 미망 속 중생의 자기진실이라면, 고통에서 니르바나로의 길은 다만 고통과의 힘겨운 싸움의 길이 아니라, 본래 진리의 땅에 서서 진리의 땅에 돌아가는 자기복귀의 운동일 뿐이다.

그렇다면 본래 성불(本來成佛, 本覺)인데 왜 중생(衆生, 不覺)은 중생이 되었으며, 본래 성불인데 왜 중생은 다시 보디의 마음[菩提心]을 일으켜 새로운 깨달음[始覺]의 길을 나서야 하는가.

본래 깨쳐 있음 또한 정해진 모습이 아니라 중생의 못 깨침에 못 깨친 모습이 없음을 본래 성불이라 이름하였으므로, 중생의 번뇌와 고통이 공함을 바로 믿어 알면 그것이 바로 본래 니르바나되어 있는 보디의 땅에 서게 됨이리라.

나가르주나 존자의 노래로 이루어진 『화엄경』 약찬게(略纂偈)는 이 화엄대경(華嚴大經)의 말씀을 늘 읽고 믿어 받아 지니어 중생이 여래장인 줄 바로 알아들으면 곧 '여래 해탈의 나라에 바로 앉게 됨'을 이렇게 노래한다.

이 경을 읽고 외워 믿어 지니면
첫 마음 낼 때가 곧 깨친 때이니
이와 같은 국토바다 편히 앉으면
이를 바이로차나 붇다라 이름하네.

諷誦此經信受持　初發心時便正覺
安坐如是國土海　是名毘盧遮那佛

같은 뜻을 신라 의상법사(義湘法師)의 법성게(法性偈)는 이렇게 노래한다.

다라니의 다함없는 진리의 보배로써
법계의 실다운 보배 궁전 장엄하고
실제 중도 그 자리에 편안히 앉았으니
예로부터 움직임 없는 본래의 붇다라네.

以陀羅尼無盡寶 莊嚴法界實寶殿
躬坐實際中道床 舊來不動名爲佛

교설로 보면 불교의 맨 끝의 경이라 할 수 있는 『화엄경』의 대의를 노래한 위 게송에서 이 경을 받아 지녀 중도의 자리에 앉으면 그가 바로 본래의 붇다라는 이 뜻을, 사제의 교설로 살펴보자.

중생의 고통의 현실도 연기이고 새로운 해탈의 구현도 연기이므로 고통이 본래 스스로 있는 것이 아니고 해탈이 본래 스스로 아주 없는 것이 아니다. 고통의 현실이 본래 공하므로 중생의 고통과 질곡의 한복판에 해탈의 활로가 이미 있고 모순과 갈등의 역사 한 복판이 이미 니르바나되어 있으니, 가르침을 바로 듣고 믿음의 마음을 일으키는 자, 그가 다시 본래 니르바나되어 있는 법계의 땅에서 가되 감이 없고 이르되 실로 이르름 없는 해탈의 도정을 바로 시작할 수 있는 것이다.

화엄회상(華嚴會上) 선재 어린이[善財童子]의 이야기가 바로 우리의 이야기이다.

제1장

여래도 바른 관행으로 위없는 보디를 증득했나니

"이제 나도 그와 같이 옛 선인의 길, 옛 선인의 지름길,
옛 선인의 자취, 옛 선인이 갔던 곳을 얻었고, 나도 그 길을
따라가게 되었다. 그것은 여덟 가지 거룩한 길[八聖道]을 말하니,
곧 바른 견해[正見] · 바른 말[正語] · 바른 생각[正念] ·
바른 생활[正命] · 바른 선정[正定] · 바른 뜻[正思惟] ·
바른 행위[正業] · 바른 정진[正精進]이 그것이다."

붇다의 위없는 보디, 바르고 평등한 깨달음도 성취된 것이다. 세계의 실상과 삶의 진실에 대한 살핌[正觀]이, 세계의 진실 그대로의 살핌이 되는 곳이 보디이다.

보디는 이처럼 스스로의 삶을 고통으로 인식한 중생이 보디의 마음을 내 새롭게 성취한 것이지만, 보디의 지혜는 진실에 대한 깨달음일 뿐 실로 얻음이 없다. 여래의 보디가 세계의 진실에 대한 깨달음을 통해 성취되었다는 말은 곧 중생 그 어느 누구나 보디의 마음을 내 다섯 쌓임의 공한 실상을 살펴 실상 그대로의 삶의 길을 걸으면, 곧 보디의 길에 들어서고 니르바나의 저 언덕에 건너갈 수 있음을 뜻한다.

사제법(四諦法)은 중생의 고통이 연기된 것이므로 니르바나의 해탈 또한 실천을 통해 성취됨을 보인 교설이다. 중생의 고통이 연기된 것이므로 고통은 본래 공한 것이며, 고통이 본래 공하므로 고통을 끊는 실천행도 실로 닦아 행함이 없고 니르바나 또한 실로 얻음이 아니다.

니르바나는 고통이 공한 삶의 원래적인 자재해탈의 현실적 구현이다. 십이연기(十二緣起)는 사제법에서 밝히고 있는 고통의 발생과 니르바나의 성취를 자아 · 행위 · 세계의 연기적 활동을 통해 구체적으로 밝힌 교설이다.

무명(無明)을 통해 나고 죽음의 윤회가 발생하지만, 무명도 자기 뿌리가 없어서 나고 죽음이 실로 없는 곳에서 나고 죽음을 보는 것이 무명이다. 그러므로 원인과 결과는 서로 규정하니, 원인인 무명에도 무명이라 할 실체가 없고, 무명의 결과인 나고 죽음에도 끊을 나고 죽음이 없다.

붇다는 이처럼 사제와 십이연기의 연기적 실상을 깨달아 붇다가 되었다. 붇다는 육신의 몸이되 육신이 공한 법의 몸[法身]을 깨달아 붇다가 되었으므로, 붇다의 몸은 깨달음의 몸[菩提身, bodhi-kaya]이고 법의 몸[法身, dharma-kaya]이다.

붇다의 법의 몸은 붇다만의 몸이 아니라 중생이 원래 갖춘 삶의 진실이므로 대승에서는 그것을 '여래장의 몸'[如來藏身]이라 한다.

여래장에서 보면 붇다와 중생은 서로 다르지 않다. 다만 여래는 바른 지혜와 선정으로 여래장의 몸을 진리의 몸으로 쓰시는 분이고, 중생은 여래장의 몸을 미혹과 번뇌의 몸으로 굴리고 있을 뿐이다.

『비말라키르티수트라』는 여래의 법의 몸이 본래 갖춘 진리의 땅에서 실천의 공덕으로 성취된 몸임을 다음과 같이 말한다.

"여러 어진 이들이여, 이 몸은 걱정스러운 것이니 붇다의 몸을 좋아해야 하오. 왜인가요. 붇다의 몸[佛身]은 곧 법의 몸[法身]이기 때문이오. 이 몸은 한량없는 공덕과 지혜를 좇아 나고, 계·정·혜·해탈·해탈지견을 좇아 나며, 큰 사랑·가엾이 여김·따라 기뻐함·평등함[慈悲喜捨]으로 좇아 나고, 보시·지계·인욕·부드러운 행·부지런히 행하는 정진, 선정해탈의 사마디와 많이 들음의 지혜와 여러 파라미타를 좇아 나오. 또 방편을 좇아 나며, 여섯 신통을 좇아 나고, 세 가지 밝음을 좇아 나며, 서른일곱 실천법을 좇아 나고, 사마타와 비파사나[止觀]를 좇아 나오.

또한 열 가지 힘·네 가지 두려움 없음·열여덟 가지 함께하지 않는 법을 좇아 나고, 온갖 착하지 않은 법 끊음을 좇아 나며, 온갖 착한 법 모음을 좇아 나며, 온갖 착하지 않은 법을 끊고 온갖 착한 법 모음으로 좇아 나며, 진실을 좇아 나고 방일하지 않음으로 좇아 나오. 이와 같이 한량없는 청정한 법을 좇아 여래의 몸[如來身]을 내는 것이오. 여러 어진 이들이여, 붇다의 몸을 얻어 온갖 중생의 병을 끊고자 하면 위없이 바른 보디의 마음을 내야 하오."

『화엄경』(「입법계품」) 또한, 중생이 붇다의 깊고 깊은 법을 따라 배워 지혜로 실상을 비추면 법의 몸 성취하게 됨을 이렇게 말한다.

넓고 큰 바이로차나 붇다
그 경계를 널리 비추면
눈은 청정한 빛을 놓아서
한량없는 달과 같으리.

普照於廣大　毘盧舍那境
眼放淸淨光　譬如無量月

붇다의 경계 비추는 빛
시방 세계에 가득하여서
삼계 중생 존재의 바다를
모두 건네 해탈케 하니
묘한 몸은 시방에 두루해
중생 앞에 널리 나타나리.

充滿十方界　度脫三有海
妙身遍十方　普現衆生前

사제의 진리 바르게 살펴 위없는 깨침 이루었으니

이와 같이 내가 들었다.

한때 붇다께서는 바라나시 국의 선인이 살던 사슴동산에 계셨다. 그때 세존께서 여러 비구들에게 말씀하셨다.

"네 가지 거룩한 진리에 대하여 평등하고 바르게 깨달음을 여래 · 공양해야 할 분 · 바르게 깨친 이라 한다.

어떤 것을 네 가지라고 하는가. 곧 괴로움의 진리, 괴로움 모아냄의 진리, 괴로움 사라짐의 진리, 괴로움을 없애는 길의 진리이니, 이 네 가지 진리에 대하여 평등하고 바르게 깨달음을 여래 · 공양해야 할 분 · 바르게 깨친 이라 한다.

그러므로 여러 비구들이여, 네 가지 진리에 대하여 아직 사이가 없는 평등한 살핌[無間等]이 없으면, 방편을 부지런히 해 더욱 하고자 함을 일으켜 사이가 없는 평등한 살핌을 배워야 한다."

붇다께서 이 경을 말씀하시자, 여러 비구들은 붇다의 말씀을 듣고 기뻐하며 받들어 행하였다.

• 잡아함 402 평등정각경(平等正覺經)

• 해설 •

사제의 진리를 바르게 깨달아 앎으로써 사문 고타마를 여래 · 공양해야 할 분 · 위없는 보디의 완성자라 부른다.

사제법은 중생의 고통과 니르바나의 연기적 성취를 밝힌다. 사제법에서 괴로움의 현실[苦諦]은 그것을 모아내는 삶의 물든 원인과 조건[集諦] 속에서 연기하므로, 비록 지금 고통의 조건들이 삶을 얽매어 묶더라도 그 고통의 원인과 조건 고통의 결과는 본래 공하다.

끊을 번뇌와 삶의 고통과 소외가 공하므로 번뇌를 끊는 갖가지 실천행 또한 닦되 닦음 없으며, 번뇌 끊고 얻는 니르바나에도 얻을 니르바나의 모습이 없다.

이처럼 사제법을 통해 세간의 번뇌법에 실로 끊을 것이 없고 출세간의 니르바나에 얻을 것이 없는 줄 알면 세간법과 니르바나에는 두 모습이 없다.

그러므로 사제법을 바로 보면 중생의 번뇌 속에 이미 여래의 위없는 보디가 있고 니르바나의 참된 휴식처가 있다.

『비말라키르티수트라』는 사제법이 중생의 번뇌 속에 이미 있는 보디의 공덕 보이는 진실의 가르침임을 다음과 같이 말한다.

> "어떤 곳이 진리의 도량인가. 서른일곱 실천법[三十七道品]이 도량이니 함이 있는 법을 버리기 때문이고, 사제가 도량이니 세간을 속이지 않기 때문이다."

왜 경이 서른일곱 실천법을 도량이라 말하는가. 서른일곱 실천법은 중생의 번뇌와 고통이 공하기 때문에 일어날 수 있는 것이며, 중생의 번뇌가 공하되 없지 않기 때문에 일어나는 것이다.

중생의 번뇌가 공한 줄 알면 번뇌의 땅 그 한복판에 고통받는 자 스스로의 휴식처가 있고, 번뇌를 보디로 돌이켜낼 해탈의 힘이 있기 때문에 번뇌의 고제가 도량이고 서른일곱 실천법의 도제가 도량인 것이다.

그러므로 사제가 곧 도량인 줄 아는 자는 번뇌가 공하되 없지 않음을 알아 서른일곱 도품으로 번뇌를 보디로 돌이켜 얻음 없이 니르바나의 과덕을 얻는 것이니, 여래의 길을 따라 가려는 자, 번뇌의 이 도량을 떠나 해탈의 땅이 없는 줄 알아야 한다.

넓은 들판 거니는 이가 옛 선인의 길을 찾듯

이와 같이 내가 들었다.

한때 붇다께서는 슈라바스티 국 '외로운 이 돕는 장자의 동산'에 계셨다.

그때 세존께서 여러 비구들에게 말씀하셨다.

"나는 오랜 옛날의 삶[宿命]에서 아직 바른 깨침을 이루지 못하였을 때를 기억하고 있다. 고요한 곳에서 홀로 있으면서[獨一靜處] '선정의 사유'[禪思]에 오롯이 정진하다 이렇게 생각하였다.

'어떤 법이 있기 때문에 늙음과 죽음이 있으며, 어떤 법을 인연하기 때문에 늙음과 죽음이 있는 것일까?'

곧 바르게 사유하여 이렇게 '진실 그대로의 사이 없는 평등한 살핌'[如實無間等]을 냈다.

'태어남이 있기 때문에 늙음과 죽음이 있고, 태어남을 인연하기 때문에 늙음과 죽음이 있다. 이와 같이 존재, 취함, 애욕, 느낌, 닿음, 여섯 들임, 마음·물질[名色]이 있다.'

마음·물질에 대해서도 이렇게 사유하였다.

'어떤 법이 있기 때문에 마음·물질이 있으며, 어떤 법을 인연하기 때문에 마음·물질이 있는 것일까?'

이렇게 곧 사유하여 진실 그대로의 사이 없는 평등한 살핌을 다음과 같이 일으켰다.

'앎[識]이 있기 때문에 마음·물질이 있으며, 앎을 인연하기 때문에 마음·물질이 있다.'

내가 이렇게 사유했을 때, 앎과 가지런하여 모든 연기가 도로 그 앎을 넘어설 수가 없었다[齊識而還不能過彼]. 그것은 곧 다음과 같다. 앎을 인연하여 마음·물질이 있고, 마음·물질을 인연하여 여섯 들임이 있으며, 여섯 들임을 인연하여 닿음이 있고, 닿음을 인연하여 느낌이 있으며, 느낌을 인연하여 애욕이 있다.

애욕을 인연하여 취함이 있으며, 취함을 인연하여 존재가 있고, 존재를 인연하여 태어남이 있으며, 태어남을 인연하여 늙음·병듦·죽음과 근심·슬픔·번민·괴로움이 있어서, 이와 같고 이와 같이 순전한 괴로움뿐인 큰 무더기가 모인 것이다."

십이연기를 따라서 사유한 뒤, 다시 거슬러 사유하심

"이때 나는 이렇게 생각하였다.

'어떤 법이 없기 때문에 늙음과 죽음이 없으며, 어떤 법이 사라지기 때문에 늙음과 죽음이 사라지는 것일까?'

곧 바르게 사유하여 다음과 같이 진실 그대로의 사이가 없는 평등한 살핌을 일으켰다.

'태어남이 없기 때문에 늙음과 죽음이 없고, 태어남이 사라지기 때문에 늙음과 죽음이 사라진다.'"

이와 같이 태어남, 존재, 취함, 애욕, 느낌, 닿음, 여섯 들임, 마음·물질, 앎과 지어감에 대해서도 널리 같이 말할 수 있다.

"나는 다시 이와 같이 사유하였다.

'어떤 법이 없기 때문에 지어감이 없으며, 어떤 법이 사라지기 때

문에 지어감이 사라지는 것일까?'

곧 바르게 사유하여 다음과 같이 진실 그대로의 사이가 없는 평등한 살핌을 일으켰다.

'무명(無明)이 없기 때문에 지어감[行]이 없고, 무명이 사라지기 때문에 지어감이 사라지며, 지어감이 사라지기 때문에 앎이 사라지고, 앎이 사라지기 때문에 마음·물질이 사라진다.

마음·물질이 사라지기 때문에 여섯 들임이 사라지고, 여섯 들임이 사라지기 때문에 닿음이 사라지며, 닿음이 사라지기 때문에 느낌이 사라지고, 느낌이 사라지기 때문에 애욕이 사라지며, 애욕이 사라지기 때문에 취함이 사라지고, 취함이 사라지기 때문에 존재[有]가 사라진다.

존재가 사라지기 때문에 태어남이 사라지고, 태어남이 사라지기 때문에 늙음·병듦·죽음과 근심·슬픔·번민·괴로움이 사라져서, 이와 같고 이와 같이 순전한 괴로움뿐인 큰 무더기가 사라지는 것이다.'"

연기법 사유해 깨침이 옛 선인의 길을 찾아가는 것과 같음을 보이심

"나는 그때 이렇게 생각하였다.

'나는 옛 선인(仙人)의 길과 옛 선인의 지름길과 옛 선인의 길의 자취를 얻었다. 옛 선인도 이 자취를 좇아갔으니 나도 이제 따라가자.'

비유하면 어떤 사람이 넓은 들판에서 노닐다, 거친 들판을 헤치면서 길을 찾아 문득 옛 사람이 다니던 길을 만난 것과 같다.

그는 곧 그 길을 따라 차츰 앞으로 나아가다가 옛 성읍과 옛날의 왕궁 · 동산 · 목욕하던 못 · 수풀의 청정함을 보게 되었다.

그는 이렇게 생각하였다.

'나는 이제 왕에게 가서 고하여 왕이 알도록 하겠다.'

이렇게 생각한 그는 곧 찾아가 왕에게 말씀드렸다.

'대왕이여. 아셔야만 합니다. 제가 넓은 들판에서 노닐며 거친 들판을 헤치고 길을 찾아 문득 옛 사람이 다니던 길을 보았고, 저는 곧 그 길을 따라갔습니다. 제가 그 길을 따라 갔더니 거기에서 옛 성읍과 옛 왕궁 · 동산 · 목욕하던 못 · 수풀 · 물과 흐르는 물의 청정함을 보게 되었는데, 대왕께서 가셔서 살 만한 곳이었습니다.'

왕은 곧 그곳으로 가 그 가운데서 살았고, 그곳은 풍성하고 즐겁고 안온하여 사람들이 불꽃처럼 번성하였다.

이제 나도 그와 같이 옛 선인의 길, 옛 선인의 지름길, 옛 선인의 자취, 옛 선인이 갔던 곳을 얻었고, 나도 그 길을 따라가게 되었다.

그것은 여덟 가지 거룩한 길[八聖道]을 말하니, 곧 바른 견해[正見] · 바른 말[正語] · 바른 생각[正念] · 바른 생활[正命] · 바른 선정[正定] · 바른 뜻[正思惟] · 바른 행위[正業] · 바른 정진[正精進]이 그것이다.

나는 그 길을 따라 늙음 · 병듦 · 죽음[老病死]과 늙음 · 병듦 · 죽음의 모아냄[老病死集]과 늙음 · 병듦 · 죽음의 사라짐[老病死滅]과 늙음 · 병듦 · 죽음을 없애는 길[老病死滅道跡]을 보았다.

또 태어남, 존재, 취함, 애욕, 닿음, 여섯 들임과 마음 · 물질, 앎, 지어감에 있어서도 또한 같이 지어감[行] 등과 지어감 등의 모아냄, 지어감 등의 사라짐, 지어감 등을 없애는 길을 다 보았다.

나는 이 법을 스스로 알고 스스로 깨달아, 평등하고 바른 깨달음[等正覺]을 이루었고, 비구 · 비구니 · 우파사카 · 우파시카 및 다른 바깥길의 사문과 브라마나와 재가 출가자들을 위해 설법하였다.

그 여러 사부대중들은 법을 듣고는 바로 향하고 믿어 즐거워하면서 법의 좋음[法善]을 알았다. 그래서 범행이 늘어나고 넓어져 많은 요익됨이 있도록 열어 보이고 나타내 드날리었다."

붇다께서 이 경을 말씀하시자, 여러 비구들은 붇다의 말씀을 듣고 기뻐하며 받들어 행하였다.

• 잡아함 287 성읍경(城邑經)

• 해설 •

십이연기의 각 법은 서로 의지해 있다. 무명으로 인해 물든 중생의 지어감이 있고, 물든 지어감으로 '주객이 서로 의지해 앎을 내는 활동[識]'이 있다. 모든 연기는 아는 뿌리[根]와 경계[境]가 어울리는 앎[和合識]을 떠나지 않으므로, 경은 모든 법의 연기가 앎과 가지런하여 앎을 넘지 않는다고 말한다.

곧 앎 자체인 물든 주객의 활동으로 물질인 마음과 마음인 물질[名色]의 물듦이 있고 나아가 애착[愛]과 취함[取], 존재[有]와 나고 죽음이 있는 것이다.

그러나 뒤집어보면 존재[有]를 실로 있음으로 집착하므로 나고 죽음이 있고, 나되 남이 없고 죽되 죽음이 없는 곳에서 실로 나고 죽음에 집착함이 무명이 되어 삶의 왜곡된 활동을 일으키니, 원인과 결과는 서로 떨어져 있지 않다.

무명으로 나고 죽음이 있지만 나고 죽음의 진실을 보지 못한 것이 무명이 되므로 무명도 공한 것이니, 여덟 가지 바른 삶의 길로 나고 죽음이 나고 죽음이 아닌 줄 알면 지금껏 고통과 소외의 인과인 십이연기가 도로 해탈의 활동이 된다.

길 가던 이가 넓은 들판을 헤매다 옛 선인의 길을 발견하듯, 붇다도 이 십이연기를 깨달아 붇다가 되셨다.

옛 선인의 길을 따라 바르게 나아가면 숲과 물이 흐르는 옛 왕궁을 볼 수 있듯, 우리 중생도 여래의 십이연기의 가르침을 따라 무명이 무명 아닌 줄 알아 무명을 다함없이 다하면, 십이연기의 처소가 바로 도량(道場)이 되고 안온처가 된다.

『비말라키르티수트라』는 말한다.

"십이연기가 곧 도량이니 무명에서 늙고 죽음에 이르기까지 다할 것이 없기 때문이고, 모든 번뇌가 곧 도량이니 진실대로 알기 때문이며, 중생이 곧 도량이니 나 없음을 알기 때문이고, 온갖 법이 곧 도량이니 모든 법이 공함을 알기 때문이다."

이처럼 십이연기를 설한 여래의 뜻이 무명으로 취한바 나고 죽음에 실로 나고 죽음이 없음을 바로 보아 해탈하라는 뜻이니, 『화엄경』(「십회향품」) 또한 이렇게 말한다.

모든 법은 남이 없고 또한 사라짐 없으며
또한 다시 옴이 없고 감도 있지 않나니
여기서 죽어 저기서 나지 않는다면
이 사람이 붇다의 법 깨달아 앎이네.

諸法無生亦無滅　亦復無來無有去
不於此死而生彼　是人解悟諸佛法

여래도 바른 앎으로 여덟 가지 행을 갖추어 위없는 보디 이룬 것이다

나는 들었다, 이와 같이.

한때 붇다께서는 체티수에 노니시면서 물가 숲속에 계셨다.

그때에 세존께서는 비구들에게 말씀하셨다.

"내가 이전에 아직 '위없이 바르고 참된 도'를 깨닫지 못하였을 때에는 이렇게 생각하였다.

'나는 이제 내 '하늘눈'의 밝은 빛을 내어 그 밝은 빛으로 인하여 모습과 빛깔을 보고, 이렇게 하여 내 지견이 지극히 크고 밝고 깨끗해지도록 하겠다.'

나는 지견이 지극히 크고 밝고 깨끗해지기 위하여 곧 멀리 떠나 홀로 머물며[遠離獨住] 마음에 방일함이 없이 닦아 행하고 부지런히 정진하였다.

나는 멀리 떠나 홀로 머물며 마음에 방일함이 없이 닦아 행하고 부지런히 정진함으로 말미암아 곧 밝은 빛을 얻어 모습과 빛깔을 보았다.

그러나 나는 아직 저 하늘들과 함께 모이지 못하여 서로 위로하지 못하였으며, 서로 논설하지 못하였고, 서로 답변하지 못하였었다."

보디의 도 얻기 전 도 구하는 마음과 밝은 빛 얻으려는 행을 보이심

"나는 또 이렇게 생각하였다.

'나는 이제 내 밝은 빛을 내어 그 밝은 빛으로 인하여 모습과 빛깔을 볼 수 있다. 이제 또한 저 하늘들과 함께 모이어 서로 위로하고 논설하며 답변하고, 이렇게 하여 내 지견이 지극히 크고 밝고 깨끗해지도록 하겠다.'

나는 지견이 지극히 밝고 깨끗해지기 위하여 곧 멀리 떠나 홀로 머물며 마음에 방일함이 없이 닦아 행하고 부지런히 정진하였다.

나는 멀리 떠나 홀로 머물며 마음에 방일함이 없이 닦아 행하고 부지런히 정진함으로 말미암아 곧 밝은 빛을 얻어 모습과 빛깔을 보고, 또 저 하늘들과 함께 모이어 서로 위로하고 논설하며 대답하였다.

그러나 나는 저 하늘들이 어떠한 성과 어떠한 이름과 어떠한 태어남인가를 알지 못하였다.

나는 또 이렇게 생각하였다.

'나는 이제 내 밝은 빛을 내어 그 밝은 빛으로 인하여 모습과 빛깔을 보고, 또 저 하늘들과 함께 모이어 서로 위로하고 논설하며 대답할 수 있다. 이제 또한 저 하늘들이 어떠한 성과 어떠한 이름과 어떠한 태어남인가를 알고, 이렇게 하여 내 지견이 지극히 크고 밝고 깨끗해지도록 하겠다.'

나는 내 지견이 지극히 밝고 깨끗해지기 위하여 곧 멀리 떠나 홀로 머물며 마음에 방일함이 없이 닦아 행하고 부지런히 정진하였다.

나는 멀리 떠나 홀로 머물며 마음에 방일함이 없이 닦아 행하고 부지런히 정진함으로 말미암아 곧 밝은 빛을 얻어 모습과 빛깔을 보고, 또 저 하늘들과 함께 모이어 서로 위로하고 논설하며 대답하고, 또한 저 하늘들이 어떠한 성과 어떠한 이름과 어떠한 태어남인가를 알았다.

그러나 나는 저 하늘들이 어떻게 먹으며 어떻게 괴로움과 즐거움 받는가는 알지 못하였다.

나는 또 이렇게 생각하였다.

'나는 이제 내 밝은 빛을 내어 그 밝은 빛으로 인하여 모습과 빛깔을 보고, 또 저 하늘들과 함께 모이어 서로 위로하고 논설하며 대답하고, 또한 저 하늘들이 어떠한 성과 어떠한 이름과 어떠한 태어남인가를 알고 있다. 이제 또한 저 하늘들이 어떻게 먹으며 어떻게 괴로움과 즐거움 받는가를 알고, 이렇게 하여 내 지견이 지극히 크고 밝고 깨끗해지도록 하겠다.'

나는 내 지견이 지극히 밝고 깨끗해지기 위하여 곧 멀리 떠나 홀로 머물며 마음에 방일함이 없이 닦아 행하고 부지런히 정진하였다.

나는 멀리 떠나 홀로 머물며 마음에 방일함이 없이 닦아 행하고 부지런히 정진함으로 말미암아 곧 밝은 빛을 얻어 모습과 빛깔을 보고, 또 저 하늘들과 함께 모이어 서로 위로하고 논설하며 대답하고, 또한 저 하늘들이 어떠한 성과 어떠한 이름과 어떠한 태어남인가를 알고, 또한 저 하늘들이 어떻게 먹고 어떻게 괴로움과 즐거움 받는가를 알았다.

그러나 나는 저 하늘들이 어떻게 오래 살고 어떻게 오래 머무르며 어떻게 목숨이 다하는가는 알지 못하였다."

하늘들이 목숨 받아 살아감을 안 다음
목숨 다함 살피는 지혜를 보이심

"나는 또 이렇게 생각하였다.

'나는 이제 내 밝은 빛을 내어 그 밝은 빛으로 인하여 모습과 빛깔을 보고, 또 저 하늘들과 함께 모이어 서로 위로하고 논설하며 대답하고, 또한 저 하늘들이 어떠한 성과 어떠한 이름과 어떠한 태어남인가를 알고 있고, 또한 저 하늘들이 어떻게 먹고 어떻게 괴로움과 즐거움 받는가를 알고 있다. 이제 또한 저 하늘들이 어떻게 오래 살고 어떻게 오래 머무르며 어떻게 목숨이 다하는가를 알고, 이렇게 하여 내 지견이 지극히 크고 밝고 깨끗해지도록 하겠다.'

나는 내 지견이 밝고 깨끗해지기 위하여 곧 멀리 떠나 홀로 머물며 마음에 방일함이 없이 닦아 행하고 부지런히 정진하였다.

나는 멀리 떠나 홀로 머물며 마음에 방일함이 없이 닦아 행하고 부지런히 정진함으로 말미암아 곧 밝은 빛을 얻어 모습과 빛깔을 보고, 또 저 하늘들과 함께 모이어 서로 위로하고 논설하며 대답하고, 또한 저 하늘들이 어떠한 성과 어떠한 이름과 어떠한 태어남인가를 알았다. 또한 저 하늘들이 어떻게 먹고 어떻게 괴로움과 즐거움 받는가를 알고, 또한 저 하늘들이 어떻게 오래 살고 어떻게 오래 머무르며 어떻게 목숨이 다하는가를 알았다.

그러나 나는 저 하늘들이 이와 같고 이와 같은 업을 지은 뒤에 여기서 죽어 저기서 나는가를 알지 못하였다."

하늘의 목숨 머묾과 다함을 안 다음
하늘의 업 살피는 지혜 얻음을 보이심

"나는 또 이렇게 생각하였다.

'나는 이제 내 밝은 빛을 내어 그 밝은 빛으로 인하여 모습과 빛깔을 보고, 또 저 하늘들과 함께 모이어 서로 위로하고 논설하며 대답하고, 또한 저 하늘들이 어떠한 성과 어떠한 이름과 어떠한 태어남인가를 알고 있고, 또한 저 하늘들이 어떻게 먹고 어떻게 괴로움과 즐거움 받는가를 알고, 또한 저 하늘들이 어떻게 오래 살고 어떻게 오래 머무르며 어떻게 목숨이 다하는가를 알고 있다. 이제 또한 저 하늘들이 이와 같고 이와 같은 업을 지은 뒤에 여기서 죽어 저기서 나는가를 알아 이렇게 하여 내 지견이 지극히 크고 밝고 깨끗해지도록 하겠다.'

나는 지견이 밝고 깨끗해지기 위하여 곧 멀리 떠나 홀로 머물며 마음에 방일함이 없이 닦아 행하고 부지런히 정진하였다.

나는 멀리 떠나 홀로 머물며 마음에 방일함이 없이 닦아 행하고 부지런히 정진함으로 말미암아 곧 밝은 빛을 얻어 모습과 빛깔을 보고, 또 저 하늘들과 함께 모이어 서로 위로하고 논설하며 대답하고, 또한 저 하늘들이 어떠한 성과 어떠한 이름과 어떠한 태어남인가를 알았다. 또한 저 하늘들이 어떻게 먹고 어떻게 괴로움과 즐거움 받는가를 알고, 또한 저 하늘들이 어떻게 오래 살고 어떻게 오래 머무르며 어떻게 목숨이 다하는가를 알고, 또한 저 하늘들이 이와 같고 이와 같은 업을 지은 뒤에 여기서 죽어 저기서 나는가를 알았다.

그러나 나는 저 하늘들이 이런저런 하늘 가운데 났는가는 알지 못하였다."

하늘 중생의 여러 하늘 분별하는 지혜 얻음과 자신이 그 하늘에 났는가를 아는 지혜 얻음을 보이심

"나는 다시 이렇게 생각하였다.

'나는 이제 내 밝은 빛을 내어 그 밝은 빛으로 인하여 모습과 빛깔을 보고, 또 저 하늘들과 함께 모이어 서로 위로하고 논설하며 대답하고, 또한 저 하늘들이 어떠한 성과 어떠한 이름과 어떠한 태어남인가를 알고 있고, 또한 저 하늘들이 어떻게 먹고 어떻게 괴로움과 즐거움 받는가를 알고 있다. 또한 저 하늘들이 어떻게 오래 살고 어떻게 오래 머무르며 어떻게 목숨이 다하는가를 알고, 또한 저 하늘들이 이와 같고 이와 같은 업을 지은 뒤에 여기서 죽어 저기서 나는가를 알고 있다. 이제 또한 저 하늘들이 이런저런 하늘 가운데 났는가를 알아 이렇게 하여 내 지견이 지극히 크고 밝고 깨끗해지도록 하겠다.'

나는 내 지견이 밝고 지극히 깨끗해지기 위하여 곧 멀리 떠나 홀로 머물며 마음에 방일함이 없이 닦아 행하고 부지런히 정진하였다.

나는 멀리 떠나 홀로 머물며 마음에 방일함이 없이 닦아 행하고 부지런히 정진함으로 말미암아 곧 밝은 빛을 얻어 모습과 빛깔을 보고, 또 저 하늘과 함께 모이어 서로 위로하고 논설하며 대답하고, 또한 저 하늘들이 어떠한 성과 어떠한 이름과 어떠한 태어남인가를 알았다. 또한 저 하늘들이 어떻게 먹고 어떻게 괴로움과 즐거움 받는가를 알고, 또한 저 하늘들이 어떻게 오래 살고 어떻게 머무르며 어떻게 목숨이 다하는가를 알고, 또한 저 하늘들이 이와 같고 이와 같은 업을 지은 뒤에 여기서 죽어 저기서 나는가를 알며, 또한 저 하늘들이 이런저런 하늘 가운데 났는가를 알았다.

그러나 나는 아직 저 하늘위에 내가 일찍 났던가 일찍 나지 않았던가는 알지 못하였다.

나는 또 이렇게 생각하였다.

'나는 이제 내 밝은 빛을 내어 그 밝은 빛으로 인하여 모습과 빛깔을 보고, 또 저 하늘들과 함께 모이어 서로 위로하고 논설하며 대답하고, 또한 저 하늘들이 어떠한 성과 어떠한 이름과 어떠한 태어남인가를 알고, 또한 저 하늘들이 어떻게 먹고 어떻게 괴로움과 즐거움 받는가를 알고 있다. 또한 저 하늘들이 어떻게 오래 살고 어떻게 오래 머무르며 어떻게 목숨이 다하는가를 알고, 또한 저 하늘들이 이와 같고 이와 같은 업을 지은 뒤에 여기서 죽어 저기서 나는가를 알며, 또한 저 하늘들이 이런저런 하늘 가운데 났는가를 알고 있다. 이제 또한 저 하늘위에 내가 일찍 났던가 일찍 나지 않았던가를 알아 이와 같이 해 내 지견이 지극히 크고 밝고 깨끗해지도록 하겠다.'

나는 내 지견이 밝고 깨끗해지기 위하여 곧 멀리 떠나 홀로 머물며 마음에 방일함이 없이 닦아 행하고 부지런히 정진하였다.

나는 멀리 떠나 홀로 머물며 마음에 방일함이 없이 닦아 행하고 부지런히 정진함으로 말미암아 곧 밝은 빛을 얻어 모습과 빛깔을 보고, 또 하늘들과 함께 모이어 서로 위로하고 논설하며 대답하고, 또한 저 하늘들이 어떠한 성과 어떠한 이름과 어떠한 태어남인가를 알고 있다. 또한 저 하늘들이 어떻게 먹고 어떻게 괴로움과 즐거움 받는가를 알고, 또한 저 하늘들이 어떻게 오래 살고 어떻게 오래 머무르며 어떻게 목숨이 다하는가를 알았다. 또한 저 하늘들이 이와 같고 이와 같은 업을 지은 뒤에 여기서 죽어 저기서 나는가를 알고, 또한 저 하늘들이 이런저런 하늘 가운데 났는가를 알고, 또한 저 하늘위에 내가 일찍 났던가 일찍 나지 않았던가를 알았다."

밖으로 구함이 없고 하고자 함이 다한 바른 앎으로 여덟 가지 행을 갖추어 참된 도 깨달음을 보이심

"만약 내가 바로 알지 못하고서 이 여덟 가지 행[八行]을 얻었다면 곧 한결같이 그 얻음[得]을 말할 수 없는 것이요, 또한 나는 내가 위없이 바르고 참된 도를 깨달은 줄을 알지 못할 것이다.

바로 알지 못하였다면 나는 또한 이 세간의 모든 하늘 · 악한 마라 · 브라흐만 · 사문 · 브라마나들 위로 뛰어날 수 없을 것이요, 나는 또한 갖가지 해탈을 얻을 수 없을 것이며, 나는 또한 모든 뒤바뀜을 떠나지 못할 것이다.

그리하여 아직 태어남이 이미 다하고 범행이 이미 서고 지을 바를 이미 짓지 못하고, 뒤의 있음 다시 받지 않는 줄을 진실대로 알지 못했을 것이다.

만약 내가 바로 알고서 이 여덟 가지 행을 얻었다면 곧 한결같이 그 얻음을 말할 수 있을 것이요, 또한 나는 내가 위없이 바르고 참된 도를 깨달은 줄 알 수 있을 것이다.

또한 이 세간의 모든 하늘 · 악한 마라 · 브라흐만 · 사문 · 브라마나들 위로 뛰어날 수 있을 것이요, 나는 또한 갖가지 해탈을 얻을 수 있을 것이다.

그리하여 내 마음은 이미 모든 뒤바뀜을 떠나, 태어남이 이미 다하고 범행이 이미 서고, 지을 바를 이미 지어 뒤의 있음 다시 받지 않는 줄을 진실대로 알 것이다."

붇다께서 이렇게 말씀하시자 여러 비구들은 붇다의 말씀을 듣고 기뻐하며 받들어 행하였다.

• 중아함 73 천경(天經)

• 해설 •

여래의 위없는 보디도 번뇌의 땅에서 번뇌의 어두움을 돌이켜 지혜의 밝은 빛을 일으킴으로써 성취된 것이다.

천리의 먼 길도 그 이르러야 할 곳에 가고자 하는 주체의 의지에 의해서 이를 수 있듯, 여래의 자재와 해탈의 삶도 고통과 번뇌의 현실을 부정하고 해탈과 자재를 구현하려는 의지에 의해서 성취된 것이다.

첫걸음을 내딛는 이곳과 끝내 이를 곳이 서로 막힘없이 소통되어 있기 때문에 이곳에서 저곳에 이를 수 있듯, 중생의 번뇌가 공하되 그 공함 또한 공한 곳이 여래의 보디의 밝은 빛이므로 중생이 번뇌를 돌이켜 보디를 이룰 수 있는 것이다.

중생은 지금 보이는 사물의 빛깔에 물들고 갇히므로 지금 보는 것 너머를 보지 못하고, 새로운 빛깔의 변화에 올바로 대응하지 못하며, 사물의 변화를 옳게 주체화하지 못한다.

중생은 또한 지금 주어진 목숨을 실로 있는 것으로 붙잡으므로 긴 역사 속 존재의 나고 사라지는 모습을 밝게 알지 못한다.

지금 사물에 가려진 어두운 눈을 돌이켜 밝은 빛[光明]을 내려 하므로, 보이는 것에 가리지 않는 하늘눈[天眼]을 내게 되고 하늘눈으로 인해 모습과 빛깔을 옳게 볼 수 있으며, 지금 주어진 목숨에 매인 마음을 돌이켜 밝은 빛을 내려 하므로 지금 있는 것에 막히지 않고 오랜 목숨[宿命]을 보는 지혜의 눈을 내게 된다.

이와 같이 지금의 걸림이 있고 가림이 있는 마음을 더욱 밝게 하려고 부지런히 선정을 닦고 지혜를 닦으므로 걸림이 없고 가림이 없는 지혜의 눈을 얻는다.

그러나 밝은 빛을 더욱 늘리어 그 인식을 넓히고 그 알고 보는 힘[知見力]을 멀리 하더라도 아는 것이 있고 보는 것이 있는 마음은 아는 것과 보는 것에 가려 해탈의 마음이 되지 못한다.

아는 것에 실로 알 것이 없음을 깨달아 아는 마음에 마음이 없어 알되 앎이 없이 알고 보되 봄이 없이 볼 때, 그 지견은 해탈의 지견이 되고 니르바나의 지견이 된다.

빛깔과 모습 잘 보고 잘 알며 하늘에 태어나 하늘의 과보 받음을 알며 여기서 죽고 저기서 남을 밝게 아는 여덟 행도, 앎이 없이 알 때 참으로 아는 것이고 참으로 보는 것이다. 경은 이 뜻을 '내가 바로 알지 못하고서 여덟 행을 얻었다면 위없는 도 깨달음을 알지 못할 것이다'라고 한다.

바르게 앎이란 앎이 보는 것과 들은 것에 가리지 않는 앎이니, 앎이 없이 알고 봄이 없이 보는 해탈의 지견(知見)이 될 때 이를 위없고 바른 깨달음이라 한다.

위없는 깨달음에서는 앎 없는 앎밖에 알려지는 것이 없고 봄이 없이 봄밖에 보여지는 것이 없으니, 알되 고요하고 고요하되 알면 그 밝은 빛[光明]은 법계에 두루한 바이로차나의 밝음[光明遍照]이 되는 것이다. 바이로차나의 밝음에는 지혜의 밝음밖에 비출 법계가 없으니, 하늘과 마라와 브라흐만, 사문과 브라마나가 어찌 그 법계인 지혜를 엿볼 수 있겠는가.

바이로차나의 밝음일 때 어두움도 없고 밝음도 없으며 나도 없고 내 것도 없이 길이 태어남을 다하고 존재의 짐을 다해 범행이 완성될 것이다. 바이로차나의 밝음을 구현한 이, 그분을 여래라 하고 세간을 잘 아는 분[世間解]라 하는 것이다.

붇다의 걸림 없고 가림 없는 지혜의 눈을 『화엄경』(「세주묘엄품」)은 다음과 같이 찬탄한다.

> 붇다의 눈 넓고 커서 끝이 없으니
> 시방의 모든 국토 널리 보시네.
> 그 가운데 중생은 헤아릴 수 없는데
> 큰 신통 나타내 모두 조복하시네.
>
> 佛眼廣大無邊際　普見十方諸國土
> 其中衆生不可量　現大神通悉調伏

또한 「세주묘엄품」은 여래의 위와 같은 지혜의 신통이 믿는 자의 실천으로 검증될 수 있음을, 하늘신의 깨달음의 경계를 들어 이렇게 보인다.

법의 성품에 다 자기성품이 없어
깊고 깊으며 넓고 커 사의할 수 없음을
붇다께선 널리 중생에게 설하여
중생이 깨끗한 믿음을 내게 하시니
불꽃빛 하늘왕은 이를 잘 깨달았네.

佛說法性皆無性　甚深廣大不思議
普使衆生生淨信　光焰天王能善了

붇다의 몸은 모습 없어 뭇 때를 떠나
가엾이 여기는 자비의 땅에 늘 머물며
세간 근심 걱정거리 모두 없애게 하시니
이는 묘한 빛 하늘신의 해탈이네.

佛身無相離衆垢　恒住慈悲哀愍地
世間憂患悉使除　此是妙光之解脫

여래도 한량없는 세월 보디의 행으로 보디의 과덕 이루었다

나는 들었다, 이와 같이.

한때 붇다께서는 슈라바스티 국에 노니시면서 제타 숲 '외로운 이 돕는 장자의 동산'에 계셨다.

그때에 존자 아난다는 편안하고 고요한 곳[安靜處]에 앉아 선정의 사유로 이렇게 생각했다.

'세간 사람으로 욕심에서 뜻을 만족할 수 있는 이는 아주 적고, 욕심에서 그 걱정거리를 싫어하며 목숨 마치는 이는 아주 적다.

세간 사람으로 욕심에서 뜻을 만족할 수 있는 사람과 욕심에서 그 걱정거리를 싫어해서 목숨 마치는 이는 매우 얻기 어렵다.'

아난다는 해질녘 좌선에서 일어나, 붇다 계신 곳에 가서 절한 뒤 물러나 한쪽에 앉아 말씀드렸다.

"세존이시여, 저는 이제 편안하고 고요한 곳에 앉아 선정의 사유로 이렇게 생각하였습니다.

'세간 사람으로 욕심에서 뜻을 만족할 수 있는 이는 아주 적고, 욕심에서 그 걱정거리를 싫어하며 목숨 마치는 이는 아주 적다.

세간 사람으로 욕심에서 뜻을 만족할 수 있는 사람과 욕심에서 그 걱정거리를 싫어해서 목숨 마치는 이는 매우 얻기 어렵다.' "

붇다께서는 아난다에게 말씀하셨다.

"그렇다 그렇다. 세간 사람으로 욕심에서 뜻을 만족할 수 있는 이는 아주 적고, 욕심에서 그 걱정거리를 싫어하며 목숨 마치는 이는 아주 적다.

아난다여, 세간 사람으로 욕심에서 뜻을 만족할 수 있는 사람과 욕심에서 그 걱정거리를 싫어해서 목숨 마치는 이는 매우 얻기 어렵다.

아난다여, 세간 사람으로 욕심에서 뜻을 만족할 수 있고 욕심에서 그 걱정거리를 싫어해 목숨 마치는 이는 아주 얻기 어렵고 아주 얻기 어렵다."

만족할 줄 모르는 탐욕에 대한 아난다의 뜻을 인정하시고 과거의 본사를 말씀하심

"아난다여, 다만 세간 사람이란 욕심에서 뜻을 만족할 수 없고 욕심에서 그 걱정거리를 싫어해 물리지 않고 목숨을 마치는 이는 아주 많고 아주 많다. 왜 그런가. 옛일[本事]을 들어보자.

아난다여, 지난 옛날 왕이 있었는데, 무르다가타(Mūrdhagata, 頂生)라고 하였다. 그는 전륜왕이 되어, 총명하고 지혜로워 네 가지 군대로 온천하를 다스려 거느려서 자기의 자재함으로 말미암아 법다운 법의 왕으로서 일곱 가지 보배를 성취하였다.

수레바퀴보배 · 코끼리보배 · 말보배 · 구슬보배 · 여인보배 · 거사보배 · 군대를 관장하는 신하보배가 일곱 가지 보배이다.

천 명의 아들을 갖추어 얼굴은 단정하고 용맹스럽고 두려움이 없어, 다른 대중을 항복받을 수 있었다.

그는 반드시 온갖 땅과 나아가 큰 바다를 모두 거느릴 때 칼이나 몽둥이를 쓰지 않고, 법으로써 가르치고 명령하여 안락을 얻게 하였다.

아난다여, 그 무르다가타 왕은 뒷날 아주 오래고 먼 시간을 지나 이렇게 생각했다.

'나에게는 잠부드비파 섬이 있는데 아주 크게 부유하고 즐거우며 많은 백성이 있다. 나는 일곱 가지 보배를 가졌고 천 명의 아들을 갖추었다. 나는 궁중에서 이레 동안 보물을 비처럼 내려 무릎에 이르도록 쌓게 하고 싶다.'

아난다여, 그 무르다가타 왕에게는 큰 여의족이 있고 큰 위덕이 있으며, 큰 복이 있고 큰 위신력이 있었다. 마침 그런 마음을 내자, 곧 궁중에서 이레 동안 보물을 비처럼 내려 무릎에 이르도록 쌓였다."

무르다가타 왕이 다스리는 구역이 남방에서
동서북방의 섬까지 넓혀짐을 보이심

"아난다여, 그 무르다가타 왕은 뒷날 아주 오래고 먼 시간을 지나 다시 이렇게 생각했다.

'나에게는 잠부드비파 섬이 있어서 아주 크게 부유하고 즐거우며 많은 백성이 있다. 나는 일곱 가지 보배를 가졌고 천 명의 아들을 갖추었다. 나는 궁중에서 이레 동안 보물을 비처럼 내려 무릎에 이르도록 쌓았다. 나는 일찍 옛 사람에게 다음과 같이 들은 것을 이렇게 기억한다.

〈서방에는 아파라고다니야(Apara-godānīya)라는 섬이 있어 아주 크게 부유하고 즐거우며 많은 백성이 있다.〉

나는 이제 아파라고다니야 섬을 가보고 거기 가서 다스려 거느리겠다.'

아난다여, 그 무르다가타 왕에게는 큰 여의족이 있고 큰 위덕이 있으며, 큰 복이 있고 큰 위신력이 있었다. 마침 그런 마음을 내자, 곧 뜻대로 되는 신통[如意足]으로 허공을 타고 갔다. 네 종류 군사들도 허공을 타고 갔다.

아난다여, 그 무르다가타 왕은 곧 아파라고다니야 섬에 이르렀다.

아난다여, 그 무르다가타 왕은 거기서 머무르면서 아파라고다니야 섬을 다스리고 거느려 한량없는 백천만 세가 되었다.

아난다여, 그 무르다가타 왕은 뒷날 아주 오래고 먼 시간을 지나 다시 이렇게 생각했다.

'나에게는 잠부드비파 섬이 있어서 아주 크게 부유하고 즐거우며 많은 백성이 있다. 나는 일곱 가지 보배를 가졌고 천 명의 아들을 갖추었다. 나는 궁중에서 이레 동안 보물을 비처럼 내려 무릎에 이르도록 쌓았다. 나에게는 또한 아파라고다니야 섬이 있다.

그런데 나는 다시 일찍 옛사람에게서 이렇게 들었다.

〈동방에는 푸르바비데하(Pūrva-Videha)라는 섬이 있어, 아주 부유하고 즐거우며 많은 백성이 있다.〉

나는 이제 푸르바비데하 섬을 가보고 거기 이르러 다스려 거느리겠다.'

아난다여, 그 무르다가타 왕에게는 큰 여의족이 있고 큰 위덕이 있으며, 큰 복이 있고 큰 위신력이 있었다. 마침 그런 마음을 내자, 곧 뜻대로 되는 신통으로 허공을 타고 갔다. 네 종류 군사들도 허공을 타고 갔다.

아난다여, 그 무르다가타 왕은 곧 가서 푸르바비데하 섬에 이르렀다.

아난다여, 그 무르다가타 왕은 거기서 머무르면서 푸르바비데하 섬을 거느리고 다스려 한량없는 백천만 세가 되었다.

아난다여, 그 무르다가타 왕은 뒷날 아주 오래고 먼 시간을 지나 다시 이렇게 생각했다.

'나에게는 잠부드비파 섬이 있어서 아주 크게 부유하고 즐거우며 많은 백성이 있다. 나는 일곱 가지 보배를 가졌고 천 명의 아들을 갖추었다. 나는 궁중에서 이레 동안 보물을 비처럼 내려 무릎에 이르도록 쌓았다. 나에게는 또한 푸르바비데하라는 섬이 있다.

그런데 나는 다시 일찍 옛사람에게서 이렇게 들었다.

〈북방에는 웃타라쿠루(Uttara-kuru)라는 섬이 있어, 아주 부유하고 즐거우며 많은 백성이 있다.〉

그들은 비록 나[我]라는 생각이 없고 또한 받는 바 없지만, 나는 이제 웃타라쿠루 섬에 가보고 그곳에서 여러 권속들을 다스려 거느리겠다.'

아난다여, 그 무르다가타 왕에게는 큰 여의족이 있고 큰 위덕이 있으며, 큰 복이 있고 큰 위신력이 있었다. 마침 그런 마음을 내자, 곧 뜻대로 되는 신통으로 허공을 타고 갔다. 네 종류 군사들도 허공을 타고 갔다."

웃타라쿠루 섬의 모자람이 없고
저절로 이루어지는 생활의 풍요를 보이심

"아난다여, 그 무르다가타 왕은 멀리서 평지의 하얀 것을 보고 여러 신하들에게 말하였다.

'그대들은 웃타라쿠루의 평지의 하얀 것을 보는가.'

여러 신하들은 대답하였다.

'봅니다, 하늘왕이여.'

왕이 다시 말했다.

'그대들은 아는가. 저것은 웃타라쿠루 사람들의 저절로 된 멥쌀로써 웃타라쿠루 사람들이 늘 먹는 것이다. 그대들 또한 이 밥을 같이 먹어야 한다.'

아난다여, 그 무르다가타 왕은 다시 멀리서 웃타라쿠루 섬 가운데 몇 가지 나무들이 갖가지 비단빛으로써 깨끗하고 아름답게 꾸며져 난간 속에 있는 것을 보고 여러 신하들에게 말하였다.

'그대들은 웃타라쿠루 섬 가운데에 몇 가지 나무들이 갖가지 비단빛으로 깨끗하고 아름답게 꾸며져 난간 속에 있는 것을 보는가.'

여러 신하들이 대답했다.

'봅니다, 하늘왕이여.'

'그대들은 아는가. 이것은 웃타라쿠루 사람들의 옷나무[衣樹]로서 웃타라쿠루 사람들은 이 옷을 입는다. 그대들 또한 이 옷을 입을 것이다.'

아난다여, 그 무르다가타 왕은 곧 웃타라쿠루 섬에 이르러 그곳에 머무르면서 거느리고 다스려 한량없는 백천만 세가 되었다.

아난다여, 그 무르다가타 왕은 뒷날 아주 오래고 먼 시간을 지나 다시 이렇게 생각했다.

'나에게는 잠부드비파 섬이 있어서 아주 크게 부유하고 즐거우며 많은 백성이 있다. 나는 일곱 가지 보배를 가졌고 천 명의 아들을 갖추었다. 나는 궁중에서 이레 동안 보물을 비처럼 내려 무릎에 이르도록 쌓았다. 나에게는 다시 아파라고다니야 섬이 있고, 또한 푸르바비데하 섬이 있으며, 또한 웃타라쿠루 섬이 있다.

그런데 나는 다시 일찍이 옛사람에게서 서른세하늘이 있다고 들었다. 나는 이제 서른세하늘에 가보고 싶다.' "

네 섬의 풍요를 넘어 서른세하늘의 복덕 누림을 보이심

"아난다여, 그 무르다가타 왕에게는 큰 여의족이 있고 큰 위덕이 있으며, 큰 복이 있고 큰 위신이 있었다. 마침 그런 마음을 내자, 곧 뜻대로 되는 신통으로 허공을 타고 갔다.

네 종류 군대도 햇빛을 향하여 갔다.

아난다여, 그 무르다가타 왕은 멀리서 서른세하늘 가운데 있는 수메루 산 위가 마치 큰 구름 같은 것을 보고 여러 신하들에게 말하였다.

'그대들은 서른세하늘 가운데 있는 수메루 산 위가 마치 큰 구름 같은 것을 보는가.'

여러 신하들이 대답했다.

'봅니다, 하늘왕이여.'

왕이 다시 말했다.

'그대들은 아는가. 이것은 서른세하늘의 파아릿찻타카 나무다. 서른세하늘의 하늘사람들은 이 나무 밑에서 살면서 여름 넉 달 동안 다섯 욕망[欲]을 갖추어 스스로 즐긴다.'

아난다여, 그 무르다가타 왕은 다시 멀리서 서른세하늘 중의 수메루 산 위 남쪽 가까이 마치 큰 구름 같은 것을 보고 여러 신하들에게 말하였다.

'그대들은 서른세하늘 가운데 수메루 산 위의 남쪽 가까이 큰 구름 같은 것을 보는가.'

'봅니다, 하늘왕이여.'

왕이 다시 말했다.

'그대들은 아는가. 이것은 서른세하늘의 바른 법을 설하는 강당[正法堂]이다. 서른세하늘의 하늘사람들은 이 당 안에서 팔 일·십사 일·십오 일에 하늘을 위하고 사람을 위해 법을 생각하고 뜻을 생각한다.'

아난다여, 그 무르다가타 왕은 곧 서른세하늘로 갔다. 서른세하늘에 가 곧 법당에 들어갔다.

이에 하늘왕 인드라는 곧 무르다가타 왕에게 반 자리를 주어 앉게 하자 그 무르다가타 왕은 곧 인드라하늘의 반 자리에 앉았다.

그러자 무르다가타 왕과 인드라하늘 왕은 조금도 차별이 없었으니, 빛과 빛이 다름이 없고 빛깔과 빛깔도 다름이 없으며, 얼굴과 얼굴도 다름이 없고, 몸가짐과 예절과 또 옷가지도 다름이 없었는데, 오직 눈 깜빡임[眼瞬]만이 다를 뿐이었다."

인드라의 자리 빼앗을 탐욕을 내자
모든 복덕과 위신이 다 사라짐을 보이심

"아난다여, 그 무르다가타 왕은 뒷날 아주 오래고 먼 시간이 지나 다시 이렇게 생각했다.

'나에게는 잠부드비파 섬이 있어서 아주 크게 부유하고 즐거우며 많은 백성이 있다. 나는 일곱 가지 보배를 가졌고 천 명의 아들을 갖추었다. 나는 궁중에서 이레 동안 보물을 비처럼 내려 무릎에 이르도록 쌓았다. 나에게는 다시 아파라고다니야 섬이 있고, 또한 푸르바비데하 섬이 있으며, 또한 웃타라쿠루 섬이 있다. 나는 또 서른세하늘의 구름처럼 모인 큰 모임을 보았고, 나는 이미 여러 하늘의 법당[諸天法堂]에 들어갔으며, 또 하늘왕 인드라가 내게 반 자리를 주어 나는 이미 인드라하늘의 반 자리에 앉게 되었다. 나는 인드라하늘왕과 조금도 차별이 없어 빛과 빛[光光]이 다름이 없고 빛깔과 빛깔[色色]도 다름이 없었으며, 얼굴과 얼굴도 다름이 없고, 몸가짐과 예절과 또 옷가지도 다름이 없는데, 오직 눈 깜빡이는 것만이 다를 뿐이다.

나는 이제 차라리 하늘왕 인드라를 몰아내고 빈 자리를 빼앗아 하늘사람의 왕이 되어 스스로 자재하리라.'

아난다여, 저 무르다가타 왕이 마침 이런 생각을 내자, 자기도 모르게 잠부드비파 섬에 내려와 있으면서 어느새 뜻대로 되는 신통[如意足]을 잃고 아주 무거운 병이 생겼다."

목숨 마치며 탐욕의 경계를 채우지 못하고 덧없이 죽음을 보이심

"목숨 마치려 할 때 여러 신하들은 무르다가타 왕에게 가서 말했다.

'하늘왕이여, 만약 브라마나 · 거사 및 신하나 백성들이 저희에게 와서 무르다가타 왕은 목숨 마치려 할 때에 어떤 일을 말하였는가 묻는다면 하늘왕이여, 저희들은 어떻게 그 브라마나 · 거사 및 신하나 백성들에게 대답해야 합니까.'

때에 무르다가타 왕은 모든 신하들에게 말하였다.

'만약 브라마나 · 거사 및 신하나 백성들이 그대들에게 와서 무르다가타왕은 목숨 마치려 할 때에 어떤 일을 말하였는가 묻거든, 그대들은 이렇게 답하라.

〈무르다가타 왕은 잠부드비파 섬를 얻었지만 뜻이 다 차지 않고 목숨 마쳤다.

무르다가타 왕은 일곱 가지 보배를 얻었지만 뜻이 다 차지 않고 목숨 마쳤고, 천 명의 아들을 갖추었지만 뜻이 다 차지 않고 목숨 마쳤다.

무르다가타 왕은 이레 동안 보물을 비처럼 내렸지만 뜻이 다 차지 않고 목숨 마쳤다.

무르다가타 왕은 아파라고다니야 섬를 얻었지만 뜻이 다 차지 않고 목숨 마쳤다.

무르다가타 왕은 푸르바비데하 섬를 얻었지만 뜻이 다 차지 않고 목숨 마쳤다.

무르다가타 왕은 웃타라쿠루 섬를 얻었지만 뜻이 다 차지 않고 목숨 마쳤다.

무르다가타 왕은 여러 하늘사람들의 모임을 보았지만 뜻이 다 차지 않고 목숨 마쳤다.

무르다가타 왕은 다섯 가지 욕망의 공덕[五欲功德] 곧 빛깔 · 소리 · 냄새 · 맛 · 닿음을 두루 갖추었지만 뜻이 다 차지 않고 목숨 마쳤다.〉

만약 브라마나 · 거사 및 신하나 백성들이 그대들에게 와서 무르다가타 왕은 목숨 마치려 할 때에 어떤 일을 말하였는가 묻거든, 그대들은 이와 같이 대답하라.' "

탐욕 떠난 범행으로 위없는 보디 이룸을 보이심

이에 세존께서는 게송으로 말씀하셨다.

하늘이 묘한 보배 비처럼 내려도

탐욕 많은 이는 싫증내지 않네.
탐욕은 괴로워 즐거움 없나니
지혜로운 이들은 알아야 한다.

만약 황금을 얻어 쌓아두기를
저 큰 설산과 같다 하여도
그 모든 낱낱 것에 만족 못하니
지혜로운 이는 이렇게 생각하라.

하늘의 묘한 다섯 가지 욕망 얻어도
이 다섯 가지를 즐기지 않고
애착 끊고 탐욕에 집착 않으면
바르게 깨친 분의 제자라 하리.

이에 다시 세존께서는 말씀하셨다.

"아난다여, 옛날의 무르다가타 왕을 너는 다른 사람이라고 생각하느냐. 이런 생각을 하지 말라. 그가 곧 지금의 나인 줄 알아야 한다.

아난다여, 나는 그때에 스스로 요익하고 남을 요익하게 하며, 많은 사람을 요익하게 하고 세간을 가엾이 여기며, 하늘을 위하고 사람을 위해 뜻과 요익됨을 구하고, 안온한 즐거움을 구하였다.

그때에는 법을 설하여 마쳐 다함에 이르지 못하고, 희고 깨끗함[白淨]을 마쳐 다하지 못하고, 범행을 마쳐 다하지 못하며, 범행의 완성을 마쳐 다하지 못했다.

그때에는 남과 늙음, 병과 죽음, 울음과 근심, 슬픔을 떠나지 못하고, 또한 아직 온갖 괴로움을 벗어날 수 없었다.

아난다여, 나는 지금 세간에 나와 여래 · 집착이 없는 이 · 바르게 깨친 분 · 지혜와 행 갖춘 이 · 잘 가신 이 · 세간을 다 아시는 분 · 위없는 스승 · 법에 이끄는 이 · 하늘과 사람의 스승으로 붇다 세존이라 불린다.

나는 지금 스스로 요익하고 남을 요익하게 하며, 많은 사람을 요익하게 하고 세간을 가엾이 여기며, 하늘을 위하고 사람을 위해 뜻과 요익됨을 구하고, 안온한 즐거움을 구한다.

나는 지금 법을 설하여 마쳐 다함에 이르렀으며, 희고 깨끗함을 마쳐 다했으며, 범행을 마쳐 다했고, 범행의 완성을 마쳐 다했다.

나는 지금 남과 늙음, 병과 죽음, 울음과 근심, 슬픔을 떠나게 되었고, 나는 지금 이미 온갖 괴로움을 벗어났다."

붇다께서 이와 같이 말씀하시자, 존자 아난다와 여러 비구들은 붇다의 말씀을 듣고 기뻐하며 받들어 행하였다.

• 중아함 60 사주경(四洲經)

• 해설 •

중생의 번뇌가 실로 있지 않기[實非有] 때문에 닦아서 보디를 이룬다 해도 맞지 않고, 중생의 번뇌가 실로 없지 않아서[實非無] 중생을 중생이라 이름하므로 번뇌를 다해 지혜를 내는 행이 없이 보디를 이룬다 해도 맞지 않다. 붇다 또한 한량없는 세월 번뇌를 지혜[智]로 돌이키고, 탐욕과 애착을 자비[悲]와 큰 원(願)으로 돌이키는 해탈의 행을 닦아 위없는 보디를 성취하였다.

무르다가타 왕이 세간의 높은 전륜왕이 되어 세간의 일곱 가지 보배를 갖추고, 그 다스리는 구역을 남방의 넓은 국토에서 동서북방 더 큰 세계로 넓혀가고 하늘의 세계에 가 하늘왕과 그 자리를 나누어 앉아도, 모습이 있는 복의 세계는 모습이 있으므로 다함이 있고 모습이 있으므로 나와 내 것의 분별이 있다.

나고 사라짐이 있고 나와 내 것이 있으면 그 복은 끝내 해탈의 복이 되지 못하고 지음 없는 복이 되지 못하니, 경에서는 이 뜻을 '무르다가타 왕이 받는 복이 크고 커서 샤크라인드라 왕과 한자리에 앉았지만 인드라하늘왕의 자리를 탐내자 그 복이 떨어지고 신통의 힘마저 사라졌다'고 말한다.

여래도 지난 세상 한량없이 모습 있는 복을 지어 그 복을 누렸지만, 그 지음 있는 복이 지음 있으므로 다함이 있는 것을 알아, 지음 있는 복의 세계에 대한 탐착을 떠나 지음 없고[無作] 모습 없는[無相] 해탈의 업을 이루고, 니르바나의 모습 없는 해탈을 이루었다.

모습에 모습 없는 니르바나의 세계는 모습 없음에도 머묾 없고, 함이 없되 함 없음도 없이 중생을 위해 다함없는 복을 지어 중생을 해탈에 이끄는 복업의 세계이고 지혜의 세계이다.

모습 있는 복을 지어 묘한 보배를 비처럼 내려도, 모습 있고 구함이 있는 복의 세계는 해탈의 행이 되지 못하고, 나와 내 것이 있는 복의 세계는 한량없는 자비와 평등한 해탈의 행이 되지 못한다.

나와 내 것이 없는 한량없는 마음으로 줌이 없이 주고 거둠 없이 거두는 평등한 행이, 희고 깨끗해 물듦 없는 법[白淨法]이 되고, 스스로와 남을 함께 이익되게 하고 나와 남을 함께 니르바나에 이끄는 다함없는 행이 된다.

모습에 모습 없는 실상[無相實相] 그대로의 다함없는 보디의 행이 보디의 과덕을 이루는 것이니, 여래는 법계 그대로의 진리의 행으로 법계 그대로의 진리의 과덕을 이룬 분이다.

중생은 여래와 다름없는 법계의 진리의 공덕을 갖추었으나, 번뇌와 탐욕으로 그 막힘없고 다함없는 공덕을 스스로 가리고 스스로 막는 자이다.

그러므로 중생이 모습 취하는 집착을 버려서 지금 중생의 번뇌의 땅이 여래 공덕의 곳간[如來藏]임을 바로 믿으면, 지금 탐욕의 이 세간에서 법의 곳간[法藏]을 활짝 열어 다함없는 해탈의 공덕을 쓰리라.

『화엄경』(「세주묘엄품」)은 이 뜻을 하늘신의 해탈경계를 들어 이렇게 보인다.

중생은 어리석음에 덮이고 가려
눈 어두워 늘 나고 죽음 속에 사네.
여래께선 청정한 도를 보여주시니
이것이 수메루 산 소리신의 해탈이네.

衆生愚癡所覆障　盲暗恒居生死中
如來示以淸淨道　此須彌音之解脫

중생은 업의 미혹에 얽히고 덮이어
교만하고 방일한 마음 내달려 풀림에
여래는 그들 위해 고요한 법 설하시니
좋은 눈으로 비추어 아는 하늘신은
이를 알아 마음이 늘 기쁘도다.

衆生業惑所纏覆　憍慢放逸心馳蕩
如來爲說寂靜法　善目照知心喜慶

여래의 공덕은 사의할 수 없어서
중생으로 보는 자는 번뇌가 사라짐에
널리 세간이 안락을 얻게 하시니
움직임 없는 자재하늘이 볼 수 있네.

如來功德不思議　衆生見者煩惱滅
普使世間獲安樂　不動自在天能見

아난다여, 카샤파 붇다 때 웃타라 어린이를
다른 사람으로 보지 말라

나는 들었다, 이와 같이.

한때 붇다께서는 코살라 국에 노니셨다. 그때에 세존께서는 큰 비구들과 함께 길을 가다가 길 가운데서 빙그레 웃으셨다.

존자 아난다는 세존께서 웃으시는 것을 뵈옵고 붇다를 향해 두손 맞잡고 말씀드렸다.

"세존이시여, 어떤 인연으로 웃으십니까. 모든 붇다·여래·집착이 없는 이·바르게 깨친 분께서는 아무런 인연 없이는 끝내 함부로 웃으시지 않습니다. 그 뜻을 듣고저 합니다."

그때에 세존께서는 말씀하셨다.

"아난다여, 이 가운데서 카샤파 여래·집착이 없는 이·바르게 깨친 분께서 이 자리에 앉아 제자들을 위하여 설법하셨다."

아난다의 청으로 카샤파 붇다 때의 본사를 말씀하심

이에 아난다는 곧 그곳에 가서 빨리 자리를 펴고 두손 맞잡고 붇다를 향해 말씀드렸다.

"세존이시여, 세존께서도 여기 앉으시어 제자들을 위하여 설법해 주시길 바랍니다. 그렇게 하시면 이곳은 두 분의 여래·집착이 없는 이·바르게 깨친 분께서 행하신 곳이 되겠습니다."

그때에 세존께서는 곧 그곳에서 존자 아난다가 편 자리에 앉으셨다. 앉고 나서 말씀하셨다.

"아난다여, 이곳 가운데 카샤파 여래 · 집착이 없는 이 · 바르게 깨친 분의 강당이 있었다. 카샤파 여래 · 집착이 없는 이 · 바르게 깨친 분은 이 가운데 앉으시어 제자들을 위하여 설법하셨다."

웃타라 어린이의 벗 난디파알라의 지혜와 깨끗한 업을 말씀하심

"아난다여, 이곳에는 옛날 베발링가라는 마을이 있었는데 그곳은 아주 풍요롭고 즐거워 많은 백성이 살고 있었다.

아난다여, 그 마을에는 브라마나의 큰 장자가 있었는데, 이름을 '성냄 없는 이'[無恚]라 하였다.

그는 아주 큰 부자로써 재산은 한량이 없었고, 목축 산업은 헤아릴 수조차 없었으며, 다스리는 땅과 마을 등 갖가지를 갖추고 있었다.

브라마나의 큰 장자 '성냄 없는 이'에게는 '웃타라마나바'라는 아들이 있었는데, 부모의 사랑을 받았다. 청정하게 태어났고 나아가 칠대(七代) 동안 부모의 뒤가 끊어지지 않게 하였으며, 날 때마다 악한 일이 없었고, 널리 듣고 다 기억하여 네 가지 베다를 모두 외우고 베다의 단어 · 의례 · 음운 · 문법 · 역사 다섯 구절의 말[五句說]에 깊이 통달하였었다.

아난다여, 웃타라 어린이에게는 좋은 벗이 있었는데, 난디파알라라고 하는 도자기 기술자[陶師]였다. 그는 늘 웃타라 어린이의 사랑을 받아, 기쁘게 보아 싫증내지 않았다.

아난다여, 난디파알라 도자기 기술자는 붇다께 귀의하고 법에 귀의하고 비구상가에 귀의하여, 삼보를 의심하지 않고 괴로움과 괴로움 모아냄, 괴로움의 사라짐과 괴로움 없애는 길에 미혹하지 않았으며, 믿음을 얻어 계를 가지고 널리 들어 은혜로이 베풀고 지혜를 성취하였다.

산목숨 죽임을 떠나고 산목숨 죽임을 끊어 칼과 몽둥이를 버리고, 나와 남에 부끄러움이 있고 자비의 마음이 있어 벌레에 이르기까지 온갖 중생을 요익케 하였으니, 그는 산목숨 죽임에 그 마음을 깨끗이 하였다.

아난다여, 난디파알라 도자기 기술자는 주지 않는 것 가지기를 떠났고, 주지 않는 것을 가지기를 끊었고, 가질 만하면 가지고, 주면 갖는 것을 즐거워하였다. 늘 보시하기를 좋아하고 즐거워하여 아까워하지 않고 그 갚음을 바라지 않았으니, 그는 주지 않는 것 가짐[不與取]에서 그 마음을 깨끗이 하였다.

아난다여, 난디파알라 도자기 기술자는 범행이 아닌 것[非梵行]을 떠나고 범행이 아닌 것을 끊어, 범행을 부지런히 닦고 묘한 행[妙行]을 부지런히 힘쓰며, 청정하여 더러움이 없고, 탐욕을 떠나고 음욕을 끊었으니, 그는 범행이 아닌 것에서 그 마음을 깨끗이 하였다.

난디파알라 도자기 기술자는 거짓말을 떠나고 거짓말을 끊어, 진실[眞諦]을 말하고 진실을 즐기며, 진실에 머물러 움직이지 않고[住眞諦不移動], 온갖 것이 믿을 만하여 세상을 속이지 않았으니, 그는 거짓말에서 그 마음을 깨끗이 하였다.

아난다여, 난디파알라 도자기 기술자는 두말[兩舌]을 떠나고 두말을 끊어, 두말하지 않음을 행하여 남을 파괴하지 않았다.

여기서 듣고 저기 가서 말하여 이것을 깨뜨리지 않고, 저기서 들은 것을 여기 와서 말하여 저것을 깨뜨리지 않았다. 갈라진 것은 합하려 하고 합하면 기뻐하며, 패거리를 만들지 않고 패거리를 좋아하지 않으며 패거리를 일컫지 않았으니, 그는 두말에서 그 마음을 깨끗이 하였다.

아난다여, 난디파알라 도자기 기술자는 거친 말을 떠나고 거친 말을 끊었다. 만약 하는 말씨가 거칠고 더욱 나쁜 소리가 귀에 거슬리면 뭇 사람들이 기뻐하지 않고 뭇 사람들이 사랑하지 않아, 사람을 괴롭게 하고 안정을 얻지 못하게 한다.

이와 같은 말을 끊어 만약 그가 말하면 맑고 고르며 부드럽고 윤택하여 귀를 따르고 마음에도 들어, 기뻐할 만하고 사랑할 만하여 남을 안락하게 한다. 말과 소리가 다 같이 밝아 사람들이 두려워하지 않게 하고, 남들이 안정을 얻게 한다. 그는 이와 같은 말을 하였으니, 그는 거친 말에서 그 마음을 깨끗이 하였다.

아난다여, 난디파알라 도자기 기술자는 꾸밈말[綺語]을 떠나고 꾸밈말을 끊어, 때에 맞는 말[時說] · 참된 말[真說] · 법다운 말[法說] · 뜻의 말[義說] · 그치어 쉬는 말[止息說] · 그치어 쉼을 좋아하는 말[樂止息說]을 하며, 일이 때를 따라 알맞음을 얻고, 잘 가르치고 잘 꾸짖었으니, 그는 꾸밈말에서 그 마음을 깨끗이 하였다."

난디파알라의 깨끗한 업을 말씀한 뒤
그의 사업과 세간살이의 바른 업을 말씀하심

"아난다여, 난디파알라 도자기 기술자는 세간 살림살이[治生]의 그릇됨을 떠나고 세간 살림살이의 그릇됨을 끊어, 저울질로 속이고 말과 섬으로 속임을 버리고, 재물 받기를 버려 사람들을 얽매 묶지 않는다. 말로 되고 저울질함에서 깎기를 바라지 않고 작은 이익으로 남을 속이지 않았으니, 그는 세간 살림살이의 그릇됨에 있어서 그 마음을 깨끗이 하였다.

아난다여, 난디파알라 도자기 기술자는 과부나 어린 여인 받는 것을 떠나고 과부나 어린 여인 받기를 끊었으니, 그는 과부나 어린 여인을 받는 데에서 그 마음을 깨끗이 하였다.

난디파알라 도자기 기술자는 노비 받기를 떠나고 노비 받기를 끊었으니, 그는 노비를 받는 데에서 그 마음을 깨끗이 하였다.

아난다여, 난디파알라 도자기 기술자는 코끼리 · 말 · 소 · 염소 받기를 떠나고 코끼리 · 말 · 소 · 염소받기를 끊었으니, 그는 코끼리 · 말 · 소 · 염소를 받는 데에서 그 마음을 깨끗이 하였다.

아난다여, 난디파알라 도자기 기술자는 닭이나 돼지 받기를 떠나고 닭이나 돼지 받기를 끊었으니, 그는 닭이나 돼지를 받는 데에서 그 마음을 깨끗이 하였다.

아난다여, 난디파알라 도자기 기술자는 밭이나 가게 받기를 떠나고 밭이나 가게 받기를 끊었으니, 그는 밭이나 가게를 받는 데에서 그 마음을 깨끗이 하였다.

난디파알라 도자기 기술자는 벼나 보리나 콩 받기를 떠나고 벼나 보리나 콩 받기를 끊었으니, 그는 벼나 보리나 콩을 받는 데에서 그 마음을 깨끗이 하였다.

아난다여, 난디파알라 도자기 기술자는 술을 떠나고 술을 끊었으니, 그는 술을 마시는 데에서 그 마음을 깨끗이 하였다.

아난다여, 난디파알라 도자기 기술자는 높고 넓고 큰 평상을 떠나고 높고 넓고 큰 평상을 끊었으니, 그는 높고 넓고 큰 평상에서 그 마음을 깨끗이 하였다.

난디파알라 도자기 기술자는 꽃다발 · 구슬목걸이 · 바르는 향 · 화장품을 떠나고 꽃다발 · 구슬목걸이 · 바르는 향과 화장품을 끊었으니, 그는 꽃다발 · 구슬목걸이 · 바르는 향과 화장품에서 그 마음을 깨끗이 하였다.

난디파알라 도자기 기술자는 노래와 춤 · 기생 · 놀이구경을 떠나고 노래와 춤 · 기생 · 놀이구경을 끊었으니, 그는 노래와 춤 · 기생 · 놀이구경에서 그 마음을 깨끗이 하였다.

아난다여, 난디파알라 도자기 기술자는 빛깔내는 모습 보배[生色像寶] 받기를 떠나고 빛깔내는 모습 보배 받기를 끊었으니, 그는 빛깔내는 모습 보배 받는 데에서 그 마음을 깨끗이 하였다.

난디파알라 도자기 기술자는 한낮을 지난 먹음[過中食]을 떠나고 한낮을 지난 먹음을 끊어, 늘 하루 한 끼 먹고 밤에 먹지 않고 배울 때 먹지 않았으니, 그는 한낮을 지난 먹음에서 그 마음을 깨끗이 하였다.

아난다여, 난디파알라 도자기 기술자는 목숨 다하도록 가래를 떠나 스스로 땅을 파지도 않고 남을 시켜 파지도 않는다. 만약 물가 언덕[水岸]의 무너진 흙이나 쥐가 헤친 흙이 있으면 그것을 가져다 질그릇을 만들어 한쪽에 챙겨두고, 살 사람이 있으면 그에게 말한다.

'너희들이 만약 완두콩이나 벼나 보리나 크고 작은 마두(麻豆)나 비두나 겨자가 있거든, 그것을 쏟아 놓고 그릇은 마음대로 가져가라.'

아난다여, 난디파알라 도자기 기술자는 목숨 다하도록 부모를 공양해 모셨다. 부모는 눈이 없어 다만 사람을 쳐다만 보았으므로 공양해 모셨다."

난디파알라가 웃타라 어린이를 카샤파 여래께 이끌어줌을 보이심

"아난다여, 난디파알라 도자기 기술자는 밤을 지내고 이른 아침에, 카샤파 여래 · 집착이 없는 이 · 바르게 깨친 분에게 나아가 절하고 물러나 한쪽에 앉았다.

카샤파 여래 · 집착이 없는 이 · 바르게 깨친 분께서는 그를 위해 설법하시어 목마르듯 우러르는 마음을 내게 하고 기쁨을 성취하게 하셨다.

한량이 없는 방편으로 그를 위해 설법하여 목마르듯 우러르는 마음을 내게 하고 기쁨을 성취하게 한 뒤에는 잠자코 계셨다.

아난다여, 이에 난디파알라 도자기 기술자는 카샤파 여래 · 집착이 없는 이 · 바르게 깨친 분께서 그를 위해 설법하시어 목마르듯 우러르는 마음을 내게 하고 기쁨을 성취하게 하시자, 곧 자리에서 일어나 카샤파 여래 · 집착이 없는 이 · 바르게 깨친 분의 발에 절한 뒤 세 번 돌고 물러갔다.

그때에 웃타라 어린이는 흰 말이 끄는 수레를 타고 오백 어린이들과 함께 밤을 지내고 이른 아침에 베발링가 마을을 벗어나 일없는 곳[無事處]에 이르러, 몇 나라에서 온 제자들에게 브라마나의 경서[梵志書]를 가르쳐 읽히고자 하였다.

이에 웃타라 어린이는 멀리서 난디파알라 도자기 기술자가 오는 것을 보고 곧 그에게 물었다.

'그대는 어디서 오는가.'

난디파알라가 대답했다.

'나는 지금 카샤파 여래 · 집착이 없는 이 · 바르게 깨친 분에게 공양하고 예로써 섬기고 온다. 웃타라여, 그대도 나와 함께 카샤파 여

래 · 집착이 없는 이 · 바르게 깨친 분에게 나아가 공양하고 예로써 섬겨야 한다.'

이에 웃타라 어린이는 대답하였다.

'난디파알라여, 나는 그 까까머리 사문은 보고 싶지도 않다. 까까머리 사문은 아마 도를 얻지 못했을 것이다. 도란 얻기 어렵기 때문이다.'

이에 난디파알라 도자기 기술자는 웃타라 어린이의 머리채를 잡아 이끌어 수레에서 내리게 했다. 웃타라 어린이는 곧 이렇게 생각하였다.

'이 난디파알라 도자기 기술자는 늘 우스개를 하지 않고 미치지도 않았고 어리석지도 않은데, 지금 내 머리채를 잡아 끌었다. 반드시 까닭이 있을 것이다.'

이렇게 생각한 뒤에 말했다.

'난디파알라여, 나는 그대를 따라가겠다. 나는 그대를 따라 가겠다.'

난디파알라는 기뻐하면서 다시 말하였다.

'간다면 아주 좋을 것이다.'

이에 난디파알라 도자기 기술자는 웃타라 어린이와 함께 카샤파 여래 · 집착이 없는 이 · 바르게 깨친 분에게 나아가 절하고 물러나 한쪽에 앉았다.

난디파알라 도자기 기술자는 카샤파 여래 · 집착이 없는 이 · 바르게 깨친 분에게 말씀드렸다.

'세존이시여, 이 웃타라 어린이는 제 벗입니다. 그는 늘 나를 보고 사랑하고, 늘 기쁘게 나를 보아 싫증내지 않습니다. 그러나 그는 세존께 믿고 공경하는 마음[信敬心]이 없습니다.

세존께서 그를 위해 잘 설법하시어 그를 기쁘게 하고, 믿고 공경하는 마음을 가지게 해주시길 바랍니다.' "

카샤파 여래께서 법을 설하시자 웃타라 어린이가 집을 나와 구족계를 받음을 보이심

"이에 카샤파 여래 · 집착이 없는 이 · 바르게 깨친 분께서는, 난디파알라 도자기 기술자와 웃타라 어린이를 위해 설법하시어 목마르듯 우러르는 마음을 내게 하고 기쁨을 성취하게 하셨다.

한량이 없는 방편으로 그를 위해 설법하시어 목마르듯 우러르는 마음을 내게 하고, 기쁨을 성취하게 한 뒤에는 잠자코 계셨다.

이에 난디파알라 도자기 기술자와 웃타라 어린이는, 카샤파 여래 · 집착이 없는 이 · 바르게 깨친 분께서 그들을 위해 설법하시어 목마르듯 우러르는 마음을 내게 하고 기쁨을 성취하게 하시자, 곧 자리에서 일어나 카샤파 여래 · 집착이 없는 이 · 바르게 깨친 분의 발에 절하고 세 번 돌고 물러갔다.

이때에 웃타라 어린이는 얼마 동안 걸어가다가 난디파알라에게 물었다.

'난디파알라여, 그대는 카샤파 여래 · 집착이 없는 이 · 바르게 깨친 분으로부터 이와 같이 미묘한 법을 얻어 듣고도, 무슨 뜻으로 집에 머물러 집을 떠나 거룩한 도를 배우지 않는가.'

이에 난디파알라 도자기 기술자가 대답했다.

'웃타라여, 그대는 내가 목숨 다하도록 부모를 공양해 모시려 함을 알 것이다. 부모는 눈이 없어 다만 사람을 쳐다만 보신다. 내가 그렇게 못하는 것은 부모를 공양해 모시기 때문이다.'

이에 웃타라 어린이가 난디파알라에게 물었다.

'난디파알라여, 나도 카샤파 여래 · 집착이 없는 이 · 바르게 깨친 분을 따라 집을 나가 도를 배울 수 있고, 구족계를 받고 비구가 되어 범행(梵行)을 행할 수 있겠는가.'

이에 난디파알라 도자기 기술자와 웃타라 어린이는, 곧 거기서 다시 카샤파 여래 · 집착이 없는 이 · 바르게 깨친 분에게 나아가 절하고 물러나 한쪽에 앉았다.

난디파알라 도자기 기술자는 카샤파 여래 · 집착이 없는 이 · 바르게 깨친 분에게 말씀드렸다.

'세존이시여, 이 웃타라 어린이는 그리 멀리 가지 않다가 제게 이렇게 물었습니다.

'난디파알라여, 그대는 카샤파 여래 · 집착이 없는 이 · 바르게 깨친 분으로부터 이렇게 미묘한 법을 얻어 듣고도, 무슨 뜻으로 집에 있으면서 그것을 떠나 거룩한 도를 배우지 않는가.'

세존이시여, 제가 그에게 대답했습니다.

'나는 목숨 다하도록 부모를 공양해 모시려 함을 알 것이다. 부모는 눈이 없어 다만 사람을 쳐다만 보신다. 내가 그렇게 못하는 것은 부모를 공양해 모시기 때문이다.'

웃타라는 다시 제게 물었습니다.

'난디파알라여, 나도 카샤파 여래 · 집착이 없는 이 · 바르게 깨친 분을 따라 집을 나가 도를 배울 수 있고, 구족계를 받고 비구가 되어 범행을 행할 수 있겠는가.'

세존께서는 저 사람을 건네주시어 집을 나와 도를 배우게 하시고, 구족계를 주시어 비구가 되게 해주시길 바랍니다.'

카샤파 여래 · 집착이 없는 이 · 바르게 깨친 분께서는 난디파알라를 위하여 잠자코 그 뜻을 받아 주셨다.

이에 난디파알라 도자기 기술자는 카샤파 여래 · 집착이 없는 이 · 바르게 깨친 분께서 잠자코 받아 주시는 줄을 알고, 곧 자리에서 일어나 머리를 대 절하고 세 번 돌고 물러갔다."

카샤파 여래가 바라나시의 사슴동산으로 가시자 빔비 왕이 세존께 법을 듣고 공양함

"이에 카샤파 여래 · 집착이 없는 이 · 바르게 깨친 분께서는 난디파알라가 떠난 지 오래지 않아, 웃타라 어린이를 건네주시어 집을 나와 도를 배우게 하고 구족계를 주셨다.

집을 나와 도를 배우게 하고 구족계를 주신 뒤에 베발링가 마을에서 며칠을 함께 머무르고, 옷과 발우를 거두어 지니시고 큰 비구들과 함께 노닐어 카시국의 성읍인 바라나시로 가시고자 하였다.

점점 더 노닐어 걸어 곧 카시국의 성읍 바라나시에 이르러 바라나시의 선인이 사는 곳인 사슴동산에 노니셨다.

이때에 카시의 빔비 왕이 카샤파 여래 · 집착이 없는 이 · 바르게 깨친 분께서 카시국에 노니시면서 큰 비구들과 함께 이 바라나시의 선인이 사는 곳인 사슴동산에 오셨다는 말을 들었다.

빔비 왕은 그 말을 들은 뒤에 말몰이꾼[御者]에게 말하였다.

'너는 수레를 꾸며라. 나는 지금 카샤파 여래 · 집착이 없는 이 · 바르게 깨친 분이 계신 곳으로 가고자 한다.'

그 말몰이꾼은 왕의 분부를 받고 곧 수레를 꾸민 뒤에 돌아와 왕에게 말씀드렸다.

'이미 좋은 수레를 잘 꾸몄습니다. 하늘왕의 뜻대로 하십시오.'

이에 빔비 왕은 좋은 수레를 타고 바라나시를 나와 선인이 사는 곳인 사슴동산으로 나아갔다.

때에 빔비 왕은 멀리서 숲 사이로 카샤파 여래 · 집착이 없는 이 · 바르게 깨친 분께서 그 단정한 모습이 아름다워 마치 별 가운데 달과 같고, 빛나고 밝고 환하기 황금산과 같으며, 상호는 갖추어지고 신묘한 위엄[威神]은 산처럼 우뚝하시고 여러 아는 뿌리는 고요히 안정되어 가려 걸림이 없고, 잘 다스림을 이루어 마음 쉬어 고요함을 보았다.

그 모습을 본 뒤에 수레에서 내려 걸어서 카샤파 여래 · 집착이 없는 이 · 바르게 깨친 분이 계신 곳으로 나아가 절하고 물러나 한쪽에 앉았다.

빔비 왕이 한쪽에 앉자 카샤파 여래 · 집착이 없는 이 · 바르게 깨친 분께서는 그를 위해 설법하시어 목마르듯 우러르는 마음을 내게 하고 기쁨을 성취케 하셨다.

한량이 없는 방편으로 그를 위해 설법하시어 목마르듯 우러르는 마음을 내게 하고 기쁨을 성취케 하신 뒤에는 잠자코 머물러 계셨다.

이에 빔비 왕은, 카샤파 여래 · 집착이 없는 이 · 바르게 깨친 분께서 그를 위해 설법하시어 목마르듯 우러르는 마음을 내게 하고, 기쁨을 성취하게 하시자, 곧 자리에서 일어나 입은 옷 한 자락을 벗어 메고 두손을 맞잡고 카샤파 여래 · 집착이 없는 이 · 바르게 깨친 분에게 말씀드렸다.

'세존께서는 내일 저의 청을 받아주시길 바랍니다. 비구상가께서도 또한 받아주시길 바랍니다.'

카샤파 여래 · 집착이 없는 이 · 바르게 깨친 분께서는 빔비 왕을 위하여 잠자코 그 청을 받아 주셨다.

이에 빔비 왕은 카샤파 여래 · 집착이 없는 이 · 바르게 깨친 분께서 잠자코 그 청을 받아주시는 것을 알자, 머리를 대 절하고 세 번 돌고 물러갔다.

그는 집에 돌아가자 그 밤으로 아주 맛있고 깨끗하고 묘한 여러 가지 넉넉하고 입에 녹는 먹을거리를 장만하고, 곧 그 밤으로 모두 다 장만하여, 이른 아침에 상을 펴 놓고 청하였다.

'세존이시여, 지금 때가 되었고 먹을 것도 다 갖춰졌습니다. 세존께서는 때를 맞추어 오셔 살펴주시길 바랍니다.'

이에 카샤파 여래 · 집착이 없는 이 · 바르게 깨친 분께서는 밤을 지내고 이른 아침에, 가사를 입고 발우를 가지고, 여러 비구대중을 데리고 빔비 왕의 집으로 가셨다.

세존께서는 비구들 윗자리에 자리를 펴고 앉으셨다.

이에 빔비 왕은 붇다와 비구상가가 앉으신 것을 보자, 손수 손 씻을 물을 돌리고, 아주 맛있고 깨끗하고 묘한 갖가지 넉넉하고 입에 녹는 먹을거리를 손수 헤아려 한껏 베풀어 공양하게 하였다.

공양이 끝나자, 그릇을 거두고 손 씻을 물을 돌린 뒤에, 작은 자리를 가지고 와서 따로 앉아 법을 들었다.

빔비 왕이 앉자, 카샤파 여래 · 집착이 없는 이 · 바르게 깨친 분께서는 그를 위해 설법하시어 목마르듯 우러르는 마음을 내게 하고, 기쁨을 성취하게 하셨다. 한량없는 방편으로 그를 위해 설법하시어 목마르듯 우러르는 마음을 내게 하고, 기쁨을 성취하게 하신 뒤에 잠자코 머물러 계셨다."

빔비 왕이 세존과 상가에 안거하시도록 청하자
안거청을 물리치심을 보이심

"이에 빔비 왕은 카샤파 여래 · 집착이 없는 이 · 바르게 깨친 분께서 그를 위해 설법하시어 목마르듯 우러르는 마음을 내게 하고 기쁨을 성취하게 하시자, 곧 자리에서 일어나 입은 옷 한 자락을 벗어 메고 두손을 맞잡고 붇다를 향하여, 카샤파 여래 · 집착이 없는 이 · 바르게 깨친 분에게 말씀드렸다.

'세존께서는 이 바라나시에서 저의 여름 안거청을 받아주시길 바랍니다. 비구상가께서도 또한 받아주시길 바랍니다. 저는 세존을 위하여 방 오백과 잠자리 오백 개를 만들고, 또 이렇게 하얀 멥쌀과 같이 지니고 있는 좋은 음식과 왕이 먹는 갖가지 좋은 맛들을 베풀어 세존과 비구상가에 공양하고자 합니다.'

카샤파 여래 · 집착이 없는 이 · 바르게 깨친 분께서는 빔비 왕에게 말씀하셨다.

'그만두시오, 그만두시오. 대왕이여, 다만 내 마음이 기쁘면 그만이오.'

빔비 왕은 이렇게 두 번 세 번 두손 맞잡고 향하여, 카샤파 여래 · 집착이 없는 이 · 바르게 깨친 분에게 말씀드렸다.

'세존께서는 이 바라나시에서 저의 여름 안거청을 받아주시길 바랍니다. 비구상가께서 또한 받아주시길 바랍니다. 저는 세존을 위하여 방 오백과 잠자리 오백 개를 만들고, 또 이렇게 하얀 멥쌀과 같이 지니고 있는 좋은 음식과 왕이 먹는 갖가지 좋은 맛들을 베풀어 세존과 비구상가에 공양하고자 합니다.'

카샤파 여래 · 집착이 없는 이 · 바르게 깨친 분께서 또한 두 번 세 번 빔비 왕에게 말씀하셨다.

'그만두시오, 그만두시오. 대왕이여, 다만 내 마음이 기쁘면 그만이오.'

이에 빔비 왕은 모시고자 하는 마음을 겨우 참아내고, 카샤파 여래 · 집착이 없는 이 · 바르게 깨친 분께서 자기를 위하여 이 바라나시에서 여름 안거청을 받을 수 없다 하시고 비구상가도 그러함을 마음으로 매우 슬퍼하였다."

카샤파 여래께서 난디파알라의 범행을 빔비 왕에게 널리 말씀해주심

"이렇게 생각한 뒤에, 빔비 왕은 카샤파 여래 · 집착이 없는 이 · 바르게 깨친 분에게 말씀드렸다.

'세존이시여, 집에 있는 흰옷의 사람으로 세존을 받들어 섬기기를 저와 같이 하는 사람이 있습니까.'

카샤파 여래 · 집착이 없는 이 · 바르게 깨친 분께서는 빔비 왕에게 말씀하셨다.

'있소. 왕의 경계에 있는 베발링가 마을은 아주 풍요로워 많은 백성이 살고 있소. 대왕이여, 저 베발링가 마을에는 난디파알라라는 도자기 기술자가 있소.

난디파알라 도자기 기술자는 붇다께 귀의하고 법에 귀의하고 비구상가에 귀의하여, 삼보를 의심하지 않고 괴로움과 괴로움 모아냄, 괴로움의 사라짐과 괴로움 없애는 길에 미혹하지 않았으며, 믿음을 얻어 계를 가지고 널리 들어 은혜로이 베풀고 지혜를 성취하였소.

산목숨 죽임을 떠나고 산목숨 죽임을 끊어 칼과 몽둥이를 버리고, 나와 남에 부끄러움이 있고 자비의 마음이 있어 벌레에 이르기까지 온갖 중생을 요익케 하였으니, 그는 산목숨 죽임에 그 마음을 깨끗이 하였소.

대왕이여, 난디파알라 도자기 기술자는 주지 않는 것 가지기를 떠났고, 주지 않는 것 가지기를 끊었고, 가질 만하면 가지고, 주면 갖는 것을 즐거워하였소. 늘 보시하기를 좋아하고 즐거워하여 아까워하지 않고 그 갚음을 바라지 않았으니, 그는 주지 않는 것 가짐에서 그 마음을 깨끗이 하였소.

대왕이여, 난디파알라 도자기 기술자는 범행이 아닌 것을 떠나고 범행이 아닌 것을 끊어, 범행을 부지런히 닦고 묘한 행을 부지런히 힘쓰며, 청정하여 더러움이 없고, 탐욕을 떠나고 음욕을 끊었으니, 그는 범행이 아닌 것에서 그 마음을 깨끗이 하였소.

난디파알라 도자기 기술자는 거짓말을 떠나고 거짓말을 끊어, 진실을 말하고 진실을 즐기며, 진실에 머물러 움직이지 않고[住眞諦不移動], 온갖 것이 믿을 만하여 세상을 속이지 않았으니, 그는 거짓말에서 그 마음을 깨끗이 하였소.

대왕이여, 난디파알라 도자기 기술자는 두말을 떠나고 두말을 끊어, 두말하지 않음을 행하여 남을 파괴하지 않았소.

여기서 듣고 저기 가서 말하여 이것을 파괴하지 않고, 저기서 들은 것을 여기 와서 말하여 저것을 파괴하지 않았소. 갈라진 것은 합하려 하고 합하면 기뻐하며, 패거리를 만들지 않고 패거리를 좋아하지 않으며 패거리를 일컫지 않았으니, 그는 두말에서 그 마음을 깨끗이 하였소.

대왕이여, 난디파알라 도자기 기술자는 거친 말을 떠나고 거친 말을 끊었소. 만약 하는 말씨가 거칠고 더욱 나쁜 소리가 귀에 거슬리면 뭇 사람들이 기뻐하지 않고 뭇 사람들이 사랑하지 않아, 사람을 괴롭게 하고 안정을 얻지 못하게 하오.

이와 같은 말을 끊어 만약 그가 말하면 맑고 고르며 부드럽고 윤택하여 귀를 따르고 마음에도 들어, 기뻐할 만하고 사랑할 만하여 남을 안락하게 하오. 말과 소리가 다같이 밝아 사람들이 두려워하지 않게 하고, 남들이 안정을 얻게 하오. 그는 이와 같은 말을 하였으니, 그는 거친 말에서 그 마음을 깨끗이 하였소.

대왕이여, 난디파알라 도자기 기술자는 꾸밈말을 떠나고 꾸밈말을 끊어, 때에 맞는 말 · 참된 말 · 법다운 말 · 뜻의 말 · 그치어 쉬는 말 · 그치어 쉼을 좋아하는 말을 하며, 일이 때를 따라 알맞음을 얻고, 잘 가르치고 잘 꾸짖었으니, 그는 꾸밈말에서 그 마음을 깨끗이 하였소.

대왕이여, 난디파알라 도자기 기술자는 세간 살림살이의 그릇됨을 떠나고 세간 살림살이의 그릇됨을 끊어, 저울질로 속이고 말과 섬으로 속임을 버리고, 재물 받기를 버려 사람들을 얽매 묶지 않으며, 말로 되고 저울질함에서 깎기를 바라지 않고 작은 이익으로 남을 속이지 않았으니, 그는 세간 살림살이의 그릇됨에 있어서 그 마음을 깨끗이 하였소.

대왕이여, 난디파알라 도자기 기술자는 과부나 어린 여인 받는 것을 떠나고 과부나 어린 여인 받기를 끊었으니, 그는 과부나 어린 여인을 받는 데에서 그 마음을 깨끗이 하였소.

난디파알라 도자기 기술자는 노비 받기를 떠나고 노비 받기를 끊었으니, 그는 노비를 받는 데에서 그 마음을 깨끗이 하였소.

대왕이여, 난디파알라 도자기 기술자는 코끼리 · 말 · 소 · 염소 받기를 떠나고 코끼리 · 말 · 소 · 염소받기를 끊었으니, 그는 코끼리 · 말 · 소 · 염소를 받는 데에서 그 마음을 깨끗이 하였소.

대왕이여, 난디파알라 도자기 기술자는 닭이나 돼지 받기를 떠나고 닭이나 돼지 받기를 끊었으니, 그는 닭이나 돼지를 받는 데에서 그 마음을 깨끗이 하였소.

대왕이여, 난디파알라 도자기 기술자는 밭이나 가게 받기를 떠나고 밭이나 가게 받기를 끊었으니, 그는 밭이나 가게를 받는 데에서 그 마음을 깨끗이 하였소.

난디파알라 도자기 기술자는 벼나 보리나 콩 받기를 떠나고 벼나 보리나 콩 받기를 끊었으니, 그는 벼나 보리나 콩을 받는 데에서 그 마음을 깨끗이 하였소.

대왕이여, 난디파알라 도자기 기술자는 술을 떠나고 술을 끊었으니, 그는 술을 마시는 데에서 그 마음을 깨끗이 하였소.

대왕이여, 난디파알라 도자기 기술자는 높고 넓고 큰 평상을 떠나고 높고 넓고 큰 평상을 끊었으니, 그는 높고 넓고 큰 평상에서 그 마음을 깨끗이 하였소.

난디파알라 도자기 기술자는 꽃다발 · 구슬목걸이 · 바르는 향 · 화장품을 떠나고 꽃다발 · 구슬목걸이 · 바르는 향과 화장품을 끊었으니, 그는 꽃다발 · 구슬목걸이 · 바르는 향과 화장품에서 그 마음을 깨끗이 하였소.

난디파알라 도자기 기술자는 노래와 춤 · 기생 · 놀이구경을 떠나고 노래와 춤 · 기생 · 놀이구경을 끊었으니, 그는 노래와 춤 · 기생 · 놀이구경에서 그 마음을 깨끗이 하였소.

대왕이여, 난디파알라 도자기 기술자는 빛깔내는 모습 보배 받기를 떠나고 빛깔내는 모습 보배 받기를 끊었으니, 그는 빛깔내는 모습 보배 받는 데에서 그 마음을 깨끗이 하였소.

난디파알라 도자기 기술자는 한낮을 지난 먹음[過中食]을 떠나고 한낮을 지난 먹음을 끊어, 늘 하루 한 끼 먹고 밤에 먹지 않고 배울 때 먹지 않았으니, 그는 한낮을 지난 먹음에서 그 마음을 깨끗이 하였소.

대왕이여, 난디파알라 도자기 기술자는 목숨 다하도록 가래를 떠나 스스로 땅을 파지도 않고 남을 시켜 파지도 않소. 만약 물가 언덕[水岸]의 무너진 흙이나 쥐가 헤친 흙이 있으면 그것을 가져다 질그릇을 만들어 한쪽에 챙겨두고, 살 사람이 있으면 그에게 말하오.

〈너희들이 만약 완두콩이나 벼나 보리나 크고 작은 마두나 비두나 겨자가 있거든, 그것을 쏟아 놓고 그릇은 마음대로 가져가라.〉

대왕이여, 난디파알라 도자기 기술자는 목숨 다하도록 부모를 공양해 모셨소. 부모는 눈이 없어 다만 사람을 쳐다만 보았으므로 공양해 모셨소.' "

카샤파 여래께서 난디파알라와 같이 노닐은 일을 말씀하심

" '대왕이여, 나는 옛날 베발링가 마을에서 노닐은 일을 기억하고 있소. 대왕이여, 나는 그때 이른 아침에 가사를 입고 발우를 지니고 베발링가 마을로 들어가 밥을 빌었소. 차례로 밥을 빌다가 난디파알라 도자기 기술자의 집에 이르렀소. 그때 난디파알라는 작은 볼일로 집을 나가고 없었소.

대왕이여, 나는 난디파알라 도자기 기술자의 부모에게 말했소.

〈장로시여, 난디파알라 도자기 기술자는 지금 어디 있습니까.〉

그들은 내게 말했습니다.

〈세존이시여, 시자는 작은 볼일로 잠깐 나가고 없습니다. 잘 가신 이여, 시자는 작은 볼일로 잠깐 나가고 없습니다. 세존이시여, 조리 안에는 보리밥이 있고, 가마 안에는 콩국이 있습니다. 세존께서는 사랑하고 가엾이 여기시어 마음대로 가져다 드시길 바랍니다.〉

대왕이여, 나는 곧 웃타라쿠루의 법을 받아 곧 조리와 가마 안에 있는 국과 밥을 가지고 떠났소.

뒤에 난디파알라 도자기 기술자가 돌아와 조리 안의 밥이 적어지고 가마 안의 국이 줄어진 것을 보고 부모에게 물었소.

〈누가 국과 밥을 가져 갔습니까.〉

부모는 대답했소.

〈아들아, 오늘 카샤파 여래 · 집착이 없는 이 · 바르게 깨친 분께서 여기 와서 밥을 빌다가, 저 조리와 가마 안에 있는 국과 밥을 가져 가셨다.〉

난디파알라 도자기 기술자는 그 말을 듣고 곧 이렇게 생각했소.

〈나는 좋은 이익이 있고 큰 공덕이 있다. 카샤파 여래 · 집착이 없는 이 · 바르게 깨친 분께서 우리 집에 오시어 뜻을 따라 자재하셨다[隨意自在].〉

그는 이렇게 기뻐하여 두 발을 맺고 앉아, 마음을 쉬어 고요히 잠자코 있은 지 이레에 이르렀고, 보름 동안 큰 기쁨을 얻었소. 그 집의 부모 또한 이레 동안 큰 기쁨을 얻었소.

다시 또 대왕이여, 나는 옛날 베발링가 마을에서 노닐은 일을 기억하고 있소.

나는 그때 이른 아침에 가사를 입고 발우를 지니고 베발링가 마을에 들어가 밥을 빌었소. 차례로 밥을 빌다가 난디파알라 도자기 기술자의 집에 이르렀소.

그때 난디파알라 도자기 기술자는 작은 볼일로 집을 나가고 없었소.

대왕이여, 나는 난디파알라의 부모에게 물었소.

〈장로시여, 난디파알라 도자기 기술자는 지금 어디 있습니까.〉

그들은 내게 말했습니다.

〈세존이시여, 시자는 작은 볼일로 잠깐 나가고 없습니다. 잘 가신 이여, 시자는 작은 볼일로 잠깐 나가고 없습니다. 세존이시여, 큰 가마 안에는 멥쌀밥이 있고, 작은 가마 안에는 국이 있습니다. 세존께서는 사랑하고 가엾이 여기시어 마음대로 가져다 드시길 바랍니다.〉

대왕이여, 나는 곧 웃타라쿠루의 법을 받아 크고 작은 가마 안에 있는 국과 밥을 가지고 떠났소.

뒤에 난디파알라 도자기 기술자가 돌아와 큰 가마 안의 밥이 적어지고 작은 가마 안의 국이 줄어진 것을 보고, 부모에게 물었소.

〈누가 큰 가마 안에서 밥을 가져갔고, 작은 가마 안에서 국을 가져갔습니까.〉

부모는 대답했소.

〈아들아, 오늘 카샤파 여래 · 집착이 없는 이 · 바르게 깨친 분께서 여기 와서 밥을 빌다가, 저 크고 작은 가마 안에 있는 국과 밥을 가져가셨다.〉

난디파알라 도자기 기술자는 그 말을 듣고 이렇게 생각했소.

〈나는 좋은 이익이 있고 큰 공덕이 있다. 카샤파 여래 · 집착이 없는 이 · 바르게 깨친 분께서 우리 집에 오시어 뜻을 따라 자재하셨다.〉

그는 이렇게 기뻐하여 두 발을 맺고 앉아, 마음을 쉬어 고요히 잠자코 있은 지 이레에 이르렀고, 보름 동안 큰 기쁨을 얻었소. 그 집의 부모 또한 이레 동안 큰 기쁨을 얻었소.

다시 또 대왕이여, 나는 옛날 베발링가 마을에서 여름 안거를 받은 일을 기억하고 있소. 대왕이여, 나는 그때 새로 집을 짓고서 아직 지붕 덮지 않았었고, 난디파알라 도자기 기술자는 묵은 옹기집을 새로 덮었소.

대왕이여, 나는 시자 비구들에게 이렇게 말했소.

〈너희들은 가서 난디파알라 도자기 기술자의 묵은 옹기집을 헐고, 그것을 가지고 와서 우리 집을 덮으라.〉

시자 비구들은 곧 나의 분부를 받고 난디파알라 도자기 기술자의 집으로 가서, 묵은 옹기집을 헐어 옹기를 묶어 가지고 와서 우리 집을 덮었소.

난디파알라 도자기 기술자 부모는 묵은 옹기집을 헌다는 말을 듣고는 이렇게 물었소.

〈누가 난디파알라의 묵은 옹기집을 허는가.〉

비구들이 대답했소.

〈장로여, 우리들은 카샤파 여래 · 집착이 없는 이 · 바르게 깨친 분의 시자 비구입니다. 난디파알라 도자기 기술자의 묵은 옹기집을 헐어 옹기를 묶어 가지고 가, 카샤파 여래 · 집착이 없는 이 · 바르게 깨친 분의 집을 덮으려 합니다.〉

난디파알라 부모가 말했소.

〈여러 어진 이들이시여, 마음대로 가지고 가십시오. 아무도 말릴 사람은 없습니다.〉

뒤에 난디파알라 도자기 기술자가 집에 돌아와서, 묵은 옹기집을 헌 것을 보고 부모에게 여쭈었소.

〈누가 제 묵은 옹기집을 헐었습니까.〉

부모가 대답했소.

〈아들아, 오늘 카샤파 여래 · 집착이 없는 이 · 바르게 깨친 분의 시자 비구들이 묵은 옹기집을 헐어, 옹기를 묶어 가지고 가서 카샤파 여래 · 집착이 없는 이 · 바르게 깨친 분의 집을 덮었다.〉

난디파알라 도자기 기술자는 이 말을 듣고는 곧 이렇게 생각했소.

'나는 좋은 이익이 있고 큰 공덕이 있다. 카샤파 여래 · 집착이 없는 이 · 바르게 깨친 분께서 우리 집에서 뜻대로 자재하셨다.'

그는 이렇게 기뻐하여 두발을 맺고 앉아, 마음을 쉬어 고요히 잠자코 있은 지 이레에 이르렀고, 보름 동안에 기쁨을 얻었소. 그 집 부모 또한 이레 동안 기쁨을 얻었소.

대왕이여, 난디파알라 도자기 기술자의 묵은 옹기집은 여름 넉 달의 안거를 마치는 동안에 조금도 새는 것을 걱정하지 않았소. 왜냐하면, 붇다의 위신력을 입었기 때문이오.'"

난디파알라 도자기 기술자의 일을 들어 빔비 왕을 깨우치심

"'대왕이여, 난디파알라 도자기 기술자는 참지 못하는 일이 없고 불평하는 일이 없어, 마음에 걱정과 슬픔이 없었소. 그래서 카샤파 여래 · 집착이 없는 이 · 바르게 깨친 분께서 우리 집에서 마음대로 자재하셨다고 한 것이오.

대왕이여, 그런데 대왕은 참지 못함이 있고 못마땅함이 있어서 마음으로 크게 걱정하고 슬퍼하오. 그래서 카샤파 여래 · 집착이 없는 이 · 바르게 깨친 분께서 내 청을 받아 이 바라나시에서 여름 안거를 받지 않으시고, 비구상가도 또한 그러하다고 하는 것이오.'

이에 카샤파 여래 · 집착이 없는 이 · 바르게 깨친 분께서는 빔비 왕을 위해 설법하시어 목마르듯 우러르는 마음을 내게 하고 기쁨을 성취하게 하셨다. 한량이 없는 방편으로 그를 위해 설법하시어 목마르듯 우러르는 마음을 내게 하고, 기쁨을 성취하게 한 뒤에 자리에서 일어나 떠나셨다.

때에 빔비 왕은 카샤파 여래 · 집착이 없는 이 · 바르게 깨친 분께서 떠나신 지 오래지 않아 곧 시자에게 명령하였소.

'너희들은 오백 대 수레에 흰 멥쌀과 왕이 먹는 갖가지 좋은 맛을 가득히 싣고, 난디파알라 도자기 기술자의 집에 가서 그에게 말하라.

〈난디파알라여, 이 오백 대 수레에 흰 멥쌀과 왕이 먹는 갖가지 맛 가득 실었으니, 빔비 왕이 보내어 당신에게 주는 것이오. 사랑하고 가엾이 여기어, 당신은 이제 이것을 받아야 하오.〉'

때에 그 시자는 왕의 명령을 받은 뒤에, 오백 대 수레에 흰 멥쌀과 왕이 먹는 갖가지 맛을 가득히 싣고 난디파알라 도자기 기술자의 집에 가서 말했다.

'난디파알라여, 이 오백 대 수레에 흰 멥쌀과 왕이 먹는 갖가지 맛을 가득 실었으니, 빔비 왕이 보내어 당신에게 주는 것이오. 사랑하고 가엾이 여기어, 당신은 이제 이것을 받아야 하오.'

이때에 난디파알라 도자기 기술자는 사양해 받지 않고 시자에게 말했다.

'여러 어진 이들이여, 빔비 왕은 나라가 커서 일이 많고 쓰는 곳이 넓습니다. 나는 그렇게 알기 때문에 받지 않소.' "

아난다에게 과거세상 웃타라 어린이가 지금 세존이심을 보이심

붇다께서 아난다에게 말씀하셨다.

"어떻게 생각하느냐. 그때의 어린이 웃타라를 너는 다른 사람이라 생각하느냐. 그런 생각은 말라. 그는 곧 이 나인 줄 알아야 한다.

아난다여, 나는 그때에 스스로 요익하고 남을 요익하게 하며, 많은 사람을 요익하게 하고 세상을 가엾이 여기며, 하늘을 위하고 사람을 위하여, 해탈의 뜻과 요익을 구하고 안온한 즐거움을 구하였었다.

그러나 그때에 법을 설하여 마쳐 다함에 이르지 못하고, 희고 깨끗함[白淨]을 마쳐 다하지 못하였으며, 범행을 마쳐 다해 끝내지 못하였었다.

그때에는 남과 죽음, 늙음과 병, 울음과 걱정과 슬픔을 떠나지 못하고 온갖 괴로움을 벗어날 수 없었다.

아난다여, 나는 이제 세간에 나와, 여래 · 집착이 없는 이 · 바르게 깨친 분 · 지혜와 행을 이룬 이 · 잘 가신 이 · 세간을 잘 아시는 분 · 위없는 스승 · 잘 다루는 장부 · 하늘과 사람의 스승으로 붇다 세존이라 이름한다.

나는 지금 스스로 요익하고 남을 요익하게 하며, 많은 사람을 요익하게 하고 세상을 가엾이 여기며, 하늘을 위하고 사람을 위하여, 해탈의 뜻과 요익을 구하고 안온한 즐거움을 구한다.

나는 이제 법을 설하여 마쳐 다함에 이르렀고, 희고 깨끗함[白淨]을 마쳐 다했으며, 범행을 마쳐 다해 끝냈다.

나는 이제 남과 죽음, 늙음과 병, 울음과 걱정과 슬픔을 떠났고, 나는 이제 온갖 괴로움을 벗어나게 되었다."

붇다께서 이렇게 말씀하시자 존자 아난다와 여러 비구들은 붇다의 말씀을 듣고 기뻐하며 받들어 행하다.

• 중아함 63 비바릉기경(鞞婆陵耆經)

• 해설 •

연기법에서 온갖 결과는 원인 없는 결과가 없다. 여래의 위없는 보디의 과덕도 지혜와 자비의 인행(因行)으로 성취된 해탈의 과덕(果德)이다.

붇다 또한 중생의 번뇌의 세간에서 보디의 마음을 일으키고 갖가지 파라미타의 행을 일으켜 한량없이 길고 먼 겁 동안 해탈의 행을 닦아 해탈의 과덕을 이루었다.

중생의 번뇌가 공하지 않으면 번뇌를 돌이켜 지혜의 업을 일으킬 수 없고, 중생의 탐욕이 공하지 않으면 탐욕을 돌이켜 다함없는 보시의 행을 일으킬 수 없으며, 크나큰 서원의 행을 일으킬 수 없다.

그러므로 붇다의 인행은 닦음 없는 행이며, 붇다의 과덕은 얻음 없는 해탈의 과덕이다. 해탈의 인과가 공한 인과이므로 한량없는 오랜 겁의 인행이 지금 보디를 성취한 이때를 떠나지 않는다.

인과가 공하지만 결과는 또 원인을 떠나 결과가 없다. 곧 연기법에서 온갖 결과는 원인이 없이 나지 않지만, 그 원인 또한 조건의 도움 없이는 결과를 낼 수 없고, 결과의 성취로 인해 원인은 결과의 원인이 된다. 원인과 조건과 결과가 모두 공한 원인 · 조건 · 결과이므로, 원인과 결과가 비록 멀고 멀다 하더라도 지금 이 때를 떠나지 않는 것이며 현전하는 한 생각[現前一念]의 공성을 떠나지 않는 것이다.

붇다 또한 지난 세상 웃타라 어린이로 태어나 난디파알라라는 좋은 벗좋은 스승의 이끌어줌을 통해 카샤파 여래를 만나, 탐욕의 집을 나와 붇다의 진리의 집에 들어갔다. 그러나 해탈의 원인도 공한 원인이고 보디의 마음을 일으켜주는 해탈의 조건도 공한 조건이며, 오늘 붇다가 이룬 해탈의 과덕도 공한 과덕이니, 원인의 행으로 보디의 과덕이 있지만 인행과 과덕이 지금 한때에 있다.

지금 붇다의 과덕은 한량없는 세상 인행을 닦아 성취된 것이므로 그 뜻을 과거세상 카샤파 붇다 때의 웃타라의 행으로 보이신다. 과덕은 늘 인행의 토대가 되니, 웃타라 어린이는 이미 과덕을 이룬 카샤파 붇다의 가르침으로 보디의 마음을 내 오늘의 세존이 된 것이다.

이를 다시 말해보자. 붇다의 과덕이 공한 과덕이므로 지금 이룬 과덕이 중생의 번뇌와 탐욕의 땅을 떠나지 않고 과거세상 보디사트바의 보디의 마음 냄을 떠나지 않는다. 붇다는 비록 온갖 탐욕과 번뇌의 때를 여의고 보디를 성취하셨지만, 붇다의 보디는 중생의 탐욕의 땅을 떠남이 없이 보디의 마음을 일으키고 위없는 보디의 과덕을 이룬 것이다. 그러나 중생의 진실이 보디라 보디에도 취할 모습이 없으므로, 붇다는 중생의 고통의 땅을 버리지 않고 중생 세간에 노니시며 성문제자를 가르치고 흰옷의 제자들에게 지혜와 보시의 길을 가르친다.

다시 중생은 중생의 번뇌가 공한 번뇌이므로 이미 여래 진리의 땅에 앉아 보디의 씨앗을 뿌리고, 많이 들음과 선정과 갖가지 해탈법으로 그 씨앗을 키워 여래의 니르바나의 성에 나아가되 실로 나아감도 없고 이르른 곳도 없다.

중생은 여래 속의 중생이며 여래는 중생 속의 여래이니, 중생 또한 스스로의 진실이 여래장인 줄 믿고 보디의 땅에 나아가면 그는 이미 여래의 집에서 여래의 아들로 언약 받은 자이다.

'과거세상 웃타라가 곧 나이다'라고 말씀하신 여래의 뜻은 곧 너희들 중생이 중생 아닌 여래장인 중생임을 깨우쳐주고, 중생을 법계진리의 집안 속 중생으로 세워주는 말씀이다.

과거세상 웃타라가 지금 위없는 스승 세존이듯, 지금 번뇌와 고통 속 중생이 마이트레야의 때[彌勒時] 여래의 반자리에 함께 앉을 여래의 자손인 것이다.

지금 위없는 보디에 믿음의 마음을 일으키는 것이 곧 이미 보디 이루신 붇다로부터 미래세상의 붇다로 언약 받는 것임을, 『화엄경』(「십주품」十住

品)은 이렇게 가르친다.

과거 미래 현재의 온갖 세상에
마음 내 보디 구하는 이 끝이 없어서
시방의 국토를 가득 채우나
온갖 지혜 이루지 못할 이 없네.

過去未來現在世 發心求佛無有邊
十方國土皆充滿 莫不當成一切智

보디의 도 처음 구하는 한 생각 마음
세간의 중생과 치우치게 닦는 이들
이 마음도 오히려 알 수 없는데
하물며 그 밖의 공덕 행이겠는가.

始求佛道一念心 世間衆生及二乘
斯等尙亦不能知 何況所餘功德行

보디의 마음 낸 공덕 헤아릴 수 없어서
온갖 중생의 세계에 널리 가득하도다.
뭇 지혜가 같이 말해도 다할 수 없으니
하물며 그 밖의 묘한 행 닦음이겠는가.

發心功德不可量 充滿一切衆生界
衆智共說無能盡 何況所餘諸妙行

제2장

법의 실상 바르게 사유하여
해탈의 도에 들어가나니

"아니룻다여, 너는 여래를 좇아 다시 여덟 가지
큰 사람의 생각[八大人念]을 받고, 받은 뒤에는 곧 이렇게 생각하라.
'도는 허튼 따짐이 아니니, 허튼 따짐 떠나는 것 즐김을 따르고
허튼 따짐 행하지 않음을 따르는 것이다.
도는 허튼 따짐이 아니고 허튼 따짐 즐기는 것이 아니니,
허튼 따짐 행하지 않음으로 얻어지는 것이다.'"

여래도 삶의 진실처를 깨달음으로써 여래로 이름지어진 것이니, 여래의 법이 여래에게만 있는 것이 아니다. 여래의 법신과 여래의 보디가 지혜와 선정 갖가지 실천법을 통해 성취된 것이므로 중생 또한 여래의 가르침을 따라 다섯 쌓임의 실상을 깨달으면 중생 스스로 보디의 몸 법의 몸을 이루게 된다.

그것은 중생의 번뇌의 몸이 번뇌의 몸이 아니기 때문이니, 다섯 쌓임이 연기인 줄 모르고 그 있음이 실로 있음이라 집착하므로 중생은 집착의 몸을 이루는 것이다. 중생이 만약 다섯 쌓임이 실로 있다는 집착이 괴로움인 줄 알아 다섯 쌓임이 공하여[空] 나 없음[無我]을 알면, 다섯 쌓임은 실로 있음이 아니므로 취할 것이 없고, 취할 것이 없으면 다섯 쌓임에서 그대로 니르바나를 깨닫는다.

다섯 쌓임을 버리고 따로 여래의 몸을 구하면 그 구함이 집착의 몸을 이루는 것이고, 다섯 쌓임의 있음도 아니고 없음도 아닌 진실을 깨달으면 다섯 쌓임이 바로 보디의 몸이 된다.

그러므로 중생의 몸과 번뇌가 여래의 몸과 보디의 씨앗[菩提種]인 것이니, 중생의 몸 중생의 번뇌를 떠나 보디를 구하면 도리어 그 구하는 마음이 중생의 나고 죽음의 씨앗이 되는 것이다.

『비말라키르티수트라』에서 비말라키르티 거사는 그 뜻을 다음과 같이 말한다.

"몸 있음이 여래의 씨앗[如來種]이고 무명과 애착이 여래의 씨앗이며, 탐냄 · 성냄 · 어리석음이 씨앗이고 네 가지 뒤바뀜이 씨앗이며, 다섯 덮음이 씨앗이고 여섯 들임[六入]이 씨앗이오.

일곱 앎의 곳[七識處]이 씨앗이고 여덟 삿된 곳[八邪處]이 씨앗이며, 아홉 번뇌의 처소가 씨앗이고 열 가지 착하지 않은 길이 씨앗이오. 요점을 말하면 예순두 가지 견해[六十二見]와 온갖 번뇌가 붇다의 씨앗이오."

"왜 그렇게 말합니까."

"함이 없음[無爲]을 보아 바른 자리[正位]에 들어가버리면 위없고 바른 보디의 마음을 낼 수 없기 때문이오. 비유하면 높은 곳의 땅에서는 연꽃이 나지 않고 낮고 젖은 진흙에서 연꽃이 나는 것과 같소.

이와 같이 함이 있음[有爲] 밖에 함이 없음[無爲]을 보아 바른 지위에 들어가버리면, 끝내 붇다의 법을 내지 못하고 번뇌의 진흙 가운데라야 중생이 있어 붇다의 법[佛法]을 일으킬 뿐이오."

경의 가르침처럼 중생의 번뇌를 돌이키는 곳에 보디의 과덕이 있는 것이며, 중생의 진실을 진실대로 아는 곳이 여래의 보디인 것이니, 중생의 번뇌를 끊고 보디를 구하는 것은 머리를 끊고 살기를 구하는 것과 같다.

그러나 중생의 번뇌가 그대로 니르바나의 공덕은 아니니, 중생의 번뇌를 보디라고 관념적으로 직관하거나 공을 탐착하는 것은 보디의 길과 다르다.

번뇌는 번뇌가 아니되 번뇌 아님도 아니니 번뇌를 끊음 없이 끊어 번뇌를 보디로 돌이키는 자, 그가 바로 보디사트바(bodhisattva)이고 마하사트바(mahāsattva)인 것이다.

바른 살핌 행해야 붇다의 위없는 제자이니

나는 들었다, 이와 같이.

한때 붇다께서는 슈라바스티 국에 노니시면서 제타 숲 '외로운 이 돕는 장자의 동산'에 계셨다.

그때에 세존께서 여러 비구들에게 말씀하셨다.

"물질[色]은 덧없다[無常]. 덧없는 것은 곧 괴로움이요, 괴로움은 곧 늘 있는 신묘함[神]이 아니다.

느낌(覺) 또한 덧없다. 덧없는 것은 곧 괴로움이요, 괴로움은 곧 늘 있는 신묘함이 아니다. 모습 취함[想] 또한 덧없다. 덧없는 것은 곧 괴로움이요, 괴로움은 곧 늘 있는 신묘함이 아니다. 지어감[行] 또한 덧없다. 덧없는 것은 곧 괴로움이요, 괴로움은 곧 늘 있는 신묘함이 아니다. 앎[識] 또한 덧없다. 덧없는 것은 곧 괴로움이요, 괴로움은 곧 늘 있는 신묘함이 아니다. 이것을 물질은 덧없다, 괴로움은 곧 늘 있는 신묘함이 아니라고 하는 것이다.

많이 들은 거룩한 제자는 이와 같이 살피어[作如是觀] 일곱 실천법[七道品]을 닦아 익히어 걸림이 없는 바른 사유와 바른 생각이 있다.

그는 이와 같이 알고 이와 같이 보아 탐욕의 흐름[欲漏]에서 마음이 해탈하고, 존재의 흐름[有漏]·무명의 흐름[無明漏]에서 마음이 해탈하고, 해탈한 뒤에는 해탈한 줄을 알아, '나의 태어남은 이미 다하고 범행은 이미 서고 지을 바를 이미 이루어, 다시는 뒤의 존재 받지 않음'을 진실 그대로 안다.

만약 중생이 '아홉 가지 중생의 거처'[九衆生居] 가운데 '생각 있음도 아니고 생각 없음도 아닌 곳'이나 다른 으뜸가는 존재[餘第一有]까지라도, 그 가운데서 번뇌 다하면 이 사람이 으뜸이고 가장 빼어나며, 그가 가장 높고 묘하니, 곧 그는 세간의 아라한이다.

왜 그런가. 그 세간의 아라한은 안온한 즐거움을 얻었기 때문이다."

여래의 법의 아들 아라한과 여래의 공덕을 게송으로 보이심

이에 세존께서는 게송으로 말씀하셨다.

집착이 없는 으뜸가는 즐거움
욕심을 끊고 애욕이 없으니
길이 아만을 버리고 떠나서
무명의 그물을 찢어 깨뜨리네.

그는 움직이지 않음을 얻어
마음 가운데 더러움 없고
세간에 물들어 집착 않으니
범행으로써 샘이 없음 얻은 것이네.

다섯 쌓임의 경계 밝게 알아서
일곱 가지 착한 법을 닦아 행하신
크신 영웅이 노니신 그곳에는
온갖 두려움을 길이 떠났네.

일곱 갈래 깨달음 법의 보배 이루고
세 가지 배움 갖추어 배우면
높은 벗이라 아름답게 말하니
그가 붇다의 가장 높은 참 자식이다.

열 갈래 도를 성취하여서
크신 용은 그 마음 아주 고요하니
이 선정 세간에서 으뜸이라
그는 곧 모든 애욕이 아주 없도다.

세간 뭇 일에 움직이지 않으며
앞으로 올 존재를 해탈하여
나고 늙고 병들어 죽음을 끊고
지을 바를 이미 다 이루시어
모든 번뇌의 흐름 없애 다했네.

배울 것 없는 지혜 일으키고
맨 뒤의 끝의 몸을 얻어서
범행을 으뜸으로 갖추었으니
그 마음은 남을 의지함 없네.

위아래와 모든 곳에 이르도록
그에게는 다른 즐거움이 없어
사자처럼 외쳐 말씀하나니

세간의 위없는 붇다이시네.

붇다께서 이렇게 말씀하시니, 비구들은 붇다의 말씀을 듣고 기뻐하며 받들어 행하였다.

• 중아함 120 설무상경 (說無常經)

• 해설 •

다섯 쌓임은 연기된 것이라 공하고 공하므로 덧없는 것이니, 덧없는 것 가운데 변치않는 신묘한 것을 찾으면 여래의 보디의 길이 아니다. 연기이므로 덧없는 것은 취하면 괴로움이 되고 취하지 않으면 덧없음이 해탈의 활동이 된다. 덧없으므로 취하지 않으면 그는 존재의 진실을 깨달은 참사람으로 아홉 가지 중생의 거처 가운데 가장 높은 자가 되고 가장 빼어난 자가 되니, 그가 붇다의 참자식이고 아라한이다.

설사 '아홉 가지 중생의 거처' 가운데 가장 높은 모습 없는 하늘의 꼭대기에 이르더라도, 오름이 있고 내림이 있으며 늘어남이 있고 줄어듦이 있는 것은 참된 즐거움 무너질 수 없는 안온한 즐거움의 처소가 아니다.

존재가 있되 공한 줄 깨달아 탐욕과 존재의 흐름이 다하고 무명의 흐름이 다해야 빼어난 해탈의 사람이다. 높고 낮음이 없고 오르고 내림이 없는 참된 법을 깨친 이, 그가 세간의 크신 용 붇다의 참제자이며 세간의 높은 아라한으로 끝없이 흐르고 움직여 구르는 세간법 속에서 늘 고요함을 알아 그 흐름에 따라 흐르지 않는 사람이다.

그가 곧 크신 영웅이 노니는 곳에 따라 노니는 사람이니, 가르침을 따라 스스로 일곱 갈래 법(서른일곱 법의 일곱 과목)을 닦아 행하고 세간의 고통바다 가운데 여래를 따라 사자처럼 외쳐 여래의 법을 설하고 여래의 깃발을 높이 세울 것이다.

여래를 따라 법의 실상 바르게 사유하면 스스로 증득하나니

이와 같이 내가 들었다.

한때 붇다께서는 슈라바스티 국 제타 숲 '외로운 이 돕는 장자의 동산'에 계셨다.

그때 세존께서 여러 비구들에게 말씀하셨다.

"물질에 대하여 바르게 사유하여 물질은 덧없다고 진실 그대로 알라. 왜 그런가, 비구들이여. 물질에 대해서 바르게 사유하여 물질은 덧없다고 살펴 진실 그대로 알면, 물질에 대한 탐욕이 끊어지고, 탐욕이 끊어지면 마음이 해탈한다[心解脫] 말하기 때문이다.

이와 같이 느낌 · 모습 취함 · 지어감 · 앎에 대해서도 바르게 사유하여 그것들은 덧없다고 살펴 진실 그대로 알라. 왜 그런가 느낌 · 모습 취함 · 지어감 · 앎에 대하여 바르게 사유하여 그것들은 덧없다고 살펴 진실 그대로 알면, 그는 그것들에 대해서 탐욕이 끊어지고, 탐욕이 끊어지면 마음이 해탈한다 말하기 때문이다.

이와 같이 마음이 해탈한 사람은 만일 스스로 증득하고자 하면 곧 스스로 증득할 수 있다.

그리하여 '나의 태어남은 이미 다하고 범행은 이미 서며, 지을 바를 이미 지어 다시는 뒤의 있음 받지 않는다'는 것을 스스로 알게 된다.

이렇게 덧없음을 바르게 사유하듯, 괴로움 · 공함 · 나 아님에 대해 살핌 또한 다시 이와 같다."

때에 여러 비구들은 붇다의 말씀을 듣고 기뻐하며 받들어 행하였다.

• 잡아함 2 정사유경(正思惟經)

• 해설 •

다섯 쌓임의 진실 알아 탐욕 떠난 이가 붇다라면, 다섯 쌓임의 공한 진실을 등지고 탐욕에 물들고 모습의 장애에 가로막힌 이가 중생이다.

그러나 중생의 번뇌가 본래 공한 곳에서 헛되이 일으킨 허깨비의 번뇌이니, 중생의 번뇌가 허깨비 같은 줄 알면 곧 허깨비를 떠남이라 다섯 쌓임 가운데서 온갖 걸림과 막힘을 떠나 해탈의 법계를 살 수 있다.

여래의 보디가 중생의 진실이며 중생의 번뇌가 여래 보디의 씨앗이니, 여래와 중생을 같다고 해도 옳지 않고 여래와 중생을 다르다고 해도 옳지 않다.

뭇 인연을 빌려서 나지 않는 법이 없으니, 탐욕과 번뇌의 업이 중생을 중생이게 하고 지혜와 자비의 업이 여래를 여래이게 하는 것이다. 다만 과덕을 성취한 여래에게 세간의 진실밖에 머물 니르바나가 없으므로 여래는 니르바나에 머묾 없이 크나큰 자비로 세간 중생의 바람 채워주는 것이니, 『화엄경』(「도솔궁중게찬품」)은 그 뜻을 다음과 같이 말한다.

비유하면 있는바 온갖 법이
뭇 조건들 때문에 일어남같이
붇다를 보아도 또한 그러해
뭇 착한 업 빌려서 이룬 것이네.

譬如一切法　衆緣故生起
見佛亦復然　必假衆善業

마치 뜻 따라 이루어주는 구슬이
중생의 마음을 채워줄 수 있듯
모든 붇다의 법도 이와 같아
온갖 중생 바람 모두 채워주시네.

譬如隨意珠　能滿衆生心
諸佛法如是　悉滿一切願

「여래현상품」 또한 모습에서 모습 떠나 지혜의 눈을 뜬 이는 온갖 곳에서 연기의 진실인 붇다의 몸 볼 수 있음을 이렇게 말한다.

붇다의 몸은 실로 남이 없지만
세간에 나오심을 보여주시네.
법의 성품은 허공과 같으니
모든 붇다 그 가운데 머무시네.

佛身無有生　而能示出生
法性如虛空　諸佛於中住

머묾이 없고 또한 감이 없지만
곳곳에서 다 붇다를 뵈니.
밝은 빛 두루하지 않음 없어
그 이름 다 멀리 들리네.

無住亦無去　處處皆見佛
光明靡不周　名稱悉遠聞

다섯 쌓임에서 연기의 진실 살피면 깨달음으로 향하리

이와 같이 내가 들었다.

한때 붇다께서는 슈라바스티 국 제타 숲 '외로운 이 돕는 장자의 동산'에 계셨다.

그때 세존께서 여러 비구들에게 말씀하셨다.

"무엇이 있고, 무엇이 일어나며, 무엇에 매여 집착하고, 어디서 '나'를 보기에, 중생으로 하여금 무명에 덮이어 애착으로 그 머리를 묶고 기나긴 길을 치달려 나고 죽음에 바퀴 돌며, 나고 죽음에 흘러 굴러 본바탕[本際]에 가지 못하게 하는가."

여러 비구들은 붇다께 말씀드렸다.

"세존께서는 법의 근본이시고 법의 눈이시며 법의 의지이십니다. 잘 말씀해주셨습니다.

세존께서는 저희들을 가엾이 여기시어 그 뜻을 널리 말씀해 주시길 바랍니다. 저희 비구들은 그 말씀을 듣고서는 반드시 받아 받들어 행하겠습니다."

나 없음에서 나를 보므로 무명에 덮임을 보이심

붇다가 비구들에게 말씀했다.

"자세히 듣고 잘 사유하라. 너희들을 위해 말해주겠다.

여러 비구들이여, 물질이 있기 때문에 물질의 일이 일어나고 물질에 매이어 집착하며 물질에서 '나'를 본다. 그래서 중생으로 하여금 무명에 덮이어 애착으로 그 머리를 묶고 기나긴 길을 치달리며, 나고 죽음에 바퀴 돌며 나고 죽음에 흘러 구르게 하는 것이다.

느낌 · 모습 취함 · 지어감 · 앎에 있어서도 또한 이와 같다.

여러 비구들이여, 물질은 항상한 것인가. 덧없는 것인가."

비구들이 말씀드렸다.

"덧없습니다, 세존이시여."

붇다가 비구들에게 말씀했다.

"만약 덧없는 것이라면 그것은 괴로운 것인가."

비구들이 말씀드렸다.

"그것은 괴로운 것입니다, 세존이시여."

붇다가 비구들에게 말씀했다.

"이와 같이 비구들이여, 만약 덧없는 것이라면 그것은 괴로운 것이다.

그 괴로움이 있으므로 이 일이 일어나고 거기에 매이어 집착하며, 거기서 '나'를 본다. 그래서 중생으로 하여금 무명에 덮이어 애착으로 그 머리를 묶고 기나긴 길을 치달리며, 나고 죽음에 바퀴 돌며 나고 죽음에 흘러 구르게 하는 것이다.

느낌 · 모습 취함 · 지어감 · 앎에 있어서도 또한 이와 같다."

연기의 진리를 살펴 나와 내 것의 집착 떠나야 바른 지혜가 됨을 보이심

"그러므로 여러 비구들이여, 모든 있는 물질[諸所有色]로서 과거든 미래든 현재든, 안이든 밖이든, 거칠든 가늘든, 곱든 밉든, 멀든 가깝든, 그 온갖 것은 '나'[我]가 아니요 '나와 다름'[異我]도 아니며, 그 둘이 '서로 같이 있음'[相在]도 아니라고 하면, 이것을 바른 지혜[正慧]라 하니, 느낌 · 모습 취함 · 지어감 · 앎에 있어서도 또한 이와 같다.

이와 같이 보고 듣고 깨달아 알며, 그것에 대해 따라서 기억함과 따라서 깨달음, 따라서 살핌을 구해도 그 온갖 것은 '나'가 아니요 '나와 다름'도 아니며, 그 둘이 '서로 같이 있음'도 아니라고 하면, 이것을 바른 지혜라 한다.

만약 어떤 견해가 있어 '나도 있고 이 세간도 있으며, 이 세간에는 항상하여 변하거나 바뀌지 않는 법이 있다'고 말하더라도 그 온갖 것은 '나'가 아니요 '나와 다름'도 아니며, 그 둘이 '서로 같이 있음'도 아니라고 하면, 이것을 바른 지혜라 한다.

만약 다시 어떤 견해가 있어 '현재의 나'도 아니요 '현재의 내 것'도 아니며, '미래의 나'도 아니요 '미래의 내 것'도 아니라고 하더라도, 그 온갖 것은 '나'가 아니요 '나와 다름'도 아니며, 그 둘이 '서로 같이 있음'도 아니라고 하면, 이것을 바른 지혜라 한다."

연기된 존재에서 나와 내 것 떠나면 삼보에 대한 의심 끊고 보디로 나아감을 보이심

"만약 많이 들은 거룩한 제자들로서 이 여섯 가지 보는 곳[六見處]에서, 그것은 '나'가 아니요, '내 것'도 아니라고 살피면, 그는 붇다[佛]에 대해 여우 같은 의심을 끊고 법(法)과 상가[僧]에 대해 여우 같은 의심을 끊을 것이니, 이것을 비구라 한다.

많이 들은 거룩한 제자들이 다시 몸과 입과 뜻의 업을 지어 세 가지 나쁜 길로 나아가지 않는다면, 바로 방일하게 한다 해도 그 거룩한 제자들은 반드시 바른 깨달음으로 향하여 일곱 번 하늘과 사람을 오간 뒤에는 괴로움의 끝을 다할 것이다."

붇다께서 이 경을 말씀하시자 여러 비구들은 붇다의 말씀을 듣고 기뻐하며 받들어 행하였다.

• 잡아함 133 생사유전경(生死流轉經)

• 해설 •

붇다의 오온설에서 중생의 존재를 이루는 다섯 쌓임은 어떤 원자적 요인의 쌓임을 보인 것이 아니니, 다섯 쌓임은 어떤 한 법을 들어보아도 다른 네 법이 이미 그 안에 들어와 있다.

다섯 쌓임은 아는 활동과 알려지는 것이 서로 의지해 있음을 보이니, 앎활동은 알려지는 것을 통해 앎활동이 되고, 알려지는 것은 앎활동의 토대이면서 앎활동 자체인 알려지는 것이 된다.

지금 '나'[我]라고 말하는 존재는 스스로 있는 '나'가 아니고 다섯 쌓임이 어울려 '나'가 되므로 '나'에 나가 없고[我空], 다섯 쌓임도 서로 의지해 일어나므로 다섯 가지 법에도 실체가 없다[法空].

'나'는 저 물질법이 아니지만 물질법을 떠나지 않고, 마음법이 아니지만 마음법을 떠나지 않는다. 그러므로 물질을 '나'라고 하거나 '나와 다름'이라 하거나, '나와 나와 다름이 함께 있다'고 해도 안 된다.

다섯 쌓임에서 '나'와 '내 것'을 떠나고 실로 있음과 실로 없음을 떠나야 하니, 다섯 쌓임의 연기적 실상을 알아 존재의 있음에서 있음을 벗어나면 번뇌의 몸이 보디의 몸이 된다.

있음에 얽히면 애착의 끈으로 머리를 묶고 기나긴 길을 치달려 물든 존재의 악순환을 벗어날 길이 없다.

있음에서 있음을 벗어나면 이미 있음이 있음이 아니므로 없음에서 없음에 떨어지지 않는다. 있음이 있음 아니므로 다시 받을 뒤의 존재가 없이 나와 내 것의 집착을 떠나 니르바나의 해탈의 삶을 살게 된다.

있음에서 있음 떠나면 있음을 끊고 없음이 되거나, 함이 있음[有爲]을 버려 함이 없음[無爲]이 되는 것이 아니다.

『비말라키르티수트라』 가운데서 '함이 없음을 보아 바른 지위에 들어가 버린다'고 하는 것은, 함이 있음이 바로 공하여 함이 없음인 줄 모르고, 머물러야 할 함이 없음을 보아 아주 공한 곳에 들어가 니르바나를 삼는 것이다. 이는 마치 높은 곳에 연꽃이 나지 않음과 같아, 붇다의 씨앗이 나지 않는다.

있음을 집착하고 없음을 두려워하는 중생이 번뇌의 마음을 돌이켜 있음에서 있음을 벗어나면, 중생의 번뇌의 마음이 보디의 마음이 되는 것이고, 다섯 쌓임의 있음도 아니고 공함도 아닌 진실을 깨달으면 다섯 쌓임이 바로 붇다의 몸이고 보디의 지혜인 것이다.

다섯 쌓임으로 표현된 세간법이 나되 남이 없음[生而無生]을 알아 이루어지고 무너짐을 넘어선 이가 붇다이고, 세간법의 이루어지고 무너짐에 갇혀 사는 이가 중생인 것이니, 『화엄경』(「야마궁중게찬품」)은 이렇게 말한다.

세간은 스스로 지음도 아니고
또한 다시 남이 지은 것도 아니네.
그렇지만 그것이 이루어짐이 있고
또한 다시 무너짐이 있는 것이네.

世間非自作　亦復非他作
而其得有成　亦復得有壞

세간은 비록 이루어짐이 있고
세간은 비록 무너짐이 있지만
세간의 진실 밝게 통달한 이는
이 두 가지를 말하지 않아야 하네.

世間雖有成　世間雖有壞
了達世間者　此二不應說

세간법이 인연으로 이루어지고 무너지지만 이루어짐에 실로 이루어짐이 없고 무너짐에 실로 무너짐이 없으므로, 세간을 바르게 안 이는 이루어짐과 무너짐을 말하지 않는 것이니, 「수미정상게찬품」은 다시 이렇게 말한다.

법의 성품은 본래 청정하여
허공과 같아 모습이 없네.
온갖 것을 말할 수 없으니
지혜로운 이 이와 같이 살피네.

法性本淸淨　如空無有相
一切無能說　智者如是觀

위없는 도 바르게 깨친 이는
한 법의 청정한 도 잘 열어 보이니
정진하는 지혜의 마하사트바
한량없는 이 법 연설하도다.

正覺善開示　一法淸淨道
精進慧大士　演說無量法

여래를 따라 여덟 가지 큰 사람의 생각 닦아야 보디 이루리라

나는 들었다, 이와 같이.

한때 붇다께서는 바게수(Bhaggesu)에 노니시면서 악어산 두려운 숲[怖林]의 사슴동산에 계셨다.

그때에 존자 아니룻다는 체티수(Cetīsu)의 물가 숲속에 있었다.

그는 고요한 곳에서 좌선하며 사유하다 이렇게 생각하였다.

'도는 욕심이 없음[無欲]을 따르지 욕심이 있는 데서 얻어지는 것이 아니다. 도는 만족함을 아는 것[知足]을 따르지 싫증냄이 없는 데서 얻어지는 것이 아니다.

도는 멀리 떠남[遠離]을 따르지 모임을 즐기는 것이 아니요, 모임에 머무르는 것이 아니며, 합해 모여 어울리는 데서 얻어지는 것이 아니다.

도는 부지런히 힘씀[精進]을 따르지 게으름에서 얻어지는 것이 아니다. 도는 바른 생각[正念]을 따르지 삿된 생각[邪念]에서 얻어지는 것이 아니다.

도는 고요한 뜻[定意]을 따르지 어지러운 생각에서 얻어지는 것이 아니다. 도는 지혜(智慧)를 따르지 어리석음에서 얻어지는 것이 아니다.'

이에 세존께서는 '남의 마음을 아는 지혜'로써 아니룻다의 생각하는 바와 헤아리는 바와 행하는 바를 아셨다.

세존께서는 아신 뒤에 곧 코끼리 같은 선정[如其像定]에 드시어, 코끼리 같은 선정으로써 마치 힘센 장사[力士]가 팔을 굽혔다 펴는 사이에, 세존께서는 바게수의 악어산 두려운 숲의 사슴동산 가운데서 갑자기 사라져 체티수의 물가 숲속 가운데 있는 아니룻다 앞에 서셨다.

아니룻다의 선정의 사유가 여덟 가지 큰 사람의 생각임을 보이심

이때에 세존께서는 곧 선정에서 깨어나 존자 아니룻다를 찬탄하여 말씀하셨다.

"잘하고 있구나, 잘하고 있구나, 아니룻다여. 너는 고요한 곳에서 좌선하며 사유하다 이렇게 생각하였다.

'도는 욕심이 없는 것을 따르지 욕심이 있는 데서 얻어지는 것이 아니다. 도는 만족할 줄 아는 것을 따르지 싫증이 없는 데서 얻어지는 것이 아니다.

도는 멀리 떠남을 따르지 모임을 즐기는 것이 아니다. 모임에 머무르는 것이 아니며, 합해 모여 어울리는 데서 얻어지는 것이 아니다.

도는 부지런히 힘씀을 따르지 게으름에서 얻어지는 것이 아니다. 도는 바른 생각을 따르지 삿된 생각에서 얻어지는 것이 아니다.

도는 고요한 뜻을 따르지 어지러운 생각에서 얻어지는 것이 아니다. 도는 지혜를 따르지 어리석음에서 얻어지는 것이 아니다.'

아니룻다여, 너는 여래를 좇아 다시 여덟 가지 큰 사람의 생각[八大人念]을 받고, 받은 뒤에는 곧 이렇게 생각하라.

'도는 허튼 따짐이 아니니, 허튼 따짐 떠나는 것 즐김을 따르고 허튼 따짐 행하지 않음을 따르는 것이다.

도는 허튼 따짐이 아니고 허튼 따짐 즐기는 것이 아니니, 허튼 따짐 행하지 않음으로 얻어지는 것이다.' "

여덟 가지 큰 사람의 생각을 성취해 더욱 나아가면
현재법에서 즐겁게 살아감을 보이심

"아니룻다여, 만약 네가 이 큰 사람의 여덟 가지 생각[八念]을 성취하면 너는 탐욕[欲]을 떠나고, 악하여 착하지 않은 법을 떠나 넷째 선정을 성취하여 노닐게 될 것이다.

아니룻다여, 만약 네가 이 큰 사람의 여덟 가지 생각을 성취하고 다시 이 네 가지 더욱 오르는 마음[增上心]을 얻어 '현재법에서 즐겁게 머묾'[現法樂居, dṛṣṭa-dharma-sukha-vihāra]을 쉽게 얻으면, 왕이나 왕의 신하가 좋은 옷상자에 갖가지 옷을 가득 채워 두고, 오전에 입고자 하면 곧 내어 입고 만약 낮이나 오후에 옷을 입고자 한다면 곧 내어 입어 뜻대로 자재한 것과 같을 것이다.

아니룻다여, 너 또한 이와 같아서 '누더기 옷'[糞掃衣]을 얻어 으뜸가는 옷[第一服]을 삼고, 네 마음에 욕심이 없어 이것을 행하고 그침의 행에 머무를 것이다.

아니룻다여, 만약 네가 이 큰 사람의 여덟 가지 생각을 성취하고 다시 이 네 가지 더욱 오르는 마음을 얻어 현재법에서 즐겁게 살아감을 쉽게 얻으면, 왕이나 왕의 신하의 좋은 주방에 갖가지 깨끗하고 묘하며 달고 맛있는 음식이 있는 것과 같을 것이다.

아니룻다여, 너도 또한 이와 같아서 '항상 밥 빌기'[常行乞食]를 행함으로 으뜸가는 음식[第一饍]을 삼고, 네 마음에 욕심이 없어 이것을 행하고 그침의 행에 머물 것이다.

아니룻다여, 만약 네가 이 큰 사람의 여덟 가지 생각을 성취하고 다시 네 가지 더욱 오르는 마음을 얻어 현재법에서 즐겁게 살아감을 쉽게 얻으면, 왕이나 왕의 신하가 좋은 집이나 누각과 궁전이 있는 것과 같을 것이다.

아니룻다여, 너 또한 이와 같아서 '나무 밑을 의지해 머무름'[依樹下住]으로 으뜸가는 집[第一舍]을 삼고, 네 마음에 욕심이 없어 이것을 행하고 그침의 행에 머물 것이다.

아니룻다여, 만약 네가 이 큰 사람의 여덟 가지 생각을 성취하고 다시 네 가지 더욱 오르는 마음을 얻어 현재법에서 즐겁게 살아감을 쉽게 얻으면, 왕이나 왕의 신하가 좋은 평상에 털담요·털자리를 펴고 비단이불과 속이불을 몸에 덮고 가릉가파화라(加陵伽波和邏)와 파차시타라나[波遮悉多羅那]자실화라는 두 머리 베개에 몸을 편안히 하는 것과 같다.

아니룻다여, 너 또한 이와 같아서 풀자리와 나뭇잎 자리[草座葉座]를 으뜸가는 자리[第一座]로 삼고, 네 마음에 욕심이 없어 이것을 행하고 그침의 행에 머물 것이다.

아니룻다여, 만약 네가 이 큰 사람의 여덟 가지 생각을 성취하고 다시 이 네 가지 더욱 오르는 마음을 얻어 현재법에서 즐겁게 살아감을 쉽게 얻으면, 이렇게 하여 네가 만약 동방에서 노닐면 반드시 안락을 얻어 갖가지 괴로움과 근심이 없을 것이요, 만약 남방·서방·북방에서 노닐면 반드시 안락을 얻어 갖가지 괴로움과 근심이 없을 것이다.

아니룻다여, 만약 네가 이 큰 사람의 여덟 가지 생각을 얻고 다시 이 네 가지 더욱 오르는 마음을 얻어 현재법에서 즐겁게 살아감을 쉽게 얻으면, 나는 오히려 네가 여러 착한 법[諸善法]에 그냥 머물러 있다고도 말하지 않는데, 하물며 시들어 물러선다고 말하겠는가.

다만 밤낮으로 착한 법을 늘리고 길러[增長] 시들어 물러서지 않을 것이다.

아니룻다여, 만약 네가 이 큰 사람의 여덟 가지 생각을 성취하고 다시 이 네 가지 더욱 오르는 마음을 얻어 현재법에서 즐겁게 살아감을 쉽게 얻으면, 너는 두 과덕[果]에서 반드시 그 하나를 얻을 것이니, 현세에서 마쳐 다한 지혜[究竟智]를 얻고, 다시 남음이 있으면 아나가민을 얻을 것이다.

아니룻다여, 너는 이 큰 사람의 여덟 가지 생각을 성취하고 또한 이 네 가지 더욱 오르는 마음을 성취하여 현재법에서 즐겁게 살아감[現法樂居]을 어려움 없이 쉽게 얻을 것이다.

그렇게 한 뒤에 체티수의 물가 숲속 안에서 여름 안거를 받아라."

그때에 세존께서는 존자 아니룻다를 위해 설법하시어, 목마르듯 우러르는 마음을 내게 하고 기쁨을 성취하게 하셨다.

한량이 없는 방편으로 그를 위해 설법하시어, 목마르듯 우러르는 마음을 내게 하고 기쁨을 성취하게 하셨다.

그런 뒤에 코끼리 같은 선정에 들어 코끼리 같은 선정으로써 마치 힘센 장사가 팔을 굽혔다 펴는 것 같은 동안에 체티수의 물가 숲속 안에서 갑자기 사라져 보이지 않으시더니, 체티수의 악어산 '두려운 숲'의 사슴동산 가운데 머무르셨다.

다시 아난다에게 분부하여 여러 대중을 모아
여덟 가지 큰 사람의 생각을 말씀하심

그때에 존자 아난다는 털이[拂子]를 잡고 붇다를 모시고 있었다.

이에 세존께서는 선정에서 깨어 돌아보시고 말씀하셨다.

"만약 악어산 두려운 숲의 사슴동산 가운데 노니는 비구가 있거든 그 온갖 대중을 다 강당에 모이게 하고, 강당에 모인 뒤에는 돌아와서 내게 알려라."

존자 아난다는 붇다의 분부를 받은 뒤에 머리를 대 발에 절하고 곧 가서 분부를 내려, 악어산 두려운 숲의 사슴동산 중에 노니는 여러 비구들을 모두다 강당에 모이게 하고, 강당에 모인 뒤 붇다 계신 곳에 가 머리를 대 발에 절하고 물러나 한쪽에 서서 말씀드렸다.

"세존이시여, 비구로서 악어산 두려운 숲의 사슴동산 가운데 노니는 자는 이미 다 강당에 모이게 하였습니다. 세존께서는 때를 아시길 바랍니다."

이에 세존께서는 존자 아난다를 데리고 강당으로 나가시어 비구 대중 앞에 자리를 펴고 앉으셨다. 앉고서는 말씀하셨다.

"여러 비구들이여, 나는 지금 너희들을 위하여 큰 사람의 여덟 가지 생각[八念]을 말하겠다. 너희들은 자세히 듣고 잘 사유해 생각하라."

때에 비구들이 분부를 받아들이니, 붇다께서는 말씀하셨다.

"큰 사람의 여덟 가지 생각이란 곧 다음과 같다.

첫째, 도는 욕심이 없는 것을 따르지 욕심이 있는 데서 얻어지는 것이 아니다.

둘째, 도는 만족할 줄 아는 것을 따르지 싫증이 없는 데서 얻어지는 것이 아니다.

셋째, 도는 멀리 떠남을 따르지 모임을 즐기는 것이 아니요, 모임에 머무르는 것이 아니며, 합해 모여 어울리는 데서 얻어지는 것이 아니다.

넷째, 도는 부지런히 힘씀을 따르지 게으름에서 얻어지는 것이 아니다.

다섯째, 도는 바른 생각을 따르지 삿된 생각에서 얻어지는 것이 아니다.

여섯째, 도는 고요한 뜻을 따르지 어지러운 생각에서 얻어지는 것이 아니다.

일곱째, 도는 지혜를 따르지 어리석음에서 얻어지는 것이 아니다.

여덟째, 도는 허튼 따짐[戱論]이 아니니, 허튼 따짐 떠나는 것을 즐김과 허튼 따짐 행하지 않음을 따르는 것이다. 도는 허튼 따짐이 아니고 허튼 따짐 즐김이 아니니, 허튼 따짐 행하지 않음으로 얻어지는 것이다."

비구대중에게 여덟 가지 생각을 다시 갖추어 보이심

"어떤 것을 도는 욕심이 없음을 따르고 욕심이 있는 데서 얻어지는 것이 아니라고 하는가.

곧 비구가 욕심이 없게 되면 스스로 욕심이 없게 된 줄을 알고, 남으로 하여금 내가 욕심이 없는 것을 알게 하지 않는 것이다.

만족함을 알게 되고 멀리 떠나게 되며, 부지런히 힘쓰게 되고 바른 생각을 가지게 되며, 선정의 뜻을 가지게 되고 지혜를 얻어 허튼 논란 않게 되면 스스로 허튼 논란 않게 됨을 알게 되고, 남으로 하여금 내가 욕심이 없는 것을 알게 하려고 하지 않는다. 이것을 도는 욕심이 없음을 따르지 욕심이 있는 데서 얻어지는 것이 아니라고 한다.

어떤 것을 도는 만족함을 아는 것을 따르고 싫증냄이 없는 데서 얻어지는 것이 아니라고 하는가.

곧 비구는 만족할 줄 알아 옷[衣]은 몸을 가리기 위하여 가지고, 밥은 몸의 힘을 채우기 위하여[充軀] 먹는다. 이것을 도는 만족함을 아는 것을 따르지 싫증냄이 없는 데서 얻어지는 것이 아니라고 한다.

어떤 것을 도는 멀리 떠남을 따르고 모임을 즐기는 것이 아니라, 모임에 머무르지 않으며, 모임에 어울리는 것도 아니라고 하는가.

곧 비구는 멀리 떠남을 행하되 두 가지가 멀리 떠남을 성취하여 몸과 마음이 함께 멀리 떠난다. 이것을 도는 멀리 떠남을 따르고 모임을 즐기는 것이 아니라, 모임에 머무르지 않으며, 모임에 어울리는 것이 아니라고 한다.

어떤 것을 도는 부지런히 힘씀을 따르고 게으름에서 얻어지는 것이 아니라고 하는가.

곧 비구는 언제나 정진을 행하여 악해 착하지 않음을 끊고, 모든 착한 법을 닦아 늘 스스로 뜻을 일으켜 '하나에 오롯이 함이 굳세어' [專一堅固] 모든 착함의 근본을 위하여 방편을 버리지 않는다. 이것을 도는 부지런히 힘씀을 따르고 게으름에서 얻어지는 것이 아니라고 한다.

어떤 것을 도는 바른 생각을 따르고 삿된 생각에서 얻어지는 것이 아니라고 하는가.

곧 비구들은 안 몸을 안 몸 그대로, 안의 느낌 · 안의 마음 · 안의 법 등을 안의 법 등 그대로 살핀다. 이것을 도는 바른 생각을 따르고 삿된 생각에서 얻어지는 것이 아니라고 한다.

어떤 것을 도는 선정의 뜻을 따르고 어지러운 뜻에서 얻어지는 것이 아니라고 하는가.

곧 비구는 욕심을 떠나고, 악하여 착하지 않은 법을 떠나 넷째 선정을 성취하여 노닐게 된다. 이것을 도는 선정의 뜻을 따르고 어지러운 뜻에서 얻어지는 것이 아니라고 한다.

어떤 것을 도는 지혜를 따르고 어리석음에서 얻어지는 것이 아니라고 하는가.

곧 비구는 지혜를 닦아 일어나고 시드는 법을 살피어, 이와 같은 지혜를 얻어 거룩한 지혜를 밝게 통달하고 분별하고 환히 알아 바로 괴로움을 다한다. 이것을 도는 지혜를 따르고 어리석음에서 얻어지는 것이 아니라고 한다.

어떤 것을 도는 허튼 따짐이 아님[不戲]을 따르고 허튼 따짐 아닌 것을 즐기고 허튼 따짐 행하지 않음을 따르는 것이라 하는가.

곧 비구의 뜻은 늘 허튼 따짐을 없애고 '남음 없는 니르바나'에 즐거이 머물고, 마음이 늘 기쁨과 뜻이 풀림에 즐겁게 머문다. 이것을 도는 허튼 따짐이 아님과 허튼 따짐 떠나는 것 즐김을 따르며, 허튼 따짐 행하지 않음을 따르며, 허튼 따짐과 허튼 따짐 즐김과 허튼 따짐 행함에서 얻어지는 것이 아니라고 한다."

세존께서 아니룻다가 이 여덟 가지 생각 성취하여 안거함을 말씀하시고 아라한이 될 것을 언약하심

"여러 비구들이여, 아니룻다 비구는 이 큰 사람의 여덟 가지 생각을 성취한 뒤에 체티수의 물가 숲 가운데서 여름 안거를 받는다.

내가 이것으로써 가르치니 그는 '멀리 떠나 홀로 머물며'[遠離獨住] 마음에 방일함이 없이 닦아 행하고 부지런히 힘썼다.

그는 멀리 떠나 홀로 머물며 마음에 방일함이 없이 닦아 행하고 부지런히 힘쓴 뒤에, 빼어난 종족의 사람이 하는 일 곧 수염과 머리를 깎고 가사를 입고, 지극한 믿음으로 집을 버리고 집이 없이 도를 배움으로 오직 위없는 범행을 마쳤다.

그리하여 그는 현재의 법에서 스스로 알고 스스로 깨달으며 스스로 증득하고 성취하여 노닐 것이요, 태어남이 이미 다하고 범행이 이미 서고, 지을 바를 이미 지어 다시는 뒤의 존재 받지 않음을 진실 그대로 알 것이다."

이때에 존자 아니룻다는 아라한을 얻어 마음이 바로 해탈하고 높은 장로가 되었다.

아라한이 된 아니룻다가 세존을 찬탄함

그때 아니룻다는 이렇게 게송으로 말했다.

나의 생각함을 멀리서 아시고
위없는 세간의 스승께서는
몸과 마음 바로 선정에 드시어
허공을 타고 갑자기 여기 오셨네.

내 마음이 생각한 바와 같이
나를 위해 바른 생각 말씀하시고
다시 한참 머물러 지내셨네.

모든 붇다는 허튼 따짐 즐기지 않고
온갖 허튼 따짐 멀리 여의시어
이미 그 행 따라 법을 아시사
바른 법 가운데 즐거이 머무시며
사마디를 모두 얻어 통달하셨고
붇다의 법을 지어 이미 이루셨네.

나는 죽음도 즐거워하지 않고
또한 태어남도 바라지 않으며
때를 따라 맞는 바에 맡기어
바른 생각과 바른 지혜 세웠네.

바이살리의 대숲 가운데
나의 목숨 그곳에서 다하리니
반드시 대숲 그 아래서
남음 없이 온전한 니르바나 들리.

붇다께서 이렇게 말씀하시니, 존자 아니룻다와 여러 비구들은 붇다의 말씀을 듣고 기뻐하며 받들어 행하였다.

• 중아함 74 팔념경(八念經)

• 해설 •

바른 인식의 눈[智目]과 실천의 발[行足]이 함께해야 이르러야 할 니르바나의 성에 이르를 수 있다. 인식의 눈만 있고 실천의 발이 없으면 진리를 관념적으로 직관할 뿐 해탈의 땅에 이를 수 없고, 실천의 발만 있고 인식의 눈이 없으면 부지런히 정진하고 닦아 행하되 삿된 선정 삿된 행에 집착해 마라의 경계에 붙잡히게 될 것이다.

그러므로 여래는 아니룻다에게 큰 사람의 여덟 가지 생각을 받은 뒤에 사유하여 그 여덟 가지 생각을 주체화해 더욱 앞으로 나아가며 현재법에서 즐겁게 머물며 생활해 현재법에서 마쳐 다한 지혜를 얻고 아라한의 과덕 얻게 하신다.

여덟 가지 생각은 두타행 · 아란야행 · 사마디행이 하나된 큰 사람의 바른 생각이다. 여덟 가지 생각이 중생을 마하사트바가 되게 하고 보디사트바가 되게 하니, 경은 이 여덟 가지 생각을 큰 사람[大人]의 바른 생각이라 가르친다.

이 여덟 가지 생각이 해탈의 원인이 되어 해탈의 과덕을 일으키니, 마치 왕이 마음대로 옷상자의 옷을 꺼내서 입고 음식 곳간의 먹을거리를 마음대로 꺼내 먹는 것과 같다.

여덟 가지 생각은 생각에 생각 없고[無念] 가짐 없으며[無得] 구함 없고[無求] 나고 사라짐 없는[無生滅] 행이다.

아니룻다는 여덟 가지 큰사람의 생각을 잘 받아 지녀 물러섬이 없이 현재법에 즐겁게 머무니, 그는 늘 밥을 빌어 살아가며 가짐 없고 구함 없는 깨끗한 행을 짓는다. 그는 나무 밑 풀자리에 앉아서도 욕심 없고 누더기 옷을 입고 사방에 자유롭게 노닐어 다니되 걸림 없으며, 풀자리와 나뭇잎자리에 앉아서도 왕이 비단이불 덮듯 넉넉하고 늘 고요하며, 나고 사라짐 떠나 현재법에서 늘 안락함에 머문다.

아니룻다는 참으로 여덟 가지 생각 이미 갖춘 아라한의 현성으로 니르바나의 성에 잘 머물러 여래의 참된 교화를 잘 도와 드날리는 사람이다.

아니룻다의 아란야행과 두타행을 찬탄하시고 아난다에게 분부하시어 악어산 두려운 숲속 대중을 모아 여덟 가지 큰 사람의 생각을 다시 보이시니, 한 사람의 법이 온갖 사람의 법이고 한 중생의 삶 속에서 밝혀진 진실이 여러 중생의 법이기 때문이다.

여덟 가지 생각 가운데 욕심 없음과 만족함을 아는 것은 두타행이고, 고요한 곳에 홀로 머물러 멀리 떠남을 따르는 것은 아란야행이다.

또 게으름 떠나 정진을 따르고 삿된 생각 떠나 바른 생각 따르며, 어지러운 뜻 떠나 선정의 뜻 따르며, 어리석음 떠나 지혜를 따르며, 허튼 따짐 떠나 진실을 따르는 것은 곧 지혜와 선정의 행이다.

두타(dhūta)의 행과 아란야(araṇya)의 행, 선정[dhyāna]과 지혜[prajñā]의 행을 내놓고 사문의 뜻이 없고 사문의 법이 없으며 아라한의 길이 없으니, 여래를 따라 이 여덟 가지 생각 바르게 닦아가는 아니룻다는 끝내 아라한을 이루고 스스로 증험한 아라한의 도와 여래를 찬탄한다.

아라한의 도를 이룬 이가 곧 큰 사람이고 큰 중생이며 깨친 중생이니, 마하사트바 아니룻다는 있음[有]에서 있음을 떠났으므로 있음을 붙잡지 않고, 없음이 없음 아닌 줄 알아 없음의 허무에 빠지지 않는다.

그는 남[生]에 남이 없음[無生]을 알므로 태어남을 버리지 않고, 죽음이 죽음 아닌 줄 알므로 죽음의 공허와 망각을 두려워하지 않는다.

남이 없고 죽음 없는 자, 그가 파리니르바나의 사람이고 여래의 진리의 아들이니, 바이살리 대나무 숲속 거룩한 이 아니룻다의 니르바나의 처소에 스투파를 세워 길이 세간의 복밭이 되게 해야 하리라.

비구들이여, 여래를 따라
집착 없는 참사람의 길을 걸으라

나는 들었다, 이와 같이.

한때 붇다께서는 라자그리하 성에 노니시면서 칼란다카 대나무 동산에 계셨다.

그때에 세존께서는 여러 비구들에게 말씀하셨다.

"옛날 전륜왕은 구슬보배[珠寶]를 시험해보려고 하였을 때, 네 군대[軍] 곧 코끼리군대 · 말군대 · 수레군대 · 걷는 군대를 모았다.

네 군대를 모은 뒤에 밤 어두움 가운데 높은 깃발을 세워 구슬을 그 위에 두고 동산으로 나가니, 구슬빛이 밝게 네 군대를 비추었다.

밝음이 미치는 곳은 사방 반 요자나였다.

그때에 어떤 브라마나는 이렇게 생각했다.

'나는 이제 차라리 전륜왕과 네 군대를 가서 보고 유리구슬을 살펴보리라.'

그때에 브라마나는 다시 이렇게 생각하였다.

'전륜왕과 네 군대를 보고 유리구슬을 살피는 것은 두어두고 나는 차라리 저 숲속으로 가야겠다.'"

전륜왕의 보배를 보게 된 브라마나가 숲속에서 일곱 짐승을 봄

"이에 브라마나가 곧 숲속으로 들어가 한 나무 밑에 이르러 앉은 지 오래지 않아 한 수달이 왔다.

브라마나는 그를 보고 물었다.

'잘 왔다, 수달아. 너는 어디서 와서 어디로 가려고 하느냐.'

수달이 대답했다.

'브라마나시여, 이 못은 본래는 맑은 물이 가득 차 넘쳤고, 연뿌리도 많았고 꽃도 많았으며, 물고기와 거북이 그 속에 가득 있어 내가 옛날 살던 곳인데, 지금은 말라 있습니다.

브라마나시여, 아셔야 합니다. 나는 이곳을 버리고 큰 강물로 가려고 합니다. 나는 지금 가고자 하지만 다만 사람들이 두렵습니다.'

때에 저 수달은 브마라나와 함께 이것을 의논한 뒤에 곧 버리고 가고 브라마나는 그대로 앉아 있었다.

다시 올빼미새[究暮鳥]가 왔다.

브라마나는 그를 보고 물었다.

'잘 왔다, 올빼미새야. 너는 어디서 와서 어디로 가려고 하느냐.'

올빼미새가 대답했다.

'이 못은 본래는 맑은 물이 가득 차 넘쳤고, 연뿌리도 많았고 꽃도 많았으며, 물고기와 거북이 그 속에 가득 있어 내가 옛날 살던 곳인데, 지금은 말라 있습니다.

브라마나시여, 아셔야 합니다. 나는 이곳을 버리고 저 죽은 소 송장 무더기를 의지하여 깃들거나, 죽은 나귀를 의지하거나 죽은 사람 송장 무더기를 의지하여 깃들고자 합니다. 나는 지금 가고자 하지만 다만 사람들이 두렵습니다.'

저 올빼미새도 이 브마라나와 함께 이것을 의논한 뒤에 곧 버리고 가고 브라마나는 그대로 앉아 있었다.

다시 독수리가 왔다. 브라마나는 그를 보고 물었다.

'잘 왔다, 독수리야. 너는 어디서 와서 어디로 가려고 하느냐.'

독수리가 대답했다.

'브라마나시여, 나는 큰 무덤에서 다시 큰 무덤으로 가 시체를 해치고 옵니다. 나는 지금 죽은 코끼리 고기나 죽은 말, 죽은 소, 죽은 사람의 고기를 먹고자 합니다. 나는 지금 가고자 하지만 다만 사람들이 두렵습니다.'

때에 저 독수리는 이 브마라나와 함께 이것을 의논한 뒤에 곧 버리고 가고 브라마나는 그대로 앉아 있었다.

다시 '뱉은 것을 먹는 새'[食吐鳥]가 왔다. 브라마나는 그를 보고 곧 물었다.

'잘 왔다, 뱉은 것을 먹는 새야, 너는 어디서 와서 어디로 가려고 하느냐.'

뱉은 것을 먹는 새가 대답했다.

'브라마나시여, 당신은 아까 독수리가 가는 것을 보았습니까. 나는 그가 뱉은 것을 먹습니다. 나는 지금 가고자 하지만 다만 사람들이 두렵습니다.'

저 뱉은 것을 먹는 새도 이 브마라나와 함께 이것을 의논한 뒤에 곧 버리고 가고 브라마나는 그대로 앉아 있었다.

다시 승냥이[豺]가 왔다. 브라마나는 그를 보고 물었다.

'잘 왔다, 승냥이야. 너는 어디서 와서 어디로 가려고 하느냐.'

승냥이가 대답했다.

'나는 깊은 개울가에서 깊은 개울로 가고, 풀덤불에서 우거진 풀덤불로 가고, 외진 고요한 곳에서 외진 고요한 곳으로 갔다가 옵니다. 나는 지금 죽은 코끼리 고기와 죽은 말 · 죽은 소 · 죽은 사람 고

기를 먹고자 합니다. 나는 지금 가고자 하지만 다만 사람들이 두렵습니다.'

때에 저 승냥이는 이 브마라나와 함께 이것을 의논한 뒤에 곧 버리고 가고 브라마나는 그대로 앉아 있었다.

다시 까마귀[烏鳥]가 왔다. 브라마나는 그를 보고 물었다.

'잘 왔다, 까마귀야. 너는 어디서 와서 어디로 가려고 하느냐.'

까마귀가 대답했다

'브라마나시여, 그대는 낯짝 두껍고 어리석고 미쳤으면서 어떻게 내게, 〈너는 어디서 와서 어디로 가려느냐〉고 묻소.'

그때에 까마귀는 브라마나를 얼굴 맞대 꾸짖고는 버리고 가고 브라마나는 그대로 앉아 있었다.

다시 원숭이[狌狌]가 왔다. 브라마나는 그것을 보고 곧 물었다.

'잘 왔다, 원숭이야. 너는 어디서 와서 어디로 가려고 하느냐.'

원숭이가 대답했다.

'브라마나시여, 나는 동산에서 동산으로 가고, 집에서 집으로 가며, 숲에서 숲으로 가 맑은 샘물을 마시고 좋은 과일을 먹고 옵니다.

나는 이제 어디나 가고자 하고 또 사람들이 두렵지도 않습니다.'

저 원숭이는 이 브라마나와 이것을 의논한 뒤에 버리고 갔다."

일곱 짐승 비유로 비구의 행을 보이심

붇다께서 여러 비구에게 말씀하셨다.

"나는 이 비유를 말하여 그 뜻을 알게 하고자 한다. 너희들은 이 말에는 뜻이 있음을 반드시 알아야 한다."

수달의 비유를 풀이하여 그릇된 비구행을 보이심

"'때에 저 수달이 이 브마라나와 이것을 의논한 뒤에 곧 버리고 갔다'고 내가 이 비유를 말한 데에는 무슨 뜻이 있는가.

어떤 비구가 마을과 성읍을 의지하여 다니는 것과 같다.

비구는 이른 아침에 가사를 입고 발우를 가지고 마을로 들어가 밥을 빌 때에, 몸을 보살피지 않고 여러 아는 뿌리를 지키지 않으며, 바른 생각을 세우지도 않고서[不立正念] 그는 법을 설해 '붇다의 말씀이다'라고 하고, '성문의 말씀이다'라고 하여 그것으로 인하여 의복·음식·잠자리·탕약 따위의 여러 생활도구를 얻는다.

그는 그 이익됨을 얻고서 물들고 집착하고 걸리고 의지하여 재앙과 걱정거리를 보지 못하고, 그것을 버리지 못하여 뜻을 따라 받아 쓴다.

그 비구는 나쁜 계를 행하고 나쁜 법을 성취하여, 그 맨 끝에 가서는 썩어 사라짐을 낸다.

그는 범행이 아닌 것을 범행이라 일컫고, 사문이 아니면서 사문이라 일컬으니, 마치 브라마나가 수달을 보고 '잘 왔다, 수달아. 너는 어디서 와서 어디로 가려고 하느냐'고 물을 때에 수달이 다음과 같이 대답하는 것과 같다.

'브라마나시여, 이 못은 본래는 맑은 물이 가득 차 넘쳤고, 연뿌리도 많았고 꽃도 많았으며, 물고기와 거북이 그 속에 가득 있어 내가 옛날 살던 곳인데, 지금은 말라 있습니다.

브라마나시여, 아셔야 합니다. 나는 이곳을 버리고 큰 강물로 가려고 합니다. 나는 지금 가고자 하지만 다만 사람들이 두렵습니다.'

내가 말하는 비구 또한 이와 같다.

악하여 착하지 않은 더러운 법 가운데 들어가는 것은, 미래의 존재의 근본[有本]과 번뇌의 뜨거움과 괴로움의 갚음과 나고 늙고 병들어 죽음의 원인이 된다.

그러니 비구는 수달과 같이 행동하지 말라.

법이 아닌 것을 의지하여 스스로 목숨을 보존하려 하지 말라. 몸의 행을 깨끗하게 하고 입과 뜻의 행을 깨끗하게 해야 한다. 일이 없는 가운데[無事中] 머물러 누더기 옷을 입고 늘 밥 빌기[乞食]를 행하되, 차례로 밥을 빌어 욕심 줄여 만족할 줄을 알라.

멀리 떠나 머무르기를 즐겨하고, 부지런히 힘씀을 익히고, 바른 생각, 바른 지혜, 바른 선정, 바른 지혜를 세워 늘 멀리 여의고 살아야 하니, 반드시 이와 같음을 배워야 한다."

올빼미의 비유를 풀이하여 그릇된 비구행을 보이심

"'때에 저 올빼미가 이 브마라나와 이것을 의논한 뒤에 곧 버리고 갔다'고 내가 이 비유를 말한 데에는 무슨 뜻이 있는가.

어떤 비구가 마을과 성읍을 의지하여 다니는 것과 같다.

비구는 이른 아침에 가사를 입고 발우를 가지고 마을로 들어가 밥을 빌 때에, 몸을 보살피지 않고 여러 아는 뿌리를 지키지 않으며, 바른 생각을 세우지도 않고서 법을 설해 '붇다의 말씀이다'라고 하고, '성문의 말씀이다'라고 하여 그것으로 인하여 의복 · 음식 · 잠자리 · 탕약 따위의 여러 생활도구를 얻는다.

그는 그 이익됨을 얻고서 물들고 집착하고 걸리고 의지하여 재앙과 걱정거리를 보지 못하고, 그것을 버리지 못하여 뜻을 따라 받아 쓴다.

그 비구는 나쁜 계를 행하고 나쁜 법을 성취하여, 그 맨 끝에 가서는 썩어 사라짐을 낸다.

범행이 아닌 것을 범행이라 일컫고, 사문이 아니면서 사문이라 일컬으니, 마치 브라마나가 올빼미를 보고 '잘 왔다, 올빼미야. 너는 어디서 와서 어디로 가려고 하느냐'고 물을 때에 올빼미가 다음과 같이 대답하는 것과 같다.

'브라마나시여, 이 못은 본래는 맑은 물이 가득 차 넘쳤고, 연뿌리도 많았고 꽃도 많았으며, 물고기와 거북이 그 속에 가득 있어 내가 옛날 살던 곳인데, 지금은 말라 있습니다.

브라마나시여, 아셔야 합니다. 나는 이곳을 버리고 저 죽은 소 송장 무더기를 의지하여 깃들거나, 죽은 나귀를 의지하거나 죽은 사람 송장 무더기를 의지하여 깃들고자 합니다. 나는 지금 가고자 하지만 다만 사람들이 두렵습니다.'

내가 말하는 비구 또한 이와 같다.

악하여 착하지 않은 더러운 법 가운데 들어가는 것은, 미래의 존재의 근본과 번뇌의 뜨거움과 괴로움의 갚음과 나고 늙고 병들어 죽음의 원인이 된다.

그러니 비구는 올빼미와 같이 행동하지 말라.

법이 아닌 것을 의지하여 스스로 목숨을 보존하려 하지 말라. 몸의 행을 깨끗하게 하고 입과 뜻의 행을 깨끗하게 해야 한다. 일이 없는 가운데 머물러 누더기 옷을 입고 늘 밥 빌기를 행하되, 차례로 밥을 빌어 욕심 줄여 만족할 줄을 알라.

멀리 떠나 머무르기를 즐겨하고, 부지런히 힘씀을 익히고, 바른 생각, 바른 지혜, 바른 선정, 바른 지혜를 세워 늘 멀리 여의고 살아야 하니, 반드시 이와 같음을 배워야 한다."

독수리의 비유를 풀이하여 그릇된 비구행을 보이심

"'때에 저 독수리가 이 브마라나와 이것을 의논한 뒤에 곧 버리고 갔다'고 내가 이 비유를 말한 데에는 무슨 뜻이 있는가.

어떤 비구가 마을과 성읍을 의지하여 다니는 것과 같다.

비구는 이른 아침에 가사를 입고 발우를 가지고 마을로 들어가 밥을 빌 때에, 몸을 보살피지 않고 여러 아는 뿌리를 지키지 않으며, 바른 생각을 세우지도 않고서 법을 설해 '붇다의 말씀이다'라고 하고, '성문의 말씀이다'라고 하여 그것으로 인하여 의복 · 음식 · 잠자리 · 탕약 따위의 여러 생활도구를 얻는다.

그는 그 이익됨을 얻고서 물들고 집착하고 걸리고 의지하여 재앙과 걱정거리를 보지 못하고, 그것을 버리지 못하여 뜻을 따라 받아 쓴다.

그 비구는 나쁜 계를 행하고 나쁜 법을 성취하여, 그 맨 끝에 가서는 썩어 사라짐을 낸다.

범행이 아닌 것을 범행이라 일컫고, 사문이 아니면서 사문이라 일컬으니, 마치 브라마나가 독수리를 보고 '잘 왔다, 독수리야. 너는 어디서 와서 어디로 가려고 하느냐'고 물을 때에 독수리가 다음과 같이 대답하는 것과 같다.

'브라마나시여, 나는 큰 무덤에서 다시 큰 무덤으로 가 시체를 해치고 옵니다. 나는 지금 죽은 코끼리 고기나 죽은 말, 죽은 소, 죽은 사람의 고기를 먹고자 합니다. 나는 지금 가고자 하지만 다만 사람들이 두렵습니다.'

내가 말하는 비구 또한 이와 같다.

악하여 착하지 않은 더러운 법 가운데 들어가는 것은, 미래의 존재의 근본과 번뇌의 뜨거움과 괴로움의 갚음과 나고 늙고 병들어 죽음의 원인이 된다.

이 때문에 비구는 독수리와 같이 행동하지 말라.

법이 아닌 것을 의지하여 스스로 목숨을 보존하려 하지 말라. 몸의 행을 깨끗하게 하고 입과 뜻의 행을 깨끗하게 해야 한다. 일이 없는 가운데 머물러 누더기옷을 입고 늘 밥 빌기를 행하되, 차례로 밥을 빌어 욕심 줄여 만족할 줄을 알라.

멀리 떠나 머무르기를 즐겨하고, 부지런히 힘씀을 익히고, 바른 생각, 바른 지혜, 바른 선정, 바른 지혜를 세워 늘 멀리 여의고 살아야 하니, 반드시 이와 같음을 배워야 한다."

뱉어낸 것을 먹는 새의 비유를 풀이하여 그릇된 비구행을 보이심

"'때에 저 뱉어낸 것을 먹는 새가 이 브마라나와 이것을 의논한 뒤에 곧 버리고 갔다'고 내가 이 비유를 말한 데에는 무슨 뜻이 있는가.

어떤 비구가 마을과 성읍을 의지하여 다니는 것과 같다.

비구는 이른 아침에 가사를 입고 발우를 가지고 마을로 들어가 밥을 빌 때에, 몸을 보살피지 않고 여러 아는 뿌리를 지키지 않으며, 바른 생각을 세우지도 않고서 법을 설해 '붇다의 말씀이다'라고 하고, '성문의 말씀이다'라고 한다.

저 비구는 몇몇 집에 들어가 좋은 것을 말하고 나쁜 것을 말하여 다나파티(dana-pati, 施主)의 시주물[信施物]을 받아 비구에게 가져다 준다. 그것으로 인하여 의복 · 음식 · 잠자리 · 탕약 따위의 여러 생활도구를 얻는다.

그는 그 이익됨을 얻고서 물들고 집착하고 걸리고 의지하여 재앙과 걱정거리를 보지 못하고, 그것을 버리지 못하여 뜻을 따라 받아쓴다.

그 비구는 나쁜 계를 행하고 나쁜 법을 성취하여, 그 맨 끝에 가서는 썩어 사라짐을 낸다.

범행이 아닌 것을 범행이라 일컫고, 사문이 아니면서 사문이라 일컬으니, 마치 브라마나가 뱉어낸 것을 먹는 새를 보고 '잘 왔다, 뱉어낸 것을 먹는 새야. 너는 어디서 와서 어디로 가려고 하느냐'고 물을 때에 뱉어낸 것을 먹는 새가 다음과 같이 대답하는 것과 같다.

'브라마나시여, 당신은 아까 독수리가 가는 것을 보았습니까. 나는 그가 뱉은 것을 먹습니다. 나는 지금 가고자 하지만 다만 사람들이 두렵습니다.'

내가 말하는 비구 또한 이와 같다.

악하여 착하지 않은 더러운 법 가운데 들어가는 것은, 미래의 존재의 근본과 번뇌의 뜨거움과 괴로움의 갚음과 나고 늙고 병들어 죽음의 원인이 된다.

그러니 비구는 뱉어낸 것을 먹는 새와 같이 행동하지 말라.

법이 아닌 것을 의지하여 스스로 목숨을 보존하려 하지 말라. 몸의 행을 깨끗하게 하고 입과 뜻의 행을 깨끗하게 해야 한다. 일이 없는 가운데 머물러 누더기 옷을 입고 늘 밥 빌기를 행하되, 차례로 밥을 빌어 욕심 줄여 만족할 줄을 알라.

멀리 떠나 머무르기를 즐겨하고, 부지런히 힘씀을 익히고, 바른 생각, 바른 지혜, 바른 선정, 바른 지혜를 세워 늘 멀리 여의고 살아야 하니, 반드시 이와 같음을 배워야 한다."

승냥이의 비유를 풀이하여 그릇된 비구행을 보이심

"'때에 저 승냥이가 이 브마라나와 이것을 의논한 뒤에 곧 버리고 갔다'고 내가 이 비유를 말한 데에는 무슨 뜻이 있는가.

어떤 비구가 가난한 마을을 의지하여 거기에 머무르는 것과 같다.

그는 만약 마을과 성읍 안에 지혜와 정진의 범행자가 많이 있는 줄을 알면 곧 그곳을 피해간다.

만약 마을과 성읍 안에 지혜와 정진의 범행자가 없는 줄을 알면 곧 와서 아홉 달이나 열 달을 그 가운데서 머무른다.

여러 비구들은 그것을 보고 곧 묻는다.

'어진 이여, 어디서 노니시오.'

그는 곧 대답한다.

'여러 어진 이들이여, 나는 어느 가난한 마을을 의지하여 다니오.'

여러 비구들은 들은 뒤에 곧 이렇게 생각한다.

'이 어진 이는 행하기 어려움을 행한다. 왜냐하면 이 어진 이는 어느 가난한 마을을 의지하여 다닐 수 있기 때문이다.'

여러 비구들은 곧 함께 그를 공경하고 예로 섬기고 공양한다. 그것으로 인하여 의복 · 음식 · 잠자리 · 탕약 따위의 여러 생활도구를 얻는다.

그는 그 이익됨을 얻고서 물들고 집착하고 걸리고 의지하여 재앙과 걱정거리를 보지 못하고, 그것을 버리지 못하여 뜻을 따라 받아쓴다.

그 비구는 나쁜 계를 행하고 나쁜 법을 성취하여, 그 맨 끝에 가서는 썩어 사라짐을 낸다.

범행이 아닌 것을 범행이라 일컫고, 사문이 아니면서 사문이라 일컬으니, 마치 브라마나가 승냥이를 보고 '잘 왔다, 승냥이야. 너는 어디서 와서 어디로 가려고 하느냐'고 물을 때에 승냥이가 다음과 같이 대답하는 것과 같다.

'브라마나시여, 나는 깊은 개울가에서 깊은 개울로 가고, 풀덤불에서 우거진 풀덤불로 가고, 외진 고요한 곳에서 외진 고요한 곳으로 갔다가 옵니다. 나는 지금 죽은 코끼리 고기와 죽은 말·죽은 소·죽은 사람 고기를 먹고자 합니다. 나는 지금 가고자 하지만 다만 사람들이 두렵습니다.'

내가 말하는 비구 또한 이와 같다.

악하여 착하지 않은 더러운 법 가운데 들어가는 것은, 미래의 존재의 근본과 번뇌의 뜨거움과 괴로움의 갚음과 나고 늙고 병들어 죽음의 원인이 된다.

그러니 비구는 승냥이와 같이 행동하지 말라.

법이 아닌 것을 의지하여 스스로 목숨을 보존하려 하지 말라. 몸의 행을 깨끗하게 하고 입과 뜻의 행을 깨끗하게 해야 한다. 일이 없는 가운데 머물러 누더기옷을 입고 늘 밥 빌기를 행하되, 차례로 밥을 빌어 욕심 줄여 만족할 줄을 알라.

멀리 떠나 머무르기를 즐겨하고, 부지런히 힘씀을 익히고, 바른 생각, 바른 지혜, 바른 선정, 바른 지혜를 세워 늘 멀리 여의고 살아야 하니, 반드시 이와 같음을 배워야 한다."

까마귀의 비유를 풀이하여 그릇된 비구행을 보이심

"'그때에 까마귀는 브라마나를 얼굴 맞대 꾸짖은 뒤에 곧 버리고 갔다'고 내가 이 비유를 말하는 데에 무슨 뜻이 있는가.

어떤 비구가 가난하여 일이 없는 곳에서 여름 안거를 받는 것과 같다.

그는 만약 마을과 성읍 안에 지혜와 정진의 범행자가 많이 있는 줄을 알면 곧 그곳을 피해 가고, 만약 마을과 성읍 안에 지혜와 정진의 범행자가 없는 줄을 알면 곧 와서 두 달이나 석 달 그곳에서 머무른다.

여러 비구들이 그를 보고는 묻는다.

'어진 이는 어디서 여름 안거를 지냈습니까.'

그는 대답한다.

'여러 어진 이들이여, 나는 지금 어느 가난하여 일이 없는 곳에서 여름 안거를 받고 있소. 나는 저 모든 어리석은 무리들과 달라서 평상을 만들고 다섯 가지 일을 두루 갖추어 그 안에 머무르는데, 오전이나 오후나 입[口]은 그 맛[味]을 따르고 맛은 그 입을 따라서 구하고 또 구하고 찾고 또 찾소.'

때에 여러 비구는 듣고 곧 이렇게 생각한다.

'이 어진 이는 행하기 어려움을 행한다. 왜냐하면 이 어진 이는 어느 가난하여 일이 없는 곳에서 여름 안거를 받을 수 있기 때문이다.'

여러 비구들은 곧 함께 그를 공경하고 예로 섬기고 공양한다. 이것으로 인하여 의복 · 음식 · 잠자리 · 탕약 따위의 여러 생활도구를 얻는다.

그는 그 이익됨을 얻고서 물들고 집착하고 걸리고 의지하여 재앙과 걱정거리를 보지 못하고, 그것을 버리지 못하여 뜻을 따라 받아 쓴다.

그 비구는 나쁜 계를 행하고 나쁜 법을 성취하여, 그 맨 끝에 가서는 썩어 사라짐을 낸다.

범행이 아닌 것을 범행이라 일컫고, 사문이 아니면서 사문이라 일컬으니, 마치 브라마나가 까마귀를 보고 '잘 왔다, 까마귀야. 너는 어디서 와서 어디로 가려고 하느냐'고 물을 때에 까마귀가 다음과 같이 대답하는 것과 같다.

'브라마나시여, 그대는 낯짝 두껍고 어리석고 미쳤으면서 어떻게 내게 〈너는 어디서 와서 어디로 가려느냐〉고 묻소.'

내가 말하는 비구 또한 이와 같다.

악하여 착하지 않은 더러운 법 가운데 들어가는 것은, 미래의 존재의 근본과 번뇌의 뜨거움과 괴로움의 갚음과 나고 늙고 병들어 죽음의 원인이 된다.

그러니 비구는 까마귀와 같이 행동하지 말라.

법이 아닌 것을 의지하여 스스로 목숨을 보존하려 하지 말라. 몸의 행을 깨끗하게 하고 입과 뜻의 행을 깨끗하게 해야 한다. 일이 없는 가운데 머물러 누더기 옷을 입고 늘 밥 빌기를 행하되, 차례로 밥을 빌어 욕심 줄여 만족할 줄을 알라.

멀리 떠나 머무르기를 즐겨하고, 부지런히 힘씀을 익히고, 바른 생각, 바른 지혜, 바른 선정, 바른 지혜를 세워 늘 멀리 여의고 살아야 하니, 반드시 이와 같음을 배워야 한다."

원숭이의 비유를 풀이하여 바른 비구의 행을 보이심

"'저 원숭이는 이 브마라나와 함께 이것을 의논한 뒤에 곧 버리고 갔다'고 내가 이 비유를 말하는 데에는 무슨 뜻이 있는가.

어떤 비구가 마을과 성읍을 의지하여 다니는 것과 같다.

비구는 이른 아침에 가사를 입고 발우를 가지고 마을로 들어가 밥을 빌 때에, 몸을 잘 보살피고 여러 아는 뿌리를 지켜 거두고 바른 생각을 세운다. 그는 마을을 따라 밥 빌기를 마치고 밥을 먹은 뒤에는, 오후에 가사와 발우를 거두어 들고 손과 발을 씻고, 니시다나를 어깨에 걸치고는 일 없는 곳[無事處]으로 가거나 나무 밑으로 가고, 빈 집 속으로 가서 니시다나를 펴고 두 발을 맺고 앉는다.

몸을 바르게 하고 원을 바르게 해 생각을 돌이켜 삿된 곳에 향하지 않고[反念不向], 탐욕을 끊고 마음에 다툼이 없어, 남의 재물과 여러 생활 도구를 보아도 탐욕을 일으켜 내 것으로 만들려 하지 않으니, 그는 탐욕에서 그 마음을 깨끗이 한다.

이와 같이 성냄과 잠과 졸음 들뜸에 있어서도 또한 그러하며, 의심을 끊고 의혹을 건너 착한 법 가운데서 망설임이 없으니, 그는 의혹에서 그 마음을 깨끗이 하였다.

그는 이미 이 다섯 덮음[五蓋]과 마음의 더러움과 지혜의 약함을 끊고, 욕심을 떠나고 악하여 착하지 않은 법을 여의어 넷째 선정을 성취하여 노닌다.

그는 이러한 선정의 마음이 청정하여 더러움이 없고, 번뇌 없음을 얻어 부드럽게 잘 머물며, 움직임 없는 마음을 얻고 '번뇌의 흐름 다한 지혜의 신통 얻음'[漏盡智通作證]에로 나아간다.

그는 곧 이 괴로움을 진실대로 알고 이 괴로움 모아냄을 알며, 이 괴로움의 사라짐을 알고, 이 괴로움 없애는 길을 진실대로 안다.

그는 이와 같이 알고 이와 같이 보고서는 곧 탐욕의 흐름에서 마음이 해탈하고 존재의 흐름, 무명의 흐름에서 마음이 해탈한다. 해탈하고서는 해탈한 줄을 알아 '태어남이 이미 다하고 범행이 이미 서고, 지을 바를 이미 이루어 다시 뒤의 있음 받지 않음'을 진실대로 안다.

이는 마치 브라마나가 원숭이를 보고 '잘 왔다, 원숭이야. 너는 어디서 와서 어디로 가려고 하느냐'고 물을 때에 원숭이가 다음과 같이 대답하는 것과 같다.

'브라마나시여, 나는 동산에서 동산으로 가고, 집에서 집으로 가며, 숲에서 숲으로 가 맑은 샘물을 마시고 좋은 과일을 먹고 옵니다. 나는 이제 어디나 가고자 하고 또 사람들이 두렵지도 않습니다.'

내가 말하는 비구 또한 이와 같다."

비구가 여섯 짐승의 비유처럼 행하지 말고 원숭이의 비유처럼 행할 것을 당부하심

"그러므로 비구는 수달같이 행하지 말고, 올빼미같이 행하지도 말며, 독수리 · 뱉은 것을 먹는 새 · 승냥이 · 까마귀와 같이 행하지도 말며, 원숭이와 같이 행하여야 한다.

왜 그런가. 이 세간 가운데 집착이 없는 참 사람[無着眞人]은 원숭이 짐승과 같기 때문이다."

붇다께서 이렇게 말씀하시자, 그 여러 비구들은 붇다의 말씀을 듣고 기뻐하며 받들어 행하였다.

• 중아함 65 오조유경(烏鳥喩經)

• 해설 •

중생 번뇌의 땅에서 번뇌를 돌이키는 보디의 행으로 보디의 과덕이 성취되는 것이니, 집을 나온 수행자는 바른 사문의 뜻[沙門義]으로 사문의 행[沙門行]을 잘 행해야 아라한의 과덕을 얻고 여래의 진리의 집에 돌아갈 수 있다.

안의 마음과 바깥 경계가 공한 줄 알아 모든 탐욕, 존재의 흐름과 무명의 흐름을 뛰어넘어 현재법에서 참된 안락을 누리지 못하고, 이름을 찾고 이익된 공양을 찾아 떠돌아 다니는 비구의 행은, 마치 저 여섯 짐승이 무덤에서 무덤으로 숲에서 숲으로 다니며 먹을 것을 찾고 찾아 끝없이 헤매는 것과 같다.

수달과 올빼미는 안으로 바른 지혜와 선정이 없으면서 거짓된 법을 붇다의 법 성문의 법이라고 속여 대중의 공양물을 받고 대중의 존중을 받는 자를 비유한다.

독수리는 비구가 거짓된 법으로 대중을 속여서 살아가는 것이 독수리가 죽은 짐승의 시체를 헤치고 파먹고 사는 것과 같음을 비유한다.

뱉어낸 것을 먹는 새는 남이 먹고 뱉어낸 것을 다시 먹듯, 스스로 체득하지 못한 법을 시주에게 말해 갖가지 시주물을 얻어 자신의 몸과 다른 비구의 몸을 위해 쓰는 것을 비유한다.

다음 까마귀의 비유는 스스로 행함을 반성해서 바른 생각과 행을 세우지 못하고, 스스로 알고 있는 견해가 옳다고 생각해서 남을 꾸짖고 남의 행을 비판하는 자를 나타낸다.

그래서 다른 다섯 가지 새가 브라마나에게 하소연하고 있음에 비해, 경에서 까마귀는 브라마나의 얼굴을 맞대고 꾸짖고 있는 것이다.

안으로 온갖 마음이 공한 줄 알면 모든 관념의 자취를 구하지 않게 되고, 밖으로 모든 모습이 고요한 줄 알면 한 법도 얻을 것이 없게 된다. 안의 마음과 바깥 경계가 공한 줄 알되, 구함 없고 얻을 것 없는 고요함에도 머묾없이 온갖 덮음과 번뇌의 더러움을 떠나 잘 말함 없이 말하고 잘 행함 없이 행하는 자, 그가 바로 여래의 법의 아들인 비구이고 여래의 진리의 집의 가족인 흰옷[白衣]의 제자들이다.

그들은 마치 원숭이가 숲에서 숲으로 다니고 동산에서 동산으로 다니며 맑은 물을 마시고 좋은 과일을 먹으며 탐욕 떠나고 두려움 떠난 것과 같다.

목마름과 배고픔을 쉬지 못하고 이곳에서 저곳으로 끝없이 윤회의 발걸음을 쉬지 못하는 저 여섯 가지 짐승의 길을 걸을 것인가, 구함이 없고 취함이 없으므로 목마름과 배고픔 없는 삶의 안락을 성취하여, 가되 감이 없이 동산과 숲에서 노니는 원숭이와 같은 길을 걸을 것인가.

그 길은 어떻게 찾아갈 것인가. 봉황새 좇던 간밤의 헛된 꿈을 잊어야 비로소 찾게 되는 것인가. 옛 선사[竹庵珪禪師]의 다음 노래를 살펴보자.

달 속의 항아는 눈썹 그려 꾸미지 않고
다만 구름과 안개로 비단옷을 지어 입네.
꿈에서 푸른 난새 좇아가던 일 알지 않고
오히려 꽃가지 잡아 얼굴 가리고 돌아오네.

月裏姮娥不畫眉 只將雲霧作羅衣
不知夢逐靑鸞去 猶把花枝盖面歸

제3장

법에 대한 믿음과 이해, 방일함이 없는 실천과 해탈

"높은 스승의 처소에서 제자를 위하여
큰 사랑과 슬픔을 일으켜 가엾이 생각하고 불쌍히 여기며,
뜻과 요익됨을 구하고 안온한 즐거움을 구하여,
내가 이미 지은 것처럼 너희들 또한 스스로
다음처럼 지어가야 한다.
곧 일 없는 곳[無事處]인 산숲 · 나무 밑 · 비어 고요한 곳에 가서
좌선하고 사유하여 방일하지 말고, 더욱 부지런히 정진하여
뒤에 뉘우치지 말게 하라.
이것이 나의 가르침이요 나의 깨우쳐줌이다."

저 가시덤불 우거진 너른 들판에 옛 선인의 길이 있고 그 길을 따라가면 못과 샘, 과일나무 숲이 있는 공덕의 땅이 있다고 하자. 그렇다고 해도 그곳을 먼저 찾은 이의 말을 믿지 않거나, 믿어도 그 이정표를 잘 이해하지 못하고, 잘 이해한다 해도 그 길을 힘들여 걷지 않으면 공덕의 땅에 이를 수 없다.

그와 같다. 크신 스승 붇다께서 니르바나 단이슬의 문을 열어, 단이슬의 법을 번뇌의 불에 타며 기나긴 밤을 배고픔과 목마름에 시달리는 중생에게 쏟아 붓는다 해도, 붇다의 단이슬의 법을 믿지 않으면 그 법을 얻어 긴 겁의 목마름을 쉴 수 없다.

설사 믿어도 깊이 이해하지 못하고, 이해한들 방편에 힘써 번뇌를 돌이켜 보디에 나아가지 못하면 니르바나의 저 언덕에 이르를 수 없다.

붇다[佛]와 가르침[法]과 상가[僧]에 대한 믿음이 바른 세계관 바른 이해의 토대가 되니, 굳건한 믿음과 바른 이해로 서른일곱 실천법에 부지런히 정진하면 끝내 니르바나의 성에 이르른다. 그러나 꼭 믿음이 앞에 있고 이해와 행이 뒤에 있는 것이 아니니, 세계관에 대한 바른 이해가 삼보에 대한 믿음을 더욱 굳세게 하고, 닦음 없는 방편의 닦아감으로 몸소 단이슬의 맛을 체득할 때 믿음과 이해는 더 뒤로 물러서지 않는 믿음이 되고 금강처럼 깨뜨릴 수 없는 반야가 된다.

조사선(祖師禪)을 표방하는 일부 선류(禪流)들은 해오(解悟)의 '알음알이 병'[知解病]을 경계하고, 알음알이의 자취를 넘어선 증오(證悟)를 강조한다. 그러나 증오는 해오가 아니지만 해오를 떠나지도 않는다. 그러므로 증오를 주장하고 구경각을 증오했다 떠들어대도, 붇다의 연기론적 세계관이 아닌 소리를 떠들면 그는 증오한 것이 아니다.

그러나 아직 증오하지 못했다 해도 그 견해가 붇다의 연기론적 세계관에 맞고 연기적 실천관에 서서 물러섬이 없이 나아가면, 그는 증오에 미리 언약된 자이고 니르바나의 문에 이미 약속된 자이다.

증오의 이름으로 해오를 싫어하는 자는 싫어할 알음알이가 있기 때문에 증오의 뜻을 모르는 자이다. 저 중생이 이미 붇다의 몸이고 중생의 삿된 견해가 보디의 씨앗인데 싫어하고 거리낄 것이 어디 있는가. 다만 그릇됨인 줄 알고 다만 허깨비인 줄 알면 그는 곧 허깨비의 얽맴에서 벗어난 자이다.

뜻대로 되는 마니보배도 복 없는 이가 믿지 않으면 그 보배 얻을 수 없고, 여래의 가르침도 믿지 않으면 붇다를 보지 못하고 니르바나의 문에 들어설 수 없으니, 『화엄경』(「여래출현품」)은 다음과 같이 말한다.

> 비유하면 뜻대로 되는 마니보배
> 구하는 바를 따라 다 채워주지만
> 복이 적은 중생은 볼 수 없으나
> 보배의 분별 때문이 아님과 같네.
>
> 譬如如意摩尼寶　隨有所求皆滿足
> 少福衆生不能見　非是寶王有分別
>
> 잘 가신 이 보배왕 또한 이 같아

중생이 구하는 욕락 채워주지만
믿음 없는 중생은 붇다 못 보나
이것은 저 잘 가신 이의 마음이
그 중생을 내버리기 때문 아니네.

善逝寶王亦如是　悉滿所求諸欲樂
無信衆生不見佛　非是善逝心棄捨

그리하여 「여래출현품」은 중생의 집착 따라 성문의 지혜 · 연각의 지혜 · 해오와 증오가 분별되지만, 여래의 보디의 한 모습에는 늘고 줆이 없음을 이렇게 가르친다.

마치 세계에 이룸과 무너짐 있으나
허공에 늘어나고 줄어듦이 없듯이
온갖 모든 붇다 세간에 나오시지만
보디의 한 모습은 늘 모습 없도다.

譬如世界有成敗　而於虛空不增減
一切諸佛出世間　菩提一相恒無相

붇다와 법을 진리의 깃발로 삼아 늘 삼보를 생각하라

이와 같이 들었다.

한때 붇다께서는 슈라바스티 국 '외로운 이 돕는 장자의 동산'에 계셨다.

그때 세존께서 여러 비구들에게 말씀하셨다.

"옛날 인드라하늘왕이 서른세하늘에게 이렇게 말했다.

'그대들이 큰 싸움터에 나갔을 때, 만약 두렵고 무서운 마음이 생기거든 그대들은 높고 넓은 나의 깃발을 돌아보아라. 만약 나의 이 깃발을 돌아보면 곧 두려움이 없어지게 될 것이다.

만약 내 깃발이 기억나지 않거든 저 이샤나(Īśāna)하늘왕의 깃발을 생각해야 한다. 그 깃발을 생각하면 모든 두려움은 곧 저절로 사라질 것이다.

만약 내 깃발이 기억나지 않고 이샤나하늘왕의 깃발이 기억나지 않거든, 그때에는 저 바루나(Varuṇa)하늘왕의 깃발을 생각해야 한다. 그 깃발을 생각하면 모든 두려움은 곧 저절로 사라질 것이다.' "

삼보 생각하면 온갖 두려움 떠남을 보이심

"나는 이제 또 너희들에게 말한다. 만약 어느 비구 · 비구니 · 우파사카 · 우파시카들이 어떤 두려움이 있어 옷의 털마저 곤두서거든, 그때에는 이렇게 나의 몸[我身]을 생각해야 한다.

'이분은 여래요, 지극히 참된 분이며, 바르게 깨치신 이 · 지혜와 행 갖추신 분 · 잘 가신 이 · 세간을 아시는 분 · 위없는 스승 · 도법에 잘 이끄시는 이 · 하늘과 사람의 스승으로 붇다 세존이라 부르니, 그 분이 이 세상에 출현하셨다.'

이렇게 하면 비록 두려움이 있어 옷의 털마저 곤두섰다 하더라도 곧 저절로 사라지게 될 것이다.

만약 또 나를 기억할 수 없거든 그때에는 이렇게 법을 생각하라.

'여래의 법은 매우 미묘하여 지혜로운 사람이 배우는 것이다.'

그 여래의 법을 생각하고 나면 온갖 두려움은 곧 저절로 사라질 것이다.

만약 나를 기억하거나 법을 기억할 수 없거든 그때에는 거룩한 상가[聖衆]를 생각해야 한다.

'여래의 거룩한 상가는 매우 부드럽게 어울려 따르며 법과 법을 성취하였고, 계를 성취하였으며, 사마디를 성취하였고, 지혜를 성취하였으며, 해탈을 성취하였고, 해탈지견을 성취하였다.'

곧 네 짝 여덟 무리가 여래의 거룩한 상가이니, 공경할 만하고 섬길 만한 세간의 복밭[福田]이다. 이것을 일러 여래의 거룩한 상가라고 말한다.

그때 만약 이 거룩한 상가를 생각하고 나면 온갖 두려움은 곧 저절로 다 사라질 것이다.

비구들이여, 알아야 한다. 인드라하늘왕은 아직 음욕 · 성냄 · 어리석음이 있는데도 서른세하늘들이 그 주인을 생각하면 곧 두려움이 없어지는데, 하물며 음욕 · 성냄 · 어리석음이 없는 여래를 생각하면 무슨 두려움이 있겠느냐?

만약 어떤 비구가 두려움이 있더라도 여래를 생각하면 곧 그 두려움이 저절로 다 사라질 것이다.

그러므로 여러 비구들이여, 이와 같이 붇다와 법과 거룩한 상가, 이 세 높은 곳[三尊]을 생각해야 한다.

이와 같이 여러 비구들이여, 반드시 이렇게 배워야 한다."

그때 여러 비구들은 붇다의 말씀을 듣고 기뻐하며 받들어 행하였다.

• 증일아함 24 고당품(高幢品) —

• 해설 •

보디의 길에 나아가 니르바나의 단이슬의 문을 열려면, 먼저 이 세간 법의 깃발[法幢]인 삼보(三寶)를 험난한 이 세간을 헤쳐갈 나의 삶의 지표로 받아들여야 한다.

옛 선인의 길을 따라 옛 선인의 성터를 발견한 이의 말과 말한 사람을 신뢰하지 않으면 그 길을 따라 선인의 옛터에 이르를 수 없듯, 니르바나의 땅에 이미 이르른 여래와 여래의 가르침을 받아들이지 않으면 어찌 니르바나의 저 언덕으로 갈 수 있겠는가.

붇다를 생각함은 저 다섯 쌓임의 실상을 살피는 보디의 지혜에 돌아감이고, 붇다의 법을 생각함은 저 다섯 쌓임의 실상에 돌아감이다.

그리고 지금 나의 물든 앎이 앎 없는 앎이 되면 다섯 쌓임의 실상은 늘 나의 지혜인 실상으로 드러나니, 삼보를 바로 믿고 삼보를 사유하는 자, 그가 중생의 다섯 쌓임을 보디의 지혜와 법의 몸으로 쓰는 자이다.

팃샤여, 여래가 보인 해탈의 길을 믿고 걸으면 니르바나의 성에 이른다

이와 같이 내가 들었다.

한때 붇다께서는 슈라바스티 국 '외로운 이 돕는 장자의 동산'에 계셨다.

그때 팃샤라는 비구가 많은 비구들과 함께 식당에 모여 여러 비구들에게 말하였다.

"여러 존자들이여, 나는 법을 분별하지 못하고 범행 닦기를 좋아하지 않으며, 잠자기를 매우 좋아하고 법에 대해서 의혹을 가집니다."

그때 그 대중들 가운데 있던 어떤 비구가 붇다 계신 곳으로 나아가 붇다의 발에 절하고 한쪽에 물러서서 붇다께 말씀드렸다.

"세존이시여, 팃샤 비구는 많은 비구들과 함께 식당에 모여 이렇게 말했습니다.

'나는 법을 분별하지 못하고, 범행 닦기를 좋아하지 않으며, 잠자기를 매우 좋아하고, 법에 대해서 의혹을 가진다.'"

붇다께서 비구들에게 말씀하셨다.

"이 팃샤 비구는 어리석은 사람이다. 아는 뿌리의 문[根門]을 지키지 못하고, 음식은 그 양(量)을 알지 못하며, 초저녁에도 새벽에도 마음이 깨어 있지 않고, 게으르고 풀어져 부지런히 정진하지 않으며, 좋은 법을 잘 살펴 사유하지도 않는다.

그런 그가 법을 분별하고, 범행 닦기를 마음으로 즐거워하며, 모든 잠을 여의고, 바른 법에 대해서 모든 의혹을 떠난다는 것은 있을 수 없는 일이다.

만약 어떤 비구가 아는 뿌리의 문을 지켜 보살피고, 음식에 대해 양을 알며, 초저녁에도 새벽에도 깨어 정진하고, 좋은 법을 잘 살핀다 하자. 그런 그가 법을 분별하기를 좋아하고, 범행 닦기를 즐거워하며, 잠을 여의고, 마음으로 법을 의심하지 않는다는 것은 있을 수 있는 일이다."

그때 세존께서 그 비구에게 말씀하셨다.

"너는 팃샤 비구에게 가서 '스승께서 너를 부르신다'고 전하여라."

비구가 붇다께 말씀드렸다.

"예, 분부 받아 그렇게 하겠습니다."

그는 앞으로 나아가 붇다의 발에 절한 다음에, 팃샤가 있는 곳으로 가서 이렇게 말하였다.

"장로 팃샤여, 세존께서 그대를 부르십니다."

팃샤는 듣고 세존 계신 곳에 나아가 머리를 대 그 발에 절하고 한쪽에 물러섰다.

바른 법에서 물러서려는 팃샤 장로를 불러 다섯 쌓임에서 탐욕 여의도록 깨우치심

그때 세존께서 팃샤 비구에게 말씀하셨다.

"팃샤여, 그대는 많은 비구들과 함께 식당에 모여 이렇게 외쳤는가.

'여러 장로들이여, 나는 법을 분별하지 못하고 범행 닦기를 좋아하지 않으며, 잠자기를 매우 좋아하고 법에 대해서 의혹을 가집니다.'"

팃샤는 붇다께 말씀드렸다.

"참으로 그렇습니다, 세존이시여."

붇다께서 팃샤에게 물으셨다.

"내가 이제 그대에게 묻겠으니 그대 마음대로 대답하라.

그대의 생각에는 어떠하냐? 만약 물질[色]에 대해서 탐욕[貪]을 여의지 못하고, 욕망[欲]을 여의지 못하며, 애착[愛]을 여의지 못하고, 생각[念]을 여의지 못하며, 목마름을 여의지 못했다면, 그 물질이 변하거나 달라질 때 그대의 생각은 어떠하냐?

그대는 근심 · 슬픔 · 번민 · 괴로움을 일으키겠느냐?"

팃샤가 붇다께 말씀드렸다.

"그렇습니다. 세존이시여, 만약 물질에 대해서 탐욕을 여의지 못하고, 욕망을 여의지 못하며, 애착을 여의지 못하고, 생각을 여의지 못하며, 목마름을 여의지 못했다면, 그 물질이 변하거나 달라질 때 참으로 근심 · 슬픔 · 번민 · 괴로움을 일으킬 것입니다.

세존이시여, 실로 그러하여 틀리지 않습니다."

붇다께서 팃샤에게 말씀하셨다.

"잘 말했다, 팃샤여. 바로 이와 같아 탐욕을 여의지 못했다고 법을 말해야 한다.

팃샤여, 느낌 · 모습 취함 · 지어감 · 앎에 대해서 탐욕을 여의지 못하고, 욕망을 여의지 못하며, 애착을 여의지 못하고, 생각을 여의지 못하며, 목마름을 여의지 못했다면, 그 앎 등이 변하거나 달라질 때 그대의 생각은 어떠하냐?

그대는 근심 · 슬픔 · 번민 · 괴로움을 일으키겠느냐?"

팃샤가 붇다께 말씀드렸다.

"그렇습니다. 세존이시여, 앎에 대해서 탐욕을 여의지 못하고, 욕망을 여의지 못하며, 애착을 여의지 못하고, 생각을 여의지 못하며, 목마름을 여의지 못했다면, 그 앎이 변하거나 달라질 때 참으로 근심 · 슬픔 · 번민 · 괴로움을 일으킬 것입니다.

세존이시여, 실로 그러하여 틀리지 않습니다."

붇다께서는 팃샤에게 말씀하셨다.

"잘 말했다, 팃샤여. 바로 이와 같아 앎에 대해서 탐욕을 여의지 못하였다고 법을 말해야 한다."

붇다께서 팃샤에게 말씀하셨다.

"그대의 생각은 어떠하냐? 만약 물질에 대해서 탐욕을 여의고, 욕망을 여의었다면, 애착을 여의고, 생각을 여의며, 목마름을 여의었다면, 그 물질이 변하거나 달라질 때 근심 · 슬픔 · 번민 · 괴로움을 일으키겠느냐?"

팃샤가 대답하였다.

"아닙니다. 세존이시여, 이와 같아 틀리지 않습니다."

붇다께서 말씀하셨다.

"그대 생각은 어떠하냐? 느낌 · 모습 취함 · 지어감 · 앎에 대해서 탐욕을 여의고, 욕망을 여의었다면, 애착을 여의고, 생각을 여의며, 목마름을 여의었다면, 그 앎 등이 변하거나 달라질 때 근심 · 슬픔 · 번민 · 괴로움을 일으키겠느냐?"

팃샤가 대답하였다.

"아닙니다. 세존이시여, 이와 같아 틀리지 않습니다."

길 아는 이 따라 바른 길을 걸을 때
니르바나의 성에 이르름을 비유로 보이심

붇다께서 팃샤에게 말씀하셨다.

"잘 말했다, 팃샤여. 내 이제 비유로 말해주겠다. 크게 지혜로운 사람은 비유로 알아듣는다.

마치 두 사람이 함께 한 길을 가는데, 한 사람은 길을 잘 알고 한 사람은 길을 알지 못하는 것과 같다. 길을 모르는 사람이 길을 아는 사람에게 이렇게 말하였다.

'나는 어느 성 어느 고을 어느 마을로 가려고 하는데, 나에게 그 길을 가르쳐 주시오.'

이때 길을 아는 사람이 곧 그에게 길을 가르쳐 주며 말하였다.

'길 가는 이여, 이 길을 따라가다가 앞에 갈림길이 나타나거든 왼쪽 길을 버리고 오른쪽 길로 따라가시오.

다시 깊은 골짜기 시내에 도랑물이 나오거든 또 왼쪽 길을 버리고 오른쪽 길을 따라가시오. 다시 우거진 숲[叢林]이 나오거든 또 왼쪽 길을 버리고 오른쪽 길을 따라가시오.

그대가 이와 같이 차츰 앞으로 가다보면 그 성에 이르게 될 것입니다.' "

붇다께서 팃샤에게 말씀하셨다.

"그 비유는 이와 같다. 길을 알지 못하는 사람은 어리석은 범부에 비유한 것이요, 길을 아는 사람은 여래 · 공양해야 할 분 · 바르게 깨치신 분에 비유한 것이다.

앞의 갈림길이란 중생들의 여우 같은 의심을 말한 것이다.

왼쪽 길이란 세 가지 착하지 않은 법이니, 탐욕[貪] · 성냄[恚] · 해치려는 느낌[害覺]이다. 그 오른쪽 길이란 세 가지 착한 느낌을 말한 것이니, 벗어나 탐욕을 여읜 느낌[出要離欲覺]·성내지 않는 느낌[不瞋覺]·해치지 않는 느낌[不害覺]이다.

왼쪽 길로 나아간다는 것은 삿된 견해·삿된 뜻·삿된 말·삿된 행위·삿된 생활·삿된 방편·삿된 생각·삿된 선정을 말한 것이다.

오른쪽 길로 나아간다는 것은 바른 견해[正見]·바른 뜻[正志]·바른 말[正語]·바른 행위[正業]·바른 생활[正命]·바른 방편[正方便]·바른 생각[正念]·바른 선정[正定]을 말한 것이다.

깊은 골짜기 시내의 도랑물이란 성냄·덮어 막음·근심·슬픔을 말한 것이다. 우거진 숲이란 오욕의 공덕[五欲功德]을 말한 것이며, 성이란 파리니르바나를 말한 것이다."

붇다께서 팃샤에게 말씀하셨다.

"붇다는 큰 스승으로서 모든 성문들을 위해 지을 바를 이미 지었다. 지금처럼 가엾이 여기고 슬피 여기는 마음을 지어 '뜻으로 안락하게 하는 일'[義安樂]을 이미 모두 지어 마쳤다.

너희들도 지금부터 해야 할 일을 하라. 반드시 나무 밑이나 텅 비어 있는 한데나 산의 바위굴 속에서 풀을 깔아 자리를 만들고, 잘 사유하고 생각을 바로 하여 방일하지 않음을 닦아, 오랜 뒤에 마음에 뉘우침이 없게 하라. 나는 지금 그대에게 당부한다."

그때 팃샤는 붇다의 말씀을 듣고 기뻐하며 받들어 행하였다.

• 잡아함 271 저사경(低舍經)

• 해설 •

중생의 중생됨을 집착하여 다만 진리를 중생의 번뇌 밖에서 구하고 거룩한 이를 중생의 삶 밖에서 우러러보기만 해서는 끝내 중생의 진실인 진리의 땅에 돌아갈 수 없다.

다시 중생의 본래 성불(本來成佛)을 관념적으로 집착하거나 본래 참됨[本來天眞]을 실체로 지키어 그것으로 깨달음인 양 잘못 사유하는 것은 번뇌의 실천적 지양이 없으므로 보디의 길이 아니다. 그리고 지금 닦아가는 행 자체를 신비화해서 좌선하고 염불하고 경 읽는 행을 자랑거리로 삼는 것은 목표에 이르지도 못하고 목표를 향한 과정 자체를 절대화하는 것이므로 보디의 길과 맞지 않다.

중생의 번뇌가 공한 줄 알지만 번뇌를 돌이켜 보디에 나아가게 하는 방편행에 부지런히 정진하고, 부지런히 정진하되 그 닦음에 닦음 없는 줄 알아 물러섬이 없이 잘 나아가는 이, 그가 얻음 없이 스스로 거룩하게 되고 들어감 없이 으뜸가는 진리의 문에 들어가는 것이다.

팃샤처럼 함부로 놓아 지내고 잠에 취한 이가 어찌 니르바나의 성에 들어가겠는가. 탐욕 떠나 니르바나를 구현하는 법의 요점을 잘 알고, 다섯 쌓임의 진실한 모습을 살피는 관행에 부지런히 정진하면, 그는 붇다로부터 얻음 없이 니르바나의 공덕을 얻는 자로 언약받을 것이다.

저 언덕을 향해 길 가는 이가, 먼저 저 언덕에 잘 가신 이 · 그 길을 잘 아는 이의 가르침을 따르지 않으면, 삶의 셀 수 없는 갈랫길에서 어찌 바른 길을 가며 파리니르바나의 저 언덕에 이르를 것인가.

그렇다면 잘 저 언덕에 가신 이의 가르침은 어디 있는가.

이미 저 언덕에 이르사 니르바나의 땅에 이끄는 여래의 가르침은 법계진리 자체의 모습 없는 모습이라, 늘 우리들의 삶과 함께해 그 무엇으로 헤아릴 수 없으니 『화엄경』(「여래출현품」)은 말한다.

마치 새가 억천 년을 날아다녀도
앞뒤 허공은 평등해 다름이 없듯
오랜 겁에 여래의 행을 연설하여도

이미 설하고 아직 설하지 않음
그 모든 것 헤아려 알 수가 없네.

如鳥飛行億千歲　前後虛空等無別
衆劫演說如來行　已說未說不可量

중생의 번뇌가 이미 니르바나되어 있고 중생의 번뇌의 땅이 법계의 땅인 줄 믿고 보디의 언덕으로 나아가면, 길 가운데 일이 늘 집안 소식 떠나지 않는 것이니, 옛 선사[投子青禪師]의 보디의 길[菩提路]에 대한 다음 노래를 가슴 깊이 새겨보아야 하리라.

막다른 길을 물어 앞으로 나가려니
푸른 버들 꾀꼬리 소리 가는 사람 전송하네.
푯말이 오 리쯤이라 그대에게 말하나니
그때 가리켜주지 않았다 말하지 마라.

問路窮途擬進程　綠楊鶯語送行人
牌標五里向君說　莫道當年不指陳

춘다여, 높은 스승의 법 따라
좌선하고 사유해 방일하지 말라

나는 들었다, 이와 같이.

한때 붇다께서는 카우삼비에 노니시면서 고실라라마 동산에 계셨다.

이에 존자 춘다는 해질녘 좌선에서 일어나, 붇다 계신 곳에 나아가 붇다의 발에 머리를 대 절하고 물러나 한쪽에 앉아 말씀드렸다.

"세존이시여, 세간에는 여러 견해가 나고 또 납니다.

곧 '신(神)이 있다'고 헤아리고 '중생이 있다, 사람[人]이 있다, 목숨[壽, jīva]이 있다, 목숨의 틀[命, ajīva]이 있다, 세간이 있다'고 헤아립니다.

세존이시여, 어떻게 알고 어떻게 보아야 이런 견해를 없어지게 하여버리고 떠날 수가 있으며, 다른 견해를 이어지지 않게 하여 받지 않겠습니까."

차츰 덜어 온갖 견해 없애는 세간 선정의 법을 말씀하심

그때에 세존께서는 말씀하셨다.

"춘다여, 세간에는 여러 견해가 나고 또 난다. 곧 '신이 있다'고 헤아리고 '중생이 있다, 사람이 있다, 목숨이 있다, 목숨의 틀이 있다, 세간이 있다'고 헤아린다.

춘다여, 만약 모든 법을 없애 다해 나머지가 없게 하면, 이렇게 알고 이렇게 보는 이런 견해를 없어지게 하여버리고 떠날 수 있으며, 다른 견해를 이어지지 않게 하여 받지 않을 것이니, 차츰 덜기를 배워야 한다.

춘다여, 거룩한 법과 율 가운데 어떤 것이 차츰 더는 것인가.

비구는 욕심을 떠나고 악하여 착하지 않은 법을 떠나 넷째 선정까지 얻어 성취하여 노닌다. 그는 이렇게 생각한다.

'나는 차츰 덜기를 행하자.'

춘다여, 거룩한 법과 율 가운데는 다만 이렇게 차츰 덜기만 하지 않는다. 네 가지 더욱 오르는 마음[四增上心]으로 현재법에서 즐겁게 머묾[現法樂居]이 있으니, 수행자는 이를 따라 일어나서 다시 들어온다. 그는 이렇게 생각한다.

'나는 차츰 덜기를 행하자.'

춘다여, 거룩한 법과 율 가운데는 다만 이렇게 차츰 덜기만 하지 않는다. 비구는 온갖 모습의 생각[一切色想]을 건너, 생각 있음도 아니고 생각 없음도 아닌 곳[非有想非無想處]까지 얻어 성취하여 노닌다. 그는 이렇게 생각한다.

'나는 차츰 덜기를 행하자.'

춘다여, 거룩한 법과 율 가운데는 다만 이렇게 차츰 덜기만 하지 않는다. 네 가지 쉼의 해탈[四息解脫]이 있어 물질을 떠나고 물질 없음[無色]을 얻으니, 비구는 이 해탈의 일어남을 따라 남을 위하여 설법해야 한다. 그는 이렇게 생각한다.

'나는 차츰 덜기를 행하자.' "

색계 · 무색계 선정을 보이신 뒤 계행의 쉼을 보이심

"춘다여, 거룩한 법과 율 가운데는 다만 이렇게 차츰 덜기만 하지 않는다.

춘다여, 남들은 나쁜 욕심과 욕심 생각함이 있지만, 나는 나쁜 욕심과 욕심 생각함이 없는가. 이렇게 차츰 덜기를 배워야 한다.

춘다여, 남들은 해칠 뜻과 성냄이 있는데, 나는 해칠 뜻과 성냄이 없는가. 이렇게 차츰 덜기를 배워야 한다.

춘다여, 남들은 산목숨을 죽이고 주지 않는 것을 가지고 범행이 아닌 것이 있는데, 나는 산목숨을 죽이지 않고 주지 않는 것은 가지지 않으며 범행이 아닌 것이 없는가. 이렇게 차츰 덜기를 배워야 한다.

춘다여, 남들은 탐욕 늘림과 다투는 뜻, 잠과 졸음에 얽매임, 조롱 · 뽐냄이 있고 또 의혹이 있는데, 나는 의혹이 없는가. 이렇게 차츰 덜기를 배워야 한다.

춘다여, 남들은 성냄의 맺음 · 아첨 · 속임, 스스로와 남에 부끄러움 없음이 있는데, 나는 스스로와 남에 부끄러움이 있는가. 이렇게 차츰 덜기를 배워야 한다.

춘다여, 남들은 거만이 있는데, 나는 거만이 없는가. 이렇게 차츰 덜기를 배워야 한다.

춘다여, 남들은 늘어나는 교만이 있고, 나는 늘어나는 교만[增慢]이 없는가. 이렇게 차츰 덜기를 배워야 한다.

춘다여, 남들은 많이 듣지 못하는데 나는 많이 들음[多聞]이 있는가. 이렇게 차츰 덜기를 배워야 한다.

춘다여, 남들은 모든 착한 법을 살피지 못하는데, 나는 모든 착한 법을 살피는가. 이렇게 차츰 덜기를 배워야 한다.

춘다여, 남들은 그른 법과 악한 행을 행하는데, 나는 옳은 법[是法]과 묘한 행[妙行]을 행하는가. 이렇게 차츰 덜기를 배워야 한다.

춘다여, 남들은 거짓말과 이간하는 말·거친 말·꾸밈말의 나쁜 계가 있는데, 나는 나쁜 계가 없는가. 이렇게 차츰 덜기를 배워야 한다.

춘다여, 남들은 믿지 않음과 게으름과 바른 생각 없음, 선정 없음이 있고 나쁜 지혜가 있는데, 나는 나쁜 지혜가 없는가. 이렇게 차츰 덜기를 배워야 한다."

계·정·혜 갖추는 마음 일으킴을 보이심

"춘다여, 만약 다만 마음을 내어 모든 착한 법 배우기를 생각하면 곧 요익되는 바가 많은데, 하물며 다시 몸과 입으로 착한 법을 행함이겠는가.

춘다여, 남들은 나쁜 욕심과 욕심 생각함이 있지만, 나는 나쁜 욕심과 욕심 생각함이 없다. 이렇게 마음을 내어야 한다.

춘다여, 남들은 해칠 뜻과 성냄이 있지만, 나는 해칠 뜻과 성냄이 없다. 이렇게 마음을 내어야 한다.

춘다여, 남들은 산목숨을 죽이고 주지 않는 것을 가지고 범행이 아닌 것이 있지만, 나는 범행이 아닌 것이 없다. 이렇게 마음을 내어야 한다.

춘다여, 남들은 탐욕 늘림과 다투는 뜻, 잠과 졸음에 얽매임, 조롱·뽐냄이 있고 또 의혹이 있지만, 나는 의혹이 없다. 이렇게 마음을 내어야 한다.

춘다여, 남들은 성냄의 맺음·아첨·속임, 스스로와 남에 부끄러움 없음이 있지만, 나는 부끄러움이 있다. 이렇게 마음을 내어야 한다.

춘다여, 남들은 거만이 있는데, 나는 거만이 없다. 이렇게 마음을 내어야 한다.

춘다여, 남들은 늘어나는 교만이 있지만 나는 늘어나는 거만이 없다. 이렇게 마음을 내어야 한다.

춘다여, 남들은 많이 듣지 못하지만 나는 많이 듣는다. 이렇게 마음을 내어야 한다.

춘다여, 남들은 모든 착한 법을 살피지 못하지만, 나는 모든 착한 법을 살핀다. 이렇게 마음을 내어야 한다.

춘다여, 남들은 그른 법과 악한 행을 행하지만, 나는 옳은 법과 묘한 행을 행한다. 이렇게 마음을 내어야 한다.

춘다여, 남들은 거짓말과 이간하는 말 · 거친 말 · 꾸밈말의 나쁜 계가 있지만, 나는 나쁜 계가 없다. 이렇게 마음을 내어야 한다.

춘다여, 남들은 믿지 않음[不信]과 게으름[懶怠]과 바른 생각 없음[無念], 선정 없음[無定]이 있고 나쁜 지혜[惡慧]가 있지만, 나는 나쁜 지혜가 없다. 이렇게 마음을 내어야 한다."

서로 마주하는 법을 보이심

"춘다여, 마치 악한 도[惡道]와 바른 도[正道]가 마주함[對]이 되고, 악한 건넘[惡度]과 바른 건넘[正度]이 마주함이 됨과 같다.

나쁜 욕심은 나쁜 욕심이 아닌 것과 마주하고, 해칠 뜻과 성냄도 해칠 뜻과 성냄 아닌 것과 마주한다.

산목숨 죽이고 주지 않은 것을 가지는 등 범행이 아닌 것은 범행과 마주하고, 탐욕 늘림과 다투는 뜻, 잠과 졸음, 들뜸 · 뽐냄과 의혹은 의혹 등이 아닌 것과 마주한다.

성냄의 맺음과 아첨 · 속임과 나와 남에 부끄러움이 없음은 나와 남에 대한 부끄러움과 마주하고, 거만은 거만이 아닌 것과 마주하며, 늘어나는 거만은 늘어나는 거만이 아닌 것과 마주한다.

많이 들음 아닌 것은 많이 들음과 마주하며, 모든 착한 법을 살피지 않는 것은 모든 착한 법을 살피는 것과 마주하며, 그른 법[非法]과 악한 행[惡行]을 행하는 것은 옳은 법[是法]과 묘한 행[妙行]을 행하는 것과 마주한다. 거짓말과 이간하는 말 · 거친 말 · 꾸밈말의 나쁜 계는 착한 계와 마주하며, 믿지 않고 게으르며 바른 생각이 없고 선정이 없으며 나쁜 지혜는 좋은 지혜와 마주한다."

서로 마주하는 법을 보이신 뒤 더욱 위로 오르는 법을 보이심

"춘다여, 어떤 법이 검으면 검은 갚음이 있어 나쁜 곳으로 나아가고, 어떤 법이 희면 흰 갚음이 있어 위로 오르게 된다.

이와 같이 춘다여, 나쁜 욕심은 나쁜 욕심이 아닌 것으로써 위로 오르게 되고, 해칠 뜻과 성냄은 해칠 뜻과 성냄이 아닌 것으로써 위로 오르게 된다.

산목숨 죽이고 주지 않는 것을 가지는 범행이 아닌 것은 범행으로써 위로 오르게 되고, 탐욕 늘림과 다투는 뜻, 잠과 졸음, 들뜸 · 뽐냄과 의혹은 의혹이 아닌 것으로써 위로 오르게 된다.

성냄의 맺음과 아첨 · 속임과 나와 남에 부끄러움이 없는 것은 나와 남에 부끄러움으로써 위로 오르게 되고, 거만은 거만이 아닌 것으로써 위로 오르게 되며, 늘어나는 교만은 늘어나는 교만이 아닌 것으로써 위로 오르게 된다.

많이 들음 아닌 것은 많이 들음으로써 위로 오르게 되며, 모든 착한 법을 살피지 않는 것은 모든 착한 법을 살피는 것으로써 위로 오르게 되고, 그른 법과 악한 행을 행하는 것은 옳은 법과 묘한 행으로써 위로 오르게 된다.

거짓말과 이간하는 말 · 거친 말 · 꾸밈말의 나쁜 계는 좋은 계로써 위로 오르게 되고, 믿지 않고 게으르며, 바른 생각이 없고 선정이 없는 나쁜 지혜는 좋은 지혜로써 위로 오르게 된다."

위로 오르는 법으로 파리니르바나에 들어감을 보이심

"춘다여, 만약 스스로를 길들여 다루지 않고, 남의 길들이지 않은 것을 길들여 이루려고 하면 끝내 그럴 수 없고, 스스로 빠져 있으면서 남의 빠진 것을 건져내려 한다면 끝내 그럴 수 없다.

스스로 파리니르바나하지 못하고 남의 파리니르바나하지 못한 것을 파리니르바나하도록 한다면 끝내 그럴 수 없다.

춘다여, 만약 스스로를 길들여 다루고 남의 길들이지 않은 것을 길들여 다루려 한다면 반드시 그럴 수 있고, 스스로 빠져 있지 않고 남의 빠져 있는 것을 건져내려 한다면 반드시 그럴 수 있다.

스스로 파리니르바나하고 남이 파리니르바나하지 못한 것을 파리니르바나하도록 한다면 반드시 그럴 수 있다.

이와 같이 춘다여, 나쁜 욕심은 나쁜 욕심이 아닌 것으로써 파리니르바나하게 되고, 해칠 뜻과 성냄은 해칠 뜻과 성냄이 아닌 것으로써 파리니르바나하게 되며, 산목숨 죽이고 주지 않는 것을 가지는 범행이 아닌 것은 범행으로써 파리니르바나하게 된다.

탐욕 늘림과 다투는 뜻, 잠과 졸음, 들뜸 · 뽐냄과 의혹은 의혹이 아닌 것으로써 파리니르바나하게 되고, 성냄의 맺음과 아첨 · 속임과 나와 남에 부끄러움이 없는 것은 나와 남에 부끄러움으로써 파리니르바나하게 된다.

거만은 거만이 아닌 것으로써 파리니르바나하게 되며, 늘어나는 교만은 늘어나는 교만이 아닌 것으로써 파리니르바나하게 된다.

많이 들음 아닌 것은 많이 들음으로써 파리니르바나하게 되고, 모든 착한 법을 살피지 않는 것은 모든 착한 법을 살피는 것으로써 파리니르바나하게 되며, 그른 법과 악한 행을 행하는 것은 옳은 법과 묘한 행으로써 파리니르바나하게 된다.

거짓말과 이간하는 말 · 거친 말 · 꾸밈말의 나쁜 계는 좋은 계로써 파리니르바나하게 되고, 믿지 않고 게으르며, 바른 생각이 없고 선정이 없는 나쁜 지혜는 좋은 지혜로써 파리니르바나하게 된다."

여래를 따라 파리니르바나의 법을 행해 정진할 것을 당부하심

"이것이 춘다여, 내가 이미 너를 위해 점차 더는 법[漸損法] 말한 것이다.

이렇듯 이미 마음을 내는 법[發心法]을 말하였으며, 이미 마주하는 법[對法]을 말하였고, 이미 위로 오르는 법[昇上法]을 말하였으며, 이미 파리니르바나의 법[般涅槃法]을 말하였다.

높은 스승의 처소에서 제자를 위하여 큰 사랑과 슬픔을 일으켜 가엾이 생각하고 불쌍히 여기며, 뜻과 요익됨을 구하고 안온한 즐거움을 구하여, 내가 이미 지은 것처럼 너희들 또한 스스로 다음처럼 지어가야 한다.

곧 일없는 곳[無事處]인 산숲 · 나무 밑 · 비어 고요한 곳에 가서 좌선하고 사유하여 방일하지 말고, 더욱 부지런히 정진하여 뒤에 뉘우치지 말게 하라. 이것이 나의 가르침이요 나의 깨우쳐줌이다."

붇다께서 이렇게 말씀하시니, 존자 춘다와 여러 비구들은 붇다의 말씀을 듣고, 기뻐하며 받들어 행하였다.

• 중아함 91 주나문견경(周那問見經)

• 해설 •

연기법의 진실을 알지 못하므로 연기된 존재에 대한 갖가지 견해가 난다. 견해를 더욱 늘리는 길이 있고 견해를 없애 해탈로 나아가는 길이 있으니, 존재의 연기성을 통달해 모습에서 모습을 떠나지 않으면 견해는 더욱 늘어 사라지지 않는다.

연기된 법이 공하여 법 아닌 줄 알지 못하므로 안으로 신묘하게 아는 앎[識]을 세우고, 밖으로 중생과 세계의 모습을 세워 기나긴 밤 견해를 집착하여 나고 죽음에서 해탈하지 못한다.

어떤 것이 견해를 없애 해탈로 나아가는 길인가. 모습에 물든 탐욕을 없애 탐욕 떠난 색계의 선정[色界定]과 색계의 존재의 집착을 떠난 무색계의 선정[無色定]을 성취하고, 끝내 무색계의 네 가지 선정까지 모두 쉬어, 느낌과 모습 취함 사라진 해탈[四息解脫]의 길이 견해 없애는 길이다.

또한 선정의 마음으로 온갖 모습에 물들고 견해에 물든 그릇된 행 · 해치는 행 · 훔치는 행을 쉬어 바른 계행을 성취하고 범행을 성취하는 것이 견해 없애는 길이다.

중생의 세간에는 두 가지 마주하는 행이 있다. 두 가지 마주하는 행은 착함과 악함, 옳은 행과 그른 행, 밝음과 어두움이다. 두 가지 마주함은 악함이 엷어지지 않으면 착함이 늘어나지 않고, 그른 행이 줄지 않으면 옳은 행이 더하지 않으며, 어두움이 없어지지 않으면 밝음이 나지 않는다.

두 법이 마주하므로 중생은 악함을 끊고 착함에 나아가고, 그름을 줄여 옳음을 늘리고, 어두움을 없애 밝음을 내려는 마음을 일으켜야 한다.

그러나 끊음이 있고 얻음이 있으며 줄어듦이 있고 늘어남이 있으면 파리니르바나의 길이 아니니, 착함과 악함[善惡] · 옳음과 그름[是非] · 밝음과 어두움[明暗]이 본래 공해 서로 상대해서 나는 법인 줄 알아, 악과 그름을 끊되 끊음 없이 끊고 선과 옳음을 행하되 행함 없이 행해 지음 없이 선을 행하고 얻음 없이 바른 행을 이룰 때, 참된 지혜의 밝음이 되니 이것이 파리니르바나의 길이다.

여래는 본래 니르바나되어 있는 진리의 땅에서 끊음 없이 악을 끊고 다함없이 어두움을 다해 시방에 두루한 한량없는 마음 평등한 마음을 성취하고 비춤 없되 비추지 않음이 없는 지혜의 밝음을 성취하였다.

그리하여 중생을 위해 큰 사랑과 가엾이 여김을 일으키고 중생을 위해 안온한 즐거움을 구해 중생에게 그 길을 가르치니, 우리 중생 또한 이미 파리니르바나를 성취한 여래를 따라 파리니르바나의 길을 걸어야 할 것이다.

파리니르바나의 처소는 그 어디인가.

'한 빛깔 한 냄새도 중도실상 아님이 없다'[一色一香無非中道]고 했고, '법 이루고 법 무너뜨림이 곧 도량 아님이 없다'[成法破法無非道場]고 했으니, 중생이 고통 속에 울부짖고 소리 지르는 이 세간의 땅이 파리니르바나의 처소이고, 꽃피고 새 지저귀고 바람 불고 비바람 치는 중생의 이 땅이 파리니르바나의 처소이다.

이미 파리니르바나의 땅 중도실상의 땅에 계시며 중생을 파리니르바나의 땅에 이끄시는 여래의 교화의 모습은 어떠한가.

『화엄경』(「여래출현품」)은 이렇게 말한다.

바르게 깨치신 이는 온갖 법이
둘이 없고 둘을 떠나 다 평등하여
자기성품 청정해 허공 같음 깨치시사
나와 나 아님 분별하지 않으시네.

正覺了知一切法 無二離二悉平等

自性淸淨如虛空　我與非我不分別

바다가 도장 찍어 중생의 몸 나투면
이 때문에 큰 바다가 된다고 말하듯
보디가 마음의 지어감 널리 도장 찍으면
이 때문에 바른 깨침이라고 말하도다.

如海印現衆生身　以此說其爲大海
菩提普印諸心行　是故說名爲正覺

금시조가 허공에서 큰 바다 살피며
물을 쪼개 용의 무리들 움켜잡듯
열 가지 힘 갖추신 세간의 영웅
선근의 사람들을 빼어주시어
있음의 바다 벗어나게 하시사
갖가지 온갖 미혹 없애주시네.

金翅在空觀大海　闢水搏取龍男女
十力能拔善根人　令出有海除衆惑

크신 스승의 법을 따라 그릇된 견해 떠나면 믿어야 할 다른 길이 없나니

나는 들었다, 이와 같이.

한때 붇다께서는 쿠루수 국에 노니시면서 쿠루수 국의 도읍인 칼마슈담야에 계셨다.

그때에 세존께서는 비구들에게 말씀하셨다.

"이 가운데는 으뜸가는 사문과 두 번째 세 번째 네 번째 사문이 있고, 이밖에는 다시 사문과 브라마나가 없다. 다른 길[異道]에는 온갖 곳이 텅 비어 사문과 브라마나가 없다.

너희들은 대중 가운데 따라 있을 때에는 이와 같이 바로 사자처럼 외쳐라."

붇다의 법밖에 참된 해탈의 법이 없음을 답하게 하심

"비구들이여, 어떤 배움 다른 이가 와서 너희에게 이렇게 묻는다 하자.

'여러 어진 이들이여, 그대들에게는 어떤 행이 있고 어떤 힘이 있으며 어떤 지혜가 있어서, 그대들로 하여금 이렇게 말하게 하오.

〈이 가운데는 으뜸가는 사문과 두 번째 세 번째 네 번째 사문이 있고, 이밖에는 다시 사문과 브라마나가 없다. 다른 길에는 온갖 곳이 텅 비어 사문과 브라마나가 없다.

너희들은 대중 가운데 따라 있을 때에는 이와 같이 바로 사자처럼

외쳐라.〉'

비구들이여, 너희들은 그 배움 다른 이들에게 이와 같이 대답해야 한다.

'우리 세존께서는 바른 앎이 있고, 봄이 있소. 여래 · 집착이 없는 이 · 바르게 깨친 분께서는 네 법을 말씀하시는데, 이 네 법으로 말미암아 우리들을 이렇게 말하게 하는 것이오.

〈이 가운데는 으뜸가는 사문과 두 번째 세 번째 네 번째 사문이 있고, 이밖에는 다시 사문과 브라마나가 없다. 다른 길에는 온갖 곳이 텅 비어 사문과 브라마나가 없다.

너희들은 대중 가운데 따라 있을 때에는 이와 같이 바로 사자처럼 외쳐라.〉

어떤 것이 넷인가 하면, 다음과 같소.

여러 어진 이들이여, 우리는 높은 스승을 믿고, 법을 믿고, 계덕 갖춤을 믿고, 도를 같이 하는 사람을 사랑하고 공경하며 정성껏 받들어 섬기오.

여러 어진 이들이여, 우리 세존께서는 바른 앎이 있고 봄이 있소. 여래 · 집착이 없는 이 · 바르게 깨친 분께서는 이 네 법을 말씀하시는데, 이 네 법으로 말미암아 우리들을 이렇게 말하게 하는 것이오.

〈이 가운데는 으뜸가는 사문과 두 번째 세 번째 네 번째 사문이 있고, 이밖에는 다시 사문과 브라마나가 없다. 다른 길에는 온갖 곳이 텅 비어 사문과 브라마나가 없다.

너희들은 대중 가운데 따라 있을 때에는 이와 같이 바로 사자처럼 외쳐라.〉'"

견해를 떠난 여래의 법과, 배움 다른 이들의 견해의 법이 서로 다름을 문답케 하심

"비구들이여, 배움 다른 이들은 다시 이렇게 말할 것이다.

'여러 어진 이들이여, 우리 또한 높은 스승을 믿으니, 곧 우리의 높은 스승을 말하고, 법을 믿으니 곧 우리 법을 말하며, 계덕 갖춤이란 우리 계를 말하며, 도를 같이 하는 사람을 사랑하고 공경하며 정성껏 받들어 섬기니, 곧 우리 도를 같이 하는 집을 나온 이[出家者]와 집에 사는 이[在家者]들이오.

여러 어진 이들이여, 사문 고타마와 우리들의 이 두 가지 말에 어느 것이 빼어나고 어떤 뜻이 있으며, 어떤 차별이 있는가.'

비구들이여, 너희들은 그 배움 다른 이들에게 이와 같이 말해야 할 것이다.

'여러 어진 이들이여, 하나의 마쳐 다함[一究竟]인가 여럿의 마쳐 다함[衆多究竟]인가.'

비구들이여, 만약 배움 다른 이들이 이와 같이 답한다 하자.

'여러 어진 이들이여, 하나의 마쳐 다함이 있고 여럿의 마쳐 다함이 없소.'

비구들이여, 너희들은 다시 배움 다른 이들에게 이렇게 물어야 한다.

'욕심이 있는 사람이 마쳐 다함을 얻는 것을 옳다고 하겠는가, 욕심이 없는 사람이 마쳐 다함을 얻는 것을 옳다고 하겠는가.'

비구들이여, 만약 배움 다른 이들이 다음과 같이 대답한다 하자.

'욕심이 없는 사람이 마쳐 다함을 얻는다는 것은 옳고, 욕심이 있는 사람이 마쳐 다함을 얻는다는 것은 옳지 않다.'

그러면 너희들은 다시 배움 다른 이들에게 이렇게 물어야 한다.

'여러 어진 이들이여, 성냄이 있는 사람이 마쳐 다함을 얻는다는 것을 옳다고 하겠는가, 성냄이 없는 사람이 마쳐 다함을 얻는 것을 옳다고 하겠는가.'

비구들이여, 만약 배움 다른 이들이 이렇게 답한다 하자.

'성냄이 없는 사람이 마쳐 다함을 얻는다는 것은 옳고, 성냄이 있는 사람이 마쳐 다함을 얻는다는 것은 옳지 않다.'

그러면 비구들이여, 너희들은 다시 배움 다른 이들에게 이렇게 물어야 한다.

'여러 어진 이들이여, 어리석음이 있는 사람이 마쳐 다함을 얻는 것을 옳다고 하겠는가, 어리석음이 없는 사람이 마쳐 다함을 얻는 것을 옳다고 하겠는가.'

비구들이여, 만약 배움 다른 이들이 이렇게 답한다 하자.

'어리석음이 없는 사람이 마쳐 다함을 얻는 것은 옳고, 어리석음이 있는 사람이 마쳐 다함을 얻는 것은 옳지 않다.'

그러면 비구들이여, 너희들은 다시 배움 다른 이들에게 이렇게 물어야 한다.

'여러 어진 이들이여, 애욕이 있고 받음이 있는 사람이 마쳐 다함을 얻는 것을 옳다고 하겠는가, 애욕이 없고 받음이 없는 사람이 마쳐 다함을 얻는 것을 옳다고 하겠는가.'

비구들이여, 만약 배움 다른 이들이 이렇게 답한다 하자.

'애욕이 없고 받음이 없는 사람이 마쳐 다함을 얻는 것은 옳고, 애욕이 있고 받음이 있는 사람이 마쳐 다함을 얻는 것은 옳지 않다.'

비구들이여, 너희들은 다시 배움 다른 이들에게 이렇게 물어야 한다.

'지혜가 없고 지혜를 말하지 않는 사람이 마쳐 다함을 얻는 것을 옳다고 하겠는가, 지혜가 있고 지혜를 말하는 사람이 마쳐 다함을 얻는 것을 옳다고 하겠는가.'

비구들이여, 만약 배움 다른 이들이 이렇게 답한다 하자.

'지혜가 있고 지혜를 말하는 사람이 마쳐 다함을 얻는 것은 옳고, 지혜가 없고 지혜를 말하지 않는 사람이 마쳐 다함을 얻는 것은 옳지 않다.'

비구들이여, 너희들은 다시 배움 다른 이들에게 이렇게 물어야 한다.

'여러 어진 이들이여, 미워함이 있고 다툼이 있는 사람이 마쳐 다함을 얻는 것을 옳다고 하겠는가, 미워함이 없고 다툼이 없는 사람이 마쳐 다함을 얻는 것을 옳다고 하겠는가.'

비구들이여, 만약 배움 다른 이들이 이렇게 답한다 하자.

'미워함이 없고 다툼이 없는 사람이 마쳐 다함을 얻는 것은 옳고, 미워함이 있고 다툼이 있는 사람이 마쳐 다함을 얻는 것은 옳지 않다.'"

마쳐 다함은 모습이 다하고 견해가 다한 것임을 보이심

"비구들이여, 너희들은 그 배움 다른 이들을 위하여 이렇게 물어야 한다.

'여러 어진 이들이여, 이것이 그대들이 말한 것이라면 하나의 마쳐 다함이 있다는 것은 옳고 여러 가지 마쳐 다함은 옳지 않음인가.

욕심이 없는 자가 마쳐 다함을 얻는 것은 옳고 욕심이 있는 자가 마쳐 다함을 얻는 것은 옳지 않음인가.

성냄이 없는 자가 마쳐 다함을 얻는 것은 옳고 성냄이 있는 자가 마쳐 다함을 얻는 것은 옳지 않음인가.

어리석음이 없는 자가 마쳐 다함을 얻는 것은 옳고 어리석음이 있는 자가 마쳐 다함을 얻는 것은 옳지 않음인가.

애욕이 없고 받음이 없는 자가 마쳐 다함을 얻는 것은 옳고 애욕이 있고 받음이 있는 자가 마쳐 다함을 얻는 것은 옳지 않음인가.

지혜가 있고 지혜를 말하는 자가 마쳐 다함을 얻는 것은 옳고 지혜가 없고 지혜를 말하지 않는 자가 마쳐 다함을 얻는 것은 옳지 않음인가.

미워함이 없고 다툼이 없는 자가 마쳐 다함을 얻는 것은 옳고 미워함이 있고 다툼이 있는 자가 마쳐 다함을 얻는 것은 옳지 않음인가.'

만약 어떤 사문이나 브라마나가 있어서 한량없는 견해를 의지하면 그 온갖 것은 두 견해를 의지함이니, '있다'는 견해와 '없다'는 견해이다.

'있다'는 견해를 의지하면 그는 곧 '있다는 견해'[有見]만을 집착하여 있다는 견해를 믿고, 있다는 견해에 머물러 '없다는 견해'[無見]를 미워하여 다툰다.

만약 '없다'는 견해를 의지하면 그는 곧 '없다는 견해'를 집착하여 없다는 견해를 믿고, 없다는 견해에 머물러 '있다는 견해'를 미워하고 다툰다.

어떤 사문이나 브라마나가 원인[因]을 모르고 익히어냄[習]을 모르며, 사라짐[滅]을 모르고 다함[盡]을 모르며, 맛들임[味]을 모르고 걱정거리[患]를 모르며, 진실 그대로의 벗어남[出要如眞]을 알지 못한다 하자.

그러면 그는 온갖 것[一切]에 욕심이 있고 성냄이 있으며, 어리석음이 있고 애욕이 있고 받음이 있으며, 지혜가 없고 지혜를 말하지 못하며, 미워함이 있고 다툼이 있다.

그는 곧 나고 늙고 병들어 죽음을 떠나지 못하고 또한 시름과 슬픔 · 울음 · 걱정 · 괴로움 · 번민을 벗어나지 못하고 괴로움의 끝을 얻지 못한다.

만약 어떤 사문이나 브라마나가 두 견해에 대해서 원인을 알고 익히어냄을 알며, 사라짐을 알고 다함을 알며, 맛들임을 알고 걱정거리를 알며, 진실 그대로의 벗어남을 안다 하자.

그러면 그는 온갖 것에 욕심이 없고 성냄이 없고 어리석음이 없으며, 애욕이 없고 받음이 없으며, 지혜가 있고 지혜를 말하며, 미워함이 없고 다툼이 없다.

그는 곧 나고 늙고 병들어 죽음을 떠나게 되고, 또한 시름과 슬픔 · 울음 · 걱정 · 괴로움 · 번민을 벗어나게 되어 곧 괴로움의 끝을 얻는다."

탐욕의 받아들임뿐 아니라, 온갖 견해와 법의 집착도 끊어야 함을 보이심

"어떤 사문이나 브라마나는 받아들임[受] 끊기를 힘쓴다. 그러나 온갖 받아들임[一切受]을 끊는 것은 힘쓰지 않는다.

욕심의 받아들임[欲受] 끊는 것을 힘쓰나 계의 받아들임[戒受], 견해의 받아들임[見受], '나'의 받아들임[我受]은 버리지 않는다.

왜 그런가. 그 사문이나 브라마나는 세 곳[三處]을 진실대로 알지 못하기 때문이다.

그러므로 그는 비록 받아들임 끊기를 힘쓰지만 온갖 받아들임 끊는 것은 힘쓰지 않는다.

또 어떤 사문이나 브라마나는 받아들임 끊기를 힘쓰지만 온갖 받아들임 끊는 것은 힘쓰지 않는다. 욕심의 받아들임과 계의 받아들임 끊는 것은 힘쓰고, 견해의 받아들임과 '나'의 받아들임 끊는 것은 힘쓰지 않는다.

왜 그런가. 그 사문이나 브라마나는 두 곳[二處]을 진실대로 알지 못하기 때문이다. 그러므로 그는 비록 받아들임 끊기를 힘쓰지만 온갖 받아들임 끊는 것은 힘쓰지 않는다.

또 어떤 사문이나 브라마나는 받아들임 끊기를 힘쓰지만 온갖 받아들임 끊는 것은 힘쓰지 않는다. 욕심의 받아들임, 계의 받아들임, 견해의 받아들임 끊는 것을 힘쓰고, '나'의 받아들임 끊는 것은 힘쓰지 않는다.

왜 그런가. 그 사문이나 브라마나는 한 곳[一處]을 진실대로 알지 못하기 때문이다. 그러므로 그는 비록 받아들임 끊는 것은 힘쓰지만 온갖 받아들임 끊는 것은 힘쓰지 않는다.

이와 같은 법(法)과 율(律)에서는 만약 높은 스승을 믿더라도 그것은 바른 것이 아니요 으뜸가는 것이 아니다.

법을 믿더라도 또한 바른 것이 아니요 으뜸이 아니다.

계덕을 갖추어도 또한 바른 것이 아니요 으뜸이 아니다.

도를 같이하는 사람을 사랑하고 공경하며, 정성껏 받들어 섬기더라도 또한 바른 것이 아니요 으뜸이 아니다."

견해와 온갖 받아들임 다한 니르바나의 법을 보이심

"만약 어떤 여래가 세상에 나오시면 그는 집착이 없는 이 · 바르게 깨친 분 · 지혜와 행 갖춘 분 · 잘 가신 이 · 세간을 잘 아시는 분 · 위없는 스승 · 잘 다루는 장부 · 하늘과 사람의 스승으로 붇다 세존이라 이름한다.

그는 받아들임 끊기를 힘쓰고 현재법에서 온갖 받아들임[一切受] 끊기를 힘쓰고, 욕심의 받아들임 · 계의 받아들임 · 견해의 받아들임 · 나의 받아들임 끊기를 힘쓴다.

이 네 가지 받아들임[四受]은 어떤 것이 원인이고 어떤 것이 익히어 내며, 무엇을 좇아나고 무엇을 근본으로 하는가.

이 네 가지 받아들임은 무명을 원인으로 하고 무명이 익히어 내며, 무명을 좇아 나고 무명을 근본으로 한다.

만약 어떤 비구가 무명(無明, avidyā)이 이미 다하고 밝음[明, vidya]이 이미 생기면, 그는 곧 그로부터는 다시 욕심의 받아들임과 계의 받아들임, 견해의 받아들임, 나의 받아들임을 받지 않는다.

그는 받아들이지 않은 뒤에 곧 두려워하지 않고, 두려워하지 않은 뒤에는 곧 인연을 끊어 반드시 온전한 니르바나[parinirvāṇa]를 이룬다.

그리하여 태어남이 이미 다하고 범행이 이미 서며, 지을 바를 이미 이루어 다시 뒤의 존재 받지 않음을 진실대로 안다.

이와 같은 법과 율에서는 만약 높은 스승을 믿으면 그것은 바른 것이요 그것은 으뜸이다.

만약 법을 믿으면 그것은 바른 것이요 그것은 으뜸이다.

만약 계덕을 갖추면 그것은 바른 것이요 그것은 으뜸이다.

만약 도를 같이하는 사람을 사랑하고 공경하며 정성껏 받들어 섬기면, 그것은 바른 것이요 그것은 으뜸이다.

'여러 어진 이들이여, 우리에게는 이런 행이 있고 이런 힘이 있으며, 이런 지혜가 있다.

이것으로 말미암아 우리들은 이렇게 말해야 한다.

〈이 가운데는 으뜸가는 사문과 두 번째 세 번째 네 번째 사문이 있고, 이 밖에는 다시 사문과 브라마나가 없다. 다른 길에는 온갖 곳이 텅 비어 사문과 브라마나가 없다.

이 때문에 우리는 대중 가운데서 이렇게 사자처럼 외치는 것이다.〉'"

붇다께서 이렇게 말씀하시자, 여러 비구들은 붇다의 말씀을 듣고 기뻐하며 받들어 행하였다.

• 중아함 103 사자후경(師子吼經)

• 해설 •

세간에는 여러 사문과 브라마나가 있고 여러 사상가가 있고 여러 가지 삶의 스승이 있으나, 왜 붇다의 길 밖의 다른 길 속에는 참된 해탈이 없다고 말하는가.

세존의 깨친 도에는 아는바 모습에 모습이 없으므로 아는 마음에 마음이 없어서 온갖 모습에서 모습을 떠나고 온갖 견해에서 견해를 떠나지만, 다른 길의 스승에게는 저 모습에 쥘 바가 있고 볼 바가 있으므로 그 마음이 보는 바와 쥐는 바에 물든 견해가 있기 때문이다.

세간의 근원이 하나라 하든 둘이라 하든 여럿이라 하든, 연기의 진리에서 보면 붙잡아 쥘 것이 없는 공한 바탕에서 실로 쥘 것을 보아 견해를 세우는 견해의 길이다.

연기의 진리에서는 하나와 여럿, 있음과 없음, 항상함과 덧없음에 모두 그렇다 할 실체가 없어서 하나에 하나가 없고 여럿에 여럿이 없으며, 있음에 있음이 없고 없음에 없음이 없으며, 항상함에 항상함이 없고 덧없음에 덧없음이 없다.

그러므로 하나와 여럿, 있음과 없음에 하나와 여럿, 있음과 없음의 견해가 서지 못한다.

설사 어떤 스승이 하나인 궁극의 진리를 세우고 여럿인 존재의 뿌리를 설정해도 크신 스승 붇다의 도에는 실로 세울 수 없는 견해를 절대화한 허구의 세계관이 되는 것이다.

붇다의 해탈의 도, 벗어남의 도는 모습에 대한 탐욕을 벗어나게 할 뿐 아니라, 모습 없는 고요함이나 그릇된 계의 집착, 신비한 자아의 집착, 절대신성, 몸 가운데 신묘한 영성 그 모두가 존재의 진실을 진실 그대로 살피지 못한 견해이고, 존재의 어떤 한 측면을 절대화한 관념이므로 그 집착까지 벗어나도록 가르친다.

존재의 실상에는 한 법 한 생각도 받아들일 것이 없으므로, 그 어떤 받아들임이 있으면 그것은 무명이 다하지 못한 것이다.

무명이 다해 세간의 모습[世間相]과 출세간의 도[出世道]에 대한 집착을 모두 넘어설 때 견해에서 견해를 벗어난 여래의 해탈의 도가 있다. 그리고 견해를 벗어난 해탈의 도 가운데 참된 스승과 제자의 길이 있으며, 세간에 대한 참된 사랑이 있으며 바른 사문의 길 브라마나의 길이 있다.

이와 같이 견해에서 견해 뛰어난 해탈의 도를 믿고 행하는 자, 그가 이 세간의 대중 가운데서 헛것이 없고 거짓이 없는 진실의 도를 사자처럼 외칠 수 있는 것[獅子吼]이다.

하나[一]와 여럿[多], 있음[有]과 없음[無]의 온갖 법에서 셀 숫자가 없고 취할 바가 없음을 알아 온갖 법에 받아들임이 없어야 보디의 길이 되는 것이니 『화엄경』(「수미정상게찬품」)은 이렇게 말한다.

모든 붇다의 행하신 경계
그 가운데 셀 것이 없네.
실상을 바르게 깨치신 이는
셀 수 있는 법 멀리 떠났으니
이것이 붇다의 참된 법이네.

諸佛所行境 於中無有數
正覺遠離數 此是佛眞法

「여래출현품」 또한 온갖 견해 떠난 여래의 도가 허공처럼 의지하는 곳 없음을 이렇게 가르친다.

모든 붇다의 마음 알려고 하면
붇다의 지혜를 살펴야 한다.
붇다의 지혜는 의지하는 곳 없으니
허공이 의지하는 바 없음과 같네.

欲知諸佛心 當觀佛智慧
佛智無依處 如空無所依

여래의 가르침을 믿고 이해하여 받들어 행함으로 아라한이 되었나니

이와 같이 내가 들었다.

한때 붇다께서는 슈라바스티 국 '외로운 이 돕는 장자의 동산'에 계셨다.

그때 어떤 비구가 자리에서 일어나 오른쪽 어깨를 드러내고 붇다께 절한 뒤에 물러나 한쪽에 서서 붇다께 말씀드렸다.

"거룩하십니다, 세존이시여. 저를 위해 간략히 법의 요점을 말씀해 주십시오.

저는 그 법을 들은 뒤에 홀로 한 고요한 곳에서 오롯이 정진해 사유하면서[專精思惟] 함부로 놓아 지내지 않겠습니다.

그리하여 현재의 법에서 증득하여 '나의 태어남은 이미 다하고 범행은 이미 서고, 지을 바를 이미 지어 뒤의 있음 받지 않는다'고 스스로 알겠습니다."

붇다께서 그 비구에게 말씀하셨다.

"좋고 좋구나. 너는 이렇게 말했는가?

'세존이시여, 저를 위해 간략히 법의 요점을 말씀해주십시오. 저는 그 법을 들은 뒤에 홀로 고요한 곳에서 오롯이 정진해 사유하면서 함부로 놓아 지내지 않겠습니다.

그리하여 현재의 법에서 증득하여 나의 태어남은 이미 다하고 범행은 이미 서고, 지을 바를 이미 지어 뒤의 있음 받지 않는다고 스스로 알겠습니다.' "

이때 그 비구가 붇다께 말씀드렸다.

"그렇습니다, 세존이시여."

다섯 쌓임이 곧 나도 아니요 나 아님도 아님을 듣고 사유해 마음이 해탈함

붇다께서 비구에게 말씀하셨다.

"자세히 듣고 자세히 들어 잘 생각하라. 너를 위해 말해주겠다. 만약 너에게 맞는 것이 아니고 또 다른 사람에게 맞는 것도 아니라면, 이 법은 빨리 끊어 없애야 한다. 그 법을 끊고 나면 바른 뜻으로 요익케 하여 기나긴 밤 동안에 안락할 것이다."

이때 그 비구가 붇다께 말씀드렸다.

"알았습니다, 세존이시여. 알았습니다, 잘 가신 이여."

붇다께서는 그 비구에게 말씀하셨다.

"내가 간략히 말한 법 가운데서 그 뜻을 어떻게 널리 이해하였느냐?"

"세존이시여, 물질은 나[我]가 아니요, '나에게 맞는 것'[我所應]도 아니며, 또한 다른 사람에게 맞는 것[餘人所應]도 아닙니다. 이 법은 빨리 끊어 없애야 합니다. 이 법을 끊어 없애고 나면 바른 뜻으로 요익되게 하여 기나긴 밤 동안 안락할 것입니다.

이와 같이 느낌 · 모습 취함 · 지어감 · 앎도 나가 아니요, 나에게 맞는 것도 아니며, 또한 다른 사람에게 맞는 것도 아니므로 빨리 끊어 없애야 합니다.

그 법을 끊어 없애고 나면 바른 뜻으로 요익되게 하여 기나긴 밤 동안 안락할 것입니다.

이렇게 저는 여래께서 간략히 말씀하신 법에서 그 뜻을 널리 이해하였습니다."

붇다께서 비구에게 말씀하셨다.

"좋고 좋구나. 너는 어떻게 이처럼 내가 간략히 말한 법에서 그 뜻을 널리 이해하였느냐.

왜냐하면 비구여, 물질은 나가 아니요, 나에게 맞는 것도 아니며, 또한 다른 사람에게 맞는 것도 아니기 때문이다. 따라서 이 법은 빨리 없애버려야 한다. 그 법을 없애버리고 나면 바른 뜻으로 요익되게 하여 기나긴 밤 동안 안락할 것이다.

이와 같이 느낌 · 모습 취함 · 지어감 · 앎은 나가 아니요, 나에게 맞는 것도 아니며, 또한 다른 사람에게 맞는 것도 아니기 때문이다. 따라서 이 법도 빨리 없애버려야 한다. 그 법을 없애버리고 나면 바른 뜻으로 요익되게 하여 기나긴 밤 동안 안락할 것이다."

이때 그 비구는 붇다의 말씀을 듣고 마음으로 크게 기뻐하며 붇다께 절하고 물러갔다.

그는 홀로 한 고요한 곳에서 오롯이 정진해 사유하면서 함부로 놓아 지내지 않았다.

그리하여 현재의 법에서 증득하여 '나의 태어남은 이미 다하고 범행은 이미 서고, 지을 바를 이미 지어 뒤의 몸을 받지 않는다'고 스스로 알았다.

이때 그 비구는 마음이 해탈하여 아라한이 되었다.

• 잡아함 18 비피경(非彼經)

• 해설 •

다섯 쌓임의 법이 내가 아니고 나에 맞는 것이 아니므로 끊어 없애야 한다는 가르침도, 중생이 다섯 쌓임이 실로 있다는 집착을 굳게 가지기 때문에 그 집착에 따라 가르침을 펴신 것이다.

다섯 쌓임으로 인해 '나'[我]가 있되 다섯 쌓임도 공한 다섯 쌓임이므로, '나'도 공하고[我空] 다섯 쌓임의 법도 공하다[法空]. '나'는 저 물질을 떠나 없지만 물질이 곧 '내'가 아니며, 물질도 공한 물질이라 '내'가 아니되 남의 것도 아니다. 그러므로 경은 '물질은 나도 아니요, 나에게 맞는 것도 아니고 남에게 맞는 것도 아니다'라고 한 것이다.

'나'란 다섯 쌓임으로 있지만 다섯 쌓임도 곧 공하니, 다섯 쌓임이 실로 있다는 집착을 놓아버리면 다섯 쌓임이 실로 있음도 아니고 실로 없음도 아닌 중도의 진실이 현전한다.

다섯 쌓임이 인연으로 나기 때문에 실로 없다 해도 안 되고, 다섯 쌓임이 인연으로 사라지기 때문에 실로 있다 해도 안 된다.

다섯 쌓임의 실상에 취할 것도 없고 버릴 것도 없다는 가르침을 듣고서, 믿고서 받아 지니어 그 뜻을 오롯이 해 선정의 사유[禪思]로 나아가면, 다섯 쌓임의 실체를 버리되 다섯 쌓임이 공한 진실을 깨뜨리지 않고 현재의 법에서 니르바나를 증득하여 아라한을 이루게 된다.

경의 비구처럼 믿음으로 바른 이해가 서게 되고, 바른 이해를 토대로 바르게 닦아 행하면 배울 것 없는 지위에 나아가 온전히 니르바나의 공덕을 쓰게 된다. 중생의 진실이 온전히 니르바나의 공덕인 줄 알게 될 때, 끝내 진리의 문밖에서 서성대는 온갖 망설임과 여우 같은 의심을 끊게 되어 다시는 법에 의혹하지 않을 것이다.

믿음[信]이 수행자의 첫걸음이지만, 다시 의혹과 망설임이 없는 확신의 삶이 맨 끝 니르바나의 삶이다.

뒷세상을 언약해주는 것은 사람과 태어나는 곳 때문에 언약하는 것이 아니다

나는 들었다, 이와 같이.

한때 붇다께서는 사케타에 노니시면서 푸른 숲속에 계셨다.

그때에 사케타에 세 좋은 종족의 사람이 있었다. 존자 아니룻다와 존자 난디와 존자 킴빌라였다.

그들은 다 나이가 젊고 새로 집을 나와 배우고 있었는데, 함께 와서 이 바른 법 가운데 들어온 지 오래되지 않았다.

그때에 세존께서는 비구들에게 물으셨다.

"이 세 좋은 종족의 사람은 다 나이가 젊고 새로 집을 나와 배우고 있는데, 함께 와서 이 바른 법 가운데 들어온 지 오래지 않다. 이 세 좋은 종족의 사람은 자못 이 바른 법과 율 가운데서 범행(梵行) 행하기를 즐겨하는가."

때에 비구들은 잠자코 대답하지 않았다.

세존께서는 다시 두 번 세 번 비구들에게 물으셨다.

"이 세 좋은 종족의 사람은 다 나이 젊고 새로 집을 나와 배우고 있는데, 함께 와서 이 바른 법 가운데 들어온 지 오래지 않다. 이 세 좋은 종족의 사람은 자못 이 바른 법과 율 가운데서 범행 행하기를 즐겨하는가."

비구들 또한 두 번 세 번 잠자코 대답하지 않았다.

아니룻다 · 난디 · 킴빌라 존자의 범행 닦는 각오를 물으심

이에 세존께서는 스스로 세 좋은 종족의 사람에게 묻고자 하여 존자 아니룻다에게 말씀하셨다.

"너희들 세 좋은 종족의 사람은 다 나이가 젊고 새로 집을 나와 배우고 있는데, 함께 와서 이 바른 법 가운데 들어온 지 오래지 않다.

아니룻다여, 너희들은 자못 이 바른 법과 율 가운데서 범행 행하기를 즐겨하는가."

존자 아니룻다는 말씀드렸다.

"세존이시여, 그렇습니다. 저희들은 이 바른 법을 즐기며 범행을 닦아 행합니다."

세존께서 물으셨다.

"아니룻다여, 너희들은 나이 적은 때 어린이로서 청정하여 머리는 검고 몸은 씩씩하여 놀이를 즐기고 자주 목욕을 즐기고 그 몸을 잘 꾸며 사랑하였다.

그 뒤에 친척들과 그 부모들은 서로 사랑하고 안타까워하여 슬피 울고 눈물을 흘리면서 너희들이 집을 나가 도를 배우도록 하지 못하게 하였다. 그래도 너희들은 수염과 머리를 깎고 가사를 입고, 지극한 믿음으로 집을 버리어 집이 없이 도를 배웠다.

아니룻다여, 너희들은 왕을 두려워하여 도 배움을 행하는 것이 아니다. 또한 도적을 두려워하거나 빚진 것을 두려워하거나 무서운 것을 두려워하거나 가난해 살기 어려워 도를 배우는 것도 아니다.

다만 나고 늙고 병들어 죽음과 울음 근심하는 괴로움을 싫어하고, 다시 큰 괴로움 무더기의 끝을 얻기 위한 것이다.

아니룻다여, 너희들은 이러한 마음을 가졌기 때문에 집을 나와 도를 배우는 것이 아니냐."

대답했다.

"그렇습니다."

"아니룻다여, 만약 좋은 종족의 사람이 이와 같은 마음으로써 집을 나와 도를 배운다면 그것으로 말미암아 한량없는 착한 법을 얻을 줄을 아는가."

존자 아니룻다는 세존께 말씀드렸다.

"세존께서는 법의 근본이시고 법의 주인이시니, 법은 세존을 말미암습니다. 오직 그것을 말씀해주시길 바랍니다. 저희들은 듣고서 뜻을 널리 알게 될 것입니다."

범행 닦는 법을 말씀하시는데 먼저 욕심 떠나 잘 참는 행을 보이심

붇다께서는 곧 말씀하셨다.

"아니룻다여, 너희들은 자세히 듣고 잘 사유해 생각하라. 나는 너희들을 위하여 그 뜻을 분별해주겠다."

아니룻다 등이 분부를 받아 들으니, 세존께서 말씀하셨다.

"아니룻다여, 만약 욕심에 덮이고 악한 법에 묶이면, 버림의 즐거움[捨樂]과 위없는 쉼[無上止息]을 얻지 못할 것이다. 그 마음은 탐냄 · 성냄 · 잠과 졸음을 내어 마음은 즐겁지 않고 몸은 지쳐 늘어지고, 많이 먹고 마음은 걱정할 것이다.

그 비구는 곧 굶주림과 목마름과 추위와 더위, 모기 · 등에 · 파리 · 벼룩과 바람과 햇볕 몰아닥침을 참지 못하고, 욕하는 소리와 몽둥이질 또한 참지 못한다.

몸이 여러 병에 걸려 몹시 괴로워져서 목숨이 끊어질 것 같은 모든 즐겁지 않은 것을 다 견디어 참지 못한다.

왜 그런가. 욕심에 덮이고 악한 법에 묶이어, 버림의 즐거움과 위없는 쉼을 얻지 못하였기 때문이다. 만약 욕심을 떠나고 악한 법에 묶이지 않으면 반드시 버림의 즐거움과 위없는 쉼을 얻을 것이다.

그 마음은 탐냄 · 성냄 · 잠과 졸음을 내지 않고, 마음은 즐겁지 않음을 내지 않고, 몸은 지쳐 늘어지지 않고, 또한 많이 먹지 않으며, 마음은 시름하고 걱정하지 않을 것이다.

그 비구는 굶주림과 목마름과 추위와 더위와 모기 · 등에 · 파리 · 벼룩과 바람과 햇볕 몰아닥침을 참고, 욕하는 소리와 몽둥이질 또한 참는다. 몸이 여러 병에 걸려 매우 괴로워 목숨이 끊어질 듯해도 그 모든 즐겁지 않은 일을 다 견디어 참는다.

왜 그런가. 욕심에 덮이지 않고 악한 법에 묶이지 않고, 또 버림의 즐거움과 위없는 쉼을 얻었기 때문이다."

여래께 없애는 것과 쓰는 것, 견디는 것과 그치는 것, 뱉는 것이 있는 까닭을 말씀해주심

세존께서 물으셨다.

"아니룻다여, 여래는 무슨 뜻으로 없애는 것[所除]이 있고, 쓰는 것[所用]이 있으며, 견디는 것이 있고, 그치는 것이 있으며, 뱉는 것이 있는가."

아니룻다는 세존께 말씀드렸다.

"세존께서는 법의 근본이시고 법의 주인이시니, 법은 세존을 말미암습니다. 오직 말씀해주시길 바랍니다. 저희들은 듣고서는 널리 그 뜻을 알게 될 것입니다."

붇다께서 곧 말씀하셨다.

"아니룻다여, 너희들은 자세히 듣고 잘 사유해 생각하라. 나는 너희를 위하여 그 뜻을 분별해주겠다."

아니룻다 등이 분부를 받아 들으니, 세존께서 말씀하셨다.

"아니룻다여, 모든 번뇌의 더러움이 앞으로 올 존재의 바탕[當來有本]이고, 번뇌의 뜨거움과 괴로움의 갚음이고, 나고 늙고 병들어 죽음의 원인이니, 여래는 다하지 않음이 아니고 알지 못함이 아니다.

그러므로 없애는 것이 있고 쓰는 것이 있으며 견디는 것이 있고 그치는 것이 있으며 뱉어내는 것이 있다.

아니룻다여, 여래는 다만 이 몸으로 말미암아, 그리고 여섯 들이는 곳[六入處]과 목숨[壽命]으로 말미암아 없애는 것이 있고 쓰는 것이 있으며, 견디는 것이 있고 그치는 것이 있으며, 뱉는 것이 있다.

아니룻다여, 여래는 이런 뜻 때문에 없애는 것이 있고 쓰는 것이 있으며, 견디는 것이 있고 그치는 것이 있으며, 뱉는 것이 있다."

여래가 일 없는 곳에서 좌선하는 까닭을 말씀하심

세존께서는 물으셨다.

"아니룻다여, 여래는 어떤 뜻 때문에 일 없는 곳[無事處]이나 산숲 나무 밑에 머무르고, 높은 바위에 살기를 즐기며, 고요하여 소리가 없고, 멀리 떠나 악이 없으며, 사람이 없는 데서 좌선함을 따르는가."

존자 아니룻다는 세존께 말씀드렸다.

"세존께서는 법의 근본이시고 법의 주인이시니, 법은 세존을 말미암습니다. 오직 그것을 말씀해 주시길 바랍니다. 저희들은 듣고서는 널리 그 뜻을 알게 될 것입니다."

"아니룻다여, 너희들은 자세히 듣고 잘 사유해 생각하라. 나는 너희를 위하여 그 뜻을 분별해주겠다."

아니룻다 등이 분부를 받아 들으니, 세존께서 말씀하셨다.

"아니룻다여, 여래는 옛날 아직 얻지 못한 것을 얻기 위하여, 아직 거두지 못한 것을 거두기 위하여, 아직 증득하지 못한 것을 증득하기 위하여 일없는 곳, 산숲, 나무 밑에 머무르고 높은 바위에 살기를 즐겼다. 그리고 고요하여 소리가 없고 멀리 떠나 악이 없으며, 사람이 없는 데서 좌선함을 따르는 것이다.

아니룻다여, 여래는 지금 다만 두 가지 뜻[二義] 때문에 일없는 곳, 산숲, 나무 밑에 머무르고 높은 바위에 살기를 즐기며, 고요하여 소리가 없고, 멀리 떠나 악이 없으며, 사람이 없는 데서 좌선함을 따르는 것이다.

첫째는 스스로 현재법에서 즐겁게 머물기[現法樂居] 위해서이다.

둘째는 뒷세상 사람을 사랑하고 가엾이 여기기[慈愍後生] 때문이다.

그것은 곧 뒷세상 사람들이 여래가 일없는 곳, 산숲, 나무밑에 머무르고 높은 바위에 살기를 즐기며, 고요하여 소리가 없고, 멀리 떠나 악이 없으며, 사람이 없는 데서 좌선함 따르는 것을 본받게 하기 위함이다.

아니룻다여, 여래는 이런 뜻 때문에 일없는 곳, 산숲, 나무 밑에 머무르고 높은 바위에 살기를 즐기며, 고요하여 소리가 없고, 멀리 떠나 악이 없으며, 사람이 없는 데서 좌선함을 따르는 것이다."

세존께서 뒷세상 태어남 언약하시는 까닭을 보이심

세존께서는 물으셨다.

"아니룻다여, 여래는 어떤 뜻 때문에 제자가 목숨 마치면 '아무는 어느 곳에 난다. 아무는 어느 곳에 난다'고 언약해 말하는가."

존자 아니룻다는 세존께 말씀드렸다.

"세존께서는 법의 근본이시고 법의 주인이시니, 법은 세존을 말미암습니다. 오직 그것을 말씀해주시길 바랍니다. 저희들은 듣고서는 널리 그 뜻을 알게 될 것입니다."

붇다께서 곧 말씀하셨다.

"아니룻다여, 너희들은 자세히 듣고 잘 사유해 생각하라. 나는 너희를 위하여 그 뜻을 분별해주겠다."

아니룻다 등이 분부를 받아 들으니, 세존께서 말씀하셨다.

"아니룻다여, 여래는 그 태어나는 곳 때문이거나 사람 때문에 그런 말을 하는 것이 아니요, 또한 사람을 속이거나 또한 사람을 기뻐하게 하기 위하여 제자가 목숨을 마치면 '아무는 어느 곳에 난다, 아무는 어느 곳에 난다'고 언약해 말하는 것이 아니다.

아니룻다여, 여래는 다만 깨끗이 믿는 좋은 종족의 남자와 여인들이 지극히 믿고 사랑하며, 지극히 기쁜 마음으로 이 바른 법과 율을 듣고는 마음으로 이와 같고 이와 같음을 본받기를 바란다.

그렇기 때문에 제자가 목숨을 마치면 아무는 어느 곳에 난다, 아무는 어느 곳에 난다고 언약해 말하는 것이다."

존자 비구의 뒷세상 태어남에 대한 언약을 보이심

"만약 어떤 비구가 다음과 같이 들었다 하자.

'아무 존자는 아무데서 목숨을 마쳤다. 그는 붇다의 언약을 받고, 마쳐 다한 지혜[究竟智]를 얻어 태어남이 이미 다하고 범행이 이미 서고 지을 바를 이미 이루어, 다시는 뒷세상 존재 받지 않음을 진실대로 알았다.'

그 비구는 스스로 그 존자를 보거나 남에게서 자주자주 이런 말을 듣는다.

'그 존자는 이와 같이 믿음이 있었고 이와 같이 계를 지녔으며, 이와 같이 널리 들었고 이와 같이 은혜로 베풀었으며, 이와 같은 지혜가 있었다.'

그 사람은 그것을 들은 뒤에는 그 존자에게 믿음이 있고 계 지님과 널리 들음, 은혜로 베풂, 지혜가 있음을 기억한다. 그리고 이 바른 법과 율을 들은 뒤에는, 마음으로 이와 같고 이와 같음 본받기를 원한다. 아니룻다여, 이와 같은 비구는 반드시 보다 안락하게 머물러 살게 될 것이다.

아니룻다여, 다시 어떤 비구가 다음과 같이 듣는다.

'아무 존자는 아무데서 목숨을 마쳤다. 그는 붇다의 언약을 받고 다섯 가지 낮은 곳의 묶음[五下分結]이 이미 다해 그 사이에 나서 온전한 니르바나에 들고 물러나지 않는 법을 얻어 이 세상에 돌아오지 않는다.'

그는 스스로 그 존자를 보거나 남에게서 자주자주 이렇게 말을 듣는다.

'그 존자는 이와 같이 믿음이 있었고 이와 같이 계 지님과 이와 같이 널리 들음, 이와 같이 은혜로 베풂, 이와 같은 지혜가 있었다.'

그 비구는 이것을 들은 뒤에 그 존자는 믿음이 있었고 계 지님과 널리 들음, 은혜로 베풂, 지혜가 있음을 기억한다. 그리고 이 바른 법과 율을 들은 뒤에는 마음으로 이와 같고 이와 같음 본받기를 원한다. 아니룻다여, 이러한 비구는 반드시 보다 안락하게 머물러 살게 될 것이다.

아니룻다여, 또 어떤 비구는 다음과 같이 듣는다.

'아무 존자는 아무데서 목숨을 마쳤다. 그는 붇다의 언약을 받고 세 가지 맺음[三結]이 다해 음욕과 성냄과 어리석음이 엷어져, 한 번 하늘과 사람 세상에 가고 오고서, 한 번 가고 온 뒤에는 괴로움의 끝을 얻는다.'

그 비구는 스스로 그 존자를 보거나 남에게서 자주자주 이 말을 듣는다.

'그 존자는 이와 같이 믿음이 있었고 이와 같이 계 지님과 이와 같이 널리 들음, 이와 같이 은혜로 베풂, 이와 같은 지혜가 있었다.'

그 비구는 이것을 들은 뒤에 그 존자에게 믿음이 있었고 계 지님과 널리 들음, 은혜로 베풂, 지혜가 있었음을 기억한다. 그리고 이 바른 법과 율을 들은 뒤에는 마음으로 이와 같고 이와 같음 본받기를 원한다. 아니룻다여, 이러한 비구는 반드시 보다 안락하게 머물러 살게 될 것이다.

아니룻다여, 또 어떤 비구는 다음과 같이 듣는다.

'아무 존자는 아무데서 목숨을 마쳤다. 그는 붇다의 언약을 받고 세 가지 맺음이 이미 다해 스로타판나를 얻어 악한 법에 떨어지지 않고 반드시 바른 깨달음으로 나아가 일곱 존재[七有]를 받아 하늘과 사람 세상에 일곱 번 가고 온 뒤에 괴로움의 끝을 얻는다.

그는 스스로 그 존자를 보거나 남에게서 자주자주 이 말을 듣는다.

'그 존자는 이와 같이 믿음이 있었고 이와 같이 계 지님과 이와 같이 널리 들음, 이와 같이 은혜로 베풂, 이와 같은 지혜가 있었다.'

그 비구는 이것을 들은 뒤에 그 존자에게 믿음이 있었고 계 지님과 널리 들음, 은혜로 베풂, 지혜가 있었음을 기억한다. 그리고 이 바른 법과 율을 들은 뒤에는 마음으로 이와 같고 이와 같음 본받기를 원한다. 아니룻다여, 이러한 비구는 반드시 보다 안락하게 머물러 살게 될 것이다."

비구니의 뒷세상 태어남에 대한 언약을 보이심

"아니룻다여, 어떤 비구니는 다음과 같이 듣는다.

아무 비구니는 아무데서 목숨을 마쳤다. 그는 붇다의 언약을 받고, 마쳐 다한 지혜를 얻어 태어남이 이미 다하고 범행이 이미 서고 지을 바를 이미 이루어, 다시는 뒷세상 존재 받지 않음을 진실대로 알았다.'

그 비구니는 스스로 그 비구니를 보거나 남에게서 자주자주 이런 말을 듣는다.

'그 비구니는 이와 같이 믿음이 있었고 이와 같이 계를 지녔으며, 이와 같이 널리 들었고 이와 같이 은혜로 베풀었으며, 이와 같은 지혜가 있었다.'

그 사람은 그것을 들은 뒤에는 그 비구니에게 믿음이 있고 계 지님과 널리 들음, 은혜로 베풂, 지혜가 있음을 기억한다. 그리고 이 바른 법과 율을 들은 뒤에는, 마음으로 이와 같고 이와 같음 본받기를 원한다. 아니룻다여, 이와 같은 비구니는 반드시 보다 안락하게 머물러 살게 될 것이다.

아니룻다여, 또 어떤 비구니는 다음과 같이 듣는다.

'아무 비구니는 아무데서 목숨을 마쳤다. 그는 붇다의 언약을 받고 다섯 가지 낮은 곳의 묶음이 이미 다해 그 사이에 나서 온전한 니르바나에 들고 물러나지 않는 법을 얻어 이 세상에 돌아오지 않는다.'

그는 스스로 그 비구니를 보거나 남에게서 자주자주 이렇게 말을 듣는다.

'그 비구니는 이와 같이 믿음이 있었고 이와 같이 계 지님과 이와 같이 널리 들음, 이와 같이 은혜로 베풂, 이와 같은 지혜가 있었다.'

그 비구니는 이것을 들은 뒤에 그 비구니는 믿음이 있었고 계 지님과 널리 들음, 은혜로 베풂, 지혜가 있음을 기억한다. 그리고 이 바른 법과 율을 들은 뒤에는 마음으로 이와 같고 이와 같음 본받기를 원한다. 아니룻다여, 이러한 비구니는 반드시 보다 안락하게 머물러 살게 될 것이다.

아니룻다여, 또 어떤 비구니는 다음과 같이 듣는다.

'아무 비구니는 아무데서 목숨을 마쳤다. 그는 붇다의 언약을 받고 세 가지 맺음이 다해 음욕과 성냄과 어리석음이 엷어져, 한 번 하늘과 사람 세상에 가고 오고서, 한 번 가고 온 뒤에는 괴로움의 끝을 얻는다.'

그 비구니는 스스로 그 비구니를 보거나 남에게서 자주자주 이 말을 듣는다.

'그 비구니는 이와 같이 믿음이 있었고 이와 같이 계 지님과 이와 같이 널리 들음, 이와 같이 은혜로 베풂, 이와 같은 지혜가 있었다.'

그 비구니는 이것을 들은 뒤에 그 비구니에게 믿음이 있었고 계 지님과 널리 들음, 은혜로 베풂, 지혜가 있었음을 기억한다. 그리하여 이 바른 법과 율을 들은 뒤에는 마음으로 이와 같고 이와 같음을 본받기를 원한다. 아니룻다여, 이러한 비구니는 반드시 보다 안락하게 머물러 살게 될 것이다.

아니룻다여, 또 어떤 비구니는 다음과 같이 듣는다.

'아무 비구니는 아무데서 목숨을 마쳤다. 그는 붇다의 언약을 받고 세 가지 맺음이 이미 다해 스로타판나를 얻어 악한 법에 떨어지지 않고 반드시 바른 깨달음으로 나아가 일곱 존재를 받아 하늘과 사람 세상에 일곱 번 가고 온 뒤에 괴로움의 끝을 얻는다.

그는 스스로 그 비구니를 보거나 남에게서 자주자주 이 말을 듣는다.

'그 비구니는 이와 같이 믿음이 있었고 이와 같이 계 지님과 이와 같이 널리 들음, 이와 같이 은혜로 베풂, 이와 같은 지혜가 있었다.'

그 비구니는 이것을 들은 뒤에 그 비구니에게 믿음이 있었고 계 지님과 널리 들음, 은혜로 베풂, 지혜가 있었음을 기억한다. 그리하여 이 바른 법과 율을 들은 뒤에는 마음으로 이와 같고 이와 같음을 본받기를 원한다. 아니룻다여, 이러한 비구니는 반드시 보다 안락하게 머물러 살게 될 것이다."

우파사카의 뒷세상 태어남에 대한 언약을 보이심

"아니룻다여, 또 만약 어떤 우파사카가 다음과 같이 들었다 하자.

아무 우파사카는 아무데서 목숨을 마쳤다.

그는 붇다의 언약을 받고, 마쳐 다한 지혜를 얻어 태어남이 이미 다하고 범행이 이미 서고 지을 바를 이미 이루어, 다시는 뒷세상 존

재 받지 않음을 진실대로 알았다.'

그 우파사카는 스스로 그 비구니를 보거나 남에게서 자주자주 이런 말을 듣는다.

'그 우파사카는 이와 같이 믿음이 있었고 이와 같이 계를 지녔으며, 이와 같이 널리 들었고 이와 같이 은혜로 베풀었으며, 이와 같은 지혜가 있었다.'

그 사람은 그것을 들은 뒤에는 그 우파사카에게 믿음이 있고 계 지님과 널리 들음, 은혜로 베풂, 지혜가 있음을 기억한다. 그리고 이 바른 법과 율을 들은 뒤에는, 마음으로 이와 같고 이와 같음 본받기를 원한다. 아니룻다여, 이와 같은 우파사카는 반드시 보다 안락하게 머물러 살게 될 것이다.

아니룻다여, 또 어떤 우파사카는 다음과 같이 듣는다.

'아무 우파사카는 아무 마을에서 목숨을 마쳤다. 그는 붇다의 언약을 받고 다섯 가지 낮은 곳의 맺음이 이미 다해 그 사이에 나서 온전한 니르바나에 들고 물러나지 않는 법을 얻어 이 세상에 돌아오지 않는다.'

그는 스스로 그 우파사카를 보거나 남에게서 자주자주 이렇게 말을 듣는다.

'그 우파사카는 이와 같이 믿음이 있었고 이와 같이 계 지님과 이와 같이 널리 들음, 이와 같이 은혜로 베풂, 이와 같은 지혜가 있었다.'

그 우파사카는 이것을 들은 뒤에 그 우파사카는 믿음이 있었고 계 지님과 널리 들음, 은혜로 베풂, 지혜가 있음을 기억한다. 그리고 이 바른 법과 율을 들은 뒤에는 마음으로 이와 같고 이와 같음을 본받기를 원한다. 아니룻다여, 이러한 우파사카는 반드시 보다 안락하게 머물러 살게 될 것이다.

아니룻다여, 또 어떤 우파사카는 다음과 같이 듣는다.

'아무 우파사카는 아무 마을에서 목숨을 마쳤다. 그는 붇다의 언약을 받고 세 가지 맺음이 다해 음욕과 성냄과 어리석음이 엷어져, 한 번 하늘과 사람 세상에 가고 오고서, 한 번 가고 온 뒤에는 괴로움의 끝을 얻는다.'

그 우파사카는 스스로 그 우파사카를 보거나 남에게서 자주자주 이 말을 듣는다.

'그 우파사카는 이와 같이 믿음이 있었고 이와 같이 계 지님과 이와 같이 널리 들음, 이와 같이 은혜로 베풂, 이와 같은 지혜가 있었다.'

그 우파사카는 이것을 들은 뒤에 그 우파사카에게 믿음이 있었고 계 지님과 널리 들음, 은혜로 베풂, 지혜가 있었음을 기억한다. 그리하여 이 바른 법과 율을 들은 뒤에는 마음으로 이와 같고 이와 같음을 본받기를 원한다. 아니룻다여, 이러한 우파사카는 반드시 보다 안락하게 머물러 살게 될 것이다.

아니룻다여, 또 어떤 우파사카는 다음과 같이 듣는다.

'아무 우파사카는 아무 마을에서 목숨을 마쳤다.

그는 붇다의 언약을 받고 세 가지 맺음이 이미 다해 스로타판나를 얻어 악한 법에 떨어지지 않고 반드시 바른 깨달음으로 나아가 일곱 존재를 받아 하늘과 사람 세상에 일곱 번 가고 온 뒤에 괴로움의 끝을 얻는다.

그는 스스로 그 우파사카를 보거나 남에게서 자주자주 이 말을 듣는다.

'그 우파사카는 이와 같이 믿음이 있었고 이와 같이 계 지님과 이와 같이 널리 들음, 이와 같이 은혜로 베풂, 이와 같은 지혜가 있었다.'

그 우파사카는 이것을 들은 뒤에 그 우파사카에게 믿음이 있었고 계 지님과 널리 들음, 은혜로 베풂, 지혜가 있었음을 기억한다. 그리하여 이 바른 법과 율을 들은 뒤에는 마음으로 이와 같고 이와 같음을 본받기를 원한다. 아니룻다여, 이러한 우파사카는 반드시 보다 안락하게 머물러 살게 될 것이다."

우파시카의 뒷세상 태어남에 대한 언약을 보이심

"아니룻다여, 또 만약 어떤 우파시카가 다음과 같이 들었다 하자.

'아무 우파시카는 아무데서 목숨을 마쳤다. 그는 붇다의 언약을 받고, 마쳐 다한 지혜를 얻어 태어남이 이미 다하고 범행이 이미 서고 지을 바를 이미 이루어, 다시는 뒷세상 존재 받지 않음을 진실대로 알았다.'

그 우파시카는 스스로 그 비구니를 보거나 남에게서 자주자주 이런 말을 듣는다.

'그 우파시카는 이와 같이 믿음이 있었고 이와 같이 계를 지녔으며, 이와 같이 널리 들었고 이와 같이 은혜로 베풀었으며, 이와 같은 지혜가 있었다.'

그 사람은 그것을 들은 뒤에는 그 우파시카에게 믿음이 있고 계 지님과 널리 들음, 은혜로 베풂, 지혜가 있음을 기억한다. 그리고 이 바른 법과 율을 들은 뒤에는, 마음으로 이와 같고 이와 같음 본받기를 원한다. 아니룻다여, 이와 같은 우파시카는 반드시 보다 안락하게 머물러 살게 될 것이다.

아니룻다여, 또 어떤 우파시카는 다음과 같이 듣는다.

'아무 우파시카는 아무 마을에서 목숨을 마쳤다. 그는 붇다의 언약을 받고 다섯 가지 낮은 곳의 맺음이 이미 다해 그 사이에 나서 온전한 니르바나에 들고 물러나지 않는 법을 얻어 이 세상에 돌아오지 않는다.'

그는 스스로 그 우파시카를 보거나 남에게서 자주자주 이렇게 말을 듣는다.

'그 우파시카는 이와 같이 믿음이 있었고 이와 같이 계 지님과 이와 같이 널리 들음, 이와 같이 은혜로 베풂, 이와 같은 지혜가 있었다.'

그 우파시카는 이것을 들은 뒤에 그 우파시카는 믿음이 있었고 계 지님과 널리 들음, 은혜로 베풂, 지혜가 있음을 기억한다. 그리고 이 바른 법과 율을 들은 뒤에는 마음으로 이와 같고 이와 같음을 본받기를 원한다. 아니룻다여, 이러한 우파시카는 반드시 보다 안락하게 머물러 살게 될 것이다.

아니룻다여, 또 어떤 우파시카는 다음과 같이 듣는다.

'아무 우파시카는 아무 마을에서 목숨을 마쳤다. 그는 붇다의 언약을 받고 세 가지 맺음이 다해 음욕과 성냄과 어리석음이 엷어져, 한 번 하늘과 사람 세상에 가고 오고서, 한 번 가고 온 뒤에는 괴로움의 끝을 얻는다.'

그 우파시카는 스스로 그 우파시카를 보거나 남에게서 자주자주 이 말을 듣는다.

'그 우파시카는 이와 같이 믿음이 있었고 이와 같이 계 지님과 이와 같이 널리 들음, 이와 같이 은혜로 베풂, 이와 같은 지혜가 있었다.'

그 우파시카는 이것을 들은 뒤에 그 우파시카에게 믿음이 있었고 계 지님과 널리 들음, 은혜로 베풂, 지혜가 있었음을 기억한다. 그리하여 이 바른 법과 율을 들은 뒤에는 마음으로 이와 같고 이와 같음 본받기를 원한다. 아니룻다여, 이러한 우파시카는 반드시 보다 안락하게 머물러 살게 될 것이다.

아니룻다여, 또 어떤 우파시카는 다음과 같이 듣는다.

'아무 우파시카는 아무 마을에서 목숨을 마쳤다. 그는 붇다의 언약을 받고 세 가지 맺음이 이미 다해 스로타판나를 얻어 악한 법에 떨어지지 않고 반드시 바른 깨달음으로 나아가 일곱 존재를 받아 하늘과 사람 세상에 일곱 번 가고 온 뒤에 괴로움의 끝을 얻는다.

그는 스스로 그 우파시카를 보거나 남에게서 자주자주 이 말을 듣는다.

'그 우파시카는 이와 같이 믿음이 있었고 이와 같이 계 지님과 이와 같이 널리 들음, 이와 같이 은혜로 베풂, 이와 같은 지혜가 있었다.'

그 우파시카는 이것을 들은 뒤에 그 우파시카에게 믿음이 있었고 계 지님과 널리 들음, 은혜로 베풂, 지혜가 있었음을 기억한다. 그리하여 이 바른 법과 율을 들은 뒤에는 마음으로 이와 같고 이와 같음을 본받기를 원한다. 아니룻다여, 이러한 우파시카는 반드시 보다 안락하게 머물러 살게 될 것이다.

아니룻다여, 여래는 이런 뜻 때문에 '제자가 목숨을 마치면, 아무는 어느 곳에 난다, 아무는 어느 곳에 난다'고 언약해 말하는 것이다."

붇다께서 이와 같이 말씀하시자, 존자 아니룻다와 여러 비구들은 붇다의 말씀을 듣고 기뻐하며 받들어 행하였다.

• 중아함 77 사계제삼족성자경(娑鷄羅帝三族姓子經)

• 해설 •

붇다께서 과거세상 본사(本事)를 말씀하신 것은 숙명론적 세계관을 심어주기 위함이 아니라 과거의 본사로 인해 지금의 성취가 있으므로 지금의 존재와 공덕의 모습이 있되 공함을 보인 것이다.

다시 말해 어떤 사람의 뒷세상 태어날 곳을 언약하는 것은 결정론적 세계관을 심어주기 위함이 아니라 존재의 실상이 항상하지 않되[不常] 끊어지지 않음[不斷]을 보인 것이고, 지금의 실천의 공덕이 허망하지 않아 끝내 보디의 길에 이끎을 보이기 위함이다.

아니룻다 · 난다 · 킴빌라는 모두 나이 어려 출가하여 몸과 마음이 세속에 때묻음 없이 여래의 법에 들어왔으니, 때묻음 없이 청정한 마음의 밭에 여래의 진리의 말씀이 좋은 씨앗이 되어, 듣는 그 자리에서 선근공덕이 바로 이루어진다.

그들의 집을 나옴이 어찌 나라의 권력이 두려워서나 도적과 빚쟁이가 두려워서이겠는가. 오직 범행을 닦아 해탈의 장부가 되어 하늘과 사람의 스승이 되기 위함이다.

이 세간 번뇌가 흐리고 목숨이 흐리며 때가 흐리고 곳이 흐린 곳에서 해탈의 장부가 되기 위해서는 참기 어려운 행을 참고 행해야 하며 세간의 고난과 시련을 잘 견디고 잘 건너야 하니, 여래는 먼저 세 수행자에게 온갖 세간살이의 시련과 고통을 잘 참아낼 수 있는가를 점검하신다.

중생이 자기진실인 니르바나의 공덕을 쓰지 못하는 것은 번뇌의 물듦과 탐욕의 더러움이 있기 때문이다. 번뇌를 쉬어 보디를 드러내지 않으면 니르바나의 공덕이 드러나지 않는 것이니, 여래에게 물듦이 있고 때가 있는 중생을 위해 그 물든 때 없앰이 있고 그침이 있으며, 견딤이 있고 뱉어냄이 있고 번뇌와 때를 없애주는 바른 법 씀이 있는 것이다.

여래의 행은 법계진리 그대로의 행이므로 그 행은 해탈의 결과이자 해탈의 원인이 되므로, 여래는 중생이 여래를 따라 니르바나의 성에 들도록 하기 위해 일없는 곳에 좌선하시고, 나무 밑 높은 바위에 고요히 사는 모습을 보이시고, 마을에 들어가 밥 비는 행을 보이시며, 고요한 사마디행과 설함 없이 설하는 설법행을 보이신다.

여래께서 비구 · 비구니 · 우파사카 · 우파시카가 아라한의 마쳐 다한 지혜를 얻는다고 언약하거나 죽어서 어느 곳에 난다고 약속하는 것은, 정해진 존재의 모습으로 정해진 처소에 태어남을 결정론적으로 예언하기 위함이 아니다.

여래의 미래의 삶에 대한 언약은 지금 실천의 공덕이 허망하지 않아 반드시 해탈의 과덕이 있게 된다는 희망의 약속이며, 존재가 항상함이 아니되 끊어짐도 아닌 삶의 실상을 열어 보이기 위함이다.

그리고 지금 실천행에 대한 미래의 약속을 통해 지금 함께 배우는 이, 뒷세상 따라 배우는 이들이 바른 법과 율 가운데 범행 닦는 행을 버리지 않도록 하기 위함이며, 언약 받은 범행자를 본받아 이 흐리고 어지러운 세간 속에서 범행을 닦아 끊어지지 않도록 하기 위함이다.

설사 뒷세상 어느 곳에 난다 해도 실로 남이 없고[無生] 가서 이르름이 없으니[無至], 여래가 어찌 결정론적 세계관으로 중생을 속이실 것인가.

여래의 법과 율 가운데 지혜와 자비의 업을 일으키면 범행을 닦는 자가 남이 없이 여래의 집에 나는 것이니, 여래의 온갖 뒷세상의 삶에 대한 언약은 모습에 모습 없고 나되 남이 없이[生而無生] 여래의 집[如來家] 법계의 집[法界家]에 태어남을 언약하신 것이다.

『화엄경』(「현수품」)은 붇다의 보디의 행을 따라 행하면 여래의 집에 태어나게 됨을 이렇게 가르친다.

> 만약 보디의 마음 일으킬 수 있으면
> 곧 붇다의 공덕 부지런히 닦을 수 있고
> 만약 붇다의 공덕 부지런히 닦게 되면
> 여래의 집에 태어나 살 수 있으리.
>
> 若能發起菩提心　則能勤修佛功德

若能勤修佛功德　則得生在如來家

만약 여래의 집에 태어나게 되면
교묘한 방편 잘 닦아 행할 수 있고
교묘한 방편 잘 닦아 행하게 되면
바른 믿음의 즐거움을 얻게 되고
마음의 청정함을 얻게 되리라.

若得生在如來家　則善修行巧方便
若善修行巧方便　則得信樂心淸淨

이와 같이 여래의 집에 태어나 방편과 믿음 갖춘 보디사트바, 진리의 흐름에 들어 물러섬 없는 수행자의 삶과 지혜를 경은 다시 어떻게 보이는가.

「이세간품」은 이렇게 말한다.

보디사트바의 지혜의 바다는
깊고 넓어서 끝이 없으니
바른 법의 맛 넘쳐흐르고
깨달음 법 보배가 가득하도다.

菩薩智慧海　深廣無涯際
正法味盈洽　覺分寶充滿

큰 마음의 끝없는 언덕에는
온갖 것 아는 지혜의 물결 출렁여
중생은 헤아릴 수가 없으니
이를 말해도 다할 수 없네.

大心無邊岸　一切智爲潮
衆生莫能測　說之不可盡

보디사트바 바른 법의 성은
반야로써 담장을 삼고
자기와 남에 부끄러워함으로
보살피는 깊은 참호 삼으며
지혜로 도적을 물리치도다.

菩薩正法城　般若以爲牆
慚愧爲深塹　智慧爲卻敵

널리 해탈의 문을 열어
바른 생각으로 늘 막아 지키며
사제로 왕의 길 평탄케 하고
여섯 신통으로 무기 모으네.

廣開解脫門　正念恒防守
四諦坦王道　六通集兵仗

다시 큰 법의 깃발 세워서
깃발 아래를 널리 두르면
삼계의 모든 마라 무리들
그 온갖 것 다 들어올 수 없도다.

復建大法幢　周迴遍其下
三有諸魔衆　一切無能入

제6부

파리니르바나의 길을 향해

중생의 번뇌가 공하되 없지 않으므로 번뇌 끊는 도제의 이름이 세워진 것이니, 도제에 닦을 것이 없고[全修卽性] 닦지 않을 것이 없어서[全性起修] 성품과 닦음이 둘이 아니게 되면[性修不二] 닦아가는 걸음걸음이 보디의 길이 되고, 중생의 몸과 마음이 진리의 도량 상가의 아라마(ārāma)가 되는 것이다. 중생의 번뇌가 본래 공하고 모습이 모습 아닌 곳에서 보면, 이곳 중생의 삶의 현장 세간의 땅이 붇다의 진리의 몸이고 법바퀴 굴리는 진리의 도량이다.

• 이끄는 글 •

실천으로 구현되는 보디

붇다도 중생 번뇌의 땅에서 보디의 마음을 일으키고 지혜와 자비의 행을 닦아 위없는 보디의 완성자가 되었다.

붇다의 보디는 중생의 진실이며 세계의 실상이니, 중생 또한 이미 보디를 이룬 붇다의 가르침을 따라 보디의 마음을 일으키고 지혜와 자비의 행을 닦아가면 스스로 보디의 완성자가 될 수 있다.

여래의 지혜는 실상 그대로의 지혜이고 실상인 지혜는 해탈의 행으로 발현되니, 여래의 해탈의 행이 문자반야(文字般若)이고 중생을 니르바나의 성에 이끄는 설법행이다.

미망의 중생이 붇다로부터 직접 소리 듣거나[聲聞] 붇다 계시지 않을 때 생활 속에서 그 가르침의 뜻을 사유하고[緣覺] 연기의 진리를 이해하여[正思惟] 실천하면[行] 중생 스스로 붇다가 깨친 지혜의 바다에 들어갈 수 있다.

모든 법의 공한 실상이 여래의 몸이고 지혜이다. 그러므로 중생 또한 존재의 진실 열어주는 빼어난 가르침 따라 지혜의 바다에 들면 온갖 모든 곳에서 여래 음성을 듣고 여래를 보게 되니, 『화엄경』(「여래현상품」)은 이렇게 말한다.

바이로차나 붇다의
원의 힘 법계에 두루해
온갖 국토 가운데서
위없는 법바퀴 늘 굴리도다.

毘盧遮那佛　願力周法界
一切國土中　恒轉無上輪

널리 시방 가운데 있는
모든 큰 세계바다에
붇다의 신통과 원의 힘이
곳곳에서 법바퀴 굴리시네.

十方中所有　諸大世界海
佛神通願力　處處轉法輪

모든 붇다 넓고 큰 음성
법계에 들리지 않음 없으니
보디사트바는 깨달아 알 수 있어
음성의 바다에 잘 들어가네.

諸佛廣大音　法界靡不聞
菩薩能了知　善入音聲海

겁의 바다에서 묘한 음성 연설하면
그 음성 평등하여 차별 없으니
지혜가 삼세에 두루한 이는
저 붇다 음성의 땅에 들어가네.

劫海演妙音　其音等無別
智周三世者　入彼音聲地

제1장

중생의 고통에 대한 반성으로부터 출발하는 니르바나

"나는 한 법도 마음보다 빠른 법을 보지 못하였다.
그것은 비유하려 해도 비유할 수도 없다. 마치 원숭이가
하나를 놓고 하나를 잡는 것과 같이 마음은 오롯이
안정되지 못하다. 마음 또한 이처럼 앞생각 뒷생각이
같지 않은 것은 어떤 방편으로써도 잡아볼 수 없다.
마음이 돌아 구름은 참으로 빠르다."

• 이끄는 글 •

붇다의 해탈의 길은 중생의 한과 고통, 눈물과 아픔으로부터 출발한다. 붇다는 새로운 환상적 지표를 세워 중생의 한과 고통의 눈물을 씻게 하지 않으니, 한과 고통의 뿌리가 빠지지 않으면 중생의 눈물은 반복되기 때문이다.

붇다의 사제법은 고통의 현실을 바로 보고 그 원인을 살펴 고통이 발생하는 뿌리와 조건을 소멸시켜 고통의 뿌리와 조건을 해탈의 조건이 되게 하는 곳에 니르바나의 길이 있다고 가르친다.

한과 고통의 현실에 매몰되는 곳 속에도, 한과 고통을 회피하는 새로운 법의 집착 속에도 해탈의 길은 없다.

중생의 고통은 연기된 것이므로 본래 스스로 있는 것이 아니다. 연기된 것이므로 고통 발생의 원인과 조건을 해탈의 조건으로 바꾸는 곳에 해탈의 삶이 있다. 고통이 삶 속에서 연기된 것이므로 니르바나의 새로운 현실도 고통을 해탈의 기쁨으로 돌이키는 보디의 행으로 주어지니, 해탈과 니르바나는 행위 속의 해탈과 니르바나이다.

중생의 고통의 삶[苦諦]이 공하고 그 공함도 공해 해탈[滅諦]이 현전하는 것이라, 고통과 해탈에 모두 얻을 것이 없으니, 『화엄경』(「수미정상게찬품」)은 말한다.

다툼이 있으면 나고 죽음 말하나
다툼이 없으면 곧 니르바나이네.
나고 죽음과 니르바나의 해탈
두 법에 모두 얻을 것이 없도다.

有諍說生死　無諍卽涅槃
生死及涅槃　二俱不可得

진실을 진실대로 바로 아는 것이 여래의 깨달음이라 중생의 현실을 끊고 깨달아 얻을 여래의 보디의 법이 없으니, 「수미정상게찬품」은 또한 이렇게 말한다.

진실에 대해 진실이라 보고
진실 아님을 진실 아님이라 보면
이와 같음이 마쳐 다한 앎이니
그러므로 붇다라 이름하도다.

於實見眞實　非實見不實
如是究竟解　是故名爲佛

붇다의 법은 깨쳐 얻을 수 없으니
이를 밝게 알면 깨달음의 법이라 하네.
모든 붇다께선 이와 같이 닦으니
한 법도 실로 얻을 것이 없어라.

佛法不可覺　了此名覺法
諸佛如是修　一法不可得

어떤 법이 목숨을 묶고 있습니까

이와 같이 내가 들었다.

한때 붇다께서는 슈라바스티 국 제타 숲 '외로운 이 돕는 장자의 동산'에 계셨다.

그때에 인드라하늘왕은 새벽녘 붇다 계신 곳에 나아가 붇다의 발에 머리를 대 절하고 한쪽에 앉았는데, 그 몸의 밝은 빛은 제타 숲 '외로운 이 돕는 장자의 동산'을 두루 비추었다.

때에 인드라하늘왕은 게송으로 붇다께 여쭈었다.

어떤 법이 목숨이라고 해 알지 못하며
어떤 법이 목숨이라고 해 깨닫지 못합니까.
어떤 법이 목숨을 가두고 있고
어떤 법이 목숨을 묶고 있습니까.

그때에 세존께서는 게송으로 대답하셨다.

몸이 목숨이라고 해 바로 알지 못하며
모든 지어감이 목숨이라고 해 깨닫지 못해
몸이 그 목숨을 가두고 있고
느낌이 그 목숨을 묶고 있도다.

인드라하늘왕은 다시 게송으로 말하였다.

몸이 곧 목숨됨이 아니라 함은
모든 붇다의 말씀이시네.
그런데 어떻게 익어지게 되어
몸 가운데 깊이깊이 감추어져
어떻게 덩이살에 머물러 있으며
어떻게 해야 목숨과 몸을 압니까.

그때에 세존께서는 게송으로 대답하셨다.

칼라라가 맨 처음이 되어
그 칼라라가 태를 만들고
태가 살덩이를 만들어내고
살덩이가 굳셈과 두터움 내니
굳세고 두터움이 활개와 마디
여러 가지 털들을 만들어낸다.

물질 등 여러 아는 뿌리가
차츰차츰 몸의 틀 이루고
어미의 먹고 마심으로 인해
그 태의 몸을 길러 키우네.

그때에 인드라하늘왕은 붇다의 말씀을 듣고 기뻐하고 따라 기뻐하면서 붇다의 발에 머리를 대 절하고, 이내 사라져 나타나지 않았다.

• 잡아함 1300 석제환인경(釋提桓因經)

• 해설 •

물질[色]을 떠난 마음[名]이 없고 마음[名]을 떠난 물질[色]이 없어 마음과 물질이 모두 공하다. 물질이 있되 실로 있음이 아니나, 물질은 눈에 보이는 덩어리가 있고 닿음이 있고 걸림이 있으므로 물질의 있음[有]에 대한 집착을 떠나기 어렵다.

중생의 목숨은 몸이 아니지만 몸을 떠나지 않으며, 몸의 지어감이 늘 몸을 따르므로 몸의 지어감을 떠나 목숨의 자기동일성이 없다. 몸과 몸의 지어감이 공하나 중생은 몸과 몸의 지어감이 목숨이라고 집착해, 몸과 몸의 지어감이 그 목숨을 얽매어 가둔다.

몸이 공하지만 태의 몸인 칼라라(kalala, 凝滑)가 굳어지고 자라 몸의 다섯 가지 아는 뿌리[身五根]를 이루므로 중생은 몸에 대한 집착된 견해[身見]가 뿌리가 되어 갖가지 번뇌를 일으킨다.

중생은 몸이 공한 줄 알지 못하고 몸을 목숨이라 하고 몸을 나라고 하거나 정신이 몸 안에 있다고 집착한다. 몸은 땅 · 물 · 불 · 바람의 큰 조건[四大]이 어울려 일어난 몸이고, 숨[息]이 붙들어주고 앎[識]이 붙들어주며 먹고 마심[食]이 길러주는 것이므로 몸은 있되 공하여 몸에 몸이 없다.

몸은 공하나 몸이 숨과 먹음과 바깥 경계 등 갖가지 덧없는 지어감[諸行]이 모여 몸이 되므로 중생은 몸의 지어감으로 인해 몸에 몸 아닌 법의 몸[法身]을 깨닫지 못해 앎에 앎 없는 지혜의 목숨[慧命]을 알지 못한다.

그러나 가르침을 듣고 여섯 가지 아는 뿌리에 실로 아는 자가 없음을 깨달아 앎에 앎이 없음을 아는 자, 그는 몸의 견해를 깨뜨려 법의 몸을 이루고 번뇌의 마음을 돌이켜 지혜의 마음을 이룰 것이니, 저 인드라의 복되고 거룩한 하늘몸이라도 몸을 몸으로 붙들고 있으면 몸에 몸 없는 법의 몸을 깨달아 쓰지 못하리라.

눈은 사람의 바다요, 빛깔은 출렁이는 물결이니

이와 같이 내가 들었다.

한때 붇다께서는 슈라바스티 국 제타 숲 '외로운 이 돕는 장자의 동산'에 계셨다.

그때 세존께서 여러 비구들에게 말씀하셨다.

"큰 바다라는 것은 세간의 어리석은 사람의 하는 말이요 성인이 하는 말은 아니다. 바다란 크고 작은 물뿐이다.

눈[眼]은 사람의 큰 바다요, 저 빛깔[色]은 출렁이는 물결이다.

만약 빛깔의 물결을 견딜 수 있으면 그는 눈의 큰 바다를 건너, 넘치는 물결에서 휘돌아 춤추는 모든 물의 나쁜 벌레와 라크샤의 여자 귀신을 벗어날 수 있을 것이다.

귀 · 코 · 혀 · 몸 · 뜻이 사람의 큰 바다요, 소리 · 냄새 · 맛 · 닿음 · 법이 출렁이는 물결이다. 만약 저 법 등의 물결을 참고 견딜 수 있으면 그는 뜻 등의 바다를 건너 출렁이는 물결에서 휘돌아 춤추는 나쁜 벌레와 라크샤의 여자 귀신을 벗어날 수 있을 것이다."

안의 바다와 경계의 물결 건너는 법을 노래로 보이심

그때에 세존께서는 게송으로 말씀하셨다.

큰 바다의 출렁이는 큰 물결

나쁜 벌레와 라크샤의 두려움
건너기 어려운 것 건널 수 있어
모아냄 떠나 길이 남음이 없으면

온갖 괴로움을 끊어버리고
다시는 다른 몸을 받지 않으며
길이 저 파리니르바나에 나아가
방일함에 다시 돌아오지 않으리.

붇다께서 이 경을 말씀하시자 여러 비구들은 붇다의 말씀을 듣고 기뻐하며 받들어 행하였다.

• 잡아함 217 대해경(大海經) ②

• 해설 •

바다는 늘고 줆이 없고 한량없고 끝없는 공덕의 세계 진여의 세계[眞如法界]를 비유하기도 하고, 다함없이 변화하고 일고 지는 세간법을 그 바닷물결의 출렁임에 비유하기도 한다.

저 바다가 비록 다함없이 움직이고 출렁이지만 지금 저 티끌경계를 보는 중생의 마음의 일어나고 사라지는 물결은 그 바다를 넘고, 보여지는 사물의 있다가 없어지고, 없다가 있어지는 모습의 움직임은 바다 물결의 출렁임으로 다 보일 수 없다.

중생은 끝없이 일고 지는 앎의 물결로, 보이는 사물의 모습에 갇혀 니르바나의 고요함에 나아가지 못한다. 그러므로 보는 나의 눈과 보여지는 빛깔이 공한 줄 알아 보되 봄이 없고 알되 앎이 없을 때만 보고 들음의 바다를 건널 수 있는 것이다. 『화엄경』(「십인품」)은 갖가지 소리를 듣되 실로 들을 것 없음을 밝게 깨칠 때 소리의 바다 건너게 됨을 다음과 같이 말한다.

온갖 모든 세간 가운데
갖가지 여러 음성들은
안도 아니고 또한 밖도 아니니
바로 알면 다 메아리 같네.

一切諸世間 種種諸音聲
非內亦非外 了之悉如響

갖가지 메아리를 듣되
마음에 분별 내지 않듯이
보디사트바가 소리 들으면
그 마음 또한 이와 같아라.

如聞種種響 心不生分別
菩薩聞音聲 其心亦如是

옛 선사[崇勝珙禪師] 또한 넘치는 세간 빛깔과 소리의 바다가 마음인 빛깔과 소리인 줄 알 때 소리와 빛깔에 걸림이 없이 끝없는 공덕장에 나아갈 수 있음을 이렇게 노래한다.

눈 속에 수메루 산은 겹겹이 솟구쳤고
귀 가운데 큰 바다 물결 높이 치도다.
말 없는 어린아이 입 열지 않았는데
문밖에 우렛소리 벌써 울려 떨도다.

眼裏須彌重業岌 耳中大海疊波瀾
無言童子未開口 門外雷聲早戰寒

닿음이 사라지면 느낌이 사라져 탐욕 떠날 수 있다

이와 같이 내가 들었다.

한때 붇다께서는 라자그리하 성 칼란다카 대나무동산에 계셨다.

그때에 어떤 비구는 홀로 한 고요한 곳에 있으면서 선정의 사유를 하다가 이와 같이 모든 느낌을 살피었다.

'어떤 것이 느낌이며, 어떤 것이 느낌의 모아냄이며, 어떤 것이 느낌의 사라짐인가.

어떤 것이 느낌을 모아내는 길이며, 어떤 것이 느낌을 없애는 길인가. 어떤 것이 느낌의 맛들임이고, 어떤 것이 느낌의 걱정거리이고, 어떤 것이 느낌을 떠남인가.'

때에 그 비구는 선정에서 깨어나 세존 계신 곳에 나아가 머리를 대 발에 절한 뒤에 한쪽에 물러나 서서 붇다께 여쭈었다.

"세존이시여, 저는 홀로 한 고요한 곳에 있으면서 선정의 사유를 하다가 이렇게 모든 느낌을 살피었습니다.

'어떤 것이 느낌이며, 어떤 것이 느낌의 모아냄이며, 어떤 것이 느낌의 사라짐인가.

어떤 것이 느낌을 모아내는 길이며, 어떤 것이 느낌을 없애는 길인가. 어떤 것이 느낌의 맛들임이고, 어떤 것이 느낌의 걱정거리이고, 어떤 것이 느낌을 떠남인가.' "

느낌을 모아내 맛들이는 길과 느낌을 없애 떠나는 길을 보이심

붇다께서는 비구에게 말씀하셨다.

"즐거운 느낌 · 괴로운 느낌 · 괴롭지도 않고 즐겁지도 않은 느낌의 세 가지 느낌이 있다. 닿음이 모이면 곧 느낌의 모임이요 닿음이 사라지면 곧 느낌의 사라짐이다.

만약 느낌에 대하여 사랑하고 즐겨하며 찬탄하고, 물들어 집착하고 굳이 머무르면 이것을 느낌이 모이는 길[受集道跡]이라 한다.

만약 느낌에 대하여 사랑하거나 즐겨하며 찬탄하지 않고, 물들어 집착하거나 굳이 머무르지 않으면 이것을 느낌이 사라지는 길이라 한다.

만약 느낌의 인연으로 기쁨과 즐거움을 내면 이것을 느낌의 맛들임이라 하고, 만약 느낌이 덧없어서 변하고 바뀌는 법이라면 이것을 느낌의 걱정거리라 한다.

만약 느낌에 대하여 탐욕을 끊고 탐욕을 뛰어넘으면 이것을 느낌을 떠남이라 한다."

붇다께서 이 경을 말씀해 마치시자, 여러 비구들은 붇다의 말씀을 듣고 기뻐하며 받들어 행하였다.

• 잡아함 476 선사경(禪思經)

• 해설 •

느낌[受, vedanā]은 사물에 대한 주체의 감각적 수용이다. 느낌은 주체의 대상에 대한 앎[識, vijñāna]을 따라 일어나니, 대상에 대한 알아차림이 없는 감각적 수용은 없다.

주체의 아는 뿌리[根]와 알려지는 대상[境]과 앎활동[識]이 어울려 만날 때[觸, sparśa] 느낌이 일어난다. 느낌이 닿음을 따라 나지만 아는 주체와 경계가 공한 줄 알면 닿음이 나되 남이 없다.

그러므로 닿음이 공한 줄 알아 닿음이 사라지면 느낌 또한 나되 남이 없어서 이를 느낌이 사라짐이라 한다.

닿음과 느낌의 공성을 통달하면 즐거운 감각에 맛들여 취하지 않고 괴로운 감각을 잘 견디어 물들지 않으니, 그가 닿음을 살피고 느낌을 살피어 느낌 사라짐에 나아가는 자이고 해탈의 땅에 나아가는 자이다.

괴로운 느낌 · 즐거운 느낌 · 괴롭지도 않고 즐겁지도 않은 느낌이 인연으로 생겨나 공한 것인데, 어리석은 이가 아지랑이 쫓듯 쫓아가 괴로움의 끝을 다하지 못하니, 『화엄경』(「십지품」十地品)은 다음과 같이 깨우쳐준다.

> 삼세의 세 괴로움이 인연으로 나는데
> 중생은 일어나고 사라짐에 묶여
> 다함없이 그 흐름 따라 살지만
> 이와 같이 널리 연기의 행 살피면
> 지음 없고 받음 없고 진실이 없네.
>
> 三際三苦因緣生　繫縛起滅順無盡
> 如是普觀緣起行　無作無受無眞實
>
> 허깨비 같고 꿈 같고 그림자 같은데
> 어리석은 이 아지랑이 좇음 같으니
> 이와 같이 살피어 공함에 들면
> 인연이 자기성품 떠남을 알아
> 온갖 것의 모습 없음 얻게 되리라.
>
> 如幻如夢如光影　亦如愚夫逐陽焰
> 如是觀察入於空　知緣性離得無相

중생의 열 가지 법을 바로 알아야 하니

이와 같이 내가 들었다.

한때 붇다께서는 라자그리하 성의 칼란다카 대나무동산에 계셨다.

그때 세존께서 여러 비구들에게 말씀하셨다.

"만약 한 법[一法]에 대하여 바로 싫어해 떠날 생각을 내어 즐기지 않고 등져버리면, 괴로움의 끝을 마쳐 다해 괴로움에서 해탈할 것이다.

곧 한 법은 온갖 중생이 먹음[食]으로 말미암아 있다고 함이다.

다시 두 가지 법이 있으니, 마음과 물질[名色]이다.

다시 세 가지 법이 있으니, 세 가지 느낌[三受]이다.

다시 네 가지 법이 있으니, 네 가지 먹음[四食]이다.

다시 다섯 가지 법이 있으니, 다섯 가지 받는 쌓임[五受陰]이다.

다시 여섯 가지 법이 있으니, 여섯 가지 안팎의 들이는 곳[六內外入處]다.

다시 일곱 가지 법이 있으니, 일곱 가지 앎의 머묾[七識住]이다.

다시 여덟 가지 법이 있으니, 세간의 여덟 가지 법[世八法]이다.

다시 아홉 가지 법이 있으니, 아홉 가지 중생의 거처[九衆生居]이다.

다시 열 가지 법이 있으니, 열 가지 업의 자취[十業跡]이다.

이런 열 가지 법에 대하여 바로 싫어해 떠날 생각을 내어 즐기지 않고 등져버리면 괴로움의 끝을 마쳐 다해 괴로움에서 해탈하게 된다."

붇다께서 이 경을 말씀해 마치시자, 여러 비구들은 붇다의 말씀을 듣고 기뻐하며 받들어 행하였다.

• 잡아함 487 일법경(一法經) ②

• 해설 •

여래의 깨달음의 눈에 온갖 존재는 스스로 서 있지 못한다. 세계를 마주해 세계를 자기화하고 대상을 '나'의 것으로 취함으로 온갖 존재는 자기 존재를 세우니, 온갖 '나'[我]는 '나 아닌 나'[無我之我]이다. 세계와 마주해 세계를 의지해 살고 있는 중생이 자기 목숨을 세우는 것은 먹음[食]이 그 뿌리가 된다.

먹지 않으면 중생의 목숨은 끊어지니, 먹음으로 보면 중생의 먹음을 살림의 먹음 해탈의 먹음이 되게 하는 것이 중생의 고통의 끝이 되고 인간역사에서 다툼의 끝이 된다.

해탈의 먹음은 여기 있는 내가 저기 있는 세계를 깨뜨리고 착취하고 소유함으로써 실현될 수 없고 자아와 세계의 공성을 통달함으로써 먹음을 먹음 아닌 먹음이 되게 하고 세계와 먹을거리에 대한 탐욕의 집착을 넘어설 때 이루어진다.

인류역사 괴로움의 끝은 어디이고 참된 풍요의 완성은 무엇인가.

이 공안(公案)을 참으로 깨쳐 우리에게 해탈의 길 보이신 분이 누구인가. 붇다 세존이시다.

열 가지 법이 덧없어 욕심 떠나야 하니

이와 같이 내가 들었다.

한때 붇다께서는 라자그리하 성 칼란다카 대나무동산에 계셨다.

그때 세존께서 여러 비구들에게 말씀하셨다.

"만약 한 법에 대하여 덧없는 것이라고 살피고 변해 바뀌는 것이라고 살피며, 욕심 떠나야 할 것이라고 살피고, 사라지는 것이라고 살피며, 버리고 떠나야 할 것이라고 살피라.

그러면 모든 번뇌 흐름을 다하게 될 것이다.

한 법이란 온갖 중생은 먹음으로 말미암아 있다고 함이다.

다시 두 가지 법이 있으니, 마음과 물질이다.

다시 세 가지 법이 있으니, 세 가지 느낌이다.

다시 네 가지 법이 있으니, 네 가지 먹음이다.

다시 다섯 가지 법이 있으니, 다섯 가지 받는 쌓임이다.

다시 여섯 가지 법이 있으니, 여섯 가지 안팎의 들이는 곳이다.

다시 일곱 가지 법이 있으니, 일곱 가지 앎의 머뭄이다.

다시 여덟 가지 법이 있으니, 세간의 여덟 가지 법이다.

다시 아홉 가지 법이 있으니, 아홉 가지 중생의 거처이다.

다시 열 가지 법이 있으니, 열 가지 업의 자취이다.

이런 열 가지 법에 대하여 덧없는 것이라고 바르게 살피고, 변해 바뀌는 것이라고 살피며, 욕심을 떠나야 할 것이라 살피고, 사라질 것이라고 살피고, 버리고 떠나야 할 것이라 살피라.

그러면 모든 번뇌의 흐름을 다하게 된다."

붇다께서 이 경을 말씀해 마치시자, 여러 비구들은 붇다의 말씀을 듣고 기뻐하며 받들어 행하였다.

• 잡아함 488 일법경③

• 해설 •

앞 경과 같은 내용이지만 이 경에서는 탐착 떠나는 살핌의 행을 보여주고 있다.

중생은 중생의 갖가지 지어감과 업으로 중생의 이름을 얻으니, 중생 아닌 중생이다.

중생은 먹음[食]으로 인해 목숨을 붙들고 자기 존재를 이어가니, 먹음 없는 중생은 없다. 먹는 나와 저 세계 먹을거리의 실상을 알면 한맛[一味]이 한량없는 맛을 갖추니, 다함없는 먹을거리를 써서 중생을 건질 수 있다.

중생의 마음은 물질을 떠난 마음이 없고 중생의 물질은 마음을 떠난 물질이 없다. 그러므로 중생의 마음과 물질은 공하다.

중생의 세 느낌, 괴로운 느낌 · 즐거운 느낌 · 괴롭지도 않고 즐겁지도 않은 느낌은 앎을 따르고 닿음[觸]을 따라 나니, 느낌에 받아야 할 느낌이 공하다.

중생의 먹음은 덩이로 먹음 · 닿아 먹음 · 하고자 함의 먹음 · 앎의 먹음이 있으니, 먹는바 덩이밥, 닿는 대상, 알려지는 대상이 공한 줄 알면 먹음 또한 먹음 아닌 먹음이 되고 탐착의 먹음이 법맛[法味]의 먹음이 된다.

중생의 목숨은 아는 마음과 알려지는 물질이 어울리는 다섯 쌓임밖에 그 목숨이 없으니, 다섯 쌓임이 공적한 줄 알면 다섯 쌓임이 법계의 집이다.

중생은 안으로 눈 · 귀 · 코 · 혀 · 몸 · 뜻 여섯 들임[內六入]이 있고, 밖으로 빛깔 · 소리 · 냄새 · 맛 · 닿음 · 법의 여섯 들임[外六入]이 있다. 안과 밖이 있되 공하여 서로 어울려 여섯 앎이 나는 것이니 여섯 앎도 공하다.

여섯 앎에 아는 뿌리를 더하면 일곱 가지 앎의 머묾이니, 앎이 연기한 것이므로 일곱 앎의 머묾 또한 늘 머묾이 아니다.

세간의 여덟 법이란 중생이 세간에서 겪는 여덟 법이니, 얻음과 얻지 못함, 허묾과 기림, 일컬음과 비방, 괴로움과 즐거움의 여덟 법[aṣṭauloka-dharma, 世八法]이 바람과 같고 연기와 같은 줄 알면 여덟 법에서 자재해탈을 누리게 된다.

아홉 가지 중생의 사는 곳은 중생이 기뻐하는 곳으로, 욕계 가운데 사람, 색계 가운데 브라흐마무리의 하늘[梵衆天]·아주 밝은 빛이 깨끗한 하늘[極光淨天]·두루하고 깨끗한 하늘[遍淨天]·생각 없는 하늘[無想天]·무색계의 네 하늘[無色界四天]이 아홉 가지 중생의 거처이다.

중생의 열 가지 업의 자취란 몸과 입과 뜻의 열 가지 악한 업과 착한 업이다.

이 열 가지 법이 모두 일어나되 남이 없어서 실로 있는 법이 아니니, 열 가지 법이 덧없고 공하여 취할 것이 없음을 알면 열 가지 법을 무너뜨리지 않고 열 가지 법을 해탈의 법으로 굴려 쓸 수 있다.

열 가지 법의 덧없음을 참으로 아는 자, 그가 삶의 참된 항상함을 아는 자이고, 열 가지 법의 공함을 참으로 아는 자, 그가 삶의 무너짐 없는 공덕장(功德藏)을 알아 쓰는 자이다.

그 어떤 법도 마음보다 빠른 법은 없나니

이와 같이 들었다.

한때 붇다께서는 슈라바스티 국 제타 숲 '외로운 이 돕는 장자의 동산'에 계셨다.

그때 세존께서 여러 비구들에게 말씀하셨다.

"나는 한 법도 마음보다 빠른 법을 보지 못하였다. 그것은 비유하려 해도 비유할 수도 없다.

마치 원숭이가 하나를 놓고 하나를 잡는 것과 같이 마음은 오롯이 안정되지 못하다. 마음 또한 이처럼 앞생각 뒷생각이 같지 않은 것은 어떤 방편으로써도 잡아볼 수 없다.

마음이 돌아 구름은 참으로 빠르다.

그러므로 여러 비구들이여, 범부의 사람은 마음의 뜻[心意]을 바로 살필 수 없다.

그러므로 비구들이여, 늘 마음의 뜻을 항복받아 착한 길로 나아가게 해서 또한 이와 같이 배워야 한다."

그때에 비구들은 붇다의 말씀을 듣고 기뻐하며 받들어 행하였다.

마음의 덧없음 살펴 마음 항복받도록 당부하심

이와 같이 들었다.

한때 붇다께서는 슈라바스티 국 제타 숲 '외로운 이 돕는 장자의

동산'에 계셨다.

그때 세존께서 여러 비구들에게 말씀하셨다.

"나는 한 법도 마음보다 빠른 법을 보지 못하였다. 그것은 비유하려 해도 비유할 수도 없다.

마치 원숭이가 하나를 놓고 하나를 잡는 것과 같이 마음은 오롯이 안정되지 못하다. 마음 또한 이와 같이 앞생각 뒷생각이 생각하는 것도 같지 않다.

그러므로 여러 비구들이여, 범부의 사람은 마음의 뜻이 말미암는 바를 살피지 못한다.

그러므로 여러 비구들이여, 늘 마음의 뜻을 항복받아 착한 길로 나아가게 하라. 비구들이여, 이와 같이 배워야 한다."

그때에 여러 비구들은 붇다의 말씀을 듣고 기뻐하며 받들어 행하였다.

• 증일아함 9 일자품(一子品) 三 · 四

• 해설 •

몸을 떠난 마음이 없고 세계를 떠난 마음이 없어서 마음은 찰나에 나고 찰나에 사라져서 잠시도 멈추지 않으며, 저 몸과 세계는 또한 자기 홀로 닫혀진 몸과 세계가 아니라 마음인 몸과 세계라 마음이 짓지 않는 법이 없다.

경계를 따라 마음이 나는 것은 원숭이가 손으로 나뭇가지를 한 가지 잡고 놓자 또 한 가지 잡는 것과 같아, 찰나찰나 생각이 서로 이어진다. 찰나찰나 서로 이어지는 마음은 앞생각과 뒷생각이 같지 않되 앞생각이 끊어지고 뒷생각이 온 것이 아니므로 앞과 뒤가 다르지도 않다.

마음이 나되 남이 없고 마음이 오되 온 바가 없고 마음이 가되 가서 이르는 바가 없는 줄 알 때 마음의 진실 알아 마음을 항복받을 수 있는 것이니,

마음이 나되 남이 없음을 아는 자가 마음에 머뭄 없음[無住]을 아는 자이고, 마음이 남이 없이 남을 아는 자가 머뭄 없이 그 마음을 내는[生心] 자이다.

그 누가 몸을 끌고 다니는 주인공을 찾으라 가르치는가. 그런 자는 여래의 원숭이의 비유를 알지 못하는 자이니, 원숭이의 비유를 통해 남[生]과 남 없음[無生]을 넘어선 자가, 나고 사라짐 속에서 고요함이 늘 현전해 그 마음 참으로 항복받은 이라 할 것이다.

경에서 '나고 사라짐이 사라져 다하면 고요함이 현전한다'[生滅滅已寂滅現前]고 했으니, 이 뜻은 무엇인가.

옛 선사[大慧]는 다음 노래로 우리들을 깨우쳐준다.

참으로 나는 것은 나게 할 수 없고
참으로 사라짐은 사라지게 할 수 없네.
고요함이 홀연히 현전함이여
두꺼비가 달을 삼켜버렸네.

眞生無可生　眞滅無可滅
寂滅忽現前　蝦蟆呑却月

탐욕에 맛들임 버려야 아라한을 이루리

이와 같이 들었다.

한때 붇다께서는 슈라바스티 국 제타 숲 '외로운 이 돕는 장자의 동산'에 계셨다.

그때 세존께서 여러 비구들에게 말씀하셨다.

"한 가지 법을 없애야 한다. 그러면 나는 너희들이 '과덕의 신통을 얻어 모든 번뇌의 흐름을 다하게 될 것이다'라고 증명할 것이다.

어떤 것이 한 가지 법인가. 탐욕에 맛들임[味欲]이다.

그러므로 여러 비구들이여, 이 탐욕에 맛들임을 없애면, 나는 너희들이 '신통의 과덕을 얻어 모든 번뇌 흐름 다하게 될 것이다'라고 증명할 것이다."

그때에 세존께서는 곧 이 게송을 말씀하셨다.

중생들 이 맛에 집착하면
죽어서 나쁜 곳에 떨어지리라.
이제 이 탐욕 버려야 하니
그러면 곧 아라한을 이루리라.

"그러므로 여러 비구들이여, 늘 맛들여 집착하는 생각 버려야 한다. 이와 같이 비구들이여, 반드시 이렇게 배워야 한다."

그때에 여러 비구들은 붇다의 말씀을 듣고 기뻐하며 받들어 행하였다.

• 증일아함 13 이양품(利養品) 二

• 해설 •

왜 마음의 나고 사라짐 가운데 진여(眞如)의 고요함에 돌아가지 못하는가. 눈이 빛깔 보고 귀가 소리 들을 때 뜻에 맞는 소리와 빛깔을 내 것으로 탐착하여 빛깔에 맛들이고 소리에 맛들여, 아는 마음이 듣는 바[所聞]와 아는 바[所知]에 갇히기 때문이다.

아는 자와 아는 것이 공하며 마음이 알되 아는 것이 없으면, 보고 듣는 곳에서 온갖 맛들임을 떠나 늘 고요하여 보고 들리는 것에 막히지 않고 걸리지 않게 되니, 그 같은 사람을 아라한이라 하고 큰 장부, 큰 마음의 범부[大心凡夫]라 한다.

저 맛들여 집착하는 사물의 경계에 맛들여 집착할 것이 공한 줄 알 때, 여래의 진여의 땅에 돌아감을 『화엄경』(「수미정상게찬품」)은 이렇게 가르친다.

모든 법에는 진실함이 없는데
허망하게 진실한 모습 취하네.
그러므로 모든 범부들은
나고 죽음의 감옥에 윤회하네.

諸法無眞實　妄取眞實相
是故諸凡夫　輪迴生死獄

법에 대해 뒤바뀌지 않고
진실 그대로 참모습 깨달아
모든 화합하는 모습 떠나면
이를 위없는 보디라 하네.

於法不顚倒　如實而現證
離諸和合相　是名無上覺

현재도 어울려 합함 아니고
과거와 미래 또한 그러하여
온갖 법엔 모습 없으니
이것이 붇다의 참된 몸이네.

現在非和合　去來亦復然
一切法無相　是則佛眞體

존재의 이 진실한 바탕
고요한 진여의 모습을
돌이켜 살펴 알 수 있으면
바르게 깨치신 세존을 보아
언어의 길을 벗어나게 되리라.

能知此實體　寂滅眞如相
則見正覺尊　超出語言道

제2장

중생의 진실에 대한 살핌으로 행하는 니르바나

"아난다여, 비구가 만약 공함을 많이 행하려고 한다면
그 비구는 '한량없는 앎의 곳이라는 생각'을 생각하지 말고,
'한량없는 있는 바 없는 곳이라는 생각'도 생각하지 말고,
한량없는 '한 모습 취함 없는 마음의 선정'[一無想心定]을 자주 생각하라.
그는 이와 같이 알아 '한량없는 앎의 곳이라는 생각'을 공하게 하고,
'있는 바 없는 곳이라는 생각'도 공하게 한다.
그러나 오직 공하지 않은 것이 있으니,
'모습 취함 없는 마음의 선정'이다."

• 이끄는 글 •

중생의 법이 여래의 법이니, 중생은 실로 중생이 아니고 여래 또한 실로 여래가 아니다. 중생이 중생이 아니므로 중생이 이미 여래의 공덕의 땅에 머물러 있는 것이며, 여래가 여래가 아니므로 위없는 보디를 성취한 여래는 다시 한량없는 겁 동안 중생을 위해 자비의 교화를 펼치는 것이다.

중생 아닌 중생이 중생되는 까닭은 무엇인가. 안의 여섯 아는 뿌리[內六根]가 밖의 여섯 경계[外六境]와 어울려 여섯 앎이 나는데, 중생은 보는 나에 실로 있는 나를 세워 바깥 경계를 취하므로 중생이라 이름한다.

그에 비해 여래는 안의 여섯 뿌리와 바깥 경계, 여섯 앎이 모두 공한 줄 알아 안과 밖과 가운데에 머물지 않되 안과 밖과 가운데 앎을 버리지 않는다. 법의 성품이 공함 깨달아 보이고 들리는 것에 취함 없어서, 빛깔을 보되 봄이 없이 보고 소리를 듣되 들음 없이 들으므로 여래라 이름한다. 연기의 진실밖에 중생도 없고 여래도 없다.

그러므로 중생의 진실을 아는 자가 여래의 도에 나아가는 자이고, 세속제[俗諦]의 있되 있지 않음을 바로 보는 자가 사물과 닿는 그 자리에서 늘 참됨을 구현하는 것[觸事而眞]이다.

『화엄경』(「수미정상게찬품」)은 이렇게 말한다.

법의 성품 본래 비고 고요하여
취함 없고 또한 봄이 없도다.
성품이 공함 곧 바로 붇다이니
생각해 헤아릴 수 없도다.

法性本空寂 無取亦無見
性空卽是佛 不可得思量

이와 같이 모든 물질의 모습과
업의 힘은 사의할 수 없으니
그 근본의 참모습 깨쳐 통달하면
그 가운데 볼 것이 없도다.

如是諸色相 業力難思議
了達其根本 於中無所見

붇다의 몸 또한 이와 같아
이루 사유하고 말할 수 없으나
갖가지 모든 몸의 모습을
시방 세계에 널리 나투시네.

佛身亦如是 不可得思議
種種諸色相 普現十方刹

앎과 알려지는 경계에서
나와 내 것이라는 견해 떠나야 하니

이와 같이 내가 들었다.

한때 붇다께서는 슈라바스티 국 제타 숲 '외로운 이 돕는 장자의 동산'에 계셨다.

그때 어떤 비구가 몸이 무거운 병에 걸려 매우 괴로워하고 있었다.

여러 비구들이 붇다 계신 곳에 가서 머리를 대 발에 절하고 한쪽에 물러나 붇다께 말씀드렸다.

"세존이시여, 한 비구가 몸에 무거운 병이 걸렸습니다. 여러 비구들 또한 그 병에 걸려 많이 죽습니다. 이 비구들을 위해 법을 설해주십시오."

세존께서 여러 비구들을 위해 말씀하셨다.

"자세히 듣고 잘 사유하라. 너희들을 위해 말해주겠다. 만약 그 비구가 이렇게 생각한다 하자.

'나는 이 앎의 몸[識身]과 바깥 경계의 온갖 모습[外境界一切相]에 대해 나와 내 것이라는 견해가 없고, 나라는 교만과 집착하는 번뇌가 없어, 마음과 지혜의 해탈을 얻고 현재법에서 증득한 줄을 스스로 알아 갖추어 머물자. 이 앎의 몸과 바깥 경계의 온갖 모습에 대해 나와 내 것이란 견해가 없고 나라는 교만과 집착하는 번뇌가 없으면, 마음과 지혜의 해탈을 얻어 현재법에서 증득한 줄을 스스로 알아 갖추어 머무를 수 있을 것이다.'

그 비구가 앎의 몸과 바깥 경계의 온갖 모습에 대해 나와 내 것이란 견해가 없고 나라는 교만과 집착하는 번뇌가 없다면, 마음과 지혜의 해탈을 얻어 현재법에서 스스로 증득한 줄을 알아 갖추어 머무를 수 있을 것이다."

나와 내 것 떠난 마음의 해탈과 지혜의 해탈이 괴로움의 끝 다함임을 보이심

"곧 이 앎의 몸과 바깥 경계의 온갖 모습에 대해 나와 내 것이란 견해가 없고 나라는 교만과 집착하는 번뇌가 없이 마음과 지혜의 해탈을 얻어 현재법에서 증득한 줄을 스스로 알아 갖추어 머문다 하자.

만약 그 비구가 앎의 몸과 바깥 경계의 온갖 모습에 대해 나와 내 것이라는 견해와 나라는 교만과 집착하는 번뇌가 없으면, 마음과 지혜의 해탈을 얻어 현재법에서 증득한 줄을 스스로 알아 갖추어 머물게 되는 것이다.

이처럼 앎의 몸과 바깥 경계의 온갖 모습에 대해 나와 내 것이란 견해가 없고 나라는 교만과 집착하는 번뇌가 없어서, 마음과 지혜의 해탈을 얻어 현재법에서 증득한 줄을 스스로 알아 갖추어 머무를 수 있다면, 그것을 비구가 '애욕을 끊고 모든 묶음 돌이키고, 큰 교만을 그치는 사이없는 평등한 살핌으로 괴로움의 끝을 마쳐 다함'이라 한다."

붇다께서 이 경을 말씀하시자, 여러 비구들은 그 말씀을 듣고 기뻐하며 받들어 행하였다.

• 잡아함 1026 질병경(疾病經)②

• 해설 •

왜 사물을 아는 앎[識]을 경은 앎의 몸[識身]이라고 말하고 있는가.

앎은 몸이 아니지만 몸 아님도 아니고 눈 · 귀 등 몸의 아는 뿌리[身根]를 떠나 앎이 나지 않기 때문이다.

앎이 몸을 떠나지 않고 보여지는 경계를 떠나지 않으므로 몸의 병과 몸의 고통, 보여지는 경계의 물들고 어지러운 모습은 늘 앎[識]으로 드러나고 앎으로 발현된다.

그러므로 병의 괴로움과 객관세계의 어지러움과 뒤틀림을 쉬고 정화하기 위해서는 앎활동 가운데 나와 내 것, 몸을 몸이라고 보는 집착, 저 물질세계를 닫힌 세계로 보는 집착을 깨뜨려야 한다.

나와 세계는 앎활동을 일으키지만 나와 세계는 앎활동 가운데 보는 자[識見分]와 보여지는 것[識相分]으로 주어지니, 나와 내 것이 공한 줄 알면 앎에 보는 자와 보여지는 것의 대립이 사라져, 보되 봄이 없고 알되 앎이 없게 된다.

앎의 몸과 바깥 경계에서 나와 내 것 떠나면 병에 본래 병 없음을 알게 되니, 병이 공한 곳에서 참으로 병의 괴로움을 떠나는 해탈의 길이 열린다.

참으로 병 없는 안온한 땅은 어디인가. 몸에 몸 없음을 깨달으면 그곳이 병 없음의 처소이고 몸의 진실 깨칠 때 여래의 위없는 몸 병없는 몸에 나아감이니, 『화엄경』(「수미정상게찬품」)은 말한다.

몸이 아니지만 몸을 말하고
일어남이 아니되 일어남 나투니
몸이 없고 또한 봄이 없으면
이것이 붇다의 위없는 몸이네.

非身而說身　非起而現起
無身亦無見　是佛無上身

「보살문명품」 또한 안의 몸[內身]을 잘 살피면 몸의 집착 떠날 뿐 아니라 온갖 법의 진실 살피게 됨을 이렇게 가르친다.

안의 몸을 분별해 살피면
이 가운데 누가 나인가.
만약 이와 같이 안다면
내가 있지 않음 통달함이네.

分別觀內身　此中誰是我
若能如是解　彼達我有無

몸에 대해 잘 살펴볼 수 있으면
온갖 것을 다 밝게 볼 수 있네.
법이 다 공하여 허망한 줄 알아
마음의 분별 일으키지 않으리.

於身善觀察　一切皆明見
知法皆虛妄　不起心分別

네 곳 살핌의 바른 지혜로
세간의 탐욕과 근심 항복받았소

이와 같이 내가 들었다.

한때 붇다께서는 참파 국 가르가 못가에 계셨다. 때에 마야디나[摩耶提那] 장자는 병을 앓다가 이제 막 나았다.

마야디나 장자는 어느 남자에게 말하였다.

"잘 행하는 이여, 그대는 존자 아니룻다가 계신 곳에 가서 나를 위해 그 발에 머리를 대 절하고 이렇게 문안드려주시오.

'지내시기 가벼우시고 안락하십니까.'

그리고 이렇게 말씀드려주시오.

'내일 낮 통하고 지내는 네 사람[通身四人]과 함께 제 청을 받아주시길 바랍니다.'

만약 청을 받아주시거든 다시 나를 위해 말씀드려주시오.

'저는 세속 사람으로 나라의 일[王家事]이 많아 몸소 나아가 맞이하지 못합니다. 존자는 때가 되거든 저를 가엾이 여기시어 통하고 지내는 네 사람과 제 초청에 와주십시오.'"

병에서 회복한 마야디나 장자가 사람을 보내 아니룻다 존자와 상가대중을 공양에 청함

그 남자는 장자의 분부를 받고 존자 아니룻다가 있는 곳에 가서 머리를 대 발에 절하고 말했다.

"마야디나 장자는 공경히 절하고 문안드립니다. 병이나 괴로움이 없으시고, 지내시기 가벼우시고 안락하십니까. 존자께서는 내일 낮 통하고 지내는 네 사람과 함께 제 청을 받아주시길 바랍니다."

때에 존자 아니룻다는 잠자코 그 청을 받았다. 그 남자는 다시 마야디나의 말로써 존자 아니룻다에게 말했다.

"저는 세속사람으로 나라의 일이 많아 몸소 나아가 맞이하지 못합니다. 존자는 때가 되거든 저를 가엾이 여기시어 통하고 지내는 네 사람과 제 초청에 와주십시오."

존자 아니룻다는 말하였다.

"그대는 그만 편안히 하시오. 내가 때를 알아, 내일 통하고 지내는 네 사람과 함께 그 집으로 가겠소."

그 남자는 존자 아니룻다의 분부를 듣고 돌아와 장자에게 말씀드렸다.

"아르야(Āryā)여, 저는 존자 아니룻다께 나아가 높은 뜻[尊意]을 갖추어 전했습니다. 존자 아니룻다는 말씀하셨습니다.

'그대는 그만 편안히 하시오. 내가 때를 알아 하겠소.' "

때에 그 장자 마야디나는 밤에 깨끗하고 맛있는 먹을거리를 마련한 뒤, 이른 아침에 다시 그 남자에게 말하였다.

"그대는 저 존자 아니룻다 계신 곳에 가서 때가 되었다고 말씀드리시오."

그 남자는 분부를 받고 존자 아니룻다 있는 곳에 나아가 머리를 대 발에 절하고 말씀드렸다.

"공양이 다 마련되었습니다. 때를 아시길 바랍니다."

아니룻다 존자가 몸 편안히 함을 물으므로
장자가 네 곳 살핌으로 답하니, 그가 아나가민임을 인증함

때에 존자 아니룻다는 가사를 입고 발우를 가지고 통하고 지내는 네 사람과 함께 장자 집으로 갔다. 마야디나 장자는 모시는 여인들에게 둘러싸이어 안 문 왼쪽에 있다가 존자 아니룻다를 보고 온몸을 엎드려 발을 잡고 공경히 절하고, 안으로 이끌어 자리에 모신 뒤, 다시 머리를 대 절하고 일어나 한쪽에 물러앉았다.

존자 아니룻다는 장자에게 물었다.

"잘 참아 견디시고 편안하고 즐겁게 지내시오?"

장자는 대답했다.

"그렇습니다, 존자여. 잘 참아 견디고 편안하고 즐겁게 지냅니다. 지난번에 병을 앓을 때에는 위독하였습니다. 지금은 나아졌습니다."

존자 아니룻다는 장자에게 물었다.

"그대는 어디에 머물러서 그 병의 괴로움으로 시달릴 때 낫게 하였소?"

장자는 대답했다.

"존자 아니룻다시여, 저는 네 곳 살핌[四念處]에 머물러 닦음을 오롯이 해 생각을 매었기 때문에 몸의 여러 괴로움으로 시달릴 때 쉬게 되었습니다.

무엇이 넷이냐 하면 다음과 같습니다.

곧 안의 몸[內身]에서 몸 살피는 생각에 머무르고, 방편에 힘써 정진하고 바른 생각과 바른 지혜로 세상의 탐욕과 근심을 항복하였습니다.

또 밖의 몸[外身]과 안팎의 몸[內外身], 안의 느낌[內受] · 밖의 느낌[外受]·안팎의 느낌[內外受], 안의 마음[內心]·밖의 마음[外心]·안팎의 마음[內外心], 안의 법[內法]·밖의 법[外法]·안팎의 법[內外法]에서 법 등을 살피는 생각에 머물러 방편에 힘써 정진하고, 바른 생각과 바른 지혜로 세상의 탐욕과 근심을 항복케 하였습니다.

이와 같이 존자 아니룻다시여, 저는 네 곳 살핌에 마음을 매어 머물렀기 때문에 몸이 여러 괴로움으로 시달릴 때 쉬게 되었습니다."

존자는 말하였다.

"그대는 지금 스스로 아나가민의 과덕을 언약해 말했소."

때에 마야디나 장자는 갖가지 깨끗하고 맛있는 음식으로 손수 공양을 올려 배불리 마음껏 들게 하였다.

공양을 마치고 양치질이 끝나자, 마야디나 장자는 낮은 자리에 앉아 설법을 들었다.

존자 아니룻다는 갖가지로 설법하여 가르쳐보이고 기쁘게 한 뒤 자리에서 일어나 떠났다.

• 잡아함 1038 마야제나경(摩耶提那經)

• 해설 •

마야디나 장자는 세속의 집에 머물며 가족을 거느리고 여인들과 같이 살지만, 네 곳 잘 살핌으로 병의 괴로움을 이기고 나와 내 것의 집착을 떠나 보시 행하므로 장자는 세속의 집에 머물러 사는 이[在家居士]이되 집을 나온 사문[出家沙門]이고, 티끌 속에 살되 연꽃처럼 때묻음 없다.

주체는 마음 밖에서 마음 일으키는 자가 아니고 객체는 마음 밖에서 마음에 알려지는 대상이 아니다.

안과 밖이 있되 공하여 마음일 때 주체는 안의 마음이고 세계는 밖의 마음이며, 아는 마음은 안팎의 마음이다.

눈으로 저 빛깔을 보고 귀로 저 소리를 들을 때 눈의 앎[眼識] 귀의 앎[耳識]은 눈과 빛깔 귀와 소리를 통해 일어났지만, 일어난 앎에는 눈과 빛깔이 없고 귀와 소리가 없다. 그러므로 듣되 들음 없이 듣고 보되 봄이 없이 보는 자가, 아니룻다와 장자의 문답의 뜻을 잘 알아 번뇌를 지혜로 돌이킬 수 있을 것이다. 어찌 마음만 그럴 것인가.

몸과 느낌 법에서도 안[內]과 밖[外]과 안팎의 어울림[內外]이 모두 서로 떨어져 실로 있음이 아니니, 마음과 느낌 · 법이 모두 있되 공한 줄 살피면 병에서 병을 떠나고 번뇌가 일어남[生]에서 남을 떠나 세간의 탐욕과 근심을 항복받는 것이다.

이와 같이 잘 살피는 자가 어찌 아나가민의 도에 언약 받은 자가 아니겠는가.

네 곳 살핌으로 높은 선정과 지혜를 성취하여 하늘눈이 으뜸인 아니룻다 존자가 장자를 아나가민의 과덕으로 언약해주니, 그는 바로 세속의 집에 살되 탐욕의 집에 갇힘이 없이 '여래의 해탈의 집'[如來解脫家]에 사는 자이며, 아내를 두고 가족도 두었지만, 법의 기쁨[法喜]으로 아내 삼고, 교화의 방편으로 자식을 삼는 세존의 법의 집안 법의 맏아들[法長子]인 것이다.

세존이시여, 공함 행하라는 뜻을 잘 받아 지닌 것입니까

나는 들었다, 이와 같이.

한때 붇다께서는 슈라바스티 국에 노니시면서 동쪽동산[東園] 므리가라마트리 강당에 계셨다.

그때에 존자 아난다는 해질녘 좌선 자리에서 일어나 붇다 계신 곳에 나아가 발에 머리를 대 절하고 물러나 한쪽에 앉아 말씀드렸다.

"세존께서는 어느 때 사카족 가운데서 노니셨는데, 성(城)의 이름을 사카의 도읍이라 하였습니다. 저는 그때에 세존께서 이와 같은 뜻 말씀하시는 것을 들었습니다.

'아난다여, 나는 공함[空]을 많이 행한다.'

세존께서 말씀하신 것을 제가 잘 알고 잘 받으며 잘 지닌다고 하겠습니까."

공함에 공함 없는 진실한 공 행함을 보이심

그때에 세존께서는 대답하셨다.

"그것은 내가 말한 것이니, 너는 참으로 잘 알고 잘 지닌다. 왜 그런가. 나는 그때부터 지금에 이르기까지 공함을 많이 행하였다.

아난다여, 이 므리가라마트리 강당은 비어서 코끼리 · 말 · 소 · 염소 · 재물 · 곡식 · 부리는 이들이 없다.

그렇지만 비지 않은 것[不空]이 있으니 오직 비구대중이 있다.

이것이 아난다여, 만약 이 가운데 모든 모습이 없으니 이 때문에 나는 이것이 공함을 본다고 말하는 것이다. 그러나 만약 여기에 다른 것이 있다면 나는 실로 있음[眞實有]을 본 것이니 아난다여, 이것을 진실한 공함[眞實空]을 행하여 뒤바뀌지 않음[不顚倒]이라고 하는 것이다.

아난다여, 비구로서 만약 공함을 많이 행하려고 한다면 그 비구는 마을이라는 생각[村想]을 생각하지 말고, 사람이란 생각[人想]을 생각하지 말며, 하나의 일 없음의 생각[一無事想]을 자주 생각하라.

그가 이와 같이 마을이라는 생각에 대해 공함을 알고, 사람이라는 생각에 공함을 알지만, 공하지 않음[不空]이 있으니, 오직 하나의 일 없는 생각[一無事想]이다.

만약 지침[疲勞]이 있다면 마을이라는 생각 때문인데 나는 이 생각이 없고, 만약 지침이 있다면 사람이라는 생각 때문인데 나는 이 생각이 없다.

오직 지침이 있어서 한 일 없는 생각 때문인데, 만약 그 가운데 실로 지침이 없다면 이 때문에 그는 이것이 공함이라 보는 것이다.

만약 그가 나머지 다른 것이 있다면 실로 있음[眞實有]을 보는 것이다.

아난다여, 이것을 진실한 공함을 행하여 뒤바뀌지 않음이라고 하는 것이다.

다시 아난다여, 비구로서 만약 공함을 많이 행하려고 한다면 그 비구는 사람이라는 생각[人想]도 생각하지 말고, 일이 없는 곳이라는 생각[無事想]도 생각하지도 말라.

그러고는 한 땅이라는 생각[一地想]만을 자주 생각하라.

그 비구는 만약 이 땅이 높고 낮음이 있고 뱀 떼가 있으며, 가시덤불이 있고, 모래와 돌이 있고, 돌산이 험하고 깊은 물이 있는 것을 보더라도 그것을 생각하지 말라.

만약 이 땅이 평평하기 손바닥 같고 바라보는 곳이 좋음을 살피면, 그것만을 자주 생각하라.

아난다여, 마치 소가죽을 백 개의 못으로 펴 바를 때에 아주 늘려 바르면 주름도 없고 오그라듦이 없는 것과 같다.

만약 이 땅이 높고 낮음이 있고 뱀 떼가 있으며, 가시덤불이 있고 모래와 돌이 있으며, 돌산이 험하고 깊은 물이 있는 것을 보더라도 그것은 생각하지 말라.

만약 이 땅이 평평하기 손바닥 같고, 바라보는 곳이 좋음을 살피면 그것만을 자주 생각하라.

그는 이와 같이 알아 사람이란 생각도 공하게 하고 일이 없는 곳이라는 생각도 공하게 한다.

그러나 공하지 않음[不空]이 있으니, 오직 한 땅[唯一地想]이라는 생각이다.

만약 어떤 지침이 있다면 사람이란 생각 때문에 있지만 나는 그것이 없고, 만약 어떤 지침이 있다면 일이 없는 곳이라는 생각 때문에 있지만 나는 그것도 없다.

오직 어떤 지침이 있어 한 땅이라는 생각 때문에 있지만 만약 그 가운데 실로 지침이 없다면 이 때문에 그는 이것이 공함이라 보는 것이다.

그러나 만약 거기에 다른 것이 있다면 그는 실로 있음[眞實有]을 볼 것이다.

아난다여, 이것을 진실한 공함[眞實空]을 행하여 뒤바뀌지 않음[不顚倒]이라고 하는 것이다.”

방편으로 빈 곳·앎의 곳·있는 바 없는 곳·생각함 없는 곳을 생각하여 공함을 체득하는 길을 보이심

“다시 아난다여, 비구가 만약 공함 행함을 많이 행하려고 한다면 그 비구는 일이 없는 곳이라는 생각을 생각하지도 말고, 땅이라는 생각[地想]도 생각하지도 말고, 한 한량없는 빈 곳이라는 생각[一無量空處想]을 자꾸 생각하라.

그는 이와 같이 알아 '일이 없는 곳이라는 생각'도 공하게 하고 '땅이라는 생각'도 공하게 한다. 그러나 공하지 않음이 있으니, 오직 '한 한량없는 빈 곳이라는 생각'이다.

만약 어떤 지침이 있으면 일이 없는 곳이라는 생각 때문에 있지만 나는 그것이 없고, 만약 지침이 있으면 땅이라는 생각 때문에 있지만 나는 그것도 없다.

오직 지침이 있어 한 한량없는 빈 곳이라는 생각 때문에 있지만, 만약 그 가운데 실로 지침이 없으면 이 때문에 그는 이것이 공함이라 보는 것이다.

그러나 만약 거기에 다른 것이 있다면 그는 진실로 있음을 보는 것이다.

아난다여, 이것을 진실한 공함을 행하여 뒤바뀌지 않음이라고 하는 것이다.

다시 아난다여, 비구가 만약 공함을 많이 행하려고 한다면 그 비구는 '땅이라는 생각'도 생각하지 말고, '한량없는 빈 곳이라는 생각'도 생각하지 말고, '한량없는 앎의 곳이라는 생각'[無量識處想]을 자꾸 생각하라.

그는 이와 같이 알아 땅이라는 생각도 공하게 하고, 한량없는 빈 곳이라는 생각도 공하게 한다. 그러나 공하지 않음이 있으니, '한 한량이 없는 앎의 곳이라는 생각'이다.

만약 어떤 지침이 있으면 땅이라는 생각 때문에 있지만 나는 그것이 없고, 만약 어떤 지침이 있다면 한량없는 빈 곳이라는 생각 때문에 있지만 나는 그것도 없다.

오직 어떤 지침이 있어 '한 한량없는 앎의 곳이라는 생각' 때문에 있지만, 만약 그 가운데 지침이 없으면 이 때문에 그는 이것이 공함이라 보는 것[彼見是空]이다. 그러나 만약 거기에 다른 것이 있다면 그는 실로 있음을 보는 것이다.

아난다여, 이것을 진실한 공함을 행하여 뒤바뀌지 않음이라고 하는 것이다.

다시 아난다여, 비구가 만약 공함을 많이 행하려고 한다면 그 비구는 '한량없는 빈 곳이라는 생각'도 생각하지 말고, '한량없는 앎의 곳이라는 생각'도 생각하지 말고, '있는 바 없는 곳[無所有處]이라는 생각'을 자주 생각하라.

그는 이와 같이 알아 '한량없는 빈 곳이라는 생각'도 공하게 하고, '한량없는 앎의 곳이라는 생각'도 공하게 한다. 그러나 오직 공하지 않음이 있으니, '있는 바 없는 곳[無所有處]이라는 생각'이다.

만약 어떤 지침이 있으면 '한량없는 빈 곳이라는 생각' 때문에 있지만 나는 그것이 없고, 만약 어떤 지침이 있으면 '한량없는 앎의 곳이라는 생각' 때문에 있지만 나는 그것도 없다.

오직 어떤 지침이 있어 하나의 '있는 바 없는 곳이라는 생각' 때문이지만, 만약 그 가운데 실로 지침이 없으면 이 때문에 그는 이것이 공함이라 보는 것이다.

그러나 만약 거기에 다른 것이 있다면 그는 실로 있음을 보는 것이다.

아난다여, 이것을 진실한 공을 행하여 뒤바뀌지 않음이라 하는 것이다.

다시 아난다여, 비구가 만약 공함을 많이 행하려고 한다면 그 비구는 '한량없는 앎의 곳이라는 생각'을 생각하지 말고, '한량없는 있는 바 없는 곳이라는 생각'도 생각하지 말고, 한량이 없는 '한 모습 취함 없는 마음의 선정'[一無想心定]을 자주 생각하라.

그는 이와 같이 알아 '한량없는 앎의 곳이라는 생각'을 공하게 하고, '있는 바 없는 곳이라는 생각'도 공하게 한다. 그러나 오직 공하지 않은 것이 있으니, '모습 취함 없는 마음의 선정'이다.

만약 어떤 지침이 있으면 '한량없는 앎의 곳이라는 생각' 때문에 있지만 나는 그것이 없고, 만약 어떤 지침이 있으면 '있는 바 없는 곳이라는 생각' 때문에 있지만 나는 그것도 없다.

오직 어떤 지침이 있어 '한 모습 취함 없는 마음의 선정' 때문에 있지만, 만약 그 가운데 지침이 없으면 이 때문에 그는 이것이 공함이라 보는 것이다. 그러나 만약 거기에 다른 것이 있다면 그는 실로 있음을 보는 것이다.

아난다여, 이것을 진실한 공함을 행하여 뒤바뀌지 않음이라고 하는 것이다."

여섯 가지 아는 뿌리가 공함을 깨닫는 것이 참된 공 행함이며, 마음의 해탈임을 보이심

"그는 이렇게 생각한다.

'나는 본래부터 모습 취함 없는 마음의 선정이 있어서 본래부터 행한 것이요, 본래부터 사유한 것이다. 만약 본래부터 행한 것이요 본래부터 사유한 것이라면, 나는 그것을 즐겨할 것도 없고 그것을 구할 것도 없으며, 거기에 머무를 것도 없다.'

그는 이와 같이 알고 이와 같이 보아 탐욕의 흐름에서 마음이 해탈하고, 존재의 흐름에서 마음이 해탈하고, 무명의 흐름에서 마음이 해탈하고, 해탈한 뒤에는 곧 해탈한 줄을 알아, 태어남은 이미 다하고 범행은 이미 서고, 지을 바를 이미 지어 다시는 뒤의 존재를 받지 않는다는 것을 진실대로 안다.

그는 이와 같이 알아 탐욕의 흐름을 공하게 하고 존재의 흐름을 공하게 하고 무명의 흐름을 공하게 한다.

그러나 공하지 않음이 있으니, 오직 나의 몸의 여섯 곳[六處]의 목숨이 있음이다.

만약 어떤 지침이 있으면 탐욕의 흐름 때문에 있지만 나는 그것이 없고, 만약 어떤 지침이 있으면 존재의 흐름 때문에 있지만 나는 그것도 없고, 어떤 지침이 있으면 무명의 흐름 때문에 있지만 나는 그것이 없다. 오직 어떤 지침이 있으니, 내 몸의 여섯 곳 목숨 있음 때문이다.

만약 그 가운데 지침이 없으면 이 때문에 그는 이것이 공함이라 보는 것이다.

그러나 만약 거기에 다른 것이 있다면 그는 실로 있음을 보는 것이다. 아난다여, 이것을 진실한 공함을 행하여 뒤바뀌지 않음이라고 하는 것이다.

이것이 흐름이 다하여 번뇌가 없음이고, 함이 없는 마음의 해탈이다."

함이 없는 마음의 해탈이 삼세 붇다의 법임을 보이심

"아난다여, 과거의 모든 여래 · 집착이 없는 이 · 바르게 깨친 분도 모두 이 진실한 공함을 행하여 뒤바뀌지 않으신 것이다.

왜 그런가. 흐름이 다해 번뇌가 없어 함이 없이 마음이 해탈하였기 때문이다.

아난다여, 미래의 모든 여래 · 집착이 없는 이 · 바르게 깨친 분도 모두 이 진실한 공함을 행하여 뒤바뀌지 않으실 것이다.

왜 그런가. 흐름이 다해 번뇌가 없어 함이 없이 마음이 해탈할 것이기 때문이다.

아난다여, 지금 현재의 나 여래 · 집착이 없는 이 · 바르게 깨친 분도 또한 이 진실한 공함을 행하여 뒤바뀌지 않는다.

왜 그런가. 흐름이 다해 번뇌가 없어 함이 없이 마음이 해탈하였기 때문이다.

아난다여, 너는 반드시 이렇게 배워야 한다.

나 또한 이 진실한 공함을 행하여 뒤바뀌지 않는 것이다.

왜 그런가. 흐름이 다해 번뇌가 없고, 함이 없이 마음이 해탈하였기 때문이다.

그러므로 아난다여, 반드시 이렇게 배워야 한다."

붇다께서 이렇게 말씀하시자, 존자 아난다와 여러 비구들은 붇다의 말씀을 듣고 기뻐하며 받들어 행하였다.

• 중아함 190 소공경(小空經)

• 해설 •

중생이 온갖 있음[一切有]을 실로 있는 것[實有]으로 집착하므로 여래는 공함을 행하라[行空] 가르치시니, 공(空)에도 머물 공을 보지 않아야 참으로 공함을 행하는 것이다.

있음[有]에 대한 중생의 집착은 깊고 깊어 연기로 난 것[緣起生]을 실로 있음으로 집착하여, 기나긴 밤의 윤회를 다하지 못하고 괴로움의 끝을 다하지 못하는 것이다.

그러므로 여래는 공의 뜻[空義]을 가르치기 위해 갖가지 비유와 차츰 끌어올리는 방법을 써서 존재의 있되 공한 실상을 열어 보인다.

저 므리가라마트리 강당이 텅 비어 여러 짐승과 다른 물건과 사람이 없으므로 비구상가가 그곳에 머문다. 강당이 텅 비었지만 비구상가가 그곳에 있으니, 공함이 공함 아닌 것을 보아야 진실한 공[眞實空]을 보는 것이다.

강당이 비어 있으므로 비구상가가 그곳에 있을 수 있으니, 존재는 있되 공할 뿐 아니라 공하기 때문에 있을 수 있는 것이다. 비구상가가 강당에 있되 그 존재의 있음 자체를 진실한 있음이라 하면 이는 뒤바뀐 견해라 진제를 볼 수 없고, 저 강당의 텅 빔이 텅 빔이라 말하면 공도 공한 진실한 공을 보지 못하고 속제를 보지 못한다.

므리가라마트리 강당이 텅 비어 있으므로 비구상가가 머물 수 있듯, 공함을 행하려면 마을이라는 생각[村想] 사람이라는 생각[人想]을 생각하지 말고, 일 없는 곳을 생각해야 한다.

일 없는 곳을 생각하여 마을과 사람의 집착을 떠나되 일 없는 곳이라는 집착을 떠나야 하니, 일 없는 곳도 한 땅이라는 방편의 생각[一地想]을 지어 일 없는 곳의 집착에서도 떠나야 한다.

땅은 높고 낮음이 있고 산과 들이 있고 가시와 자갈이 있으나 그 모두는 하나인 땅이 높고 낮음이 된 것이니, 한 땅의 평평함을 생각하여 온갖 땅의 차별된 모습을 뛰어넘어야 한다.

한 땅의 평평함으로 온갖 땅의 차별된 모습의 공성을 알더라도 한 땅의 평평함 또한 공한 줄 알아야 하니, 저 허공의 텅 빈 곳을 생각하여 물질로 된 땅의 평평함마저 집착하는 생각을 버려야 한다.

저 허공의 텅 빈 모습 또한 모습이니, 허공의 빈 모습에 대한 집착을 빈 모습인 줄 아는 '앎의 끝없음'[識無邊處]을 사유하여 벗어나야 한다.

알려지는 허공 속의 땅과 땅 위의 사물이 공할 뿐 아니라 허공의 빈 모습도 공하니, 모습도 공하고 모습 없음도 공한 줄 알아 취하지 않으면 아는 마음에 마음의 모습이 없다.

그러므로 아는 마음[能知心]과 알려지는 경계[所知境]에 모두 있는 바 없음[無所有處]을 사유하여 끝없는 앎이라는 집착도 벗어나야 한다.

아는 마음도 공하고 알려지는 경계도 공하지만[心境俱空], 그 공하여 있는 바 없음을 집착해도 그것은 있는 바 없음을 하나의 있음이라 집착하는 것이니, 여래가 보인 진실한 공이 아니다.

오직 보여지는 경계에 취함이 없어서 보되 봄이 없어야, 있는 바 없음에도 머물지 않는 취함 없는 마음의 선정이 성취된다.

더 깊이 사유하면 저 보여지는 사물과 허공을 보는 마음이 원래 있되 공하여 본래 니르바나되어 있는 것이다. 그러므로 취함 없는 선정이란 본래 갖춘 사마디이니, 그 선정의 모습도 취하거나 머물러서는 안 된다.

모습 취함을 끊되 끊음 없고 니르바나의 고요함을 얻되 얻음이 없어야 참으로 여래가 보인 진실한 공을 행함이니, 그는 여섯 가지 아는 뿌리[六根]가 여섯 경계[六境]를 알되 아는 뿌리와 경계 앎이 모두 공하되 공하지 않아서, 알되 앎이 없고 앎이 없되 앎 없음도 없는 것이다.

이와 같이 앎과 앎 없음을 모두 벗어나면, 이 사람이 곧 본래의 실상을 온전히 깨달아 쓰며 본래의 사마디를 온전히 사는 참사람이니, 이분이 여래 · 집착 없는 이이고, 그분이 함이 없는 해탈의 사람이다.

또 여래가 쓰는 본래의 사마디[本三昧]가 연기의 실상이니, 여래의 함이 없는 해탈의 법이 삼세 붇다의 법이고 온갖 중생의 자기진실인 것이다.

경의 가르침처럼 연기이므로 공한 존재의 실상 깨달아 진실한 공[眞實空]을 행하는 것밖에 여래의 보디의 길이 없으니, 『화엄경』(「수미정상게찬품」)은 말한다.

모든 법이 공함을 보지 못하면
늘 나고 죽음의 괴로움 받으리.
이 사람은 깨끗한 법의 눈이
아직 있지 않기 때문이라네.

不見諸法空　恒受生死苦
斯人未能有　淸淨法眼故

내가 옛날 뭇 괴로움을 받은 것은
내가 붇다를 뵙지 못했기 때문이네.
그러므로 법의 눈을 깨끗이 해야
보아야 할 바를 살펴 알 수 있으리.

我昔受衆苦　由我不見佛
故當淨法眼　觀其所應見

만약 붇다를 볼 수 있게 되면
그 마음에는 취하는 바가 없으리.
이 사람이 곧 붇다께서 아시는 법
붇다와 같이 볼 수 있게 되리라.

若得見於佛　其心無所取
此人則能見　如佛所知法

만약 평등하여 다름 없음을 보면
사물에 대해 분별하지 않게 되네.
이 견해는 모든 미혹을 떠난 것이니
샘이 없이 자재함 얻게 되리.

若見等無異　於物不分別
是見離諸惑　無漏得自在

이 경에서 비유로 보인 바처럼 어떤 것이 실로 있지 않음을 보는 것이 공함을 보는 것이지만, 그 공함으로 인해 다시 어떤 것이 있어서 거짓되지 않다면 그것은 공함이 실로 공함이 아니기 때문이다.

있음을 진실로 있음이라고 하는 것이 뒤바뀜이고 있음의 진실[妙有]을 등지는 것이며, 공을 공이라 하면 공도 공한 진실한 공[眞空]을 보지 못하는 것이다.

또한 차별된 모든 법이 공함을 보되 공함에도 분별없어야 세간을 벗어나 세간에 때묻음 없이 세간을 건지는 보디사트바의 행이 현전하는 것이니, 「이세간품」은 이렇게 말한다.

잘 행하는 세간의 보디사트바는
붇다의 부사의함에 머물러
마쳐 다한 지혜의 마음으로
한 생각에 온갖 중생의 행
모두다 알 수 있도다.

住佛不思議　究竟智慧心
一念悉能知　一切衆生行

비유하면 깨끗한 해와 달이
밝은 거울처럼 허공에 있어

뭇 물에 그림자 나투지만
물에 섞이지 않음과 같네.

譬如淨日月　皎鏡在虛空
影現於衆水　不爲水所雜

보디사트바의 깨끗한 법의 바퀴도
또 이와 같음을 알아야 하니
세간 마음의 물에 나타나지만
세간에 섞이지 아니하도다.

菩薩淨法輪　當知亦如是
現世間心水　不爲世所雜

제3장

보시 · 계행 · 선정 · 지혜의 행으로 구현되는 니르바나

"두 가지 힘이 있다. 어떤 것이 두 가지 힘인가.
참는 힘[忍力]과 사유하는 힘[思惟力]이다.
만약 내게 이 두 가지 힘이 없었더라면 끝내 위없이
평등하고 바르고 참된 깨달음을 이루지 못하였을 것이다.
또 이 두 가지 힘이 없었더라면 끝내 우루빌라에서
여섯 해 동안 고행하지 못하였을 것이요,
다시 마라를 항복받고 위없이 바르고 참된 도를 이루어
도량에 앉지 못하였을 것이다."

• 이끄는 글 •

중생의 무명과 번뇌가 본래 있지 않는 것을 실로 있다고 본 것이므로, 그것은 허깨비에서 허깨비를 일으킴 같고, 중생의 고제(苦諦)는 허깨비의 꿈에 갇혀 허깨비의 꿈을 벗어나지 못함 같다.

이처럼 중생을 중생이게 하는 고제와 집제(集諦)가 다 허깨비의 꿈이라면, 집제를 끊고 고제를 깨뜨리는 해탈의 도제(道諦) 또한 실로 닦을 것이 없고 니르바나의 멸제(滅諦) 또한 실로 얻음이 없다.

중생의 번뇌가 공하되 없지 않으므로 번뇌 끊는 도제의 이름이 세워진 것이니, 도제에 닦을 것이 없고[全修卽性] 닦지 않을 것이 없어서[全性起修] 성품과 닦음이 둘이 아니게 되면[性修不二] 닦아가는 걸음걸음이 보디의 길이 되고, 중생의 몸과 마음이 진리의 도량 상가의 아라마(ārāma)가 되는 것이다.

중생의 번뇌가 본래 공하고 모습이 모습 아닌 곳에서 보면, 이곳 중생의 삶의 현장 세간의 땅이 붇다의 진리의 몸이고 법바퀴 굴리는 진리의 도량이니, 『화엄경』(「입법계품」)은 이렇게 말한다.

노사나 여래는 도량에서
바른 깨침을 이루시고
온갖 법계 가운데서
맑은 법바퀴를 굴리시네.

盧舍那如來　道場成正覺
一切法界中　轉於淨法輪

붇다의 몸은 사의할 수 없어

법계에 모두 가득하시사
온갖 세계에 널리 나타나시니
온갖 사람 보지 못함이 없네.

佛身不思議　法界悉充滿
普現一切刹　一切無不見

옛 선사[資壽捷]는 참된 깨침에 닦을 것 없되 닦지 않을 것도 없음을 이렇게 노래한다.

두렷 밝은 참된 깨침 우거짐과 시듦 없고
높고 낮은 만 떨기 꽃 한길에 놓였도다.
고개 뒤의 돌 사람은 무소말을 타고 있고
티끌 속 허수아비개 해를 보고 짖는다.
바람이 큰 바다에 휘도니 천 물결 드높지만
긴 하늘에 구름 끊기니 조각달만 외롭도다.
홀로 앉아 고요한 밤 더욱더 깊어가는데
성긴 비에 뜰에 지는 오동잎 소리 듣도다.

圓明眞覺絕榮枯　萬彙高低處一途
嶺上石人騎鐵馬　塵中蒭狗吠金烏
風迴巨海千波峻　雲斷長天片月孤
獨坐寥寥向深夜　又聞疎雨落庭梧

1) 보시와 버림의 평등한 행

여섯 가지 항상한 행을 성취하면 세간의 위없는 복밭이 된다

이와 같이 내가 들었다.

한때 붇다께서는 슈라바스티 국 제타 숲 '외로운 이 돕는 장자의 동산'에 계셨다.

그때 세존께서 여러 비구들에게 말씀하셨다.

"여섯 가지 항상한 행[六常行]이 있다. 어떤 것이 여섯인가.

만약 비구가 눈으로 빛깔을 보아도 괴로워하지 않고 즐거워하지도 않고 평등한 마음으로 바른 생각[正念]과 바른 지혜[正智]에 머문다 하자.

그리고 귀로 소리 듣고 코로 냄새 맡으며, 혀로 맛보고 몸으로 닿음을 느끼고, 뜻으로 법을 앎에서도 괴로워하지 않고 즐거워하지도 않고 평등한 마음으로 바른 생각과 바른 지혜에 머문다 하자.

만약 비구가 이 여섯 가지 항상한 행을 성취하면 그는 세간에서 얻기 어려우며, 받들어 섬기고 공경하고 공양할 만하여 세간의 위없는 복밭[無上福田]이 된다."

붇다께서 이 경을 말씀하시자 여러 비구들은 붇다의 말씀을 듣고 기뻐하며 받들어 행하였다.

• 잡아함 341 육상행경(六常行經) ③

• 해설 •

덧없이 변해 바뀌는 세간법밖에 항상한 법이 없으니, 세간법의 나고 사라짐이 나고 사라짐 아닌 줄 깨닫는 곳에 항상한 행이 있다.

눈이 빛깔을 보고 귀가 소리를 듣고 혀가 맛보고 몸이 닿음을 느끼고 뜻이 법을 알되 경계가 있되 공한 줄 알아, 보되 봄이 없고 듣되 들음 없으면 괴로움과 즐거움을 넘어 늘 기쁨에 머물고 나고 사라짐을 넘어 나고 사라짐 그대로 항상함을 행할 수 있다.

여섯 아는 뿌리의 앎활동이 모두 알되 앎 없으므로 여섯 가지 항상한 행이라 하나, 여섯 행은 고요하되 알고 고요하되 움직이는 행이므로 여섯 행에 여섯의 분별이 없다.

끝없이 변해 사라지는 세간법 가운데 항상한 행을 성취한 자, 그가 주되 줌이 없고 법계 공덕의 땅에서 줌이 없이 베풀 수 있으니 세간의 복밭이고 세간의 공경받는 높은 자이고 여래의 법의 아들이다.

저 빛깔을 보고 소리 들을 때 봄이 없고 들음 없으면 범부의 마음이 보디의 마음이 되어 덧없음 가운데 늘 항상함을 보겠지만, 보고 들음을 끊고 항상함을 찾거나 닦음을 일으켜 보디를 구하면 맨 땅에 흙먼지 날리는 모습이 되는 것이니, 옛 선사[介庵朋]의 다음 노래를 들어보자.

> 비 오기 전 치는 우레 사람 크게 놀라게 하니
> 검은 구름 몇 번이나 티끌먼지 일으켰나.
> 흰 해오라기 안개구름을 뚫고 오른 뒤에
> 푸른 하늘 둥근 해를 서서 지켜 보노라.
>
> 未雨先雷驚殺人　黑風幾度卷埃塵
> 鷺鷥衝斷煙雲後　竚看青天大日輪

여래와 상가에 보시하면 스스로
그 복덕의 땅에 돌아가리니

이와 같이 들었다.

한때 붇다께서는 라자그리하 성 그리드라쿠타 산에서 큰 비구대중 오백 사람과 함께 계셨다.

그때에 인드라하늘왕은 날이 지나 해질 무렵에 세존 계신 곳에 나아가 머리를 대 발에 절하고 한쪽에 물러나 앉았다.

그때 인드라하늘왕은 게송으로 여래께 뜻을 여쭈었다.

잘 말씀하시고 펴 보이시며
흐름을 건너 샘이 없음 이루시어
나고 죽음의 못을 건너셨으므로
이제 고타마께 뜻 여쭙습니다.

저는 이제 이 모든 중생들
지어 나온 복된 업을 살펴보니
그들이 지은 몇 가지 복 가운데
누구에게 베푼 복 가장 높습니까.

지금 그리드라쿠타 산에 계시는
세존께선 이 뜻 말씀해주시어

뜻하신 바 잘 알게 해주시고
베푸는 이 위해 보여주소서.

삼보에 지혜로 보시하면 공덕의 바다에 돌아감을 보이심

그때에 세존께서는 게송으로 대답하셨다.

네 갈래의 중생들 복 지음에는
네 과덕을 갖추어 이룸 없나니
잘 배워 도의 자취를 얻은 이를
잘 믿고 그 법을 받들어야 하리.

탐욕도 없고 성냄 또한 없으며
어리석음을 다해 샘이 없음 이루어
온갖 나고 죽음의 못 다 건너신 이
그에게 보시하면 큰 과덕이 있다.

이 모든 중생계의 갖가지 무리
지어온바 여러 복과 덕의 업은
지어감에 갖가지 갈래 있지만
거룩한 상가에 보시하게 되면
얻은 복이 매우 많고 많게 되리라.

이 상가가 한량없는 중생 건짐은
바다가 진기한 보배 냄과 같도다.

거룩한 상가 또한 이와 같아
지혜의 빛 밝은 법을 연설하시네.

고타마가 말하는 좋은 곳이란
거룩한 상가에 보시하는 것이니
보시해 얻는 복 헤아릴 수 없음은
가장 빼어난 이의 말씀이시네.

인드라하늘왕은 붇다의 말씀을 듣고 붇다의 발에 절하고는 이내 거기서 물러갔다.

그때에 인드라하늘왕은 붇다의 말씀을 듣고 기뻐하며 받들어 행하였다.

• 증일아함 13 이양품(利養品) 六

• 해설 •

구함이 있고 모습이 있는 복 지음은 복 지은 것만큼 그 즐거운 갚음을 받지만, 구함이 있고 모습 있으므로 해탈의 문에 들어설 수 없다. 해탈의 덕 갖춘 현성과 현성의 상가에 공양해서 그 해탈의 도 따라 행할 때, 진여의 문에 들어서고 다함없는 복덕바다에 들어갈 수 있다.

그러므로 현성의 상가에 공양함이 가장 높은 복 지음이 되고, 큰 과덕이 있는 복 지음이 된다고 가르치는 것이다.

그것은 곧 상가에 공양하고 보시하는 것은 상가의 가르침 따라 스스로 번뇌를 돌이켜 보디에 나아감이기 때문이고, 나고 사라짐을 넘어 남이 없고 사라짐 없는 실상에 돌아감이며, 탐욕과 죽임의 업을 지혜와 자비의 업으로 돌이킴이기 때문이다.

진실한 상가는 스스로 여래의 진여의 법에 돌아가 해탈의 공덕을 세간에 펼치는 현성의 공동체이다. 그러므로 상가에 보시해 공양하는 것은 진리의 땅에 공양함이고 자기진실에 돌아가는 행이니, 삼보는 사람의 복밭일 뿐 아니라 인드라하늘왕 브라흐마하늘왕의 복밭인 것이다.

참된 복밭에 공양함으로써 공양하는 자 스스로 해탈의 땅에 나아가게 됨을, 『화엄경』(「세주묘엄품」)은 과거 여래의 행을 들어 이렇게 보인다.

여래께서 지난 옛날 한량없는 겁에
닦아 행하신 일 내가 생각해보니
모든 붇다 세간에 나오실 때마다
그분들을 모두 공양하였으므로
허공 같은 큰 공덕을 얻으셨도다.

我念如來往昔時　於無量劫所修行
諸佛出興咸供養　故獲如空大功德

여섯 가지 버림의 행으로 해탈하나니

이와 같이 내가 들었다.

한때 붇다께서는 슈라바스티 국 제타 숲 '외로운 이 돕는 장자의 동산'에 계셨다.

그때 세존께서 여러 비구들에게 말씀하셨다.

"여섯 가지 버리는 행[六捨行]이 있다. 어떤 것이 여섯인가.

비구들이여, 다음과 같다. 눈으로 빛깔 봄을 버리면 저 빛깔 보는 곳에서 버림을 행하는 것이다.

귀로 소리를 듣고, 코로 냄새를 맡고, 혀로 맛을 보고, 몸으로 닿음을 느끼며, 뜻으로 법을 앎에서 앎 등을 버리면, 저 법 등을 아는 곳에서 버림을 행하는 것이다.

이것을 비구의 여섯 가지 버리는 행이라 한다."

붇다께서 이 경을 말씀하시자 여러 비구들은 붇다의 말씀을 듣고 기뻐하며 받들어 행하였다.

• 잡아함 338 육사행경(六捨行經)

• 해설 •

연기하는 세간법밖에 진제(眞諦)가 없고, 고통과 윤회의 현실밖에 해탈과 니르바나가 없다.

눈 · 귀 · 코 · 혀 · 몸과 뜻 여섯 아는 뿌리가 여섯 경계를 대하되 아는 자와 알려지는 것이 공한 줄 알아, 보고 듣는 곳에서 실로 봄과 실로 들음과 실로 앎을 버려 떠나면 이것이 여섯 가지 버림의 행[六捨行]이고 해탈의 행이다.

여섯 가지 버림의 행은 빛깔 봄에서 실로 봄을 떠나는 것이니, 버림이란 봄[見]과 보지 않음[不見]을 떠나 세간에 평등을 행함이고 크나큰 베풂을 행함이다. 『화엄경』(「광명각품」)은 이렇게 말한다.

법계와 중생의 세계는
마쳐 다해 차별이 없도다.
온갖 것 모두 깨달아 아시니
이것이 여래의 경계이네.

法界衆生界　究竟無差別
一切悉了知　此是如來境

업이 아니고 번뇌가 아니며
사물도 없고 머무는 곳이 없으며
비춤이 없고 지어감이 없어서
평등하게 세간에 행하시네.

非業非煩惱　無物無住處
無照無所行　平等行世間

2) 삶의 실상 그대로의 지계의 행

산목숨 죽이면 악한 길에 떨어져 니르바나를 등지리

이와 같이 들었다.

한때 붇다께서는 슈라바스티 국 제타 숲 '외로운 이 돕는 장자의 동산'에 계셨다.

그때 세존께서 여러 비구들에게 말씀하셨다.

"이 중생들 가운데서 나는 한 가지 법처럼, 그것을 닦아 익히고 많이 행하면 지옥의 업을 이루고 아귀와 축생의 업을 이루며, 사람으로 태어나더라도 받는 목숨이 아주 짧게 되는 것을 보지 못하였다.

그것은 산목숨 죽임[殺生]이다.

여러 비구들이여, 만약 어떤 사람이 산목숨 죽임을 좋아하면 곧 지옥 · 아귀 · 축생에 떨어질 것이요, 사람으로 태어나더라도 받는 목숨이 아주 짧게 될 것이다.

왜 그러냐 하면 남의 목숨을 끊었기 때문이다.

그러므로 비구들이여, 산목숨 죽이지 않기를 배워야 한다.

이와 같이 여러 비구들이여, 반드시 이렇게 배워야 한다."

그때에 비구들은 붇다의 말씀을 듣고 기뻐하며 받들어 행하였다.

산목숨 죽이지 않고 살려주면 니르바나의 땅에 들어감을 보이심

이와 같이 들었다.

한때 붇다께서는 슈라바스티 국 제타 숲 '외로운 이 돕는 장자의 동산'에 계셨다.

그때 세존께서 여러 비구들에게 말씀하셨다.

"중생들 가운데서 나는 한 가지 법처럼, 그것을 닦아 행하고 많이 닦아 행하면 사람 가운데 복을 받고 하늘위의 복을 받으며, 니르바나를 증득하게 됨을 보지 못하였다.

그것은 산목숨 죽이지 않는 것이다."

붇다께서는 여러 비구들에게 말씀하셨다.

"만약 어떤 사람이 산목숨 죽이지 않고 또 죽이기를 생각하지 않으면 목숨 받음이 아주 길어질 것이다.

왜 그러냐 하면 그는 남을 해쳐 어지럽히지 않았기 때문이다.

그러므로 비구들이여, 산목숨 죽이지 않기를 배워야 한다.

이와 같이 여러 비구들이여, 반드시 이렇게 배워야 한다."

그때에 여러 비구들은 붇다의 말씀을 듣고 기뻐하며 받들어 행하였다.

• 증일아함 14 오계품(五戒品) 一·二

• 해설 •

금지해서 지키도록 가르치신 계(śīla, 戒)는 니르바나에 돌아가기 위한 실천의 발판이면서 니르바나에서 일어나는 해탈의 행이다.

산목숨을 죽이지 말라 가르치신 것은 남의 생명을 죽이고 남의 자유를 억누르고 남의 존재를 허물어뜨리는 것은 나와 남이 둘이 아니되 하나도 아닌[不二不一] 법의 실상을 등지는 행이기 때문이다.

연기법에서 바탕과 끝, 뿌리와 가지는 둘이 아니다. 그러므로 니르바나 그 크고 넓은 법의 바다에 나아가려면, 여래가 가르치신 계법을 잘 받아 지키고 받들어 행해야 해탈의 문을 열 수 있을 것이다.

그러나 끊어야 할 것을 끊되 끊음 없고, 지어야 할 것을 짓되 지음 없어야 계법을 받아 지님이 해탈의 문이 되고 니르바나의 행이 되는 것이다.

곧 나와 남이 둘이 아니되 하나라는 모습도 공하니, 중생을 건네되 실로 건넴이 없고 중생을 거두고 중생의 목숨을 살리되 중생이라는 생각을 떠나면, 거두고 살리는 행이 니르바나의 행이 되고 해탈의 행이 되는 것이다.

『화엄경』(「십인품」) 은 이렇게 말한다.

> 중생과 중생이 사는 국토
> 갖가지 업으로 짓는 것은
> 허깨비 같은 바탕에 드니
> 보디사트바는 그 모든 것에
> 의지해 집착함이 없네.
>
> 衆生及國土　種種業所造
> 入於如幻際　於彼無依著
>
> 이와 같이 좋은 방편 얻어
> 고요하여 허튼 따짐 없으면
> 걸림 없는 땅에 머물러서
> 큰 위력 널리 나투게 되리.
>
> 如是得善巧　寂滅無戲論
> 住於無礙地　普現大威力

주지 않는 것 가지면 스스로 가난해 입 채울 밥이 없으리니

이와 같이 들었다.

한때 붇다께서는 슈라바스티 국 제타 숲 '외로운 이 돕는 장자의 동산'에 계셨다.

그때 세존께서 여러 비구들에게 말씀하셨다.

"중생들 가운데서 나는 한 가지 법처럼, 많이 익혀 행하면 지옥의 업을 이루고 아귀와 축생의 업을 이루며, 사람 가운데 태어나더라도 아주 가난하여 몸을 가릴 옷이 없고 입을 채울 밥이 없게 되는 것을 보지 못하였다. 그것은 도둑질하는 것이다.

여러 비구들이여, 만약 어떤 사람의 뜻이 도둑질하기를 좋아해 남의 재물을 가지면 곧 지옥 · 아귀 · 축생에 떨어질 것이요, 사람 가운데 태어나더라도 아주 가난하게 될 것이다.

왜 그러냐 하면 남의 살림살이[生業]를 끊었기 때문이다.

그러므로 여러 비구들이여, 주지 않는 것 갖음 멀리 떠날 것을 배워야 한다.

이와 같이 여러 비구들이여, 반드시 이렇게 배워야 한다."

그때에 비구들은 붇다의 말씀을 듣고 기뻐하며 받들어 행하였다.

남의 것 빼앗지 않고 베풂이 니르바나에 드는 행임을 보이심

이와 같이 들었다.

한때 붇다께서는 슈라바스티 국 제타 숲 '외로운 이 돕는 장자의 동산'에 계셨다.

그때 세존께서는 여러 비구들에게 말씀하셨다.

"나는 이 대중 가운데서 한 법을 닦아 익히고 많이 닦아 익혀서, 사람 가운데 복을 받고 하늘위의 복을 받으며 니르바나를 증득함을 보지 못했으니, 그 한 법이란 널리 보시함을 말한다."

붇다께서는 이어 여러 비구들에게 말씀하셨다.

"만약 어떤 사람이 널리 보시를 행하면 현세에서 물질을 얻고 힘을 얻으며 여러 덕을 갖추며 하늘위와 사람 가운데 받는 복이 한량없을 것이다.

그러므로 비구들이여, 보시를 행하여 아끼는 마음을 두지 말아야 한다.

이와 같이 비구들이여, 반드시 이렇게 배워야 한다."

그때에 비구들은 붇다의 말씀을 듣고 기뻐하며 받들어 행하였다.

• 증일아함 14 오계품 三 · 四

• 해설 •

나에 붙들어쥘 나의 모습이 없고 내 것에 취할 내 것이 없으므로, 나와 내 것을 굳게 세워 내 것을 늘리기 위해 남의 것을 빼앗고 남의 노동의 대가를 훔치는 것은 막힘없고 걸림 없는 법계의 실상을 등지는 삶이다.

그것은 막힘이 없는 곳에서 막힘을 세우고 다툼이 없는 곳에서 다툼을 세우는 삶이니, 나와 내 것, 나와 남의 공성을 통달하여 줌이 없이 줄 때 그는 삶의 다함없는 풍요에 나아갈 것이고, 내 것에 막히지 않는 해탈의 땅에 나아갈 것이다. 지혜의 보시, 나눔의 덕이 니르바나의 행이니, 남의 것 훔치고 빼앗는 자에게 니르바나의 문은 닫히고 단이슬의 맛이 사라질 것이다.

삿된 음행으로 어지러우면
니르바나의 깨끗한 행 이루지 못하리

이와 같이 들었다.

한때 붇다께서는 슈라바스티 국 제타 숲 '외로운 이 돕는 장자의 동산'에 계셨다.

그때 세존께서 여러 비구들에게 말씀하셨다.

"이 중생들 가운데서 나는 한 가지 법처럼, 익혀 행하고 많이 익혀 행하면 지옥과 아귀와 축생의 업을 이루고, 사람 가운데 태어나더라도 집에서 간음을 행하여 깨끗한 행이 없으므로 남의 헐뜯음과 비방받는 것을 보지 못하였다.

그것은 삿된 음행이다."

붇다께서는 여러 비구들에게 말씀하셨다.

"만약 어떤 사람이 음란하기가 절도가 없어 남의 아내 범하기를 좋아하면 곧 지옥 · 아귀 · 축생에 떨어질 것이요, 사람 가운데 태어나더라도 안방이 음행으로 어지러울 것이다.

그러므로 여러 비구들이여, 늘 뜻을 바르게 하여 음탕한 생각을 일으키지 말고 부디 남의 아내와 음행하지 말라.

이와 같이 여러 비구들이여, 반드시 이렇게 배워야 한다."

그때에 여러 비구들은 붇다의 말씀을 듣고 기뻐하며 받들어 행하였다.

몸과 마음의 깨끗한 행으로 하늘과 사람의 복을 받고 니르바나 얻게 됨을 보이심

이와 같이 들었다.

한때 붇다께서는 슈라바스티 국 제타 숲 '외로운 이 돕는 장자의 동산'에 계셨다.

그때 세존께서 여러 비구들에게 말씀하셨다.

"이 중생들 가운데서 나는 한 가지 법처럼, 닦아 행하고 많이 닦아 행하면 사람 가운데 복을 받고 하늘위의 복을 받으며 니르바나를 증득하게 되는 것을 보지 못하였다.

그것은 남의 사람과 음행하지 않음으로써 몸이 깨끗하고 삿된 생각이 없는 것이다."

붇다께서 여러 비구들에게 말씀하셨다.

"만약 어떤 사람이 곧고 깨끗하여 음행하지 않으면 곧 하늘위 사람 가운데 복을 받을 것이다.

그러므로 여러 비구들이여, 삿된 음행을 행하려 음탕한 뜻을 일으키지 말라.

이와 같이 여러 비구들이여, 반드시 이렇게 배워야 한다."

그때에 여러 비구들은 붇다의 말씀을 듣고 기뻐하며 받들어 행하였다.

• 증일아함 14 오계품 五 · 六

• 해설 •

몸의 닿음이 즐거운 느낌을 주어도 그 느낌은 덧없이 사라지는 것이고, 괴로운 느낌을 주어도 그 닿아 느끼는 괴로움은 끝내 무너져 없어진다.

닿는 것이 공한 줄 알지 못해 닿음 속에서 즐거운 느낌을 취해 끝없이 번뇌의 마음을 일으켜 탐욕의 불길이 꺼지지 않으면, 닿되 닿음 없는 깨끗한 행을 등지고 알되 앎이 없는 고요한 행을 저버린다.

하물며 그 탐욕의 불길이 타오르고 타올라 삶의 절도를 잃고 밖으로 내달리면, 스스로의 몸을 망치고 마음을 태우며 가정의 평화를 깨뜨리고 더불어 사는 삶의 길을 서로 어지럽힌다.

깨끗한 행이 안락의 길이고 니르바나의 길이니, 범행을 닦아 그 복을 세간에 돌이키는 자, 그 스스로 하늘과 사람의 복을 받고 니르바나의 공덕의 땅에 돌아가리라.

몸과 뜻의 깨끗한 업으로 해탈에 나아가는 보디사트바의 삶을 『화엄경』(「십회향품」)은 이렇게 가르친다.

시방 온갖 모든 세간의 모습은
다 중생의 생각으로 분별한 것이네.
생각과 생각 아님에 얻을 것 없으니
이와 같이 모습 취함 밝게 알도다.

十方一切諸世間　悉是衆生想分別
於想非想無所得　如是了達於諸想

저 보디사트바는 몸을 깨끗이 한 뒤
뜻이 청정하여 티와 때가 없어라.
말의 업 이미 깨끗해 허물 없으니
뜻이 깨끗해 집착 없음 알아야 하네.

彼諸菩薩身淨已　則意淸淨無瑕穢
語業已淨無諸過　當知意淨無所著

거짓말하고 지성스럽지 않으면 니르바나 얻지 못하리

이와 같이 들었다.

한때 붇다께서는 슈라바스티 국 제타 숲 '외로운 이 돕는 장자의 동산'에 계셨다.

그때 세존께서 여러 비구들에게 말씀하셨다.

"이 중생들 가운데서 나는 한 가지 법처럼, 익혀 행하고 많이 익혀 행하면 지옥의 업을 이루고 아귀와 축생의 업을 이루며, 사람 가운데 태어나더라도 입에 나쁜 냄새가 나서 남의 미움을 받게 되는 것을 보지 못하였다.

그것은 거짓말이다.

여러 비구들이여, 만약 어떤 사람이 거짓말과 꾸밈말로 싸우고 시비하면 곧 축생이나 아귀 가운데 떨어질 것이다.

왜 그러냐 하면 거짓말했기 때문이다.

그러므로 지성스럽게 하고 거짓말하지 말라.

이와 같이 여러 비구들이여, 반드시 이렇게 배워야 한다."

그때에 비구들은 붇다의 말씀을 듣고 기뻐하며 받들어 행하였다.

진실을 말하면 하늘과 사람의 복 받고 니르바나 얻음을 보이심

이와 같이 들었다.

한때 붇다께서는 슈라바스티 국 제타 숲 '외로운 이 돕는 장자의

동산'에 계셨다.

그때 세존께서 여러 비구들에게 말씀하셨다.

"이 중생들 가운데서 나는 한 가지 법처럼, 닦아 행하고 많이 닦아 행하면 사람 가운데 복을 받고 하늘위의 복을 받으며, 니르바나를 증득하게 되는 것을 보지 못하였다.

그것은 거짓말하지 않는 것이다.

여러 비구들이여, 만약 거짓말하지 않으면 입에서 향내가 나고 좋은 이름과 덕이 멀리 들릴 것이다.

그러므로 여러 비구들이여, 거짓말하지 않음을 행해야 한다.

이와 같이 여러 비구들이여, 반드시 이렇게 배워야 한다."

그때에 비구들은 붇다의 말씀을 듣고 기뻐하며 받들어 행하였다.

• 증일아함 14 오계품 七 · 八

• 해설 •

말[語]은 사유[思]를 떠나지 않고 사유는 삶의 반영이니, 진실을 말하지 않고 거짓을 말하는 것은 그 사유가 바른 사유가 아니고 그 마음이 바른 마음이 아니기 때문이다.

바른 마음 · 바른 사유는 늘 세계의 진실을 밝히고 연기의 진실대로 사는 삶의 모습이니, 거짓말 · 두말 · 꾸밈말로 진실을 왜곡하는 자는 그 스스로 남의 꾸중 듣고 비난 들을 것이다.

바른 말 하는 이란 이 세간의 실상을 깨달아 실상 그대로를 말하는 분[如語者]이니, 우리는 여래를 진실 그대로 오시어 진실 그대로 말씀하시는 분이라 한다.

그러니 이 세간의 실상 그대로의 참된 말씀의 성취자[眞語者], 여래를 따라 진실을 말하는 자[實語者]는 진실한 말로 인해 바른 사유에 나아가고 바른 사유로 니르바나의 성에 들어가리라.

무명의 술 마시면 밝은 지혜가 없게 되어 진실을 알지 못하니

이와 같이 들었다.

한때 붇다께서는 슈라바스티 국 제타 숲 '외로운 이 돕는 장자의 동산'에 계셨다.

그때 세존께서 여러 비구들에게 말씀하셨다.

"이 중생들 가운데서 나는 한 가지 법처럼, 익혀 행하고 많이 익혀 행하면 축생이나 아귀 · 지옥의 죄를 받고, 사람 가운데 태어나더라도 미치고 어둡고 어리석어 참과 거짓을 분별하지 못하게 되는 것을 보지 못하였다.

그것은 술을 마시는 것이다.

여러 비구들이여, 만약 어떤 사람의 마음에 술 마시기를 좋아하면 나는 곳마다 지혜가 없고 늘 어리석을 것이다.

그러므로 비구들이여, 부디 술을 마시지 말라.

이와 같이 여러 비구들이여, 반드시 이렇게 배워야 한다."

그때에 비구들은 붇다의 말씀을 듣고 기뻐하며 받들어 행하였다.

무명의 술 마시지 않아야 경전을 두루 알아 어지럽지 않음을 보이심

이와 같이 들었다.

한때 붇다께서는 슈라바스티 국 제타 숲 '외로운 이 돕는 장자의 동산'에 계셨다.

그때 세존께서 여러 비구들에게 말씀하셨다.

"이 중생들 가운데서 이 법보다 나은 한 가지 법이 없으므로, 닦아 행하고 많이 닦아 행하면 사람 가운데 복과 하늘위의 복을 받고 니르바나를 증득하게 되는 법은 없다.

어떤 것이 그 한 가지 법인가.

술을 마시지 않는 것이다.

비구들이여, 만약 사람이 술을 마시지 않으면 나면서부터 총명하여 어리석어 미혹함이 없고, 경전을 두루 알며 뜻이 그릇되어 어지럽지 않을 것이다.

이와 같이 여러 비구들이여, 반드시 이렇게 배워야 한다."

그때에 비구들은 붇다의 말씀을 듣고 기뻐하며 받들어 행하였다.

• 증일아함 14 오계품 九 · 十

• 해설 •

중생은 여래장의 공덕을 갖춘 중생 아닌 중생이지만, 기나긴 겁[長劫] 윤회의 길고 먼 밤길[長夜]에 무명 번뇌의 독에 마취되어, 탐욕의 불길과 미쳐 어지러운 꿈을 쉬지 못해 중생으로 살아간다.

이미 무명의 흐름과 존재의 흐름, 탐욕의 흐름이 그 삶을 얽매이고 있는데, 그 속에서 다시 술과 담배, 마약 등 지혜를 가리고 바른 판단을 마비시키는 행을 쉬지 못하면, 그 언제 다시 번뇌의 독을 돌이켜 지혜의 맛을 이루고, 무명의 독한 술을 돌이켜 단이슬의 맛을 이룰 것인가.

무명의 술에 취함 없이 밝고 맑은 생각으로 여래의 수트라를 외우고 여래의 말씀을 사유해야 긴 겁의 윤회를 쉬고 미친 기운을 쉬어 니르바나의 평탄한 땅, 안락의 땅에 이를 것이다.

악한 행을 그치어 착한 행을 지음 없이 지으면 나쁜 삶의 길을 떠나게 된다

이와 같이 들었다.

한때 붇다께서는 슈라바스티 국 제타 숲 '외로운 이 돕는 장자의 동산'에 계셨다.

그때 세존께서 여러 비구들에게 말씀하셨다.

"나는 지금 착한 행과 착하지 못한 행을 말하겠으니 자세히 듣고 자세히 들어 잘 사유해 생각하라."

여러 비구들이 대답했다.

"그렇게 하겠습니다, 세존이시여."

세존께서 비구들에게 말씀하셨다.

"어떤 것이 착하지 못한 행이며 어떤 것이 착한 행인가.

산목숨을 죽이는 것은 착하지 못한 행이요, 산목숨을 죽이지 않는 것은 착한 행이다.

주지 않는 것을 가지는 것은 착하지 못한 행이요, 주지 않는 것을 가지지 않는 것은 착한 행이다.

음탕한 것은 착하지 못한 행이요, 음탕하지 않은 것은 착한 행이다.

거짓말하는 것은 착하지 못한 행이요, 거짓말하지 않는 것은 착한 행이다.

꾸밈말하는 것은 착하지 못한 행이요, 꾸밈말하지 않는 것은 착한 행이다.

두말하는 것은 착하지 못한 행이요, 두말하지 않는 것은 착한 행이다.

이것과 저것을 다투어 싸우게 하는 것은 착하지 못한 행이요, 이것과 저것을 다투어 싸우지 않게 하는 것은 착한 행이다.

남의 것을 탐내는 것은 착하지 못한 행이요, 남의 것을 탐내지 않는 것은 착한 행이다.

성내는 것은 착하지 못한 행이요, 성내지 않는 것은 착한 행이다.

삿된 견해는 착하지 못한 것이요, 바른 견해는 착한 것이다.

이와 같이 비구가 이런 악을 행하면 축생이나 아귀나 지옥에 떨어질 것이요, 착함을 행하면 사람 가운데나 하늘위 여러 좋은 곳이나 아수라 가운데 날 것이다.

그러므로 나쁜 행을 멀리 떠나고 착한 행을 닦아 익혀라.

이와 같이 여러 비구들이여, 반드시 이렇게 배워야 한다."

그때에 비구들은 붇다의 말씀을 듣고 기뻐하며 받들어 행하였다.

• 증일아함 16 화멸품(火滅品) 五

• 해설 •

중생이 짓는 업(業)밖에 중생의 존재가 없고 세계가 없으니, 그 업이 물들어 흐르면 존재가 흐리고 세계가 흐린 것이다.

중생이 그 짓는 업에서 악을 그치고 선을 행하면, 스스로 지옥 · 아귀 · 축생의 세계를 돌이켜 하늘과 하늘의 복된 세계에 나아가고 하늘과 사람의 복된 땅을 만드는 것이다.

중생의 악은 공한 악이므로 그쳐 다할 수 있고, 중생의 착함은 공한 착함이므로 착함은 늘 지어가야 하는 착함이고, 짓되 지음 없이 지어야 참된 공덕이 될 수 있다.

악함을 끊음 없이 끊고 착함을 지음 없이 짓는 자, 그가 옳고 그름 착함과 악함이 굽이치는 세간바다에서 착함과 악함에 물듦 없는 바른 견해로, 니르바나의 저 언덕에 잘 가는 자이다.

『화엄경』(「십회향품」)은 악한 행을 착한 행으로 돌이키고 착한 행을 진여 그대로의 해탈행으로 돌이켜 중생을 보디에 이끄는 보디사트바의 행을, 이렇게 가르친다.

> 마하사트바는 모든 선업 부지런히 닦아
> 한량없고 끝이 없어 셀 수 없어라.
> 이와 같음으로 모두 중생 이롭게 하여
> 사유할 수 없는 위없는 지혜에 머물게 하네.
>
> 大士勤修諸善業 無量無邊不可數
> 如是悉以益衆生 令住難思無上智

3) 여래 따르는 지혜의 행

여래의 스투파와 상가라마에 절하며
두 법을 오롯이 사유하여야 하니

보디와 니르바나를 사유함

이와 같이 들었다.

한때 붇다께서는 슈라바스티 국 제타 숲 '외로운 이 돕는 장자의 동산'에 계셨다.

그때 세존께서 여러 비구들에게 말씀하셨다.

두 가지 법이 있으니, 두 법을 안으로 스스로 사유하여[內自思惟] 한 뜻에 오롯이 정진하여[專精一意] 여래에게 절하라.

어떤 것이 두 가지 법인가. 첫째는 지혜요 둘째는 사라져 다함[滅盡]이다.

이것을 비구여, 안으로 스스로 사유하여 한 뜻에 오롯이 정진하여 여래에게 절해야 한다는 것이다.

이와 같이 여러 비구들이여, 반드시 이렇게 배워야 한다."

그때에 비구들은 붇다의 말씀을 듣고 기뻐하며 받들어 행하였다.

여래의 빼어난 힘과 두려움 없음을 사유함

이와 같이 들었다.

한때 붇다께서는 슈라바스티 국 제타 숲 '외로운 이 돕는 장자의

동산'에 계셨다.

그때 세존께서 여러 비구들에게 말씀하셨다.

"두 가지 법이 있으니, 두 법을 안으로 스스로 사유하여 한 뜻에 오롯이 정진하여 법보에 절하고 여래의 신묘한 스투파에 절하라.

어떤 것이 두 가지 법인가. 힘 있음[有力]이고 두려움 없음[無畏]이 있음이다.

이것을 비구여, '두 가지 법이 있으니 안으로 스스로 사유하여 한 뜻에 오롯이 정진하여 법보에 절하고 여래의 신묘한 스투파에 절해야 한다는 것'이다.

이와 같이 여러 비구들이여, 반드시 이렇게 배워야 한다."

그때에 비구들은 붇다의 말씀을 듣고 기뻐하며 받들어 행하였다.

여래의 자비와 높은 공덕을 사유함

이와 같이 들었다.

한때 붇다께서는 슈라바스티 국 제타 숲 '외로운 이 돕는 장자의 동산'에 계셨다.

그때 세존께서 여러 비구들에게 말씀하셨다.

"두 가지 법이 있으니, 두 법을 안으로 스스로 사유하여 한 뜻에 오롯이 정진하여 여래의 상가라마[寺]에 절하라.

어떤 것이 두 가지 법인가. 여래는 세상 사람과 더불어 견줄 이 없는 분이라 함과, 큰 사랑과 큰 슬피 여김이 있어 시방 중생을 가엾이 여기는 분이라 함이다.

이것을 비구여, '두 가지 법이 있으니 안으로 스스로 사유하여 한 뜻에 오롯이 정진하여 여래의 상가라마에 절해야 한다는 것'이다.

이와 같이 여러 비구들이여, 반드시 이렇게 배워야 한다."

그때에 비구들은 붇다의 말씀을 듣고 기뻐하며 받들어 행하였다.

가르침을 듣고 사마타와 비파사나를 사유함

이와 같이 들었다.

한때 붇다께서는 슈라바스티 국 제타 숲 '외로운 이 돕는 장자의 동산'에 계셨다.

그때 세존께서 여러 비구들에게 말씀하셨다.

"두 가지 인연이 있어서 바른 견해를 일으킨다.

어떤 것이 둘인가. 법의 교화를 받는 것과 마음으로 사마타(śamatha, 止)와 비파사나(vipaśyanā, 觀)를 사유하는 것이다.

이것을 비구여, '두 가지 인연이 있어 바른 견해를 일으킨다'는 것이다.

이와 같이 여러 비구들이여, 반드시 이렇게 배워야 한다."

그때에 비구들은 붇다의 말씀을 듣고 기뻐하며 받들어 행하였다.

• 증일아함 15 유무품(有無品) 七～十

• 해설 •

이 세간은 온갖 걱정과 근심거리가 가득하고 온갖 장애와 시련이 넘쳐나며, 그릇된 세계관과 치우친 견해가 중생의 마음을 물들이고 세간을 어지럽힌다. 이 속에서 어떻게 바른 견해로 곧게 나아가 그 온갖 물들임과 시끄러움, 온갖 걸림과 막힘을 뛰어넘어 해탈의 땅에 이를 것인가.

삼보를 생각하고 삼보를 고통바다 진리의 나침반으로 삼으며, 사마타와 비파사나의 두 노를 저어 견해의 바다를 헤쳐갈 때, 나고 죽음과 번뇌의 바다를 건너 저 언덕에 이르를 것이다.

붇다는 중생의 번뇌를 보디로 돌이키고 중생의 고통을 니르바나의 고요함으로 돌이킴으로써 붇다가 되신 분이니, 여래께 절하며 오롯이 사유하여 보디와 니르바나로 나아가야 한다.

다르마(dharma)는 연기하는 세간법의 나고 죽음 없는 실상이며, 그 다르마를 말로 가르친 것이 수트라이니, 여래의 법보에 절하고 여래의 스투파에 절하여 나고 죽음을 떠나 세간법의 진실한 모습에 돌아가야 한다.

여래의 상가는 탐욕의 집을 나와 여래의 집에 들어가 탐욕의 불길을 끄고 범행을 닦는 구도자들이고, 세간의 그릇된 세계관을 벗어나 여래의 법에 귀의하여 말씀대로 행하는 이들의 거룩한 모임이다. 그러므로 여래의 상가라마에 절하고 여래의 자비에 귀의하며 여래의 범행에 귀의하여 그 스스로 자비와 범행을 닦아야 한다.

여래의 말씀은 지혜의 말씀이고 세계의 실상인 말씀이니, 그 말씀을 잘 받아듣고 그 교화하심을 가슴 깊이 새기어 사마타와 비파사나의 두 법으로 바른 견해를 닦아야 한다.

사마타의 그침은 온갖 존재가 있되 있지 않음[有而非有]에 하나된 행이고, 비파사나의 살핌은 온갖 존재가 공하되 공하지 않음[空而不空]에 하나된 행이니, 사마타와 비파사나가 함께 할 때[止觀俱行] 있되 있지 않고 공하되 공하지 않은 실상이 현전하여 현재법에서 니르바나 단이슬의 맛을 늘 맛보게 될 것이다.

여래도 두 가지 힘으로 위없는 보디 이룬 것이다

이와 같이 들었다.

한때 붇다께서는 슈라바스티 국 제타 숲 '외로운 이 돕는 장자의 동산'에 계셨다.

그때 세존께서 여러 비구들에게 말씀하셨다.

"두 가지 힘이 있다. 어떤 것이 두 가지 힘인가. 참는 힘[忍力]과 사유하는 힘[思惟力]이다.

만약 내게 이 두 가지 힘이 없었더라면 끝내 위없이 평등하고 바르고 참된 깨달음을 이루지 못하였을 것이다.

또 이 두 가지 힘이 없었더라면 끝내 우루빌라에서 여섯 해 동안 고행하지 못하였을 것이요, 다시 마라를 항복받고 위없이 바르고 참된 도를 이루어 도량에 앉지 못하였을 것이다.

내게 이 참는 힘과 생각하는 힘이 있었기 때문에 악한 마라를 항복받고, 위없이 바르고 참된 도를 이루어 도량에 앉을 수 있었던 것이다.

그러므로 여러 비구들이여, 방편을 구하여 이 두 가지 힘인 참음의 힘과 사유의 힘을 닦아야 한다.

그래야 스로타판나의 도와 사크리다가민의 도와 아나가민의 도와 아라한의 도를 이루어 저 남음 없는 니르바나의 세계에서 파리니르바나에 들 수 있을 것이다.

이와 같이 여러 비구들이여, 반드시 이렇게 배워야 한다."

그때에 여러 비구들은 붇다의 말씀을 듣고 기뻐하며 받들어 행하였다.

• 증일아함 16 화멸품(火滅品) 八

• **해설** •

중생이 중생 아닌 중생이듯 여래도 여래 아닌 여래이다.

여래도 두 가지 힘으로 중생의 번뇌의 땅에서 여래가 되신 것이니, 세간의 어려움과 시련을 잘 참는 힘과 실상을 잘 사유하는 힘이다.

여래는 지금 나의 삶을 고통스럽게 하는 법이 일어나되 남이 없는[無生法] 실상을 알아, 온갖 고난 속에서 잘 참는 분이다. 그리고 나고 사라지는 세간법에서 남이 없고 사라짐 없는 실상을 알아 스스로 보디를 이루고 중생에게 보디의 법을 설해주시는 분이다.

여래도 바른 사유로 보디를 이루신 것이니, 사유의 힘은 연기의 진실을 사유하는 힘이고 중생의 무명과 번뇌가 허깨비 같은 줄 사유해 깨치는 힘이다.

그러므로 여래를 따라 집 아닌 데로 탐욕의 집을 나와 연기의 진리를 배우는 이들 또한 여래처럼 잘 참는 힘과 잘 사유하는 힘을 갖추면 중생에서 중생의 모습을 벗어나 보디사트바의 깨친 중생이 되고, 중생이되 큰 마음의 중생 곧 마하사트바를 이룰 것이다.

마치 저 해의 비춤을 보고 하늘의 해를 알 수 있듯, 중생은 여래의 행하심과 말씀하심을 보고 여래의 보디에 따라 돌아가는 것이니, 『화엄경』(「비로자나품」毘盧遮那品)은 이렇게 말한다.

마치 햇빛의 비춤으로 인하여
하늘의 해바퀴를 볼 수 있듯

나는 붇다의 지혜의 빛으로써
붇다의 행하신 도를 보도다.

如因日光照　還見於日輪
我以佛智光　見佛所行道

내가 이제 붇다의 세계바다
청정하여 크고 밝은 빛 살펴보니
고요하게 보디를 증득하시사
법계에 모두 두루 가득하시네.

我觀佛刹海　淸淨大光明
寂靜證菩提　法界悉周遍

여래께서 증득하신 보디의 빛이 법계에 두루하지만 중생의 진실밖에 여래가 없으니, 그 빛을 어디에서 찾을 것인가.

눈이 빛깔을 보고 귀가 소리를 들을 때 빛깔 보는 그 마음을 돌이켜보고 소리 듣는 그 마음을 돌이켜보아, 봄이 없고 들음 없음을 알면 소리 듣고 빛깔 보는 그 마음이 여래의 광명인 것인가.

'발부리를 비추어보라'[照顧脚下]는 옛 조사의 가르침이 친절한 말씀이다.

바른 견해를 세워 몸으로 증득하는 이가 여래의 집에 나는 자이니

이와 같이 들었다.

한때 붇다께서는 슈라바스티 국 제타 숲 '외로운 이 돕는 장자의 동산'에 계셨다.

그때 세존께서 여러 비구들에게 말씀하셨다.

"지금 네 종류의 사람이 있어서 공경할 만하고 높일 만하며 세간의 복밭이 된다.

어떤 것이 네 사람인가. 믿음을 지닌 사람[持信] · 법을 받드는 사람[奉法] · 몸으로 증득한 사람[身證] · 견해가 이르른 사람[見到]이다."

세간의 복밭인 네 사람을 분별해 보이심

"어떤 이가 믿음을 지닌 사람인가.

어떤 사람은 남의 가르쳐 깨우침[敎誡]을 받으면 독실히 믿는 마음이 있어 뜻이 의심해 따지지 않고, 여래 · 아라한 · 바르게 깨친 분 · 지혜와 행을 갖추신 분 · 잘 가신 이 · 세간을 잘 아시는 분 · 위없는 스승 · 잘 다루는 장부 · 하늘과 사람의 스승으로 붇다 세존이라 부르는 분에 대한 믿음이 있다.

또 여래의 말을 믿고 올바른 브라마나의 말을 믿으며 남의 지혜로운 말을 믿어 자기의 작은 지혜에 맡기지 않는다.

이것을 믿음을 지닌 사람이라 한다.

어떤 이가 법을 받드는 사람인가.

이에 대해서 이렇게 말할 수 있다. 어떤 사람은 법을 분별해 다른 사람을 믿지 않고 이렇게 법을 살핀다.

'있는가 없는가, 진실한가 허망한가'.

그는 곧 생각한다.

'이것은 여래의 말씀이요, 이것은 브라마나의 말이다.'

그래서 여래의 법인 줄을 알면 곧 받들어 가지고, 다른 여러 바깥길의 말이면 멀리 떠난다. 이것을 법을 받드는 사람이라 한다.

어떤 이가 몸으로 증득한 사람인가.

이에 대해서 이렇게 말할 수 있다. 어떤 이는 몸으로 스스로 증득하여 다른 사람을 믿지 않고 여래의 말도 말만으로 믿지 않으며, 모든 존자의 가르침도 말만으로 믿지 않고 다만 자기성품에 맡겨 노닌다. 이것을 몸으로 증득한 사람이라 한다.

어떤 이가 견해가 이르른 사람인가.

이에 대해서 이렇게 말할 수 있다. 어떤 사람은 세 가지 묶음[三結]을 끊고 스로타판나의 물러나지 않는 법을 이룬다.

그에게는 이런 견해가 있다.

'은혜롭게 보시하는 이도 있고, 받는 이도 있으며, 선악의 갚음도 있고, 지금 세상 뒷세상도 있으며, 아버지도 있고 어머니도 있으며, 아라한 등의 가르침을 받는 이도 있다.'

그래서 몸으로 믿고 증득하여 스스로 노닐어 교화한다. 이것을 견해가 이르른 사람이라 한다.

이것을 비구들이여, 네 종류의 사람이 있다는 것이니, 위의 세 사람의 방편의 법은 버리고[除上三人] 끝내 스스로 몸으로 증득하는 법[身證之法] 닦기를 생각해야 한다.

이와 같이 여러 비구들이여, 반드시 이렇게 배워야 한다."

그때에 비구들은 붇다의 말씀을 듣고 기뻐하며 받들어 행하였다.

• 증일아함 27 등취사제품(等趣四諦品) 十

• 해설 •

여래의 보디의 도 또한 인연 따라 일어나고 실천의 인연[緣因]으로 성취된 실상인 지혜이다[了因]. 이미 존재의 실상[正因]을 온전히 깨친 여래와 아라한의 과덕을 얻은 현성의 말씀을 믿고 그 가르침을 듣고[聞] 스스로 사유하고[思] 실천해야[修] 해탈의 땅에 이르는 것이니, 잘 믿고 잘 법을 받들어 몸으로 가르침의 진실성을 증득하는 이가 이 세간의 복밭이 된다.

그러나 여래의 법은 중생 자신의 실상이고 여래의 뜻과 말씀은 말에 말이 끊어지고[言語道斷] 사유에 사유 없는[心行處滅] 법계의 진실을 열어주는 말과 뜻이므로 집착해서 받들어야 할 법이 없고 붙들어쥐어야 할 사유와 언어의 자취가 없다.

그러므로 법의 애착까지 떠나야[離法愛] 참으로 세간의 복밭이 되는 사람이라 할 것이며, 몸으로 증득해 얻었다는 집착이 다해야 참으로 여래의 법을 받드는 사람이고 여래의 집에 태어난 사람이라 할 것이다.

몸으로 증득한 사람도 버리라는 경의 가르침이 이 뜻이니, 끊을바 번뇌를 보지 않고 얻을바 보디라는 관념의 집도 벗어난 자, 그가 남이 없이 여래의 집[如來家]에 태어난 여래의 아들인 것이며, 온갖 견해가 다해 법계의 집[法界家]에 이르른 자일 것이다.

깨끗한 법 성취해 해탈함으로
여래 따르는 이의 진실을 알게 된다

나는 들었다, 이와 같이.

한때 붇다께서는 쿠루수 국의 도읍인 칼마슈담야(Kalmāṣdamya)에 노니셨다.

그때 세존께서는 여러 비구들에게 말씀하셨다.

"그의 뜻[彼意] 때문에 남의 마음을 진실대로 알지 못하면 그는 세존의 바른 깨달음을 알지 못한다.

어떻게 하면 여래에 대해 바로 알 수 있겠는가."

때에 비구들은 세존께 말씀드렸다.

"세존께서는 법의 근본이시고 법의 주인이시니, 법은 세존을 말미암습니다. 오직 말씀해주시길 바랍니다. 저희들은 듣고서 그 뜻을 널리 알 수 있을 것입니다."

붇다께서 곧 말씀하셨다.

"비구들이여, 자세히 듣고 잘 사유해 생각하라. 내가 너희들을 위하여 자세히 분별하여 말해주겠다."

보고 들음의 현실을 진실대로 바로 보는 것밖에 여래의 법이 없음을 보이심

때에 여러 비구들이 분부를 받아 들으니, 세존께서는 말씀하셨다.

"그의 뜻 때문에 남의 마음을 진실대로 알지 못하면 두 가지 일로 여래를 알도록 해야 한다.

첫째는 눈이 빛깔을 보는 것이요, 둘째는 귀가 소리를 들음이다.

만약 더럽게 물든 눈과 귀로 법을 알면 '이것이 저 존자에게 있는 것인가 없는 것인가' 구해보라.

만약 구해볼 때에는 더러운 눈과 귀로 법을 아는 것이 저 존자에게 없음을 알게 된다. 만약 이것이 없거든 다시 구해보아야 한다.

만약 뒤섞인 눈과 귀로 법을 알면 '이것이 저 존자에게 있는 것인가 없는 것인가' 구해보라.

만약 구해볼 때에는 그 뒤섞인 눈과 귀로 법을 아는 것이 저 존자에게는 없는 것임을 알 수 있다. 만약 이것이 없거든 다시 구해보아야 한다.

만약 희고 깨끗한 눈과 귀로 법을 알면 '이것이 저 존자에게 있는 것인가 없는 것인가' 구해보라.

만약 구해볼 때에는 희고 깨끗한 눈과 귀로 법을 아는 것이 저 존자에게 있는 것임을 알 수 있다.

만약 이것이 있으면, '그 존자는 기나긴 밤에 그 법을 행하였는가 잠깐 동안 행하였는가' 다시 구해보라.

만약 구해볼 때에는 그 존자는 기나긴 밤에 이 법을 행하였고 잠깐 동안 행한 것이 아님을 알 수 있다.

만약 그가 늘 행한다면, '그 존자는 명예를 위해서인가 이익된 뜻을 위해서 이 선정에 드는가. 명예를 위해서도 아니요 이익된 뜻을 위해서 이 선정에 드는 것도 아닌가'하고 다시 구해보라.

만약 구해볼 때에는 그 존자는 재앙과 걱정거리 때문에 이 선정에 드는 것이 아님을 알 수 있다."

해탈의 작용이 있는 법이 여래의 법임을 보이심

"만약 어떤 사람이 이렇게 말한다 하자.

'저 존자는 즐겁게 행하여 두려워하지 않고, 탐욕을 떠나 탐욕을 행하지 않으며, 탐욕은 이미 다했다.'

곧 그에게 이렇게 물어야 한다.

'어진 이여, 저 존자는 어떤 행이 있고, 어떤 힘이 있으며, 어떤 지혜가 있어 어진 이들로 하여금 이와 같음을 바로 보아 〈그 존자는 즐겁게 행하여 두려워하지 않고, 탐욕을 떠나 탐욕을 행하지 않으며, 탐욕은 이미 다했다〉고 말하게 하는가.'

또 그가 만약 이렇게 답한다 하자.

'어진 이여, 나는 그의 마음도 알지 못하고 또한 다른 일을 아는 것도 아니다. 그러나 그 존자는 홀로 있거나 대중 가운데 있거나 어떤 모임에 있거나 만약 잘 가신 이[善逝]가 계시고, 잘 가신 이의 교화를 받아 종주(宗主)가 되어 그가 공양함[食]으로 인해 그가 어진 이임을 알 수 있다.

나는 스스로 알지 못하지만 나는 저 존자로부터 얼굴 앞에서 몸소 이렇게 들었다.

〈나는 즐겁게 행하여 두려워하지 않고, 탐욕을 떠나 탐욕을 부리지 않으며, 탐욕을 이미 다했다.〉

어진 이여, 나에게는 이런 행과 이런 힘과 이런 지혜가 있다.'

그러므로 그는 나로 하여금 스스로 이와 같음을 바로 보아 이렇게 말하게 한다.

'그 존자는 즐겁게 행하여 두려워하지 않고, 탐욕을 떠나 탐욕을 부리지 않으며, 탐욕은 이미 다했다.'"

물들고 뒤섞인 법이 사라져 남음 없고 희고 깨끗한 법이 원만해짐이 여래의 법임을 보이심

"그러면 그 가운데서 다시 그에게 여래의 법을 이렇게 물어야 한다.

'만약 물들어 더러운 눈과 귀로 법을 알면 그곳에서 여래의 이 법이 사라져 다해 남음 없는가. 만약 뒤섞인 눈과 귀로 법을 알면 그곳에서 여래의 이 법이 사라져 다해 남음 없는가.

만약 희고 깨끗한 법이 있으면 그곳에서 여래의 이 법이 사라져 다함이 있는가.'

여래가 그를 위해 다음과 같이 대답해주겠다.

'만약 물들어 더러운 눈과 귀로 법을 알면 그곳에서 여래의 이 법은 사라져 다해 남음 없다. 만약 뒤섞인 눈과 귀로 법을 알면 그곳에서 이 법은 사라져 다해 남음 없다.

만약 물들어 더러운 눈과 귀로 법을 알면 여래는 그 뿌리를 뽑아 끊어 없애 끝내 다시 나지 않는다. 만약 뒤섞인 눈과 귀로 법을 알면 그 뿌리를 뽑아 끊어 없애 끝내 다시 나지 않는다.

그러나 만약 희고 깨끗한 법[白淨法]이 있으면 이와 같음이 나의 희고 깨끗한 법[我白淨法]이니, 이와 같음이 나의 경계요, 이와 같은 것이 사문이다. 나는 이와 같이 바른 법과 율을 성취하였다.'

어떤 믿음이 있는 제자가 여래를 와서 보고, 여래를 받들어 모시고, 여래를 따라 법을 들으면, 여래는 그를 위하여 설법하리니, 그것은 높고 또 높으며, 묘하고 다시 묘하여 검고 흰 것을 잘 없앨 것[善除黑白]이다.

여래가 그를 위하여 연설한 법이 높고 또 높으며 묘하고 다시 묘하여 검고 흰 것을 잘 없애는 이와 같고 이와 같음을 들은 뒤에는, 한 법을 끊을 줄 알아 모든 법에서 마쳐 다함을 얻어 세존을 깨끗하게 믿고 '저 세존은 바르게 깨달은 이'라고 할 것이다."

법을 듣고 바로 믿어 지혜로 서로 응하는 이가 여래의 법에 들어가는 것임을 보이심

"그러면 다시 그에게 물어보라.

'어진 이여, 어떤 행이 있고 어떤 힘이 있으며 어떤 지혜가 있어, 어진 이로 하여금 한 법을 끊을 줄 알게 하여 모든 법에서 마쳐 다함을 얻고 세존을 깨끗하게 믿어 저 세존을 바르게 깨달은 이라고 하는가.'

그는 이와 같이 대답할 것이다.

'어진 이여, 나는 세존의 마음을 알지 못하고, 또한 다른 이를 아는 것도 아니다. 나는 세존으로 인해 이와 같이 깨끗한 믿음을 가졌고, 세존께서 나를 위하여 설법하셨다.

〈그 법은 높고 또 높으며, 묘하고 다시 묘하여 검고 흰 것을 잘 없앤다.〉

어진 이여, 한결같이 세존께서 진실 그대로 나를 위해 법을 말씀하시면, 이와 같고 이와 같이 나도 〈세존께서 나를 위해 높고 높으며 묘하고 다시 묘하여 검고 흰 것 잘 없애는 법 설하심〉을 듣는다.

이와 같고 이와 같이 내가 들은 뒤에는 〈한 법을 끊을 줄 알아 모든 법에서 마쳐 다함을 얻고, 세존을 깨끗이 믿어 저 세존이 바르게 깨달은 이〉라고 안다.

어진 이여, 나에게는 이런 행과 이런 힘과 이런 지혜가 있으므로 나로 하여금 한 법을 끊을 줄 알아 모든 법에서 마쳐 다함을 얻고, 세

존을 깨끗하게 믿어 저 세존을 바르게 깨달은 이라고 알게 하는 것이다.'

만약 이 행이 있고 이 힘이 있으며, 여래에게 깊이 의지해 믿음의 뿌리가 이미 서면, 이것을 믿음과 견해의 근본이 무너지지 않아 지혜와 서로 응하는 것[智相應]이라 한다.

그러면 사문과 브라마나, 하늘과 악한 마라, 브라흐만과 다른 세간의 그 무엇도 그것을 빼앗지 못할 것이다.

이와 같이 여래(如來)를 구하여 아는 것이고, 이와 같이 여래를 바르게 아는 것[正知如來]이다."

붇다께서 이렇게 말씀하시자, 저 여러 비구들은 붇다의 말씀을 듣고 기뻐하며 받들어 행하였다.

• 중아함 186 구해경(求解經)

• 해설 •

어떻게 해야 여래를 구해 알 수 있는가. 여래의 법은 여래의 법이 아니라 지금 중생의 보고 듣고 있는 세간법의 진실이다. 그러므로 세간법의 진실을 알고 중생의 참모습에 돌아가는 자가 여래의 법을 안다. 그리고 여래의 희고 깨끗한 법을 듣고 스스로 해탈하고 중생이 해탈하는 모습을 보고 여래의 법이 진실인 줄 알게 된다.

하나인 것과 온갖 것, 나의 마음과 남의 마음이 인연으로 나는 법이니, 지금 나의 현전하는 한 생각을 아는 이가 한 법을 알아 온갖 법을 알고, 나의 마음을 알아 온갖 마음을 안다.

중생은 눈이 빛깔을 볼 때 보여지는 빛깔에 물든 마음이 끝없이 나고 사라지므로 중생을 중생이게 하는 것이다. 그러나 볼 때 봄이 없고 보지 않을 때 보지 않음이 없으며, 빛깔이 있을 때 빛깔이 공한 줄 알면, 그가 있음과 없음의 두 견해를 떠나고 온갖 물듦을 떠나 희고 깨끗한 법에 나아가는 자이다.

여래의 법은 여래의 법이 아니라 바른 행으로 주어지는 법이니, 여래의 법을 따라 행하는 이가 탐욕 떠나고 성냄 떠나고 어리석음 떠남을 보고 여래의 법이 진실의 법인 줄 안다.

여래의 법은 해탈의 과덕을 안겨주는 법이다. 따라 행해 눈으로 빛깔 보고 귀로 소리 들음 가운데 물듦과 가림을 떠나 희고 깨끗한 범행이 이루어짐을 보고 여래의 법이 진실의 법인 줄 안다.

또 여래의 법은 여래의 법이 아니라 온갖 중생의 법이니, 따라 행해 누구나 해탈의 땅에 들어가고 단이슬의 법맛을 맛보기 때문에 여래의 법이 진실인 줄 아는 것이다.

여래의 법은 이와 같이 온갖 중생 해탈의 법이다. 그러므로 지금 탐냄과 성냄, 온갖 번뇌의 묶임 속에 있는 중생을 위해 여래께서 높고 높으며 묘하고 묘한 법을 설해준다 하자. 그때 그 듣는 중생이 여래의 가르침을 듣고, 나고 사라지는 온갖 법에서 남이 없고 사라짐 없는 고요함을 알되 그 고요함마저 다시 취하지 않는다 하자. 그러면 듣는 중생 스스로 나고 사라짐에 물듦 없이 늘 희고 깨끗한 법을 이루게 된다. 그리고 무명의 한 법을 끊을 줄 알아 온갖 법에서 마쳐 다함을 이루는 것이다.

지금 있는 법에서 마쳐 다함을 이루면 그는 온갖 법을 무너뜨리지 않고 세간법 가운데서 니르바나의 희고 깨끗한 법에 머물러 니르바나의 다함없는 공덕을 쓰는 것이다. 이와 같은 해탈의 공덕이 이루어질 때 비로소 그가 세존을 깨끗이 믿고, 세존이 위없는 보디의 성취자임을 안다.

여래의 법을 바로 믿고 행하는 그와 같은 장부는 브라흐마하늘신이나 악한 마라, 그 어떤 권능자들도 그를 어찌할 수 없고 그를 무너뜨릴 수 없으니, 그가 여래를 따라 여래의 보디의 길을 가는 마하사트바이다.

학담鶴潭

1970년 도문화상(道文和尙)을 은사로 출가하여
동헌선사(東軒禪師)의 문하에서 선(禪) 수업을 거친 뒤
상원사 · 해인사 · 봉암사 · 백련사 등 제방선원에서 정진했다.
스님은 선이 언어적 실천, 사회적 실천으로 발현되는
창조적 선풍을 각운동(覺運動)의 이름으로 제창하며,
용성진종선사 유업 계승의 일환으로 서울 종로에
대승사 도량을 개설하고 역경불사를 진행하여
『사십이장경강의』『돈오입도요문론』『원각경관심석』
『육조법보단경』『법화삼매의 길』 등 많은 불전 해석서를 발간했다.
이밖에도 한길사에서 출간한 『물러섬과 나아감』을 비롯하여,
『소외와 해탈의 연기법』『선으로 본 붇다의 생애』 등
많은 저서가 있다.
시대의 흐름에 맞는 새로운 선원과 수행처 개설을 위해
도량을 양평 유명산(有明山)으로 이전하고
화순 혜심원 진각선원(眞覺禪院), 오성산 낭오선원(朗晤禪院)
도량불사를 진행 중이다.

아함경[3]

붇다의 진실과 보디의 길

지은이 · 학담
펴낸이 · 김언호
펴낸곳 · (주)도서출판 한길사

등록 · 1976년 12월 24일 제74호
주소 · 413-120 경기도 파주시 광인사길 37
www.hangilsa.co.kr
http://hangilsa.tistory.com
E-mail: hangilsa@hangilsa.co.kr
전화 · 031-955-2000~3 팩스 · 031-955-2005

부사장 · 박관순 | 총괄이사 · 김서영 | 관리이사 · 곽명호
영업이사 · 이경호 | 경영담당이사 · 김관영 | 기획위원 · 류재화
책임편집 · 서상미 이지은 박희진 박호진
기획편집 · 백은숙 안민재 김지희 김지연 김광연 이주영
전산 · 노승우 | 마케팅 · 윤민영
관리 · 이중환 문주상 김선희 원선아

CTP출력 및 인쇄 · 예림인쇄 | 제본 · 경일제책

제1판 제1쇄 2014년 7월 30일

값 40,000원
ISBN 978-89-356-6283-8 94220
ISBN 978-89-356-6294-4 (세트)

• 잘못 만들어진 책은 구입하신 서점에서 바꿔드립니다.
• 도서의 국립중앙도서관 출판시도서목록(CIP)은 e-CIP홈페이지(http://www.nl.go.kr/ecip)와
국가자료공동목록시스템(http://www.nl.go.kr/kolisnet)에서 이용하실 수 있습니다.
(CIP제어번호: 2014012168)